JN437526

제4판

전략적 관리회계

윤성수 이용규

弘文社

머리말 제 4 판

제3판을 크게 개정하여 전체적인 구성과 내용에 변화를 주었다. 구체적인 사항은 다음과 같다.

첫째, 제1장 서론은 ESG 경영과 빅데이터의 활용 등 관리회계의 최근 경향도 반영하여 새롭게 서술하였다.

둘째, 제3판 제2장에서 다뤘던 균형성과표를 제4판에서는 제1장과 제12장으로 나누고 기본적인 소개는 제1장에서, 자세한 내용은 제12장에서 비재무성과관리와 함께 설명하였다.

셋째, 제3판에서는 별개의 장으로 되어 있었던 원가배분과 활동기준원가계산을 통합하여 제6장에서 설명하고 상대적으로 중요성이 떨어지는 주제는 부록에서 다루었다.

넷째, 제7장 생산능력원가관리와 제8장 가격결정과 고객수익성분석은 새롭게 추가한 주제이다. 제7장에서는 교재의 여러 곳에서 언급하고 있는 생산능력 고정원가를 관리할 때 알아야 할 기본 특성을 변동원가계산과 기준조업도 개념을 이용하여 설명하였다. 제8장에서는 수익성에 중요한 가격결정과 관련된 주제를 설명하고, 후반부에서는 고객수익성분석에 필요한 여러 가지 내용을 다뤘다.

다섯째, 각 장 말미에 있는 사례를 모두 최신의 내용으로 교체하였으며 연습문제도 최근 기출문제를 반영하였다. 기출문제의 정리와 선택은 숭실대학교 회계학과 이승엽 회계사가 수고해 주었다.

5년 만에 개정판을 내어 늦은 감이 없지 않지만 앞으로도 아쉬운 점이 발견될 때마다 힘닿는 대로 보완할 것을 약속한다.

2023년 2월

저자 일동

머리말 제3판

제2판과 달라진 점은 다음과 같다.

첫째, 종합예산의 부록으로 다뤘던 자본예산을 의사결정문제를 다루는 제5장의사결정을 위한 원가분석으로 묶고 내용과 연습문제를 보강하였다. 의사결정의 중요한 원가개념이 자본예산에서도 그대로 적용된다는 점을 감안하였다.

둘째, 제9장고객 및 프로세스 성과의 측정과 관리을 마지막 제12장으로 이동하였다. 고객 및 프로세스 성과가 재무적 성과를 보완한다는 점에서, 재무적 성과와 관련된 문제를 모두 공부한 후 다루는 것이 더욱 효과적일 수 있다고 판단하였다. 아울러 계산보다는 이해를 필요로 하는 주제이므로, 교수의 강의보다는 학생들이 교재를 바탕으로 적용 사례를 찾아보고 기말보고서를 제출하는 형식이 적절한 학습방법이라고 생각한 점도 반영되었다. 교재 초반에서 다룬 균형성과표를 마무리하는 의미도 있다.

셋째, 제2판에서 부록으로 다뤘던 대체가격 주제를 본문으로 격상하였다. 지면을 더 할애하여 자세히 설명하였으며 연습문제에도 반영하였다. 국내·외 사내 거래에서 대체가격의 중요성을 고려할 때 필수적으로 다뤄야 할 내용이라고 판단한 결과이다.

넷째, 각 장 끝에 제시된 사례의 의미를 더 깊이 이해할 수 있도록 사례별로 생각할 문제를 추가하였다.

다섯째, 본문과의 정합성이 높은 문제, 최신 기출문제 등으로 연습문제를 일부 교체 및 보완하였다.

앞으로도 부족한 점을 지속적으로 보완하여 독자들의 성원에 부응할 예정이다.

2018년 8월

저자 일동

머리말 제 2 판

제1판과 비교할 때 제2판에서 보완한 부분은 크게 두 가지다.

첫째, 문장이나 숫자 등 편집상 오류를 바로 잡았고, 설명이 다소 불명확하거나 매끄럽지 못한 부분을 수정하여 독자가 더 쉽게 이해할 수 있도록 하였다.

둘째, 제10장 부록에 자본예산을 추가하였다. 자본예산은 관리회계 실무자에게 매우 중요한 종합적인 주제임에도 불구하고 재무관리와 중복된다는 이유로 회계사 시험 등에서 배제되고 관리회계 교재나 강의에서도 누락되는 경향이 있다. 관리회계와 경영실무의 연결을 더 강화한다는 차원에서 부록으로 추가하였다.

앞으로도 본서를 이용하는 모든 분들의 만족도를 높이기 위해 지속적인 개선 노력을 소홀히 하지 않을 예정이다.

2016년 9월

저자 일동

머리말 제 1 판

좋은 직장에 취업하고 그곳에서 살아남아 인정받는 최고경영자가 되겠다는 꿈을 갖고 있으면서도 막상 이를 위한 준비는 제대로 하지 못하는 많은 사람들을 위해 이 책은 준비되었다.

"회계는 너무 어려워." 현재 재학 중인 학생은 물론이고, 이미 직장생활을 시작한 대부분의 사람들이 회계에 대해 갖는 선입견이다. 회계가 경영학의 필수 분야 중 하나라고 해서 회계원리 공부를 시작했던 사람들이 나머지 회계과목도 비슷하게 또는 더 어려울 것이라고 짐작하고 포기하면서 갖는 또 다른 오해가 있다. "회계는 몰라도 돼."

회계는 담당자만 알아도 된다는 편견이나 회계에 대한 막연한 두려움으로 회계를 멀리하다가 막상 취업할 시기가 되어서야 회계공부를 하지 않은 것을 뒤늦게 후회하는 경우를 본다. 또 취업 후에도 한창 일을 해야 할 관리자나 임원이 되고 나서 회계지식이 부족하여 고생하는 안타까운 경우도 많다.

회계는 그렇게 어렵기 만한 것도 아니고, 몰라도 되는 것은 더더욱 아니다. 세계 최고의 MBA 과정에서 관리회계Management Accounting를 포함한 한 두 개의 회계과목을 필수로 지정하는 이유는 무엇일까? 졸업생들이 진출하는 분야는 마케팅, 연구개발, 생산, 인사조직, 기획, 회계, 재무 등 다양하지만, 그들이 어느 분야에서 일하든지 경영자로서 성공하기 위해서는 회계정보를 활용해서 최적의 의사결정을 내릴 수 있는 능력을 반드시 갖춰야 한다는 것을 알기 때문이다.

관리회계는 합리적 분석과 추론 능력을 가진 사람이라면 누구나 쉽게 이해하고 활용할 수 있다. 실제로 관리회계를 공부한 대부분의 학생들은 관리회계 분야가 회계원리와는 완전히 다를 뿐 아니라 현실에서의 활용가능성이 매우 높다는 데 공감한다. 유능한 경영자가 되기를 희망하는 많은 사람들이 알아야 할 관리회계 지식을 쉽게 전달하는 것이 저자들이 이 책에 대해 설정한 목표이다.

이 책을 집필하면서 특별히 유념한 점은 다음과 같다.

첫째, **쉽고 간결하게 핵심원리를 설명**하고자 하였다. 저자들이 이 책을 기획하고 집필하면서 특별히 염두에 둔 독자층은 회계원리를 이수한 대학생과 기업관리 업무에 관한 기초경험을 갖고 있는 직장인이나 경영대학원 학생이다. 이들이 핵심원리를 쉽게 이해할 수 있도록 중요한 내용을 간결하고 직관적으로 설명하였다. 초보자들이 갖기 쉬운 회계에 대한 공포를 없애

고, 자신의 의사결정 능력을 향상시키는 데 필수적인 내용을 정확히 이해할 수 있도록 최대한 쉬운 용어를 사용한 것도 그러한 이유에서이다.

둘째, **전략적 시각으로 기업 전체를 바라볼 수 있도록** 돕고자 하였다. 회계는 포괄적 경영의 일부분이고, 경영의 다른 부분과 밀접한 관련을 갖고 있다. 그러나 대부분의 회계학 교재는 회계학 안에만 머무른 채, 다른 분야와의 연결은 독자의 몫으로 남겨 두었다. 회계학이 재미없고, 어렵고, 몰라도 된다는 오해는 어찌 보면 그로 인한 피할 수 없는 결과라 하겠다. 경영자나 관리자가 왜 회계정보를 이용할 줄 알아야 하는지, 마케팅이나 생산관리, 전략, 인사관리 등 경영학의 다양한 분야와는 어떻게 연결되는지 이해할 수 있도록 설명하였다. 경영전략에서 다루는 균형성과표Balanced Scorecard를 제 2 장에서 먼저 다루면서 이 책의 내용을 포괄하는 체계로 활용한 것도 그 이유에서이다.

셋째, **다양한 예제와 실제 사례 위주로 설명**하였다. 실제 경영자가 직면할 수 있는 구체적인 상황이나 문제로 각 장을 시작함으로써 왜 그 내용을 이해할 필요가 있는지를 먼저 제시하였다. 복잡한 이론보다는 예제를 통해 문제의 핵심을 바로 이해할 수 있도록 하였다. 각 장의 내용이 실무에서는 어떻게 적용되는지 여러 분야의 사례를 제시하였다.

넷째, **경영 현장의 최근 추세를 반영**하고자 하였다. 기업환경이 급변하면서 경영자들이 직면하는 도전의 성격과 이에 대한 해법도 지속적으로 변해 왔다. 과거에 효과적이었던 경영기법의 한계가 드러나기도 하고, 이를 극복하려는 새로운 노력이 등장하기도 하였다. 활동기준원가계산Activity-Based Costing의 후속으로 제시된 시간동인 활동기준원가계산Time-Driven ABC을 상세히 소개한 것이 한 예이다.

다섯째, **본문과 문제의 차별화를 통해 다양한 독자의 필요를 충족**하고자 하였다. 본문은 핵심적 내용을 직관적으로 설명하고, 문제 부분에서는 다양한 형태와 수준의 문제를 충분히 제공함으로써 보다 심층적인 이해도 가능하도록 하였다.

요즘은 학과와 전공에 무관하게 많은 학생들이 회계의 필요성을 인식하고 회계의 기초과목인 회계원리를 공부한다. 경상계열 학생은 필수과목이라 그렇다 치더라도 공대나 인문계열 학생들이 애써 찾아와 수강하는 것이 기특하기까지 하다. 회계원리가 유능한 관리자나 경영자가 되기 위한 준비운동과 기초라면, 관리회계는 체력 및 전술훈련이라고 할 수 있다. 기왕에 회계원리를 공부했다면 헛심 쓰지 말고 제대로 해줬으면 하는 기대가 크다.

이 책이 통상적인 관리회계 교재들과 다른 점은 경영 전반의 관점에서 관리회계를 바라본다는 것이다. 책의 구성도 이런 취지를 반영하고 있다. 제1장부터 제6장까지의 전반부는 기초적인 관리회계 주제를 다루며, 제7장부터 제12장에서는 보다 심도 있는 내용을 다루고 있다. 전략적 경영을 강조하는 이 책의 특징은 제2장과 제9장에서 가장 뚜렷하게 드러난다.

보다 구체적으로 살펴보면, 이 책은 다음과 같은 네 부분으로 나뉠 수 있다.

먼저 제1장과 제2장은 전체 교재의 체계적 기초를 제공한다. 제1장에서는 경영 및 관리과정에서 정보의 중요성을 강조하고 정보적 관점에서 관리회계의 성격과 역할을 다룬다. 제2장에서는 전략을 실행하는 경영도구로서의 균형성과표를 설명하고, 관리회계에서 균형성과표를 활용하는 방안을 모색한다.

제3장, 제4장, 제5장에서는 경영자가 다양한 상황에서 합리적 의사결정을 내리기 위해 원가정보를 어떻게 활용할 것인가를 설명한다. 관리회계에서 다루는 가장 기본적인 주제이면서 동시에 직관적으로 이해하기 쉬운 주제이므로 관리회계의 유용성을 깨닫는 데 큰 도움이 될 것이다. 제3장에서는 용도에 따른 다양한 원가 개념을 설명하여 이후에 다뤄야 할 내용을 예고한다. 제4장에서는 관리회계에서 가장 기초적인 분석 모형이라고 할 수 있는 원가·조업도·이익 분석을 다룬다. 제5장에서는 관리회계에서 자주 언급되는 전형적인 의사결정 문제를 통해 원가 및 회계 정보가 어떻게 활용될 수 있는지 공부한다.

제6장부터 제9장까지는 원가정보를 산출하는 구체적인 원가계산과정과 그에 수반된 원가배분 문제를 다룬 후 이를 마케팅과 생산과정에 연결한다. 제6장에서는 원가계산의 기초를, 제7장에서는 원가배분의 기본 개념과 예를, 제8장에서는 원가배분의 개선안으로서의 활동기준원가계산을 각각 설명한다. 그리고 제9장에서는 마케팅과 생산활동에 관련되는 관리회계 주제를 다룬다. 제9장의 내용은 전통적인 관리회계에서는 다뤄지지 않았던 부분이지만, 기업의 실질적인 성공 여부가 고객과의 접점에서 결정된다는 점 그리고 고객만족을 뒷받침하기 위한 내부역량을 갖춰야 한다는 점에서 추가되었다.

마지막으로, 제10장에서는 지금까지 배운 관리회계 지식을 바탕으로 기업예산을 수립하는 사례를 다루고, 제11장에서는 계획과 실제 결과를 비교·분석하는 틀을 설명한다. 마지막 제12장에서는 기업의 재무적 성과를 측정하고 평가하는 문제를 다룬다.

기업실무에서 엑셀과 같은 스프레드시트를 이용한 분석이 활발히 이루어지고 있는 점을 고려하여, 이 책에서 다루는 내용 중 엑셀의 활용이 효과적인 부분에 대해서는 실제 적용 사례를 별도로 제시하였다. 아울러, 독자들이 이 책의 내용을 충실히 이해하는 데 도움이 될 참고자료는 홈페이지http://mgt.acct.info를 통해 제공될 예정이므로 수시로 방문하여 확인하기 바란다.

글로벌 최고 기업의 비결은 무엇일까? 기업이나 개인의 생존과 성공이 점점 어려워지는 상황에서 돌파구는 어디서 찾아야 할까? 조직의 경쟁력은 결국 어떤 의사결정을 하느냐에 달려 있다. 조직의 모든 구성원들의 의사결정 능력이 향상되지 않고서는 조직의 성과가 개선되기를 기대할 수 없다. 어느 경영컨설턴트는 고객의 고민을 숫자로 바꿔 주는 것이 컨설팅의 요체라고 하였다. 고객이 갖고 있는 문제를 재무정보로 표현하고 이를 분석하여 해결책의 기초를 마련한 후, 여기에 비재무적 요소를 가미하여 최적의 답을 찾아가는 것이 문제 해결의 지름길이라는 의미로 해석된다. 이 책을 통해 더 많은 미래 경영자가 회계정보를 제대로 이해하고 활용할 수 있게 되고, 이를 통해 그 조직의 경쟁력이 강화되기를 희망한다.

이 책이 나오기까지 많은 분들의 배려와 도움이 있었다. 먼저 10년이 넘는 기간을 기다려 주신 홍문사 임권규 사장님께 특별한 감사를 드린다. 사례의 수집과 원고 교정을 위해 애써 준 두서영, 김단비, 강희정 그리고 독자의 입장에서 원고를 일일이 검토해 준 박용제 회계사에게도 고마운 마음을 전한다. 저자들이 이 책을 통해 전달하고자 했던 지식과 지혜를 가질 수 있게 이끌어 주신 수많은 분들과 가족들에게도 심심한 감사의 뜻을 표하고자 한다.

2015년 2월

저자 일동

차 례

제 1 장 관리회계의 성격과 역할

관리회계의 의의 ········· 4
경영전략과 전략적 관리회계 ········· 6
균형성과표 ········· 9
관리회계의 최신경향 ········· 10
| ESG 경영 / 10
| 빅데이터 / 12
재무회계, 원가회계와 비교한 관리회계 ········· 14
부 록 경영의 본질은 무엇인가? ········· 17
연습문제 ········· 20

제 2 장 원가의 이해

원가의 의의 ········· 24
원가의 여러 가지 개념 ········· 25
| 원가의 행태: 변동원가와 고정원가 / 25
| 대안의 비교와 선택: 기회원가, 회피가능/불가능원가, 기발생원가 / 30
| 원가의 관리: 기정원가와 재량원가 / 32
| 원가의 추적가능성: 직접원가와 간접원가 / 33
| 재무회계상 원가 개념: 재고가능원가와 기간원가, 제조원가와 비제조원가, 원가와 비용 / 34
원가의 흐름 ········· 36
| 제조기업의 원가흐름 / 37

| 제조기업 원가흐름의 예 / 38
| 제조원가명세서 / 41

연습문제 45

제 3 장 원가 · 조업도 · 이익 분석

CVP 분석의 기초 56

| CVP 모형의 기본가정 / 56
| 공헌이익과 공헌이익률 / 57
| 손익분기점 분석 / 61
| 그래프의 활용 / 63
| 목표이익의 달성 / 64
| 민감도 분석 / 68

원가구조와 영업레버리지 69

CVP 분석의 확장 73

| 복수제품 하에서의 CVP 분석 / 73
| 단계별 고정원가가 존재할 때의 CVP 분석 / 76
| 원가동인이 여러 개인 경우의 CVP 분석 / 78

부 록 엑셀을 활용한 CVP 분석 81

연습문제 90

제 4 장 의사결정: 관련정보의 분석

의사결정의 기초 100

| 의사결정과정 / 100
| 원가－효익 분석 / 101

| 총액접근법과 차액접근법: 관련정보의 식별과 분석 / 103
| 의사결정에 중요한 원가개념 / 107

전형적인 의사결정의 예 109

| 일회성 특별주문 / 109
| 자체생산 또는 외부구입 / 112
| 기존설비의 교체 / 114
| 제품라인의 제거 및 추가 / 117
| 제약자원의 효율적 활용과 최적제품배합 / 118

부 록 자본예산 124

연습문제 144

제 5 장 원가계산

원가계산의 기초 158

| 원가계산의 기본요소 / 158
| 원가배분의 절차와 가정 / 160
| 원가계산의 예 / 161

원가계산방법 164

| 원가계산방법의 종류: 개별원가계산과 종합원가계산 / 165

개별원가계산 166

| 개별원가계산의 절차 / 166
| 개별원가계산의 원천자료 / 170

정상원가계산 170

간접원가 배부방법의 개선 172

| 공장전체 단일배부율과 부문별 배부율 / 174

부 록 종합원가계산 177

연습문제 ········ 185

제 6 장 원가배분과 활동기준원가계산

원가배분의 의의 ········ 196
| 원가배분의 목적 / 197
| 원가배분의 절차와 배분기준의 선택 / 199
부문별 원가계산 ········ 200
| 부문별 원가계산의 절차 / 200
| 부문간 원가배분: 단일배분율법과 이중배분율법 / 202
| 부문간 원가배분: 직접법, 단계법, 상호배분법 / 205
활동기준원가계산 ········ 206
| 전통적 원가계산과 환경변화 / 206
| 활동기준원가계산 / 212
| ABC의 활용 / 216
| ABC의 문제점과 유의사항 / 221
시간동인 활동기준원가계산 ········ 223
| TDABC의 기초 개념 / 223
| 기초자료와 절차 / 226
| TDABC의 특징 / 229
부록 1 보조부문 상호 간의 원가배분 ········ 231
부록 2 ABC의 예 ········ 235
연습문제 ········ 241

제 7 장 생산능력원가관리

고정제조원가와 과다생산유인 254
| 고정제조원가의 특징 / 254
| 고정제조원가와 생산량이 이익에 미치는 영향 / 255
| 과다생산유인 / 259
변동원가계산 260
| 변동원가계산 / 260
| 변동원가계산과 전부원가계산의 차이 / 262
| 변동원가계산의 문제점 / 263
제약이론 264
| 제약이론과 초변동원가계산 / 264
| 제약이론과 활동기준원가계산 / 268
생산능력원가와 기준조업도 269
| 기준조업도 / 269
| 실질적 최대조업도의 유용성 / 270
연습문제 275

제 8 장 가격결정과 고객수익성 분석

가격결정 영향요소 288
| 고 객 / 288
| 경쟁기업 / 289
| 원 가 / 289
| 가격의 상한과 하한 / 290

가격결정과 원가의 역할 290

| 목표가격과 목표원가계산 / 291
| 제품수명주기 원가계산과 확정원가 / 296
| 원가가산가격 / 299

고객수익성 303

| 고객관련활동 원가분석 / 303
| ABC에 의한 고객수익성 분석 / 304
| 가격폭포 / 309
| 고객수익성과 고객관리 / 312
| 고객생애가치 / 314

연습문제 320

제 9 장 예산의 수립

예산의 의의와 역할 332

| 예산의 역할과 유용성 / 333
| 종합예산의 기초자료와 구성요소 / 334
| 예산수립자료 / 337

종합예산의 편성 사례 337

| 종합예산수립 / 340
| 예산의 종류 / 348

예산의 기타 사항 348

| 예산수립과정의 설계 / 349
| 예산 민감도 분석 / 350
| 행위적 측면의 고려 / 351

연습문제 354

제10장 차이분석

차이분석의 기초 364

| 예산과 표준원가 / 364
| 고정예산과 변동예산 / 366
| 차이분석 사례 / 367

제조원가의 차이분석 371

| 직접재료원가의 차이분석 / 373
| 직접노무원가의 차이분석 / 373
| 변동제조간접원가의 차이분석 / 375
| 고정제조간접원가의 차이분석 / 378

매출차이분석 380

| 매출조업도차이와 매출가격차이 / 380
| 시장규모차이와 시장점유율차이 / 381

연습문제 387

제11장 재무성과의 측정과 평가

성과평가의 필요성 398

| 목표불일치성과 성과평가 / 398
| 분권화조직과 성과평가 / 399

책임회계제도 400

| 책임단위와 책임회계 / 400
| 통제가능성의 원칙과 문제점 / 401
| 책임단위의 종류 / 402

이익책임단위의 성과평가 ········· 404

투자책임단위의 성과평가 ········· 407

| 투자수익률 / 407

| 잔여이익 / 410

| 경제적 부가가치 / 411

대체가격 ········· 414

| 대체가격의 의의 / 414

| 목표일치성을 달성하는 대체가격 / 416

| 일반적인 대체가격 결정방법 / 418

| 국제이전가격 / 422

연습문제 ········· 426

제12장 균형성과표와 비재무성과관리

균형성과표 ········· 440

| 경영전략 실행도구로서의 균형성과표 / 440

| 균형성과표의 네 가지 관점 / 442

| 균형성과표의 활용과 효과 / 447

고객성과 ········· 450

| 고객가치와 기업이익 / 450

| 고객가치명제와 고객성과지표 / 451

혁신프로세스 ········· 457

| 혁신프로세스의 성과지표 / 459

| 손익분기시간 / 460

운영관리프로세스 ········· 462

| 즉시구매 및 생산시스템 / 462

| 카이젠 원가계산 / 465

| 품질원가계산 / 467
| 운영관리프로세스의 성과지표 / 469

연습문제 ········ 475

정 답 ········ 481

찾아보기 ········ 485

[그림]

그림 1-1 경영자의 업무와 관리회계의 역할 / **5**
그림 1-2 기업과 전략 / **7**
그림 1-3 균형성과표와 전략지도 / **10**
그림 2-1 고정원가, 변동원가, 혼합원가 / **29**
그림 2-2 직접원가와 간접원가 / **33**
그림 2-3 제조기업의 원가흐름 / **38**
그림 2-4 제조기업의 원가흐름 예 / **41**
그림 3-1 공헌이익접근법 손익계산서 / **59**
그림 3-2 도표를 이용한 손익분기점 / **65**
그림 3-3 PV도표 / **66**
그림 3-4 원가구조와 영업레버리지효과 / **70**
그림 3-5 복수제품 하에서의 손익분기점 / **74**
그림 3-6 단계별 고정원가하에서의 손익분기점 / **77**
그림 4-1 의사결정 과정 / **101**
그림 4-2 회계원가와 경제학적 원가 / **102**
그림 4-3 그래프를 활용한 최적제품배합 결정 / **121**
그림 5-1 급여의 원가분류 / **159**
그림 5-2 원가계산의 기본요소 / **160**
그림 5-3 간접원가와 배분기준량과의 관계 / **161**
그림 5-4 개별원가계산의 기초문서 / **169**
그림 5-5 간접원가의 세분화와 복수 배부기준 / **173**
그림 6-1 기업부문과 원가배분 / **197**
그림 6-2 보조부문과 제조부문 / **201**
그림 6-3 부문과 제품원가계산 / **202**
그림 6-4 전통적 원가계산 / **207**
그림 6-5 전통적 원가계산과 활동기준원가계산 / **213**
그림 6-6 원가계층구조 / **214**
그림 6-7 ABC의 계산절차 / **216**
그림 6-8 고래곡선 / **218**
그림 6-9 TDABC의 개요 / **227**
그림 8-1 제품 개발 시 고려할 요소 / **288**
그림 8-2 가격결정 영향요인과 가격구간 / **290**
그림 8-3 목표원가계산 / **293**
그림 8-4 가치사슬과 제품수명주기 / **294**
그림 8-5 기업과 고객 제품수명주기 / **297**
그림 8-6 확정원가와 실제발생원가 / **298**
그림 8-7 원가가산가격 / **299**
그림 8-8 할인정책과 가격폭포 / **310**
그림 8-9 고객관련원가와 할인비율 간의 관계 / **311**
그림 8-10 고객수익성: 고객별 매출총이익과 고객별 고객관련원가 / **312**
그림 8-11 균형성과표, 고객수익성 정보, ABC / **313**
그림 9-1 종합예산의 상위체계와 입력자료 / **335**
그림 9-2 운영예산과 재무예산 / **336**
그림 9-3 재무예산 / **337**
그림 9-4 정기예산과 연속예산 / **349**
그림 9-5 예산의 행위적 측면 / **351**
그림 10-1 차이분석의 틀 / **371**
그림 10-2 직접재료원가의 차이분석 / **372**
그림 10-3 직접노무원가의 차이분석 / **374**
그림 10-4 변동제조간접원가의 차이분석 / **378**
그림 10-5 고정제조간접원가의 차이분석 / **379**
그림 10-6 매출가격차이와 매출조업도차이 / **381**
그림 10-7 시장점유율차이와 시장규모차이 /

382
그림 11-1 투자수익률의 분해 / 408
그림 12-1 BSC의 네 관점과 연계성 / 445
그림 12-2 BSC의 관점, 목표 및 전략지도, 성과 평가측정치 / 446
그림 12-3 고객가치와 기업이익 / 451
그림 12-4 고객가치와 고객성과 / 452
그림 12-5 공통 고객성과지표 / 455
그림 12-6 이익지도와 손익분기시간 / 460
그림 12-7 총품질원가와 최적품질수준 / 469
그림 12-8 주문처리단계와 완성시간 / 471

[표]

표 1-1 ESG 영역별 관리항목의 예 / 11
표 2-1 제조원가명세서 / 42
표 3-1 매출의 증감과 이익의 증감 / 71
표 4A-1 순현재가치법과 내부수익률 / 136
표 7-1 전부원가계산과 변동원가계산 / 263
표 8-1 고원가고객과 저원가고객 / 308
표 8-2 제품/고객별 이익 / 309
표 10-1 예산과 실제의 비교 / 370
표 10-2 매출조업도차이와 변동예산차이 / 370
표 10-3 제조원가 차이분석의 요약 / 379
표 11-1 책임단위의 종류와 내용 / 404
표 11-2 이익책임단위의 이익보고서 / 405
표 12-1 혁신프로세스의 성과지표 / 458
표 12-2 표준원가계산과 카이젠 원가계산 / 466
표 12-3 품질원가의 분류 / 467
표 12-4 품질성과지표 및 측정항목 / 470

[사례]

CASE 1 "오프라인 쇼핑 죽지 않았다" / 19
CASE 2 "한 달 2만 잔 팔아야 사는 커피점의 진실" / 44
CASE 3 "'테슬라 마술의 비결은" / 88
CASE 4 "제조업 해외 아웃소싱은 혁신 포기하자는 것" / 142
CASE 5 "30배 폭리? 정당한 대가? … 3만원 넘는 화이자 백신 원가는 1,139원" / 184
CASE 6 "SR 새 사장 선임 앞두고 KTX와 통합논의 다시 수면 위로" / 240
CASE 7 "대한항공, 화물로 위기 돌파 … 5분기 연속 흑자행진" / 274
CASE 8 "아마존 칼 갈았나? … 3년 전 철수했던 음식배달에 뛰어든 이유" / 318
CASE 9 "낭비되는 교육교부금 아껴 대학에 쓸 수 있게 법 개정" / 353
CASE 10 "사람 대신 로봇이 움직이자 작업 생산성 55% 늘었다" / 385
CASE 11 "사상 최대 매출 LG전자, TV사업부에 최대 710% 성과급" / 425
CASE 12 "성과 자랑만 하는 속 빈 강정?" / 473

Chapter
01

Strategic Management Accounting

관리회계의 성격과 역할

관리회계의 의의

경영전략과 전략적 관리회계

균형성과표

관리회계의 최신 경향

| ESG 경영

| 빅데이터

재무회계, 원가회계와 비교한 관리회계

부록 • 경영의 본질은 무엇인가?

Strategic Management Accounting

Chapter 01

관리회계의 성격과 역할

"회계를 알면 좋다고 얘기들은 하는데, 너무 복잡해서 엄두가 안 나. 회계는 담당자만 제대로 하면 되는 것 아냐? 내가 맡은 마케팅 분야 제대로 하기도 얼마나 어려운데? 회계를 몰라도 임원도 되고 사장도 될 수 있어!"라고 하는 사람들이 있다. 회계를 잘 모르고 최고경영자 위치에 오르는 예도 있다. 그러나 문제는 임원이나 사장이 되느냐가 아니라 그 다음이다. 이들이 회계를 제대로 이해했다면 더욱 성공적인 경영자가 될 수 있었을 텐데 그렇지 못한 안타까운 경우를 종종 목격한다.

관리회계는 기업과 같은 영리조직만을 위한 것일까? 또는 회계담당자나 최고경영자만을 위한 지식일까? 대답은 당연히 "아니다." 관리회계는 최고경영자, 중간관리자, 현장근무자 등 조직의 모든 구성원들이 조직의 목표를 달성하는 방향으로 의사결정을 하도록 도와주고 동기부여하는 수단이다. 관리회계가 영리, 비영리조직을 막론하고 조직경영의 핵심적 기초로 여겨지는 이유이다.

본 장에서는 지속 가능한 발전을 위한 기업 경영에서 관리회계의 성격과 역할을 살펴본다. 조직 목표를 달성하기 위해서는 효과적인 전략 수립과 전략의 성공적인 실행이 필수적이며 그 과정에서 재무 및 비재무정보를 제공하는 관리회계의 역할이 강조된다. 균형성과표는 그러한 노력의 대표적인 예이다. 환경과 사회를 생각하는 기업 경영, 정보기술을 효과적으로 활용하는 기업 경영을 위한 관리회계의 최근 경향도 설명한다.

Strategic Management Accounting

관리회계의 의의

관리회계management accounting는 경영자를 포함한 조직구성원이 내리는 자원의 배분과 활용에 관련된 다양한 의사결정에 필요한 각종 정보를 식별, 측정, 분석, 전달함으로써 조직의 목표 달성을 지원하는 활동체계이다. 한정된 자원을 어떻게 배분하고 활용하느냐는 문제는 영리·비영리를 불문하고 모든 조직이 직면하는 과제이다. 경쟁환경에서 조직구성원이 내리는 의사결정의 질quality을 높여 조직성과를 개선하고자 하는 경영자라면 관리회계에 대한 이해가 필수적이다.

관리회계는 최고경영자부터 현장관리자까지 여러 계층의 관리자에게 다양한 정보를 제공한다. 예를 들어, 최고경영자의 전략 결정에 필요한 경쟁기업 제품의 가격, 기능, 품질 등에 관한 정보나 인터넷 마케팅 담당자가 알고자 하는 고객들의 쇼핑몰 방문 경로와 경로별 최종 구입 여부, 신선식품 구매 담당자가 궁금해 하는 요일별 주문품목과 수량, 가전사업부 임원에게 보고하는 제품별 수익성, 시장점유율, 고객만족도 등이 모두 관리회계에서 다뤄질 수 있다.

관리회계는 경영자의 **의사결정**과 **계획** 그리고 **통제** 등 관리업무에 유용한 정보를 제공한다.[1] 사업계획서나 연간예산은 대표적인 계획 도구로 관리회계에서 자주 다뤄지는 예이며 제품별, 사업부별, 지역별 영업이익은 통제단계의 대표적인 성과지표로 많이 언급된다.

대안을 비교하고 최적안을 선택하는 의사결정에 유용한 정보를 제공하는 것뿐만 아니라 의사결정의 질을 높이기 위한 관리회계의 또 다른 중요한 역할이 있다. **동기부여**motivation와 **유인**incentive방법을 설계하고 이에 필요한 정보를 제공하여 기업구성원들이 기업에 바람직한 결정을 할 수 있는 환경을 조성하는 것이다.[2]

의사결정자의 개인 목표가 기업 목표와 상충되는 경우, 기업에 바람직하지 않은 결정을 내릴 수 있지만 적절한 성과평가를 통해 보상을 제공한다면 잘못된 결정을 내리는 문제를 미

1 경영자의 관리업무는 의사결정과, 계획－조직－지휘－통제의 관리과정(management process)상 활동이 근간이 된다. 의사결정은 관리과정의 각 단계에서 필요하지만 기업의 사업방향을 결정짓는 계획단계에서의 의사결정이 가장 중요하며, 조직과 지휘는 각각 계획과 통제의 범주에 포함할 수 있으므로 결국 경영자의 업무는 의사결정과 계획 그리고 통제로 요약할 수 있다. 관리과정은 다음 4단계로 이루어져 있다. 첫째, 목표 달성을 위한 미래 사업 방향과 핵심적인 활동을 결정하고 구체적인 계획(planning)을 수립한다. 둘째, 각 활동에 인적, 물적자원을 효율성과 효과성을 고려하여 적절히 배분하고 조직화(organizing)한다. 셋째, 계획대로 활동을 수행할 수 있도록 구성원의 사기진작과 동기부여 방법을 모색하고 이를 실행하는 지휘(leading)활동을 수행한다. 넷째, 성과평가 및 보상방법을 결정하고 이에 따라 실제 성과를 측정하여 구성원에게 보상이나 승진 등의 유인을 제공하며 이후 계획에 반영하는 통제(controlling)활동을 수행한다.

2 의사결정과 관련하여 관리회계는 의사결정을 도와주는 역할(decision facilitating)과 의사결정에 영향을 주는 역할(decision influencing)을 수행한다.

그림 1-1 경영자의 업무와 관리회계의 역할

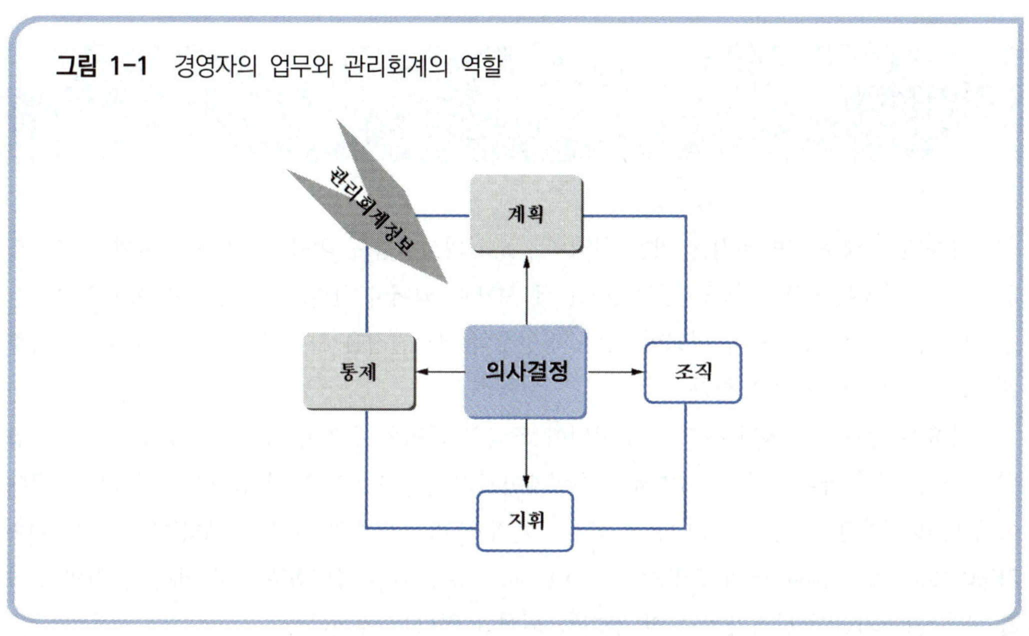

연에 방지할 수 있다.[3] 통제목적으로 어떤 성과평가방법과 성과지표를 사용하느냐에 따라 기업 구성원의 의사결정이 달라지므로 구성원들이 기업에 바람직한 의사결정을 할 수 있는 내부 시스템을 갖추고 이에 유용한 정보를 측정하고 제공하는 것이 관리회계가 담당해야 할 중요한 과제이다.

관리회계가 조직의 성공을 이끌기 위해서는 두 가지 선결 조건이 충족되어야 한다. 첫째, 조직이 고품질의 관리회계 정보를 제공해야 하고, 둘째, 조직구성원이 그 정보를 제대로 활용할 수 있어야 한다. 디지털 전환과 글로벌화, 팬데믹 등으로 기업환경이 급변하는 가운데 정보기술의 발달로 이용 가능한 정보는 질과 양 모두 유례없이 성장했다. 그러나 이러한 정보환경의 변화가 모든 기업에 유리하게 작용하는 것은 아니다. 풍부한 정보를 제대로 활용하는 능력을 보유한 기업과 그렇지 않은 기업 사이의 성과 차이는 오히려 벌어지고 있다. 경영자의 관리회계 역량이 더 중요한 시대가 된 것이다.

3 사업부 관리자가 최선의 노력을 경주하도록 사업부의 성과를 평가하고 이에 따라 보너스를 지급한다고 하자. 매출액을 기준으로 성과평가를 하는 경우와 이익을 기준으로 성과평가를 하는 경우 각각 어떤 결과를 예상할 수 있는가? 매출액을 기준으로 성과평가를 한다면 매출량을 높이기 위해 기업의 이익에 반하는 가격책정이나 판촉활동을 할 수 있지만, 이익을 기준으로 성과평가를 한다면 무작정 많은 물량을 판매하기보다는 수익성을 우선적으로 고려하게 된다. 물론 이익지표 자체도 함정이 많이 있으므로 이를 보완하기 위한 노력이 필요하다.

Strategic Management Accounting

경영전략과 전략적 관리회계

유능한 경영자라면 조직을 위한 최적의optimal 의사결정을 내릴 수 있어야 하며 결과적으로 그 의사결정은 조직의 목표를 달성하는 데 보탬이 되어야 한다. 따라서 경영자가 의사결정을 내리기 전에 여러 대안을 비교할 때나, 경영자의 의사결정을 사후적으로 평가할 때 그 기준은 조직의 목표가 되어야 한다.

중요한 문제는 경영자나 다른 구성원이 조직의 목표를 무엇이라고 인식하느냐이다. 기업의 목표는 '이익 극대화'이고, 경영자는 손익계산서의 당기순이익을 최대화하는 대안을 선택해야 한다고 생각할 수 있다. 그러나 오늘날 기업의 목표는 단순한 '이익 극대화'가 아니라 **'지속가능이익**sustainable profit 극대화' 또는 '장기이익long-term profit 극대화'이어야 한다. 조직의 성과를 측정하는 기간이 단기가 아니라 장기가 되어야 한다는 것이다.

단기수익성과 장기수익성이 서로 충돌하는 대표적인 예로 연구비가 있다. 연구에 대한 투자는 기업의 장기적 생존과 성장을 위해 필수적이지만, 재무회계상 비용으로 처리되어 당기순이익을 감소시킨다. 만일 최고경영자가 해마다 당기순이익을 기준으로 실적을 평가받고 그 결과에 따라 연임 여부가 결정된다면, 연구비를 줄여서라도 당기순이익을 극대화하려는 유혹에 빠질 수 있다. 경영자에 대한 성과평가가 기업의 장기적 성공을 유도해야 하는데 손익계산서의 당기순이익은 오히려 지속가능이익을 해치는 방향으로 경영자를 이끌 수 있는 것이다.

지속가능이익의 극대화를 기업의 목표로 받아들이면, 다음 과제는 그것을 어떻게 달성할 것인가이다. 경영자는 고객, 경쟁기업, 공급기업 등이 존재하는 외부시장환경에서 기업의 내부역량을 통해 경쟁력 있는 사업으로 발전시킬 기회를 찾아내고 이를 차별성 있는 기업활동으로 구체화해야 한다. **전략**strategy은 기업의 역량과 시장에서의 기회를 어떻게 결합하는 것이 기업목표 달성에 도움이 될 것인가를 구체화하는 것이며, 제한된 경제적 자원을 효과적이고 효율적으로 사용하려는 노력이기도 하다.

관리회계는 기업의 경쟁력과 그 경쟁력을 발휘할 사업기회 등에 관한 정보를 제공하여 경영자의 전략 수립을 지원한다.[4] 특히 경쟁기업이나 신규진입 가능기업, 신기술 등에 의한 대체품, 고객이나 공급협력기업의 협상력 등 소속 산업에 대한 정보가 중요하다. 경쟁이 치열하거나 대체품이 개발된다면 매출이 감소하거나, 매출을 유지하기 위해 가격을 낮춰야 하는 상황

4 기업의 강점(strength)과 약점(weakness), 사업환경으로부터의 기회(opportunity)와 위협(threat) 등의 SWOT 분석은 전략 수립을 위한 대표적인 관리회계 기법이다.

그림 1-2 기업과 전략

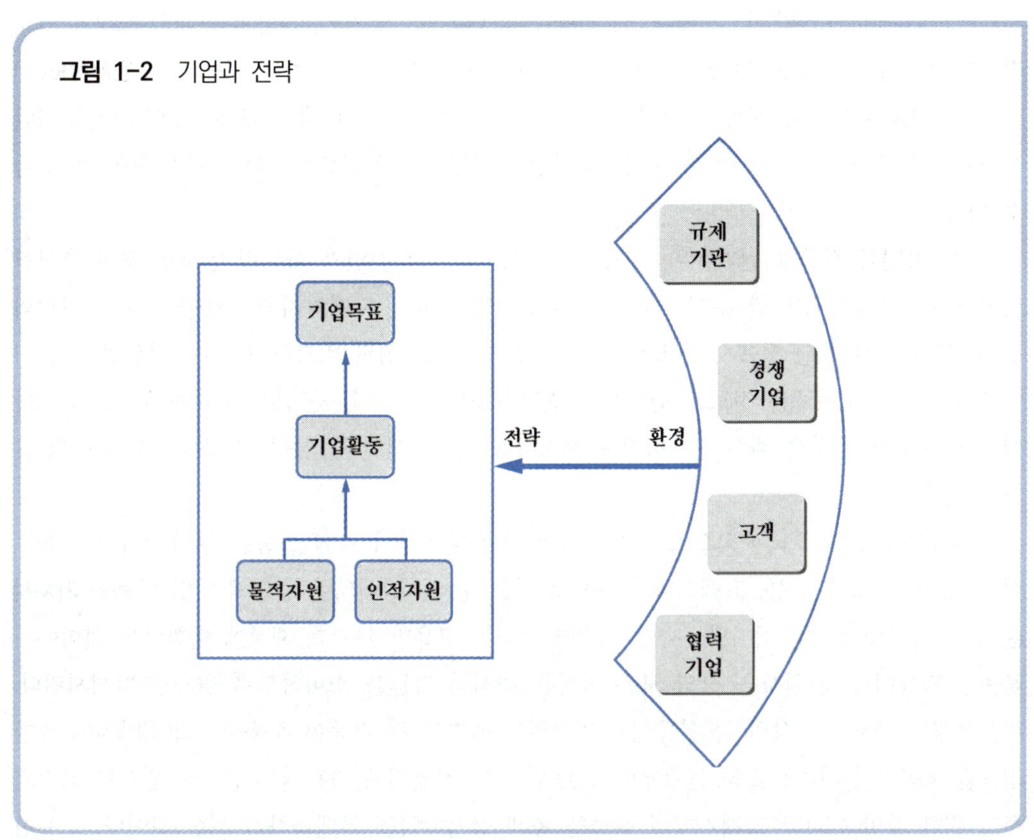

이 발생할 수 있다. 또한, 고객의 협상력은 제품판매가격에, 공급협력기업의 협상력은 원자재 등의 조달가격에 영향을 주므로 결국 기업 이익을 좌우할 수 있다. 전통적 관리회계가 재무수치를 기초로 한 단기적 관리정보 제공에 초점을 둔 것과는 달리, 오늘날 관리회계는 실무를 중심으로 경영자의 전략 수립과 실행에 필요한 정보를 제공하고 지원하는 역할로 확대되고 있다. 이를 **전략적 관리회계**strategic management accounting라고 한다.[5]

기업이 고객만족 또는 고객가치를 창출하는 전략은 크게 두 가지로 분류할 수 있다. 하나는 경쟁기업이 제공하지 못하는 제품이나 서비스를 소비자에게 제공하는 것이다. 애플의 아이폰, 다이슨의 진공청소기, 화이자의 코로나 백신같이 혁신적인 제품을 제공하는 '**제품차별화**

5 전략적 관리회계라는 명칭은 1981년에 발표된 시몬즈(Simmons, K)의 논문에서 처음 사용된 것으로 알려져 있다. CIMA(Chartered Institute of Management Accountants)와 IMA(Institute of Management Accountants)는 관리회계 실무자들을 위한 대표적인 국제협회인데 이들 보고서에는 전략적 관리회계에 대해 다룬 주제가 많다. 특히 IMA는 30여 년간 사용하던 월간저널 명칭 Management Accounting을 1999년 3월부터 Strategic Finance로 변경한 바 있다. 관리회계 실무 담당자의 업무가 전통적인 관리회계에만 머물러 있지 않고 전략적인 업무와 기업재무 영역까지도 확대되고 있다는 점을 명칭 변경의 이유로 들고 있다.

product differentiation **전략**'이 그 예다. 이 전략은 성공확률은 낮지만, 성공했을 때의 보상은 압도적이다. 또 다른 방식은 경쟁기업 제품과 유사한 제품을 낮은 가격에 제공하는 '**원가선도**cost leadership **전략**'이다. 이 전략은 혁신성이 떨어지는 많은 기업이 채택하므로 수익성이 낮지만 실패할 위험도 상대적으로 작다. 저가항공사인 제주항공이나 잡화상점인 다이소 등을 예로 들 수 있다.

제품차별화 전략과 원가우위 전략 중 무엇을 선택할 것인가 아니면 양자를 모두 추구할 것인가는 경영자가 선택할 문제이다. 기업의 궁극적 목표는 고객가치의 창출을 통해 장기이익을 추구하는 것이라는 점에서 본질적 차이는 없다. 경쟁기업과 비교하여 원가, 생산성, 효율성 등에서 우위를 보여주는 정보는 원가우위 전략의 기초가 되며, 가격이 더 비싸더라도 뛰어난 성능 때문에 이 제품을 계속 선택하거나 추천하겠다는 고객설문 정보는 제품차별화 전략의 근거가 된다.

제품을 개발하고 최종적으로 고객에게 판매할 때까지의 기업 활동은 크게 연구 및 개발, 설계, 생산, 마케팅, 유통, 고객서비스 등으로 나눌 수 있다. 이러한 일련의 기업 활동을 **가치사슬**value chain이라고 하는데, 활동마다 고객이 원하는 고유한 가치를 제품에 더한다는 의미에서 붙여진 명칭이다. 가치사슬 상의 모든 활동은 경제적 자원을 소비하므로 원가를 발생시킨다. 관리회계는 가치사슬 상의 각 활동에서 발생하는 원가와 각 활동이 창출하는 고객가치에 관한 정보를 제공하여 가치사슬의 설계에도 도움을 준다. 기업의 원가관리는 단순히 원가를 최소화하기 위한 것이 아니라 고객가치의 창출을 통해 장기이익을 극대화하기 위한 것이다. 고유한 고객가치를 창출하는 핵심적인 부가가치 활동은 자원을 더 배분해 강화하고, 가치에 도움은 되지만 핵심적이지 않은 활동은 외부에서 조달할 수 있다. 고객가치를 창출하지 못하는 비부가가치활동은 제거하거나 최소화해야 한다. 이러한 관점의 원가관리를 **전략적 원가관리**strategic cost management라 부른다. 무조건적인 원가절감이 아니라 장기이익의 극대화에 도움이 되는 적극적인 원가관리가 핵심이다.

가치사슬과 유사한 개념으로 **공급사슬**supply chain이 있다. 공급사슬 또는 공급망은 재화나 서비스 등이 만들어지는 초기 단계부터 최종적으로 고객에게 전달되는 마지막 단계에 이르는 과정을 의미한다. 가치사슬이 한 기업 내에서의 가치창출활동을 의미하는데 반해, 공급사슬에는 원자재 공급기업, 물류기업, 판매기업 등 여러 기업이 관여될 수 있다. 예를 들어 목재가구가 고객에게 전달되는 공급사슬에는 벌목기업, 원목수입기업, 운송기업, 가구제조기업, 가구도매기업, 가구소매기업 등이 포함된다. 가구제조기업의 입장에서는 원목수입기업 및 운송기업은 공급사슬 상류에, 도소매기업은 공급사슬 하류에 위치하는데 이들 기업과의 협력과 조정이 성과에 중대한 영향을 미칠 수 있다.

균형성과표

현대 관리회계의 대표적인 기법 중 하나로 1990년대 초에 등장한 균형성과표가 있다. **균형성과표**BSC: balanced scorecard는 조직의 장기적 성과를 극대화하기 위해 **재무지표**financial measure와 **비재무지표**nonfinancial measure를 통합적으로 활용하는 성과평가체계이자 경영전략 실행도구이다.[6]

균형성과표는 다양한 비재무성과지표를 전통적인 재무성과지표와 함께 균형 있게 사용하면 재무지표의 한계를 극복하고 구성원들의 노력을 더 잘 끌어낼 수 있다고 본다. 균형성과표에서는 전략과 일관성을 갖는 성과지표를 선택하고 각 성과지표를 인과관계로 연결한다. 이를 위해 성과지표를 재무financial 성과, 고객customer 성과, 내부프로세스internal process 성과, 학습과 성장learning and growth 성과로 구분하고, 성과지표 간 인과관계를 도식화한 **전략지도**strategy map를 활용한다. 성과지표별로 목표치를 설정하고 이를 달성하기 위한 실행계획을 수립해 적용한 후 결과를 평가하는 과정을 거친다.

균형성과표를 활용하면 구성원들은 각자의 업무가 조직 전체의 목표를 달성하는 데 어떠한 영향을 미치는가 명확하게 이해할 수 있다. 이런 의미에서 균형성과표는 다소 막연하게 느껴질 수도 있는 경영전략을 구성원에게 요구되는 구체적인 행위로 번역해 주는 관리기법이라고 할 수 있다.

예를 들어, 전국 각지에 직영점을 두고 있는 피자회사가 가격은 비싸지만 맛과 영양이 탁월한 피자를 친절응대와 신속배달로 고객에게 제공하여 지속적인 재무성과를 내려 한다고 하자. 직영점은 지점장이 회사의 기본지침에 따라 자율적으로 운영하도록 하는 대신, 직원 모두 열심히 일하도록 고정급여 이외에도 지점별 성과평가에 따라 보너스를 차등 지급한다. 어떤 성과지표를 사용하는 것이 직원들의 노력을 최대로 끌어내어 재무성과를 올릴 수 있을까?

첫 번째로 생각할 수 있는 성과지표는 지점 이익이다. 직원들이 업무를 성실히 수행할 경우 결과적으로 피자 매출과 이익이 증가할 가능성이 크므로 지점 이익은 적절한 성과지표라고 생각할 수 있다. 그러나 특정 기간의 매출은 맛과 영양, 친절과 신속 등 고객가치를 창출하려는 직원들의 노력이 아니라 광고지 쿠폰으로 인해 일시적으로 증가할 수도 있다. 고객가치 증진 노력을 유도하려면 매출액이나 이익만으로는 부족하며 고객평점이나 배달시간 등으로 측정

6 균형성과표의 구체적인 내용은 제12장에서 다루고, 여기서는 핵심 개념만 살펴본다.

그림 1-3 균형성과표와 전략지도

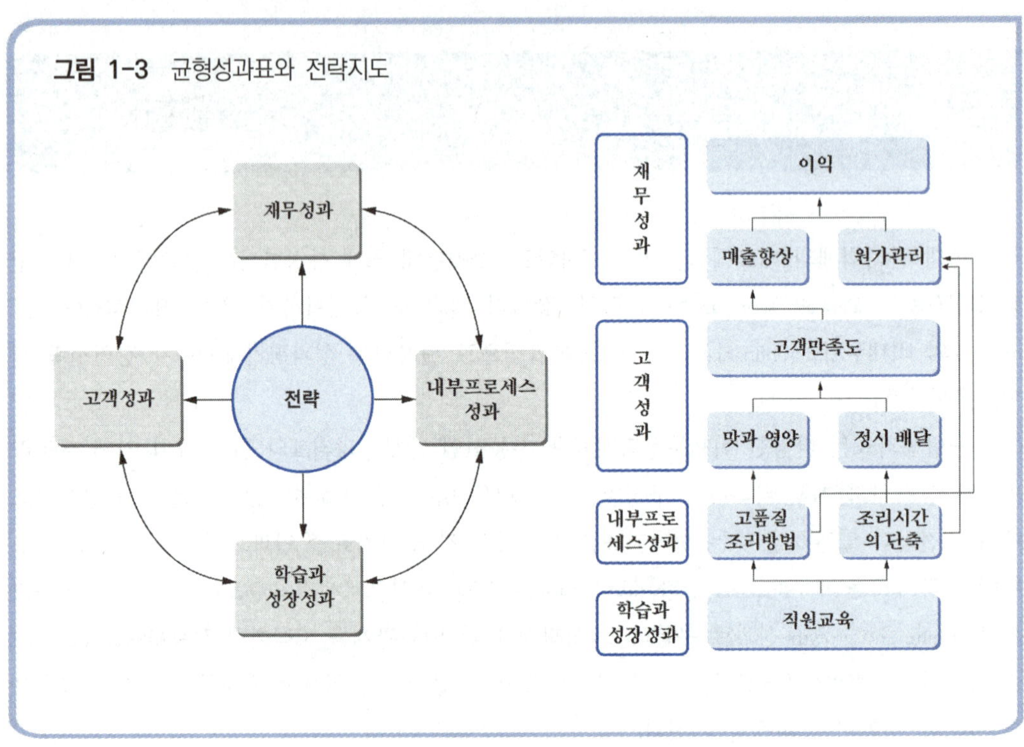

할 수 있는 고객만족도 성과지표와, 조리시간과 같은 내부프로세스에 대한 성과지표 등을 사용하는 것이 필요하다. 재무성과의 원인이 되는 고객성과와 내부프로세스성과를 함께 관리하고 평가하는 것이 지속가능한 재무성과를 이루기 위한 현명한 접근법이 된다.

Strategic Management Accounting

관리회계의 최신경향

ESG 경영

2000년대 초반 유엔UN은 환경과 사회 문제가 기업의 자발적 참여나 규제기관의 규제만으로 해결될 수 없으며 기업과 관련된 모든 기관과 구성원이 이에 공감하고 그들의 의사결정에 반영하는 생태계가 만들어져야 해결될 수 있다고 보았다. 이를 위한 시발점으로 글로벌 투자금융기관이 참여한 보고서에서 환경, 사회, 지배구조에 대한 관리능력이 기업 경쟁력에 필수적 요소이며 기업가치 제고에 중요하다는 인식을 같이하고 관련된 외부 기관과 구성원이 실천해야 할 사항을 제안했다.[7]

사회의 **지속가능발전**sustainable development을 이루기 위해 기업이 환경과 사회의 문제에 적극적으로 개입할 것을 요구하는 ESG 경영의 시대가 온 것이다.[8] **ESG**는 **Environment**환경, **Social**사회, Governance지배구조의 첫 알파벳을 따서 만든 약자이다. 표 1–1은 각 영역에서 관리할 항목의 예를 보여주는데, 이 가운데 지배구조는 환경과 사회 문제를 적극적으로 관리하기 위한 선결요건이라고 할 수 있다. 기업지배구조가 잘 갖춰져 있어야 환경과 사회문제를 해결할 수 있는 정책과 방안을 성공적으로 실행할 수 있기 때문이다.

ESG 경영은 이제까지와는 달리 환경 및 사회 요소가 기업의 원가가 될 수 있는 새로운 시대에 지속가능이익을 극대화하기 위한 대책의 하나라고 할 수 있다. 당장의 재무성과를 위해 기후변화와 관련된 환경 지출을 줄이면 강화된 규제환경에서는 향후 더 큰 비용을 부담해야 한다. ESG 성과가 저조한 기업에 대해서 연기금이나 자산운용사 등이 투자를 철회할 수 있고, 신용평가점수가 낮아지면서 기업의 자본비용이 상승해 기업가치가 감소할 수 있다. 성능이나 가격 못지않게 ESG 성과에 민감한 고객이 증가하면 ESG 관련 문제 발생 시 브랜드 가치와

표 1–1 ESG 영역별 관리항목의 예

영역	환경(Environment)	사회(Social)	지배구조(Governance)
관리항목	• 기후변화와 관련 위험 • 탄소배출 • 환경오염, 환경규제 • 생태계 및 생물다양성 • 자원 및 폐기물 관리 • 에너지 효율 • 독성물질과 폐기물 절감 • 환경우발부채 범위 확대 • 환경 관련 신흥시장 • 환경 관련성과, 투명성, 책임에 대한 개선 요구	• 작업장 근로자 안전과 건강 • 지역사회와의 관계 • 고객 만족 • 데이터 보호 프라이버시 • 인권, 성별 및 다양성 • 공급망 관리 • 사내, 협력업체 인권문제 • 영업장이 있는 개발도상국에서 해당국 정부 및 지역사회와의 관계 • 사회 관련성과, 투명성, 책임에 대한 개선 요구	• 이사회의 구조와 책임 • 회계와 공시 관행 • 감사위원회의 구조와 감사인의 독립성 • 경영자 보상 • 부정과 뇌물 관리 • 기업윤리 • 컴플라이언스 • 로비 및 정치기부 • 공정 경쟁

7 UN Global Compact. 2004. Who Cares Wins.
8 지속가능발전은 미래 세대의 필요(needs) 해결능력을 훼손하지 않고서도 현 세대의 필요를 충족시킬 수 있는 발전을 의미한다

수익 감소를 초래할 수도 있다.

ESG 경영을 소극적으로 환경 및 사회와 관련된 새로운 위험의 관리 문제로 이해할 수도 있지만 보다 적극적으로 새로운 시장과 수익성의 기회로 삼을 수 있다. 환경 및 사회와 관련된 도전과 위험을 잘 관리하고 새로운 사업기회를 포착한다면 장기적으로 기업가치에 긍정적 효과를 줄 수 있다. ESG 성과가 우수한 기업은 자본시장, 노동시장, 제품시장에서 조달비용을 낮추고 수요를 증대시켜 기업가치 상승을 기대할 수 있기 때문이다.

ESG 경영을 위해 관리회계 분야에서도 변화가 필요하다.

첫째, 종전의 재무적 관점 위주의 전략을 수정하여 비재무적 ESG 관점이 포함된 전략으로 전환할 필요가 있다. 예컨대 원가선도전략 하에서 환경 및 사회 성과를 위한 노력은 단기적인 재무성과와 상충이 불가피한데 이들을 어떻게 조화롭게 유지할 것인가에 대해 전략 및 실행계획 차원에서 고민해야 한다.

둘째, ESG가 반영된 전략과 실행계획을 구체적으로 실행하고 관리하기 위한 ESG 성과지표를 마련하여야 한다. '측정하지 않으면 관리할 수 없다'는 관리회계의 격언이 이 경우에도 적용된다. 재무성과의 경우에는 외부공시목적이든 내부관리목적이든 성과를 측정하는 방법론과 지표가 지난 한 세기에 걸쳐 발전되어 왔지만, ESG는 이제 시작이어서 여러 기관에서 공시기준이나 지표를 내놓고 있음에도 통합과 표준화는 미흡하다. 최근 글로벌 빅4 회계법인이 참여한 세계경제포럼WEF: World Economic Forum 백서에서는 여러 ESG 지표를 통합하여 21개의 핵심지표와 34개의 확장지표로 제시하고 있는데 ESG 성과를 관리하고자 하는 기업에게 좋은 출발점이 될 수 있다. 물론 이들 지표를 기초로 기업의 상황과 전략에 부합하는 성과지표를 선택하는 과정이 필요하다.

셋째, 성과지표가 만들어지면 지표상 현재 상태와 개선가능성을 파악한 후 최종목표, 달성방안, 달성스케줄 등을 정하고 정기적으로 목표와 실제결과의 차이를 분석해야 한다. 따라서 각 성과지표 측정에 필요한 기초 데이터를 지속적으로 확보하는 것이 중요하다.

빅데이터

관리회계의 기본 역할은 경영자와 조직구성원의 의사결정에 유용한 정보를 제공하는 것이다. 그러나 과거 경제적 거래 기록에서 얻어진 재무수치에 많은 부분을 의존해 왔던 관리회계의 특성상 미래 예측정보나 운영활동에 필요한 신속한 정보보다는 통제나 성과평가를 위한 정보 제공에 더 강점이 있었던 것이 사실이다.

최근 모바일기기, 소셜미디어, **사물인터넷**IoT: internet of things, 클라우드컴퓨팅 등 정보기술의 눈부신 발전으로 인해 기업이 과거와는 달리 방대하고 다양한 데이터를 확보할 수 있게 되었다. 현재 또는 잠재적 고객이 쇼핑몰이나 SNSsocial network service 등에 접속하여 남긴 데이터, 데이터 전송이 가능한 장치가 부착된 제조설비나 물류차량, 전자기기 등으로부터의 데이터가 대표적인 예이다. 기업이 자체적으로 수집한 데이터는 외부에서 입수한 데이터와 결합하여 더 의미 있는 정보를 창출하기도 하는데, 이러한 방대하고 다양한 데이터를 **빅데이터**big data라고 한다.

기업이 그동안 실제 거래를 바탕으로 수집해오던 정형화된 데이터와 달리 빅데이터는 구조화되지 않은 다양한 형태를 취하는 것이 특징이다. 빅데이터의 특징을 5V로 나타내기도 하는데, 방대한 양volume, 다양한 형식variety 이외에도, 빠른 생성과 이동 속도velocity를 가진 만큼 기업이 적절히 활용한다면 매우 유용한value 정보가 될 수 있지만, 그만큼 데이터의 정확성veracity과 신뢰성을 확보하는 것이 중요하다는 의미이다.

빅데이터가 기업 운영에 도움이 되고 새로운 기회를 제공하기 위해서는 해결되어야 할 문제가 있다. 종전 재무데이터와 사뭇 다른 빅데이터를 어떻게 가공할 것인가? 다양한 원천으로 얻은 빅데이터는 충실정확성, 완전성, 일관성하여 신뢰할 수 있는가? 빅데이터로부터 통찰력을 얻는 데 도움을 주는 도구에는 무엇이 있으며 그 통찰력을 기업 운영에 어떻게 반영할 수 있는가? 일반적으로 빅데이터의 가공에서부터 통찰력을 얻기까지의 전 과정을 **데이터 애널리틱스**data analytics라고 한다.[9] 이와 관련된 기술적인 업무는 컴퓨터과학 전공자가 가장 잘 수행할 수 있지만, 기업 전략, 운영 및 관리에 대한 이해가 뒷받침되어야 하므로 관리회계 담당자가 관련 전문가와 의사소통 할 수 있는 기본지식을 갖추는 것이 필요하다.

빅데이터가 관리회계에 주는 또 다른 시사점은 **데이터 거버넌스**data governance이다. 데이터는 재무상태표에 표시되지 않지만 잘 활용할 경우 기업에 큰 혜택을 줄 수 있는 자산이므로 잘 관리해야 한다. 데이터 거버넌스는 데이터 질, 보안성, 개인정보 보호 등을 위한 데이터 관리의 전체적인 틀을 의미한다. 예를 들면, 데이터 관련 정책, 절차, 과정, 인프라, 기술, 담당자 그리고 이들을 관리하는 조직 등을 포괄하는 개념이다.

데이터 거버넌스가 중요한 이유로 몇 가지가 있다.[10] 첫째, 데이터에 기반한 의사결정을

9 우리나라에서는 data analytics를 데이터 분석으로 번역하는 것이 일반적이지만 data analysis보다 더 넓은 의미로 사용된다는 점에서 구별하여 데이터 애널리틱스로 부르는 것이 더 적절할 것으로 보인다. 데이터 애널리틱스는 데이터 사이언스(data science)와 혼용하여 쓰기도 하지만 엄밀하게 구분하는 경우 데이터 사이언스가 더 포괄적이고 고급의 역할을 수행하는 것으로 본다. 데이터 애널리틱스에서는 상대적으로 잘 정의된 데이터셋의 분석을 통해 구체적인 현안에 대한 실행 가능한 통찰력을 얻고 시각화(visualization) 등의 방법으로 결과를 잘 전달하는 역할이 강조되고 데이터 사이언스는 수학, 통계학, 컴퓨터공학, 머신러닝, 인공지능 등의 지식을 기반으로 다루기 어려운 데이터셋에 적용할 프로토타입, 데이터모델링, 알고리듬, 예측모형 등의 시스템을 직접 코딩으로 개발하는 역할이 두드러진다. 데이터 애널리틱스에서도 수학이나 통계학의 지식을 이용하고 코딩작업을 하기도 하지만 이보다는 이미 개발된 분석도구를 많이 사용한다.

신뢰할 수 있으며 그러한 조직 분위기를 조성할 수 있다. 둘째, 데이터 관련 외부 규제 요건을 잘 준수할 수 있다. 셋째, 고객의 개인정보를 잘 관리하고 있다는 신뢰를 주어 고객가치를 높일 수 있다. 금융이나 건강 관련 산업에서는 민감한 개인정보의 보안이 특히 중요하므로 이에 대한 관리능력이 고객을 유치하는 데 중요한 요소가 된다. 넷째, 다양한 버전의 중복된 데이터로부터 오는 부정확성, 업무의 혼란이나 비효율성을 피할 수 있다. 다섯째, 데이터와 관련된 책임소재를 명확하게 할 수 있다. 권한이 없는 자가 데이터에 접근하거나 데이터를 오염시켰을 때 문제의 원인과 소재를 밝힐 수 있어 문제 해결이 수월해진다. 여섯째, 데이터 관리의 투명성이 제고되어 문제를 제기하는 외부 이해관계자에게 설득력 있게 설명할 수 있다. 일곱째, 전반적으로 데이터관리에 따른 비용을 절감할 수 있다.

관리회계시스템이 잘 설계되어 있으며 활용하는 데이터가 정확하고 시의적절하다면 의사결정자에게 유용한 정보를 제공하여 조직성과에 기여할 수 있으므로 결국 데이터 거버넌스가 효과적으로 작동하고 있음을 의미한다. 만약 데이터 거버넌스에 문제가 있다면 관리회계시스템의 효익도 낮아질 수밖에 없다.

Strategic Management Accounting

재무회계, 원가회계와 비교한 관리회계

재무회계financial accounting는 기업 외부의 현재 또는 잠재적 이해관계자에게 재무제표를 통해 재무상태와 영업성과에 대한 정보를 제공한다. 재무회계정보는 경영자가 효과적으로 경영업무를 수행하고 있는가, 즉 **수탁책임의무**stewardship를 충실히 이행하고 있는가를 주주와 채권자가 평가하는 데 유용할 뿐만 아니라 현재 또는 미래 투자자의 **기업가치평가**valuation에도 기초가 된다.

원가회계cost accounting는 기업이 취득하고 소비하는 경제적 자원에 대한 재무 및 비재무 정보를 제공한다. 재무제표 작성에 필요한 기말재고자산이나 매출원가 결정을 위한 제품원가는 물론, 활동이나 부문에서 발생한 원가는 대표적인 재무정보이며 이들 원가의 발생원인에 대한 정보는 비재무정보이다. 기업목표를 달성하기 위해서는 희소한 경제적 자원을 효과적이

10 Stobierski T. 2021. Data Governance: a Primer for Managers. Harvard Business School Online.

고 효율적으로 사용하는 것이 중요하므로 이와 관련된 원가정보는 기업목표를 추구하는 관리자에게 유용한 정보가 된다.[11]

관리회계는 재무회계와 비교할 때 정보의 이용자, 정보의 특성, 정보의 산출기준 등 몇 가지 점에서 차이를 보인다. 먼저, 재무회계가 기업 외부에 있는 투자자와 채권자들에게 기업과 관련된 전반적인 재무정보를 제공한다면, 관리회계는 앞에서 설명했듯이 경영자 등 구성원들이 조직목표를 달성하기 위한 활동을 수행하는 과정에서 필요한 상세하고 다양한 재무 및 비재무정보를 제공한다.

경영자의 중요한 업무 중 하나는 기업의 미래 활동에 대한 계획 수립이며 이에 필요한 정보는 대부분 미래 상황에 관한 예측 정보이다. 과거에 발생한 역사적 재무 정보도 계획 수립에 필요하지만, 기업의 내·외부환경이 지속적으로 변하는 상황에서 과거자료의 역할은 제한적일 수밖에 없다. 재무회계정보가 과거 거래를 기초로 만들어지는 데 반해, 관리회계정보는 과거자료 뿐만 아니라 미래예측정보도 포함한다. 최근에는 클라우드, 사물인터넷 등 정보기술의 발전으로 빅테이터를 이용한 예측 정보도 관리회계에서 비중 있게 다뤄지고 있다. 또한, 연구개발, 구매, 생산, 마케팅 등 세부적인 현업 활동에서부터 전후방 협력기업이나 경쟁기업 등 산업 전반에 걸친 다양한 재무, 비재무정보가 활용된다.

재무회계정보는 불특정 외부 이해관계자에게 공시되어 국가 경제에 미치는 영향이 크므로 상법, 주식회사의 외부감사에 관한 법률 등의 규제를 받는다. 또한 국제회계기준과 같이 일반적으로 인정된 회계원칙을 준수하여야 한다. 그러나 기업 내부 구성원들에게 제공되는 관리회계 정보의 형식과 내용은 정보이용자의 필요와 선택에 따라서 결정된다. 이때 중요한 것은 정보의 유용성과 산출비용이지, 법률이나 일반적으로 인정된 회계원칙을 준수했는지 여부가 아니다. 예를 들어, 내부관리 목적으로 제조원가에 변동제조원가만을 포함하고 고정제조원가는 기간원가로 처리하는 변동원가계산방식을 사용할 수도 있고, 성과평가 목적을 위해서 연구비를 비용화하지 않고 무형자산으로 처리할 수도 있다.

이와 같이 관리회계가 여러 측면에서 재무회계와 다르지만, 전혀 별개의 것은 아니다. 특히 과거 거래를 기초로 한 재무정보의 경우에는 재무회계를 기반으로 한 **전사적 자원관리**ERP: enterprise resource planning 시스템에 입력된 회계자료를 추출하여 관리회계 용도에 맞게 가공하여 활용하는 것이 일반적이다. 개별 시스템을 유지하는 경우 각 시스템 간의 정합성이나 일관

11 전통적으로는 원가회계는 원가계산에 초점을, 관리회계는 원가 등 재무적 정보의 관리적인 이용에 초점을 두는 것으로 구별하였으나 최근에는 관리회계와 원가회계를 혼용하여 사용하는 경우가 많다. 상황이 이렇다 보니 둘을 합하여 '원가와 관리회계' 또는 '관리와 원가회계'라는 교재 명칭이 등장하기 시작하였다. 최근 한국공인회계사 시험 과목으로 종전의 원가회계라는 과목 명칭에서 관리회계주제의 비중을 높이겠다는 취지로 '원가관리회계'라는 이름으로 변경하는 안이 확정된 바 있다. 자칫 '원가관리'를 다루는 회계로 오해할 여지가 있으니 정확하게는 원가와 관리회계 또는 원가·관리회계로 표기하는 것이 바람직하다고 생각한다.

성을 확보하기 어렵고, 비용이 많이 소요되기 때문이다. 유의할 것은, 회계정보시스템에서 산출되는 재무회계정보를 가공 없이 그대로 관리회계 목적에 사용하면 잘못된 판단을 내릴 수 있다는 점이다. ■

ESG 경영은 이제 선택이 아니라 필수가 되었다. 경영에 관한 전통적인 사고방식을 가진 경영자는 퇴출당할 수밖에 없는 세상이 되고 있다. 관리회계가 조직경영에 필수적이라면, ESG 시대의 관리회계는 전통적 관리회계와 달라야 한다. 사업계획을 세울 때, 이를 실행에 옮길 때, 그리고 결과로서의 성과를 평가하고 미래 사업계획을 세울 때 등 모든 단계에서 경영자는 종합적, 장기적 관점에서 조직을 경영해야 한다. 과거에 소홀히 다뤄졌던 환경과 사회에 미치는 영향까지 고려하면서 장기적으로 지속 가능한 재무성과를 추구해야 하는 것이다. 기업의 영향력이 과거 어느 때보다 커진 만큼 기업에 대한 사회적 기대와 책임도 전통적인 수준을 뛰어넘는 것이 마땅하다. 그렇다고 전통적인 관리회계에서 다뤄졌던 기법들을 공부할 필요가 없어진 것은 아니다. 다만, 그것에서 한 걸음 나아가 환경, 사회, 지배구조 측면에서 추가로 요구되는 것을 만족하면서 기업의 이익을 장기적인 관점에서 극대화해야 한다. 과제가 더 어려워졌지만, 그만큼 도전할 가치가 더 커진 것이다.

APPENDIX 1.1 경영의 본질은 무엇인가?

관리회계는 MBA 졸업생들이 가장 유용하다고 지목하는 회계과목이다. 그 이유는 다양한 현장의 문제를 해결하는 데 실질적인 도움이 되기 때문이다. 유능한 경영자가 되기 위해서는 관리회계 지식을 필수적으로 갖춰야 하지만, 한 단계 더 나아가 경영의 핵심에 관해 고민해 볼 필요가 있다. 관리회계의 영어 표현management accounting이 시사하는 것처럼 관리회계는 경영 일반과 회계 두 분야를 아우르기 때문이다.

본문에서 기업의 목표는 지속가능이익 또는 장기이익을 창출하는 것이고, 이는 고객만족 또는 고객가치의 창출을 통해 가능하다고 했다. 정작 어려운 문제는 어떻게 해야 고객가치를 창출할 수 있는가이다. 이 문제를 조금 더 살펴보자. 기업의 장기이익은 장기수익long-term revenues과 장기비용long-term expenses의 차이이다. 기업의 수익과 비용은 투자자, 채권자, 고객, 임직원, 협력업체 등 다양한 이해관계자stakeholders와의 교환거래에서 발생한다. 예를 들면, 기업은 주주와 채권자로부터 자본을 조달한 후, 직원을 고용하고 생산설비를 마련하고, 원재료를 가공해서 제품을 생산한 후 유통망을 통해 고객에게 판매한다. 장기이익은 이러한 이해관계자와의 교환거래의 결과가 오랜 기간 누적된 것이다. 이들 일련의 과정에서 현금의 수입과 지출이 발생하는데, 장기적으로 현금의 순유입을 극대화하는 것이 장기이익을 극대화하는 길이다. 그러기 위해서는 이해관계자와의 교환거래에 집중할 필요가 있다.

기업과 고객이 만나는 제품시장을 살펴보자. 시장에서 어떤 재화가 고객에게 선택받기 위해서는 그 재화가 고객에게 제공하는 편익benefit이 고객이 지불하는 가격price보다 커야 한다. 여기서 고객편익과 가격의 차이를 **고객가치**customer value 또는 **소비자 잉여**consumer surplus라고 하는데, 진정한 고객만족은 이러한 고객가치를 의미한다. 한편, 재화를 공급하는 기업의 입장에서는 고객이 지불하는 가격보다 기업의 원가cost가 작아야 한다. 가격과 기업원가비용의 차이가 기업이익이다. 고객과 기업의 입장을 종합하면, 시장에서 특정 재화를 기업이 제공하고 고객이 구매하는 관계가 지속되기 위해서는 다음 두 부등식이 모두 만족되어야 한다.[12]

- **기업원가 〈 가격 〈 고객편익**

12 윤석철 교수는 이를 '생존 부등식'이라고 한 바 있다(윤석철. 2011. 삶의 정도. 위즈덤하우스).

• APPENDIX

특정 재화가 존속하기 위한 대전제는 고객편익이 기업원가보다 커야 한다는 것이다. 위 부등식을 변형하면 고객편익과 기업원가의 차이는 다음과 같이 분해된다.

- **고객편익 − 기업원가 = (고객편익 − 가격) + (가격 − 기업원가)**
  = 고객가치 + 기업이익

위에서 보듯이, 고객편익과 기업원가의 차이를 고객과 기업이 어떻게 배분할 것인가는 가격에 달려 있다. 고객편익과 기업원가가 일정한 상황에서 가격이 올라갈수록 기업이익은 증가하지만, 고객가치는 감소한다.

기업이 지속적으로 이익을 창출하고 증가시키기 위해서는 고객가치의 창출과 증가가 전제되어야 한다. 즉, 지속가능이익 또는 장기이익의 원천은 바로 고객가치이며, 지속가능이익을 극대화하려는 경영자는 고객가치에 초점을 맞춰야 한다. 단기이익 극대화에 몰두하는 경영자는 가격과 기업원가에만 초점을 맞춤으로써 막상 장기이익의 원천인 고객가치는 놓칠 위험이 크다. 바꿔 말하면, 지속가능이익을 추구하기 위해서는 가격매출과 원가비용의 차이인 이익의 극대화를 최고의 목표로 삼아서는 안 된다는 것이다. 기업의 실제 의사결정이 과연 단기이익과 장기이익 중 무엇을 극대화하는 방향으로 이루어지는지 경계해야 한다.

"오프라인 쇼핑 죽지 않았다"

2017년 6월 아마존이 미국 유기농 식품 슈퍼마켓 체인 홀푸드를 인수하자 코스트코 주가가 한주 만에 13% 폭락했다. 시장은 아마존이 다른 오프라인 소매업체를 하나둘 쓰러뜨렸듯 코스트코도 머잖아 무너질 것이라고 봤다. 그로부터 4년이 흘렀다. 코스트코엔 더 많은 손님이 찾았고, 덕분에 주가는 세 배가량 뛰었다. 싸고 좋은 제품을 제공한다는 유통업 본질에 천착한 결과다.

소비자의 강한 신뢰가 코스트코 주가를 뒷받침한다. 코스트코에 가면 좋은 제품을 싼 가격에 살 수 있다는 확신이 있다. 사실 이 확신은 소비자 스스로 만든 것이다. 소비자가 매년 내는 연회비 덕에 코스트코가 싼 가격에 제품을 제공할 수 있어서다. 코스트코는 따박따박 들어오는 연회비를 낮은 가격에 상품을 제공하는 데 쓴다. 연회비를 제외하고 올해(8월 회계 기준) 코스트코가 물건을 팔아 올린 매출은 1,921억 달러인데, 상품 원가는 1,707억 달러다. 상품 원가를 매출액으로 나눈 원가율은 89%에 달한다. 월마트의 원가율(75%)보다 훨씬 높은 수준이다. 그만큼 적게 남기고 낮은 가격에 물건을 팔고 있다는 얘기다.

코스트코가 상품을 싸게 팔 수 있는 또 다른 요인은 뛰어난 재고관리다. 코스트코는 판매 제품 종류를 엄격히 제한한다. 다른 쇼핑몰이 더 많은 소비자를 끌어들이기 위해 판매 제품 종류를 늘리는 것과 달리, 코스트코의 제품 종류는 다른 슈퍼마켓의 10분의 1 수준에 불과하다. 제품 종류가 늘어날수록 재고관리가 어려워지고 제품을 매입할 때 교섭력도 떨어진다는 점을 감안한 것이다. 코스트코는 잘 팔리는 몇몇 종류의 제품만 대량으로 사들이면 거래처를 상대로 매입 교섭력을 높일 수 있다. 애초 제품을 싸게 떼오고 그마저 마진을 얼마 안 남기고 팔기 때문에 고객이 싼값에 물건을 살 수 있는 것이다.

코스트코의 성공방정식은 아마존 방식과 정반대다. 아마존은 세계 모든 이에게 열려 있고, 곡괭이부터 때 타월까지 안 파는 물건이 없다. 반면 코스트코는 회원에게만 열려 있고 제품 종류도 극히 적다. 아마존과는 다른 길을 걸었기에 코스트코는 아마존에 먹히지 않을 수 있었다. 이런 차별점 덕에 코스트코의 회원 수는 매년 증가하는 추세다. 2019년 9,850만 명이던 회원 수가 현재 1억 980만 명으로 늘었다.

▶ 한국경제신문 2021. 9. 26.

생각해 봅시다

1. 코스트코가 기업이익과 고객가치를 바라보는 방식이 다른 기업과 다른 점은 무엇인가?
2. 코스트코의 전략 중 우리나라 기업이 취할 것과 버릴 것은 각각 무엇이라고 생각하는가?

관리회계의 성격과 역할

01 개념과 용어 빈칸을 채우시오.

- ______ management accounting(은)는 경영자를 포함한 조직구성원이 내리는 자원의 배분과 활용에 관련된 다양한 의사결정에 필요한 각종 정보를 식별, 측정, 분석, 전달함으로써 조직의 목표 달성을 지원하는 활동체계이다.
- 관리회계는 의사결정에 유용한 정보를 제공하는 것 이외에도 의사결정의 질을 높이기 위한 동기부여와 ______ incentive방법을 설계하고 이에 필요한 정보를 제공하여 기업구성원들이 기업에 바람직한 의사결정을 할 수 있도록 해야 한다.
- ______ strategy(은)는 기업의 역량과 시장에서의 기회를 어떻게 결합하는 것이 기업목표 달성에 도움이 될 것인가를 구체화하는 것이며, 제한된 경제적 자원을 효과적이고 효율적으로 사용하려는 노력이다.
- 전통적 관리회계가 재무수치를 기초로 한 단기적 관리정보 제공에 초점을 둔 것과는 달리, 오늘날 관리회계는 실무를 중심으로 경영자의 전략 수립과 실행에 필요한 정보를 제공하고 지원하는 역할로 확대되고 있는데 이를 ______ strategic management accounting(이)라고 한다.
- 경쟁기업이 제공하지 못하는 제품이나 서비스를 고객에게 제공하여 가치를 창출하려는 전략을 ______ product differentiation strategy(이)라고 하고 경쟁기업과 유사한 제품을 더 낮은 가격에 제공하는 방법으로 고객가치를 창출하고자 하는 전략을 원가선도전략이라고 한다.
- 기업의 업무는 크게 연구, 개발, 설계, 생산, 마케팅, 유통, 고객서비스 등으로 구성되어 있는데 각 업무가 고객에게 고유한 가치를 제공해줄 수 있다는 의미로 이들 일련의 업무흐름을 ______ value chain(이)라고 하는데 관리회계는 이 모든 업무 흐름에서 필요한 정보를 제공해 줄 수 있어야 한다.
- 균형성과표는 전략과 일관성을 갖는 다양한 성과지표를 선택하되 이들을 재무 성과, ______ customer 성과, 내부프로세스 성과, 학습 및 성장 성과 등으로 구분하고 인과관계를 수립한다.
- 사회의 지속가능한 발전을 위해서는 기업이 환경과 사회의 문제에 적극적으로 관여할 필요가 있다는 ESG 경영의 시대가 도래한 바, ESG는 각각 Environment환경, Society사회, ______ 지배구조의 첫 영문알파벳을 따서 만든 약자이다.

Chapter 02

Strategic Management Accounting

원가의 이해

원가의 의의
원가의 여러 가지 개념
| 원가의 행태: 변동원가와 고정원가
| 대안의 비교와 선택: 기회원가, 회피가능/불가능원가, 기발생원가
| 원가의 관리: 기정원가와 재량원가
| 원가의 추적가능성: 직접원가와 간접원가
| 재무회계상 원가 개념: 재고가능원가와 기간원가, 제조원가와 비제조원가, 원가와 비용
원가의 흐름
| 제조기업의 원가흐름
| 제조기업 원가흐름의 예
| 제조원가명세서

Strategic Management Accounting

Chapter 02

원가의 이해

조용한 지하철 안. 대부분 승객은 스마트폰만 쳐다보고 있다. 동영상을 시청하는 사람, 게임에 몰두하는 사람, 무언가를 열심히 검색하는 사람. 끝도 없이 문자를 주고받는 학생들. 이동통신사 관점에서 이들 가운데 어떤 고객이 가장 매력적인 고객일까? 그 답을 얻기 위해서는 데이터, 음성통화, 문자 등 각각의 서비스를 제공하는 데 필요한 원가를 정확히 알아야 한다.

원가자료는 경영의사결정의 기초가 되는 중요하고 민감한 자료이다. 그러나 원가를 계산하는 것은 생각보다 간단치 않다. 흔한 오해 중의 하나가 '진실한 원가'를 계산하는 것이 가능하다는 것이다. 안타깝게도, 인간의 능력으로는 완벽하게 진실한 원가를 계산할 수 없다. 사용 목적에 따라서 최적의 근사치를 계산하려고 노력할 수 있을 뿐이다.

코로나19와 우크라이나 전쟁으로 인한 전 세계 공급망의 붕괴 등 기업 환경의 불확실성은 좀처럼 줄어들지 않고 있다. 경기불황은 모든 업종에 동일한 영향을 미칠까? IT 업종 중에서도 디스플레이 업계는 반도체 업계에 비해 구조조정이 더디다고 알려져 있다. 반도체 사업은 불황에도 공장을 계속 돌리는 것이 더 유리하지만 디스플레이 사업은 불황일 때 잠시 쉬어 가는 방식으로 불황을 견뎌낼 수 있기 때문이라고 한다. 두 사업의 성격이 이렇게 다른 이유는 무엇일까? 원가구조와 어떤 관련이 있는 것일까?

본 장에서는 원가의 여러 개념과 원가흐름을 살펴본다. 지난 세기 초 미국의 경제학자 클라크는 그의 저서 한 장章을 할애하여 '다른 목적, 다른 원가'라는 주제를 강조하고 있다. 필요에 맞게 적절한 원가개념을 사용해야 한다는 취지이다. 여기서 소개하는 다양한 원가개념은 이후 여러 장에 걸쳐 설명하는 각 주제의 기초가 된다. 관리회계에서 다루는 대부분의 원가정보는 재무회계에서 입력되고 가공된 자료에 기초하고 있다. 따라서 원가의 발생에서부터 재무제표에 표시되기까지의 원가흐름을 이해하는 것도 중요하다.

Strategic Management Accounting

원가의 의의

특정 목적을 달성하기 위해 어떤 자원을 소비하거나 희생해야 할 때, 그 자원을 화폐가치로 측정한 것을 **원가**cost라고 한다. 제품을 생산하거나 서비스를 제공하기 위해서 소비하는 원자재나 투입한 노동력을 화폐가치로 측정하면 이들이 제품이나 서비스의 원가가 된다.

원가는 회계뿐만 아니라 경제학에서 널리 사용되는 개념인데 이들 간의 차이를 이해할 필요가 있다. 재무 및 세무보고를 다루는 회계에서는 회계정보의 신뢰성과 검증가능성 등이 중요하므로 과거에 실제로 발생한 원가historical cost가 중심이 된다. 따라서 내부의 관리적 목적으로 활용하는 기본적인 원가정보 역시 마찬가지 특성을 갖는다. 그러나 개념적이고 추상적인 차원에서 기업의 일반적인 경제행위를 설명하고자 하는 경제학에서의 원가는 과거가 아닌 미래에 발생할 원가를 염두에 둔다. 예컨대 원가함수를 도출하거나 이익최대화를 달성하는 생산량을 결정할 때 고려하는 원가는 미래원가라고 할 수 있다. 즉, 회계가 과거지향적인 원가개념이라고 한다면 경제학은 미래지향적인 원가개념인 셈이다. 이는 목적이 다르므로 고려하는 원가의 범위나 특성도 다를 수 있다는 점을 보여주는 예이기도 하다. 그러나 관리회계에서 기업의 미래 의사결정 문제를 다룬다면 이는 경제학에서 다루는 의사결정과 기본적으로 동일하므로 경제학적인 미래원가개념이 더 적절하다. 다만 경제학에서는 대개의 경우 원가는 주어진 것으로 가정하지만 관리회계에서는 이미 기록된 재무자료로부터 기본적인 원가 정보를 구하되 적절히 취사선택하고 가공하여 미래의사결정에 활용해야 하는 실무적이고 현실적인 문제가 있다.

원가를 구하기 위해서는 다음 두 가지 사항을 먼저 결정해야 한다.

첫째, 원가를 측정하고자 하는 대상원가대상, cost object이 무엇인가?

둘째, 원가를 어떤 목적을 위해 사용할 것인가?

원가대상은 외부에 판매하기 위해 생산제공하는 제품서비스이 될 수도 있고, 기업에서 내부적으로 수행한 활동 또는 특정 조직단위가 될 수도 있다. 그 밖에도 경영자가 소요된 원가를 알고자 하는 것이면 무엇이든 원가대상이 될 수 있다. 삼성전자가 생산한 갤럭시 스마트폰, 가수 BTS의 "다이너마이트" 뮤직비디오, 현대자동차의 미국 앨라배마 소재 공장이 모두 원가대상이 될 수 있는 것이다.

원가대상이 결정되면 원가정보의 **용도**를 명확히 할 필요가 있다. 예를 들어, 개발하고자 하는 제품서비스의 수익성을 판단하기 위한 기초자료로 원가정보를 사용한다면 제품개발에서부터 고객서비스에 이르기까지 발생하는 원가를 모두 고려하는 것이 적절하다. 그러나 재고자산 평가나 매출원가 결정 등의 재무회계 목적을 위해서라면 제조과정에서 발생한 원가만을 고려하는 것이 적절하다.[1] 이외에도, 장기간 사용할 설비 투자안을 선택할 때 고려해야 하는 원가, 특정 제품의 판매가격을 결정하기 위해 고려할 원가, 특정 조직의 성과평가에 사용할 원가 등 각각의 용도마다 원가에 포함할 항목의 **범위**가 달라질 수 있다. **"목적이 다르면 원가도 다르다"**different costs for different purposes라는 관리회계 영역에서 널리 회자되는 격언은 이와 같은 점을 강조한 것이다.[2]

원가의 여러 가지 개념

Strategic Management Accounting

원가의 행태 변동원가와 고정원가

원가행태cost behavior는 특정 원가가 관련 활동량의 변화에 따라 달라지는 모습을 의미한다. 여기서 활동량은 활동이 이루어진 정도를 말하는 것으로, 예컨대 생산활동과 관련해서는

1 재무회계에서는 제조과정에서 발생한 원가에 대해서만 자산성을 인정하여 제품원가(재고가능원가)에 포함하도록 하고 제조 이전단계와 이후단계에서 발생한 원가는 비용(기간원가)으로 처리하게 하고 있다.

2 Clark, J. 1923. Studies in the economics of overhead costs. The University of Chicago Press.

생산량, 근로자의 작업시간, 기계의 가동시간 등을 들 수 있다.

제품의 제조과정에서 투입되는 부품원가는 생산량에 따라 증감하는 원가행태를 가진다. 그러나 공장 임차료나 기계 감가상각비는 일정한 생산량 범위에서는 생산량이 증가하거나 감소하더라도 변하지 않는 원가행태를 보인다. 다음의 예를 살펴보자.

EXAMPLE 2-1

B사가 4월 한 달 동안 제품 C를 100개 주문받아 생산한 총원가가 ₩1,000,000으로 집계되었다. 포함된 원가항목으로는 제조과정에서 직접 투입된 부품 원가, 조립과정에 직접 참여한 근로자의 급여, 공장 임차료가 있다. 5월에도 동일한 제품 C를 200개 생산한다면 총원가는 얼마로 예상되는가?

위의 예에서 생산량이 2배가 되므로 원가 역시 2배가 되어 ₩2,000,000이라고 답한다면 제품의 원가가 생산량에 비례적으로 변화한다는 것을 암묵적으로 가정한 것이다. 그러나 기업의 모든 원가가 생산량에 비례적으로 변하는 것은 아니다. 이러한 문제에 대한 정확한 답을 얻기 위해서는 각 원가들이 어떤 원가행태를 가지는가를 알아야 한다.

원가행태를 특정 원가와 그 원가에 영향을 미치는 활동량과의 관계라고 할 때, 일반적으로 다음과 같은 원가함수cost function로 표현할 수 있다.

- **원가=f(활동 A의 활동량)**

여기서 원가함수 f의 구체적인 형태와, 해당 원가에 영향을 주는 요소로서의 활동 A는 원가마다 서로 다를 수 있다. 무엇이 원가에 영향을 주는지, 어떤 방식으로 영향을 주는지를 알 수 있다면 기업의 다양한 관리적 의사결정에 도움을 얻을 수 있다.[3]

일반적으로 많이 사용하는 원가함수 f의 형태는 **일차선형함수**$y=ax+b$이다. 경제학에서와 같이 진실한 원가함수는 선형이 아니라 곡선의 형태를 가질 수 있다. 그러나 정확한 원가함수를 도출하는 것이 어렵고, 설령 찾아낸다 하더라도 복잡한 원가함수를 관리회계 목적에 활용하여 얻는 효익이 함수를 알아내고 분석하는 노력에 비해 그리 크지 않은 경우가 많기 때문에 실무에서는 일차선형함수를 가정하여 분석하는 것이 일반적이다.

원가에 영향을 주는 요인을 **원가동인**cost driver이라고 한다. 원가동인의 예로는 앞서 언급한 생산량이나 판매량, 작업시간, 기계시간, 생산묶음수, 주문횟수 등 여러 가지를 들 수 있다. 그러나 구체적인 원가동인은 기업이나 상황 또는 시기별로 달라질 수 있다. 만약 제조원가를 줄이거나 관리하고자 한다면 현재 우리 회사의 생산현장에서 발생하는 원가에 영향을 주는 요

3 이에 대해서는 제4장과 제8장에서 다룰 예정이다.

소가 무엇인지에 대해 심각하게 고민하고 답을 구할 필요가 있다.

특정 활동의 활동량에 따라 증감하는 원가를 **변동원가**variable cost라고 하고, 활동량과 무관하게 일정하게 발생하는 원가를 **고정원가**fixed cost라고 한다. 고정원가와 변동원가 성격을 모두 지닌 원가도 있는데 이러한 원가는 **혼합원가**mixed cost라고 한다. 앞서 언급한 B사의 예에서 부품원가는 생산량에 따른 변동원가이며, 임차료는 생산활동 수준과 무관한 고정원가라고 할 수 있다. 제조과정에 참여한 근로자의 급여가 기본급과 생산량에 따른 수당으로 이루어져 있다면 이는 혼합원가라고 할 수 있다. 모든 원가가 생산량에 비례하는 변동원가로 구성되어 있다면 생산량이 2배일 때 총원가도 2배인 ₩2,000,000이 되지만, 임차료나 근로자의 기본급과 같이 생산활동과 무관하게 일정하게 발생하는 고정원가가 있으면 생산량이 2배가 되더라도 총원가는 2배보다 작다.

원가함수가 선형이라 가정하고 활동 A의 활동량이 원가에 미치는 영향에 초점을 두면, 변동원가, 고정원가, 혼합원가는 다음과 같은 일차함수로 표시할 수 있다.

formula

변동원가 $C_V = vc \times \text{활동량}$

고정원가 $C_F = fc$

혼합원가 $C_M = C_V + C_F = vc \times \text{활동량} + fc$

여기서 변동원가 C_V는 활동 A의 활동량이 한 단위 증가할 때마다 비례적으로 vc씩 증감한다. 고정원가 C_F는 활동 A의 활동량과는 무관하게 일정한 값 fc를 가진다. 또 혼합원가 C_M은 변동원가와 고정원가로 구성되어 있다. 원가행태에서 주의할 사항이 있다.

첫째, 동일한 원가라 하더라도 어떤 활동에 초점을 두는가에 따라 변화행태가 달라질 수 있다는 점이다. 예를 들어, 영업직원의 수당은 판매활동의 수준을 나타내는 판매량이 증감할 때 같은 방향으로 증감하지만, 생산활동의 수준을 나타내는 생산량과는 무관하므로 판매량이 일정하다면 생산량이 변화한다고 하더라도 영업직원의 수당은 변화하지 않는 원가행태를 보인다. 즉, 원가의 변화양상은 어떤 활동의 관점에서 파악하는가에 따라 달라질 수 있다.

둘째, 활동수준의 범위가 크게 달라지면 구체적인 원가행태 및 함수가 달라질 수 있다. 예를 들어, 생산량 1,000개까지는 기계 한 대만 필요하여 한 대분 임차료가 고정원가로 발생하지만 1,000개를 초과하여 2,000개까지 생산하기 위해서 기계를 한 대 더 임차해야 한다면 기계 임차료는 종전의 두 배가 될 것이다. 특정 원가행태 및 함수가 그대로 유지되는 활동수준 범위를 **관련범위**relevant range라고 하는데 위의 예에서는 기계 한 대분 임차료가 적용되는 관련범위 생산량은 0~1,000개라고 할 수 있다. 원가를 분석할 때에는 분석대상 범위가 관련범위 내에 존재하는지 확인할 필요가 있다.

총원가를 총활동량으로 나누어 단위당 원가를 계산하기도 하는데, 원가총액보다 단위당으로 환산한 원가가 직관적으로 이해하기 편하기 때문이다. 변동원가 C_V의 활동 A 한 단위당 원가는 vc이며, 고정원가 C_F의 활동 A 한 단위당 원가는 (fc÷활동량)이다. 여기서 유의할 것은 변동원가 C_V의 단위당 원가는 활동수준과 무관하게 일정한 값 vc를 갖지만, 고정원가 C_F의 단위당 원가는 활동수준의 크기에 따라 달라진다는 점이다. 따라서 원가자료가 주어졌을 때 변동원가는 단위당 원가로, 고정원가는 총원가로 파악하는 것이 바람직하다.[4]

원가행태에 따른 원가분류를 이해하기 위해 다음의 예를 살펴보자.

EXAMPLE 2-2

B컴퓨터를 조립 판매하는 K사는 자사 홈페이지를 통해 컴퓨터를 주문 받고 부품을 조립하여 판매한다. 컴퓨터의 조립은 월세로 입주한 오피스텔에서 이루어지며 컴퓨터의 모든 부품은 외부에서 구입한다. 또 컴퓨터의 조립을 담당하는 직원을 한 명 고용하고 있는데 직원에게 지불하는 급여는 기본급과 조립한 컴퓨터 대당 일정 금액의 수당으로 이루어져 있다.

위의 예에서 원가는 부품원가, 조립직원 급여, 오피스텔 임차료로 이루어져 있다. 컴퓨터 조립수량에 초점을 두고 원가행태를 살펴보자. 부품원가는 조립수량에 비례하는 변동원가, 임차료는 조립수량과 무관하게 매월 고정적으로 발생하는 고정원가라고 할 수 있다. 또 직원의 급여는 고정원가인 기본급과 변동원가인 수당으로 이루어진 혼합원가라고 할 수 있다.

만약 컴퓨터 한 대당 부품원가가 ₩300,000, 급여는 기본급 ₩500,000에 컴퓨터 한 대당 수당이 ₩30,000, 월임차료가 ₩1,000,000이라고 할 때 각 원가의 내용을 요약하면 다음과 같다.

종류	성격별 분류[5]	행태별 분류	원가함수
부품	재료원가	변동원가	₩300,000×조립수량
급여	노무원가	혼합원가	₩500,000+30,000×조립수량
임차료	제조경비	고정원가	₩1,000,000

4 일반적인 형태의 원가함수를 가정하여 분석하는 경제학에서도 원가를 변동원가와 고정원가로 구분하고 있으며 단위당 원가에 해당하는 평균원가개념도 다룬다. 특히 한계수익과 한계원가(비용)의 일치라는 이익최대화 조건에서 알 수 있듯이 한계원가 개념을 중요시 한다. 원가함수가 일차선형인 경우에는 한계원가와 평균변동원가가 일치하며 전 범위에서 일정한 값을 가지므로 단위당 변동원가를 한계원가의 근사치로 활용할 수 있는 특징이 있다.

5 이에 대해서는 재무회계상 원가개념에서 설명한다.

컴퓨터를 한 달에 100대 생산하는 경우와 200대 생산하는 경우의 총원가와 단위당 원가는 다음과 같다.

종류	성격별 분류	100대		200대	
		총원가	단위당 원가	총원가	단위당 원가
부품	재료원가	₩30,000,000	₩300,000	₩60,000,000	₩300,000
급여	노무원가	3,500,000	35,000	6,500,000	32,500
임차료	제조경비	1,000,000	10,000	1,000,000	5,000
		₩34,500,000	₩345,000	₩67,500,000	₩337,500

각 원가를 그래프로 표시한 **그림 2-1**에서 알 수 있듯이 고정원가는 조업도와 무관하게 총원가가 일정하며, 단위당 원가는 조업도가 증가할수록 감소한다. 변동원가는 조업도가 증가할

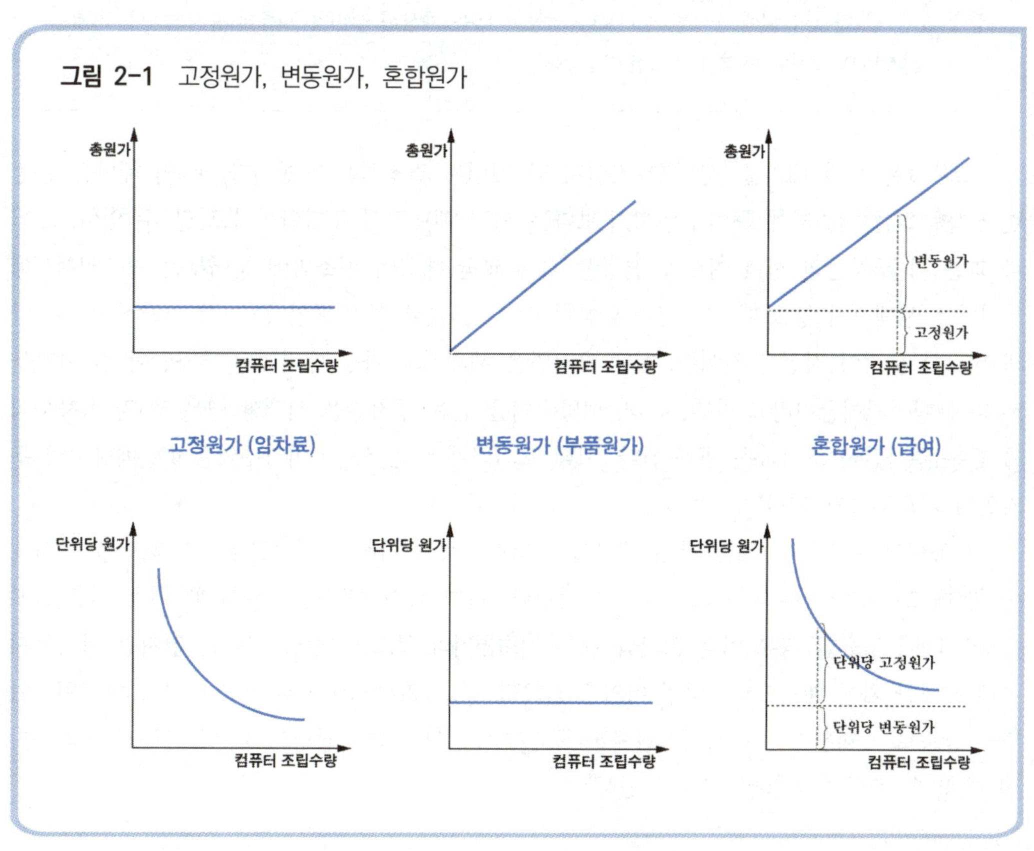

그림 2-1 고정원가, 변동원가, 혼합원가

수록 총원가는 비례적으로 증가하지만 단위당 원가는 일정하다. 혼합원가는 변동원가와 고정원가가 함께 있으므로 조업도가 증가함에 따라 총원가는 증가하지만 단위당 원가는 감소하는 모습을 보인다.

대안의 비교와 선택 기회원가, 회피가능/불가능원가, 기발생원가

관리회계가 제공하는 재무적 정보는 경영자의 경제적 의사결정에 중요한 역할을 한다. 재무적인 관점에서 대안을 비교하는 데 중요한 원가 개념을 다음 세 가지 의사결정상황을 통해 살펴보자.

상황 1 1억 원을 투자하면 연 4%의 고정적인 배당수익을 받을 수 있는 투자안에 투자할 것인가?

상황 2 현재 회사에서 생산·판매하는 제품 두 가지 가운데 하나의 판매실적이 저조하여 단종시킬 것을 고민하고 있다. 과연 특정 제품을 없애면 회사의 재무적 상황이 더 나아질 것인가?

상황 3 1년 전 1억 원에 구매한 설비보다 성능이 대폭 개선된 설비가 새롭게 출시되었다. 새로운 설비로 교체하는 것이 적절한가?

상황 1은 특정 대안을 '선택'할 것인지 말 것인지 결정하는 상황이다. 4%의 배당은 분명 현금 1억 원을 채소밭에 묻어두는 경우보다는 훨씬 매력적인 투자안이라고 할 수 있다. 그러나 과연 이 투자안의 선택 여부를 결정할 때 비교할 대상이 채소밭에 묻어두는 경우일까? 이 투자안을 선택하지 않을 때 1억 원을 활용할 수 있는 다른 여러 대안 중 가장 바람직한 투자안과 비교하는 것이 적절할 것이다. 현재 투자안을 제외하고 가장 매력적인 투자안이 연 이자율 5%의 은행정기예금이라고 하면, 4%의 배당수익을 받는 투자안을 선택할 경우 5%의 이자수익을 받는 투자안을 포기하는 셈이 된다. 이때 포기하게 되는 5%의 이자수익은 4% 배당수익 투자안의 기회원가가 된다.

기회원가opportunity cost는 특정 대안을 선택함으로써 차선 대안으로부터의 혜택을 포기해야 할 때 그 포기한 혜택benefit forgone을 말한다. 특히 특정 대안을 선택할 때 현금 지출out of pocket cost이 필요한 경우 이를 **명시적**explicit **기회원가**라 부르고, 현금 지출은 없지만 선택하지 못해 포기한 차선 대안으로부터의 이익은 **암묵적**implicit **기회원가**라 부른다. 명시적 기회원가와 달리 암묵적 기회원가는 회계시스템에 기록되지 않으므로 의사결정을 할 때 암묵적 기회원가에 더 많은 주의를 기울일 필요가 있다.[6]

상황 2는 현재 운영 중인 특정 대상을 '포기'할 것인지 유지할 것인지 결정하는 상황이다. 중요한 것은 특정 제품라인을 버리면 회사의 재무적 상황이 더 나아질 수 있을 것인가 여부이다. 만약 공동의 공장설비와 인원으로 이 두 제품라인을 유지하고 있었다면 특정 제품라인을 없애도 기존공장설비와 인원을 줄이는 것이 어려울 수 있다. 이러한 경우에는 수익성이 떨어지는 제품라인을 없애도 절감되는 원가가 의외로 적다.

회피가능원가avoidable cost는 기존의 사업부/제품라인/고객 등을 포기하는 의사결정을 내리면 더 이상 발생하지 않는 원가이며, **회피불가능원가**unavoidable cost는 포기하더라도 여전히 발생하는 원가를 말한다. 이와 같이 포기하는 의사결정에서는 회피가능/불가능 원가를 구분하고 그 규모를 파악해야만 올바른 의사결정을 할 수 있다.

상황 3은 '교체' 의사결정 상황이다. 이러한 설비교체 의사결정에서는 새로운 설비가 생산원가를 얼마만큼 절감할 수 있는지, 제품의 불량이나 품질을 어느 정도 개선할 수 있는지 등이 중요한 정보가 된다. 여기서 특별히 주의해야 할 것은 기존설비의 취득원가나 취득원가에서 감가상각누계액을 차감한 장부가액은 의사결정에 전혀 영향을 주지 말아야 하는 원가라는 점이다. 재무회계상 자산의 처분가액이 장부가액에 미달하거나 초과하는 경우 회사는 유형자산처분손익을 보고하게 되는데 종종 유형자산처분손익이 경영자의 설비교체 여부에 영향을 주는 경우가 있다. 새로운 설비를 도입하는 것이 실질적으로 바람직하더라도 기존자산의 처분손실로 당기순이익이 낮아질 것을 우려하여 교체를 하지 않는 결정을 내리기도 한다.

기존설비의 장부가액과 같이 과거의사결정의 결과로 이미 발생하여 변경이 불가능한 원가를 **기발생원가** 또는 **매몰원가**sunk cost라고 한다.[7] 특정 브랜드를 광고하기 위해 투입된 판촉비용이나 제품을 개발하기 위해 투자된 연구개발비는 기발생원가라고 할 수 있다. 이러한 원가는 이후의 의사결정, 예를 들어 해당 브랜드를 철수하거나 개발 이후 제품 상용화를 포기하는 등의 미래의사결정에 영향을 주지 않도록 해야 한다.

---

6 이러한 이유로 회계학에서는 기회원가를 설명할 때 주로 암묵적 기회원가에 초점을 두지만, 엄밀한 의미에서 기회원가는 명시적 기회원가와 암묵적 기회원가를 합한 금액이다. 경제학에서의 원가는 이러한 기회원가 개념에 기초하고 있다.

7 합리적 의사결정을 하려면 기발생원가는 고려하지 않아야 한다. 그러나 실제의사결정에 영향을 주는 예를 흔히 볼 수 있으며 이러한 비합리적인 행위의 원인이 무엇인가를 다룬 연구들도 있다(Tversky and Kahneman. 1981. The Framing of Decisions and the Psychology of Choice. Science.). 대표적인 사례로 영국과 프랑스 합작으로 만들어진 초음속 비행기인 콩코드의 경우, 개발 당시부터 상업성이 없는 것으로 판명이 되었지만 이미 투자된 연구개발비로 인해 사업이 계속 진행되었고, 수익성 없는 사업이 한동안 지속된 바 있다. 이러한 이유로 기발생원가를 고려하는 의사결정 오류를 콩코드 오류(Concorde fallacy)라고도 한다.

원가의 관리 기정원가와 재량원가

기업은 목표나 전략을 달성하기 위해 여러 활동을 수행하며 그 과정에서 자원을 소비한다. 어떤 활동을 수행할 것인가는 경영자가 결정하므로 결국 원가는 경영자의 의사결정에 좌우된다. 그런데 경영자의 의사결정이 기업의 원가에 영향을 미치는 기간은 일정하지 않다. 다음의 예를 생각해 보자.

EXAMPLE 2-3

A사 사장이 다음 두 가지를 결정해야 한다면 어떤 결정에 더 신중을 기할 것인가?

1. 이번 달에 집행할 TV 광고 금액과 시간을 책정한다.
2. 향후 3년간 제품생산에 사용될 신규설비에 대한 투자안을 확정한다.

일단 의사결정이 내려지면 미래의 일정 기간 동안 발생할 원가가 정해지고 이를 피할 수 없는 경우가 있다. 예를 들어, 특정 설비에 투자하면 그 설비를 처분하기 전까지는 설비를 운용하는 인력의 급여나 설비와 관련된 수선유지비는 피할 수 없다. 정규직 인력의 고용이나 특정 기간 동안 원가를 계속 발생시키는 법적 계약의 체결도 이와 유사하다.[8] 이와 같이 의사결정의 결과로 미래 일정 기간에 발생할 금액이 미리 확정되는 원가를 **확정원가** 또는 **기정원가** committed cost라고 한다. 확정원가에 변화를 주려면 경영자의 새로운 의사결정이 필요하지만 의사결정의 특성상 쉽게 변경하는 것이 불가능한 경우가 많다.

한편, 의사결정의 결과가 상대적으로 단기간의 원가에만 영향을 미치는 경우도 있다. 기업의 광고비나 판매촉진비 등이 대표적인 예다. 이러한 원가는 경영자의 재량에 따라 쉽게 변화를 줄 수 있는 원가라 하여 **재량원가**discretionary cost라 한다.

위의 예에서 첫 번째는 사장의 의사결정이 해당 월의 광고비에만 영향을 주므로 재량원가라고 할 수 있으며, 두 번째의 설비투자 의사결정으로 미래에 발생하는 원가는 기정원가라 할 수 있다. 기정원가는 재량원가와는 달리 일단 이를 발생시키는 의사결정이 이루어진 이후에는 원가 절감이나 관리가 쉽지 않으므로, 의사결정을 하기 전에 이후에 발생할 것으로 예상되는 원가 규모를 줄일 수 있는 가능한 조치를 다해야 한다. 이러한 이유로 경영자는 기정원가를 발생시키는 의사결정에 신중을 기할 수밖에 없다.

---

8 제품의 설계가 끝나고 양산 모델이 확정된 경우, 일단 제품의 생산이 시작되면 상당 부분의 제품원가가 처음 설계에서 의도한 대로 발생할 수밖에 없는 경우도 이에 해당한다.

원가의 추적가능성 직접원가와 간접원가

원가를 구하기 위해 원가대상과 원가범위를 확정하면 그 다음 단계는 원가와 원가대상을 연결짓는 작업이 된다. 다음의 예를 보자.

EXAMPLE 2-4

A사는 지난 10월에 생산된 제품 A와 제품 B 각각의 원가를 구하고자 한다. 이 기간 중 발생한 원가항목에는 제조과정에서 직접 투입된 원자재원가, 조립노무원가, 제조공간 사용에 따른 임차료가 있다.

일반적으로 제품제조에 투입되는 원자재나 제조과정에 직접 참여하는 노동력의 원가는 쉽게 각 제품별로 구분하여 연결지을 수 있다. 그러나 여러 원가대상에 공동으로 소비된 자원의 원가는 각 원가대상과 관련된 금액이 얼마만큼인지 명확히 구분하는 것이 어렵다. 예에서 임차료는 두 제품 생산에 공동으로 사용된 공간으로부터 발생한 원가로 두 제품 간에 적절히 나뉘어져야 한다.

원가항목 중 원가대상에 쉽게 추적하고 연결할 수 있는 원가를 **직접원가**direct cost라고 하

그림 2-2 직접원가와 간접원가

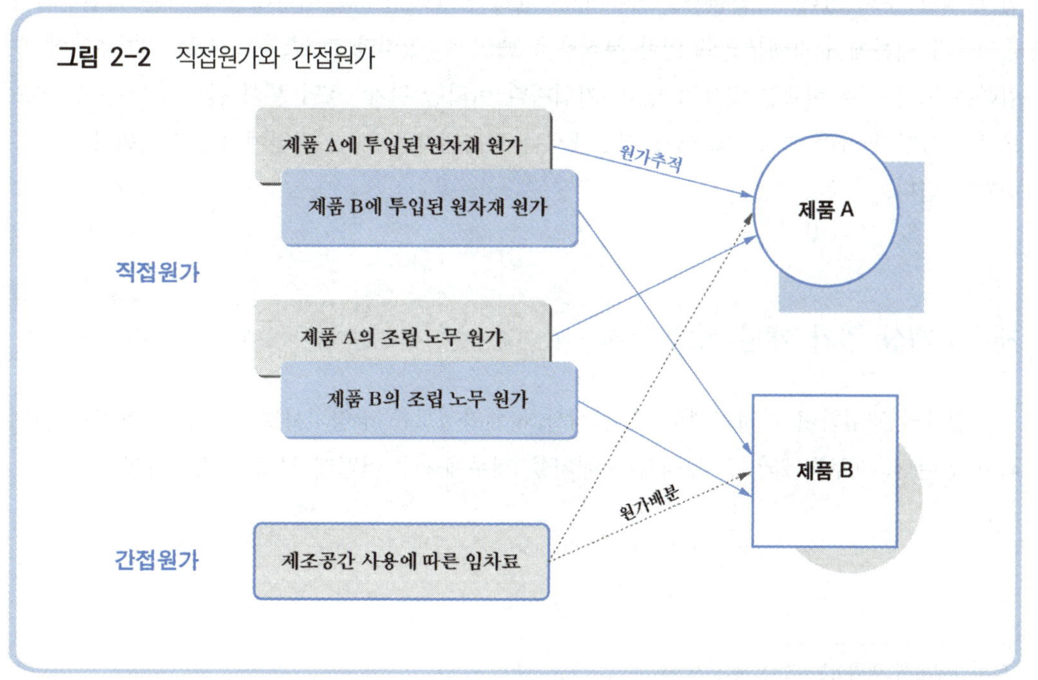

고, 그렇지 않은 원가를 **간접원가**indirect cost라고 한다. 원가대상에 추적 가능한 직접원가를 원가대상과 연결 짓는 과정을 **원가추적**cost tracing이라고 하고, 직접 추적이 어려운 간접원가를 원가대상과 인위적으로 연결짓는 과정을 **원가배분**cost allocation이라고 한다. 원가추적과 원가배분은 원가를 원가대상에 귀속cost assignment시키는 두 가지 방식이라고 할 수 있다.

직접원가로 분류된 원가를 원가대상에 추적하는 과정은 논란의 여지없이 비교적 명확하다. 따라서 원가계산의 정확성은 직접원가와 간접원가를 어떻게 구분하는가, 그리고 간접원가를 어떻게 배분하는가에 달려있다.[9] 여기서 직접원가와 간접원가의 구분과 관련하여 몇 가지 유의할 점이 있다.

첫째, 직접 및 간접의 구분은 절대적인 것이 아니라 원가대상이 어떻게 정의되는가에 따라 달라진다. 삼성전자의 TV 생산라인 전체를 관리하는 공장장의 급여를 생각해보자. 만약 TV의 종류크기 및 사양별로 구분하여 원가를 구하고자 한다면 각 종류별 TV는 서로 구별되는 원가대상이 되므로 공장장의 급여는 간접원가라고 할 수 있다. 그러나 만약 원가대상을 TV 사업부, 냉장고 사업부 등 가전제품 종류별로 구분한다면 TV 공장장의 급여는 TV 사업부에 추적 가능한 직접원가가 된다. 이처럼 공장장의 급여는 원가대상에 따라 간접원가가 될 수도 있고 직접원가가 될 수도 있다.

둘째, 추가적인 시간과 노력을 들이면 종전에 간접원가로 분류하던 원가를 원가대상에 직접 추적할 수도 있다. 직접원가로 추적되는 원가가 증가할수록 배분대상이 되는 간접원가가 줄어들기 때문에 원가배분으로 인한 부작용을 줄일 수 있지만 그 효과benefit는 원가추적에 투입하는 노력cost과 비교할 필요가 있다. 기업마다 이러한 원가-효익 분석 결과가 다를 수 있으므로 유사한 원가라 하더라도 어느 기업에서는 직접원가로, 다른 기업에서는 간접원가로 분류하기도 한다.

재무회계상 원가 개념 재고가능원가와 기간원가, 제조원가와 비제조원가, 원가와 비용

원가와 관련하여 관리회계의 주 관심사가 원가정보를 경영의사결정에 잘 활용하는 것이라고 한다면, 재무회계의 주 관심사는 원가를 재무제표에 어떻게 보고할 것인가이다.

---

9 원가배분에 대해서는 제6장에서 자세히 다룰 예정이다.

EXAMPLE 2-5

A전자회사는 매월 10일 전 직원에게 급여를 지급한다. 직원은 크게 생산직 근로자와 영업 및 관리직 근로자로 구성되어 있다. 직원에게 지급한 급여는 재무제표에 어떻게 표시될 것인가?

위의 예에서 직원에게 지급한 급여는 기업이 필요로 하는 활동을 직원들이 수행한 대가이므로 분명 A사 입장에서는 원가라고 할 수 있는데, 이를 모두 손익계산서의 비용항목으로 기록하면 되는가?

재무회계에서 원가는 소비 또는 희생된 자원의 취득원가나 지불가액 등 역사적 원가를 기초로 정한다. 따라서 암묵적 기회원가와 같이 실제 거래결과가 아닌 원가는 포함하지 않는다. 이렇게 측정된 원가는 미래에 경제적 효익을 제공할 수 있는가 여부 및 그 확실성 정도에 따라 자산 또는 비용으로 기록한다. 자원을 소비하거나 희생한 대가로 미래에 경제적 효익을 얻을 가능성이 확실하며 그 금액을 예상할 수 있을 때, 그 원가는 재무상태표의 자산으로 기록하는 **재고가능원가**inventoriable cost가 되며, 그렇지 않은 경우에는 발생한 기간에 손익계산서의 비용으로 기록하는 **기간원가**period cost가 된다.

일반적으로 원재료나 상품의 구입원가, 제품을 생산하는 과정에서 발생한 원가 등은 미래에 경제적 효익을 가져다 줄 것으로 간주하여 재고가능원가, 즉 자산으로 처리한다. 판매나 광고 또는 관리 활동에서 발생한 원가는 미래 경제적 효익의 가능성이나 규모가 불확실한 점을 들어 기간원가로 처리한다.

제품을 생산하기 위해 직·간접으로 사용한 자원의 원가를 **제조원가**manufacturing cost라고 한다. 제조원가는 소비된 자원의 특성에 따라 재료원가, 노무원가, 제조경비 등으로 분류하기도 하고, 여기에 원가대상인 제품에의 추적가능 여부를 추가하여 직접재료원가, 직접노무원가, 제조간접원가로 분류하기도 한다.[10]

재료원가는 제조과정에서 투입된 원재료나 부품, 소모품 등의 원가이며, **노무원가**는 생산과정에 직·간접으로 참여한 근로자의 급여 등을 포함하며, **제조경비**는 재료원가와 노무원가를 제외한 제조과정에서 발생한 나머지 모든 원가를 말한다. 한편, 제품에 직접 추적할 수 있는 재료원가, 노무원가, 제조경비를 각각 직접재료원가, 직접노무원가, 직접제조경비라 하고, 이를 제외한 모든 간접원가를 합하여 **제조간접원가**라고 한다. 제조경비의 경우에는 특성상 간접제조경비가 대부분인 점을 감안하여 직접제조경비를 무시하고 직접재료원가, 직접노무원가, 제조간접원가로 분류하는 것이 일반적이다. 직접재료원가와 직접노무원가를 **기초원가**기본원가, prime

10 우리나라의 기업들은 오래된 관행상 재료원가, 노무원가 그리고 제조경비의 구분을 많이 사용한다. 그러나 원가계산을 위해서는 직접원가와 간접원가의 구분도 중요하므로 직접재료원가, 직접노무원가, 제조간접원가의 분류를 사용하기도 한다.

cost, 직접노무원가와 제조간접원가를 **가공원가**전환원가, conversion cost라고 부르기도 한다. 재무회계에서는 이들 원가만을 제품을 제조하는 데 필수적 원가요소로 인정하여 재고가능원가의 범주에 포함한다.

한편 제조활동이외의 판매나 관리 활동으로 인해 발생한 원가는 **비제조원가**non-manufacturing cost로 발생한 기간에 비용화되는 기간원가이다. 위의 A사의 예에서 생산직 근로자에게 지급한 급여는 제품제조활동에 따른 제조원가 및 재고가능원가로 볼 수 있으므로 재무상태표에 자산으로 기록되며, 영업 및 관리직 근로자에게 지급한 급여는 비제조원가 및 기간원가로서 손익계산서에 비용으로 기록된다.

여기서 한 가지 유의할 것은 원가가 발생한 시점에는 자산으로 기록된 제조원가도 그로 인한 경제적 효익이 실현제품이 판매되는 시점에는 결국 비용으로 기록된다는 점이다. 따라서 재고가능원가나 기간원가 모두 종착역은 손익계산서의 비용항목이다. 차이가 있다면 자산으로 기록된 재고가능원가가 비용화되는 시점은 기간원가와는 달리, 발생 그 즉시가 아니라 경제적 효익, 즉 수익이 창출되는 미래판매시점이 된다.

정리하면 **원가**는 기업이 특정 목적을 위해 자원을 소비하거나 희생할 때 이를 측정한 금액을 의미하며, **비용**expense은 발생주의의 틀에서 수익revenue이나 기간에 대응되어 소멸되는 원가를 의미한다.[11]

Strategic Management Accounting

원가의 흐름

원가가 최초 발생된 시점부터 최종적으로 손익계산서로 흘러가는 과정을 **원가흐름**cost flow이라고 한다.[12] 원가흐름의 핵심은 발생 즉시 손익계산서의 비용으로 기록되는 기간원가와 일단 자산으로 인식되었다가 수익을 창출할 때 비용으로 기록되는 재고가능원가를 구분하는 것이다.

11 일상에서는 원가와 비용을 구별 없이 사용하는 경우가 많지만, 회계에서만큼은 엄밀하게 구별할 필요가 있다. 원가가 발생한 이후, 특성에 따라 적절한 방식으로 손익계산서의 비용으로 인식되며 소멸된다.

12 재무회계와 관리회계의 목적이 서로 다르지만 별개의 회계시스템을 운영하기보다는 재무회계를 중심으로 하나의 시스템을 유지하되, 필요한 경우 관리회계 목적에 맞게 정보를 가공하여 사용하는 것이 일반적이다. 따라서 원가를 포함한 회계정보가 체계적으로 저장되어 있는 재무회계시스템을 잘 이해하는 것이 중요하다.

원가흐름은 기업의 업종에 따라 차이가 있는데, 크게 서비스업, 상품매매업, 제조업으로 나누어서 생각해 볼 수 있다. **서비스업**의 경우에는 서비스를 생산하는 시점과 고객에게 서비스를 제공하는 시점이 일치하므로 원가의 발생과 수익의 창출이 동시에 이루어진다. 따라서 원가는 발생과 동시에 손익계산서상 수익에 대응되는 영업비용으로 기록된다.

상품매매업의 경우에는 판매목적으로 상품을 구입하더라도 그 즉시 판매하는 것이 아니라 일정기간 보관할 수 있다. 따라서 상품의 취득원가는 일단 '상품'이라는 재고자산으로 기록된 후, 실제 매출이 이루어질 때 매출원가라는 비용으로 기록된다. 물론 상품의 취득원가를 제외한 그 밖의 원가는 모두 발생한 기간에 비용화되는 기간원가가 된다.

제조업의 경우는 좀 더 복잡하여 구입 및 판매활동에 제조과정이 추가되는데 특히 가공 중에 있는 제품은 완성된 제품과 구별하여 재공품이라는 재고자산으로 기록된다.

제조기업의 원가흐름

제조기업의 원가흐름을 단계별로 구분하면 다음과 같다.

첫째, 원재료를 구입하면, 그 취득원가는 일단 '원재료'라는 재고자산에 기록한다. 원재료가 제조과정에 실제로 투입되면 재료원가가 발생하는데 이 금액은 제조원가인 동시에 재고가능원가로서 '재공품'이라는 재고자산에 기록한다. 같은 금액만큼 '원재료' 재고자산은 감소한다.

둘째, 제조과정에서 생산근로자의 노동력을 투입하면 해당 급여액은 노무원가로서 '재공품'에 기록한다.

셋째, 재료원가와 노무원가를 제외한 그 밖의 제조원가는 제조경비로서 '재공품'에 기록한다.

넷째, 재공품 중에 완성되는 부분에 해당하는 금액만큼은 '제품'이라는 재고자산으로 옮겨 기록한다.

다섯째, 완성된 제품 중에서 고객에게 판매되어 매출수익이 창출되면, 판매된 제품의 원가를 손익계산서의 비용항목인 매출원가로 기록한다.

이와 같이 제조기업에서 재고자산은 생산과정에 투입하기 위해 구입한 **'원재료'**raw material, 제조과정 중에 있는 **'재공품'**work-in-process, 그리고 완성된 **'제품'**finished goods으로 구분된다. 상품매매기업에는 상품이라는 재고자산이 있으며, 서비스기업에서는 원칙적으로 재고자산이 없다는 점과 비교되는 점이다.

그림 2-3 제조기업의 원가흐름

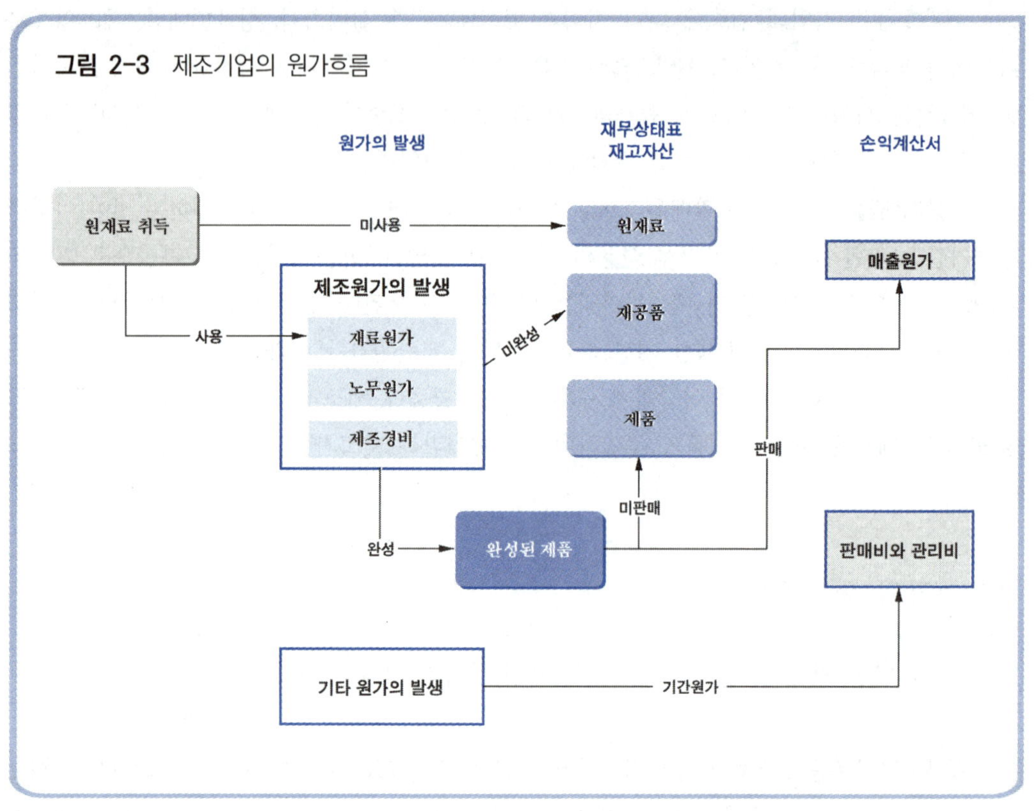

제조기업 원가흐름의 예

20×1년 1월에 개업한 주문용 책상 제조업체의 첫 달 거래내역은 다음과 같다.

항목	금액	항목	금액
매출액	₩25,000,000	공장 임차료	₩2,000,000
원재료 매입액	12,000,000	공장 소모품비	5,000,000
원재료 사용액	10,000,000	완성된 제품의 원가	20,000,000
공장근로자 급여	12,000,000	판매된 제품의 원가	15,000,000
설비 취득액	20,000,000	영업직원 급여	1,000,000
설비의 감가상각비	1,000,000	본사사무실 임차료	500,000
공장 수도광열비	3,000,000		

위의 자료를 기초로 당월 중에 제조과정에서 발생한 원가를 요약하면 다음과 같다.

첫째, 원재료 취득분 중 제조과정에 사용된 금액이 ₩10,000,000이므로 재료원가는 ₩10,000,000이다. 미사용된 원재료 ₩2,000,000은 1월 말 재무상태표의 재고자산의 하나인 원재료에 기록된다.

둘째, 제조과정에 투입된 공장근로자에 대한 급여 ₩12,000,000은 노무원가가 된다.

셋째, 재료원가와 노무원가를 제외한 나머지 제조과정에 투입된 원가, 즉, 설비의 감가상각비, 공장 수도광열비, 공장 임차료, 공장 소모품비는 모두 제조경비로 분류되며 총금액은 ₩11,000,000이 된다.

재료원가	₩10,000,000
노무원가	12,000,000
제조경비	11,000,000
당월 총제조원가	₩33,000,000

당월에 투입된 제조원가 ₩33,000,000은 모두 재공품에 기록되며 이 중에서 완성된 제품의 원가가 ₩20,000,000이므로 1월 말 미완성된 제품, 즉 재공품에 남아 있는 금액은 ₩13,000,000이 된다. 이 금액은 재무상태표의 재고자산의 하나인 재공품에 표시된다.

완성된 제품 중에 외부판매된 제품의 원가, 매출원가는 주어진 자료에 제시된 것처럼 ₩15,000,000이므로 1월에 판매되지 않고 남아 있는 제품은 ₩5,000,000이다. 이는 재무상태표의 재고자산인 제품에 표시된다. 1월 말 재무상태표에 표시되는 재고자산을 요약하면 다음과 같다.

원재료	₩2,000,000
재공품	13,000,000
제품	5,000,000
재고자산 총액	₩20,000,000

1월 중에 발생한 나머지 원가 즉, 영업사원의 급여나 본사 사무실의 임차료는 발생한 기간에 비용화되는 기간원가로 손익계산서에 판매비와 관리비로 기록된다.

위의 내용을 기초로 손익계산서를 작성하면 다음과 같다.

손익계산서			20×1년 1월
매출액			₩25,000,000
매출원가			15,000,000
매출총이익			10,000,000
판매비와관리비:			
	임차료	500,000	
	급여	1,000,000	1,500,000
영업이익			₩8,500,000

위의 내용과 관련된 재무상태표 부분은 다음과 같다.

재무상태표			20×1년 1월 31일
⋮	⋮	⋮	⋮
재고자산:			
	원재료	₩2,000,000	
	재공품	13,000,000	
	제품	5,000,000	₩20,000,000
⋮	⋮	⋮	⋮
유형자산:			
	설비	20,000,000	
	감가상각누계액	(1,000,000)	19,000,000

그림 2-4는 위 예제의 원가의 흐름을 일목요연하게 보여준다.

그림 2-4 제조기업의 원가흐름 예

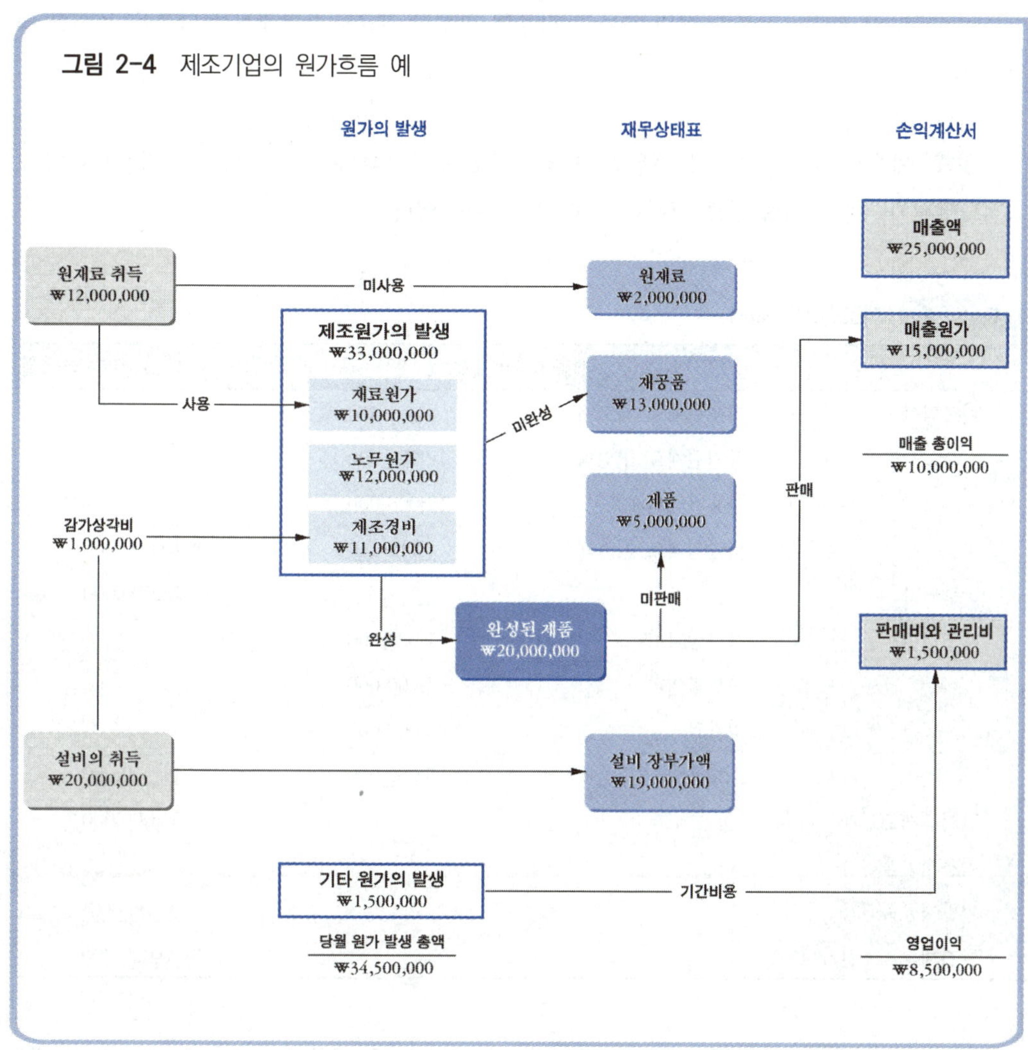

제조원가명세서

제조기업에서는 재무제표의 부속명세서로서 특정 회계기간의 제조활동을 보여주는 표를 제공하기도 하는데 이를 **제조원가명세서**schedule of costs of goods manufactured라고 한다.[13] 제조원가명세서는 특정 회계기간에 완성된 제품의 제조원가를 보여주며 제조원가 요소별 내역도 같

13 원가정보가 경쟁업체들에게 알려지는 것을 꺼리는 것이 일반적이다. 이러한 점을 고려하여 원래 의무공시사항이었던 제조원가명세서를 2004년부터 자발적 공시사항으로 변경하였다.

이 보여준다. 표 2-1은 앞선 예제의 자료를 이용해 작성한 제조원가명세서로 다음은 유의할 사항이다.

첫째, 예에서는 재료원가, 노무원가, 제조경비로 구분하여 표시하고 있지만 직접재료원가, 직접노무원가, 제조간접원가로 구분하여 작성할 수도 있다.

표 2-1 제조원가명세서

	제조원가명세서		20×1년 1월
재료원가:	기초원재료 재고액	₩0	
	당기원재료 구입액	12,000,000	
	사용가능원재료	12,000,000	
	기말원재료 재고액	(2,000,000)	₩10,000,000
노무원가			12,000,000
제조경비:	감가상각비	1,000,000	
	수도광열비	3,000,000	
	임차료	2,000,000	
	소모품비	5,000,000	11,000,000
당기총제조원가			33,000,000
기초재공품원가			0
기말재공품원가			(13,000,000)
당기제품제조원가			₩20,000,000

둘째, 재료원가와 당기제품제조원가는 다음의 식에 따라 계산하는 방식을 취하고 있지만 이는 원재료 기초 및 기말재고액 그리고 재공품 기초 및 기말재고액을 별도로 보여주기 위한 표현방식일 뿐이며 이들 원가가 반드시 이러한 방식으로 얻어진다는 것을 의미하지 않는다.

formula

원재료 사용액=기초원재료 재고액+당기원재료 구입액−기말원재료 재고액
당기제품제조원가=기초재공품 재고액+당기총제조원가−기말재공품 재고액

■

이동통신사는 음성통화, 데이터 등 다양한 서비스를 제공하기 위해 많은 자원을 소비한다. 특정 서비스만에만 소요되는 자원도 있지만 많은 자원이 여러 서비스에 공동으로 사용된다. 장거리 또는 국제통화와 같이 외부회사의 자원을 이용하는 경우도 많다. 여러 서비스 제공과정에서 발생하는 간접원가의 비중이 큰 경우 간접원가를 어떻게 배분하느냐에 따라 개별 서비스의 원가가 달라지는데 완벽한 원가계산은 원천적으로 불가능하다.

최적의 경영의사결정을 위해서는 원가배분의 질을 최대한 향상시켜 정확한 원가정보를 산출할 필요가 있다. 원가배분의 정확성을 높이기 위한 많은 시도가 이루어졌지만 여전히 진행형이다. 기업들이 자세한 원가정보의 공개를 반대하는 이유는 원가계산 과정에서 불가피하게 발생하는 원가배분 문제 때문일 수도 있고, 원가정보가 경쟁기업이나 규제기관 등에 알려질 경우의 부작용에 대한 우려 때문일 수도 있다.

변동원가와 고정원가의 구성비는 생산 및 유통방식에 따라서 달라진다. 반도체 사업은 고정원가와 변동원가의 구조가 8 대 2인 반면 디스플레이 사업은 그 반대로 변동원가 비중이 더 높다고 알려져 있다. 고정원가가 큰 반도체는 불황에도 불구하고 공장을 돌려야 하므로 공급과잉으로 쓰러지는 기업이 생기지만 변동원가 비중이 큰 디스플레이는 공장을 잠시 쉬는 방식으로 불황을 견뎌낼 수 있어 구조조정이 더디게 진행될 수 있다.

"한 달 2만 잔 팔아야 사는 커피점의 진실"

커피 한 잔의 원가는 얼마일까? 스타벅스 tall 사이즈(12oz)를 기준으로 아메리카노 한 잔의 원재료 값은 150원~500원이다. 게다가 국내 유명 프렌차이즈 커피전문점의 아메리카노 한 잔 가격이 4천 원~5천 원인 것에 비해 미국은 약 2천 원, 일본은 약 3천5백 원대이다. 관세청 집계에 따르면 한국의 커피 수입량은 해마다 최고 기록을 넘어서고 있으며 소비량이 세계에서 6번째로 많다. 2007년 약 2천여 개의 커피전문점 수가 2015년 말 기준 약 5만 개에 달할 만큼 커피시장이 큰 성장세를 보인 것을 보면 커피집이 엄청난 이윤을 내며 활기를 띄어야 하는 것이 맞을지도 모른다. 하지만 많은 사람들이 쉽게 생각하며 커피전문점 분야로 창업에 뛰어들지만 문을 열고 2~3개월이 지나 개점효과가 사라지면 손익분기점을 넘기지 못해 유지하는 것도 어려운 실정이다.

한국 커피 가격이 다른 지역보다 높은 원인은 치솟는 임대료 때문이라는 시각이 우세하다. 업계 관계자는 신규와 기존 매장에 관계없이 임대료가 매년 20% 이상 오르고 있다고 전했다. 원재료 값은 안정된 상태이지만 임대료 상승으로 영업이익률도 떨어지고 있다는 설명이다. 이를 피하기 위해 일부 커피전문점은 눈에 띄지 않는 이면도로나 건물의 2, 3층으로 옮겨 임대료를 줄이고 있다. 원가가 싸다고 해도 손익분기점을 넘기기 위해선 1천 원짜리 아메리카노를 한 달에 2만 잔을 팔아야 한다. 커피전문점 창업자들이 '잘해야 먹고 사는 수준'이라며 커피점으로 큰 돈 벌기는 어렵다는 말이 나오는 이유다.

저가 커피시장에 새로운 변수로 등장한 것은 바로 편의점이다. 커피전문점에 뒤지지 않을 질 좋은 원두와 머신을 구비해 경쟁력을 마련해가고 있다. (중략) 편의점 커피는 대부분 1천 원~1천 500원으로 저렴한 수준이다. 트렌드 변화에 따라 저가형 커피전문점 분야가 각광 받으며 시장의 경쟁이 치열해지는 가운데 브랜드보다 가성비를 따지는 젊은 층의 소비트렌드와 경기불황에도 취향을 위해선 지갑을 여는 '플랜Z' 시대에 맞는 전략이 필요한 시점이다. 커피 구매로 드러나는 소비트렌드는 장기적인 불황과 고용한파로 위축된 시장경제에서 원가에 맞는 합리적이고 적정한 커피 가격대를 형성해 가야 하는 숙제로 보인다.

매일경제 2016. 1. 15. ◀

생각해 봅시다

1. 커피점의 원가를 변동원가와 고정원가, 혼합원가로 분류한다면 어떤 항목들이 각 그룹에 포함될까?
2. 커피점의 원가를 분류하는 것이 수익성 향상에 왜 중요할까?

연습문제 EXERCISE

원가의 이해

01 개념과 용어 빈칸을 채우시오.

- 원가계산대상에 직접 추적가능한 직접원가를 원가계산대상과 연결짓는 과정을 원가추적이라고 하고 직접 추적이 어려운 ______ indirect cost(을)를 원가계산대상과 인위적으로 연결짓는 과정을 원가배분이라고 한다.
- 특정 활동의 활동량 변화에 따라 원가가 비례적으로 발생하는 원가를 변동원가라고 하고 활동량과 무관하게 일정하게 발생하는 원가를 ______ fixed cost(이)라고 하며, 두 부분을 모두 가지고 있는 원가를 혼합원가라고 한다.
- 특정 대안을 선택함으로써 다른 대안이 가져다주는 이익을 포기해야 하는 경우, 포기하는 이익 중 최대이익을 대안 선택에 따른 ______ opportunity cost(이)라고 한다.
- 과거의사결정의 결과로 이미 발생하여 변경이 불가능한 것으로 미래의사결정에 영향을 미칠 수 없는 원가를 ______ sunk cost(이)라고 한다.
- 일단 의사결정이 내려지면 미래의 일정 기간 동안 발생할 원가가 정해지고 이를 피할 수 없는 원가를 ______ committed cost(이)라고 하는데, 이 원가에 변화를 주려면 경영자의 새로운 의사결정이 필요하지만 의사결정의 특성상 쉽게 변경하는 것이 불가능한 경우가 많다.
- 재무회계에서는 제품을 생산하는 과정에서 발생한 재료원가, 노무원가, 경비 등의 제조원가만을 재무상태표에 자산으로 기록되는 ______ inventoriable cost의 범주에 포함한다. 제조활동 이외의 판매나 관리 활동으로 인해 발생한 비제조원가는 발생한 기간에 비용화하는 기간원가이다.
- 제조기업의 원가흐름에서 등장하는 재고자산에는 원재료, ______ work-in-process, 제품 등이 있다.

02 원가의 여러 가지 개념 다음은 여러 가지 원가개념에 대한 설명이다. 적절하지 않은 것은?

① 기본요금과 사용량에 따른 요금으로 구성되어 있는 전기요금은 혼합원가의 예가 된다.
② 직접노무원가와 제조간접원가를 합쳐 가공원가라고 부른다.
③ 직접 또는 간접원가는 원가대상을 어떻게 정의하느냐에 따라 달라질 수 있다.
④ 제품의 수익성을 판단할 때는 재무회계상 제품제조원가이외에 비제조원가도 감안할 필요가 있다.
⑤ 변동원가는 의사결정과 관련 있는 원가이며 고정원가는 비관련원가이다.

감평사 2022 …

03 원가의 여러 가지 개념 원가에 관한 설명으로 옳지 않은 것은?

① 가공원가전환원가는 직접노무원가와 제조간접원가를 합한 금액이다.
② 연간 발생할 것으로 기대되는 총변동원가는 관련범위 내에서 일정하다.
③ 당기제품제조원가는 당기에 완성되어 제품으로 대체된 완성품의 제조원가이다.
④ 기초고정원가는 현재의 조업도 수준을 유지하는데 기본적으로 발생하는 고정원가이다.
⑤ 회피가능원가는 특정한 의사결정에 의하여 원가의 발생을 회피할 수 있는 원가로서 의사결정과 관련있는 원가이다.

04 원가의 여러 가지 개념 다음은 여러 가지 원가개념에 대한 설명이다. 적절하지 않은 것은?

① 간접원가는 원가대상에 직접 추적이 어려운 원가로서 배분절차를 거쳐야 한다.
② 제품 생산량과 무관하게 일정하게 발생하는 원가는 고정원가라고 할 수 있다.
③ 과거의 의사결정의 결과로 이미 발생한 원가를 매몰원가라 부른다.
④ 과거의 의사결정의 결과로 미래 일정기간 발생할 것이 확정된 원가를 기정원가라 부른다.
⑤ 기간원가는 특정기간에 발생한 제조원가로서 재고가능원가라고도 부른다.

05 원가의 흐름 20×1년 S사의 원재료재고액, 재공품재고액, 제품재고액이 기초에 비해 기말에 모두 증가하였을 때 크기를 바르게 나열한 것은?

① 당기총제조원가 < 당기제품제조원가 < 매출원가
② 매출원가 < 당기제품제조원가 < 당기총제조원가
③ 당기제품제조원가 < 당기총제조원가 < 매출원가
④ 매출원가 < 당기총제조원가 < 당기제품제조원가

회계사 2004 …

06 원가의 행태 다음 그래프의 종축은 총원가를 나타내며, 횡축은 1년간의 생산량을 나타낸다. 다음 중 그래프를 적정하게 설명하지 못한 것은?

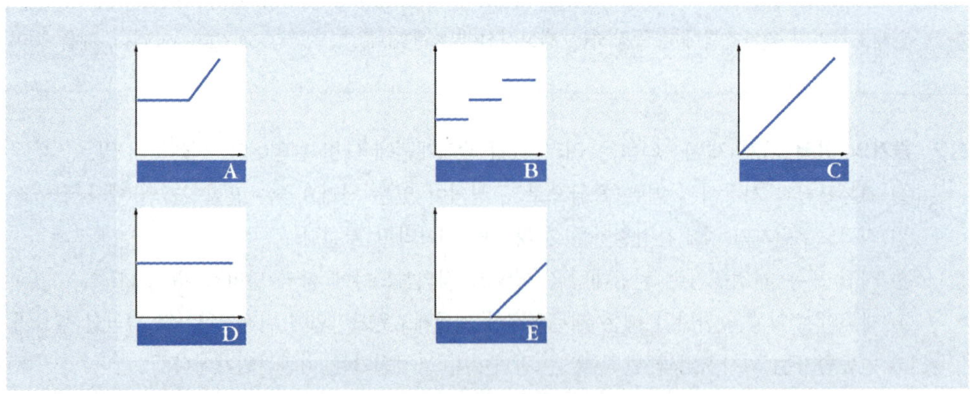

A 일정량의 kWh까지는 기본요금을 내고 그것을 초과하는 경우에는 변동원가가 추가된다 kWh는 생산량에 비례하여 증가.

B 수도요금 청구액은 다음과 같이 계산된다.

100,000리터 이하	기본요금	100,000
100,000리터를 초과하는 추가 10,000리터	추가 사용된 리터당	₩3
110,000리터를 초과하는 추가 10,000리터	추가 사용된 리터당	₩6

C 기계사용시간생산량에 비례을 기준으로 계산되는 설비의 감가상각비

D 정액법에 의한 설비의 연간 감가상각비

E 어떤 조업도 수준 이상으로 생산되는 매 생산단위마다 ₩100을 관리자에게 지급하는 상여금 제도

① A ② B ③ C ④ D ⑤ E

07 **원가의 흐름** 다음 자료를 이용하여 계산한 매출원가는? … 감평사 2018

기초재공품	₩60,000	기초제품	₩45,000	기말재공품	₩30,000
기말제품	₩60,000	직접재료원가	₩45,000	직접노무원가	₩35,000
제조간접원가	₩26,000				

① ₩121,000 ② ₩126,000 ③ ₩131,000
④ ₩136,000 ⑤ ₩141,000

08 **원가의 흐름** (주)감평의 20×5년 1월 1일 재공품 재고액은 ₩50,000이고, 1월 31일 재공품 재고액은 ₩100,000이다. 1월에 발생한 원가자료가 다음과 같을 경우, (주)감평의 20×5년 1월 당기제품제조원가는? … 감평사 2015

직접재료 사용액	₩300,000
공장건물 감가상각비	₩100,000
공장기계 수선유지비	₩150,000
본사건물 감가상각비	₩200,000
영업직원 급여	₩300,000
공장감독자 급여	₩400,000
공장근로자 급여	₩500,000
판매수수료	₩100,000

① ₩1,000,000 ② ₩1,400,000 ③ ₩1,450,000
④ ₩1,600,000 ⑤ ₩1,900,000

회계사 2022 …

09 원가의 흐름 (주)대한은 의료장비를 생산하고 있으며, 20×1년 2월 원가 관련 자료는 다음과 같다.

- 재료 구입액은 ₩4,000, 재료 기말재고액은 ₩1,400이다.
- 노무원가는 공장에서 발생한 것이며, 노무원가의 80%는 생산직 종업원의 임금이다.
- 지급한 노무원가는 ₩3,700, 기초 미지급노무원가는 ₩200, 기말 미지급노무원가는 ₩500이다.
- 기본원가 기초원가, prime costs는 ₩5,700이다.
- 제조경비는 ₩2,100이며, 전액 제조간접원가이다.

20×1년 2월 (주)대한의 제조간접원가는 얼마인가? 단, 기초재고자산은 없다.

① ₩2,100 ② ₩2,200 ③ ₩2,800
④ ₩3,000 ⑤ ₩3,100

회계사 2010 …

10 원가의 흐름 (주)원가는 기계장치를 생산, 판매하는 기업으로 사업 첫 해에 다음과 같은 원가가 발생했다. 이 자료를 바탕으로 원가계산을 했을 경우 (가)부터 (마)까지의 설명 중 타당하지 않은 것을 모두 고르시오. 단, 기초재공품재고액은 없고, 기말재공품재고액은 ₩10이다.

직접재료원가	₩110	간접재료원가	₩30	판매직급여	₩30
직접노무원가	120	간접노무원가	60	관리직급여	70
간접경비	200	광고선전비	20	이자비용	10

(가) 당기제품제조원가는 ₩510이다.
(나) 기본원가 기초원가, prime costs는 ₩230이다.
(다) 제조간접원가에는 어떤 재료원가도 포함되지 않으므로 간접노무원가와 간접경비를 합한 ₩260이다.
(라) 당기총제조원가는 ₩520으로, 기본원가에 가공원가를 합한 금액이다.
(마) 기간원가는 ₩130으로, 재고가능원가라고 부르기도 한다.

① (가), (나) ② (다), (라) ③ (라), (마)
④ (나), (다), (마) ⑤ (다), (라), (마)

회계사 2021 …

11 원가의 흐름 (주)대한의 20×1년 재고자산과 관련된 자료는 다음과 같다.

구 분	원재료	재공품	제품
기초금액	₩23,000	₩30,000	₩13,000
기말금액	12,000	45,000	28,000

20×1년 원재료 매입액은 ₩55,000이며, 가공원가는 ₩64,000이다. 이 경우 (주)대한의 20×1년 당기제품제조원가에서 매출원가를 차감한 금액은 얼마인가?

① ₩12,000 ② ₩15,000 ③ ₩23,000
④ ₩28,000 ⑤ ₩30,000

12 **원가의 흐름** (주)신궁의 20×1년 기초 재고자산은 다음과 같다. … 감평사 2004

직접재료	재공품	제품
₩39,000	₩52,000	₩40,000

20×1년 중 직접재료 매입액은 ₩150,000, 직접노무비 발생액은 실제가공원가의 60%이며 제조간접비 실제발생액은 ₩50,000이다. 기중 매출액은 ₩500,000이며 실제매출총이익률은 25%이다. 20×1년 기말재고자산직접재료+재공품+제품의 총합계는 얼마인가?

① ₩31,000 ② ₩39,000 ③ ₩50,000
④ ₩75,000 ⑤ ₩92,000

13 **원가의 흐름** (주)세무의 20×1년 1월의 재고자산 자료는 다음과 같다. … 세무사 2022

	직접재료	재공품	제품
20×1. 1. 1.	₩80,000	₩100,000	₩125,000
20×1. 1. 31.	60,000	75,000	80,000

20×1년 1월 중 직접재료의 매입액은 ₩960,000이고, 직접노무원가는 제조간접원가의 40%이다. 1월의 매출액은 ₩2,500,000이며, 매출총이익률은 16%이다. 20×1년 1월의 기본원가prime costs는?

① ₩1,050,000 ② ₩1,160,000 ③ ₩1,280,000
④ ₩1,380,000 ⑤ ₩1,430,000

14 **원가의 흐름** 다음은 가가회사의 20×1년 12월 31일로 종료되는 회계연도의 회계자료의 일부분이다. … 감평사 2000

직접재료재고액의 증가	₩15,000
제품재고액의 감소	₩35,000
직접재료 구입액	₩430,000
직접노무비	₩200,000
제조간접비	₩300,000
판매비	₩45,000

연초 및 연말의 재공품은 없었다. 가가회사의 20×1년도의 매출원가는 얼마인가?

① ₩950,000 ② ₩965,000 ③ ₩975,000
④ ₩985,000 ⑤ ₩995,000

15 재무회계상 원가 개념

원료사용액	₩482,000	판매직원 급여	₩67,000
공장건물 재산세	8,000	일반사무직원 급여	105,000
공장감독자 급여	50,000	일반사무실 집기 감가상각비	6,000
직접노무원가	291,000	공장 수도광열비	34,000
광고비	93,000	일반사무실 잡비	17,000
공장시설 감가상각비	85,000	사장의 급여	73,000

기말제품재고액 ₩83,000을 제외한 기초 및 기말재고액은 없다.

물음: 위에서 제시한 각 원가가 다음의 어떤 원가개념에 해당하는지 파악하라.

1. 가공원가
2. 기초원가
3. 제품제조원가
4. 제품매출원가
5. 판매비
6. 일반관리비
7. 기간원가

16 원가의 여러 가지 개념

게임개발회사에 다니는 K씨는 지난 1년간 공휴일을 이용하여 휴대용 소형 드론을 개발하였는데 연구개발비는 ₩20,000,000이 소요되었다. K씨는 여러 가지로 생각해 본 결과 매월 ₩3,000,000씩 받는 게임개발회사를 그만두고 자신이 개발한 드론의 생산과 판매에 전념하기로 하였다.

K씨는 매월 ₩800,000 임차료의 오피스텔을 조립사무실로 사용하기로 하였으며 조립직원을 고용하였는데 월급여는 ₩1,000,000을 지급하기 하였다. 부품 등 원재료는 개당 ₩20,000이 소요된다. 드론은 일반 인터넷 쇼핑몰에서 판매할 계획인데 개당 판매가격은 ₩100,000이며 쇼핑몰에 지불할 수수료는 판매가격의 30%이다. 한편 인터넷 배너광고 계약을 맺고 향후 3개월간 광고료로 ₩500,000을 지불하였는데 환불은 불가능하다.

물음: 위에서 제시한 각 원가가 다음의 어떤 원가 개념에 해당하는지 파악하라. 단일 원가항목에 여러 가지 원가형태가 대응되어도 상관없으며, 원가행태를 결정짓는 조업도는 드론판매량이다.

1. 변동원가
2. 고정원가
3. 제품원가
4. 제조경비
5. 기간원가
6. 기회원가
7. 기발생원가

17 원가의 흐름 다음은 S사의 20×1년 자료이다.

	20×1년 초	20×1년 말
직접재료재고	₩110,000	₩130,000
재공품재고	105,000	100,000
제품재고	90,000	115,000
직접재료매입	375,000	
직접노무원가	125,000	
간접노무원가	75,000	
공장보험료	45,000	
공장 설비 및 건물의 감가상각비	55,000	
공장 보수 및 유지비용	20,000	
마케팅, 유통, 고객서비스원가	465,000	
일반관리비	145,000	

물음:

1. 20×1년 제조원가명세서를 작성하라.
2. 20×1년 매출액이 ₩1,500,000이라고 할 때 매출총이익과 영업이익은 얼마인가?

Chapter 03

Strategic Management Accounting

원가 · 조업도 · 이익 분석

CVP 분석의 기초

| CVP 모형의 기본가정

| 공헌이익과 공헌이익률

| 손익분기점 분석

| 그래프의 활용

| 목표이익의 달성

| 민감도 분석

원가구조와 영업레버리지

CVP 분석의 확장

| 복수제품 하에서의 CVP 분석

| 단계별 고정원가가 존재할 때의 CVP 분석

| 원가동인이 여러 개인 경우의 CVP 분석

부록 • 엑셀을 활용한 CVP 분석

Strategic Management Accounting

Chapter 03

원가·조업도·이익 분석

현대자동차는 한때 114만 대까지 이르렀던 중국시장에서의 판매가 2017년 사드 사태 이후 36만 대 수준까지 급감하자 베이징 1공장을 매각하고 중국 내 인력을 절반 가까이 줄이는 등 중국 내 생산 능력을 축소하고 있다. 그 대안으로 미국 · 유럽 · 인도 · 동남아 시장 공략을 강화하고 있는데, 2022년 초 인도네시아에 그룹 최초 현지공장을 짓고 신시장 개척에 나섰다. 또한, 정의선 회장은 바이든 미국 대통령을 만나 미국에 55억 달러(약 7조 원)를 투자해 해외 최초의 전기차 공장을 짓겠다고 발표했다. 미래에 대한 장밋빛 전망을 바탕으로 공장을 신설하거나 확장한 이후 재무적 어려움에 봉착한 기업들이 많다. 이익을 늘리기 위해서는 매출을 늘려야 하고 이를 위해서는 생산능력의 증대가 불가피한데, 생산량이나 판매량이 증가하면 수익성은 당연히 좋아지는 것이 아닌가? 생산량이나 판매량 외에 기업의 원가와 이익에 영향을 주는 또 다른 요인은 무엇인가?

본 장에서는 원가행태에 따른 원가개념인 변동원가와 고정원가를 기업의 기본적인 의사결정에 활용하는 방법을 살펴본다. 매출조업도의 변화에 따라 수익과 원가가 어떻게 달라지는가를 모형화하고 이를 분석할 수 있으면 판매가격의 결정, 원가구조의 선택, 생산 및 영업방법에 따른 이익효과 분석에 도움을 얻을 수 있다. **원가 · 조업도 · 이익 분석**cost–volume–profit analysis, 이하 CVP 분석은 조업도매출량가 수익매출액과 원가비용 그리고 이익에 미치는 영향을 모형화하여 경영의사결정에 유용한 정보를 제공하는 분석기법이다. CVP 분석은 간단한 가정으로 수립한 재무모형을 기초로 하고 있지만 스프레드시트를 이용하면 상황에 따른 다양한 가상분석을 할 수 있으므로 현실적인 의사결정 문제에도 유용한 기법이다.

CVP 분석의 기초

CVP 모형의 기본가정

CVP 모형의 기본 가정은 다음과 같다.[1]

1. 제품(서비스)의 단위당 판매가격은 관련범위 내에서 일정하므로 매출액은 매출량에 정비례한다. 여기서 관련범위는 기업의 통상적인 조업수준 범위를 의미한다.
2. 원가는 매출량에 따라 변화하는 변동원가와 매출량과는 무관하게 발생하는 고정원가로 구분할 수 있다.
3. 단위당 변동원가는 관련범위 내에서 일정하며, 변동원가를 발생시키는 원가동인은 매출량뿐이다. 즉, 변동원가는 매출량에 정비례한다.
4. 총고정원가는 관련범위 내에서 일정하다.
5. 관련 제품의 생산량과 매출량은 같다.[2]
6. 한 종류의 제품만 생산·판매한다.
7. 작업자와 기계의 생산성과 능률은 관련범위 내에서 변하지 않는다. 즉, 작업자의 학습효과나 규모의 경제가 존재하지 않는다.

위의 가정을 바탕으로 다음과 같은 간단한 수식을 세울 수 있다. 여기서 마지막 식은 다양하게 응용될 수 있으므로 반드시 기억할 필요가 있다.

1 이들 가정이 성립하지 않는 몇 가지 상황에서의 CVP분석은 후반부에서 별도로 다룬다.
2 서비스의 경우에는 생산량과 매출량이 언제나 같지만, 제품의 경우에는 다를 수 있다. 만약 제품의 생산량과 매출량이 같아 재고자산이 존재하지 않는 경우에는 원가와 비용은 일치한다. 이러한 경우 변동원가는 변동비로, 고정원가는 고정비로 불러도 무방하다.

formula

영업이익=매출액−원가
=매출액−(변동원가+고정원가)
=매출액−변동원가−고정원가
=단위당 판매가격×매출량−단위당 변동원가×매출량−고정원가
=(단위당 판매가격−단위당 변동원가)×매출량−고정원가

공헌이익과 공헌이익률

공헌이익

매출액에서 변동원가를 차감한 금액을 **공헌이익**contribution margin이라고 한다. 매출액과 변동원가가 모두 매출량에 비례하여 발생하므로 공헌이익 역시 매출량과 비례관계에 있다. 공헌이익은 단위당 판매가격에서 단위당 변동원가를 차감한 단위당 공헌이익에 매출량을 곱하여 구할 수도 있다.

공헌이익에서 고정원가를 차감하면 그 기간의 영업이익손실이 된다. 만약 공헌이익이 고정원가보다 크면 이익을 얻지만, 공헌이익이 고정원가보다 작으면 손실을 보게 된다.[3] 여기서 '공헌'은 고정원가를 회수하고 더 나아가 영업이익을 실현하는 데 공헌한다는 의미에서 쓰인 명칭이다.

formula

공헌이익=매출액−변동원가
=(단위당 판매가격−단위당 변동원가)×매출량
=단위당 공헌이익×매출량
영업이익=공헌이익−고정원가

공헌이익률

공헌이익률contribution margin ratio: CM ratio은 공헌이익을 매출액으로 나눈 비율이다. 공헌이익률은 매출액이 ₩1 증가할 때마다 공헌이익이 늘어나는 정도를 나타낸다. 공헌이익률은 단위당 공헌이익을 단위당 판매가격으로 나누어 구할 수도 있으며 1에서 공헌이익률을 차감하면

3 현실적으로 공헌이익이나 단위당 공헌이익이 음의 값을 가지는 경우는 거의 없다. 변동원가도 회수하지 못하는 사업은 아예 시작하지 않거나, 했다 하더라도 포기하는 것이 현명한 의사결정이기 때문이다.

판매가격 대비 변동원가가 차지하는 비율인 변동원가율을 구할 수 있다.

formula

$$
\begin{aligned}
\text{공헌이익률} &= \text{공헌이익} \div \text{매출액} \\
&= \text{단위당 공헌이익} \div \text{단위당 판매가격} \\
&= (\text{단위당 판매가격} - \text{단위당 변동원가}) \div \text{단위당 판매가격} \\
&= 1 - \frac{\text{단위당 변동원가}}{\text{단위당 판매가격}} \\
&= 1 - \text{변동원가율}
\end{aligned}
$$

공헌이익과 매출총이익의 비교

CVP 분석에서 사용하는 이익개념인 공헌이익과 외부보고 손익계산서의 이익개념인 **매출총이익**gross margin은 구별할 필요가 있다. 매출총이익은 매출액에서 매출원가를 차감한 것이고, 공헌이익은 매출액에서 변동원가를 차감한 것이다. 따라서 매출원가에 고정원가가 포함되어 있거나 변동원가에 매출원가 이외의 원가가 포함된다면 당연히 두 이익은 달라진다. 예를 들어 제조기업의 매출원가에는 변동원가뿐만 아니라 감가상각비와 같은 고정원가도 포함되어 있으며, 또 변동원가에는 변동매출원가뿐만 아니라 변동판매비와 관리비도 포함될 수 있다.

formula

$$\text{공헌이익} = \text{매출액} - \text{변동원가}(\text{변동매출원가} + \text{변동판매비와 관리비})$$
$$\text{매출총이익} = \text{매출액} - \text{매출원가}(\text{변동매출원가} + \text{고정매출원가})$$

외부공시용 손익계산서는 변동원가와 고정원가를 구별하지 않기 때문에 이를 통해 공헌이익을 구할 수 없고 CVP 분석 역시 불가능하다. 내부관리 목적으로 공헌이익 개념을 활용하려면 별도의 손익계산서를 만들어야 하는데 이를 **공헌이익접근법 손익계산서**라고 한다. 두 방식의 손익계산서를 비교하면 **그림 3-1**과 같다.

그림 3-1 공헌이익접근법 손익계산서

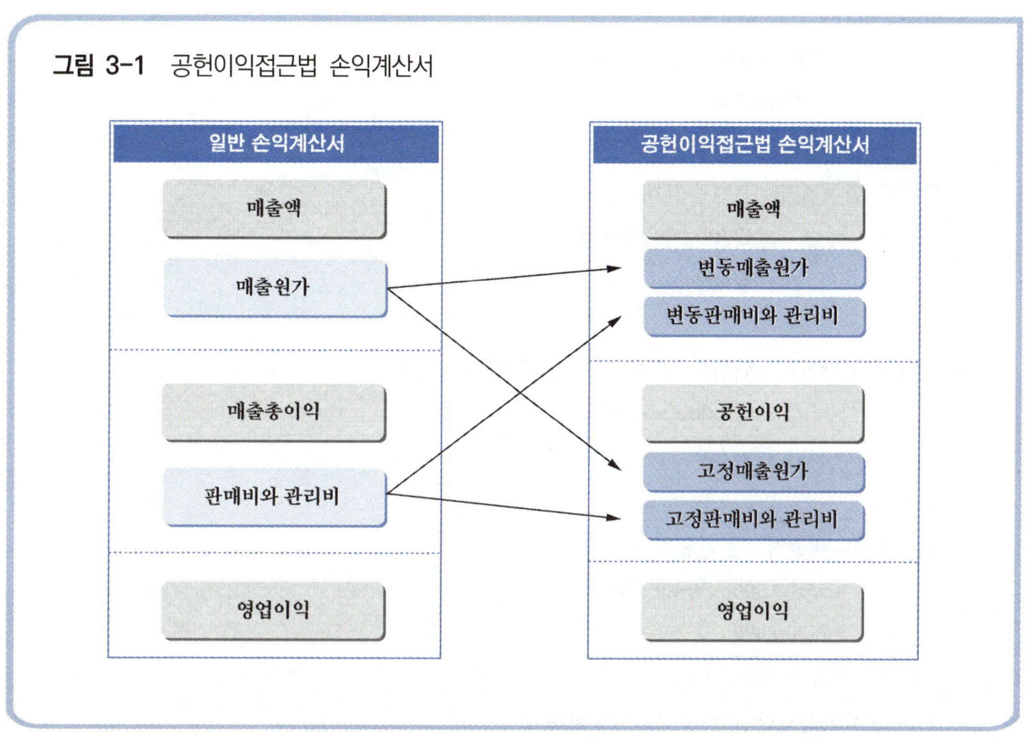

EXAMPLE 3-1

단일 상품을 판매하는 S사의 1월 영업 자료에 의하면 판매량 500개, 매출액 ₩500,000, 매출원가 ₩250,000, 판매관리비 ₩200,000(변동원가 ₩50,000, 고정원가 ₩150,000)이다. 단, 상품 재고는 없다.

Question

1. 변동원가와 단위당 변동원가를 구하라.
2. 단위당 공헌이익을 계산하라.
3. 공헌이익을 계산하라.
4. 공헌이익률과 변동원가율을 계산하라.
5. 영업이익을 계산하라.
6. 일반 손익계산서와 공헌이익접근법에 의한 손익계산서를 작성하라.

S사의 변동원가는 변동매출원가와 변동판매관리비로 이루어져 있다. 제조활동이 없으므로 매출원가 전액이 변동매출원가가 된다.

- **총변동원가＝변동매출원가＋변동판매관리비**

  ＝₩250,000＋₩50,000

  ＝₩300,000

- **단위당 변동원가＝총변동원가÷총판매량**

  ＝₩300,000÷500개

  ＝₩600

- **단위당 공헌이익＝단위당 판매가격－단위당 변동원가**

  ＝₩1,000－₩600

  ＝₩400

- **공헌이익＝매출액－총변동원가**

  ＝₩500,000－₩300,000

  ＝₩200,000

  또는 공헌이익＝단위당 공헌이익×판매량

  ＝₩400×500개

  ＝₩200,000

- **공헌이익률＝단위당 공헌이익÷단위당 판매가격**

  ＝₩400÷₩1,000

  ＝0.4

  또는 공헌이익률＝공헌이익÷매출액

  ＝₩200,000÷₩500,000

  ＝0.4

- **변동원가율＝1－공헌이익률**

  ＝1－0.4

  ＝0.6

S사의 고정원가는 고정판매관리비 ₩150,000뿐이므로 공헌이익에서 이 금액을 차감하면 영업이익이 구해진다.

- 영업이익 = 공헌이익 − 고정원가
  = ₩200,000 − ₩150,000
  = ₩50,000

손익계산서		공헌이익접근법 손익계산서	
매출액	₩500,000	매출액	₩500,000
매출원가	250,000	변동원가	300,000
매출총이익	250,000	공헌이익	200,000
판매관리비	200,000	고정원가	150,000
영업이익	₩50,000	영업이익	₩50,000

손익분기점 분석

손익분기점BEP: break−even point은 수익이 원가와 일치하여 이익도 손실도 없는 매출량매출액을 말한다.

formula

손익분기점: 다음 식을 만족하는 매출량 또는 매출액
이익 = 매출액 − 변동원가 − 고정원가
= (단위당 판매가격 − 단위당 변동원가) × 매출량 − 고정원가
= 공헌이익 − 고정원가
= 0

손익분기점 매출량

손익분기점에 이르기 위해서는 공헌이익이 고정원가와 같아야 한다. 공헌이익은 매출량이 1단위 증가할 때마다 단위당 공헌이익만큼 증가하므로 고정원가를 단위당 공헌이익으로 나누면 손익분기점 매출량을 구할 수 있다.

formula

손익분기점 매출량 = 고정원가 ÷ 단위당 공헌이익

앞선 S사의 자료를 이용하면 손익분기점 매출량은 다음과 같다.

- **손익분기점 매출량**=₩150,000÷₩400
  =375개

이때 매출액은 ₩375,000(=₩1,000×375), 변동원가는 ₩225,000(=₩600×375), 고정원가는 ₩150,000이다. 매출액과 총원가가 같아 이익도 손실도 발생하지 않음을 알 수 있다.

손익분기점 매출액

손익분기점을 매출량이 아닌 매출액으로 나타내기도 한다.[4] 손익분기점에서의 매출액은 손익분기점 매출량에 판매가격을 곱하여 구할 수 있다. 그러나 관련 수익과 원가에 대한 총액 정보만 있을 뿐, 수량이나 단위당 금액을 알 수 없는 경우에는 손익분기점 매출량을 구할 수 없으므로 수량에 판매가격을 곱하는 방법으로 손익분기점 매출액을 구할 수 없다.

만약 판매가격이나 단위당 변동원가를 모르더라도, 공헌이익률이나 변동원가율을 안다면 손익분기점 매출액을 계산할 수 있다. 공헌이익률은 매출액 ₩1에 포함되어 있는 공헌이익을 나타내므로 매출액에 공헌이익률을 곱하면 공헌이익을 구할 수 있으며 이 금액이 고정원가와 같다면 그 때의 매출액이 손익분기점 매출액이 된다.

손익분기점 매출액은 공헌이익과 고정원가와 같아지는 매출액이므로 다음과 같이 구할 수 있다.

formula

손익분기점 매출액×공헌이익률=고정원가
손익분기점 매출액=고정원가÷공헌이익률

S사의 경우 매출액은 ₩500,000, 변동원가는 ₩300,000, 고정원가는 ₩150,000이므로 변동원가율은 60%이고, 공헌이익률은 40%이다. 따라서 손익분기점 매출액은 다음과 같다.

- **손익분기점 매출액**=₩150,000÷0.4
  =₩375,000

---

4 여러 제품들이 존재할 때 손익분기점은 수량보다는 매출액으로 파악하는 것이 더 적절하다.

안전한계

안전한계margin of safety는 현재 매출량매출액 또는 예산의 매출량이 떨어져 손익분기점에 이르게 될 때까지 어느 정도 여유가 있는가를 보여주는 지표로서 손익분기점을 초과하는 매출량을 의미한다. **안전한계율**은 안전한계를 매출량으로 나눈 비율이다. 안전한계의 정의에 따르면 안전한계 매출량매출액에 단위당 공헌이익공헌이익률을 곱하면 영업이익을 구할 수 있다.

formula

안전한계 = 매출량(액) − 손익분기점의 매출량(액)

$$\text{안전한계율} = \frac{\text{안전한계 매출량(액)}}{\text{매출량(액)}}$$

영업이익 = 안전한계 매출량(액) × 단위당 공헌이익(공헌이익률)

S사 자료를 이용하여 안전한계와 안전한계율을 계산하면 다음과 같다.

- **안전한계**: ₩500,000 − ₩375,000 = ₩125,000
- **안전한계율**: ₩125,000 ÷ ₩500,000 = 0.25

안전한계 매출액 ₩125,000, 공헌이익률 40%이므로 이로부터 영업이익은 ₩50,000임을 알 수도 있다. 안전한계를 높이기 위해서는 매출을 늘리거나 손익분기점을 낮춰야 한다. 판매가격을 인상하거나, 변동원가를 절감하거나, 고정원가를 낮추면 안전한계는 커진다.

그래프의 활용

위에서 수식으로 구한 손익분기점은 그래프에서도 확인할 수 있다. X축을 매출량으로 하고 Y축을 수익 또는 원가로 하여 그래프를 그리면 **그림 3-2**와 같다. 또 수익에서 원가를 차감한 이익만을 표시한 그래프도 그릴 수 있다. 이들 그래프는 매출량의 증감에 따라 수익과 원가의 변화 또는 이익의 변화를 쉽게 한 눈으로 파악할 수 있는 장점이 있다.

각 그래프에서 손익분기점을 확인할 수 있는데, 첫 번째 그래프에서는 수익과 총원가가 일치하는 점, 두 번째 그래프에서는 공헌이익과 고정원가가 일치하는 점, 세 번째 그래프에서는 이익이 영이 되는 점이다. 특별히 세 번째 그래프에서는 이익과 조업도의 관계를 보여주고 있는데 이를 **PV도표**PV chart: Profit−volume chart라고 부른다.

S사의 예를 다시 살펴보자. 단위당 판매가격은 ₩1,000, 단위당 변동원가는 ₩600, 단위당 공헌이익은 ₩400, 고정원가는 ₩150,000이다. 이 자료를 이용하여 PV도표를 그리면 **그림 3-3**과 같다.

X축에는 매출량, Y축에는 영업이익손실을 표시한다. 매출량이 0일 때에는 영업수익은 없지만 고정원가가 ₩150,000 발생하므로 그 고정원가만큼 영업손실이 된다. 즉, Y축의 절편이 영업손실=고정원가이 된다. 이를 기점으로 매출량이 한 단위 증가할 때마다 단위당 공헌이익 ₩400만큼 영업손실이 감소하는데 특정 매출량에 이르면 영업손실이 0이 된다. 이 점이 X축의 절편이자 손익분기점이며, 위의 예에서는 375개이다. 공헌이익이 고정원가를 정확히 회수하는 손익분기점을 지나면 그 때부터 추가로 발생하는 공헌이익은 전액 영업이익이 된다.

목표이익의 달성

세금이 존재하지 않을 경우

특정 **목표이익**target profit을 얻기 위해서는 공헌이익에서 고정원가를 차감한 금액이 목표이익이 되도록 하는 매출량매출액을 달성해야 한다. 즉, 공헌이익이 고정원가와 목표이익을 합한 금액과 일치할 때의 매출량을 구하면 된다.

특정 이익을 달성하기 위한 목표매출량 또는 목표매출액은 다음의 식으로부터 구할 수 있다.

- **이익＝단위당 공헌이익×목표매출량－고정원가**
  ＝목표매출액×공헌이익률－고정원가
  ＝목표이익

formula

목표매출량＝(고정원가＋목표이익)÷단위당 공헌이익
목표매출액＝(고정원가＋목표이익)÷공헌이익률

그림 3-2 도표를 이용한 손익분기점

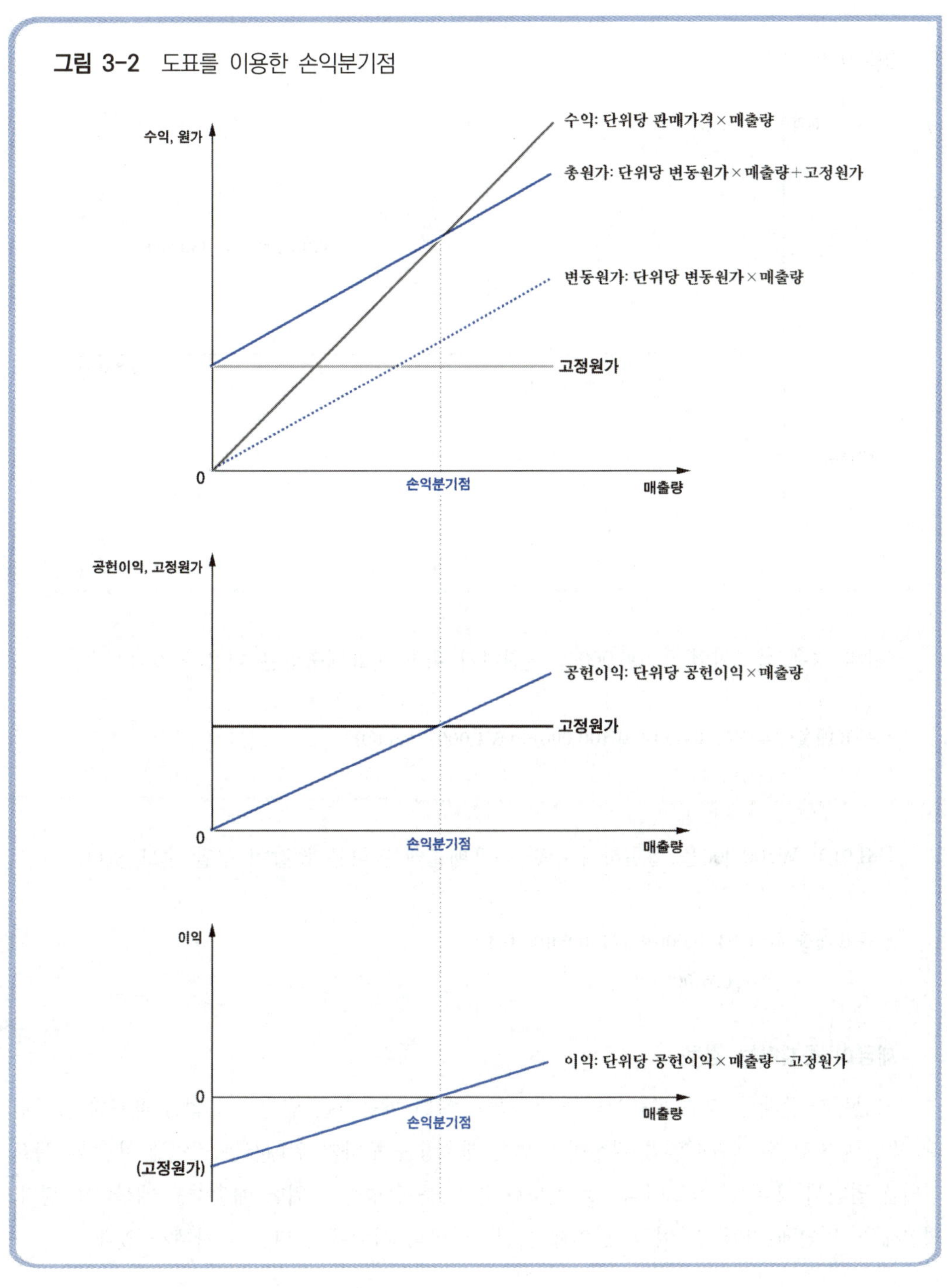

그림 3-3 PV도표

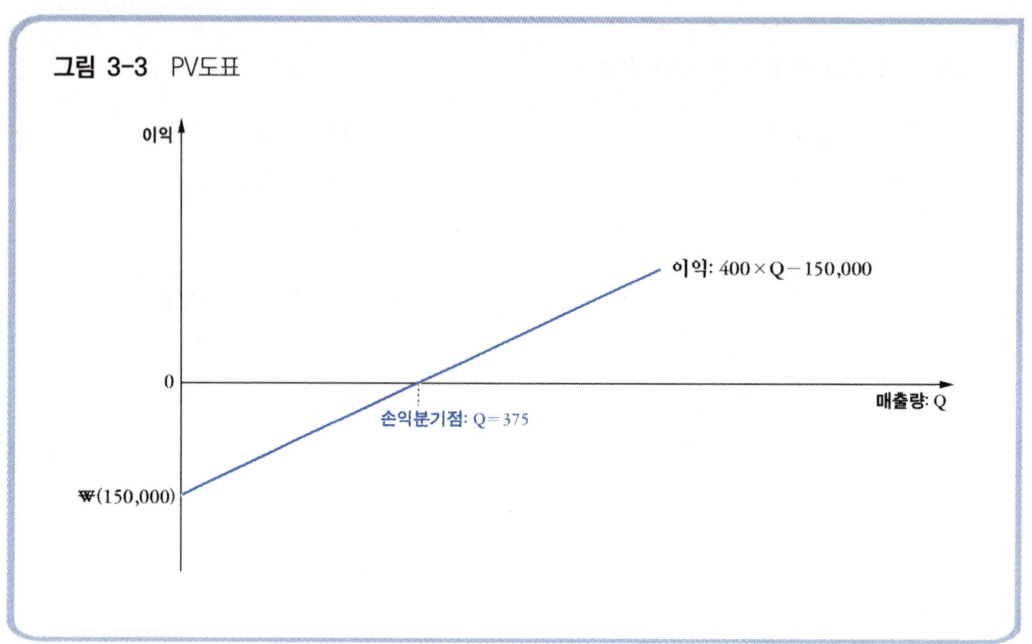

S사의 경우 목표이익 ₩100,000을 실현하기 위한 목표매출량은 다음과 같다.

- **목표매출량**=(₩150,000+₩100,000)÷(₩1,000−₩600)
  =625개

목표이익 ₩100,000을 실현하기 위한 목표매출액은 다음과 같이 구할 수도 있다.

- **목표매출액**=(₩150,000+₩100,000)÷0.4
  =₩625,000

세금이 존재하는 경우

법인세가 존재할 경우 목표이익을 달성하기 위한 매출량은 법인세가 없을 때보다 높아진다. 법인세 차감 후 목표이익을 달성하기 위한 매출량을 구하기 위해서는 법인세 차감 후 목표이익을 법인세 차감 전 목표이익으로 전환한 후 이를 달성하기 위한 매출량을 계산하면 된다. 법인세율, 법인세 차감 전 이익, 법인세 차감 후 이익 사이에는 다음의 관계가 있다.

- **법인세 차감 후 이익=법인세 차감 전 이익−법인세 차감 전 이익×법인세율**
  =법인세 차감 전 이익×(1−법인세율)

따라서 법인세 차감 후 이익은 법인세 차감 전 이익으로 다음과 같이 쉽게 전환할 수 있다.

formula

법인세 차감 전 이익=법인세 차감 후 이익÷(1−법인세율)

만약 법인세율이 40%이고, S사가 법인세 차감 후 이익 ₩120,000을 달성하고자 한다면 이를 위한 목표매출량과 매출액은 다음과 같이 구할 수 있다.

- **법인세 차감 전 이익: ₩120,000÷(1−0.4)=₩200,000**

- **목표매출량=(고정원가+법인세 차감 전 이익)÷단위당 공헌이익**
  =(₩150,000+₩200,000)÷₩400
  =875개

- **목표매출액=(고정원가+법인세 차감 전 이익)÷공헌이익율**
  =(₩150,000+₩200,000)÷0.4
  =₩875,000

즉, 법인세 차감 후 이익 ₩120,000을 실현하기 위한 목표매출액은 ₩875,000이다. 목표매출액 하에서 공헌이익접근법 손익계산서를 작성하면 다음과 같다.

손익계산서	
매출액(875×₩1,000)	₩875,000
변동원가(875×₩600)	525,000
공헌이익	350,000
고정원가	150,000
법인세 차감 전 이익	200,000
법인세(40%)	80,000
당기순이익	₩120,000

민감도 분석

민감도 분석sensitivity analysis은 분석의 전제가 되는 기초자료가 변할 때 분석결과가 어떻게 달라지는가를 살펴보는 **가상분석**'what-if' analysis이다. 불확실한 기업 환경을 고려하면, 발생가능한 여러 상황에 따른 영향을 파악하는 것이 중요하다. CVP 분석도 민감도 분석이 함께 이루어지면 더욱 효과적인 의사결정도구가 될 수 있다. 예를 들어, 입력자료에 해당하는 판매가격, 단위당 변동원가 또는 고정원가가 변할 때 손익분기점이나 목표매출량이 어떻게 달라지는지 확인할 수 있다.

입력자료의 종류와 분석방법이 확정되면 이를 기초로 엑셀이나 구글스프레드시트를 이용하여 모형화가 가능하며 이 모형을 통해 본격적인 민감도 분석을 수행할 수 있다.[5] 엑셀을 이용한 CVP 분석 및 민감도 분석 예는 부록에 제시되어 있다.

앞의 **예제 3-1**에서 상품의 단위당 구입가격이 ₩500이라고 하였지만 만약 ₩480~₩520 구간에서 변한다면, 손익분기점은 어떻게 달라지는가? 또 고정판매관리비가 ₩140,000~₩160,000 구간에서 변한다면 손익분기점은 어떻게 달라지는가? 다음의 표는 여러 가지 상황에 따른 손익분기점 변화를 보여주고 있다.

판매가격	₩1,000	₩1,000	₩1,000	₩1,000	₩1,000
변동매출원가	480	490	500	510	520
변동판관비	100	100	100	100	100
변동원가	580	590	600	610	620
공헌이익	₩420	₩410	₩400	₩390	₩380
손익분기점:	**고정원가가 ₩140,000일 때**				
	333개	341개	350개	359개	368개
	고정원가가 ₩150,000일 때				
	357개	366개	375개	385개	395개
	고정원가가 ₩160,000일 때				
	381개	390개	400개	410개	421개

5 이와 같은 모형을 재무모형(financial model)이라고 하는데 CVP 분석, 종합예산, 자본예산 등에서 많이 활용한다.

원가구조와 영업레버리지

동일한 제품을 생산하더라도 경영자의 의사결정에 따라 제품의 원가구성요소나 원가구조가 달라질 수 있다. 제품에 들어가는 부품을 자체 제작하는 경우와 외부에서 구입하는 경우를 생각해보자. 자체 제작할 경우에는 생산설비 감가상각비와 같은 고정원가가 발생할 수 있으나, 외부에서 구입할 경우 부품의 원가는 전액 변동원가가 된다. 또 제품의 조립과정에서 자동화설비를 이용하면 고정원가가 발생하며, 이와 달리 시간급의 근로자를 투입한다면 변동원가가 발생한다. 이와 같이 경영자의 선택에 따라 변동원가와 고정원가의 구성비율, 즉 원가구조가 달라질 수 있고, 조업도의 변동이 이익에 미치는 영향도 달라진다. 다음의 예를 보자.

EXAMPLE 3-2

프랜차이즈 커피 전문점을 운영하는 K씨는 프랜차이즈 계약 시 다음 대안 중 하나를 선택할 수 있다.

(a) 월 고정수수료 ₩100,000에 커피 한 잔 판매당 ₩1,500을 지불하는 조건

(b) 월 고정수수료 ₩400,000에 커피 한 잔 판매당 ₩750을 지불하는 조건

(c) 월 고정수수료 ₩700,000만 지불하는 조건

커피 한잔의 판매가격은 ₩4,000이며, 커피 제조비용으로 단위당 변동원가 ₩1,000이 발생한다. 이외의 비용은 없다. 월 400잔의 커피를 판매할 수 있다면 어떤 대안을 선택하더라도 이익은 ₩500,000이다. 만약 월 500잔을 팔 수 있다면 이 경우에도 대안 간에 이익이 같은가? 또 300잔을 팔 수 있다면 어떻게 되는가?

500잔을 팔 수 있다면 대안 간의 이익순서는 $c>b>a$이며, 300잔을 팔게 되면 이익순서는 $a>b>c$가 된다. 월 400잔을 초과하는 경우에는 고정수수료만 지불하는 대안 (c)가 가장 좋고, 월 400잔 미만인 경우에는 고정수수료가 가장 적고, 커피 한 잔당 수수료변동원가가 가장 큰 대안 (a)가 가장 좋다. 이익이 동일한 400잔을 기준으로 보면 매출이 증가할 때의 이익증가율은 고정원가가 가장 큰 대안이 가장 높으며, 커피 매출이 감소할 때의 이익감소율은 고정원가가 가장 적은 대안이 가장 낮음을 알 수 있다. 이러한 내용은 그림 3-4에서도 확인할 수 있다.

그림에서 보듯이, 고정원가가 존재하면 그렇지 않은 경우보다 매출증감 시에 더 큰 이익증감을 보이며, 상대적으로 고정원가가 큰 경우 더 큰 이익증감을 보이게 된다. 마치 고정원가가

그림 3-4 원가구조와 영업레버리지효과

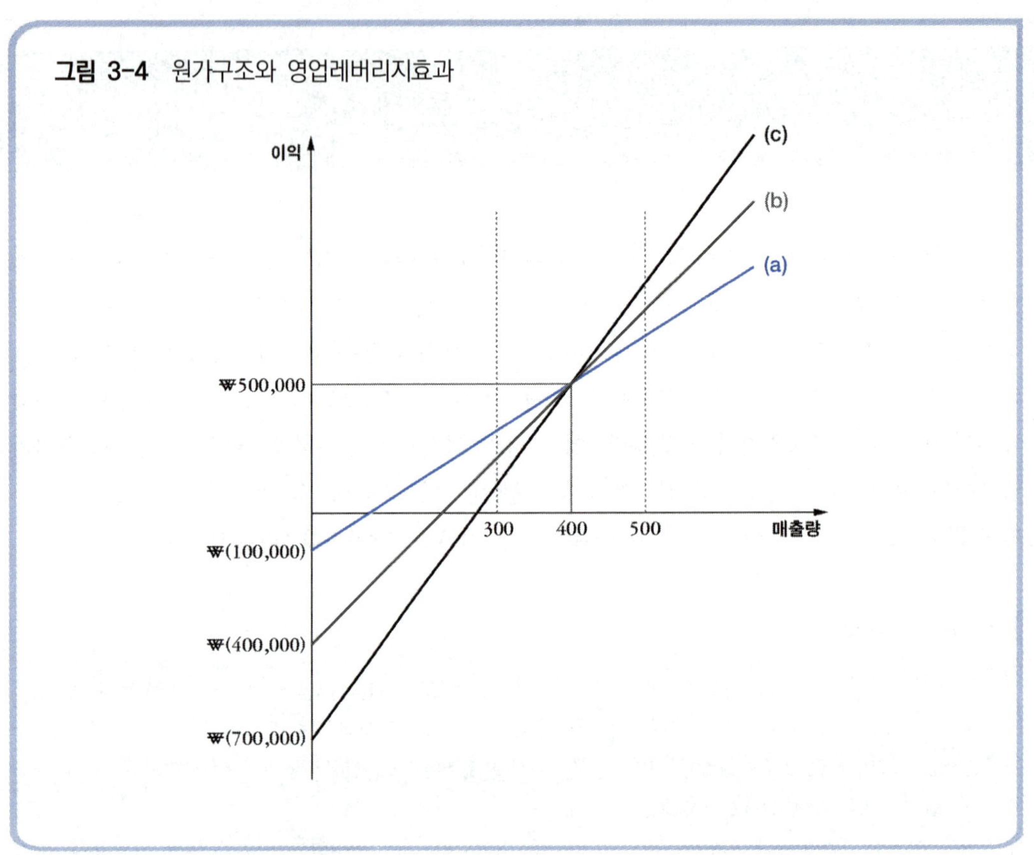

가 지렛대와 같은 역할을 한다고 할 수 있는데 이를 **영업레버리지**operating leverage라고 한다. 지렛대의 크기, 즉 영업레버리지의 정도를 측정하는 **영업레버리지도**(度)degree of operating leverage는 공헌이익을 영업이익으로 나눠 구한다.

formula

영업레버리지도=공헌이익÷영업이익

일반적으로 고정원가의 비중이 변동원가보다 상대적으로 큰 회사는 (변동원가가 작아 공헌이익이 크므로) 영업레버리지도가 크게 나타난다. 반대로 고정원가의 비중이 작으면 영업레버리지도는 작게 된다. 영업레버리지도가 높은 회사는 판매량의 증감에 이익이 민감하게 반응하여 판매량이 조금만 증가하여도 영업이익의 증가폭이 크고, 또한 판매량이 조금 감소하여도 영업이익의 감소폭이 크다. 매출변화에 따른 이익변화의 정도를 **표 3-1**을 통해 구체적으로 살펴보자.

표 3-1 매출의 증감과 이익의 증감

	최초매출량	매출변화율			
	500개	−5%	5%	10%	20%
매출액	₩500,000	₩475,000	₩525,000	₩550,000	₩600,000
변동원가	300,000	285,000	315,000	330,000	360,000
공헌이익	200,000	190,000	210,000	220,000	240,000
고정원가	150,000	150,000	150,000	150,000	150,000
이익	₩50,000	₩40,000	₩60,000	₩70,000	₩90,000
이익변화율		−20%	20%	40%	80%

첫 번째 열은 매출량이 500개일 때의 이익을, 나머지 열은 매출이 각각 일정 %씩 변화한 경우의 이익을 보여준다. 계산결과에 의하면 매출변화율과 이익변화율 간에는 일정한 관계가 있는데, 매출변화율의 4배가 이익변화율이 된다. 이 배수는 최초매출량이 500개일 때의 영업레버리지도와 정확히 일치한다. 따라서 영업레버리지도는 다음과 같이 나타낼 수도 있다.

formula

영업레버리지도＝이익변화율÷매출변화율
이익변화율＝영업레버리지도×매출변화율

EXAMPLE 3-3

A회사는 고정원가가 ₩1,500,000이고, 단위당 변동원가는 ₩20이다. B회사는 고정원가가 ₩500,000이고, 단위당 변동원가는 ₩40이다. 두 회사의 판매량은 50,000개이고, 판매가격은 ₩60이다.

Question

1. 두 회사의 공헌이익과 영업이익을 계산하라.
2. 두 회사의 영업레버리지도를 계산하라.
3. 두 회사의 매출량이 10% 증가할 경우, 각 영업이익의 변화를 영업레버리지도를 이용하여 설명하라.

두 회사의 공헌이익, 영업이익, 영업레버리지도는 다음과 같다.

	A회사	B회사
매출액	₩3,000,000	₩3,000,000
변동원가	1,000,000	2,000,000
공헌이익 ①	2,000,000	1,000,000
고정원가	1,500,000	500,000
영업이익 ②	₩500,000	₩500,000
영업레버리지도(①÷②)	4	2

두 회사의 판매량이 50,000개일 때 영업이익은 ₩500,000으로 동일하지만 영업레버리지도는 *A*사가 4이고, *B*사가 2다. *A*사가 *B*사에 비해 상대적으로 낮은 변동원가와 높은 고정원가를 유지하고 있기 때문이다.

이 상황에서 두 회사의 매출이 동일하게 10%씩 증가하더라도 영업레버리지효과로 인해 영업이익의 증가율은 *A*사가 40%(=10%×4), *B*사가 20%(=10%×2)로 차이를 보이게 된다. 이러한 결과는 아래의 손익계산서를 통해서도 확인할 수 있다. 영업레버리지효과는 매출이 증가할 때뿐만 아니라 매출이 감소할 때도 동일하게 적용된다. 즉, 매출수량이 10% 감소한다면 영업이익의 감소율 역시 *A*사가 40%, *B*사가 20%가 될 것이다.

	A사(단위당 공헌이익 @₩40)		**B사(단위당 공헌이익** @₩20)	
매출량	50,000	55,000	50,000	55,000
공헌이익	₩2,000,000	₩2,200,000	₩1,000,000	₩1,100,000
고정원가	1,500,000	1,500,000	500,000	500,000
영업이익	₩500,000	₩700,000	₩500,000	₩600,000

CVP 분석의 확장

복수제품 하에서의 CVP 분석

우리는 이제까지 단일 제품서비스을 생산·판매한다는 가정 하에 CVP 분석을 다뤘지만 현실에서는 대부분 두 가지 이상의 제품을 취급한다. 특히 이들 제품을 생산할 때 각각 개별적인 생산시설이나 설비를 이용하는 것이 아니라, 동일한 시설 및 설비를 공동으로 이용하여 규모의 경제나 시너지 효과를 얻고자 하는 것이 일반적이다. 이 경우, 판매가격이나 변동원가 그리고 공헌이익 등은 제품별로 구할 수 있지만 고정원가의 상당부분은 제품별로 구별할 수 없으므로 제품별 CVP 분석을 하는 것이 불가능하다.

동일한 설비를 이용하여 두 가지 제품을 생산·판매하는 다음의 예를 보자. 여기서 변동원가나 공헌이익은 제품별로 집계가 가능하지만 설비와 관련된 고정원가는 제품별로 구별할 수 없기 때문에 총액만 표시하였다.

	A 제품		B 제품
매출량	Q_A		Q_B
단위당 판매가격	₩100		₩120
단위당 변동원가	50		80
단위당 공헌이익	₩50		₩40
고정원가		₩260,000	

제품의 매출량을 각각 Q_A, Q_B라고 하면, 이때 회사의 공헌이익은 다음과 같이 나타낼 수 있다.

- $50 \times Q_A + 40 \times Q_B$

손익분기점에서는 공헌이익이 고정원가와 일치하므로 손익분기점은 다음 식을 만족하는 Q_A, Q_B가 된다.

- $50 \times Q_A + 40 \times Q_B = 260,000$

그림 3-5 복수제품 하에서의 손익분기점

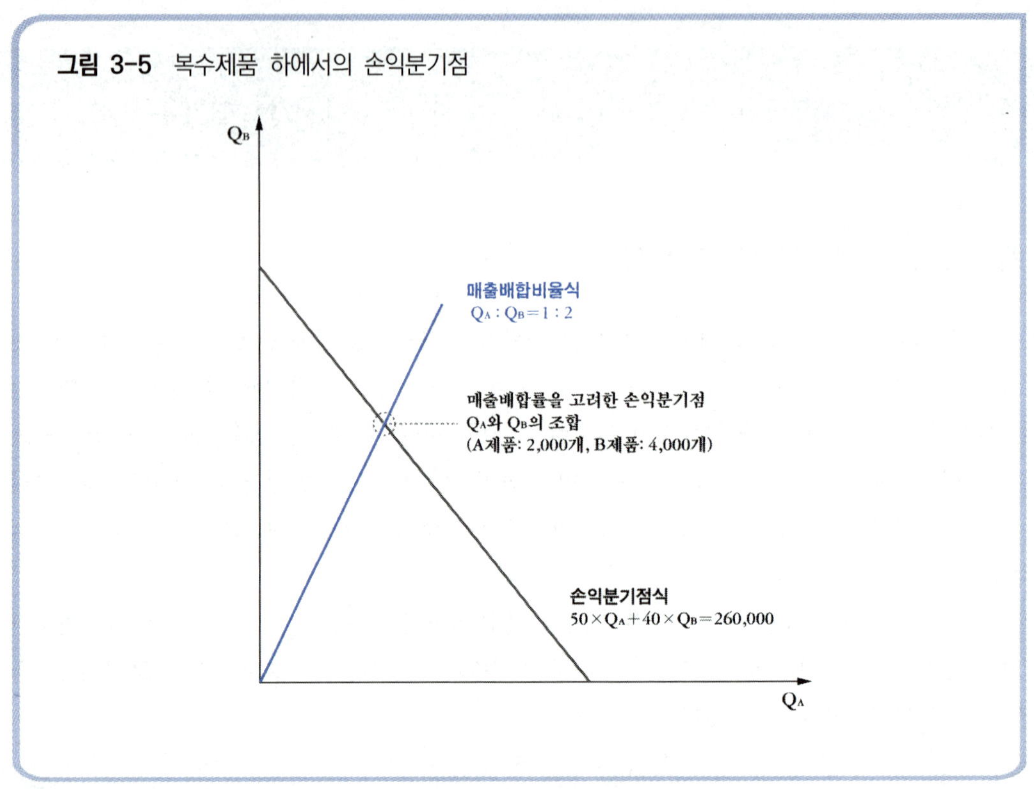

여기서 문제는 이 등식을 만족하는 Q_A, Q_B 조합이 한 개만 존재하는 것이 아니라 그림 3-5의 손익분기점식에서 보듯이 여러 개가 될 수 있다는 점이다. 이때 유일한 손익분기점을 얻기 위해서는 Q_A, Q_B 사이에 추가적인 조건이 필요하다는 것을 알 수 있다.

일반적으로 경영자는 회사의 이익을 극대화하기 위하여 제품별 수익성이나 기업 내의 희소한 생산 자원의 여력을 고려하여 최적의 매출배합비율을 찾아내고자 한다. 또 바람직한 매출배합비율을 감안하여 판매촉진활동도 차별적으로 행할 수 있다. 만약 기업에서 원하는 매출배합비율이 존재하고 이 비율에 따라 모든 제품을 생산 · 판매한다면 비록 제품이 여러 개라 하더라도 손익분기점을 포함한 CVP 분석이 가능해진다.

그림에서 보듯이 손익분기점식에 매출배합비율식을 추가하면 이들 두 식을 모두 만족하는 유일한 손익분기점두 직선이 만나는 점을 찾아낼 수 있게 된다. 그림에서처럼 두 제품의 매출배합비율이 1 : 2 라면 손익분기점을 만족하는 여러 조합 중에 A제품과 B제품이 각각 2,000개, 4,000개인 조합이 유일한 손익분기점이 된다.

다음 식은 여러 제품이 존재하고 그 제품들의 **매출배합비율**매출량배합비율, 매출액배합비율을 아는 경우에 손익분기점을 구하는 산식이다.

formula

손익분기점의 총매출량=고정원가÷(매출량 배합비율 기준) 단위당 가중평균 공헌이익
특정 제품의 손익분기점 매출량=손익분기점 총매출량×특정제품의 매출량 비율

손익분기점의 총매출액[6]=고정원가÷(매출액 배합비율 기준) 가중평균 공헌이익률
특정 제품의 손익분기점 매출액=손익분기점 총매출액×특정제품의 매출액 비율

또한 목표이익을 달성하기 위한 매출량 및 매출액은 위의 식의 고정원가 대신 (고정원가+목표이익)을 대입하여 구할 수 있다. 다음 예제를 통해 이러한 결과를 다시 확인해 보자.

EXAMPLE 3-4

W회사는 두 가지 제품 X와 Y를 판매하려고 한다. X제품의 판매가격은 ₩400, 예상매출량은 1,200개이다. Y제품의 판매가격은 ₩800, 예상매출량은 800개이다. X제품과 Y제품의 매출량 배합비율은 3:2이다. 고정원가는 제품 X와 Y에 공통적으로 발생한다. 판매예측을 근거로 한 예산손익계산서는 다음과 같다.

	X제품	Y제품	합계
매출량	1,200개	800개	2,000개
매출액	₩480,000	₩640,000	₩1,120,000
변동원가	390,000	480,000	870,000
공헌이익	₩90,000	₩160,000	250,000
고정원가			96,250
영업이익			₩153,750

Question

1. 매출량 배합비율에 의한 단위당 가중평균 공헌이익을 계산하라.
2. 손익분기점의 매출량을 계산하라.
3. 목표이익 ₩200,000을 실현하기 위한 매출량을 계산하라.

각 제품의 단위당 공헌이익 및 수량기준의 매출배합비율은 다음과 같다.

제품	판매가격	단위당 변동원가	단위당 공헌이익	매출배합비율
X	₩400	₩325	₩75	3/5
Y	800	600	200	2/5

6 손익분기점에서의 매출액은 손익분기점 수량에 단위당 판매가격을 곱하여 구할 수 있으나 단위당 판매가격이나 단위당 공헌이익을 알 수 없는 경우에는 매출액 기준에 의한 가중평균공헌이익률 산식을 활용해야 한다.

이 수치를 이용하여 단위당 가중평균공헌이익을 구하면 다음과 같다.

- [(₩75 × 3) + (₩200 × 2)] ÷ 5 = ₩125

따라서 손익분기점 총매출량은 770개가 되고, 배합비율을 적용하면 각 제품의 매출량은 다음과 같다.

- **손익분기점 총매출량:** ₩96,250 ÷ ₩125 = 770개
  X제품의 매출량: 770 × 3/5 = 462개, **Y제품의 매출량:** 770 × 2/5 = 308개

목표이익 ₩200,000을 실현하기 위한 각 제품의 매출량 역시 마찬가지 방법으로 계산하면 된다. 목표이익을 달성하기 위한 총매출량은 2,370개가 되며 배합비율을 적용하여 각 제품의 매출량을 구하면 다음과 같다.

- **총매출량:** (96,250 + 200,000) ÷ 125 = 2,370개
  X제품: 2,370 × 0.6 = 1,422개, **Y제품:** 2,370 × 0.4 = 948개

단계별 고정원가가 존재할 때의 CVP 분석

앞에서 제시한 CVP 분석의 기본 가정으로 수익 및 원가함수가 관련범위 내에서 일정하다고 하였다. 이러한 가정이 완화되면 분석방법에 일부 변화가 있어야 한다. 대표적인 예로 관련범위 내에서도 고정원가가 계단식으로 변할 수 있는 **단계별 고정원가**계단원가가 존재하는 경우를 살펴보자.

EXAMPLE 3-5

S사는 단일 제품 A를 생산·판매하고 있다. 단위당 판매가격은 ₩100이고 단위당 변동원가는 ₩50이다. 고정원가는 판매량 수준별로 다음과 같이 발생한다. 이 경우 손익분기점 매출량은 얼마일까?

판매량	고정원가
1,000 이하	₩150,000
1,001~3,000	250,000
3,001~6,000	350,000
6,001 이상	400,000

그림 3-6 단계별 고정원가하에서의 손익분기점

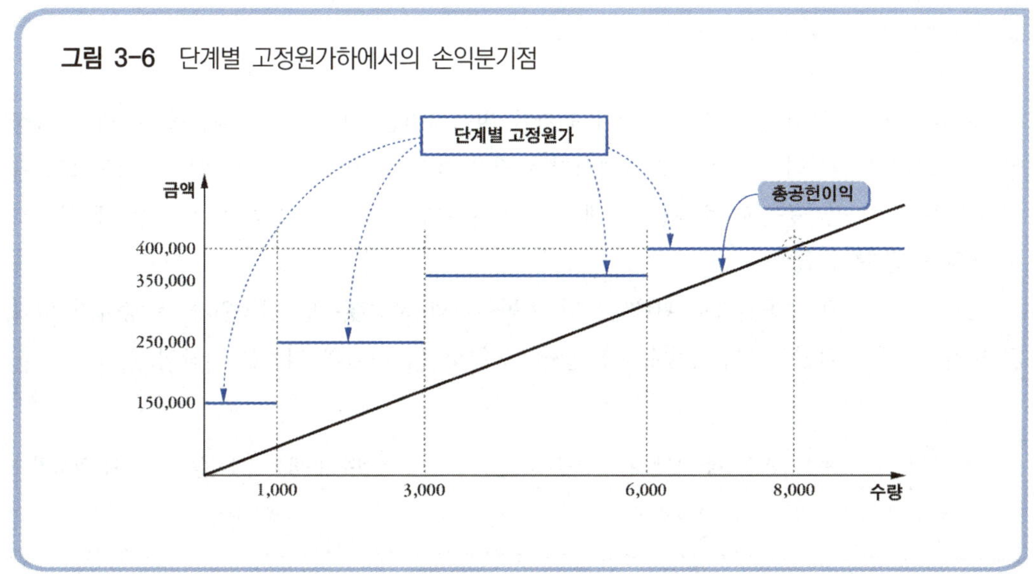

이와 같이 고정원가가 조업수준에 따라 달라지는 경우, 통상적인 손익분기점 공식을 그대로 적용할 수 없는데 **그림 3-6**을 보면 직관적으로 이해하기가 쉽다. 그림에서는 공헌이익과 고정원가를 표시하고 있는데 이들이 만나는 조업수준이 손익분기점이 된다. 그림에서 보듯이 판매량이 8,000개일 때 공헌이익과 고정원가가 일치하고 있어 손익분기점이 된다. 이 예의 경우 다음과 같이 시행착오법을 이용하여 손익분기점을 구할 수도 있다.

첫째, 손익분기점이 1,000개 이하일 것이라고 가정하면 고정원가는 ₩150,000이다. 이 가정하에 손익분기점을 구하면 3,000개가 된다. 이 판매량은 처음 가정한 손익분기점이 1,000개 이하일 것이라는 가정에 위배되므로 적절한 손익분기점이 될 수 없다.

둘째, 만약 손익분기점이 1,001개와 3,000개 사이에 존재한다고 가정해보자. 이 가정하에서는 고정원가가 ₩250,000이므로 손익분기점 수량은 5,000개가 된다. 이 역시 가정에 위배되므로 손익분기점이라고 할 수 없다.

셋째, 손익분기점이 3,001개와 6,000개 사이에 존재한다고 가정하고 손익분기점을 계산하면 손익분기점 수량이 7,000개가 되므로 이 또한 손익분기점이 될 수 없다.

마지막으로 손익분기점이 6,001개 이상이라고 가정하고 손익분기점을 구하면 8,000개가 얻어지는데 이는 가정과 부합하므로 이 회사의 손익분기점은 8,000개라고 할 수 있다.

이와 같이 단계별 고정원가가 존재하거나 비선형 수익-비용을 가정하는 경우에는 손익기점이 여러 개가 될 수도 있다는 점에 유의하여야 한다.

원가동인이 여러 개인 경우의 CVP 분석

우리는 CVP 분석의 기본 가정에서 원가를 발생시키는 원가동인은 매출량뿐이라고 가정하였다. 그러나 현실적으로 원가를 발생시키는 것은 매출량뿐만 아니라 이와는 직접적으로 관련이 없는 기타 원가동인도 존재한다. 예를 들어, 운송원가는 매출량 외에 운송횟수에 의해서도 영향을 받을 수 있다.

제품과 관련된 변동원가로 판매단위당 변동원가와 운송횟수당 변동원가 두 종류가 있다고 하자. 이때 매출량을 Q_S, 운송횟수를 Q_T라고 하면 이 기업의 이익은 다음과 같다.

- **이익** $= \underbrace{(\text{단위당 판매가격} - \text{단위당 변동원가}) \times Q_S}_{\text{공헌이익}} - \underbrace{\text{운송횟수당 변동원가} \times Q_T}_{\text{운송원가}} - \text{기타 고정원가}$

운송원가는 매출량과 무관한 운송횟수가 원가동인이므로 매출량의 관점에서는 고정원가라고 할 수 있다. 따라서 매출량의 관점에서 손익분기점 매출량을 구하면 다음과 같다.

- **손익분기점 매출량** $= \dfrac{\text{운송원가} + \text{기타 고정원가}}{\text{단위당 공헌이익}}$

다만, 손익분기점 매출량을 구하려면 운송횟수 Q_T 및 운송원가가 확정되어 있어야 한다. 한편, 운송횟수의 관점에서 손익분기점 운송횟수를 구할 수도 있다.

- **손익분기점 운송횟수** $= \dfrac{\text{공헌이익} - \text{기타 고정원가}}{\text{운송횟수당 변동원가}}$

역시 이 값을 구하기 위해서는 매출량 Q_S 및 공헌이익이 확정되어야 한다.

이처럼 원가동인이 여러 개인 경우에는 손익분기점을 원가동인마다 각각 구할 수 있으나, 이를 위해서는 CVP 분석을 하고자 하는 원가동인 이외의 다른 원가동인량이 특정 값으로 확정되어 있어야 가능하다. 다음 예제를 통해 다시 살펴보자.

EXAMPLE 3-6

제품당 판매가격이 ₩1,000, 단위당 변동원가가 ₩500, 운송횟수당 변동운송원가가 ₩30,000, 기타 고정원가가 ₩1,000,000이라고 하자.

Question

1. 운송횟수가 10회라고 할 때 손익분기점 매출량은 얼마인가?
2. 매출량이 3,640개라고 하자. 손익분기점에 이르기 위해서는 운송횟수당 평균매출량이 얼마가 되어야 하는가?

운송횟수가 10회로 정해져 있으며, 운송원가를 고정원가에 포함하여 손익분기점을 구하면 된다.

- $$\text{손익분기점 매출량} = \frac{\text{운송원가} + \text{기타 고정원가}}{\text{단위당 공헌이익}} = \frac{₩30,000 \times 10\text{회} + ₩1,000,000}{₩500} = 2,600\text{개}$$

만약 매출량이 정해져 있는 경우 다음과 같이 손익분기점 운송횟수를 구할 수 있다.

- $$\text{손익분기점 운송횟수} = \frac{\text{공헌이익} - \text{기타 고정원가}}{\text{운송횟수당 운송원가}} = \frac{₩1,820,000 - ₩1,000,000}{₩30,000} \fallingdotseq 28\text{회}$$

따라서 손익분기점에 이르기 위한 운송횟수당 평균매출량은 130개3,640개/28회가 된다. ■

전 세계 자동차 시장은 생존을 위한 인수합병이 가장 치열한 시장 중의 하나이다. 수천억 원이 소요되는 신차개발 경쟁에서 뒤지지 않고 수익성을 확보하려면 막대한 고정원가를 회수하기에 충분할 정도의 생산 · 판매량을 확보해야 하기 때문이다. 그러나 생산규모의 확대는 고정원가의 증가를 초래하고, 이는 영업레버리지에서 보았듯이 수익성의 변동 폭을 크게 한다.

공장 증설 문제와 관련하여 가장 어려운 부분은 바로 회사의 제품에 대한 미래 수요를 정확히 예측하는 것이다. 현대자동차와 같이 세계시장에서 생산 및 판매 활동을 수행하는 자동차회사는 어느 시장에서 어떤 제품에 대한 수요가 어느 정도일지 예측하고 대비하여야 한다. 향후 10년 동안 미국 유럽 등 선진국 시장이 성장할 것인가? 아니면 브릭스 등 신흥시장이 더 성장할 것인가? 각 시장에서 SUV나 픽업트럭의 매출이 활발할 것인가? 아니면 연비가 좋은 소형차가 잘 팔릴 것인가? 이러한 문제에 대한 최고경영진의 판단은 대규모 투자결정으로 이어지고 회사의 원가구조 및 수익성에 영향을 주게 된다.

토요타자동차는 GM을 넘어 세계 1위가 되겠다는 야심찬 목표를 세우고 2000년대에 들어와 해외 생산능력을 대폭 확충하였다. 그 결과 2002년에 37개였던 해외공장 수가 2008년에는 53개로 증가하였다. 그러나 이러한 생산능력의 확대가 수익성 강화로 이어지리라는 기대와는 달리, 2009년부터 총 2,000만 대 이상을 리콜하면서 수익성도 크게 악화되었다. 고속성장 과정에서 품질을 유지하지 못했기 때문이었다. 매출량이 분명 수익성에 큰 영향을 미치는 요소이지만, 기업의 성패를 좌우하는 다른 요소들이 많이 있다는 점을 잊지 말아야 한다. 원가와 수익성에 영향을 미치는 요소들이 무엇인가를 정확히 이해하는 경영자가 현명한 경영자이다.

APPENDIX 3.1 엑셀을 활용한 CVP 분석

불확실한 기업환경을 감안하면 CVP 모형에서 처음 가정한 값들이 달라질 때 분석결과가 어떻게 변할 수 있는지 살펴보는 것은 의미 있는 작업이다. 이때 엑셀의 what－if 분석을 이용하면 보다 수월하게 이 작업을 수행할 수 있다.■

■ 본 부록에서는 엑셀에서 제공하고 있는 몇 가지 방법을 설명한다. 다만 엑셀 자체를 설명하는 것이 목적이 아니므로 좀 더 자세한 것을 알기 위해서는 관련 서적을 참고하기 바란다.

설명을 위해 다음의 간단한 예제를 먼저 살펴보자.

기본자료

개당 판매가격	₩120
개당 재료원가	₩10
개당 조립노무원가	₩20
임차공간 소요 단위(제품 100개당)	1단위
임차공간 단위당 임차료	₩3,000
기계 소요 대수(제품 50개당)	1대
기계 대당 감가상각비	₩2,000
관리직원급여	₩3,000

손익계산서(생산판매량: 150개)

매출액			₩18,000
변동원가:			
	재료원가	₩1,500	
	노무원가	3,000	4,500
공헌이익			13,500
고정원가:			
	임차료(2단위)	6,000	
	감가상각비(3대)	6,000	
	관리직원급여	3,000	15,000
영업손실			(₩1,500)

APPENDIX

특히 본 예제에서 주목할 것은 임차료와 기계감가상각비가 단계별 고정원가로 되어 있다는 점이다. 생산판매량이 100개 이하이면 1단위의 공간만 필요하지만 생산판매량이 100개를 초과할 때마다 추가로 공간이 1단위씩 더 필요하다. 즉, 생산판매량이 101개, 201개라면 각각 2단위, 3단위의 공간이 필요하다는 의미이다. 기계감가상각비도 마찬가지 원가행태를 보이며 다만 그 기준량은 50개가 된다. 그 밖에 재료원가나 조립노무원가는 일반적인 변동원가행태를 보이며, 관리직원급여 역시 전 생산영역에서 고정되어 있는 고정원가이다. 현재 생산판매량인 150개인 상황에서는 공헌이익이 고정원가를 못 미쳐 영업손실을 보이고 있다.

기초자료의 입력과 수식/이름 관리

	A	B
1	생산판매수량	150
2	단가	120
3	**매출액**	**=생산판매수량*단가**
4		
5	단위당재료원가	10
6	재료원가	=생산판매수량*단위당재료원가
7	단위당조립원가	20
8	조립원가	=생산판매수량*단위당조립원가
9	**총변동원가**	**=재료원가+조립원가**
10		
11	**공헌이익**	**=매출액-총변동원가**
12		
13	단위당 임차료	3000
14	임차공간 필요단위 산정 판매량기준	100
15	임차공간 필요단위	=IF(생산판매수량<임차공간_필요단위_산정_판매량기준,1,ROUNDUP(생산판매수량/임차공간_필요단위_산정_판매량기준,0))
16	임차료	=단위당_임차료*임차공간_필요단위
17		
18	대당 기계감가상각비	2000
19	기계 필요대수 산정 판매량기준	50
20	기계 필요대수	=IF(생산판매수량<기계_필요대수_산정_판매량기준,1,ROUNDUP(생산판매수량/기계_필요대수_산정_판매량기준,0))
21	감가상각비	=대당_기계감가상각비*기계_필요대수
22		
23	관리직원급여	3000
24	**총고정원가**	**=임차료+감가상각비+관리직원급여**
25		
26	**영업이익**	**=매출액-총변동원가-총고정원가**

what-if 분석을 위해서는 위 자료를 기초로 모든 수치가 수식으로 연결되어 있도록 구성하는 작업이 선행되어야 한다. 다음은 엑셀로 이를 구현한 것이다.■

엑셀에서 기본으로 제공하고 있는 what-if 분석은 다음과 같이 데이터/가상분석 메뉴를 선택하면 된다.

■ 일반적으로 수식으로 구성할 때 각 셀의 열은 알파벳으로, 행은 숫자로 표시되는 고유위치를 가지게 되는데 엑셀 메뉴 중 수식/이름관리자를 이용하면 셀의 고유위치가 아닌, 셀을 정의한 값으로도 표시할 수 있다.

what-if 분석

B11 f_x 13500

	A	B
1	생산판매수량	150
2	단가	120
3	**매출액**	**18,000**
4		
5	단위당재료원가	10
6	재료원가	1,500
7	단위당조립원가	20
8	조립원가	3,000
9	**총변동원가**	**4,500**
10		
11	**공헌이익**	**13,500**

What-If Analysis

Try out various values for the formulas in the sheet.

Scenario Manager allows you to create and save different groups of values, or scenarios, and switch between them.

Goal Seek will find the right input when you know the result you want.

Data Tables allow you to see the results of many different possible inputs at the same time.

1 목표값 찾기

데이터/가상분석/목표값 찾기 메뉴에서는 달성하고자 하는 특정 셀과 그 셀의 목표값 그리고 그것을 얻기 위해 변화를 주고자 하는 변수를 각각 지정하여 실행하면 목표변수값을 구할 수 있다. 아래 그림 좌측은 본 예에서 영업이익B26을 0이 되게 하는 생산판매량B1을 구하기 위한 실행화면이며 우측은 그 결과를 보여준다. 영업이익이 0이 되게 하는 생산판매수량, 즉 손익분기점은 244개임을 보여 주고 있다.

목표값 찾기(손익분기점)

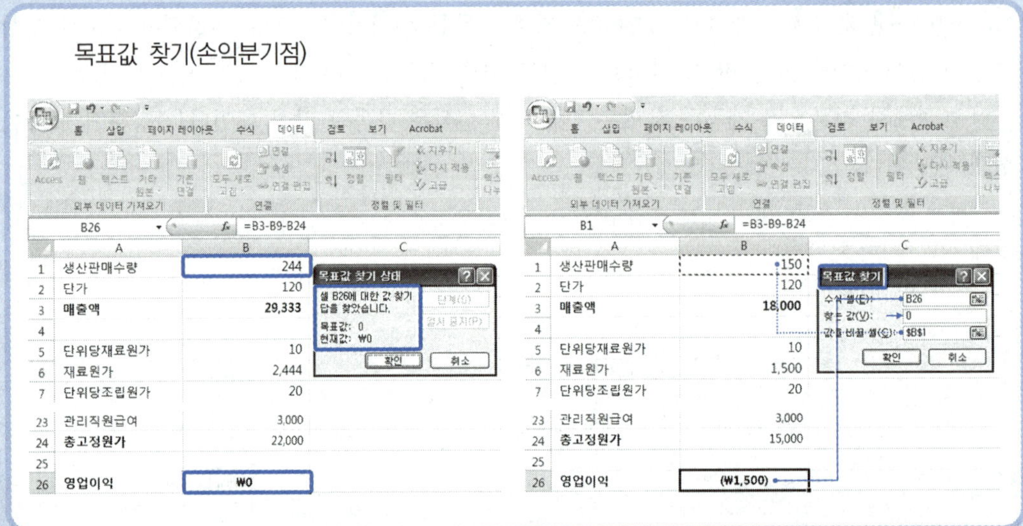

손익계산서

	A	B
1	생산판매수량	150
2	단가	120
3	**매출액**	**18,000**
4		
5	단위당재료원가	10
6	재료원가	1,500
7	단위당조립원가	20
8	조립원가	3,000
9	**총변동원가**	**4,500**
10		
11	**공헌이익**	**13,500**
12		
13	단위당 임차료	3,000
14	임차공간 필요단위 산정 판매량기준	100
15	임차공간 필요단위	2
16	임차료	6,000
17		
18	대당 기계감가상각비	2,000
19	기계 필요대수 산정 판매량기준	50
20	기계 필요대수	3
21	감가상각비	6,000
22		
23	관리직원급여	3,000
24	**총고정원가**	**15,000**
25		
26	**영업이익**	**(₩1,500)**

	A	B
1	생산판매수량	244
2	단가	120
3	**매출액**	**29,333**
4		
5	단위당재료원가	10
6	재료원가	2,444
7	단위당조립원가	20
8	조립원가	4,889
9	**총변동원가**	**7,333**
10		
11	**공헌이익**	**22,000**
12		
13	단위당 임차료	3,000
14	임차공간 필요단위 산정 판매량기준	100
15	임차공간 필요단위	3
16	임차료	9,000
17		
18	대당 기계감가상각비	2,000
19	기계 필요대수 산정 판매량기준	50
20	기계 필요대수	5
21	감가상각비	10,000
22		
23	관리직원급여	3,000
24	**총고정원가**	**22,000**
25		
26	**영업이익**	**₩0**

2 데이터 표

데이터/가상분석/데이터 표 메뉴에서는 변수값의 변화에 따른 결과치를 보여준다. 생산판매량의 변화에 따른 매출액, 총변동원가, 공헌이익, 총고정원가, 영업이익을 보여주기 위한 실행화면 및 실행결과는 다음과 같다.

단일변수 데이터표

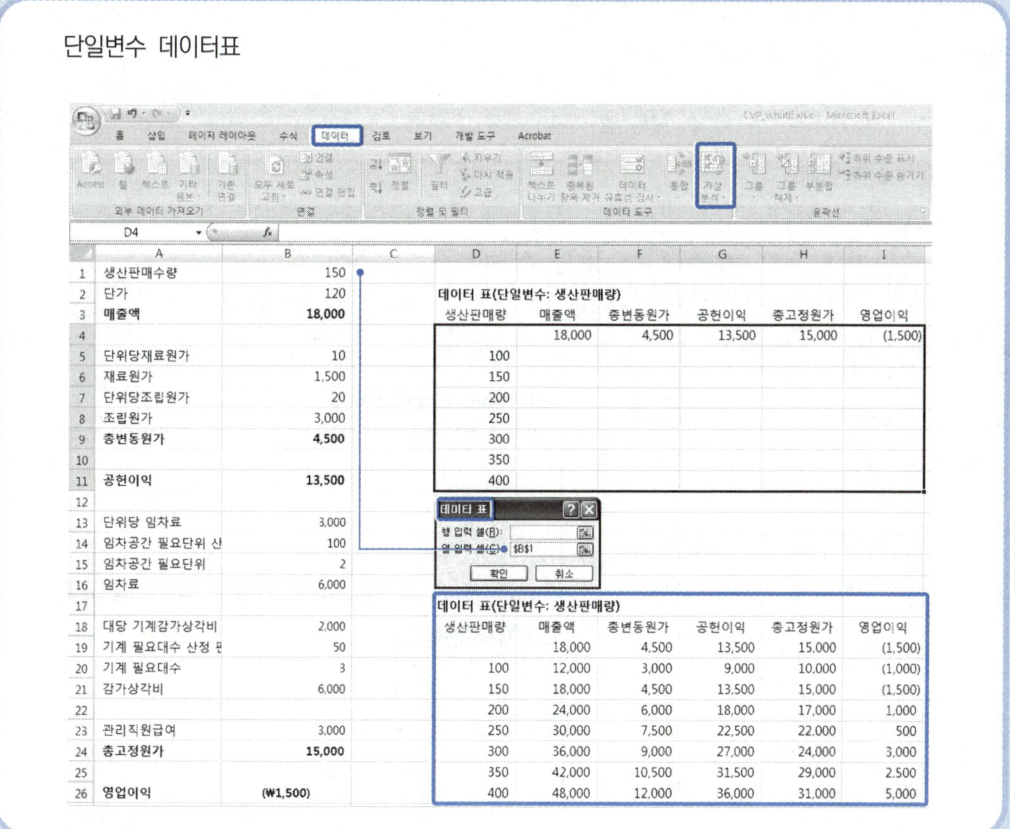

	A	B
1	생산판매수량	150
2	단가	120
3	**매출액**	**18,000**
4		
5	단위당재료원가	10
6	재료원가	1,500
7	단위당조립원가	20
8	조립원가	3,000
9	**총변동원가**	**4,500**
10		
11	**공헌이익**	**13,500**
12		
13	단위당 임차료	3,000
14	임차공간 필요단위 산	100
15	임차공간 필요단위	2
16	임차료	6,000
17		
18	대당 기계감가상각비	2,000
19	기계 필요대수 산정 편	50
20	기계 필요대수	3
21	감가상각비	6,000
22		
23	관리직원급여	3,000
24	**총고정원가**	**15,000**
25		
26	**영업이익**	**(₩1,500)**

데이터 표(단일변수: 생산판매량)

생산판매량	매출액	총변동원가	공헌이익	총고정원가	영업이익
	18,000	4,500	13,500	15,000	(1,500)
100					
150					
200					
250					
300					
350					
400					

데이터 표
행 입력 셀(R):
열 입력 셀(C): B1
확인 취소

데이터 표(단일변수: 생산판매량)

생산판매량	매출액	총변동원가	공헌이익	총고정원가	영업이익
	18,000	4,500	13,500	15,000	(1,500)
100	12,000	3,000	9,000	10,000	(1,000)
150	18,000	4,500	13,500	15,000	(1,500)
200	24,000	6,000	18,000	17,000	1,000
250	30,000	7,500	22,500	22,000	500
300	36,000	9,000	27,000	24,000	3,000
350	42,000	10,500	31,500	29,000	2,500
400	48,000	12,000	36,000	31,000	5,000

• APPENDIX

이 결과에서 확인할 수 있는 특이사항은 임차료와 감가상각비가 단순한 고정원가가 아니라 생산판매량과 밀접한 관련을 가진 계단형 고정원가이므로 생산판매량에 따른 영업이익 변화가 일정하지 않다는 점이다. 생산판매량이 300개일 때 영업이익이 ₩3,000이었으나 생산량이 50개가 더 증가한 350개일 때에는 오히려 영업이익이 감소한 ₩2,500을 보이고 있다.

앞서와 달리 생산판매량과 판매단가를 모두 변화시켰을 때 영업이익의 변화를 보여주는 표도 생성할 수 있다. 다음 그림은 이에 대한 실행 및 결과화면으로 생산판매량과 판매단가 조합에 따른 영업이익의 변화를 보여주고 있다.

이변수 데이터표

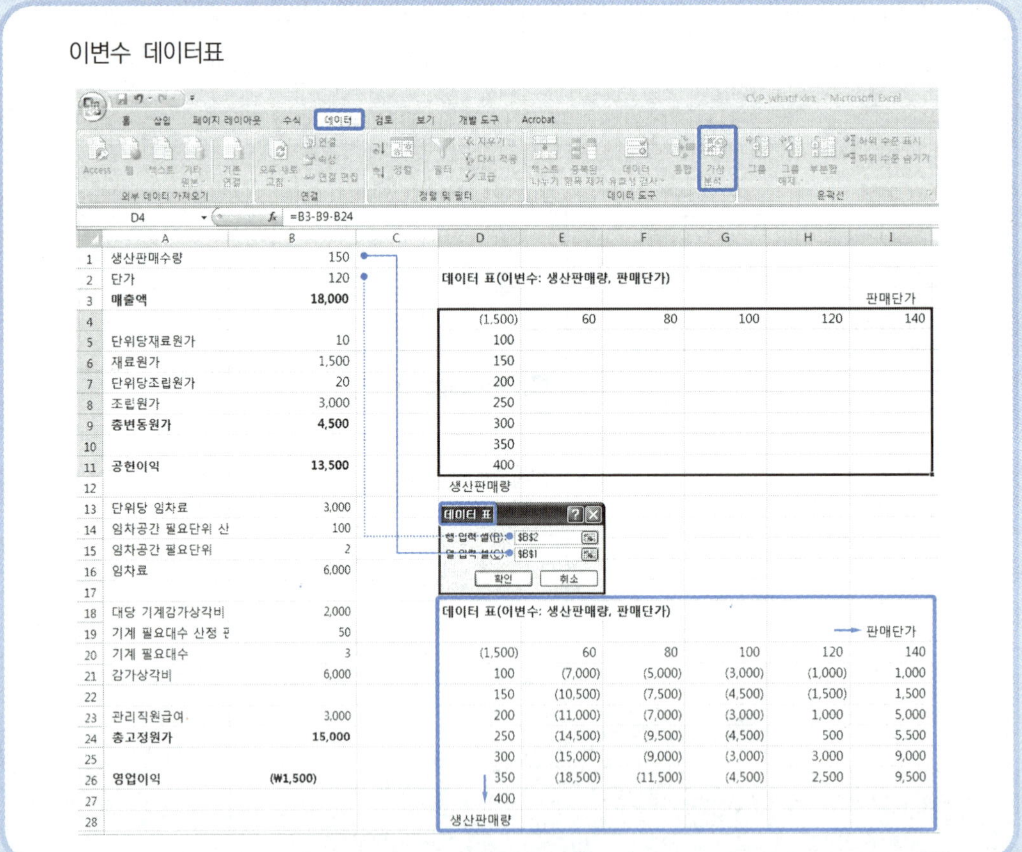

D4 =B3-B9-B24

	A	B
1	생산판매수량	150
2	단가	120
3	**매출액**	**18,000**
4		
5	단위당재료원가	10
6	재료원가	1,500
7	단위당조립원가	20
8	조립원가	3,000
9	**총변동원가**	**4,500**
10		
11	**공헌이익**	**13,500**
12		
13	단위당 임차료	3,000
14	임차공간 필요단위 산	100
15	임차공간 필요단위	2
16	임차료	6,000
17		
18	대당 기계감가상각비	2,000
19	기계 필요대수 산정 ᄀ	50
20	기계 필요대수	3
21	감가상각비	6,000
22		
23	관리직원급여	3,000
24	**총고정원가**	**15,000**
25		
26	**영업이익**	**(₩1,500)**

데이터 표(이변수: 생산판매량, 판매단가)

					판매단가
(1,500)	60	80	100	120	140
100					
150					
200					
250					
300					
350					
400					
생산판매량					

데이터 표(이변수: 생산판매량, 판매단가)

					→ 판매단가
(1,500)	60	80	100	120	140
100	(7,000)	(5,000)	(3,000)	(1,000)	1,000
150	(10,500)	(7,500)	(4,500)	(1,500)	1,500
200	(11,000)	(7,000)	(3,000)	1,000	5,000
250	(14,500)	(9,500)	(4,500)	500	5,500
300	(15,000)	(9,000)	(3,000)	3,000	9,000
350	(18,500)	(11,500)	(4,500)	2,500	9,500
↓ 400					
생산판매량					

3 스크롤 막대의 활용

개발도구/삽입/양식컨트롤/스크롤 막대 메뉴를 활용하면 각 외생변수값을 범위로 설정하고 이들 값이 변할 때 손익계산서의 모습이 어떻게 달라지는지 한눈에 살펴볼 수 있다.

스크롤 막대

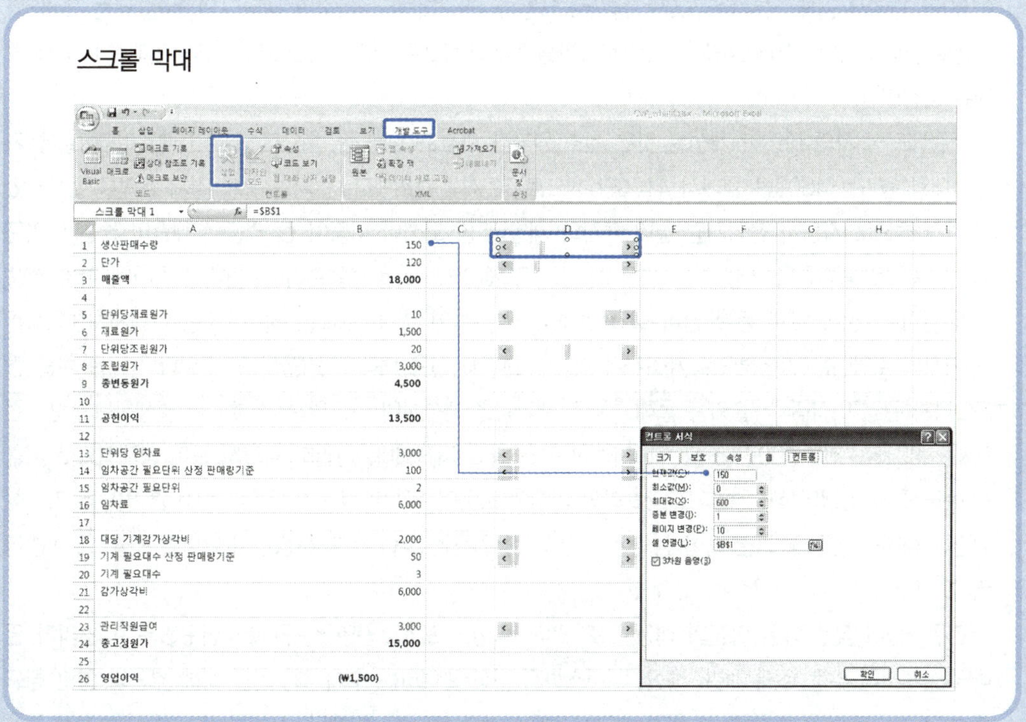

"'테슬라 마술의 비결은"

테슬라의 지난(2021년) 3분기 자동차 사업 매출액은 약 14조 원으로 지난해 3분기에 견줘 58%(약 5조 원) 늘었다. 눈에 띄는 대목은 전체 매출액에서 판매된 차량의 제조 원가를 뺀 마진(매출총이익)이 같은 기간 74%나 불어났다는 점이다. 이에 전기차 제조 마진율(매출총이익을 매출액으로 나눈 비율)도 지난해 3분기 27.7%에서 올해 3분기 역대 최고인 30.5%로 껑충 뛰어올랐다. 특히 주목할 만한 건 테슬라의 전기차 평균 판매 가격이 하향 추세라는 점이다. 테슬라의 1대당 평균 가격은 지난해 3분기 6100만 원에서 올해 3분기 5700만 원으로 1년 새 6% 내렸다. 차값이 대당 1억 원을 넘는 모델S와 모델X 판매 비중이 전체의 4% 정도로 쪼그라들고 상대적으로 저가인 모델3와 모델Y 판매량이 대폭 확대된 영향이다.

그런데도 회사의 마진이 개선된 것은 제조 원가가 차값보다 더 큰 폭으로 줄었기 때문이다. 같은 기간 1대당 원가는 4600만 원에서 4100만 원으로 12%나 감소했다. 먼저 규모의 경제 효과를 들 수 있다. 일반적으로 자동차 산업처럼 설비 투자와 개발비 등 고정비 비중이 큰 업종은 매출이 늘면 이익은 더 큰 폭으로 증가한다. 테슬라는 생산 차종도 모델S·X·3·Y 등 4종뿐이다. 판매량 증가에 따른 부품 단가 인하, 고정비 보전 등 생산비 절감 효과도 클 수밖에 없다. 고태봉 하이투자증권 리서치센터장은 "전기차의 수익성은 기본적으로 제조사가 개발한 전기차 전용 뼈대(플랫폼)를 통해 얼마나 많은 차를 만드느냐가 관건"이라며 "테슬라는 올해 100만 대가량을 생산하며 규모의 경제 효과가 발생하는 반면, 현대차는 2025년에야 100만대 생산이 가능한 구조"라고 지적했다. 인건비·물류비 등이 상대적으로 저렴한 중국 현지 공장의 생산 확대도 테슬라의 마진에 도움이 된 것으로 분석된다. 2019년 말부터 가동한 테슬라 상하이 공장의 연간 생산 능력은 45만대로, 최근엔 유럽 수출 물량까지 담당할 만큼 그 비중이 커지고 있다.

전문가들이 짚는 높은 마진의 배경은 또 있다. 박형근 포스코경영연구원 수석연구원은 "테슬라가 밑바닥 설계부터 부품 소재 개발, 생산, 서비스까지 직접 관여하는 수직 계열화를 통해 부품의 통합 정도를 높이고 중복 비용을 줄인 게 원가 절감에 기여했다고 본다"고 말했다. 자동차 생산 공정을 전자 제품처럼 단순화하고 전기차에 들어가는 반도체 칩과 소프트웨어, 배터리 개발은 물론 충전, 자율주행, 보험 서비스 등까지 '우리가 다 한다'는 테슬라 특유의 수직 통합 구조가 원가를 낮추는 데 도움이 됐다는 이야기다. 자동차 품질 위험을 분산하고 생산 효율을 높이기 위해 외부 위탁 생산에 적극적인 기존 자동차 제조사와는 대조적이다.

한겨레 2021. 10. 25. ◀

생각해 봅시다

1. 고정원가의 비중이 작은 기업과 큰 기업의 경영 위험에는 어떤 차이가 있을까?
2. 규모의 경제 효과를 위해 매출을 증대하는 것은 거의 모든 경영자의 목표이다. 그러면 과연 매출을 증대하기 위해선 무엇을 해야 하는가?

원가·조업도·이익 분석

01 개념과 용어 빈칸을 채우시오.

- cost−volume−profit analysis(은)는 생산량 또는 매출량 등의 조업도가 수익과 비용 그리고 궁극적으로 이익에 미치는 영향을 모형화하여 의사결정에 유용한 정보를 제공하는 기법이다.
- 손익분기점은 총수익과 총원가가 일치하는 조업수준 또는 contribution margin(이)가 고정원가와 같아지는 조업수준을 의미한다.
- CVP 모형하에서 손익분기점을 통과하면 판매량이 한 단위 증가할 때마다 단위당 공헌이익만큼 영업이익이 증가하며, 매출액이 1원 증가할 때마다 contribution margin ratio만큼 영업이익이 증가한다.
- CVP 모형의 가정 하에서 매출액의 증가에 따른 영업이익의 증가 정도를 나타나는 수치로 degree of operating leverage(이)가 있는데 이는 해당 매출액 수준에서의 공헌이익을 영업이익으로 나누어서 구할 수 있다.
- 판매하는 제품이 여러 개일 때에는 CVP모형을 직접 적용하기가 어려우므로 제품의 sales mix(이)가 일정하다는 전제하에 분석하는 것이 일반적이다.

회계사 2004/2021 수정 … **02 CVP 분석의 기초** 다음은 원가·조업도·이익CVP 분석에 관한 설명이다. 이 중 적합하지 않은 표현은 어느 것인가? 있는 대로 고르시오.

① 단위당 공헌이익이 커지면 손익분기점은 낮아진다.
② 공헌이익이 총고정원가보다 클 경우에는 이익이 발생한다.
③ 총원가 중에서 고정원가의 비중이 클수록 영업레버리지도는 작아진다.
④ 안전한계율에 공헌이익률을 곱하면 영업이익률이 계산된다.
⑤ 법인세율이 인상되면 손익분기 매출액은 증가한다.
⑥ 안전한계는 매출액이 손익분기 매출액을 초과하는 금액이다.

03 CVP 분석의 기초 원가·조업도·이익CVP 분석에 대한 다음 설명 중에서 가장 타당하지 않은 것은? 있는 대로 고르시오. ··· 회계사 2002/2021 수정

① 고정비가 ₩300,000이고, 변동비율이 80%인 회사가 납세 후 순이익법인세율 20% ₩112,000을 벌었다면, 매출액은 ₩2,200,000이었을 것이다.

② 장기적인 관점에서 비선형 손익분기도표에는 조업도수준이 0인 점을 포함하여 손익분기점이 3군데 나타날 수 있다.

③ 원가함수를 조업도에 대한 1차함수로 추정하는 것은 관련범위 내에서 원가함수가 선형이라는 가정에 따른 것이다.

④ 이익 규모가 비슷한 경우 고정비용의 비중이 큰 원가구조를 가지고 있는 기업일수록 레버리지 효과가 커져서 불경기에도 큰 타격을 입지 않을 것이다.

⑤ 이익−조업도 도표profit−volume chart에서 이익선의 기울기는 단위당 공헌이익에 의해서 결정된다.

⑥ 영업레버리지도가 3이라는 의미는 매출액이 1% 변화할 때 영업이익이 3% 변화한다는 것이다.

04 원가구조 다음 중 원가구조에 관한 설명으로 적절하지 않은 것은? ··· 세무사 2003

① 원가구조란 조직 내 고정비와 변동비의 상대적 비율을 의미한다.

② 원가구조는 영업레버리지에 영향을 미친다.

③ 고정비 비율이 클수록 이익의 안정성이 커진다.

④ 고정비 비율이 클수록 매출 증가 시 유리하다.

⑤ 변동비 비율이 클수록 매출 감소 시 유리하다.

05 손익분기점 판매량이 2,000단위일 때, 매출액은 ₩550,000, 고정원가는 ₩232,500, 변동원가는 ₩240,000이다. 손익분기점 수량 또는 매출액은 얼마인가?

① 1,500단위 ② ₩472,500 ③ 1,400단위 ④ ₩232,500

06 목표이익 단위당 판매가격은 ₩80이고, 단위당 변동원가는 ₩60이다. 회사가 손익분기점의 매출수량보다 5,000개를 더 많이 판매하고 있을 경우 영업이익은 얼마인가?

① ₩500,000 ② ₩800,000 ③ ₩100,000 ④ ₩300,000

07 목표이익 매출액은 ₩400,000, 변동원가 ₩320,000, 고정원가 ₩100,000, 영업손실 ₩20,000이다. 매출액의 10% 영업이익을 실현하기 위하여 필요한 매출액은?

① ₩500,000 ② ₩720,000 ③ ₩1,000,000 ④ ₩1,100,000

감평사 2010 ··· **08** **목표이익** (주)한국의 20×0년 손익분기점 매출액은 ₩120,000이었다. 20×0년 실제 발생한 총변동원가가 ₩120,000이고, 총고정원가가 ₩90,000이었다면 영업이익은 얼마인가? 단, 동 기간 동안 생산능력의 변동은 없다.

① ₩130,000 ② ₩150,000 ③ ₩190,000
④ ₩230,000 ⑤ ₩270,000

세무사 2004 ··· **09** **목표이익** 나주(주)의 손익분기점 매출액은 ₩360,000이고 공헌이익률은 30%이다. 이 회사가 ₩84,000의 영업이익을 달성하고자 한다면 총매출액은 얼마이어야 하는가?

① ₩280,000 ② ₩640,000 ③ ₩480,000
④ ₩560,000 ⑤ ₩660,000

회계사 2009 ··· **10** **세후 목표이익** (주)경진은 한 가지 제품만을 생산하며 매월 생산한 제품은 당해 월에 모두 판매한다. (주)경진의 법인세율은 40%의 단일세율이며, 20×8년도 1월과 2월의 원가자료는 다음과 같다.

구 분	1월	2월
제품단위당 판매가격	₩500	₩450
제품단위당 변동비	300	270
총고정비	500,000	600,000

(주)경진의 20×8년 1월과 2월의 당기순이익이 각각 ₩60,000과 ₩72,000이라면, 1월과 2월의 제품매출액은 각각 얼마인가?

	1월 제품 매출액	2월 제품 매출액
①	₩1,400,000	₩1,680,000
②	₩1,400,000	₩1,800,000
③	₩1,500,000	₩1,680,000
④	₩1,500,000	₩1,800,000
⑤	₩1,500,000	₩2,000,000

세무사 2011 ··· **11** **세후 목표이익** (주)국세는 단일제품을 생산하고 있으며, 주문받은 수량만을 생산하여 해당 연도에 모두 판매한다. (주)국세의 법인세율은 40% 단일세율이며, 관련 자료는 다음과 같다.

구분	20×1년	20×2년
매출액	₩2,000,000	₩2,500,000
제품단위당 변동원가	600	720
총고정원가	400,000	510,000

(주)국세의 20×1년 세후이익은 ₩240,000이며, 20×2년 세후이익은 20×1년보다 10% 증가하였다. (주)국세의 20×2년 공헌이익률은 얼마인가?

① 36% ② 38% ③ 40% ④ 42% ⑤ 44%

12 민감도 분석 대한회사는 단위당 ₩50에 제품을 생산·판매한다. 대한회사의 단위당변동비는 직접재료비 ₩14, 직접노무비 ₩5, 변동제조간접비 ₩3, 변동판매관리비 ₩20이다. 연간 총고정비는 고정제조간접비 ₩55,000, 고정판매관리비 ₩80,200이다. 대한회사가 단위당 판매가를 ₩50에서 ₩48로 인하할 경우, 기존의 연간 손익분기점 판매량을 유지하려면 연간 총고정비를 얼마나 줄여야 하는가? … 세무사 2008

① ₩10,400 ② ₩13,200 ③ ₩15,300
④ ₩124,800 ⑤ ₩135,000

13 민감도 분석 (주)감평은 20×1년 3월 제품 A(단위당 판매가격 ₩800) 1,000단위를 생산·판매하였다. 3월의 단위당 변동원가는 ₩500이고, 총고정원가는 ₩250,000이 발생하였다. 4월에는 광고비 ₩15,000을 추가 지출하면 ₩50,000의 매출이 증가할 것으로 기대하고 있다. 이를 실행할 경우 (주)감평의 4월 영업이익에 미치는 영향은? (단, 단위당 판매가격, 단위당 변동원가, 광고비를 제외한 총고정원가는 3월과 동일하다.) … 감평사 2022

① ₩3,750 감소 ② ₩3,750 증가 ③ ₩15,000 감소
④ ₩15,000 증가 ⑤ ₩35,000 증가

14 영업레버리지 3월에 (주)세무의 매출액은 ₩700,000이고 공헌이익률은 54%이며 영업레버리지도는 3이다. 4월에 고정원가인 광고비를 3월보다 ₩30,000 증가시키면 매출이 3월보다 10% 증가하며 공헌이익률의 변화는 없다. (주)세무가 광고비를 ₩30,000 증가시킬 때, 4월의 영업이익은? … 세무사 2017

① ₩98,000 ② ₩102,100 ③ ₩115,800
④ ₩128,500 ⑤ ₩133,800

15 CVP 종합 (주)세무는 단일제품을 생산·판매하고 있다. 제품 단위당 판매가격은 ₩7,500으로 매년 일정하게 유지되고, 모든 제품은 생산된 연도에 전량 판매된다. 최근 2년간 생산량과 총제조원가에 관한 자료는 다음과 같다. 20×2년 1월 1일에 인력조정 및 설비투자가 있었고, 이로 인해 원가구조가 달라진 것으로 조사되었다. … 세무사 2022

기간		생산량	총제조원가
20×1년	상반기	200단위	₩1,200,000
	하반기	300	1,650,000
20×2년	상반기	350	1,725,000
	하반기	400	1,900,000

다음 중 옳은 것은? (단, 20×2년 초의 인력조정 및 설비투자 이외에 원가행태를 변화시키는 요인은 없으며, 고저점법으로 원가함수를 추정한다.)

① 20×2년의 영업레버리지도는 2.5이다.
② 20×2년의 안전한계율은 약 33%이다.
③ 20×1년에 비해 20×2년의 영업레버리지도는 증가하였다.
④ 20×1년에 비해 20×2년에 연간 총고정제조원가는 ₩200,000 증가하였다.
⑤ 20×1년에 비해 20×2년의 연간 손익분기점 판매량은 50단위 증가하였다.

감평사 2019 ··· **16** **CVP 종합** (주)감평의 총변동원가가 ₩240,000, 총고정원가가 ₩60,000, 공헌이익률이 40%이며, 법인세율은 20%이다. 이에 관한 설명으로 옳지 않은 것은? (단, 기초재고와 기말재고는 동일하다.)

① 매출액은 ₩400,000이다.
② 안전한계율은 62.52%이다.
③ 영업레버리지도는 1.2이다.
④ 세후 영업이익은 ₩80,000이다.
⑤ 손익분기점 매출액은 ₩150,000이다.

세무사 2022 ··· **17** **복수제품 하의 CVP** (주)세무는 제품 A와 B를 생산 · 판매하고 있다. 제품별 판매 및 원가에 관한 자료는 다음과 같다.

구분	제품 A	제품 B	합계
판매량	?	?	100단위
매출액	₩200,000	₩300,000	₩500,000
변동비	?	?	₩375,000
고정비			₩150,000

제품 A의 단위당 판매가격은 ₩4,000이다. 손익분기점에 도달하기 위한 제품 B의 판매량은? (단, 매출배합은 일정하다고 가정한다.)

① 55단위 ② 60단위 ③ 80단위 ④ 85단위 ⑤ 90단위

회계사 2022 수정··· **18** **복수제품 하의 CVP** (주)대한은 제품 A, 제품 B, 제품 C를 생산 및 판매하고 있으며 재고는 보유하지 않는다. 20×1년도 예산을 다음과 같이 편성하였다.

구분	제품 A	제품 B	제품 C
판매수량	2,500단위	5,000단위	2,500단위
단위당 판매가격	₩100	₩150	₩100
단위당 변동원가	60	75	30

(주)대한은 20×1년도 영업레버리지도degree of operating leverage를 5로 예상하고 있다. 세 가지 제품의 매출액 기준 매출구성비율이 일정하다고 가정할 때, (주)대한의 20×1년 예상 손익분기점을 달

성하기 위한 제품 C의 매출액은 얼마인가?

① ₩160,000 ② ₩180,000 ③ ₩200,000
④ ₩220,000 ⑤ ₩250,000

19 단계별 고정원가 대한회사는 제품의 단위당 판매가격을 ₩400으로 설정하였다. 제품을 생산하여 판매하기까지 발생하는 제품 단위당 변동비는 단위당 판매가격의 70%이며, 총고정비는 판매수량이 50,000개까지는 ₩3,000,000, 50,000개를 초과하여 90,000개까지는 ₩4,500,000 그리고 90,000개를 초과하여 최대생산가능량인 130,000개까지는 ₩6,000,000이다. 대한회사가 ₩9,000,000의 이익을 얻으려면 제품을 몇 개나 생산 · 판매하여야 하는가? … 세무사 2008

① 100,000개 ② 50,000개 ③ 125,000개
④ 130,000개 ⑤ 112,500개

20 단계별 고정원가 (주)감평은 단위당 판매가격이 ₩300, 단위당 변동원가가 ₩180인 단일제품을 생산 및 판매하고 있다. (주)감평의 최대조업도는 5,000단위이고, 고정원가는 조업도 수준에 따라 변동하며 이와 관련된 자료는 다음과 같다. … 감평사 2019

연간 조업도	고정원가
0~2,000단위	₩300,000
2,001~4,000단위	450,000
4,001~5,000단위	540,000

(주)감평이 달성할 수 있는 최대 영업이익은?

① ₩12,000 ② ₩15,000 ③ ₩24,000 ④ ₩30,000 ⑤ ₩60,000

21 CVP 종합 S사는 블루투스 이어폰을 생산 · 판매하고 있는데, 지난 5년간 판매량이 꾸준히 증가하여 왔으나 최근 심해진 경쟁 탓에 고전하고 있다. 따라서 S사는 내년에도 현재와 같은 성장을 유지하기 위해서 보다 적극적인 광고활동을 수행할 계획을 하고 있다. 내년도의 광고활동에 대한 계획을 수립하기 위한 올해 자료는 다음과 같다. 내년의 원가행태는 금년과 동일할 것으로 예상된다.

단위당 변동원가:	
직접재료원가	₩325
직접노무원가	800
변동제조간접원가	250
합계	₩1,375
고정원가:	
제조원가	₩2,500,000
판매비	4,000,000

관리비	7,000,000
합계	₩13,500,000
단위당 판매가격	₩2500
금년도 예상매출액(20,000개)	₩50,000,000
법인세율	40%

S사는 내년 목표판매량 및 매출액을 22,000개, ₩55,000,000으로 책정하였다.

물음:

1. 올해 법인세 차감 후 순이익은 얼마인가?
2. 올해 손익분기점의 판매량은 몇 개인가?
3. S사는 내년 목표판매량 22,000개를 달성하려면 추가적으로 ₩1,125,000의 광고비를 투입할 필요가 있다고 보고 있다. 이 금액을 투입하여도 다른 원가형태는 올해와 동일하다고 할 때 내년의 법인세 차감 후 순이익은 얼마인가?
4. 추가로 광고비 ₩1,125,000을 투입할 때 내년 손익분기점의 매출액은 얼마인가?
5. 추가로 광고비 ₩1,125,000을 투입할 때 내년에도 올해와 동일한 수준의 법인세차감 후 순이익을 달성하기 위해서는 총매출액이 얼마가 되어야 하는가?
6. 내년에 이어폰 22,000개를 판매하고 법인세 차감 후 순이익 ₩6,000,000을 달성하기 위하여 최대로 지출할 수 있는 광고비는 얼마인가?

22 복수제품 CVP S사는 성인용 마스크와 아동용 마스크를 생산 · 판매하고 있다. 성인용 마스크의 공헌이익률은 80%이고, 아동용 마스크의 공헌이익률은 20%이다. 내년 매출액과 순이익을 각각 ₩150,000, ₩15,000을 달성하고자 할 때 적정한 매출배합매출액구성비은 얼마가 되어야 하는가? 단, 연간 총고정원가는 ₩45,000이다.

23 단계별 변동원가 S사는 단일 제품 A를 생산판매하고 있다. 단위당 판매가격은 ₩100이고 고정원가는 ₩200,000이다. 그러나 판매량이 해당 구간에 속할 때 해당 구간에 속한 판매량의 단위당 변동원가가 다음과 같이 달라진다. 예를 들어 판매량이 3,100개라면 첫 구간에 속한 1,000개에 대해서는 단위당 변동원가가 ₩60이며, 두 번째 구간에 속하는 2,000개에 대해서는 단위당 변동원가가 ₩50이 되고, 세 번째 구간에 속하는 100개의 단위당 변동원가는 ₩40이 된다는 의미이다. 손익분기점 매출량은 얼마인가?

판매량	단위당 변동원가
1,000 이하	₩60
1,001~3,000	50
3,001~6,000	40
6,001 이상	30

Chapter 04

Strategic Management Accounting

의사결정: 관련정보의 분석

의사결정의 기초

| 의사결정과정
| 원가-효익 분석
| 총액접근법과 차액접근법: 관련정보의 식별과 분석
| 의사결정에 중요한 원가개념

전형적인 의사결정의 예

| 일회성 특별주문
| 자체생산 또는 외부구입
| 기존설비의 교체
| 제품 라인의 제거 및 추가
| 제약자원의 효율적 활용과 최적제품배합

부록 • 자본예산

Chapter 04

의사결정: 관련정보의 분석

영국 프리미어리그 토트넘 홋스퍼는 2015년 약 400억 원의 이적료를 지급하고 손흥민 선수를 데려와 약 70억 원의 연봉계약을 체결했다. 이후 2018년엔 연봉 약 116억 원, 그리고 2021년엔 연봉 약 165억 원의 조건으로 손흥민 선수와 재계약했다. 2022년 현재 손흥민 선수의 추정 이적료는 약 1075억 원 수준으로 알려졌다. 당신이 만약 토트넘의 단장이라면 선수의 연봉과 이적료를 어떻게 결정할까?

경영자는 크고 작은 다양한 의사결정 문제에 부딪힌다. 새로운 선수를 영입할 것인가? 신제품을 출시할 것인가? 중국 공장을 베트남으로 이전할 것인가? 서울과 러시아를 연결하는 신규 노선에 취항할 것인가? 이러한 질문에 대한 경영자의 선택은 기업의 장래에 큰 영향을 미치게 된다. 비단 경영자분만 아니라 우리의 일상생활 대부분도 여러 대안 중에서 최적의 대안을 찾는 의사결정의 연속이다. 다양한 상황 속에서 더욱 합리적인 의사결정을 내리기 위해 우리가 취할 수 있는 일반적인 접근법은 있을까? 또 각각의 상황에서 그 접근법을 구체적으로 어떻게 적용하여야 할까?

본 장에서는 재무적 득실을 따지는 경제적 의사결정에 필요한 원가개념을 몇 가지 전형적인 사례를 통해 살펴본다. 회계에서 얻을 수 있는 원가정보는 과거에 발생한 거래를 기초로 만들어진 것이지만 몇 가지 사항에 각별한 주의를 기울이면 미래의 경제적 의사결정에도 유용하게 활용할 수 있다. 미래 의사결정에 관련이 없는 회계정보를 가려낼 수 있어야 하며, 회계에는 표시되지 않지만 의사결정에서 반드시 고려해야 하는 재무정보는 찾아내고 분석에 포함할 수 있어야 한다. 본 장에서는 주로 단기 의사결정을 다루지만 여기서 강조하는 원가개념은 장기 의사결정에도 그대로 적용된다. 장기 의사결정에 필요한 자본예산기법은 부록에서 설명한다.

의사결정의 기초

의사결정과정

경영자의 경영활동은 의사결정의 연속이라 할 수 있다. 반복적인 운영업무로부터 비경상적인 전략적 업무에 이르기까지 수많은 의사결정의 문제에 직면한다. 자재의 구매일정계획이나 생산일정계획 등 주기적으로 이루어지는 것이 있는가 하면, 신제품의 개발이나 출시, 새로운 판매촉진 정책의 도입, 생산라인의 신설이나 폐쇄 등과 같은 특별한 결정도 있다.

의사결정은 당면 문제의 핵심을 정확히 파악한 후 이를 해결할 수 있는 대안을 탐색하고 **원가-효익분석**cost-benefit analysis을 통해 최적의 대안을 선택하는 과정이라고 할 수 있다. 의사결정 과정은 다음의 몇 단계로 구분할 수 있다.

첫째, 해결해야 할 당면 문제를 파악한다. 시장에서 살아남고 더 나아가 성공적인 기업이 되기 위해서는 지속적인 개선이 필요하다. 경영자의 판단이나 영업결과, 내부들의 의견을 통해 문제가 제기되면 그 배경이나 원인 그리고 해결가능성 등에 대한 정보를 수집하고 분석하여 해결해야 할 문제를 구체화한다.

둘째, 문제 해결을 위한 대안을 탐색하고 실행가능성을 검토한다. 실행가능성이 없는 대안은 제거하고, 본격적인 분석을 위한 대안리스트를 확정한다.

셋째, 각 대안별로 재무적인 관점에서 원가와 효익을 예측하고 분석한다. 회사가 보유하고 있는 자원과 제약조건 등을 함께 고려하여 평가한다.

넷째, 각 대안을 비재무적, 비계량적인 차원에서 검토한다. 경우에 따라서는 재무적으로

그림 4-1 의사결정 과정

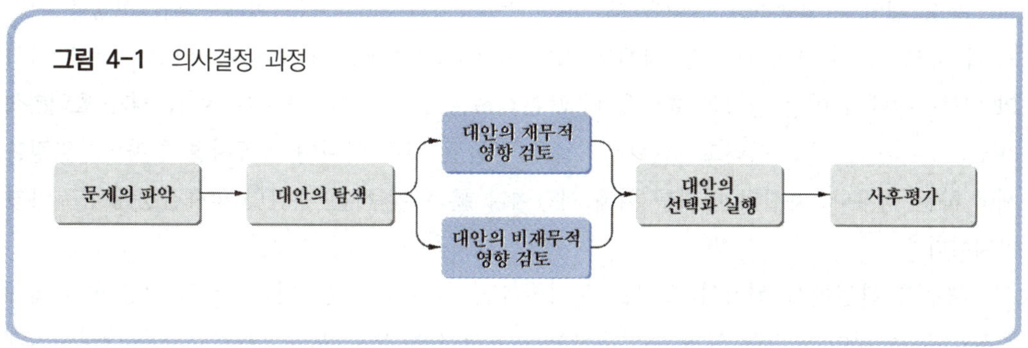

더 나은 대안이 비재무적인 요인 때문에 기각되기도 한다. 기업의 전반적인 환경이나 전략 또는 목표, 기업의 구성원, 협력 업체와의 관계 등 여러 질적 요소에 대한 검토가 이루어지는 단계이다.

다섯째, 앞서 분석결과를 토대로 대안을 선택하고 실행한다. 마지막으로 실행 결과를 토대로 의사결정의 적절성과 실행과정을 평가한다.

문제의 파악에서부터 사후적인 평가에 이르는 의사결정 과정의 모든 단계에서 정보의 역할은 매우 중요하다. 한번 내린 의사결정은 번복하기 쉽지 않을 뿐 아니라 기업의 성패를 좌우할 수 있기 때문에 의사결정에 도움을 주는, 정확하고 시의적절한 분석과 정보제공 역할이 관리회계 담당자에게 강조된다.

의사결정에 사용하는 정보는 계량적 정보, 질적 정보, 재무정보, 비재무정보 등 매우 다양하다. **계량적 정보**quantitative information의 대부분은 화폐가치로 표시된 수익, 원가, 이익 등과 같은 재무적 정보이지만 화폐액으로 표시되지 않는 시장점유율, 불량률과 같은 비재무적인 정보도 있다. **질적 정보**qualitative information는 주로 비재무적인 정보로서 종업원의 사기, 종업원 간의 갈등, 거래처에 대한 신뢰도, 기업의 대외적인 이미지 등 화폐가치로 측정할 수 없는 것들이다. 경우에 따라서는 재무적 정보보다 비재무적 정보가 의사결정에 더 큰 영향을 주기도 한다.

원가-효익 분석

경제적 자원을 소비희생하는 결정은 소비한 것 이상으로 경제적 혜택이나 자원이 다시 기업 내로 유입될 것을 기대하고 내리는 것이 일반적이다. 기업의 경제적 가치가 지속적으로 증대되는 것을 목표로 하는 기업이라면 당연한 바램이다.

특정 대안을 선택하고 실행할 때 소비하는 경제적 자원 또는 비재무적인 희생을 원가 cost라 하고 그로부터 얻게 되는 경제적 또는 비재무적 혜택을 효익benefit이라고 하는데 기업의 의사결정에서 이들 원가와 효익을 비교 분석하는 절차는 필수적이다. 이를 **원가-효익분석** CBA: cost-benefit analysis이라고 하는데 기업에 국한된 것은 아니며 공공시설 투자의사결정을 해야 하는 정부나, 자신의 미래를 위해 시간이나 돈 써야 하는 개인의 의사결정에서도 마찬가지이다.[1]

재무적 관점에서 원가와 효익을 분석한다면 기본적으로는 현금흐름의 유출과 유입에 초점을 두는 것이 맞지만 일반 손익계산서와 유사하게 만든, 특정 대안에 따른 예상손익계산서를 활용할 수도 있다. 기존의 회계자료로부터 항목별 금액을 예측하기가 용이하기 때문인데 주의할 것은 발생주의에 기초한 손익계산서에는 현금흐름과는 무관한 항목이 포함될 수 있으므로 분석에서 이를 제외해야 한다는 점이다. 그 밖에도 의사결정의 영향이 장기간에 걸쳐 나타나는 경우에는 화폐의 시간가치를 고려해야 하므로 현금흐름의 발생시점도 중요하다.

여러 대안 중 하나를 선택하는 의사결정에서는 특별히 기회원가개념이 중요하다. **기회원가**는 경제학에서의 원가개념으로 특정 대안의 선택으로 포기해야 하는 차선 대안의 순효익을 의미한다. 현금지출이 필요한 선택의 기회원가는 포기하는 현금가치 즉, 현금지출액out of

그림 4-2 회계원가와 경제학적 원가

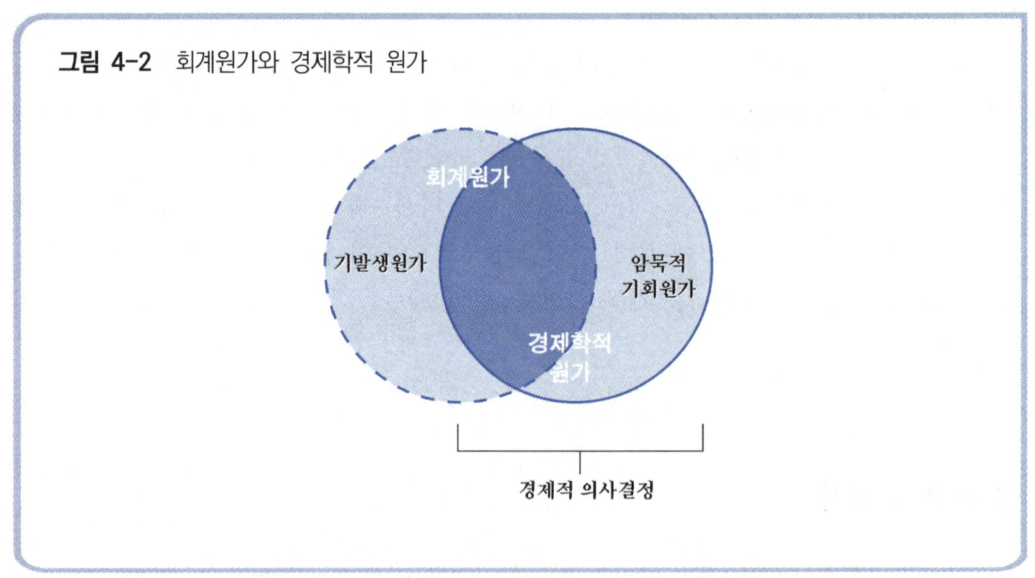

1 1844년 프랑스 학자 Jules Dupuit가 도로나 교량 등 공공시설 투자의사결정에 대해 발표한 논문을 원가-효익분석의 원조로 보고 있다.

pocket cost 그 자체가 되는데 이를 **명시적 기회원가**라고 한다. 중요한 것은 현금 지출이 없이도 기회원가가 발생할 수 있는데 이를 **암묵적 기회원가**라고 한다. 자신 소유의 건물 1층 공간을 임대하지 않고 개인 사무실로 사용한다면 임차료를 지출하지 않는 대신 임대수익을 포기해야 하는데 이 임대수익이 공간의 개인 사용에 따른 암묵적 기회원가이다.

현금 지출이 있는 명시적 기회원가는 회계에서도 인식하는 원가이지만 암묵적 기회원가는 실제 거래로부터 발생하는 것이 아니므로 빠뜨리기 쉬운 원가이다. 회계상 원가와, 경제학적 원가인 기회원가의 차이를 이해하고 경제적 의사결정에서는 반드시 기회원가개념을 적용해야 한다는 점에 유의해야 한다.

그림 4-2는 특정 대안의 실행에 따른 회계원가 집합과 경제적 의사결정을 위한 원가 집합을 벤다이어그램으로 보여주고 있는데 양 집합 간에는 교집합과 여집합이 존재한다. 회계원가 집합을 기초로 경제적 의사결정을 하려면 현금지출이 없는 원가나 기발생원가 등은 제외해야 하며 회계에는 나타나지 않는 암묵적 기회원가는 포함해야 한다.

총액접근법과 차액접근법 관련정보의 식별과 분석

각 대안 간 재무적 효과를 비교하는 방법에는 대안별로 효익과 원가 항목을 망라하여 순효익을 구한 후 대안을 비교하는 총액접근법과, 대안간 차이가 존재하는 효익 및 원가 항목에 대해서만 분석하는 차액접근법이 있다. 다음의 예에 적용한 각 접근법에서 경제적 의사결정에 중요한 여러 원가개념을 확인할 수 있다.

EXAMPLE 4-1

건축용 목재 도매업체인 S사는 제재소를 운영하고 있는 A사로부터 목재를 구입하여 건축업자에게 판매하고 있다. A사는 S사와 같은 공단 내에 있으므로 고객의 요구사양과 수량에 맞춰 바로 주문하고 판매할 수 있는 장점이 있다. 그러나 최근 건축업자들의 의견에 따르면 A사 목재의 품질이 떨어지며 상대적으로 품질이 더 나은 B사를 선호한다고 한다. B사로부터 목재를 조달할 경우 판매량이 증가할 것이라는 자체 조사결과도 이를 뒷받침하고 있다.

B사는 S사로부터 3시간 거리에 있는데 일정 수량 이상을 구입해야 하며 현지에서 직접 인수해야 한다. 게다가 고객의 요구사양을 정확히 맞추려면 S사가 직접 추가 가공작업을 해야 한다. 따라서 B사로 거래처를 변경하면 목재 대량구입에 따른 이자비용이 발생하고 운송비가 증가하며 보관창고와 목재가공 작업자가 필요하다. 현재 S사가 보유하고 있는 여유공간은 외부에 임대하고 있으므로 이를 회수하여 보관창고로 사용할 수 있다. 목재작업자는 새롭게 고용해야 하지만 목재가공설

비는 보유하고 있던 것을 그대로 사용할 수 있다. 운송기사와 차량은 추가 지출 없이 계속 사용할 수 있다. B사 목재를 판매하면 판매비는 감소할 것으로 예상된다.

다음은 각 사와 거래할 경우 추정 회계자료(연간 기준)인데 감가상각비를 제외한 모든 수익과 비용 항목은 각각 해당 금액만큼 현금유입과 유출이 발생한다.

	A사(기존)	B사(신규)
매출량	1,000단위	1,500단위
판매가격	₩10,000	₩10,000
매입단가	4,000	3,800
매출액	10,000,000	15,000,000
매출원가	4,000,000	6,000,000
목재가공비:		
작업자 급여	-	300,000
목재가공설비 감가상각비	100,000	100,000
운송관련원가:		
운송기사 급여	150,000	150,000
운송유류비	300,000	1,000,000
차량감가상각비	500,000	500,000
판매비	1,000,000	600,000
이자비용	–	800,000
보관창고 임대수익	1,000,000	–

S사가 선택할 수 있는 대안은 기존 업체인 A사와 계속 거래하는 것과, B사로 거래처를 변경하는 것 두 가지이다. 각 대안 하에서 연간 예상 이익과 순현금흐름은 각각 다음과 같다.

B사와 거래할 경우 이익 또는 순현금흐름이 모두 ₩900,000 만큼 증가하므로 거래업체를 B사로 변경하는 것이 S사의 입장에서는 바람직하다고 할 수 있다. 여기서 주목할 것은 대안별 예상이익 계산에 포함된, 현금유출이 없는 감가상각비는 의사결정에 영향이 없으므로 굳이 분석에 포함할 필요가 없다는 점이다. 이처럼 대안별로 모든 항목을 망라하여 구한 금액을 비교하는 방법을 **총액접근법**total approach이라고 한다.

손익기준 총액기준법			현금흐름기준 총액기준법		
손익항목	A사(기존)	B사(신규)	현금유출입항목	A사(기존)	B사(신규)
수익:			현금유입(효익):		
매출액	₩10,000,000	₩15,000,000	매출액	₩10,000,000	₩15,000,000
임대수익	1,000,000	0	임대수익	1,000,000	0
	11,000,000	15,000,000		11,000,000	15,000,000
비용:			현금유출(원가):		
매출원가	4,000,000	5,700,000	매출원가	4,000,000	5,700,000
목재가공비	100,000	400,000	목재가공비	0	300,000
운송관련비용	950,000	1,650,000	운송관련비용	450,000	1,150,000
판매비	1,000,000	600,000	판매비	1,000,000	600,000
이자비용	0	800,000	이자비용	0	800,000
	6,050,000	9,150,000		5,450,000	9,150,000
이익	₩4,950,000	₩5,850,000	순현금흐름(순효익)	₩5,550,000	₩6,450,000

이와는 달리 특정 대안을 선택했을 때 차이가 있는 항목에 대해서만 분석하여 해당 대안이 바람직한가 여부를 판단할 수 있는데 이를 **차액접근법**differential approach이라고 한다. 아래 표에서는 손익항목별 대안간 차이금액을 마지막 열에 제시하고 있다. 분석결과에 의하면 총액접근법과 동일하게 B사를 선택할 경우 순효익이 ₩900,000 만큼 증가함을 알 수 있다.

차액접근법에 의하면 대안간 차이가 없어 의사결정에 영향을 주지 않는 항목에는 앞서 언급한 바 있는 현금유출이 없는 비용인 감가상각비와, 현금유출이 있지만 금액이 동일한 운송기사급여가 있다. 이로부터 유추할 수 있는 사항은 경제적 의사결정에 영향을 주는, 의사결정과 관련이 있는 원가와 효익은 첫째, 미래현금흐름에 영향을 줄 수 있어야 하며, 둘째, 의사결정으로 인해 변화가 초래되어야 한다는 점이다.

결과는 동일하지만 차액접근법이 총액접근법에 비해 수집하고 분석할 정보가 상대적으로 적기 때문에 더 효율적이고 수월한 방법이라고 할 수 있다. 총액접근법과는 달리 차액접근법에서는 대안별로 차이가 없는 것이 분명하고 의사결정에 영향을 주지 않는 항목은 정보를 수집하거나 분석할 필요가 없는 장점이 있지만, 중요한 항목을 누락할 위험이 있으므로 세심한 주의가 요구되기도 한다. 현실적으로는 일단 모든 항목을 나열하고 대안 간 차이가 없는 것이 확실한 항목에 대해서는 금액을 구할 필요 없이 하나씩 제거하는 것이 실수를 줄일 수 있는 방법이다.

차액접근법에 따라 기존 A사 대신 B사로 거래처를 변경했을 때 효익 및 원가의 증감분을

	손익기준 총액접근법		차액접근법	
	A사(기존)	B사(대안)	차액효익 / 차액원가	
매출액	₩10,000,000	₩15,000,000	+	₩5,000,000
보관창고 임대수익	1,000,000	0	−	1,000,000
매출원가	4,000,000	5,700,000	−	1,700,000
품질검사비:				
목재작업자 급여	0	300,000	−	300,000
목재가공기계 감가상각비	100,000	100,000		0
운송관련원가:				
운송기사 급여	150,000	150,000		0
운송유류비	300,000	1,000,000	−	700,000
차량감가상각비	500,000	500,000		0
판매비	1,000,000	600,000	+	400,000
이자비용	0	800,000	−	800,000
			+	₩900,000

각각 **차액효익**differential benefit과 **차액원가**differential cost로 나눠 요약하면 다음과 같다.[2]

B사 선택에 따른 차액원가 및 효익		
차액효익:		
매출액	₩5,000,000	
판매비 절감액	400,000	₩5,400,000
차액원가:		
매출원가	1,700,000	
목재작업자급여	300,000	
운송유류비	700,000	
재고구입에 따른 이자비용	800,000	
보관창고 임대수익 상실분	1,000,000	4,500,000
순효익		₩900,000

2 차액(differential)과 유사한 의미로 증분(incremental)이라는 표현을 쓰기도 하는데 차액이 대안간 단순한 차이라고 한다면, 증분은 특정 의사결정으로 인한 변화(variation)에 초점을 둔 개념이라고 할 수 있다. 본 서에서는 상황에 따라 혼용한다.

의사결정에 중요한 원가개념

차액접근법의 분석결과에 의하면 손익계산서상 수익과 비용항목에는 의사결정에 영향을 주는 항목도 있고 그렇지 않은 항목도 있다. 영향을 주는 항목의 특징은 미래 현금흐름이 수반되며 대안 간에 차이가 있는 경우로서 차액효익과 차액원가의 세부 항목은 모두 이에 해당한다.[3] 특정 항목이 의사결정에 영향을 줄 때 이러한 정보를 의사결정에 **관련성**relevance이 있는 정보라고 한다.

의사결정에 영향을 주는 **관련정보**relevant information는 관련수익과 관련원가로 구분할 수 있다. B사를 선택할 경우 증가하는 매출액은 증분수익으로 관련수익이며, 매출원가, 목재 작업자급여, 운송유류비, 판매비, 이자비용, B사 선택 시 포기해야 하는 보관창고 임대수익 상실분 등 증감이 있는 원가는 모두 관련원가가 된다.

손익항목		B사 선택 시 순효익에 미치는 영향	의사결정 관련성 여부	원가 개념
매출액	+	5,000,000	○	
매출원가	−	1,700,000	○	증분원가
품질검사비:				
목재작업자 급여	−	300,000	○	증분원가
목재가공기계 감가상각비		0	×	기발생원가
운송관련원가:				
운송기사 급여		0	×	회피불능원가
운송유류비	−	800,000	○	증분원가
차량감가상각비		0	×	기발생원가
판매비	+	400,000	○	회피가능원가
재고대량구입에 따른 이자비용	−	800,000	○	증분원가
보관창고 임대수익 상실분	−	1,000,000	○	암묵적 기회원가
B사 선택 시 순효익	+	900,000		

3 관련 기간 전체를 대상으로 한 수익과 비용 총액은 각각 현금유입액 및 유출액과 일치하므로 수익과 비용을 분석하더라도 현금흐름을 분석한 것과 같은 결과를 기대할 수 있다. 특히 의사결정의 영향 기간이 짧은 단기의사결정 상황에서는 수익과 비용(감가상각비나 간접원가배분액과 같은 현금유출이 없는 일부 원가 제외)은 현금유입 및 유출액과 동일한 것으로 봐도 무방하다. 그러나 의사결정의 영향이 한 회계기간을 넘어 장기간에 걸쳐 나타나는 장기의사결정에서는 특정 회계기간의 수익 및 비용이 현금유입 및 유출액과 다를 수 있다. 회계상 수익 및 비용의 인식시점과 현금흐름의 발생시점이 다를 수 있기 때문이다. 이러한 경우에는 명시적으로 현금흐름에 초점을 두고 분석하여야 하며 현금흐름의 발생시점을 추가적으로 고려해야 한다. 이에 대해서는 본 장 부록에서 다룬다.

일반적으로 관련원가에 해당하는 것으로는 특정 대안을 선택했을 때, 추가로 발생하는 증분원가, 원가가 절감되는 회피가능원가, 포기한 차선 대안의 순효익인 기회원가가 있다. 대안간에 차이가 없는 비관련원가로는 운송기사 급여처럼 특정 대안을 선택하더라도 회피가 불가능한 원가회피불능원가나 품질검사기계, 차량의 감가상각비와 같이 과거 의사결정의 결과로 발생하는 원가인 기발생원가매몰원가가 있다.

의사결정에서 중요한 원가개념을 다시 정리하면 다음과 같다.

증분원가, 회피가능원가

특정 대안을 선택하면 그렇지 않은 경우보다 증가하는 원가를 **증분원가**incremental cost라 하고 줄어들거나 발생하지 않는 원가를 **회피가능원가**avoidable cost라고 한다. B사와 거래할 경우 발생하는 목재가공 직원의 급여는 증분원가이며 줄어드는 판매비는 회피가능원가가 된다. 증분원가와 회피가능원가는 대안간 차이가 있는 원가로 모두 관련원가이지만, 현금유출이 있지만 대안간 차이가 없는 원가는 회피불능원가로 비관련원가이다.

기회원가

여러 대안 중에서 포기한 차선 대안으로부터 얻을 수 있는 순효익은 선택한 대안의 **기회원가**opportunity cost이다. A사와 거래할 때에는 유휴공간을 이용하여 임대수익을 얻을 수 있었으나 B사를 거래처로 선정하면 보관창고가 필요하므로 유휴공간의 임대수익을 포기해야 한다. 이때 포기하는 임대수익이 바로 기회원가이며 B사 선택에 따른 관련원가가 된다.

기발생원가

매몰원가sunk cost라고도 불리는 기발생원가는 과거에 발생한 원가로서 현재 또는 미래의 현금흐름과 의사결정에 영향을 주지 않는 원가이다. 어떤 대안을 선택하더라도 발생하는 목재가공기계나 운송차량에 대한 감가상각비는 과거의 취득한 자산의 취득원가를 내용연수동안 기간 배분하는 회계상 원가일 뿐이며 경제적 의사결정과는 무관한 대표적인 비관련원가이다.

EXAMPLE 4-2

1. S사가 보유하고 있는 설비는 4년 전에 1억원에 취득한 것으로 현재 장부가액은 2천만 원이며 앞으로 1년을 더 가동하면 폐기처분해야 한다. 1년간 이 설비를 이용하여 제품을 생산 판매하면 순현금유입액이 9백만 원이며 1년 후 처분가액은 1백만 원으로 예상하고 있다. 이 설비를 지금 처분하면 8백만 원을 받을 수 있다. 언제 처분하는 것이 최선의 결정인가? 이 결정과 관련하여

관련원가와 비관련원가는 무엇인가? 화폐의 시간가치는 없다고 가정한다.

2. S사의 창고에는 작년에 구입한 A원재료 100단위(구입단가: ₩1,000)가 있는데 내부적으로 사용할 계획이 없다. 이 원재료를 단위당 ₩100의 포장비용을 들이면 회사 쇼핑몰에서 단위당 ₩800에 판매 가능하다. 한편 인근 K사로부터 A원재료 전부를 있는 그대로 ₩60,000에 인수하겠다는 제안이 있었다. K사 판매안을 선택할 때 기회원가는 얼마인가? 이 결정과 관련하여 관련원가와 비관련원가는 무엇인가?

첫째, 설비의 취득원가, 장부가액, 향후 1년간 감가상각비, 현재 또는 1년 후 처분시에 발생하는 처분손익은 미래 현금흐름과는 무관한 비관련원가이다. 의사결정에 영향을 주는 것은 즉시 처분시 순현금유입액과, 1년간 생산활동 및 처분에 따른 순현금유입액으로 각각 8백만원과 10백만 원이다. 1년후 처분하는 것이 2백만 원만큼 더 높은 효익을 얻을 수 있다.

둘째, A원재료의 취득원가 ₩100,000은 의사결정에 영향을 주지 않는 기발생원가인 동시에 비관련원가이며 쇼핑몰 판매안의 포장비용 ₩10,000은 관련원가이다. 쇼핑몰 판매안과, K사 판매안에서 얻을 수 있는 순현금유입액은 각각 ₩70,000과 ₩60,000이므로 K사 판매안을 선택하면 포기해야 하는 쇼핑몰 판매안의 순효익 ₩70,000이 기회원가가 된다.

전형적인 의사결정의 예

Strategic Management Accounting

본 절에서는 전형적인 의사결정의 몇 가지 예를 통해 앞서 설명한 의사결정에 중요한 원가개념을 재확인한다.

일회성 특별주문

대량 구매를 조건으로 할인을 요구하거나 정상 가격보다 낮은 가격으로 구입하겠다는 예상치 못한 주문을 받는 경우가 있다. 이렇게 특별한 주문이 있는 상황에서는 기업의 대외적인 이미지나 일반고객에 대한 신뢰도를 유지하고 정상적인 판매활동에 영향을 주지 않는 수준에서 기업이 보유하고 있는 자원을 최대로 활용하는 방향으로 특별 주문에 대한 판매 결정을 하는 것이 바람직하다.

특별주문의 수락 여부는 기업 내에 유휴생산능력이 있는가 여부에 따라 나눠 생각해야 한다. 특별주문을 충분히 소화할 수 있는 유휴생산능력이 있고 기존 판매시장에 아무런 영향을 주지 않는다면 특별주문에 따른 증분수익과 증분원가만을 비교하여 수락 여부를 결정하면 된다. 유휴생산능력이 없는 경우에는 특별주문의 수락이 정규판매에 미치는 영향, 즉 정규매출의 감소에 따른 기회원가를 추가적으로 고려해야 한다. 유휴생산능력이 존재하는 다음의 예는 특별주문에 따른 증분변동원가만이 관련원가가 된다.

EXAMPLE 4-3

S항공사는 1대의 비행기로 서울-제주 간 노선을 운행하고 있다. 경기침체와 항공사 간 치열한 경쟁으로 완전조업수준인 매일 왕복 5회보다 낮은 매일 3회만 운항하고 있다. 최근 거래 실적이 전혀 없는 K여행사로부터 여행 특수기간인 한 달(30일 기준) 동안 왕복 운항편을 매일 1회씩 증편해 달라는 요청이 있었다. 왕복 1회당 ₩8,000,000(왕복 100좌석기준으로 좌석당 ₩80,000)을 지불하겠다는 주문이었다. 정상적인 왕복요금이 승객 1인당 ₩120,000인 점을 감안하면 지나치게 낮은 가격을 요구하고 있다고 S사는 판단하고 있다. 내부자료에 의하면 승객 1인당 왕복운행원가는 ₩89,200으로서 원가보다도 낮은 가격이다.

다음 자료는 1인당 왕복운행원가의 산출내역이다. 현재 조업수준인 일 3회, 30일 기준 총원가를 왕복승객수 9,000명(회당 평균승객수 100명)으로 나누어 구한 것이다.

분류	고정원가	변동원가				총원가
		원가동인 (왕복기준)	원가 동인량	원가동인당 변동원가	총액	
급여	₩32,000,000	운항횟수	90	₩320,000	₩28,800,000	₩60,800,000
유류비용	–	운항횟수	90	6,000,000	540,000,000	540,000,000
공항이용료	40,000,000	운항횟수	90	200,000	18,000,000	58,000,000
승객관련비용	–	승객수	9,000	6,000	54,000,000	54,000,000
비행기감가상각비	50,000,000			–		50,000,000
일반관리비	40,000,000					40,000,000
합계						₩802,800,000
승객수						9,000명
승객당 원가						₩89,200

Question

1. K여행사의 요청을 받아들일 경우 증편운항에 따른 증분원가는 얼마인가?

2. 증편운항에 따른 승객당 원가는 얼마인가? 여행사의 요청을 받아들여야 하는가?

30일간 매일 1회씩 증편 운항할 경우 총운항횟수는 30회, 총 승객수는 3,000명이므로 증분원가와 승객당 원가는 다음과 같다.

분류	고정원가	변동원가				증분원가
		원가동인 (왕복기준)	원가 동인량	원가동인당 변동원가	총액	
급여	–	운항횟수	30	₩320,000	₩9,600,000	₩9,600,000
유류비용		운항횟수	30	6,000,000	180,000,000	180,000,000
공항이용료	–	운항횟수	30	200,000	6,000,000	6,000,000
승객관련비용	–	승객수	3,000	6,000	18,000,000	18,000,000
비행기감가상각비	–			–		–
일반관리비	–					–
합계						₩213,600,000
승객수						3,000명
승객당 원가						₩71,200

한 달간 매일 1회씩 증편하면 회사 전체에 ₩26,400,000만큼 순효익이 발생하므로 이 요청을 받아들이는 것이 바람직하다.

	왕복승객 1인 기준	총액
증분효익	₩80,000	₩240,000,000
증분원가	71,200	213,600,000
증편에 따른 순효익	₩8,800	₩26,400,000

정상적인 조업도 하에서 계산한 단위당 원가₩89,200는 장기적으로 적용할 판매가격을 정할 때는 유용한 정보이지만 일시적 특별주문에 대한 가격을 정하는 기준으로는 적절치 않다. 특히 유휴생산능력이 있는 경우에는 특별주문으로 인한 증분원가₩71,200가 판매 가격의 하한이 된다.[4]

만일 충분한 유휴설비를 갖추지 못한 경우에는 특별주문의 수락이 정규판매에 미치는 영향, 즉 정규매출의 감소로 인한 기회원가를 추가적으로 고려해야 한다. 다음 예는 이러한

4 원가에 기초한 가격결정에 대해서는 제8장에 다시 설명한다.

경우이다.

EXAMPLE 4-4

K식당에서 하루에 조리할 수 있는 점심 식사량은 300인분이며 통상적으로 250인분이 판매되고 있다. 최근 인근 S사에서 견학학생들의 점심식사 100인분을 준비해 줄 수 있는가에 대한 문의가 있었다. 1인당 점심식사원가는 다음과 같다.

식자재원가	₩3,000
조리노무원가	2,000
기타원가	2,000
합계	₩7,000

K 식당의 식자재원가와 조리노무원가는 변동원가이며 기타원가는 전액 고정원가이며 1인당 판매가격은 ₩12,000이다.

Question

견학학생 100인분 점심식사에 대해 S사로부터 받아야 할 금액은 얼마이상이어야 하는가?

견학학생 100인분의 식사를 제공하려면 일반고객 50인의 식사는 처리할 수 없으므로 기회원가가 발생한다. 일반고객 점심식사의 1인 판매가격과 변동원가는 각각 ₩12,000과 ₩5,000이므로 50인의 공헌이익 ₩350,000이 기회원가가 된다. 따라서 견학학생 100명 식사분에 대한 원가는 변동원가 ₩500,000와 기회원가 ₩350,000을 합한 ₩850,000이 되며 K사 영업에 지장이 없으려면 적어도 이 금액 이상은 받아야 한다.

자체생산 또는 외부구입

하나의 제품에는 다양한 원재료와 부품이 필요하므로 일부는 외부협력업체로부터 조달하기도 한다. 따라서 부품을 회사 내에서 자체적으로 생산할 것인지 아니면 외부에서 구입할 것인가를 결정해야 할 상황이 종종 발생한다.[5] 이 경우 재무적인 효과를 파악하려면 외부구입가격과 자체생산시의 원가를 비교해야 하는데, 비교할 원가는 상황에 따라 달라질 수 있다.

첫째, 부품을 자체 제조하고 있었지만 외부에서 구입할 것을 고려하는 경우이다. 이때 외

5 외부구입은 아웃소싱(outsourcing)이라고도 하는데 본 절에서 다루는 것은 단기적인 재무차원에서의 분석이다. 아웃소싱은 기업의 전략이나 사업방향과 밀접한 관련이 있으므로 장기적 관점에서 다양한 요소를 고려해야 한다.

부구입가격과 비교할 금액은 부품의 제조를 중단했을 때 회피가능한 원가와 유휴생산시설을 다른 용도로 활용할 수 있는 때 얻을 수 있는 이익이나 원가절감액 등을 고려해야 한다.

둘째, 신규 부품의 조달방법으로 자체생산을 고려하는 경우이다. 이때 외부구입가격과 비교할 원가에는 생산 착수에 따른 모든 증분원가가 된다. 직접재료원가 뿐만 아니라 새롭게 갖춰야 하는 생산 설비나 신규로 고용해야 하는 작업자로 인한 원가도 고려해야 한다. 경우에 따라서 다른 작업장에 미치는 재무적 영향이 있을 수 있다.

EXAMPLE 4-5

전자제품 제조기업인 K사는 A부품과 B부품은 자체 제조하고 나머지 부품은 외부에서 구입하여 완제품 Q를 생산하고 있는데, 최근 A부품도 외부에서 구입할 것을 검토하고 있다. 특히 외부공급업자인 S사로부터 A부품 10,000단위를 단위당 ₩1,400에 공급할 수 있다는 제의를 받았다. A부품의 연간 소요량은 10,000단위이며 제조원가는 다음과 같다.

	총원가	단위당 원가
직접재료원가	₩3,000,000	₩300
직접노무원가	5,000,000	500
변동제조간접원가	2,000,000	200
고정제조간접원가	6,000,000	600
합계	₩16,000,000	₩1,600

S사의 제의를 검토하기 위해 위 제조원가와 관련된 정보를 수집한 결과는 다음과 같다.

- A부품에 소요되는 원재료는 생산에 맞춰 수시로 주문한다.
- A부품의 제조를 담당하고 있는 공장 직접근로자는 A부품 생산 중단 시 신규인력을 필요로 하는 다른 제품 생산라인에 투입할 예정이다.
- A부품을 생산하지 않을 경우 변동제조간접원가는 발생하지 않는다.
- 고정제조간접원가의 50%는 공장 전체시설에 대한 수선유지비와 공장감독자 급여 중 배분 받는 금액이며 나머지는 A부품 생산에 사용하는 기계설비의 감가상각비이다.
  - A부품의 생산을 중단하더라도 공장 전체시설에 대한 수선유지비와 공장감독자 급여 총액은 변하지 않는다.
  - A부품의 생산을 중단할 경우, 생산에 사용된 기계설비(처분가치: ₩0)는 기존 B부품 생산에 투입할 예정이며 이 경우 연간 원가절감효과는 ₩2,500,000이다.

Question

1. A부품을 외부에서 구입할 때 A부품 제조원가 중 회피가능원가는 무엇인가?
2. A부품을 자체 생산할 때 기회원가는 얼마인가?
3. 기업 전체의 재무적 측면에서 바람직한 의사결정은 무엇인가?

A부품을 외부에서 조달하면 A부품의 제조원가 중 직접재료원가, 직접노무원가, 변동제조간접원가는 모두 회피가능원가이다. 특히 직접노무원가의 경우, 해당 근로자를 신규인력을 필요로 하는 다른 생산라인에 투입하므로 회피가능원가가 된다. 그러나 공장 전체시설에 대한 수선유지비와 공장감독자 급여 중 배분받은 금액은 생산을 중지하더라도 그대로 발생하므로 회피불능원가라 할 수 있다.

기계설비의 감가상각비는 현금유출이 없는 기발생원가로 B부품 생산에의 전용여부와 상관없이 외주의사결정에 고려할 필요가 없는 원가이다. 다만 이 기계설비를 B부품의 생산에 사용할 경우 원가절감 효과를 얻을 수 있으므로 A부품 생산에 이 기계를 계속 사용하면 포기해야 하는 원가절감혜택만큼 기회원가가 발생한다. 결과적으로 A부품의 자체생산에 따른 증분원가는 회피가능 제조원가 ₩10,000,000에 기회원가 ₩2,500,000을 합한 ₩12,500,000으로 S사로부터의 외주원가 ₩14,000,000보다 낮으므로 부품생산 중단 및 외부구입은 재무적 측면에서 바람직하지 않다.

자체생산 또는 외부구입 결정은 재무적 측면 못지않게 비재무적인 요소도 중요하다. 비재무적인 측면에서 고려해야 할 것은 외부공급업자의 신뢰성, 품질관리 능력, 안정적인 공급 여부, 장기적인 부품제조에 대한 회사의 정책 등이 있다.

기존설비의 교체

성능이 우수한 설비가 새롭게 출시되면 원가 절감이나 품질 향상을 위해 여전히 사용이 가능한 기존설비를 교체하기도 한다. 그렇다고 무조건 교체할 것은 아니며 재무적 효과를 평가한 후 교체여부를 결정해야 한다. 설비는 여러 기간에 걸쳐 사용하는 자산이므로 교체여부에 대한 평가는 관련된 전체 기간을 대상으로 이루어진다.[6]

설비교체 의사결정에서는 기존설비의 처분효과, 새로운 설비의 취득과 사용에 따른 증분원가 및 회피가능한 원가 등 관련정보를 식별하고 분석해야 한다. 예를 들어, 기존설비를 처분할 때 받는 매각금액, 새로운 설비를 구입할 때의 취득원가, 기존설비 대신 신규설비를 이용할 때 제조원가, 보험료, 수선유지비 등의 증감액 등을 고려하여야 한다.

여기서 주의해야 할 것은 기존설비의 취득원가나 현재 장부가액은 과거에 발생한 원가, 즉 기발생원가로서 설비교체 의사결정에 무관한 비관련원가라는 점이다. 아울러 재무회계 목적상 기존설비를 처분할 때 발생하는 유형자산처분손익 역시 고려할 필요가 없는 항목이다.

6 설비투자와 같이 재무적 영향이 장기간에 걸쳐서 나타나는 경우, 화폐의 시간가치(time value of money)를 반드시 고려해야 한다. 본 절에서는 화폐의 시간가치가 없는 것으로 가정한다.

다음 예에서 이들이 비관련원가임을 확인할 수 있다.

EXAMPLE 4-6

S사는 구입한 지 1년밖에 안 된 기계를 다시 교체하는 것을 검토하고 있다. 최근 출시된 고성능의 기계를 사용할 경우 유지비나 제조원가를 절감할 수 있을 것으로 기대되기 때문이다. 그러나 새로운 기계를 사용하더라도 제품의 품질이나 생산 및 판매량에는 차이가 없다. 관련 자료는 다음과 같다.

	구기계	신기계
취득원가	₩2,000,000	₩4,000,000
장부가치	1,600,000	해당 사항 없음
현재매각가치	500,000	해당 사항 없음
내용연수종료 잔존가치	–	–
연간 수선유지비	300,000	200,000
연간 변동제조원가	10,000,000	9,000,000
잔여 내용연수	4년	4년

Question

1. 각 대안별로 관련기간 4년 전체를 대상으로 부분 손익계산서를 작성하고 비교하라. 단, 발생한 제조원가는 전액 비용화된다고 가정하라.[7]
2. 물음 1의 결과를 이용하여 구기계의 장부가치, 구기계 매각가치, 신기계 취득원가가 각 대안의 4년간 이익차이에 어떤 영향을 주는지를 설명하라.
3. 원가-효익분석을 이용하여 재무적인 관점에서 교체 여부를 결정하라. 단, 화폐의 시간가치와 세금효과는 무시하라.

설비교체 의사결정에서는 설비 사용기간 전체를 대상으로 재무효과를 분석해야 하므로 특정연도 보다는 관련 기간 전체의 손익효과를 살펴보는 것이 적절하다. 특히 특정 연도의 비용에는 감가상각비와 같은 인위적인 원가배분액이나 발생주의 하에서 나타날 수 있는 원가항목이 존재하는데, 이들은 의사결정에는 영향을 주지 않는 비관련원가이다. 양 대안의 4년간 비용은 비교하면 다음과 같다.

7 설비교체를 포함한 경제적 의사결정에서는 발생주의에 따른 수익 및 비용 분석보다는 현금유출입 분석이 더 적절하다. 그러나 본 장 초반부에서도 언급한 것처럼 대안 간 선택에 있어 손익을 비교하더라도 결정은 달라지지 않는다. 본 물음의 취지는 발생주의 하에서 나타나는 비용항목 중에는 의사결정에는 영향을 주는 않는 기발생원가가 존재하므로 이를 분석에서 제외할 필요가 있음을 강조하기 위함이다.

	구기계 계속사용	구기계 처분/신기계 사용		차액분석
변동제조원가	₩40,000,000		₩36,000,000	+ 4,000,000
수선유지비	1,200,000		800,000	+ 400,000
감가상각비	1,600,000		4,000,000	− 4,000,000
처분손실				
매각가치		500,000		+ 500,000
장부가치		1,600,000	1,100,000	
합계	₩42,800,000		₩41,900,000	+ 900,000

이에 의하면 새로운 기계를 선택할 때 ₩900,000의 이익증대순효익효과가 발생한다. 이 분석에서 주목할 것은 구기계를 계속 사용할 때와, 구기계를 처분하고 신기계를 사용할 때 공통적으로 구기계의 장부가치 ₩1,600,000은 비용으로 기록된다는 점이다. 구기계를 계속 사용할 경우에는 4년 동안 나누어 기록되는 감가상각비이며 신기계를 사용할 경우에는 처분손실장부가액 ₩1,600,000−처분가액 ₩500,000을 계산할 때 일시에 전액 비용화되는 금액이다. 결국 구기계의 장부가치는 구기계를 계속 사용하든 신기계로 교체되든 전액 비용화되므로 두 대안 간의 이익 차이에 영향을 주지 않는 비관련원가임을 알 수 있다.

이에 반해 구기계의 처분가액은 관련수익현금유입으로, 신기계의 취득원가현금유출는 신기계 사용기간 동안 감가상각비로 비용화되는 금액으로 분석에 포함해야 하는 의사결정 관련정보가 된다. 신기계를 선택하는 경우 원가−효익분석 결과는 다음과 같으며 앞서 4년간 손익효과를 비교한 결과와 동일하게 ₩900,000의 순효익을 보이고 있다.

항목	신기계 선택 시 차액효익과 원가
효익:	
구기계 매각가치	₩500,000
변동제조원가 절감액	4,000,000
수선유지비 절감액	400,000
	4,900,000
원가:	
신기계 취득원가	4,000,000
순효익	₩900,000

제품라인의 제거 및 추가

기존 제품라인을 없애거나 새로운 제품라인을 추가하는 문제는 해당 제품라인이 창출하는 효익과 그 제품라인으로 인해 발생하는 원가를 비교하여 결정한다. 즉, 새로운 제품라인의 추가는 그 제품라인이 창출할 수 있는 효익증분수익과 그 제품라인으로 인한 원가증분원가를, 기존 제품라인의 폐지는 그 제품라인을 폐지할 때 효익회피가능원가와 폐지할 때 원가기회원가를 비교하여 결정한다. 만약 효익이 원가보다 크다면 추가 또는 폐지하는 것이 바람직하다.

한편, 제품라인의 증분수익이 그 제품라인으로 인해 발생하는 증분원가보다 큰 경우에도 제품라인별 손익계산서 말단bottom line에는 손실을 보이는 경우가 있다. 이는 특정 제품라인과는 무관하게 발생하는 회사 전체의 공통원가를 제품라인에 배분할 때 흔히 발생한다. 이러한 경우에는 그 제품라인이 회사 전체의 공통원가의 회수에 도움을 주기 때문에 비록 공통원가 배분 후 순손실을 보인다 하더라도 그대로 유지하는 것이 바람직하다. 또 특정 제품라인의 증분수익보다 증분원가가 크더라도 다른 제품의 판매에 도움을 주는 경우 그 제품라인을 유지하는 것이 더 나을 수 있다. 이때에는 특정 제품라인을 유지할 때 다른 제품라인에서 추가적으로 얻을 수 있는 이익을 파악하여 분석하여야 한다.

EXAMPLE 4-7

(주)고려는 세 종류의 제품 A, B, C를 판매하고 있다. 이들 제품에 대한 20×1년 손익자료는 아래와 같다. 회사는 C 제품라인이 ₩280,000의 손실을 보였으므로 이 제품라인을 없앨 것을 검토하고 있다.

	회사전체	제품 A	제품 B	제품 C
매출액	₩23,550,000	₩10,000,000	₩5,250,000	₩8,300,000
변동제조원가	9,850,000	3,650,000	2,000,000	4,200,000
변동판매비	5,000,000	2,000,000	500,000	2,500,000
공헌이익	8,700,000	4,350,000	2,750,000	1,600,000
고정제조간접원가	3,350,000	1,500,000	1,050,000	800,000
고정판매비	1,620,000	800,000	570,000	250,000
본사공통원가배분액	2,355,000	1,000,000	525,000	830,000
영업이익	₩1,375,000	₩1,050,000	₩605,000	₩(280,000)

고정제조간접원가와 고정판매비는 해당 제품라인에서 발생하는 원가로 제품라인을 없앨 경우 모두 회피가능하다. 그러나 본사공통원가 배분액은 제품라인과는 무관하게 본사에서 발생하는 원가로 제품라인을 폐기한다하더라도 그대로 발생한다.

Question

1. 손실을 보이는 제품라인 C를 20×1년 초에 없앴다면 회사 전체의 이익은 얼마였겠는가?
2. 재무적 측면에서 제품라인의 폐지가 바람직한가를 20×1년 손익자료로 판단하라.

위의 예제에서 제품라인 C를 없애면 손실 ₩280,000이 모두 없어질 것이라고 생각할 수 있다. 실제로 이를 없애면 제품라인 C와 관련된 많은 손익 항목들이 사라지기는 하지만, 본사 공통원가배분액 총액은 그대로 유지되며 다른 제품라인으로 전가된다. 결국 회사 전체적으로는 오히려 제품라인 C를 유지할 때 보다 손익상황이 더 악화된다. 그 효과는 다음과 같다.

제품라인 C 폐지 전 회사이익	₩1,375,000
(−) 제품라인 C의 공헌이익	1,600,000
(+) 제품라인 C의 회피가능고정원가	1,050,000
제품 라인C 폐지 후 회사이익	₩825,000

제품라인 C의 증분수익이 증분원가보다 ₩550,000만큼 크므로 회사 전체 이익에 기여하고 있으므로 폐지하지 않는 것이 바람직하다.

제약자원의 효율적 활용과 최적제품배합

기업의 생산능력은 생산설비의 용량이나 작업인력의 규모에 영향을 받는다. 경우에 따라서는 수급에 제한이 있는 원재료도 생산능력에 영향을 줄 수 있다. 기업의 생산능력규모는 시장의 수요나 경쟁상태, 회사 내의 자금사정이나 투자여력 등을 고려하여 신중하게 결정된 것이기 때문에 일시적으로 시장 수요가 늘어나더라도 이에 대응하여 즉각적으로 생산설비를 늘리거나 추가인력을 고용하지 않는다. 설사 상황이 달라져 생산능력을 늘리는 결정을 했더라도 실제로 그 능력을 확보하는 데에는 상당한 시간이 소요된다. 중단기적으로 생산능력이 고정돼 있어 사용에 제약이 있다는 의미로, 생산능력의 크기를 결정짓는 경제적 자원을 **제약자원** constrained resource이라고 한다. 생산능력을 갖추고 유지하는데 발생하는 생산능력원가는 실제 생산량과 무관하게 일정하게 발생하는 고정원가이다.

제약자원과 이로부터 발생하는 원가를 변화시킬 수 없다면 주어진 제약자원을 효율적으로 활용하는 것이 중요한데, 그 기본 원칙은 **제약자원 단위당 효익**공헌이익이 큰 제품 순서로 할당하는 것이다. 이는 제약자원을 특정 제품에 할당하여 얻을 수 있는 효익과 다른 제품에 할당하지 못해 잃게 되는 원가기회원가를 비교하여 의사결정을 하는 것과 같은 취지이다. 제약자원이 한 개인 다음 예를 통해 그 원리를 살펴보자.

EXAMPLE 4-8

(주)서울은 동일한 기계를 이용하여 두 종류의 제품을 생산하고 있으며 생산 즉시 판매가 가능하다. 이용가능한 기계작업시간은 월 600시간이다. 제품 A를 한 단위 생산하는 데 소요되는 기계작업시간은 3시간이며, 제품 B를 한 단위 생산하는 데 소요되는 기계작업시간은 2시간이다. 두 제품의 관련 자료는 다음과 같다.

	제품 A	제품 B
단위당 판매가격	₩50,000	₩60,000
단위당 변동원가	20,000	36,000
단위당 공헌이익	₩30,000	₩24,000
공헌이익률	60%	40%

Question

어느 제품을 얼마만큼 생산할 때 공헌이익을 최대화할 수 있는가? 최대이익을 계산하라.

제품 A의 단위당 공헌이익은 제품 B의 단위당 공헌이익보다 높으나 기계작업시간당 공헌이익은 제품B가 높다. 희소한 기계시간을 제품 A를 생산하는 데 투입하면 얻을 수 있는 시간당 공헌이익은 ₩10,000이나 그 대신 제품 B로부터 얻을 수 있는 시간당 공헌이익 ₩12,000을 포기해야 한다. 즉, 제품 A로부터 얻을 수 있는 공헌이익이 기회원가에 미치지 못하므로 제품 A를 생산하는 것이 바람직하지 않다. 결국 기계시간당 공헌이익이 더 높은 제품 B에 기계시간을 전량 투입하는 것이 이익을 최대화하는 방법이 된다.

	제품 A	제품 B
단위당 공헌이익	₩30,000	₩24,000
단위당 기계시간	3시간	2시간
기계시간당 공헌이익	₩10,000	₩12,000

이러한 결과는 기계시간을 제품 A에만 투입했을 때의 이익과 제품 B에만 투입했을 때의 이익을 비교하면 더 명확해진다.

	제품 A	제품 B
기계시간당 공헌이익	₩10,000	₩12,000
사용가능 기계시간	600시간	600시간
총공헌이익	₩6,000,000	₩7,200,000

기계시간 전부를 제품 B에 투입하여 300개를 생산하면 ₩7,200,000의 공헌이익을 달성할 수 있지만, 제품 A를 생산하는 데 투입하면 공헌이익이 ₩6,000,000에 불과하다. 따라서 모든 기계시간을 제품 B의 생산에 사용하는 것이 바람직하다.

이와 같이 제약자원이 하나일 경우에는 자원단위당 공헌이익이 높은 순서로 자원을 배분하면 되지만, 제약자원이 두 개 이상인 경우에는 이러한 해법을 적용하기 어렵다. 일반적인 알고리듬으로 심플렉스법이 있지만, 생산하는 제품이 두 개일 때는 2차원 그래프를 이용하여 쉽게 구할 수 있다.[8] 제약조건이 두 개 이상이며 생산하는 제품이 두 개인 경우 그래프를 이용한 해법은 다음과 같다.

첫째, 각 제품의 생산량을 변수로 정의한다.

둘째, 생산량을 선택하여 달성하고자 하는 바공헌이익 최대화를 정의한 변수를 이용하여 **목적함수**objective function로 표현하고, 변수들이 취할 수 있는 값들의 범위를 **제약조건**constraint으로 나타낸다. 이처럼 목적함수와 제약조건을 선형일차식으로 나타내는 것을 **선형계획**linear programming**모형**을 수립한다고 한다.

셋째, 각 제품의 생산량 조합 중 제약조건들을 모두 만족하는 영역을 그래프에 표시한다.

넷째, 제약조건 영역을 만족하면서 최적의 목적함수 값을 달성하는 생산량 조합최적해을 찾는다.

일반적으로 최적해의 후보는 제약조건의 경계영역에 존재하는 꼭짓점이 되므로 각 꼭짓점에 대응하는 공헌이익을 구하고 이들 중 제일 큰 값을 가져다주는 꼭짓점이 최적 선택이 된다. 다음 예를 이용하여 최적해를 구하는 각 단계를 살펴보자.

EXAMPLE 4-9

(주)조선은 제품 X와 Y를 생산하고 있다. 이들 제품은 두 개의 연속공정을 통하여 생산된다. 각 제품별 월간 최대판매량은 제품 X 1,000단위, 제품 Y 2,500단위이다. 회사는 생산시설의 이용에 제약이 있어 제1공정의 사용가능한 월간 기계시간은 4,500시간이고, 제2공정의 사용가능한 월간 기계

8 세 개 이상의 제품일 경우에는 일반적 해법인 심플렉스법을 이용해야 한다. 심플렉스법은 본 교재의 범위를 넘어서는 내용이므로 다루지 않는다.

시간은 7,500시간이다. 제품별 공헌이익과 제품단위당 생산에 필요한 각 공정의 기계시간은 다음과 같다.

구분	단위당 공헌이익	단위당 기계작업시간	
		제1공정	제2공정
제품 X	₩10	4시간	2시간
제품 Y	₩6	1시간	3시간

Question

1. 총공헌이익이 최대가 되는 월 기준 최적생산량을 구할 수 있는 선형계획모형을 수립하라.
2. 모형과 그래프를 이용하여 월간 최적제품생산량을 구하고 그때의 공헌이익을 구하라.

그림 4-3 그래프를 활용한 최적제품배합 결정

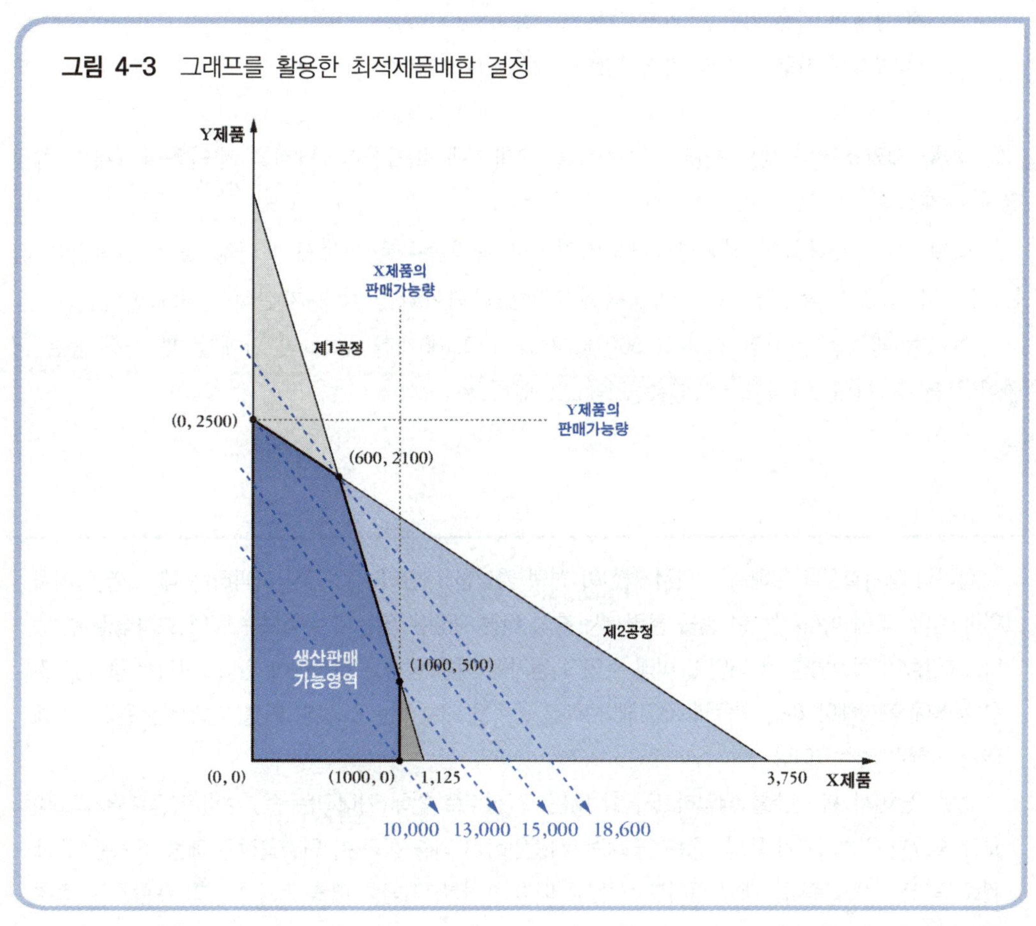

첫째, 구하고자 하는 제품생산량을 각각 X, Y라는 변수로 정의한다.

둘째, 앞서 정의한 변수 X, Y로 이루어진 목적함수 및 제약조건을 수립한다. 목적함수는 총공헌이익을 최대화하는 것이고, 제약조건은 공정별기계시간과 최대판매량 두 측면에서 수립된다.

- **목적함수:**

  공헌이익 최대화: $\pi = 10X + 6Y$

- **제약조건:**

  제품 X의 판매가능량: $0 \le X \le 1{,}000$

  제품 Y의 판매가능량: $0 \le Y \le 2{,}500$

  제1공정의 사용 가능한 기계시간: $0 \le 4X + Y \le 4{,}500$

  제2공정의 사용 가능한 기계시간: $0 \le 2X + 3Y \le 7{,}500$

셋째, 제약조건의 영역생산판매가능영역을 그래프에 표시한다. 원점을 제외하면 4개의 꼭짓점이 존재한다.

넷째, 이 그래프상의 생산판매가능영역에서 목적함수를 이동시켜 가장 높은 절편값을 갖는 제품의 조합을 찾는다. 또는 꼭짓점에서의 총공헌이익을 각각 계산하여 비교한다.

이러한 과정을 거치면 제품 X 600개, 제품 Y 2,100개를 생산 및 판매할 때 가장 높은 공헌이익 ₩18,600을 달성할 수 있음을 알 수 있다. ■

합리적 의사결정을 위해서는 먼저 자신이 선택 가능한 대안이 무엇인지 파악하는 데 노력을 기울여야 한다. 때에 따라서는 한 걸음 물러서서 혹시 다른 대안은 없는지 살펴보는 것이 효과적일 수 있다. 대안들이 확정되면 각 대안이 미래 수익과 원가에 미칠 영향을 분석해야 한다. 여기서 중요한 것은 분석에 포함해야 하는 항목과 제외해야 하는 항목을 구분하는 것인데, 이를 위해서는 원가정보에 대한 이해가 필수적이다.

프로구단에서 새 선수를 영입하고자 할 때는 그 선수로 인해 기대되는 증분수익과 증분원가의 비교가 중요한 기초자료가 된다. 증분수익에는 시즌입장권 매출 증가분, 단일입장권 매출 증가분, 중계권료 증가분, 포스트시즌 배당 증가분, 식음료 매출 증가분, 기념품 매출 증가분 등이 포함된다. 증분원가로는 전 소속구단에 지불하는 이적료, 해당 선수 계약금 및 연봉, 식음료 및 기념품 원가 증가분 등을 들 수 있다. 증분수익과 증분원가 중 중요한 항목이 빠지면 잘못된 자료를 바탕으로 선수와의 협상에 응하게 되어 그 결과가 실패로 끝날 가능성이 크다.

손흥민 선수는 토트넘에서 뛰어난 활약을 펼치면서 고국과 현지의 많은 팬에게 기쁨을 주고 있다. 그러나 모든 경우가 이처럼 행복한 결과를 낳는 것은 아니다. 새로 영입한 선수가 의외의 부상을 당하거나 부진한 사례도 많다. 증분수익과 증분원가에 불확실성이라는 요소를 도입해야 하는 이유가 그것이다. 증분원가는 대부분 확실하지만, 증분수익은 많은 불확실성을 내포하고 있다. 기대증분수익이 기대증분원가보다 크다고 해서 모든 경영자가 그 대안을 채택하는 것은 아니다. 위험에 대한 태도나 위험을 통제하는 능력이 다를 수 있기 때문이다.

APPENDIX 4.1 자본예산

경제적 의사결정에서는 기본적으로 현금흐름에 기초하여 분석하는 것이 일반적이다. 그러나 관련 기간의 수익과 원가 총액이 결국 현금유입 및 유출 총액과 일치한다는 점에서 보면 수익과 원가를 분석하더라도 현금흐름을 분석한 것과 같은 결과를 얻을 것으로 기대할 수 있다.

특히 의사결정이 영향을 미치는 기간이 짧은 단기의사결정 상황에서는 수익과 원가감가상각비와 같은 현금유출이 없는 일부 원가 제외가 각각 현금유입 및 유출액과 동일한 것으로 봐도 무방하다. 따라서 관련수익은 의사결정에 따른 현금유입액의 변화분을, 관련원가는 의사결정에 따른 현금유출액의 변화분과 기회원가를 의미한다. 이러한 관점에 의하면 회피불가능원가, 기발생원가, 간접원가 배분액 등은 현금유출이 없는 원가이므로 당연히 비관련원가로 이해할 수 있다.

그러나 설비교체나 투자와 같이 의사결정의 영향이 한 회계기간을 넘어 장기간에 걸쳐 나타나는 장기의사결정에서 특정 회계기간의 수익 및 원가가 현금유입 및 유출액과 일치하지 않는다. 회계상 수익 및 원가의 인식시점과 현금흐름의 발생시점이 다를 수 있기 때문이다. 이러한 경우에는 명시적으로 현금흐름에 초점을 두고 분석하여야 하며 특히 현금흐름의 발생시기를 추가적으로 고려해야 한다. 본 부록에서는 의사결정의 결과가 여러 회계기간에 걸쳐 영향을 나타날 때 필요한 분석에 대해서 다루고자 하는데, 그 대표적인 주제가 자본예산이다.

자본예산capital budgeting은 새로운 설비의 도입이나 공장의 신설, 신제품 개발과 같이 장기간, 대규모 투자를 필요로 하는 투자안을 평가하여 기업의 희소한 경제적 자원이 기업 가치를 제고하는 방향으로 배분될 수 있게 하는 일련의 과정이다. 일반적으로 기업에서 새로운 투자안을 선택하고 실행에 옮길 때는 다음의 단계를 거치게 된다.

첫째, 기업의 목적과 전략에 부합하는 투자방향을 모색한다. 신사업을 시작할 것인지, 기존제품과 유사하지만 차별화된 제품을 생산할 것인지, 아니면 기존제품을 생산하되 생산효율성을 향상시킬 수 있는 신공장을 건설할 것인지 등을 결정한다. 이러한 결정에는 미래의 기업환경에 대한 경영자의 예측이 결정적인 역할을 한다.

둘째, 투자의 방향이 결정되면 구체적으로 어떤 투자대안이 있는지 탐색한다. 예를 들어, 기존제품을 좀 더 저렴하게 생산할 수 있는 신규공장을 건설하기로 했다면 공장의 위치, 생산

APPENDIX • 

규모, 생산설비의 자동화 수준 등에 관해 여러 대안이 있을 수 있다.

셋째, 각 투자대안별로 소요되는 자금 등 재무적인 정보와 투자안의 위험요소 등과 같은 비재무적인 정보를 수집한다.

넷째, 수집한 정보를 구체적으로 분석한다. 재무적인 정보 예를 들어 투자를 위해 소요되는 현금유출액과 미래의 현금유입액을 비교하는 계량적인 분석을 행하는 동시에 비재무적인 효과에 대해 분석하고 판단한다.

다섯째, 투자안을 선택해서 실행하고, 계획과 결과를 지속적으로 비교하는 통제활동을 수행한다.

본 부록에서는 위의 다섯 단계 중 네 번째 단계에 초점을 맞추어 대안별 재무적 정보, 즉 현금유입액과 유출액을 계량적으로 비교 분석하는 과정을 설명한다.

투자안의 현금흐름

투자안을 분석할 때 분석의 초점은 해당 투자안과 관련된 기간별 현금흐름, 즉 현금유출액과 현금유입액이다. 여기서 유의해야 할 것은 투자안의 회계이익이 분석대상이 아니라는 점이다.■ 투자안의 전체 기간에 대한 회계이익의 합은 순현금흐름액현금유입액 – 현금유출액과 일치한다. 그러나 회계이익은 계속기업의 전제하에 특정 기간의 재무성과를 측정하는데 적절한 지표로서 이를 계산하기 위한 특정기간의 수익과 비용은 현금주의가 아닌 발생주의에 따라 결정된다. 발생주의를 적용하기 위해서는 주관적인 판단이나 추정 등 인위적인 요소가 포함될 뿐만 아니라 장기 투자안의 평가에 있어 자금의 기회원가가 중요한 요소인데 기회원가를 발생시키는 것은 발생주의에 따른 수익과 비용이 아니라 현금흐름 그 자체이므로 회계이익은 투자안을 평가할 때 적절한 개념이 아니다.

■ 회계수치를 이용한 투자안 평가방법을 사용하기도 하지만 현금흐름에 기초한 평가방법이 더 효과적이다.

자본예산에서 고려해야 하는 **현금흐름**에는 최초투자액, 운전자본, 영업현금흐름, 법인세효과, 투자 종료시점의 처분가치 등이 포함된다.

APPENDIX

최초 투자액

투자안 평가에서 첫 번째로 고려해야할 현금흐름은 최초투자액이다. 예를 들어, 새로운 기계설비를 구입하여 운용하는 경우 기계설비를 취득하고 설치하는 데 소요된 모든 원가가 최초투자액이 된다. 만일 기존 설비를 대체할 경우 구설비의 매각가치는 새로운 설비를 취득하는 데 소요된 지출액에서 차감하여 순투자액을 결정한다.

운전자본

유형자산에 대한 초기 투자액뿐만 아니라 새로운 프로젝트를 정상적으로 수행하는데 필요한 운전자본도 포함한다. 운전자본은 매출채권, 재고자산 등의 유동자산에서 매입채무 등의 유동부채를 차감한 금액이다. 새로운 투자로 인해 투자기간 중의 운전자본 소요액이 증가한다면 그 증가액만큼 추가적인 현금유출액이 된다. 이 금액은 투자기간이 종료하면 다시 회수되므로 투자종료시점의 현금유입액이 된다. 만일 새로운 투자안이 기존의 소요운전자본을 줄여주는 경우에는 절감액만큼 초기투자액에서 차감한다. 또 해당 투자가 종료되었을 때는 소요운전자본이 투자이전의 상태로 환원되므로 이때 증가하는 소요운전자본을 투자종료시 현금유출액으로 본다.

영업활동 현금흐름

초기에 많은 자금을 투자하는 이유는 투자로 인해 이전보다 더 많은 현금유입이 생기거나 현금유출을 줄일 것이라는 기대가 있기 때문이다. 예를 들어, 신제품 매출로부터 새로운 현금흐름을 창출하거나 효율성개선을 통해 재료원가나 노무원가를 절감함으로써 현금유출을 감소시킬 수 있다. 순현금유입액은 새로운 투자로 인해 발생하는 현금유입액에서 현금유출액을 차감하여 계산한다.

법인세 효과

법인세가 존재할 경우에는 투자안으로 인한 세금지출이나 절세효과를 고려한다.

첫째, 투자기간 중에 발생하는 순현금흐름에 따른 법인세지급액을 차감한다. 만약 순현금흐름이 모두 세법상 인정되는 수익과 비용으로부터 창출된 것이라면 순현금흐름에 법인세율을 곱한 것만큼 법인세를 납부해야 한다. 따라서 세후 순현금흐름은 세전 순현금흐름에 (1 − 법인세율)을 곱한 금액이 된다.

둘째, 유형자산에 대한 감가상각비는 현금흐름에 영향을 주지는 않지만 세법상 비용으로 인정된다. 따라서 감가상각비에 법인세율을 곱한 금액만큼 법인세를 줄여주는 **절세효과**tax-shield effect가 있어 세후현금흐름을 증가시킨다.

셋째, 새로운 투자로 인해 기존의 유형자산을 처분하는 경우, 처분가액과 장부가액의 차이에 법인세율 곱한 것만큼 세금효과가 있다. 만약 처분이익이 발생하는 경우에는 법인세 납부로 인한 현금유출이 발생하고, 처분손실이 발생하는 경우에는 절세로 인해 현금유출이 감소한다.

투자 종료시점의 처분가치

투자기간이 종료될 때 투자대상이 되었던 유형자산을 처분함으로써 유입될 것으로 예상되는 금액을 투자기간 종료시점의 현금유입액에 포함한다.

EXAMPLE 4A-1

20×1년 초 D사는 취득원가 ₩180,000의 신기계를 구입할지 여부를 고민하고 있다. 신기계의 내용연수는 3년이며 잔존가치는 없다. 신기계를 구입할 경우 기존기계를 처분할 예정인데 기존기계의 현재 처분가치와 장부가액은 각각 ₩20,000과 ₩60,000이며 내용연수가 종료되는 3년 후의 잔존가치는 없다. 신기계를 구입할 경우 기존기계에 비해 3년간 매년 순현금유출액 ₩100,000을 절약할 수 있다. 또한 신기계를 사용할 경우 재고자산 증가로 인해 운전자본이 ₩30,000만큼 증가하는데 신기계 사용기간이 끝나면 운전자본 소요액은 원래 수준으로 회복될 예정이다. D사는 정액법으로 감가상각하며, 법인세율은 40%이다. D사는 매년 충분한 이익을 실현하고 있다고 가정하라.

APPENDIX

물음 기존기계를 그대로 사용하는 대신 신기계로 대체할 경우 현금흐름증분액을 요약하라.

풀이

	20×1년 초	20×1년	20×2년	20×3년
신기계 취득금액	₩(180,000)			
구기계 처분가액	20,000			
구기계처분손실에 따른 법인세효과		16,000		
운전자본 증가액	(30,000)			
순현금유출 절약액		₩100,000	₩100,000	₩100,000
순현금유출 절약액 법인세효과		(40,000)	(40,000)	(40,000)
감가상각비 차이액 법인세효과		16,000	16,000	16,000
운전자본 감소액				30,000
현금흐름 계	₩(190,000)	₩92,000	₩76,000	₩106,000

구기계처분손실에 따른 법인세효과: ₩40,000(처분손실)×0.4=₩16,000

순현금유출 절약액 법인세효과: ₩100,000×0.4=₩40,000

감가상각비 차이액 법인세효과: ₩40,000(감가상각비 차이액)×0.4=₩16,000

자본의 기회원가와 화폐의 시간적 가치

자본의 기회원가

기업이 이용할 수 있는 자금은 한정되어 있다. 한정된 자금을 특정 투자안에 투자한다는 것은 다른 투자기회를 포기하는 것이므로 포기하는 투자안으로부터 얻을 수 있는 투자수익은 특정 투자안의 채택에 따른 기회원가가 된다.

예를 들어 현재 ₩1,000,000을 들여 1년 후에 ₩1,060,000을 벌 수 있는 투자안이 있다고 생각해 보자. 회계상 이익은 수익 ₩1,060,000에서 비용 ₩1,000,000를 차감한 ₩60,000이기 때문에 타산이 맞는 투자라고 생각할 수 있지만 계산에서 빠뜨린 것이 하나 있다. 현재의 투자자금 ₩1,000,000에 대한 기회원가이다. 만약 이 투자자금을 다른 투자대안 예컨대 은행의 정

기예금에 넣어둘 경우 연간 10%의 이자수익을 얻을 수 있다면 ₩100,000의 기회원가가 발생한다고 할 수 있다. 회계상으로 기록되지 않는 암묵적인 기회원가이지만 경제적 의사결정에서는 반드시 고려해야 하는 원가로서 이를 계산에 포함하면 ₩60,000의 이익이 아니라 ₩40,000만큼 손실인 셈이다. 즉, 1년 후의 현금유입액 1,060,000과 비교할 금액은 현재 소비하는 자금 ₩1,000,000이 아니라 기회원가 ₩100,000을 가산하여 1년 후 금액으로 환산한 ₩1,100,000(=₩1,000,000×1.1)이 된다. 이처럼 시점이 다른 현금흐름을 비교할 때에는 비교시점을 통일해야 하는데 그 과정에서 기회원가를 고려하게 된다. 의사결정의 실행기간이 길어 비교하는 현금흐름의 발생시기가 서로 다를 뿐만 아니라 시점 간 기간이 길 경우에는 기회원가를 더욱 중요해지므로 비교시점을 통일하는 절차가 필수적이다.

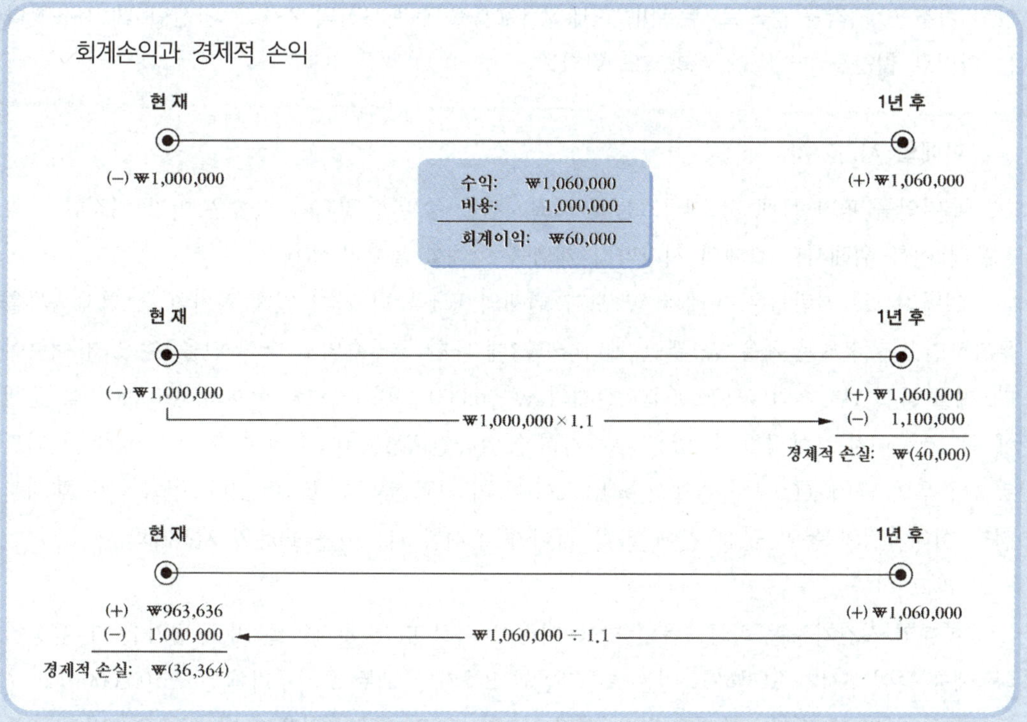

• APPENDIX

1년 후 시점으로 통일하여 현금흐름을 비교할 수 있지만 현재 시점으로 통일하여 비교할 수도 있다. 그림 4A-1에서 세 번째의 경우는 1년 후 현금유입액 ₩1,060,000을 현재시점을 환산한 금액이 ₩963,636임을 보여주고 있는데, 1년 후 ₩1,060,000을 얻기 위해 지금 지불할 수 있는 최대 금액은 기회원가를 고려했을 때 ₩963,636(=₩1,060,000 ÷ 1.1)이 된다는 의미이다.

자본의 기회원가를 흔히 자본비용이라 부른다. **자본비용**cost of capital은 유사한 위험을 가진 다른 투자안에 투자했을 때 얻을 수 있을 것으로 기대하는 투자수익률 또는 자본을 외부에서 조달할 때 지불해야 하는 비용을 의미한다. 자본비용은 부채를 통해 자금을 조달할 때 지불해야 하는 이자비용이나 주식을 발행하여 자금을 조달할 때 투자자들이 기대하는 투자수익률 등을 감안하여 결정할 수 있다. 투자안을 선택할 때 그 수익률이 자본의 기회원가나 조달비용 이상을 달성해야 한다는 의미로 자본비용을 **최저요구수익률**, 최저기대수익률 또는 투자안의 거부율, 기각률 등으로 부르며, 미래현금흐름을 현재시점의 가치로 환산할 때 사용한다는 의미로 **할인율**discount rate이라고도 한다.

화폐의 시간가치

투자안을 평가할 때 각 현금흐름의 비교시점을 통일할 필요가 있음은 이미 지적한 바와 같은데 이를 위해서는 화폐의 시간가치 개념을 이해할 필요가 있다.

일반적으로 사람들은 미래의 ₩1보다 현재의 ₩1을 더 가치 있게 평가한다. 현재 ₩1을 투자하면 1년 후에는 처음 ₩1뿐만 아니라 ₩1에 대한 투자수익도 함께 얻을 수 있기 때문이다. 예를 들어 1년 후의 ₩100,000과 현재의 ₩100,000을 비교할 때, 현재의 ₩100,000을 은행에 연 10% 이자로 예금할 수 있는 투자기회가 있다면 ₩100,000은 1년 후 ₩110,000이 되므로 1년 후의 ₩100,000보다 현재의 ₩100,000이 더 가치 있다고 할 수 있다. 이와 같이 현재시점과 미래시점의 동일 금액 간에 가치 차이가 존재할 때, 이를 **화폐의 시간가치**time value of money라고 한다.

화폐의 시간가치는 현금흐름의 발생 시점이 서로 다른 투자안을 비교 평가할 때 유용하다. 예를 들어, S사가 고려하고 있는 A투자안과 B투자안 모두 초기투자액은 ₩100,000이고, A투자안은 1차연도 말과 4차연도 말에 각각 ₩100,000의 현금유입액이 발생하는데 반해, B투

APPENDIX • 

자안은 2차연도 말과 3차연도 말에 각각 ₩100,000의 현금유입액이 발생한다고 하자. 양 투자안 모두 현금유입액의 단순 합은 ₩200,000으로 동일하지만 현금흐름의 발생시점이 서로 다르기 때문에 화폐의 시간적 가치를 고려하여 평가해야 한다. 즉, 각 투자안에서 발생하는 현금흐름을 모두 현재시점으로 계산하거나 미래의 특정시점을 기준으로 환산하여 어느 투자안이 바람직한가를 판단한다. 일반적으로는 미래현금흐름을 **현재가치**present value로 환산하여 투자안을 비교 평가하는 방식이 주로 사용된다. 현재가치와 미래가치future value는 각각 다음과 같은 관계를 가지고 있다.

formula

현재 1원의 n년 후 미래가치 = 1원 × (1 + 최저요구수익률)^n
n년 후 1원의 현재가치 = 1원 ÷ (1 + 최저요구수익률)^n

만약 S사의 최저요구수익률자본비용을 10%라고 가정하고 A, B투자안의 미래현금흐름을 현재가치로 환산하면 다음과 같다.

- **A투자안의 미래 현금흐름의 현재가치**
- $\frac{100,000}{(1+0.1)}+\frac{100,000}{(1+0.1)^4}=159,210$

- **B투자안의 미래 현금흐름의 현재가치**
- $\frac{100,000}{(1+0.1)^2}+\frac{100,000}{(1+0.1)^3}=157,776$

이와 같이 두 투자안의 미래 현금흐름을 현재시점으로 통일하여 환산하면 A투자안의 현금흐름이 B투자안에 비해 더 높은 현재가치를 갖는다는 것을 알 수 있다.

투자안 평가방법

투자안을 평가하는 방법에는 현금흐름의 시간적 가치를 고려하는 순현재가치법과 내부수익률법, 현금흐름을 일부 고려하되 시간적 가치를 고려하지 않는 회수기간법, 현금흐름과 시간적 가치 모두를 고려하지 않고 단지 회계이익에 기초해 투자안을 평가하는 회계이익률법이 있다.

순현재가치법

순현재가치법NPV: net present value method은 투자안과 관련된 총현금유입액의 현재가치에서 총현금유출액의 현재가치를 차감하여 순현재가치를 구하고, 그 순현재가치를 기준으로 투자안의 수익성을 분석하는 방법이다.

만약 $t(t=1, 2, \cdots, n)$시점의 순현금유입액을 CF_t, 최초투자액을 I_0, 최저요구수익률을 i라고 하고 현금유입이 매기말에 발생한다고 가정하면 순현재가치는 다음 산식으로 구할 수 있다.

formula

$$\text{순현재가치: } NPV = \sum_{t=1}^{n} \frac{CF_t}{(1+i)^t} - I_0$$

여기서 최초투자액에 포함되는 것은 설비 등의 취득원가, 운전자본의 증가액 등이며 구설비의 처분가치나 운전자본의 감소액 등은 차감한다. 매 기간의 순현금유입액은 새로운 투자안으로 인해 발생하는 수익 등의 현금유입액에서 비용 등의 현금유출액을 차감하여 구한다. 만약 신규투자로 인해 비용이 오히려 종전보다 절감되는 경우에는 현금유출의 절약액을 현금유입과 동일하게 처리한다. 투자종료 시점에는 설비의 처분가치나 순운전자본의 회수 등으로 인한 현금유입액도 같이 고려한다. 아울러 법인세가 존재하는 경우에는 세금에 의한 유출액이나 절세효과도 고려해야 한다.

APPENDIX • 

순현재가치가 양(+)의 값을 가진다면 이는 투자수익이 투자액의 기회원가를 초과하는 것을 의미하므로 일단 바람직한 투자안이라고 할 수 있다. 순현재가치가 양의 값을 가지는 다수의 투자안에서 하나를 선택해야 한다면 순현재가치가 가장 큰 투자안이 최적이 된다.

한편, 투자금액에 제한이 있는 상태에서 순현재가치가 양인 투자안이 여럿 있다면 이들 간에 투자액을 할당하는 기준이 필요하다. 이때 단순히 순현재가치의 크기를 비교하여 순위를 정하는 것보다 순현재가치를 최초투자금액으로 나눈 **순현재가치지수**net present value index를 구해 이 값이 큰 순서대로 투자액을 할당하는 것이 바람직하다. 순현재가치지수는 투자 ₩1이 창출할 수 있는 순현재가치의 크기를 보여주는 지표로서 투자액을 고려한 순현재가치개념이라고 할 수 있다.

formula

$$\text{순현재가치지수: } \frac{NPV}{I_0} = \frac{\sum_{t=1}^{n} \frac{CF_t}{(1+i)^t} - I_0}{I_0}$$

EXAMPLE 4A-2

예제 4A-1에서 제시한 자료를 이용하되 20×1년 초의 현금흐름을 제외한 각 년도의 현금흐름은 모두 연말에 이루어진 것으로 가정하라. 최저요구수익률은 8%이다.

물음 1 신기계 투자안의 순현재가치를 구하고 투자안 채택 여부를 평가하라.
물음 2 순현재가치지수는 얼마인가?

풀이

1. 순현재가치 = 순현금유입액의 현재가치 − 최초투자액

$$= \frac{92,000}{1.08} + \frac{76,000}{1.08^2} + \frac{106,000}{1.08^3} - 190,000$$

$$= ₩41,194$$

• APPENDIX

순현재가치가 양의 값을 가지므로 신기계에 투자하는 것이 바람직하다.

2. 순현재가치지수$=\frac{41,194}{190,000}=21.7\%$

EXAMPLE 4A-3

S사는 중복투자가 가능한 다음 세 가지 투자안을 검토하고 있다. 투자가능한 금액은 ₩300,000이다. 투자기간이 종료한 후 자산에 대한 잔존가치는 없다.

	A	B	C
초기투자액	₩100,000	₩200,000	₩300,000
투자기간	3	3	3
매기간말 순현금유입액	₩50,000	₩95,000	₩140,000

단, 최저요구수익률은 8%이다.

물음 1 각 투자안의 순현재가치를 기준으로 최적 투자안을 선택하라. 단, 투자가능금액 범위 내에서 중복투자가 가능하다.

물음 2 각 투자안의 순현재가치지수를 기준으로 최적 투자안을 선택하라. 단, 투자가능금액 범위 내에서 중복투자가 가능하다.

풀이 1. 각 투자안의 순현재가치를 구하면 다음과 같다.

	A	B	C
초기투자액	₩100,000	₩200,000	₩300,000
순현재가치	28,855	44,824	60,794
우선순위	3	2	1

순현재가치에 의하면 투자가능금액 전액을 투자안 C에 투자하는 것이 최적이며, 이때 순현재가치는 ₩60,794이 된다.

2. 각 투자안의 순현재가치지수를 구하면 다음과 같다.

	A	B	C
초기투자액	₩100,000	₩200,000	₩300,000
순현재가치	28,855	44,824	60,794
순현재가치지수	0.29	0.22	0.20
우선순위	1	2	3

순현재가치지수에 의하면 투자가능금액을 투자안 A와 투자안 B에 투자하는 것이 최적이며, 이때 순현재가치는 ₩73,679이 된다.

내부수익률법

현재 ₩100,000을 투자하여 1년 후에 ₩120,000의 현금이 창출되는 투자안이 있다면 이 투자안의 수익률이 20%라는 것은 쉽게 알 수 있다. 같은 논리로 투자기간 중 순현금유입액과 최초투자액을 동시에 고려하면 투자안의 수익률을 구할 수 있는데 이를 투자안의 내부수익률이라고 한다.

내부수익률IRR: internal rate of return은 투자기간 중 순현금유입액의 현재가치와 최초투자액을 일치시키는 수익률로 투자안의 모든 현금흐름을 고려한 투자수익률이라고 할 수 있다. $t(t=1, 2, \cdots, n)$시점의 순현금유입액을 CF_t, 최초투자액을 I_0이라 할 때 내부수익률은 다음을 만족시키는 x값이 된다.

formula

$$\sum_{t=1}^{n}\frac{CF_t}{(1+x)^t}-I_0=0$$

APPENDIX

예를 들어 현재 ₩200,000을 투자하여 1년 말에 ₩110,000, 2년 말에 ₩121,000의 현금이 창출되는 투자안이 있다면 이의 내부수익률은 10% 라고 할 수 있다. 즉, 내부수익률을 x라 할 때 다음의 방정식을 만족하는 x값이 내부수익률이 된다.

$$\frac{110,000}{(1+x)}+\frac{121,000}{(1+x)^2}=200,000 \qquad x=10\%$$

내부수익률법에 의하면 최저요구수익률을 초과하는 내부수익률을 갖는 투자안 중 가장 높은 내부수익률을 가진 투자안이 가장 바람직한 투자안이다.

내부수익률법과 순현재가치법은 서로 밀접하게 관련되어 있다. 내부수익률이 최저요구수익률을 초과하는 투자안의 순현재가치는 양의 값을 가진다. 단일 투자안에 대한 채택 여부를 결정할 때 순현재가치법과 내부수익률법은 일반적으로 동일한 평가결과를 낳는다.■ 이러한 관계는 표 4A-1에서 확인할 수 있다.

■ 여러 투자안을 비교 평가하는 경우 순현재가치법에 의한 평가순위와 내부수익률법의 평가순위가 다른 예외적인 경우도 있으나 여기서는 다루지 않는다. 자세한 내용은 재무관리 교재를 참고하기 바란다.

표 4A-1 순현재가치법과 내부수익률

순현재가치법	내부수익률법	의사결정
NPV>0	내부수익률>최저요구수익률	투자안 채택
NPV=0	내부수익률=최저요구수익률	–
NPV<0	내부수익률<최저요구수익률	투자안 기각

EXAMPLE 4A-4

예제 4A-1에서 제시한 자료를 이용하라. 단, 최저요구수익률은 8%이다.

물음 신기계 투자안의 내부수익률을 구하고 투자안 채택 여부를 평가하라.

풀이 다음을 만족하는 x가 내부수익률이 된다.

APPENDIX •

순현금유입액의 현재가치=최초투자액

$$\frac{92,000}{(1+x)}+\frac{76,000}{(1+x)^2}+\frac{106,000}{(1+x)^3}=190,000$$

$x=0.2026$ ■

내부수익률 20.26%가 최저요구수익률 8%를 초과하므로 신기계 투자안을 선택하는 것이 바람직하다.

■ 여기서 내부수익률 x를 구하기 위해서는 3차방정식의 해를 구해야 한다. 만약 투자기간이 더 장기간일 때에는 방정식의 해를 수작업으로 구하는 것은 불가능하므로 재무용 계산기나 컴퓨터를 이용해야 한다. 중요한 것은 내부수익률을 구하는 산식이 어떻게 수립되는가를 이해하는 것이다.

엑셀을 이용한 순현재가치와 내부수익률

EXAMPLE 4A-5

S사는 1MW급 태양광 발전시설에 대한 투자를 고려하고 있다. 이 투자안을 평가하기 위한 자료를 수집한 내용과 가정이 다음과 같을 때 투자안의 순현재가치와 내부수익률을 구하라. ■

■ 한국환경연구원 이창훈 원장 제공

- 초기시설투자비는 2017년 기준 시설용량 1MW당 1,600백만 원이다.
- 발전시설의 내용연수는 25년이며, 내용연수 종료 후 잔존가치는 없다.
- 발전시설의 연간 운영유지비용은 초기투자비의 1.5%인 24백만 원으로 추정된다.
- 연간발전량은 1357.8MWh(=1MW×365×24×0.155)로 태양광시설 일간 이용률 15.5%을 가정하여 구한 값이다.
- kWh당 판매단가는 180원으로 전력 도매가격과 재생에너지인증서 가격을 합한 금액이다.
- 최저요구수익률(할인율)은 4.5%로 정부의 예비타당성조사지침에 의한 수치이다.
- 시설투자는 첫해 초에 이루어지며 기타 현금흐름은 매년 말에 발생한다고 가정한다.
- 세금과 물가상승은 없다고 가정한다.

풀이

본 예에서 태양광시설 투자안의 경제적 타당성을 분석하기 위한 첫 단계는 현금흐름을 파악하는 것이다. 매년 순현금흐름은 판매수익 244.4백만원(=1,357,800KWh×₩180)에서 운영유지비용 24백만 원을 차감한 220.4백만 원이 되며 초기투자액은 1,600백만 원이다. 따라서 내용연수 25년간 순현금흐름의 현재가치, 즉 NPV를 구하는 식은 다음과 같으며 계산결과는 그 값은 1,688백만 원

APPENDIX

이 된다.

$$\sum_{i=1}^{25} \frac{220.4}{(1+0.045)^i} - 1{,}600$$

한편 내부수익률, IRR은 다음 식을 만족하는 r이 되며 그 값은 13.14%가 된다.

$$\sum_{i=1}^{25} \frac{220.4}{(1+r)^i} - 1{,}600 = 0$$

위의 식에 대한 계산값은 현가표나 단순계산기로는 구하기는 어렵지만 엑셀Excel에서 제공하고 있는 재무함수를 이용하면 아주 쉽게 구할 수 있다. 엑셀을 이용하면 현금흐름 발생시점과 발생액이 다르더라도 순현재가치와 내부수익률을 쉽게 구할 수 있는 장점이 있다.

엑셀을 이용한 NPV, IRR 계산

C10 | =XNPV(0.045,B8:AA8,B1:AA1)

	A	B	C	D	E	F	G–X	Y	Z	AA
1	연도	17-1-1	17-12-31	18-12-31	19-12-31	20-12-31	# # # # # # # # # # # # # # # # # #	39-12-31	40-12-31	41-12-31
2	초기투자비용	- 1,600								
3	현금유입액									
4	연간전기판매수익		244.4	244.4	244.4	244.4	# # # # # # # # # # # # # # # # # #	244.4	244.4	244.4
5	현금유출액									
6	연간운영유지비용		24	24	24	24	# # # # # # # # # # # # # # # # # #	24	24	24
7										
8	현금흐름	-1,600.0	220.4	220.4	220.4	220.4	# # # # # # # # # # # # # # # # # #	220.4	220.4	220.4
9										
10		NPV:	1,668							
11		IRR:	13.14%							
12										

참고로 엑셀에서 제공하는 투자안 분석을 위한 재무함수 몇 개를 소개하면 다음과 같다.

NPV(할인율, 현금흐름 셀구간): 특정할인율에 대해 매 기간 말 발생하는 각 현금흐름의 현재가치 합를 계산해 준다.

XNPV(할인율, 현금흐름 셀구간, 현금흐름 발생시점 셀구간): 특정할인율에 대해 각 현금흐름액과 현금흐름 발생시점을 고려하여 현재가치 합을 계산해 준다.

IRR(현금흐름 셀구간): 현금흐름이 매 기간 말 발생한다고 했을 때 각 현금흐름의 현재가치 합을 0이 되게 하는 할인율을 계산해 준다.

XIRR(현금흐름 셀구간, 현금흐름 발생시점 셀구간): 현금흐름액과 현금흐름 발생시점을 고려했을 때 각 현금흐름의 현재가치 합을 0이 되게 하는 할인율을 계산해 준다.

본 예의 경우에는 초기 투자는 기초에, 매년 현금흐름은 기말에 발생하므로 발생시점을 고려한 함수를 사용하는 것이 적절하다. 따라서 순현재가치는 XNPV, 내부수익률은 XIRR을 이용하였으며 그 결과는 위 그림에서 제시한 바와 같다.

회계이익률법과 회수기간법

회계이익률법ARR: accounting rate of return method은 회계이익률을 기준으로 투자안의 수익성을 분석하는 방법이다. 둘 이상의 투자안이 있는 경우에는 회계이익률이 가장 높은 투자안을 선택하고, 단일 투자안일 경우에는 회사가 설정한 최저이익률을 초과하는 경우에 그 투자안을 선택한다.

회계이익률은 투자기간 중 재무회계상 영업이익의 평균액을 투자액으로 나누어 계산한다. 투자액은 평균투자액 또는 최초투자액을 모두 사용할 수 있으며 평균투자액은 최초투자액과 투자기간 종료후 잔존가치를 평균하여 계산한다. 만약 구설비의 매각가치가 있는 경우에는 최초투자액에서 차감한다.

formula

$$회계이익률 = \frac{연평균\ 영업이익}{최초(평균)투자액}$$

회계이익률법은 경영자에게 익숙한 회계이익을 이용하기 때문에 이해가 쉽다는 장점이 있지만, 투자안 분석의 핵심인 현금 흐름을 이용하지 않으며 화폐의 시간가치를 고려하지 않는다는 단점이 있다. 특히, 투자안을 선택하거나 투자를 담당하는 책임단위의 성과를 평가할 때 회계이익률법을 사용하면 기업의 목표에 반하는 의사결정을 하는 **목표불일치성**goal incongruence이 초래될 수도 있다.

회수기간법payback period method은 투자로부터 발생하는 순현금유입액이 최초투자액과 같아지는 데 소요되는 기간회수기간을 기준으로 투자안을 평가하는 방법이다. 여러 투자안이 있을 때는 회수기간이 빠른 순서대로 투자 우선순위를 결정하고, 투자안이 하나일 때는 회사가 설정한 목표 회수기간과 비교하여 결정한다. 회수기간법은 계산이 간편하고, 이해하기 쉬우며, 투자안의 불확실성을 감안하여 투자액을 최대한 빨리 회수하는 데 초점을 둔 분석방법이다. 투자안의 위험도가 높고 미래 현금흐름이 불확실한 경우 고려할 수 있는 방법이지만, 최초투자액 회수 이후의 현금흐름과 화폐의 시간가치를 무시한다는 단점이 있다.

투자안 평가방법의 비교

자본예산에서 투자안 평가방법 간의 중요한 차이점은 **화폐의 시간가치**를 고려하는가 여부이다. 순현재가치법과 내부수익률법은 현금흐름의 시간가치를 고려하여 투자안의 수익성을 분석하지만, 회계이익률법과 회수기간법은 화폐의 시간가치를 고려하지 않는다. 또한, 회수기간법은 전체 투자기간이 아니라 투자액을 회수하는 기간의 현금흐름만을 고려하므로 투자안의 전체 기간에 대한 현금흐름을 무시한다.

순현재가치법과 내부수익률법은 모두 화폐의 시간가치를 고려하지만, 순현재가치법은 내부수익률과 비교하여 다음과 같은 장점을 갖고 있다.

APPENDIX • 

첫째, 순현재가치법은 현금유입에 관한 불확실성을 분석에 반영할 수 있다. 예를 들어 투자회수시점이 멀어질수록 투자초기보다 현금유입의 실현가능성이 불확실하다. 이 경우 투자안을 평가하는 최저요구수익률에 차등을 두어 회수시점이 멀어질수록 최저요구수익률을 상향조정하여 분석할 수 있다. 이처럼 순현재가치법은 하나의 투자안을 분석할 때 최저요구수익률을 기간별로 차등 적용할 수 있지만 내부수익률의 경우에는 이러한 조정이 불가능하다.

둘째, 내부수익률은 투자안의 현금유입액을 내부수익률로 재투자할 수 있다고 가정하지만 순현재가치법은 기업의 최저요구수익률로 재투자한다고 가정한다. 따라서 재투자수익률에 있어 순현재가치법의 가정이 더 보수적이다. 이 밖에도 순현재가치법이 상대적으로 계산이 간단하며, 수익률이 아닌 총액으로 수익성을 보여주기 때문에 직관적으로 이해가 수월하다는 장점이 있다.

"제조업 해외 아웃소싱은 혁신 포기하자는 것"

미국 하버드대 경영대학원 교수인 개리 피사노와 윌리 시는 2009년 미국 제조업 쇠퇴가 글로벌 아웃소싱으로 인한 '산업공유지'의 황폐화에서 비롯됨을 밝히고 제조업 부흥을 위해 국가와 기업, 학계가 할 일을 제시하는 논문을 발표했다. 두 교수가 논문을 보완하고 대중적으로 풀어쓴 책이 미국에서 2012년 발간된 《왜 제조업 르네상스인가》다.

저자들은 제조업이 쇠퇴해도 서비스와 다른 지식기반 부문의 격차로 인해 선진국 경제가 계속 번영하고 성장할 수 있다는 가설은 틀렸다고 단언한다. 미국 기업가들과 정책담당자들이 이 가설을 믿고 따른 결과가 제조업 공동화, 낮은 생산성 증가율과 고용률, 임금 상승 정체라는 것을 다양한 통계와 사례를 들어 설명한다.

저자들은 무엇보다 혁신에 필요한 제조 과정을 해외에서 아웃소싱하는 기업들의 결정과 제조업 역량을 심화할 수 있는 기초 및 응용 연구에 대한 투자 가치를 무시하는 정책의 결합이 미국의 산업공유지를 약화시키는 결과를 초래했다고 주장한다. 이 책에서 가장 핵심적 개념인 산업공유지(industrial commons)는 기업과 대학, 기타 연구소에 내재된 연구개발, 제조 인프라와 노하우, 공정개발 기술, 엔지니어링 역량이 어우러져 혁신을 만들어내는 요람이다.

저자들이 제조업 부흥을 부르짖는 것은 '일자리 구하기' 차원이 아니다. 한 국가가 제조 역량을 잃으면 혁신 역량을 잃는다고 보기 때문이다. 이들은 정부에 제조업을 위한 일관된 국가 경제 전략을 개발하라고 요구한다. 다만 보호무역주의나 특정 산업에 대한 표적 지원 같은 전략은 강력하게 거부한다. 대신 기초 및 응용과학 연구를 통한 광범위한 역량 구축, 제조업에 필요한 인적 자본의 투자에 초점을 맞춰야 한다고 주장한다.

저자들은 오직 미국의 관점에서 이 책을 썼다. 하지만 제조업에 대한 질문은 미국에만 국한되지 않는다. 문재인 정부도 "제조업이 살아야 우리 경제가 산다"며 한국판 제조업 르네상스를 추진하고 있다. 제조업이 국가경쟁력과 직결돼 있음을 명쾌하게 서술하는 이 책이 한국에서도 유효한 이유다.

한국경제 2019. 4. 25. ◀

생각해 봅시다

1. 아웃소싱의 활용과 관련해서 삼성전자와 애플은 상당히 다른 전략을 취해왔다. 경영자는 아웃소싱

이 효과적일 상황과 그렇지 않은 상황을 어떻게 구별할 수 있을까?

2. 코로나-19와 우크라이나 전쟁 등으로 인해 전 세계 공급망에 대한 재평가가 이루어지는 상황에서 아웃소싱 전략은 어떻게 바뀌어야 할까?

의사결정을 위한 원가분석

01 개념과 용어 빈칸을 채우시오.

- 대안 간 재무적 효과를 비교할 때 대안 간에 차이가 없는 것이 분명하다면 굳이 그 정보를 구할 필요가 없다는 점에서 ______ incremental approach(은)는 총액접근법에 비해 상대적으로 효율적인 방법이라고 할 수 있다.
- 선택가능한 대안 간에 차이가 있는 미래원가로서 의사결정에 영향을 미치는 원가를 ______ relevant cost(이)라고 한다.
- 일회성 특별주문에 대한 의사결정에서는 기업 내에 유휴생산능력이 있는가 여부가 중요하다. 만약 유휴생산능력이 없는 상황에서 이 주문을 받아들이면 정규매출의 포기에 따른 이익의 감소라는 ______ opportunity cost(이)가 발생한다는 점을 반드시 고려해야 한다.
- 설비교체 의사결정에서 기존설비의 취득원가나 현재 장부가액은 과거에 발생한 원가, 즉 ______ sunk cost(으)로서 의사결정에 영향을 미치지 못하는 비관련원가라고 할 수 있다. 같은 맥락에서 기존설비를 처분할 때 발생하는 유형자산처분손익 역시 의사결정에 영향을 주지 말아야 한다.
- 희소자원이 하나일 경우에는 자원단위당 ______ contribution margin 또는 증분이익이 높은 순서로 자원을 배분하면 되지만 희소자원이 두 개 이상인 경우에는 이를 적용하기 어려우므로 선형계획법의 일반적인 해법인 심플렉스법을 이용해야 한다.

02 기회원가 다음은 기회원가에 대한 설명이다. 옳지 않은 것은?

① 특정의사결정에 따른 기회원가는 그 의사결정으로 잃게 되는 이익 즉, 암묵적 기회원가뿐만 아니라 명시적으로 지출하는 원가도 포함한다.

② 사용처가 없어 타기업에 임대해주고 연임대료 ₩200,000을 받고 있는 취득원가 ₩1,000,000, 연 감가상각비 ₩50,000인 설비를 1년간 새로운 부품 생산에 투입하기로 하였을 때 설비사용에 따른 기회원가는 ₩200,000이다.

③ 주력 제품 생산에 사용하고 있는 원재료를 신제품 생산에 투입하였는데 이 원재료의 취득원가는 ₩120,000이며 현재 동일한 원재료의 구입가격은 ₩150,000이다. 신제품 생산에 투입한 원재료의 기회원가는 ₩120,000이다.

④ 폐기처분할 예정이었던 취득원가 ₩10,000의 원재료를 가공원가 ₩5,000 들여 부품생산에 활용할 수 있게 되었을 때 원재료 사용에 따른 기회원가는 ₩5,000이다.

03 관련원가 다음은 관련원가에 대한 일반적인 설명이다. 적절하지 않은 것은?

① 설비교체에 있어 기존설비의 처분가액은 관련원가이다.

② 특별주문 의사결정에서 기회원가가 존재한다면 이는 관련원가이다.

③ 설비교체에 있어 매몰원가는 관련원가가 아니다.

④ 제품라인 폐지 의사결정에서 회피가능원가는 관련원가이다.

⑤ 변동원가는 관련원가이지만 고정원가는 관련원가가 아니다.

04 부록: 자본예산 회사는 투자안을 검토하고 있다. 투자안의 현금흐름을 자본비용으로 할인한 결과 순현재가치가 ₩0보다 클 때 다음 설명 중 바른 것은?

① 회사는 투자로 인하여 순현재가치만큼 회계이익을 얻을 것이다.

② 내부수익률은 자본비용최소요구 수익률을 초과한다.

③ 사용된 할인율은 그 회사의 자본비용이 아니다.

④ 이 투자안보다 다른 투자안에 투자하는 것이 더 바람직하다.

05 일회성 특별주문 (주)감평은 단일제품 8,000단위를 생산 및 판매하고 있다. 제품의 단위당 판매가격은 ₩500, 단위당 변동원가는 ₩300이다. (주)감평은 (주)한국으로부터 단위당 ₩450에 1,500단위의 특별주문을 받았다. 이 특별주문을 수락하는 경우, 별도의 포장 작업이 추가로 필요하여 단위당 변동원가가 ₩20 증가하게 된다. (주)감평의 연간 최대생산능력이 9,000단위라면, 이 특별주문을 수락하는 경우, 증분손익은? … 감평사 2019

① 손실 ₩105,000 ② 손실 ₩75,000 ③ 손실 ₩55,000

④ 이익 ₩95,000 ⑤ 이익 ₩195,000

06 일회성 특별주문 (주)세무는 20×1년에 오토바이를 생산 · 판매하고 있다. 오토바이 1대당 판매가격은 ₩200이며, 단위당 제조원가 내역은 다음과 같다. … 세무사 2020

직접재료원가	₩86
직접노무원가	45
변동제조간접원가	9
고정제조간접원가	42
단위당 제조원가	₩182

(주)세무는 경찰청으로부터 순찰용 오토바이 100대를 1대당 ₩180에 공급해 달라는 특별주문을 받았

다. 특별주문에 대해서는 오토바이를 순찰용으로 변경하기 위해 네비게이션을 장착하는데 1대당 ₩10의 원가가 추가적으로 발생한다. 또한 경찰청 로고 제작을 위해 디자인 스튜디오에 ₩1,200을 지급해야 한다. 현재 (주)세무의 생산능력은 최대생산능력에 근접해 있으므로 특별주문을 수락하면 기존 오토바이 10대의 생산을 포기해야 한다. (주)세무가 경찰청의 특별주문을 수락할 때, 증분이익은?

① ₩0 ② 증분이익 ₩800 ③ 증분이익 ₩1,000
④ 증분이익 ₩1,200 ⑤ 증분이익 ₩1,400

세무사 2018 수정 ··· **07** **일회성 특별주문** (주)세무는 20×1년에 제품 A를 5,000단위 생산하여 전량 국내시장에 판매할 계획이다. 제품 A의 단위당 판매가격은 ₩10,000, 단위당 변동제조원가는 ₩7,000, 단위당 변동판매관리비는 ₩1,000이다. (주)세무는 20×1년 초에 해외 거래처로부터 제품 A 3,000단위를 단위당 ₩8,000에 구입하겠다는 특별주문을 받았다. 해외 거래처의 주문을 수락하기 위해서는 제품 A 1단위당 부품 B단위당 외부구입가격: ₩500 1단위를 추가로 투입해야 하고, 20×1년도 국내시장 판매량을 350단위 감소시켜야 한다. 특별주문과 관련된 판매관리비는 일반판매와는 달리 주문수량에 관계없이 ₩300,000 발생한다. (주)세무가 특별주문을 수락할 경우, 20×1년도 예산이익의 증가또는 감소 금액은? 단, 특별주문은 전량 수락하든지 기각해야 한다.

① ₩300,000 증가 ② ₩420,000 증가 ③ ₩500,000 증가
④ ₩550,000 감소 ⑤ ₩800,000 감소

감평사 2020 ··· **08** **자가제조 대 외부구입** 레저용 요트를 전문적으로 생산 · 판매하고 있는 (주)감평은 매년 해당 요트의 주요 부품인 자동제어센서 2,000단위를 자가제조하고 있으며, 관련 원가자료는 다음과 같다.

구분	총원가	단위당 원가
직접재료원가	₩700,000	₩350
직접노무원가	500,000	250
변동제조간접원가	300,000	150
고정제조간접원가	800,000	400
합계	₩2,300,000	₩1,150

(주)감평은 최근 외부업체로부터 자동제어센서 2,000단위 전량을 단위당 ₩900에 공급하겠다는 제안을 받았다. (주)감평이 동 제안을 수락할 경우, 기존설비를 임대하여 연간 ₩200,000의 수익을 창출할 수 있으며, 고정제조간접원가의 20%를 회피할 수 있다. (주)감평이 외부업체로부터 해당 부품을 공급받을 경우, 연간 영업이익에 미치는 영향은?

① ₩0 ② ₩60,000 감소 ③ ₩60,000 증가
④ ₩140,000 감소 ⑤ ₩140,000 증가

09 **자가제조 대 외부구입** 선풍기 제조회사인 (주)국세는 소형모터를 자가제조하고 있다. 소형모터 8,000개를 자가제조하는 경우, 단위당 원가는 다음과 같다. … 세무사 2011

직접재료원가	₩7
직접노무원가	3
변동제조간접원가	2
특수기계 감가상각비	2
공통제조간접원가 배부액	5
제품원가	₩19

(주)한국이 (주)국세에게 소형모터 8,000개를 단위당 ₩18에 공급할 것을 제안하였다. (주)국세가 (주)한국의 공급제안을 수용하는 경우, 소형모터 제작을 위해 사용하던 특수기계는 다른 용도로 사용 및 처분이 불가능하며, 소형모터에 배부된 공통제조간접원가의 40%를 절감할 수 있다. (주)국세가 (주)한국의 공급제안을 수용한다면, 자가제조하는 것보다 얼마나 유리 또는 불리한가?

① ₩24,000 불리 ② ₩32,000 불리 ③ ₩24,000 유리
④ ₩32,000 유리 ⑤ 차이 없음

10 **자가제조 대 외부구입** (주)대한은 제품에 사용되는 부품 A를 자가제조하고 있으나, 외부 공급업체로부터 부품 A와 동일한 제품을 구입하는 방안을 검토 중이다. ㈜대한의 회계팀은 아래의 자료를 경영진에게 제출하였다. … 회계사 2021

구분	총원가
직접재료원가	₩38
직접노무원가	35
변동제조간접원가	20
감독관 급여	40
부품 A 전용제조장비 감가상각비	39
공통관리비의 배분	41

- 매년 10,000개의 부품 A를 생산하여 모두 사용하고 있다.
- 만일 외부에서 부품 A를 구입한다면 감독관 급여는 회피가능하다.
- 부품 A 전용제조장비는 다른 용도로 사용하거나 외부 매각이 불가능하다.
- 공통관리비는 회사 전체의 비용이므로 외부 구입 여부와 관계없이 회피가 불가능하다.
- 만일 부품 A를 외부에서 구입한다면, 제조에 사용되던 공장부지는 다른 제품의 생산을 위해서 사용될 예정이며, 연간 ₩240,000의 공헌이익을 추가로 발생시킨다.

(주)대한의 경영진은 부품 A를 자가제조하는 것이 외부에서 구입하는 것과 영업이익에 미치는 영향이 무차별하다는 결론에 도달하였다. 이 경우 외부 공급업체가 제시한 부품 A의 1단위당 금액은 얼마인가?

① ₩93 ② ₩117 ③ ₩133
④ ₩157 ⑤ ₩196

11 **제품의 제거** S사는 세 종류의 제품을 생산 · 판매하고 있다. 세 종류의 제품라인 중 한 제품라인에서 ₩20,000의 적자를 기록하고 있다. 그 내용은 매출액 ₩150,000, 변동원가 ₩100,000, 고정원가 배분액 ₩70,000이다. 회사는 적자를 기록하고 있는 제품라인을 폐쇄하려고 한다. 생산라인의 폐쇄 결과 S사의 순이익은 어떻게 될 것인가?

① ₩50,000 감소 ② ₩20,000 증가 ③ ₩30,000 감소
④ ₩30,000 증가 ⑤ ₩10,000 증가

감평사 2017 … **12** **제품의 제거** (주)대한은 X, Y, Z 제품을 생산 · 판매하고 있으며, 20×1년도 제품별 예산손익계산서는 다음과 같다.

구분		X 제품	Y 제품	Z 제품
매출액		₩100,000	₩200,000	₩150,000
매출원가:	변동원가	40,000	80,000	60,000
	고정원가	30,000	70,000	50,000
매출총이익		₩30,000	₩50,000	₩40,000
판매관리비:	변동원가	20,000	10,000	10,000
	고정원가	20,000	20,000	20,000
영업이익(손실)		(₩10,000)	₩20,000	₩10,000

(주)대한의 경영자는 영업손실을 초래하고 있는 X 제품의 생산을 중단하려고 한다. X 제품의 생산을 중단하면, X 제품의 변동원가를 절감하고, 매출원가에 포함된 고정원가의 40%와 판매관리비에 포함된 고정원가의 60%를 회피할 수 있다. 또한, 생산중단에 따른 여유생산능력을 임대하여 ₩10,000의 임대수익을 얻을 수 있다. X 제품의 생산을 중단할 경우, 20×1년도 회사 전체의 예산영업이익은 얼마나 증가또는 감소하는가? 단, 기초 및 기말 재고자산은 없다.

① ₩4,000 감소 ② ₩5,000 증가 ③ ₩6,000 감소
④ ₩7,000 증가 ⑤ ₩8,000 증가

감평사 2021 … **13** **부문의 제거** (주)감평은 제품라인 A, B, C부문을 유지하고 있다. 20×1년 각 부문별 손익계산서는 다음과 같다.

	A	B	C부문	합계
매출액	₩200,000	₩300,000	₩500,000	₩1,000,000
변동원가	100,000	200,000	220,000	520,000
공헌이익	100,000	100,000	280,000	480,000
고정원가				
급여	30,000	50,000	80,000	160,000
광고선전비	10,000	60,000	70,000	140,000
기타 배부액	20,000	30,000	50,000	100,000
영업손익	₩40,000	(₩40,000)	₩80,000	₩80,000

(주)감평의 경영자는 B부문의 폐쇄를 결정하기 위하여 각 부문에 관한 자료를 수집한 결과 다음과 같이 나타났다.

- 급여는 회피불능원가이다.
- 광고선전은 각 부문별로 이루어지기 때문에 B부문을 폐쇄할 경우 B부문의 광고선전비는 더 이상 발생하지 않는다.
- 기타 배부액 100,000은 각 부문의 매출액에 비례하여 배부한 원가이다.
- B부문을 폐쇄할 경우 C부문의 매출액이 20% 감소한다.

(주)감평이 B부문을 폐쇄할 경우 (주)감평 전체 이익의 감소액은? (단, 재고자산은 없다.)

① ₩36,000 ② ₩46,000 ③ ₩66,000
④ ₩86,000 ⑤ ₩96,000

14 기존설비의 교체 (주)민성은 자신들이 가지고 있는 구형기계를 새로운 기계로 대체하고자 한다. 새로운 기계의 가격은 ₩90,000이며 내용연수는 5년, 잔존가치는 없는 것으로 추정된다. 신기계와 관련된 변동운전원가는 매년 ₩100,000씩 발생할 것으로 예상된다. 구형기계의 장부가치는 ₩50,000이며 잔여 내용연수는 5년이다. 구형기계의 현시점에서의 처분가치는 ₩5,000이며 내용연수가 끝나는 시점에서는 ₩0일 것이다. 구형기계와 관련하여 발생하는 변동운전원가는 ₩125,000이다. 현재가치 등을 무시했을 경우, 전체적으로 5년 동안 구형기계를 계속해서 보유하는 것과 비교했을 때 신기계를 구입하는 경우 기업의 이익은 어떻게 변하는가? … 감평사 1999

① ₩10,000 증가 ② ₩15,000 감소 ③ ₩35,000 증가
④ ₩40,000 증가 ⑤ ₩30,000 감소

15 희소자원의 효율적 활용 (주)감평은 세 종류의 제품 A, B, C를 독점 생산 및 판매하고 있다. 제품생산을 위해 사용되는 공통설비의 연간 사용시간은 총 40,000시간으로 제한되어 있다. 20×1년도 예상 자료는 다음과 같다. 다음 설명 중 옳은 것은? … 감평사 2018

구분	제품 A	제품 B	제품 C
단위당 판매가격	₩500	₩750	₩1,000
단위당 변동원가	₩150	₩300	₩600
단위당 공통설비사용시간	5시간	10시간	8시간
연간 최대 시장수요량	2,000단위	3,000단위	2,000단위

① 제품단위당 공헌이익이 가장 작은 제품은 C이다.

② 공헌이익을 최대화하기 위해 생산할 제품 C의 설비 사용시간은 12,000시간이다.

③ 공헌이익을 최대화하기 위해 생산할 총제품수량은 5,000단위이다.

④ 공헌이익을 최대화하기 위해서는 제품 C, 제품 B, 제품 A의 순서로 생산한 후 판매해야 한다.

⑤ 획득할 수 있는 최대공헌이익은 ₩2,130,000이다.

세무사 2018 ···

16 **희소자원의 효율적 활용** (주)세무는 제약자원인 특수기계를 이용하여 제품 A, 제품 B, 제품 C를 생산 · 판매한다. 제품의 생산 · 판매와 관련된 자료는 다음과 같다.

구분	제품 A	제품 B	제품 C
단위당 판매가격	₩50	₩60	₩120
단위당 변동원가	₩20	₩36	₩60
단위당 특수기계 이용시간	2시간	1시간	3시간

특수기계의 최대이용가능시간이 9,000시간이고, 제품 A, B, C의 시장수요가 각각 1,000단위, 3,000단위, 2,000단위일 때, (주)세무가 달성할 수 있는 최대공헌이익은?

① ₩181,250 ② ₩192,000 ③ ₩196,250

④ ₩200,000 ⑤ ₩211,250

회계사 2002 ···

17 **희소자원의 효율적 활용** (주)한국은 판매가격과 단위당 변동원가가 각각 ₩500과 ₩300인 A 제품과 ₩1,000과 ₩600인 B 제품을 생산 · 판매하고 있다. 월간 고정비는 ₩5,000원이 발생하며 제조에 관한 자료는 다음과 같다.

월간사용가능 기계시간	제품단위당 사용기계시간		월간사용가능 원재료	제품단위당 사용원재료	
	A 제품	B 제품		A 제품	B 제품
120기계시간	2	6	220단위	6	4

최적의 제품생산배합에 의해 얻을 수 있는 최대의 월간 영업이익은 얼마인가?

① ₩2,333 ② ₩3,000 ③ ₩5,000

④ ₩7,333 ⑤ ₩10,000

18 **부록: 자본예산** (주)국세는 올해 초에 신제품 생산을 위한 전용기계 도입 여부를 순현재가치법으로 결정하려고 한다. 신제품의 판매가격은 단위당 ₩500이며, 생산 및 판매와 관련된 단위당 변동비는 ₩300, 그리고 현금유출을 수반하는 고정비를 매년 ₩600,000으로 예상한다. 전용기계의 구입가격은 ₩1,000,000이고, 정액법으로 감가상각한다내용연수 5년, 잔존가치 없음. 할인율은 10%이며 법인세율이 40%이고, 매출액, 변동비, 현금유출 고정비, 법인세는 전액 해당년도 말에 현금으로 회수 및 지급된다. 전용기계 도입이 유리하기 위해서는 신제품을 매년 최소 몇 단위를 생산 판매해야 하는가? 단, 10%, 5년의 단일금액의 현가계수는 0.621이고, 정상연금의 현가계수는 3.791이다. … 세무사 2015

① 4,198단위 ② 4,532단위 ③ 5,198단위
④ 5,532단위 ⑤ 6,652단위

19 **부록: 자본예산** (주)광안은 자동화설비를 ₩50,000에 구입하려고 한다. 이 회사의 원가담당자는 설비를 도입함으로써 다음과 같은 현금운영비가 절감할 것으로 예상하고 있다. 이때 내부수익률은 얼마인가? … 회계사 2004

연도	금액
1차연도	₩20,000
2차연도	₩20,000
3차연도	₩20,000

연금의 현가표(n=3)			
8%	9%	10%	11%
2.577	2.531	2.487	2.444

① 9.17% ② 9.50% ③ 9.70%
④ 10.17% ⑤ 10.83%

20 **제품의 제거** 출판회사 홍문원은 소설, 잡지, 만화, 참고서 등 네 가지 종류의 도서를 출판하고 있다. 홍문원이 작성한 내년도의 도서별 예산손익계산서 및 기타 자료는 다음과 같다.

	소설	잡지	만화	참고서	합계
매출	₩160,000	₩300,000	₩100,000	₩180,000	₩740,000
매출원가	60,000	160,000	104,000	140,000	464,000
매출총이익	₩100,000	₩140,000	₩(4,000)	₩40,000	₩276,000
판매비 및 일반관리비	40,000	60,000	36,000	44,000	180,000
순이익(손실)	₩60,000	₩80,000	₩(40,000)	₩(4,000)	₩96,000
예상판매량	4,000권	6,000권	5,000권	6,000권	
단위당 판매가격	₩40	₩50	₩20	₩30	
단위당 변동제조원가	10	10	16	14	
단위당 변동판매비	4	8	6	2	

홍문원은 위의 손익계산서를 보고 만화의 수익성에 문제가 있음을 파악하였다. 아래의 각 물음은 독립적이다. 단, 각 도서 폐지 시 해당 고정제조원가는 회피가능하나, 고정판매비와 일반관리비는 회피불가능하다.

물음:

1. 만화와 참고서의 폐지가 손익에 미치는 영향을 각각 계산하라.
2. 만화를 폐지할 경우 이와 보완관계에 있는 잡지의 판매량이 1,000권만큼 감소한다고 가정하자. 이 때 만화의 폐지가 손익에 미치는 영향을 계산하라.
3. 소설의 출판에 사용하고 있는 설비를 참고서의 출판에도 사용할 수 있다. 홍문원이 소설의 생산량을 2,000권으로 감소시키면서 단위당 판매가격을 ₩46으로 인상하는 한편, 참고서의 생산량을 8,000권으로 증가시키면서 단위당 판매가격을 ₩26으로 인하하는 방안을 검토하고자 한다. 이러한 방안이 손익에 미치는 영향을 계산하라.

21 **관련원가** S출판사는 최근 '원가회계' 교재의 모든 개정 작업을 마쳤으며 출시시기를 놓고 고민을 하고 있다. 현재 구판 원가회계의 재고는 500권이 남아 있으며 신판 원가회계는 아직 인쇄를 하지 않고 있으나 출시시기만 결정되면 바로 인쇄하여 판매가능한 상황이다.
문제는 다음 대안 중에 어떤 방법을 택할 것인가이다.

(A 안) 구판 원가회계의 재고를 정상 판매로 완전히 소진시킨 후 신판을 판매.
(B 안) 구판 원가회계는 폐지로 처분하고 신판 원가회계를 바로 출시.

관련된 원가자료이다.

	구판 원가회계	신판 원가회계
권당 판매가격	₩20,000	₩25,000
권당 재료원가	3,000	5,000
저자에 대한 권당 인세	2,000	3,750
권당 교재개발비	1,200	1,500
판매촉진비:		
영업사원급여(1명)	2,000,000	2,000,000
권당 판촉비	1,000	2,000
폐지로 처분시 권당 처분가	2,000	–

권당 교재개발비는 각 교재의 개발 초기에 지출한 총금액을 각 교재의 예상판매량 4,000권으로 나눈 금액이다. 저자에 지급하는 인세는 판매량에 비례하여 지급한다. 판매촉진비는 영업사원 1명에 지급하는 고정급영업사원급여에 판매량에 비례하여 지급하는 성과급권당 판촉비으로 구분된다. 원가회계교재의 수요는 1,000권 이상으로 예상되며, 구판을 구입한 학생은 신판을 구입하지 않을 것으로 판단된다. A안과 B안을 비교할 때 어느 대안이 얼마만큼 더 이익이 되는가?

22 **부록: 자본예산** S사는 2년 전인 20×1년 초에 취득한 구기계를 성능이 더 좋은 신기계로 교체하고자 한다. 구기계와 신기계의 관련자료는 다음과 같다.

	구기계	신기계
취득원가	₩1,200,000	₩1,800,000
잔존가치	₩0	₩0
내용연수	5년	3년
감가상각방법	정액법	정액법

구기계의 현재 처분가치는 ₩300,000이며 신기계를 이용하여 제품을 생산할 경우에는 제품의 단위당 공헌이익이 기존 ₩250에서 ₩330으로 증가하고 연간 현금고정원가가 기존 ₩500,000에서 ₩800,000으로 증가할 것으로 예상된다. 회사는 순현재가치법을 이용하여 투자의사결정을 한다.

분석에 필요한 주요 가정:

· 기계 교체는 20×3년 초, 기타 현금흐름 및 모든 세금효과는 해당 기간 말에 이루어진다.

· 매년 판매량은 동일하며 재고자산은 없다.

· 내용연수 종료 시 각 기계의 처분가액과 감가상각목적상 잔존가치는 일치하며 ₩0이다.

· 할인율 7.5%의 현가표는 다음과 같으며 반드시 이 값을 이용한다.

구분	단일금액의 현재가치			연금의 현재가치
기간(년)	1	2	3	1~3
현재가치 산식	$\frac{1}{(1+0.075)}$	$\frac{1}{(1+0.075)^2}$	$\frac{1}{(1+0.075)^3}$	$\sum_{i=1}^{3}\frac{1}{(1+0.075)^i}$
값	0.93	0.87	0.80	2.60

물음: 최저필수수익률이 7.5%일 때 신기계로 교체할 수 있는 연간 최소판매량은 몇 개인가? 다음 각 상황에 따라 답하되 최종 수치는 정수소수점 이하는 올림로 답하라.

1. 화폐의 시간적 가치와 법인세를 고려하지 않을 때

2. 화폐의 시간적 가치를 고려하되, 법인세는 없을 때

3. 화폐의 시간적 가치를 고려하고 법인세율이 20%일 때

Chapter
05

Strategic Management Accounting

원가계산

원가계산의 기초

| 원가계산의 기본요소

| 원가배분의 절차와 가정

| 원가계산의 예

원가계산방법

| 원가계산방법의 종류: 개별원가계산과 종합원가계산

개별원가계산

| 개별원가계산의 절차

| 개별원가계산의 원천자료

정상원가계산

간접원가 배부방법의 개선

| 공장전체 단일배부율과 부문별 배부율

부록 • 종합원가계산

Chapter 05

원가계산

명예퇴직 후 창업 대열에 뛰어든 김 씨는 커피전문점을 개업했다. 경쟁업소가 주위에 너무 많지 않나는 부인의 우려도 있었지만, 친절과 품질로 차별화하면 승산이 있을 것이라 믿었다. 첫 1년 동안 간신히 적자를 면하고 나니 이제부터는 수익성을 개선할 방법이 무엇일까 고민이 되었다. 제품별 매상을 보면 2,300원짜리 아메리카노 손님이 가장 많았고, 2,800원짜리 카푸치노나 라테 손님이 그 다음으로 많았다. 수익성을 높이려면 아무래도 고가의 카푸치노나 라테의 매출을 증가시키는 것이 빠를 것 같아 다음 달부터 카푸치노와 라테의 가격을 100원씩 인하하는 판촉활동을 고려 중이다. 김 씨의 기대대로 아메리카노 대신 카푸치노의 매출이 증가하면 가게 전체의 수익성은 개선될까? 김 씨 가게의 진정한 효녀상품은 무엇일까? 김 씨가 올바른 의사결정을 내리는 데 필요로 하는 정보는 어떤 정보인가?

본 장에서는 원가계산의 핵심요소와 기본원리를 설명하고 개별원가계산을 통해 이를 확인한다. 제조간접원가 예정배부의 필요성과 이를 적용한 정상원가계산도 살펴본다. 본 장에서 다루는 원가계산원리는 대부분의 원가계산방법에 적용되는 사항일 뿐만 아니라 필요에 따라 새로운 원가계산방법을 설계할 때에도 그대로 활용할 수 있다. 회계에서 제시하는 원가정보가 담고 있는 의미와 장단점을 이해할 수 있어야 원가정보를 목적에 맞게 적절히 활용할 수 있다.

이를 위해서는 원가계산의 원리와 기본적인 원가계산방법을 숙지해야 하는 것은 물론이다.

원가계산의 기초

원가계산costing은 재무회계시스템에 기록된 원시 원가자료를 제품, 서비스, 활동, 조직 등의 특정 원가대상에 연결 짓는 과정이라고 할 수 있다.

원가계산의 기본요소

첫째, 원가를 측정하고자 하는 **원가대상**cost object의 결정이다. 원가대상은 고객에 인도하는 최종적인 제품이나 서비스가 될 수도 있고, 기업 내에서 생산하는 특정 부품과 같은 중간재가 될 수도 있다. 또 특정 사업부나 부문이 될 수 있다. 예를 들어, 전산부서가 측정대상이 될 수도 있고, 가전 사업부가 될 수도 있다. 기업의 필요에 따라 얼마든지 원가대상이 달라질 수 있다.

둘째, 원가를 계산하고자 하는 **목적**이다. 원가를 계산하는 목적에 따라 이하 단계에서 다룰 원가의 범위가 달라진다. 예컨대 재무보고를 위한 목적이라면 재무회계에서 자산성을 인정하는 제조원가만을 대상으로 원가계산을 해야 할 것이며, 제품의 전반적인 수익성을 파악하기 위한 목적이라면 제조원가이외의 판매비와 관리비 등도 원가범위에 포함될 수 있다. 또 원가 · 조업도 · 이익분석을 위해서라면 변동원가만을 대상으로 제품원가계산을 할 수 있다.

셋째, 원가의 **집계**와 **분류**이다. 기업에서 원가를 기록하는 첫 번째 단계는 회계거래가 발생했을 때 최초로 재무회계시스템에 입력하는 것이다. 이때 재무회계에서 통용되는 계정명칭, 예를 들어 급여, 수도광열비, 임차료, 광고비 등과 같이 형태별로 구분하여 기록하는 것이 일반적이다. 형태별로 구분된 원가는 원가계산의 필요에 따라 다시 추가로 구분되거나 통합되기도 한다. 예컨대 재무회계목적을 위한 제조기업의 원가계산에서는 모든 원가를 제조원가와 기간원가로 구분한다. 제조원가는 형태별로 재료원가, 노무원가, 제조경비로 나뉘며 필요에 따라 직접원가와 간접원가의 분류를 추가하여 직접재료원가, 직접노무원가, 그 밖의 간접원가를 모두 합한 제조간접원가로 분류하기도 한다.

그림 5-1 급여의 원가분류

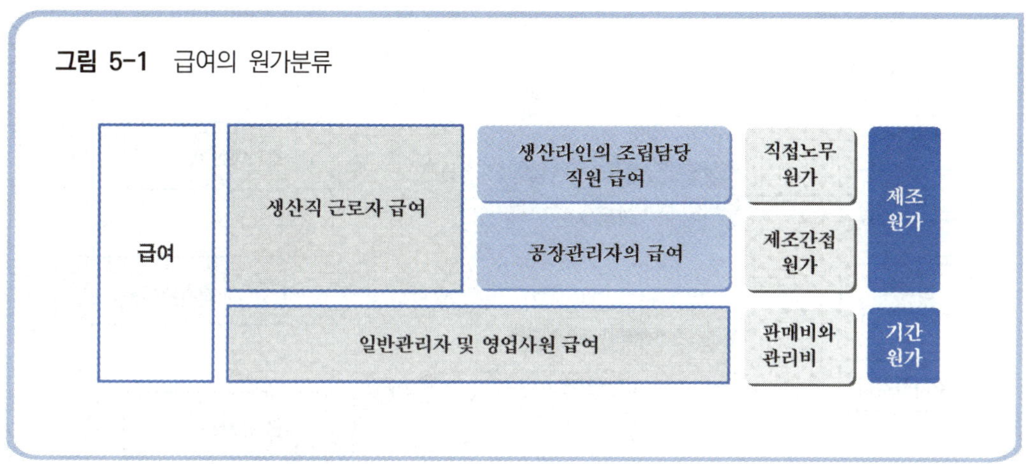

이러한 분류를 직원들에게 지급하는 급여에 적용한 그림 5-1을 보자. 급여 중 생산현장 근로자에 대한 급여와 일반관리직에 종사하는 근로자의 급여를 구분하기도 하며, 생산현장 근로자에 대한 급여 중에서도 직접 생산에 참여하는 근로자와 직접 생산에 참여하지는 않는 감독자의 급여를 구분하기도 한다. 일반관리직의 급여는 기간원가로, 공장근로자의 급여는 제조원가로 분류한다. 직접 생산에 참여하여 원가대상에 추적 가능한 근로자의 급여는 직접노무원가, 직접 생산에 참여하지 않아 원가대상에 추적하기 어려운 근로자의 급여는 간접노무원가로서 제조간접원가가 된다.

넷째, 원가와 원가대상과의 **연결**이다. 직접원가는 원가대상에 직접 추적하고 직접 추적하기 어려운 간접원가는 **원가배분**cost allocation이라는 과정을 통해 원가대상에 할당한다.[1]

원가계산의 기본요소를 그림으로 표시하면 그림 5-2와 같다.

1 원가배분과 유사한 표현으로 원가배부(配賦, cost application)가 있다. 기본적으로 의미하는 바는 동일하며 그 사용 역시 혼재되어 있다. 굳이 이들 둘을 구분한다면, 배분이 원가를 나눈다는 점에 초점을 둔 반면, 배부는 원가를 나누되 원가대상과 연결시켜 부과한다는 점에 초점을 둔 것으로 이해된다. 보통 제품, 서비스, 작업, 고객 등의 원가대상에 대해 원가배분이 이뤄질 때 이를 특별히 원가배부라고 많이 부르며, 그 외에 사업부나 조직부문 등의 경우에는 원가배분을 사용한다. 본 서에서는 이러한 관점에 따라 각 용어를 사용하기로 한다.

그림 5-2 원가계산의 기본요소

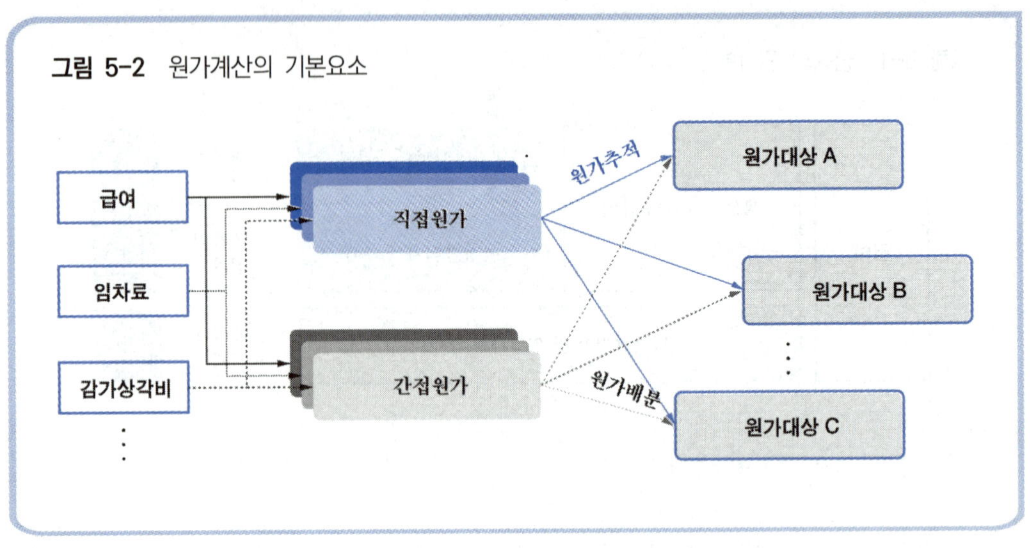

원가배분의 절차와 가정

각 원가대상에 간접원가를 배분하기 위해서는 다음의 세 가지가 확정되어야 한다.

첫째, 배분대상이 되는 **간접원가**의 확정이다. 원가대상에 직접 추적할 수 없는 원가는 모두 간접원가이지만, 간접원가 중에서도 발생원인 등 성격이 비슷한 것들을 한데 모아 몇 개의 그룹으로 재분류할 수도 있다.

둘째, 간접원가 **배분기준**의 결정이다. 간접원가를 발생시키는 원인요소를 측정할 수 있다면 그 요소를 배분기준으로 정한다. 예컨대, 수도광열비와 감가상각비가 포함된 간접원가가 기계작업시간과 관련성이 높으며 이 시간을 쉽게 측정할 수 있다면 배분기준으로 삼을 수 있다. 발생원인에 따라 간접원가가 여러 개의 그룹으로 나눠져 있다면 각 그룹의 특성에 맞는 배분기준을 사용하는 것이 바람직하다.

셋째, 간접원가와 배분기준량과의 **관계**이다. 간접원가와, 배분기준 및 배분기준량을 알더라도 이들 간 관계를 가정해야 배분액을 계산할 수 있다.

그림 5-3은 간접원가와 배분기준량간의 관계를 보여주고 있는데 어떤 관계를 가정하느냐에 따라 원가배분액도 달라진다. 일반적으로 사용하는 가정은 원점을 지나는 **선형관계**linear relationship (B)이다. 배분기준량이 없으면 간접원가를 배분하지 않으며Y축의 절편이 영, 배분기준량의 크기에 따라 정비례로 배분하는일정한 기울기를 가진 일차형태의 원가함수를 가정한다. 이

그림 5-3 간접원가와 배분기준량과의 관계

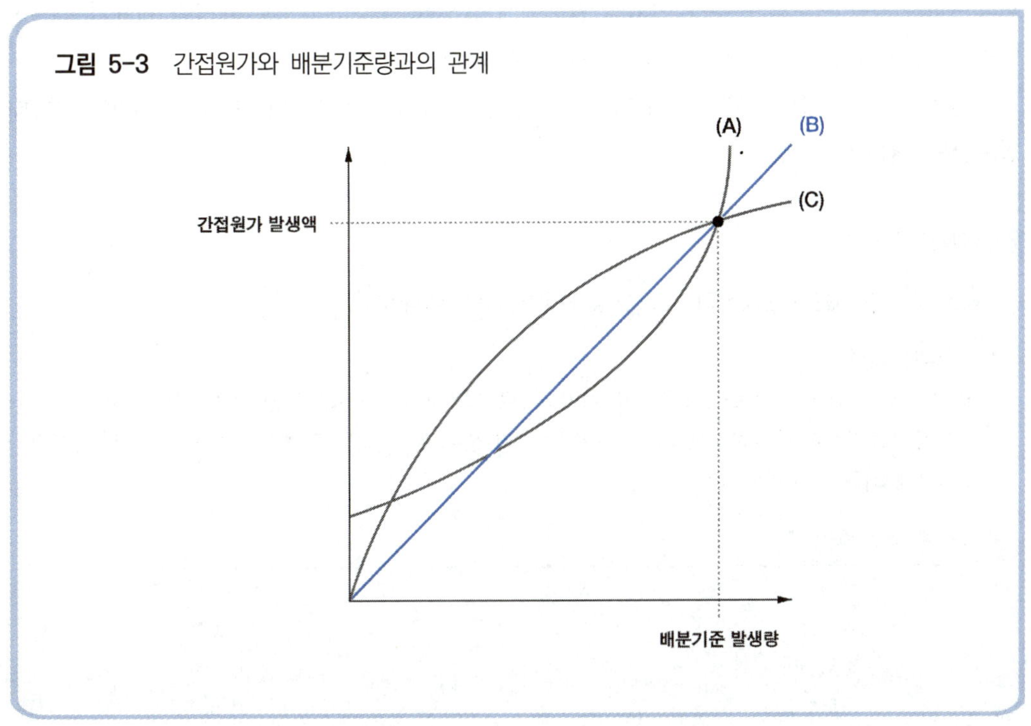

경우 일차함수의 기울기에 특정 원가대상에서 발생한 배분기준량을 곱하기만 하면 배분액이 결정된다. 주의할 것은 이러한 가정이 간접원가의 원가행태를 반영한 것이 아니라는 점이다. 간접원가에는 변동원가 뿐만 아니라 감가상각비와 같이 고정원가도 포함되어 있다는 점에 주목할 필요가 있다. 선형관계를 가정하는 것은 원가와 배분기준량의 관계를 추정하는 것이 어려울 뿐만 아니라, 배분액 계산이나 금액에 대한 사후 검증이 수월하기 때문이다.[2]

원가계산의 예

예제 5-1에 앞서 원가계산의 기본요소를 적용하면 다음과 같다.

첫째, 원가대상은 두 건의 프로젝트, 영업활동, 관리활동이다. S사의 주요 활동은 프로젝

2 간접원가의 배분뿐만 아니라, 직접원가의 추적에도 이러한 가정은 널리 사용된다. 제품 생산량이 100개이고 직접재료원가가 ₩10,000이라면 제품 20개에 포함되어 있는 직접재료원가는 얼마인가? 이에 대한 현실적인 답은 ₩10,000의 20%이다. 이는 제품단위당 직접재료원가가 ₩100이며 직접재료원가와 제품생산량 간의 관계는 일차함수라는 가정을 전제로 한 답이다. 이러한 가정이 경제학 등 이론적인 관점에서는 타당하지 않을 수 있으나 원가정보를 쉽고 빨리 얻어야 하는 실무에서는 받아들여지는 가정이다. 다만 기업의 회계시스템에서 산출되는 정보가 이와 같은 가정 하에서 얻어진 결과라는 점은 염두에 두어야 한다.

트의 수행이지만 프로젝트 수행 이외의 활동에서 발생한 원가를 별도로 계산할 필요가 있다면 이와 같이 영업이나 관리활동 등을 원가대상에 포함할 수 있다.[3]

둘째, 각 원가대상에 할당할 원가는 1분기 중에 실제 발생한 총원가 ₩173,400이며 형태별로 분류 집계되어 있다.

EXAMPLE 5-1

다음은 20×1년 1분기 중 S사의 업무 내용과 장부상 원가내역이다.

1. S사의 영업활동

S사는 경영컨설팅 회사로서 고객사가 개별적으로 의뢰하거나 S사가 경쟁입찰에 참여하여 획득한 컨설팅 프로젝트를 수행하고 있다. 20×1년 1분기 중에 두 건의 프로젝트 A와 B가 발주되었으며 고객에게 최종 결과물을 제공하였다.

2. S사의 원가 발생액

급여	₩91,400
출장비	24,000
소모품비	13,000
수도광열비	15,000
임차료	20,000
광고비	10,000
	₩173,400

3. 직원들의 급여와 업무별 투입시간

개인	급여	업무별 투입시간				
		A	B	영업	관리	합계
강 대표	₩30,000	100	100	120	160	480
이 회계사	20,000	480				480
김 회계사	18,000		480			480
최 박사	14,400	200	280			480
박 비서	9,000	180	100	60	140	480
	₩91,400	960	960	180	300	2,400

출장비는 강 대표가 출장 시에 지출한 비용이며, 광고비는 추가수주를 위한 영업의 일환으로 지출한 비용이다.

4. 원가계산을 위한 기본가정

· 원가대상은 크게 프로젝트 A와 B, 영업, 관리로 구분한다.

---

3 필요에 따라서는 계산된 영업 및 관리원가를 각 프로젝트에 다시 재배분할 수 있다.

· 각 개인의 급여는 원가대상에 직접 추적하되, 각 개인이 여러 업무를 수행한 경우 투입시간을 기준으로 배부한다.
· 출장비는 프로젝트 A, B 그리고 영업업무에 배부하되, 강대표의 각 업무별 투입시간을 기준으로 배부한다.
· 소모품비, 수도광열비, 임차료는 업무 수행 중에 발생하는 비용이므로 각 업무별 직원들의 투입 총시간을 기준으로 배부한다.
· 광고비는 전액 영업과 관련된 것이므로 영업활동에 추적한다.

셋째, 원가와 원가대상을 연결하는 과정으로 원가대상에 직접 추적가능한 것은 그대로 추적하고 그렇지 못한 것은 적절한 배부기준으로 배부한다. 이 회계사와 김 회계사의 급여는 각각 프로젝트 A와 프로젝트 B에 직접 추적가능한 원가라고 할 수 있으며 광고비 역시 영업활동에 전적으로 추적할 수 있는 원가라고 할 수 있다. 그러나 강 대표나 최 박사는 여러 업무를 동시에 수행하였으므로 이들의 급여는 이들의 노력이 투입된 업무에 적절히 배부하는 과정이 필요하다. 이 경우 업무별 투입시간 정보가 존재하므로 투입시간을 기준으로 배부하는 것이 타당한 방법이 될 수 있다. 예를 들어 최 박사의 1분기 급여총액이 ₩14,400이며 총 업무투입시간이 480시간이므로 투입시간당 급여액은 ₩30이라고 할 수 있다. 이는 앞서 언급한 일차원가함수의 개념을 이용하면 함수의 기울기가 ₩30이며 한 시간을 투입할 때마다 ₩30씩 급여가 발생한다고 가정하는 것과 같다. 그러나 여기서 주의할 점은 실제로 강 대표의 급여가 한 시간을 투입할 때마다 ₩30씩 발생하는 것은 아니며, 원가를 여러 업무에 배부할 때 사용하는 수치배부율 burden rate일 뿐이라는 점이다. 이에 의하면 최 박사의 급여 중에 프로젝트 A에 배부된 금액은 투입시간당 급여 ₩30에 투입시간 200시간을 곱한 ₩6,000이 된다.

출장비는 관리를 제외한 업무에 대해 강 대표가 투입한 시간을 기준으로 배부한다면 시간당 출장비가 ₩75로 계산된다. 프로젝트 A에 배부될 출장비는 투입시간 100시간을 곱한 ₩7,500이 된다.

그 밖에 소모품비, 수도광열비, 임차료 등의 ₩48,000은 전 직원이 투입한 업무시간 2,400시간을 기준으로 각 업무에 배부한다고 하였으므로 시간당 ₩20을 기준으로 배부하면 된다. 즉, 프로젝트 A에 배부될 금액은 ₩20에 960시간을 곱한 ₩19,200이 된다.

이러한 계산과정을 모두 수행한 결과는 다음과 같다.

원가분류	금액	원가대상			
		A	B	영업	관리
급여: 강 대표	₩30,000	₩6,250	₩6,250	₩7,500	₩10,000
이 회계사	20,000	20,000	0	0	0
김 회계사	18,000	0	18,000	0	0
최 박사	14,400	6,000	8,400	0	0
박 비서	9,000	3,375	1,875	1,125	2,625
출장비	24,000	7,500	7,500	9,000	0
소모품비	13,000	5,200	5,200	975	1,625
수도광열비	15,000	6,000	6,000	1,125	1,875
임차료	20,000	8,000	8,000	1,500	2,500
광고비	10,000	0	0	10,000	0
합계	₩173,400	₩62,325	₩61,225	₩31,225	₩18,625

Strategic Management Accounting

원가계산방법

기업이 원가계산시스템을 설계할 때 고려해야 할 것은 어떤 대상에 대해서 원가계산을 할 것인가, 어느 정도의 상세수준을 유지할 것인가, 어떤 목적으로 원가정보를 활용할 것인가 등이다. 원가계산시스템의 설계하거나 활용할 때 유의할 사항은 다음과 같다.

첫째, 원가계산시스템의 결정은 **원가–효익**cost–benefit의 관점에서 이루어져야 한다. 원가계산시스템을 설계하고 유지하는 데 소요되는 원가보다 그 원가계산시스템으로 부터 얻을 수 있는 효익이 더 커야 한다는 의미이다. 중견기업이 다국적 거대기업의 원가계산시스템을 갖추겠다는 것은 경제적인 선택이 아니다. 기업마다 생산하는 제품이 다르고, 조직과 노동력의 수준도 다르며 산출되는 원가정보의 활용능력도 다르기 때문이다.

둘째, 기업의 생산과정과 작업흐름에 맞게 원가계산시스템이 설계되어야 한다. 교과서에서 다루는 원가계산시스템은 가장 전형적인 형태이므로 실무에서는 이를 그대로 사용하는 것이 아니라 상황에 맞게 변형하여 사용한다. 따라서 원가계산시스템을 설계할 때 생산과정과 작업흐름에 대한 검토가 선행되어야 한다.

셋째, 원가계산시스템을 용도마다 다양하게 갖추는 것은 원가－효익 관점에서 적절하지 않으므로 재무회계를 근간으로 한 다목적용 원가계산시스템을 설계하는 것이 일반적이다. 여기서 산출된 원가정보는 재고자산 평가나 매출원가의 결정 등 재무회계목적에는 그대로 사용할 수 있지만 원가관리나 가격결정 또는 성과평가 등 관리회계목적에 사용하려면 취사선택하거나 추가적으로 가공할 필요가 있다는 점에 유의해야 한다.

넷째, 원가계산시스템에서 산출되는 원가 정보를 해석할 때에는 구체적인 계산과정에 대한 이해가 선행되어야 하며 경우에 따라서는 비재무적 정보 등으로 보완할 필요가 있다. 예컨대 제품원가에 미사용 생산능력원가가 포함되어 있다면 공장가동율 정보가 유용한 정보가 될 수 있다.

원가계산방법의 종류 개별원가계산과 종합원가계산

기본적인 원리는 동일하지만 원가계산대상에 따라 약간씩 변형된 형태의 원가계산방법이 존재한다. 전형적인 원가계산방법으로 개별원가계산과 종합원가계산을 들 수 있다.

주문에 의해 소량생산되는 경우에는 주문작업별로 그 사양과 기능이 서로 다르기 때문에 소요되는 원재료, 투입되는 노동력 그리고 설비 등의 사용 정도도 다르다. 당연히 원가계산에 있어서도 주문작업별로 구분하여야 정확한 원가계산을 할 수 있다. 이와 같이 작업별로 원가계산하는 방법을 **개별원가계산**job costing 또는 작업별 원가계산이라고 한다.

표준화된 작업에 따라 동일한 제품을 연속적으로 대량생산하는 경우에는 제품별 또는 작업별로 구별하여 원가계산하는 것은 비효율적이다. 이러한 경우에는 원가계산기간주단위 또는 월단위을 정하고 이 기간 중에 발생한 원가를 같은 기간에 생산한 제품수량으로 나누어 제품원가를 계산할 수 있는데 이를 **종합원가계산**process costing이라고 한다. 이 방법은 특정 기간에 생산되는 모든 제품은 품질이나 사양이 동일하므로 투입되는 원재료나 노동력, 설비의 사용 정도 역시 동일하며, 제품원가도 같을 것이라고 가정하여 발생원가를 생산수량으로 나누는 평균원가의 개념을 이용한다.

서비스기업이 제공하는 서비스에 대해서도 그 특성에 따라 개별원가계산 또는 종합원가계산방법을 사용할 수 있다. 예를 들어, 컨설팅회사에서 특정기업의 프로젝트를 수행한다면 개별원가계산방식이 적절하며, 금융기관에서 반복적이고 표준화된 업무내용을 지닌 소액대출서비스를 한다면 종합원가계산방식이 적절하다.[4]

Strategic Management Accounting

개별원가계산

개별원가계산은 제조기업의 경우에는 생산하는 제품별 또는 주문별로, 서비스기업의 경우에는 제공하는 서비스별로 원가계산을 수행하는 방법이다.

개별원가계산의 절차

개별원가계산은 다음 절차에 의하는데 특별히 주목할 사항은 2. 원가의 범위와 4. 간접원가의 배부이다.

1. 원가대상을 선택한다.
2. 원가의 범위를 정한다.
3. 원가 중에 원가대상에 직접 추적가능한 직접원가를 확인하고 추적한다.
4. 원가대상에 배부할 간접원가를 다음 절차에 따라 계산한다.
   - 해당 작업이 이루어진 기간(월, 분기 또는 년)에 발생한 간접원가를 확인하고 총액을 구한다.
   - 간접원가를 배부할 때 사용할 배부기준을 선택하고 해당 기간에 발생한 배부기준량을 확인한다.
   - 집계된 간접원가를 배부기준량으로 나누어 배부율을 계산한다.
   - 위 배부율에 원가계산대상이 되는 작업의 배부기준량을 곱하여 배부액을 계산한다.
5. 해당 작업에 직접 추적한 직접원가와 간접원가의 배부액을 더하여 총원가를 구한다.

원가계산에서 고려할 원가의 범위는 원가계산의 목적에 따라 달라질 수 있다. 만약 재무회계목적을 위한 제품원가계산을 한다면 재무회계에서 인정하는 원가의 범위, 즉 직접재료원가, 직접노무원가, 제조간접원가만 포함한다. 그러나 기업 내부적으로 제품의 전반적인 수익성을 판단하기 위해서라면 재무회계목적에서는 포함하지 않는 판매비나 관리비 등도 추가적으로 원가의 범위에 포함할 수 있다.[5]

---

4 원가계산의 핵심을 이해하는 데는 개별원가계산만으로도 충분하다. 종합원가계산에 대해서 알고자 하는 독자들은 본 장 부록을 참고하기 바란다.

5 특별한 언급이 없는 한 이하에서는 재무회계목적을 위한 원가범위(직접재료원가, 직접노무원가, 제조간접원가)로

배부할 간접원가를 계산하기 위해서는 몇 가지 세부과정이 필요하다. 간접원가는 특성상 특정작업과 직접적인 관련성을 찾기 어려운 원가이므로 간접원가와 원가대상을 서로 연결시켜줄 수 있는 배부기준을 선정하는 절차가 필요하다.

일반적으로 해당 작업이 이루어진 기간에 발생한 간접원가를 집계하고, 이 기간 중 배부기준의 총발생량을 집계한 후, 간접원가 총액을 배부기준 총량으로 나누어 간접원가 배부율을 계산한다. 여기서 계산된 배부율은 간접원가 및 배부기준량의 집계대상 기간 중에 이루어진 작업에 대해서 공통적으로 적용한다. 이 과정에는 변형된 방법이 존재할 수 있다. 적용할 **기간**월별, 분기별, 연도별과 해당 기간의 간접원가의 **집계시점**실제원가, 예정원가의 선택에 따라 달라질 수 있다. 이하 예제에서는 월 기준과 실제발생원가 기준을 사용하지만 일반적으로 많이 쓰이는 방법은 연도별 기준 및 예정원가를 사용하는 방식이다. 이에 대해서는 후술하는 정상원가 계산에서 자세히 설명한다.

formula

$$\text{간접원가 배부율} = \frac{\text{특정기간의 간접원가 총액}}{\text{특정기간의 배부기준 총량}}$$

다음의 예에서는 제조간접원가 배부율과 배부액의 계산과정을 살펴볼 수 있다.

EXAMPLE 5-2

20×1년 9월 한 달 동안 발생한 원가는 다음과 같다. 이 기간 중에 작업 #1과 작업 #2가 착수되어 작업 #1은 9월 중에 완성되고 작업 #2는 9월 말 현재 미완성상태이다. 제조간접원가 배부율은 월별로 계산하며 제조간접원가 배부기준은 직접노무시간이다. 9월 중 완성품원가(작업 #1)와 9월 말 재공품원가(작업 #2)는 얼마인가?

	작업 #1	작업 #2
직접재료원가	₩300,000	₩200,000
직접노무원가	100,000	80,000
직접노무시간	20시간	16시간
제조간접원가	₩270,000	

한정하여 모든 설명을 진행하도록 한다.

제조간접원가 발생내역	
임차료	₩100,000
감가상각비	100,000
간접재료원가	50,000
간접노무원가	20,000
9월 제조간접원가	₩270,000

본 예에서 9월 한 달 동안 적용할 배부율은 같은 기간에 발생한 제조간접원가와 직접노무시간을 이용하여 구한다. 즉,

• 9월 제조간접원가 배부율 $= \dfrac{\text{9월 제조간접원가 총액}}{\text{9월 직접노무시간 총시간}}$

= ₩270,000/36시간

= ₩7,500/시간

이에 의하면 9월에 완성된 작업 #1의 제품제조원가는 다음과 같다.

작업 #1	
직접재료원가	₩300,000
직접노무원가	100,000
제조간접원가	150,000
작업 #1의 제조원가	₩550,000

작업 #1의 제조간접원가 배부액 ₩150,000은 배부율 ₩7,500에 작업 #1에 소요된 직접노무시간 20시간을 곱하여 구한 것이다.

한편 미완성중이어서 9월 말 현재 재공품이라고 할 수 있는 작업 #2의 제조원가는 다음과 같다.

작업 #2	
직접재료원가	₩200,000•
직접노무원가	80,000•
제조간접원가	120,000•
작업 #2의 제조원가	₩400,000•

• ₩120,000 = ₩7,500 × 16시간

그림 5-4 개별원가계산의 기초문서

작업원가표

작업번호 : JC001-09-20×1
주문고객 : ××사
작업착수일 : 20×1. 9. 2
작업완료일 : 20×1. 9. 28

직접재료원가

재료수령일	재료청구서번호	재료번호	재료수량	재료단가	금액
20×1. 9. 2	MR-03-09-20×1	P032	30	₩8,000	₩240,000
20×1. 9. 15	MR-08-09-20×1	P053	5	12,000	60,000

직접노무원가

작업기간	노무시간표번호	작업자번호	작업시간	시간당임률	금액
20×1. 9. 2	LT-02-09-20×1	A123	12	₩5,000	₩60,000
20×1. 9. 15	LT-16-09-20×1	A215	8	5,000	40,000

제조간접원가

기록일	제조간접원가항목	배부기준	배부기준량	배부율	금액
20×1. 9. 30	제조간접원가	직접노무시간	20	₩7,500	₩150,000

합계 ₩550,000

재료청구서

재료청구서번호 : MR-03-09-20×1
작업번호 : JC001-09-20×1
작성일 : 20×1. 9. 2

재료번호	재료명칭	수량	단가	금액
P032	합판 10*10	30	₩8,000	₩240,000

발행일	발행자	수령일	수령인
20×1. 9. 2	홍길동	20×1. 9. 2	허균

작업시간표

작업시간표번호 : LT-02-09-20×1
작업자성명 : 구운몽
작업자번호 : A123
작업시간당임률 : ₩5,000

작업번호	작업기간	작업시간
JC001-09-20×1	20×1. 9.2-9.28	12

개별원가계산의 원천자료

개별원가계산을 사용하는 경우 실제 회계처리와는 별도로 현장을 중심으로 작성되는 기초 문서가 있다. 이 문서에는 재료청구서material requisition record, 작업시간표labor-time record 그리고 이들을 기초로 작성되는 작업원가표job-cost sheet가 있다.

재료청구서는 특정 작업과 관련하여 실제로 사용된 재료의 종류, 수량, 단가, 금액 등이 기록되어 있다. 공장근로자 개인별로 작성되는 작업시간표에는 작업번호, 작업일, 투입한 작업시간, 시간당 임률 등이 기록되어 있다. 작업원가표는 재료청구서와 작업시간표 자료를 기초로 특정작업의 직접재료원가, 직접노무원가, 그리고 배부된 제조간접원가가 기록된다. **그림 5-4**는 이들 문서의 예를 보여주고 있다.

Strategic Management Accounting

정상원가계산

앞서 설명한 것처럼 간접원가를 실제 배부하는 경우에는 실제간접원가와 실제배부기준량의 집계가 완료될 때까지 기다려야 하므로 원가계산이 지연되는 문제가 있다. 또 이 문제를 해결하기 위해 집계기간을 짧게 정할 경우 배부율이 기간별로 달라지는 또 다른 문제를 낳을 수 있다. 이를 동시에 해결하는 방법은 배부율을 정하는 기간을 길게 하면서, 배부율을 기간 초에 미리 정하는 예정배부방식을 취하는 것이다.

직접원가는 실제발생액을 사용하여 추적하되, 간접원가는 연간 단위로 예정배부율을 사용할 때, 이를 **정상원가계산** 또는 **평준화원가계산**normal costing이라고 부른다.[6] 정상원가계산은 원가계산에서 간접원가를 고려해야 하는 경우에는 언제나 사용할 수 있다. 즉, 앞서 설명한 개별원가계산에서도 정상원가계산방식을 취할 수 있으며 종합원가계산에서도 사용할 수 있다. 대부분의 기업에서 정상원가계산방식을 사용하는 것으로 알려져 있다.

6 간접원가배부율의 계절적 변동을 피하고 정상화 또는 평준화(normalize)한다는 의미로 사용되는 명칭이다.

예정배부율을 사용하는 정상원가계산 하에서는 예정배부액이 기말에 사후적으로 집계한 실제발생액과 다를 수 있는데 예정배부액이 실제발생액보다 큰 경우를 **과대배부**라고 하고, 반대의 경우를 **과소배부**라고 한다. 역사적 원가주의를 따르는 재무회계 목적을 위해서는 제조간접원가 배부차이를 해당 항목에 반영하여 실제발생액으로 조정할 필요가 있다. 한편 기업 내부 관리적 목적으로 배부차이의 원인을 살펴봄으로써 간접원가를 통제하는 데 활용할 수도 있다. 다음의 예를 살펴보자.

EXAMPLE 5-3

정상원가계산을 사용하는 S사의 20x1년 말 수정 전 시산표 상 재공품, 제품, 매출원가의 금액 및 제조원가 요소별 금액이 다음과 같다.

	직접재료원가	직접노무원가	제조간접원가	합계
재공품	₩50,000	₩40,000	₩20,000	₩110,000
제품	80,000	60,000	30,000	170,000
매출원가	220,000	200,000	100,000	520,000
합계	₩350,000	₩300,000	₩150,000	₩800,000

연초의 예정배부율은 직접노무원가당 ₩0.5이었으며, 연말 제조간접원가 실제 발생액은 ₩180,000이다.

위의 예에 의하면 제조간접원가 예정배부액은 ₩150,000이며 실제발생액은 ₩180,000이므로 ₩30,000만큼 과소배부차이가 존재한다. 실제발생액보다 ₩30,000만큼 적게 계상되어 있으므로 이 금액을 관련 항목인 재공품, 제품, 매출원가에 적절히 나누어 가산하여야 한다. 배부차이를 반영하는 방법으로는 기말에 사후적으로 구할 수 있는 실제배부율을 적용했을 때와의 차이액을 가감하는 방법, 예정 배부되어 있는 제조간접원가에 비례하여 배분하는 방법, 각 항목의 잔액에 비례하여 배분하는 방법 등을 사용할 수 있다. 제조간접원가 그룹이 한 개일 때는 제조간접원가에 비례하여 배분하는 방법은 실제배부율을 적용한 것과 동일한 결과를 낳는다.

잔액에 비례하여 배분한 결과와 제조간접원가에 비례하여 배분한 결과는 다음과 같으며 각 배분액을 해당 항목에 가산하면 된다.

구 분	잔액비례법		제조간접원가비례법	
	배분율(%)	배분액	배분율(%)	배분액
재공품	13.75	₩4,125	13.33	₩4,000
제품	21.25	6,375	20.00	6,000
매출원가	65.00	19,500	66.67	20,000
합계	100.00	₩30,000	100.00	₩30,000

배분의 번거로움을 피하기 위해 간편법을 사용하기도 하는데 매출원가에서 전액 조정하는 방법이나 영업외손익으로 처리하는 방법을 들 수 있다. 위의 예에서 매출원가에서 조정한다면 조정전 매출원가인 ₩520,000에 과소배부차이 ₩30,000을 가산하면 된다.

Strategic Management Accounting

간접원가 배부방법의 개선

과거에는 간접원가가 직접원가에 비해 비중이 낮았을 뿐만 아니라, 금액이 크지 않은 다양한 원가항목으로 구성되어 있었다. 따라서 간접원가의 각 세부항목마다 배부기준을 정하고 일일이 원가대상에 배부하는 것은 원가－효익 차원에서 적절하지 않다. 간접원가항목마다 배부기준을 선정하는 것이 쉽지 않을 뿐만 아니라, 간접원가의 금액이 작으므로 배부방법을 개선하더라도 원가계산결과 자체에 미치는 영향이 미미하기 때문이다. 이 경우 모든 간접원가를 하나의 원가범주로 묶고 단일의 배부기준을 이용하여 원가대상에 일괄 배부하는 것이 더 나은 방법이다.

간접원가 배부의 정확성을 제고하기 위해서는 원가 발생과 **인과성**이 높은 배부기준을 선택하는 것이 바람직하지만 다양한 원가가 포함되어 있는 간접원가의 특성상 모든 원가의 인과성을 반영된 배부기준을 선택하는 것은 불가능하다. 간접원가가 차지하는 비중이 크지 않았던 과거에는 정확성을 다소 희생하더라도 계산의 편의를 위해 대표적인 원가배부기준 한 가지를 이용하여 간접원가를 배부하였다고 할 수 있다.

그러나 간접원가의 비중이 커지고 기업간 경쟁으로 정확한 원가계산의 필요성이 증가하여 간접원가의 배부방법을 개선하려는 노력이 지속적으로 이루어지고 있다.[7]

수월하게 간접원가 배부를 개선할 수 있는 한 가지 방법은 간접원가를 발생원인에 따라

그림 5-5 간접원가의 세분화와 복수 배부기준

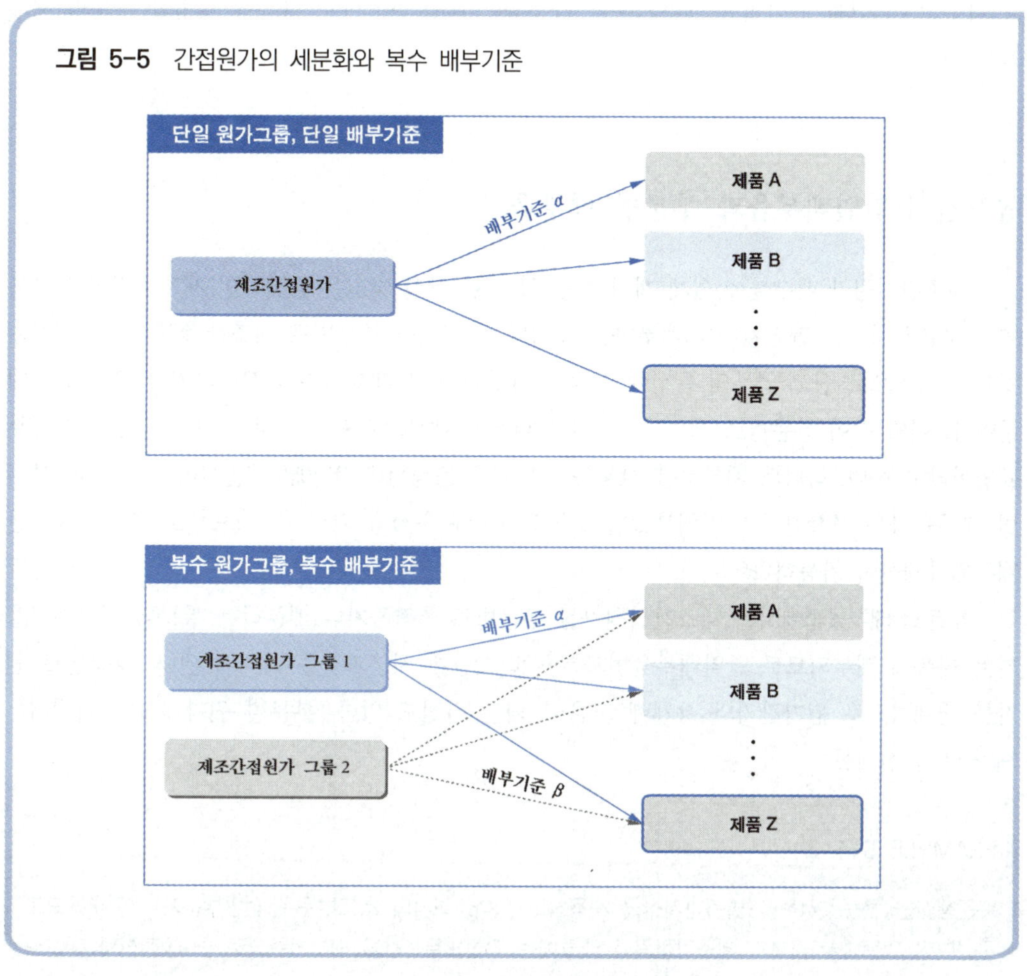

몇 개의 그룹으로 나누고 그 그룹별로 서로 다른 배부기준을 사용하는 것이다. 그림 5-5에서 보듯이 간접원가를 두 개의 그룹그룹 1과 그룹 2으로 나누고 그룹 1에 적절한 배부기준 α, 그룹 2에 적절한 배부기준 β를 사용하면, 간접원가 총액을 단일의 배부기준 α를 사용하여 배분하는 경우보다 원가발생의 인과관계를 더 잘 반영할 수 있다.

간접원가를 세분화하고 그에 따라 적절한 배부기준을 사용하면 원가배부의 정확성이 향상될 수 있지만 이 경우에도 원가-효익 사고는 필요하다. 간접원가를 특성별로 그룹화하고 그룹별로 원가배부기준을 달리하려면 복잡한 기록이나 계산에 따른 비용이 발생하므로 세분화에 따른 원가와 효익을 비교하여 세분화의 수준을 결정해야 한다. 간접원가를 몇 개의 그룹으

7 그 동안 여러 개선 방법이 제시되었는데 활동기준원가계산(activity-based costing)은 그러한 노력의 산물이라고 할 수 있다. 활동기준원가계산은 제6장에서 자세히 다룰 예정이다.

로 나누고 각 그룹에 적절한 배부기준을 사용하는 대표적인 예로 다음에 설명할 부문별 배부율을 들 수 있다.

공장전체 단일배부율과 부문별 배부율

제조간접원가 배부를 손쉽게 개선할 수 있는 한 가지 방법은 공식적인 제조조직이나 부문별로 구분하여 제조간접원가를 배부하는 것이다. 조직이나 부문별로 제조간접원가를 집계하는 것이 상대적으로 쉽고 업무의 특성에 따라 인과성이 높은 배부기준을 선택하기가 용이하기 때문이다. 이와 같이 부문별로 제조간접원가를 나누고 배부기준도 달리하는 방법을 부문별 배부율법이라고 하며, 하나의 배부율을 사용하는 방법을 **공장전체 단일배부율법**이라고 부른다. 부문별 배부율법은 공장전체 단일배부율법보다 인과성에 충실을 기할 수 있으므로 좀 더 정확한 제품원가계산이 가능하다.

부문별 배부율법에서는 제조간접원가를 부문별로 추적하거나 배분하는 부문별 원가계산을 거쳐 제품에 배부되므로 단일배부율법과는 달리 2단계 배분과정을 거치게 된다. 부문별로 원가를 집계하므로 원가관리와 통제에 도움이 되는 장점도 있다. 부문별 원가계산에 대해서는 제6장에서 설명한다.

EXAMPLE 5-4

주문생산을 하는 S사는 개별원가계산을 사용하고 있다. 회사의 제조부문은 선반부문과 조립부문으로 구성되어 있는데 지금까지 제조간접원가 배부에는 직접노무시간을 배부기준으로 한 공장전체 단일배부율법을 사용하였으나 원가계산의 정확성을 위해 부문별 배부율법으로 변경할 예정이다. 부문별 배부율법을 사용할 경우 선반부문은 기계작업시간을, 조립부문은 직접노무시간을 배부기준으로 한다. 다음 자료는 20x1년 5월에 수행된 작업내용과 제조간접원가 발생액이다. 제조간접원가는 월기준으로 실제 배부한다.

구분	선반부문		조립부문	
	직접노무시간	기계작업시간	직접노무시간	기계작업시간
No. 101	20	30	150	10
No. 102	30	20	100	10
제조간접원가	₩1,200,000		₩1,500,000	

Question

1. 공장전체 단일배부율법을 이용하여 No. 101과 No. 102의 제조간접원가 배부액을 계산하라.

2. 부문별 배부율법을 이용하여 No. 101과 No. 102의 제조간접원가 배부액을 계산하라.
3. 1.과 2.의 계산결과를 비교하여 설명하시오.

주어진 자료에 따라 공장전체 단일배부율을 구하면 다음과 같다.

- **공장전체 단일배부율** $= \dfrac{\text{공장전체 제조간접원가}}{\text{직접노무시간}} = \dfrac{₩2,700,000}{300\text{시간}} = ₩9,000/\text{노무시간}$

배부율에 각 작업에 소요된 노무시간을 곱하면 배부액이 다음과 같이 계산된다.

- **No. 101 제조간접원가 배부액** = ₩9,000 × 170시간 = ₩1,530,000
  No. 102 제조간접원가 배부액 = ₩9,000 × 130시간 = ₩1,170,000

한편 부문별 배부율은 각 부문의 제조간접원가를 해당 배부기준량으로 나누어 구한다.

- **선반부문 배부율** $= \dfrac{\text{선반부문 제조간접원가}}{\text{기계작업시간}} = \dfrac{₩1,200,000}{50\text{시간}} = ₩24,000/\text{기계시간}$
- **조립부문 배부율** $= \dfrac{\text{조립부문 제조간접원가}}{\text{직접노무시간}} = \dfrac{₩1,500,000}{250\text{시간}} = ₩6,000/\text{노무시간}$

각 작업에 배분할 제조간접원가 역시 부문별로 나누어 구한 후 합산한다.

- **No. 101 제조간접원가 배부액:**
  선반부문: ₩24,000 × 30시간 = ₩720,000
  조립부문: ₩6,000 × 150시간 = 900,000
  조립부문: ₩6,000 × 150시간 = ₩1,620,000

- **No. 102 제조간접원가 배부액:**
  선반부문: ₩24,000 × 20시간 = ₩480,000
  조립부문: ₩6,000 × 100시간 = ₩600,000
  ₩1,080,000

단일배부율에 의한 경우 No. 101에 배부되는 제조간접원가는 ₩1,530,000이나, 부문배부율에 의하는 경우 ₩1,620,000으로 ₩90,000의 차이가 발생한다. 이러한 차이가 나는 이유는 No. 101의 경우 선반부문에서의 기계작업시간이 No. 102에 비해 높기 때문에 선반부문의 제조간접원가가 단일배부율에 비해 많이 배부되기 때문이다. 선반부문의 제조간접원가가 기계작업시간과 밀접한 관련을 가지고 있는 경우에 직접노무시간을 배부기준으로 사용하는 경우보다 더 정확한 원가계산이 가능할 것이다. ■

아메리카노와 카푸치노 한 잔의 원가는 각각 얼마일까? 두 제품 모두 에스프레소 원액을 필요로 하는데 이를 위한 커피 재료원가는 통상적으로 150원이 안 되는 것으로 알려져 있다. 카푸치노는 여기에 우유가 추가되고 그 원가만 따져도 약 500원이 된다. 우유를 거품 내는 데 소요되는 노동력과 기계 시간 등을 고려하면 아메리카노와 카푸치노의 가격 차이가 500원일 때 오히려 아메리카노의 수익성이 더 높은 것이다. 고가제품의 매출이 늘면 전체 매출은 증가하지만, 고가제품의 단위당 수익성이 저가제품보다 낮다면 전체 수익성은 오히려 악화된다. 제품별 원가를 정확히 계산해서 제품별 수익성을 제대로 알고 있어야 하는 이유다.

APPENDIX 5.1 종합원가계산

개별원가계산과 함께 대표적인 원가계산방법으로는 종합원가계산이 있다.

종합원가계산process costing은 유사제품 또는 동일제품을 연속적으로 대량생산하는 기업에서 사용된다. 종합원가계산은 개별원가계산이 작업별로 원가를 집계하는 데 반해 공정별로 원가를 집계한다는 의미로 **공정별 원가계산**이라고도 한다.■

■ 우리나라에서는 일반적으로 종합원가계산이라고 부르지만 왜 그러한 명칭을 사용하고 있는지는 명확하지 않다. 이 방법의 원래 용어는 process costing으로 공정별 원가계산이 보다 원 용어에 가까운 번역이라고 할 수 있다.

연속적으로 동일한 제품을 대량생산하는 기업에서는 제품별로 원가를 추적하는 것이 거의 불가능할 뿐만 아니라 동일한 공정에서 표준화된 과정을 통해 생산되는 제품이므로 제품마다 원가가 다를 가능성은 극히 희박하다. 설사 엄밀하게 제품별로 원가계산을 하여 그 금액을 얻더라도 그 금액의 차이는 매우 작을 것이므로 원가-효익의 차원에서 제품별로 개별적인 원가계산을 하는 것은 의미가 없다. 이러한 상황에서는 제품별 제조원가가 동일하게 발생할 것으로 가정하고 원가계산기간 동안 투입된 총제조원가를 그 기간에 생산된 수량으로 나누어 단위당 제조원가를 계산하는 것이 적절하다. 이것이 바로 종합원가계산의 기본원리이며, 종합원가계산하에서의 제품 한 단위의 원가는 원가계산기간 동안의 평균원가이다.

종합원가계산의 기본원리

	1월	2월	3월
당월에 투입한 제조원가	₩100,000	₩110,400	₩86,000
전월에 미완성된 수량(월초재공품 수량)	–	–	200
월초재공품의 완성도			80%
당월 중 생산에 착수한 수량	1,000	1,000	1,000
당월에 완성된 수량	1,000	800	1,100
당월에 미완성된 수량(월말재공품 수량)	–	200	100
월말재공품의 완성도	–	80%	60%

※ 위의 생산정보에 제시된 '제조원가'는 이해를 도모하기 위해 편의상 특정 원가항목으로 표시하지 않았다. 다만 이 원가는 생산이 진행됨에 따라 발생하는 것으로 가정한다. 예를 들어, 어떤 제품의 완성도가 50%라고 하면 원가도 50%만큼 발생하는 특성을 가졌다고 할 수 있다. 만약 어떤 화학원료가 생산공정 초기부터 끝까지 조금씩 균등하게 투입되는 경우가 있다면 이러한 %의 방식으로 완성도와 원가발생 정도를 표시할 수 있을 것이다.

• APPENDIX

위의 예를 통해 종합원가계산의 기본적인 계산절차와 개념을 이해하여 보자.

1 1월의 원가계산

1월에 생산된 완성품의 단위당 원가는 투입한 총제조원가를 완성된 수량으로 나누면 쉽게 얻어진다.

$$\text{1월의 완성품 단위당 제조원가} = \frac{\text{1월에 투입한 제조원가}}{\text{1월에 생산한 완성품 수량}} = \frac{₩100,000}{1,000\text{개}} = ₩100$$

$$\text{1월에 완성된 제품의 제조원가} = \text{생산 수량} \times \text{단위당 제조원가} = ₩100 \times 1,000\text{개} = ₩100,000$$

1월의 경우처럼 전월에 미완성된 재공품, 즉 월초재공품과 당월에 생산에 착수하였지만 완성되지 않은 재공품, 즉 월말재공품이 존재하지 않으면 제품의 단위당 제조원가와 제품 제조원가는 위와 같이 쉽게 구할 수 있다.

2 2월의 원가계산: 완성도와 완성품 환산량의 개념

1월과는 달리 2월에는 생산에 착수한 수량 1,000개 중에서 800개만 완성이 되었고 200개는 미완성 상태이다. 이러한 경우 완성품의 단위당 원가는 어떻게 구할 수 있을까? 1월의 경우처럼 투입한 제조원가를 단순히 완성수량 800개와 미완성수량 200개를 합친 1,000개로 나누어서 구할 수는 없다. 왜냐하면 완성품과 미완성된 재공품은 당연히 원가의 발생 정도가 서로 다르기 때문이다. 분명히 완성품 1개와 미완성된 재공품 1개의 원가를 비교하면 완성품 1개의 원가가 클 것이다.

APPENDIX • 

여기서 이러한 문제를 해결할 수 있는 새로운 개념으로 완성도와 완성품 환산량이 있다. 만약 원가가 생산공정상의 완성도에 따라 비례적으로 발생하고 재공품의 완성도가 50%라면, 완성품 1개와 미완성 재공품 2개의 원가는 같다고 볼 수 있다. 본 예제에서처럼 미완성 재공품이 200개 있으며 완성도가 80%라면 이 재공품을 완성품으로 환산하면 160개가 된다. 이와 같이 완성품으로 환산한 수량을 **완성품 환산량**equivalent unit이라고 부른다.

이러한 개념을 활용하면 2월의 제품 단위당 원가를 구할 수 있다. 즉, 2월에 투입한 제조원가를 단순히 완성수량 800개와 미완성수량 200개를 합친 1,000개로 나누어서 구하는 것이 아니라, 완성제품 800개에 미완성제품의 완성품 환산량 160개를 합한 960개로 나누면 완성품 단위당 원가, 보다 정확히 말하자면 완성품 환산량 단위당 제조원가를 구할 수 있게 된다.

- **2월의 완성품 환산량 단위당 제조원가** $= \dfrac{\text{2월에 투입한 제조원가}}{\text{2월에 생산한 완성품 환산량}}$

$$= \frac{₩110{,}400}{800 + 200 \times 80\%}$$

$$= ₩115$$

또 이 금액을 이용하면 당월에 완성된 제품의 제조원가와 월말재공품의 제조원가도 구할 수 있다.

- **2월에 완성된 제품의 제조원가 = 완성품 환산량 단위당 제조원가 × 완성수량**
  - = ₩115 × 800개
  - = ₩92,000

- **2월의 월말재공품의 제조원가 = 완성품 환산량 단위당 제조원가 × 월말재공품의 완성품 환산량**
  - = ₩115 × 160개(= 200개 × 80%)
  - = ₩18,400

• APPENDIX

3 3월의 원가계산: 원가흐름의 가정(선입선출법과 평균법)

3월은 2월의 경우와 달리 월초재공품이 존재하여 또 다른 계산상의 어려움을 낳는다. 이와 같이 월초재공품이 존재하는 경우에는 원가계산에 앞서 작업이 이루어지는 순서에 대한 가정이 필요하다. 즉, 전월에 착수되었지만 당월 초 현재 미완성인 월초재공품을 먼저 완성한 후에 당월에 착수한 물량에 대해 작업하는 것으로 가정하거나선입선출의 가정 아니면 당월에 착수한 물량에 대해 먼저 작업을 해서 이를 완성하고 난 후, 월초재공품에 대한 작업이 이루어지는 것후입선출의 가정으로도 가정할 수 있다. 또 다른 방법으로는 월초재공품 물량과 당기에 착수한 물량을 구별하지 않는 방법평균법을 생각할 수도 있다. 일반적으로 후입선출의 가정은 물리적인 생산과정과는 맞지 않으므로 보통 선입선출법이나 평균법을 많이 사용한다.

선입선출법FIFO: first－in, first－out 하에서는 생산작업이 1) 월초재공품의 완성을 위한 추가작업, 2) 당기착수물량에 대한 작업의 순서로 이루어진다고 가정하고 월초재공품의 원가와 당기에 투입한 원가를 구별하여 별도로 처리한다. 먼저, 월초재공품 원가전월 발생분는 당기에 완성된 월초재공품의 원가로 본다. 당월에 투입한 제조원가는 월초재공품을 추가 가공하여 완성시키는 작업, 당월에 착수되고 완성된 제품에 대한 작업, 그리고 당월에 착수되었지만 미완성된 재공품의 작업에 배분한다. 다음의 그림은 선입선출법 하에서 제조원가월초재공품의 원가, 당기에 투입된 원가와 세 종류의 원가배분대상의 관련성을 보여준다.

한편 **평균법**average method 하에서는 선입선출법과는 달리 기초재공품의 원가와 당기투입입원가를 구별하지 않을 뿐만 아니라 완성품도 월초재공품의 완성분과 당기착수분의 완성분을 구별하지 않는다.■ 이 방법은 마치 월초재공품이 없으며 모든 완성품은 당기에 착수된 것으로 가정하는 방법이라고 할 수 있다.

■ 평균법은 가중평균법(weighted average method)이라고도 한다.

선입선출법 선입선출법은 기초재공품의 원가와 당기에 투입한 원가를 구분하고 당기에 투입한 원가에 대해서만 당기의 작업에 대한 환산량을 이용하여 원가배분을 한다. 기초재공품의 원가는 바로 월초재공품으로부터의 완성품 원가에 포함한다.

결국 선입선출법 하에서의 원가계산의 초점은 당기에 투입된 제조원가를 세 개의 원가 배부대상월초재공품으로부터의 완성품, 당월 착수 완성품, 월말재공품에 어떻게 나누어 주는가가 된다. 여

기서 이들 세 종류의 물량은 각각 완성도가 다르기 때문에 물량 그대로 배분하는 것은 적절하지 않으며 앞서 2월의 경우처럼 통일된 기준, 즉 환산량을 기준으로 배분하여야 한다. 주의해야 할 것은 월초재공품으로부터의 완성품에 대한 환산량은 당월에 추가된 작업부분이 되어야 하므로 전월에 이미 달성한 80%를 차감한 나머지20%를 기준으로 계산되어야 한다.

- **당월에 이루어진 작업에 대한 완성품 환산 총량**
  =월초재공품 완성을 위해 추가된 작업에 대한 환산량+당월 착수 완성품에 대한 환산량+월말재공품에 대한 환산량
  $=200\times(100\%-80\%)+900+100\times60\%$
  $=1,000$

- **3월의 완성품 환산량 단위당 제조원가** $=\dfrac{\text{3월에 투입한 제조원가}}{\text{3월에 생산한 완성품 환산량}}$
  $=\dfrac{₩86,000}{1,000}$
  $=₩86$

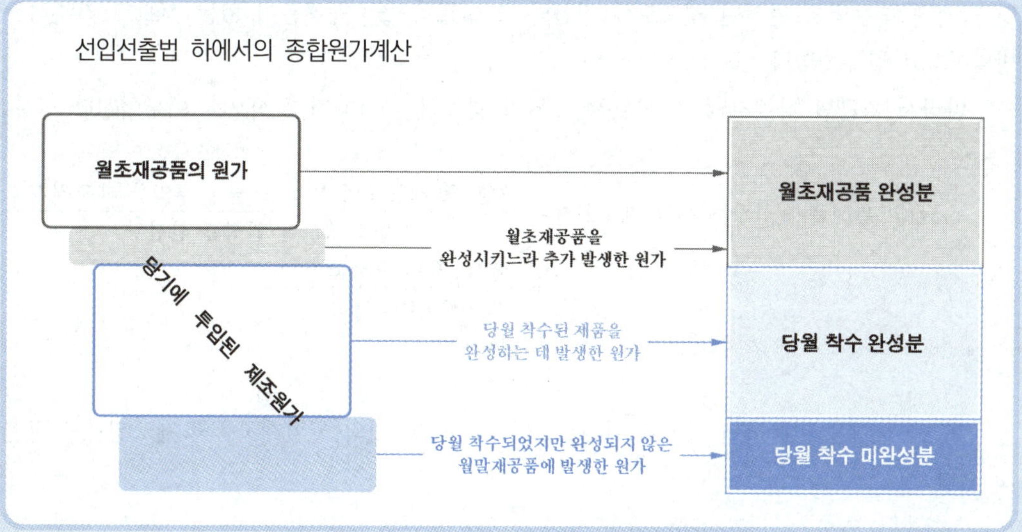

APPENDIX

- **3월에 완성된 제품의 제조원가**
  =월초재공품의 원가+당기착수 완성품의 원가
  =(월초재공품의 이월 원가+당월에 추가된 원가)+당기착수 완성품의 원가
  =(월초재공품의 이월 원가+월초재공품 추가작업에 대한 환산량×당월 완성품 환산량 단위당 제조원가)+(당월 착수 완성품의 환산량×당월 완성품 환산량 단위당 제조원가)
  =(₩18,400+40개×₩86)+(900개×₩86)
  =₩99,240

- **3월의 월말재공품의 제조원가**
  =완성품 환산량 단위당 제조원가×월말재공품의 완성품 환산량
  =₩86×60개
  =₩5,160

평균법 평균법 하에서는 전월로부터 이월된 원가월초재공품의 원가와 당기에 투입된 제조원가를 구별하지 않는다. 또한 완성품도 선입선출법과는 달리 월초재공품으로부터의 완성품과 당기착수완성품을 구별하지 않는다. 이 방법에서는 모든 원가가 당기에 투입되고 완성품은 전량 당기에 착수되어 완성된 것으로 가정한다. 그러므로 월초재공품이 없는 것으로 간주하는 방법이라고 할 수 있다.

따라서 평균법 하에서의 원가계산은 2월의 경우와 마찬가지 형식으로 이루어진다.

- **3월의 완성품 환산량 단위당 제조원가** $=\dfrac{\text{3월 초 재공품의 원가+3월에 투입한 제조원가}}{\text{3월에 생산한 완성품 환산량}}$

$$=\frac{₩18,400+₩86,000}{1,100+100\times 60\%}$$

$$=₩90$$

또 이 금액을 이용하면 당월에 완성된 제품의 제조원가와 월말재공품의 제조원가도 구할 수 있다.

- 3월에 완성된 제품의 제조원가 = 완성품 환산량 단위당 제조원가 × 완성 수량
  = ₩90 × 1,100개
  = ₩99,000

- 3월의 월말재공품의 제조원가 = 완성품 환산량 단위당 제조원가 × 월말재공품의 완성품 환산량
  = ₩90 × 60개(= 100개 × 60%)
  = ₩5,400

"30배 폭리? 정당한 대가?…3만원 넘는 화이자 백신 원가는 1,139원"

다국적 제약사 화이자가 코로나 백신으로 원가 대비 30배에 가까운 폭리를 취하고 있다는 주장이 나왔다. 5일(현지 시각) 영국 가디언의 일요판 '옵서버'는 한 생물공학 전문가의 발언을 인용해 "화이자 백신 1회분 원가는 76펜스(약 1,139원)에 불과하다"고 보도했다. 이 원가 추정치에는 연구비, 유통비 등은 포함되지 않았다. 화이자는 영국 정부에 1회분당 22파운드(약 3만 4,562원)에 화이자 백신을 납품하고 있다. 원가 대비 29배에 달한다. 앞서 톰 프리든 전 미국질병통제예방센터(CDC) 국장은 "화이자가 코로나 팬데믹 기간에 백신 판매로 폭리를 취했다"고 했다.

현지 소비자권리보호단체인 '퍼블릭 시티즌'은 영국 정부가 화이자와 백신 1억 8,900만 회분에 대해 계약을 체결하며 가격 등 비밀유지 조항에 합의했다고 주장했다. 화이자 측은 "전 세계 162개 나라에 20억 회분 이상의 백신을 공급할 수 있어 자랑스럽다"며 "저소득 국가에는 비영리 공급을 했다. 일부 국가에는 할인된 가격으로 백신을 판매했다"고 옵서버에 밝혔다. 비밀유지 조항에 대해서는 "표준 관행"이라고 답했다. 영국 정부도 백신 계약 내용을 두고 자세히 밝힐 수 없다고 밝혔다.

한편 화이자의 행보는 아스트라제네카(AZ)가 당분간 코로나 백신 판매로 수익 창출하지 않겠다고 밝힌 것과 대조적이다. 파이낸셜타임스(FT)는 지난 8월 화이자와 모더나가 유럽연합(EU) 측에 2023년까지 공급하기로 한 백신 총 21억 회분에 대한 재협상을 요구해 백신 가격을 각각 25%, 10% 이상 올렸다고 보도했다. AZ 백신 가격은 화이자 · 모더나 백신의 10분의 1 수준으로 알려졌다.

조선일보 2021. 12. 6. ◀

생각해 봅시다

1. 기사에서 언급된 화이자 백신 1회분 원가 1,139원은 신뢰할 수 있는 수치인가?
2. 제약 · 바이오산업은 연구개발비 투자가 대규모로, 장기간 이루어지고 실패확률도 높다. 그리고 연구성과가 누적되면서 새로운 용도가 발견되는 경우도 존재한다. 이런 산업에서 원가를 계산할 때 주의할 사항은 무엇인가?

원가계산

01 개념과 용어 빈칸을 채우시오.

- 원가계산의 기본요소에는 집계 및 분류된 원가, ________ cost object, 전술한 두 요소의 연결과정 등 세 가지로 구성되어 있다.
- 원가계산에서 직접원가는 원가대상에 직접 추적하고 직접 추적하기 어려운 간접원가는 ________ cost allocation(이)라는 과정을 거친다.
- 간접원가를 배분하기 위해서는 간접원가와 배분기준량 간의 관계에 대한 가정이 필요한데 가장 널리 사용하는 것은 원점을 지나는 ________ linear relationship이다.
- ________ job costing(은)는 주문 또는 생산 작업별로 소요되는 원재료, 노동력 그리고 설비의 사용 정도가 다른 경우 작업별 구분하여 원가계산하는 방법이다.
- 직접원가는 실제발생액을 사용하되 간접원가는 연간 단위로 미리 정한 배부율을 이용하여 예정 배부하는 방식의 원가계산을 ________ normal costing(이)라 한다.

02 원가계산의 기초 다음 원가계산에 대한 설명으로 적절하지 않은 것은?

① 표준화 대량 생산되는 제품에는 개별원가계산보다 종합원가계산이 적절하다.
② 제조간접원가를 실제 배부하면 제품원가 계산이 지연되지 않고 신속하게 이루어질 수 있다.
③ 직접원가는 원가대상에 추적하고 간접원가는 원가대상에 배분한다.
④ 정상원가계산에 의하면 제조간접원가 발생의 계절적 특성을 없앨 수 있다.
⑤ 재무회계목적상 근로자 급여는 제품제조원가로 분류될 수도 있고 판매비나 관리비로 분류될 수도 있다.

03 원가계산의 기초 제품을 한 번에 100단위씩 묶음생산하나 각 묶음마다 제품의 사양이 다른 경우 적합한 원가계산방법은 다음 중 무엇인가?

① 개별원가계산 ② 종합원가계산 ③ 결합원가계산
④ 혼합원가계산

감평사 2018 ··· **04** **원가계산의 기초** 실제개별원가계산제도를 사용하는 (주)감평의 20×1년도 연간 실제 원가는 다음과 같다.

직접재료원가	₩4,000,000	직접노무원가	₩5,000,000
제조간접원가	₩1,000,000		

(주)감평은 20×1년 중 작업지시서 #901을 수행하였는데 이 작업에 320시간의 직접노무시간이 투입되었다. (주)감평은 제조간접원가를 직접노무시간을 기준으로 실제배부율을 사용하여 각 작업에 배부한다. 20×1년도 실제 총직접노무시간은 2,500시간이다. (주)감평이 작업지시서 #901에 배부하여야 할 제조간접원가는?

① ₩98,000 ② ₩109,000 ③ ₩128,000
④ ₩160,000 ⑤ ₩175,000

세무사 2002 ··· **05** **원가계산의 기초** 한일세무법인은 계약 건별로 추적이 가능한 원가는 직접비로 파악하고, 간접비에 대해서는 복수의 간접비집합으로 분류한 다음 각각의 간접비 배부율을 적용하여 원가계산을 한다. 다음 자료를 토대로 한일해운의 세무조정계약 건에 대한 원가를 산출하시오.

(1) 직접노무비: 한일해운의 계약 건과 관련하여 책임세무사 200시간, 담당세무사 400시간이 투입되었으며, 관련 자료는 다음과 같다.

구분	인원수	연간총투입시간(조업도)	연간급여
책임세무사	10명	1,600시간×10명=16,000시간	₩800,000,000
담당세무사	40명	1,600시간×40명=64,000시간	₩1,600,000,000
계		80,000시간	₩2,400,000,000

(2) 한일해운의 세무조정계약 건에서 발생된 직접노무비 이외의 직접비: ₩2,600,000

(3) 간접비는 연간 총 ₩496,000,000이며, 관련 자료는 다음과 같다.

가. 일반관리비세무사 총투입시간에 비례하여 배분: ₩240,000,000
나. 보험료세무사 직접노무비에 비례하여 배분: ₩96,000,000
다. 비서실운영비책임세무사 투입시간에 비례하여 배분: ₩160,000,000
계 ₩496,000,000

① ₩22,600,000 ② ₩27,750,000 ③ ₩26,300,000
④ ₩35,300,000 ⑤ ₩27,200,000

06 **원가계산의 기초** 우진회사는 개별원가계산제도를 채택하고 있다. 제품 A의 제조와 관련한 다음의 자료를 토대로 당기에 발생한 제품 A의 직접재료원가를 구하면 얼마인가? … 세무사 2005

- 당기총제조원가: ₩6,000,000
- 당기제품제조원가: ₩4,900,000
- 제조간접원가는 직접노무원가의 60%가 배부되었는데, 이는 당기총제조원가의 25%에 해당한다.

① ₩4,125,000 ② ₩2,000,000 ③ ₩4,500,000
④ ₩3,600,000 ⑤ ₩900,000

07 **예정배부** (주)감평은 제조간접원가를 기계작업시간 기준으로 예정배부하고 있다. 20×1년 실제 기계작업시간은? … 감평사 2021

제조간접원가(예산)	₩928,000
제조간접원가(실제)	960,000
제조간접원가 배부액	840,710
기계작업시간(예산)	80,000시간

① 70,059시간 ② 71,125시간 ③ 72,475시간
④ 73,039시간 ⑤ 74,257시간

08 **예정배부** (주)세무는 단일 제품을 생산하며, 정상원가계산제도를 채택하고 있다. 제조간접원가는 기계시간을 기준으로 배부한다. 20×1년 제조간접원가 예산은 ₩40,000이고, 예정 기계시간은 2,000시간이다. 20×1년 실제 기계시간은 2,100시간, 제조간접원가 과대배부액은 ₩3,000이다. 20×1년 (주)세무의 제조간접원가 실제발생액은? … 세무사 2020

① ₩39,000 ② ₩40,000 ③ ₩41,000
④ ₩42,000 ⑤ ₩45,000

09 **개별정상원가계산** (주)세무는 개별원가계산방법을 적용한다. 제조지시서#1은 전기부터 작업이 시작되었고, 제조지시서#2와 #3은 당기 초에 착수되었다. 당기 중 제조지시서#1과 #2는 완성되었으나, 당기말 현재 제조지시서#3은 미완성이다. 당기 제조간접원가는 직접노무원가에 근거하여 배부한다. 당기에 제조지시서#1 제품은 전량 판매되었고, 제조지시서#2 제품은 전량 재고로 남아있다. 다음 자료와 관련된 설명으로 옳지 않은 것은? … 세무사 2016

구분	#1	#2	#3	합계
기초금액	₩450	-	-	
[당기투입액]				
직접재료원가	₩6,000	₩2,500	₩( )	₩10,000
직접노무원가	500	( )	( )	1,000
제조간접원가	( )	1,000	( )	4,000

① 당기제품제조원가는 ₩12,250이다.

② 당기총제조원가는 ₩15,000이다.

③ 기초재공품은 ₩450이다.

④ 기말재공품은 ₩2,750이다.

⑤ 당기매출원가는 ₩8,950이다.

세무사 2007 ··· **10** **개별정상원가계산** 대한회사는 개별원가계산시스템을 채택하고 있다. 제조간접원가의 예정배부율은 직접노무원가의 150%이다. 제조간접원가의 배부차이는 매월 말 매출원가계정에서 조정한다. 추가정보는 다음과 같다.

(1) 작업 #701만이 2007년 2월 말에 작업이 진행 중이며 원가는 다음과 같다.

직접재료원가	0₩8,000
직접노무원가	0₩4,000
제조간접원가배부액	0₩6,000
	₩18,000

(2) 작업 #702, #703, #704, #705는 2007년 3월중에 작업이 시작된 것이다.

(3) 2007년 3월중에 작업에 투입된 직접재료원가는 ₩52,000이다.

(4) 2007년 3월중에 발생한 직접노무원가는 ₩40,000이다.

(5) 2007년 3월중 제조간접원가의 실제 발생액은 ₩64,000이다.

(6) 2007년 3월 말 현재 진행중인 작업은 #705뿐이며, 이 작업과 관련된 직접재료원가는 ₩5,600, 직접노무원가는 ₩3,600이다.

대한회사가 2007년 3월중에 생산한 제품의 당기제품제조원가는 얼마인가?

① ₩155,400 ② ₩156,000 ③ ₩155,200

④ ₩159,400 ⑤ ₩170,000

11 **개별정상원가계산** (주)세무는 정상개별원가계산을 사용하고 있으며, 제조간접원가는 직접노무시간을 기준으로 배부하고, 제조간접원가 배부차이는 전액 매출원가에 조정하고 있다. 당기의 직접재료매입액은 ₩21,000이고, 제조간접원가 배부차이는 ₩7,000과소배부이며, 제조간접원가 배부차이 조정 전 매출원가는 ₩90,000이다. 당기 재고자산 관련 자료는 다음과 같다. … 세무사 2021

구분	직접재료	재공품	제품
기초재고	₩3,000	₩50,000	₩70,000
기말재고	4,000	45,000	60,000

직접노무원가가 기초원가prime cost의 60%인 경우, 당기에 실제 발생한 제조간접원가는?

① ₩18,000 ② ₩25,000 ③ ₩30,000
④ ₩32,000 ⑤ ₩37,000

12 **개별정상원가계산** (주)대한은 정상원가계산제도를 채택하고 있다. 제조간접원가예정배부율은 직접노무원가의 50%이며, 제조간접원가 배부차이는 전액 매출원가에서 조정한다. ㈜대한의 20×1년 2월 원가 관련 자료는 다음과 같다. … 회계사 2022

- 직접재료 구입액은 ₩40,000이다.
- 직접노무원가는 기본원가(기초원가, prime costs)의 40%이다.
- 직접재료 기말재고액은 ₩10,000, 제품 기말재고액은 ₩4,000이다.
- 당기제품제조원가에는 직접재료원가 ₩25,500이 포함되어 있다.
- 기말재공품에는 제조간접원가 배부액 ₩1,500이 포함되어 있다.
- 실제 발생한 제조간접원가는 ₩8,000이다.

제조간접원가 배부차이를 조정한 후 ㈜대한의 2월 매출원가는 얼마인가? 단, 기초재고자산은 없다.

① ₩44,000 ② ₩45,000 ③ ₩46,000
④ ₩47,000 ⑤ ₩49,000

13 **부문별 예정배부율** T사는 개별원가계산제도를 채택하고 있으며, 직접노무원가를 기준으로 제조간접원가를 배부한다. 2007년도의 제조간접원가배부율은 A부문에 대해서는 200%, B부문에 대해서는 50%이다. 제조지시서 #04는 2007년 중에 시작되어 완성되었으며, 원가발생액은 다음과 같다. … 재경관리사 2007

	A부문	B부문
직접재료원가	₩50,000	₩10,000
직접노무원가	?	40,000
제조간접원가	60,000	?

제조지시서 #04와 관련된 총제조원가는 얼마인가?

① ₩170,000 ② ₩190,000 ③ ₩210,000 ④ ₩270,000

14 원가계산 다음의 자료는 20×1년의 회계감사원가를 계산하기 위한 S회계법인의 연초 예산 및 배부기준자료이다.

(1) 회계사 직급별 연간총 급여예산 및 예상 총 투입시간

직급	총급여예산	총투입시간
Manager	₩256,000	₩4,000
Senior	₩156,000	₩6,000
Staff	₩96,000	₩8,000

(2) 연간 출장비 예산 및 예상 출장총회수(=출장일x감사인원)

구분	연간예산	예상 연간출장회수
출장비	₩108,000	720

(3) 연간 기타 간접원가 예산(배부기준은 회계사급여)

구분	연간예산
기타간접원가	₩254,000

다음은 20×1년 2월 중 3일간 실시된 부산소재 A사 회계감사에 투입한 회계사 직급별 인원, 인원별 투입시간이며, 원가계산을 위한 출장횟수는 12=3일x4인이다.

구분	Manager	Senior	Staff
인원	1명	1명	2명
인원별 총투입시간	10시간	15시간	15시간

물음: A사의 회계감사원가를 구하라.

15 정상원가계산 S사의 20×1년 제3/4분기와 관련된 자료는 다음과 같다.

20×1년 7. 1. **재고자산**	
재 료	₩6,000
재공품	28,000
제 품	32,000
20×1년 9. 30. **재고자산**	
재 료	9,000
재공품(3,000단위):	
직접재료원가	8,000
직접노무원가(단위당)	2.4
제 품(2,000단위):	
직접재료원가	8,000
직접노무원가(단위당)	7.5

- 제3/4분기 동안 투입된 직접노무원가는 ₩50,000이다.
- 제3/4분기의 재료매입액은 ₩40,000이다.

- 제3/4분기에 재료매입운임 ₩2,000이 발생하였다.
- 제조간접원가는 예정배부율을 사용하여 배부되는데, 제조간접원가는 가공원가의 60%이다.

물음:

1. 제3/4분기 동안 사용된 직접재료원가를 계산하라.
2. 제3/4분기 동안 발생한 총제조원가를 계산하라.
3. 제3/4분기 말의 재공품재고액을 계산하라.
4. 제3/4분기 동안의 제품제조원가를 계산하라.
5. 제3/4분기 말의 제품재고액과 이 기간 중의 매출원가를 계산하라.

16 **부문별 배부율** S사는 제품 A와 제품 B를 생산하고 있는데 두 제품은 모두 제조부문 X와 제조부문 Y를 거쳐야 한다. 제조부문 X에서 발생한 제조간접원가는 각 제품생산에 소요된 X부문 기계시간을 기준으로 배부하고, 제조부문 Y에서 발생한 제조간접원가는 각 제품생산에 소요된 Y부문 노무시간을 기준으로 배부한다. 20×1년 5월 중 제품 A와 제품 B를 생산하는 데 각각 소요된 X부문 기계시간과 Y부문 노무시간 그리고 각 제품에 배부된 제조간접원가 자료이다.

구분	제품 A	제품 B	합계
X부문 기계시간	10시간	30시간	40시간
Y부문 노무시간	90시간	60시간	150시간
제조간접원가배부액	₩870,000	₩930,000	₩1,800,000

한편, S사에서는 한 해 동안 사용할 부문별 예정 배부율을 연초에 산정하고 있다. 20×1년 초에 부문별 제조간접원가 예정 배부율을 구하기 위한 일부 자료는 다음과 같다.

구분	부문 X	부문 Y
제조간접원가 연간 예산액	S	₩9,600,000
연간 예정기계시간	500	?
연간 예정노무시간	?	?
예정배부율	?	?

물음: 위의 자료에 모두 종합할 때 부문 X의 제조간접원가 연간 예산액 S는 얼마였겠는가?

Chapter 06

Strategic Management Accounting

원가배분과 활동기준원가계산

원가배분의 의의

| 원가배분의 목적

| 원가배분의 절차와 배분기준의 선택

부문별 원가계산

| 부문별 원가계산의 절차

| 부문 간의 원가배분: 단일배분율법과 이중배분율법

| 부문 간의 원가배분: 직접법, 단계법, 상호배분법

활동기준원가계산

| 전통적 원가계산과 환경변화

| 활동기준원가계산

| ABC의 활용

| ABC의 문제점과 유의사항

시간동인 활동기준원가계산

| TDABC의 기초 개념

| TDABC의 기초자료와 절차

| TDABC의 특징

부록 1: 보조부문 상호 간의 원가배분

부록 2: ABC의 예

Strategic
Management Accounting

Chapter
06

원가배분과 활동기준원가계산

원가배분과 관련된 문제는 기업에서뿐만 아니라 우리 실생활에서도 피할 수 없다. 예를 들어, 아파트 승강기는 없어서는 안 될 필수품으로 다양한 비용을 발생시킨다. 일상적인 전기요금과 수선유지비 외에 주기적인 교체도 필요하다. 이러한 승강기 관련 비용은 입주민들에게 어떻게 배분하는 것이 합리적일까? 실제로 서울 목동의 한 아파트에서는 이와 관련된 소송까지 있었다고 한다.

모든 입주민에게 동일한 금액을 배분할 수도 있고, 저층 입주민에게는 전부 또는 일부를 감면해 줄 수도 있을 것이다. 만약 지하주차장이 없다면 1층 입주민은 아예 배분 대상에서 제외해야 할까? 2층과 3층 입주민은? 지하주차장이 있다면 어떻게 달라질까? 이러한 공통비용을 배분할 때 사용할 적절한 원칙은 없을까?

본 장에서는 원가계산과정에서 논란의 중심에 있는 원가배분문제를 다룬다. 경제이론에서는 다루지 않는 원가배분이 회계 실무에서 오랜 기간 존속하고 있는 이유를 살펴보고 그 진화과정을 부문별 원가계산, 활동기준원가계산, 시간동인 활동기준원가계산의 순으로 설명한다. 원가계산의 정확성은 원가배분에 달려 있다고 해도 과언이 아닐 만큼 중요하게 다뤄져 왔지만 여전히 진행형이다. 원가배분방법의 의미와 절차를 잘 알고 있어야 이를 통해 창출된 원가정보의 유용성과 한계를 이해할 수 있으며 보다 효과적으로 원가정보를 활용할 수 있다.

원가배분의 의의

경제적 자원을 소비하면서 기업이 여러 활동을 수행하는 것은 결국 수익을 내어 줄 제품을 만들기 위함이다.[1] 따라서 소비하는 경제적 자원의 종착지는 제품이라고 할 수 있지만, 제품이 기업의 내부 부문조직과 구성원의 활동이 누적된 결과물이므로 중간 단계에서 경제적 자원을 누가 어떻게 소비하는지 파악하는 것도 중요하다. 원가계산이 최종 제품뿐만 아니라 활동을 수행하는 부문이나, 심지어는 활동 그 자체에 대해서도 필요한 이유이다.

경제적 자원의 사용자부문 또는 제품는 자원을 단독으로 소비하기도 하지만 경우에 따라서는 공동으로 소비하기도 한다. 이처럼 경제적 자원을 여러 사용자가 공동으로 소비할 때 발생하는 원가를 **공통원가**common cost라고 한다.[2] 예컨대, 기업 내의 전산부가 제공하는 전산서비스나 인사부가 제공하는 인적자원관리서비스는 기업의 모든 조직 및 구성원들이 향유하는 서비스이므로 사용자 입장에서 이들 부서의 원가는 공통원가가 된다. 공통원가는 원가계산 목적상 간접원가이므로 각 사용자별 원가를 계산할 때 얼마씩 배분해야 하는가 하는 **원가배분**문제가 등장한다.[3]

공통원가의 원가배분은 기업 내부 서비스 흐름에 따라 여러 단계를 걸쳐 이루어질 수 있다. 그림 6–1에서 보듯이, 본사 기획부서의 원가는 각 사업부로, 사업부 내 특정부문의 원가는 같은 사업부의 다른 부문으로 배분될 수도 있다. 사업부 원가는 최종적으로 제품군이나 제품군 내의 각 제품으로 배분되기도 한다.

---

1 여기서 제품은 서비스도 포함된 의미로 사용한다.

2 경제학에서는 결합원가(joint cost)라고도 부르지만 회계에서는 결합원가는 주로 결합제품의 원가로 많이 사용한다. 공통원가는 직접 추적이 어렵다는 점에서 간접원가라고 할 수 있다. 이에 반해 사용자가 경제적 자원을 배타적이고 개별적으로 소비할 때 발생하는 개별원가(individual costs)는 사용자에게 직접 추적이 가능하므로 직접원가가 된다.

3 제5장 원가계산에서는 제조간접원가를 제품에 배부하는 문제를 다룬 바 있는데 이 역시 원가배분이다. 원가배분은 사용자별로 원가를 계산할 때 이들에게 귀속될 원가가 얼마인가를 측정하는 과정이다. 원가계산차원에서 공통원가를 인위적으로 나누는 원가배분(cost allocation)은 회계학적 개념이며, 공통자원에 대한 지출액 중 각 사용자가 부담할 금액을 정하는 원가분담(cost sharing)은 경제학적 개념이다. 그러나 원가배분이 조직의 성과와 보상에 영향을 준다면 분담과 유사한 효과를 보일 수 있다.

그림 6-1 기업부문과 원가배분

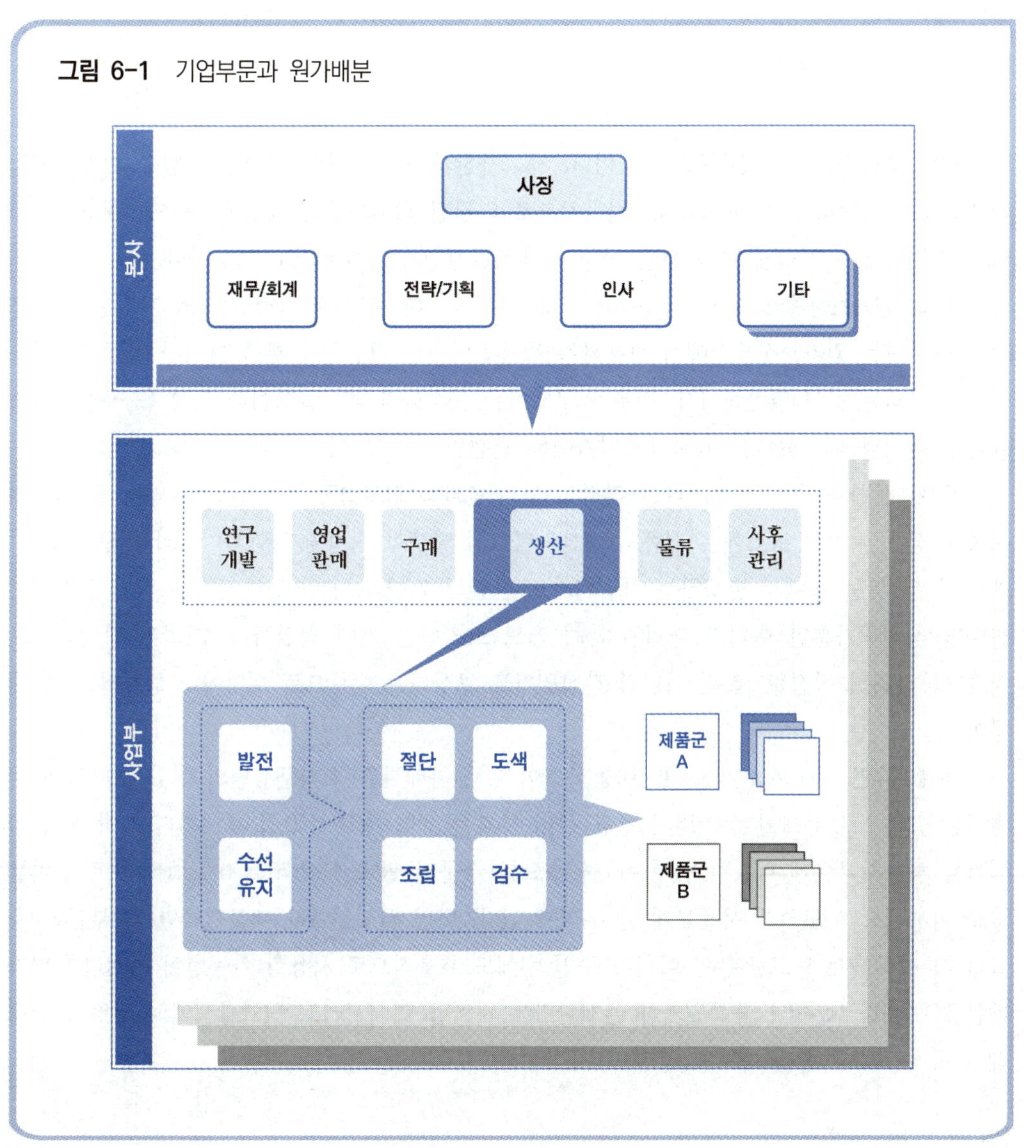

원가배분의 목적

공통원가를 배분하는 과정에는 불가피하게 주관적 판단이 개입된다. 따라서 원가배분 결과에 대해 논란과 불만이 제기되는 경우도 많고 아예 원가를 배분하지 않는 것이 적절하다는 주장도 있다.[4] 그럼에도 불구하고 기업에서는 오래 전부터 원가를 배분하고 있다. 장기간 존속하는 제도라면 분명히 그 존재이유가 있을 것이다.[5] 일반적으로 인정되는 원가배분의 목적은 다음의 네 가지로 요약할 수 있다.

첫째, 재무보고 및 세무보고 목적이다. 재고자산과 매출원가의 결정은 기업의 회계이익과 과세소득을 결정하는 데 중요하다. 일반적으로 인정된 회계기준과 세법에 의하면 재고자산이나 매출원가에는 직접제조원가뿐만 아니라 제조간접원가의 배분액도 포함한다.

둘째, 원가보상계약cost reimbursement contract 목적이다. 원가에 일정 비율을 가산한 금액을 가격으로 하는 원가보상계약에서 사용하는 원가범위에는 직접원가 뿐만 아니라 간접원가배분액도 포함되는 것이 일반적이다. 정부가 구입하는 군수물자의 도급액이나 전력 등 공공서비스 요금을 결정할 때 기초가 되는 제조원가에는 간접원가배분액이 포함되어 있다.

셋째, 신제품 수익성 평가나 가격결정 등의 **경제적 의사결정** 목적이다. 신제품 출시를 검토하는 경우 수익성 평가에는 제품의 생산과정에서 발생할 직접원가뿐만 아니라 연구개발, 마케팅, 물류 활동 등에서 발생하는 간접원가도 감안해야 한다. 만약 판매가격을 직접 결정해야 한다면 직접원가뿐만 아니라 간접원가배분액도 고려하는 것이 적절하다. 기업이 장기적으로 지속가능하려면 직접원가뿐만 아니라 간접원가도 보상하는 수준으로 수익이 발생해야 하기 때문이다.

넷째, 유인incentive의 제공 및 **통제** 목적이다. 원가배분은 조직구성원의 행위를 기업에 바람직한 방향으로 유도할 수 있다.[6] 신규 설비 투자를 위해 내부 수요를 조사한다고 하자. 설비원가를 사용자부문에 배분하지 않는다면 수요를 부풀려 필요 이상의 투자를 초래하고 설비를 갖춘 이후에도 과도하게 사용하게 할 우려가 있다. 반면 설비원가가 배분된다면 각 부문은 수요를 더 정확하게 보고할 뿐만 아니라 구입 후에도 효율적으로 사용할 가능성이 커진다.[7] 원가배분은 사용자부문에게 공통원가가 존재한다는 사실을 인식시키고 원가발생액의 적정성에 대해 지속적으로 관심을 가지게 할 수 있다.

---

4 책임회계제도 하에서는 통제 불가능한 원가는 성과평가에 포함되지 말아야 하므로 이들 원가는 배분하지 않는 것이 적절하다고 주장하기도 한다. 책임회계제도와 통제가능성에 대해서는 제11장에서 설명한다.

5 경제학에서는 일견 불합리하게 보이는 특정의 제도가 없어지지 않고 장기간 존속하고 있다면 나름의 경제적인 이유가 있을 것이라는 경제적 다위니즘(economic Darwinism)의 결과로 해석한다. 원가배분도 경제적 다위니즘의 결과로 보고 원가배분의 존재이유를 설명하기 위한 많은 연구들이 있었다.

6 회계수치(이익, 원가)에 기초한 성과평가에서 원가배분 여부나 크기는 기업 내 부문과 구성원들의 평가와 보상에 중대한 영향을 주므로 의사결정행태를 변화시킬 수 있다.

7 친구 5명이 한 달에 한 번 저녁식사를 함께 하면서 식사비용은 무조건 1/5씩 부담하기로 한다면 어떤 유인이 있을까? 1/5만 자신이 부담하고 나머지는 다른 사람에게 전가할 수 있다는 생각으로 다들 (쓸데없이) 고급음식을 많이 주문하여 되레 모두에게 손해가 되는 상황이 생기지 않을까? 만약 각자 주문한 만큼 부담하는 방식으로 변경한다면 주문은 어떻게 달라질까? 원가배분의 존재여부와 방법에 따라 관련 당사자들의 의사결정은 달라질 수 있다.

원가배분의 절차와 배분기준의 선택

원가배분cost allocation은 공통원가를 관련된 조직이나 제품에 배분하는 과정으로서 일반적으로 다음 세 단계로 이루어진다.

첫째, 원가대상cost object을 확정한다. 원가대상은 원가를 귀속시킬 대상으로서 기업 내의 부문이 될 수도 있고 생산하는 제품이나 서비스가 될 수도 있다.

둘째, 배분하고자 하는 **공통원가**를 집계accumulation한다. 예를 들어, 인사부서에서 발생한 원가는 인사부서에서 일하는 직원의 급여나 사용하는 설비, 소프트웨어의 원가 등 여러 가지가 있을 수 있는데, 이들을 측정하고 집계한다.

셋째, 집계된 공통원가를 원가대상에 배분하기 위한 **원가배분기준**allocation base을 포함한 원가배분방법allocation method을 확정하고 적용한다.

원가배분기준으로 가장 선호되는 것은 **인과성**cause and effect이다. 원가를 발생시키는 원인에 기초하여 원가를 배분하는 기준이다. 여러 생산부문이 구매부문을 통해 필요한 자재를 구매하고, 구매부문의 업무량이 자재의 구매량, 자재 종류의 다양성, 자재의 주문횟수 등과 밀접하게 관련이 있을 때 구매부문 원가를 이들 기준으로 각 생산부문에 배분하는 것은 인과성에 따른 배분이라고 할 수 있다. 인과성에 따른 원가배분이 경제적 의사결정에 유용한 정보가 될 수 있지만 문제는 인과성 있는 배분기준을 찾기 어려운 경우가 종종 있다는 점이다.

인과성 배분기준이 여의치 않은 경우 사용할 수 있는 기준으로 **수혜 정도**benefit received가 있다. 혜택을 받은 정도나 받았을 것으로 예상되는 정도에 따라 원가를 배분하는 기준이다. 특정 제품이 아닌, 기업 전체의 이미지 광고 원가를 각 사업부에 배분한다면 어떤 기준이 적절할까? 이 경우에는 인과성에 따라 배분하기가 쉽지 않다. 이 광고원가의 발생에 대해서는 어떤 사업부도 원인을 제공하지 않았기 때문이다. 이러한 원가는 광고로 인해 혜택을 얻었을 정도에 따라 배분하는 것이 한 방법이 된다. 매출규모가 큰 사업부일수록 광고로부터 많은 혜택을 받았을 것이라는 논리에 기초하여 매출액을 기준으로 배분한다면 수혜정도에 따른 배분이라고 할 수 있다.

인과성이나 수혜 정도에 기초한 원가배분기준을 선택하기 어려운 상황에서는 **부담능력**ability to bear기준을 사용하기도 한다. 앞선 광고원가의 예에서 사업부 이익의 크기에 따라 원가를 배분하는 방법이 이 경우에 해당하는데, 이익을 많이 낸 사업부가 더 많은 원가를 감당해 낼 수 있을 것이라는 점을 반영한 것이다. 부담능력 기준은 많은 부서의 공감을 얻을 수 있다는 장점은 있으나, 이익 제고 노력을 저해하여 회사 전체의 수익성에 부정적 영향을 미칠 수 있다는 단점이 있다. 마지막으로 **공정성**fairness기준이 있는데, 공정성에 관한 판단은 서로 다를 수 있어 합의에 이르기 어렵다는 문제가 있다. 이런 이유에서 공정성 기준은 현실적인 배분기준이라기 보다는 원가배분의 기본방향으로서 배분기준을 선정할 때 보완적인 역할을 할 수 있다.

원가배분기준을 선택한 후에는 배분기준량과 원가 간의 관계를 정의하고 구체적인 배분금액을 계산한다. 원가계산에서도 언급한 것처럼 일반적으로 가장 많이 사용하는 관계는 1차함수의 선형관계이다. 배분할 원가 총액과 배분기준 총량이 정해지면 배분기준 단위당 금액을 기초로 각 원가대상에서 발생한 배분기준량에 따라 배분금액이 결정된다.

부문별 원가계산

기업은 다양한 내부 활동을 효과적이고 효율적으로 수행할 수 있도록 업무별로 구분된 부문department 조직을 갖추며 부문은 서로 협력하면서 담당한 활동을 수행한다. **부문별 원가계산**은 이들 부문이 활동 과정에서 소비하는 경제적 자원을 파악하는 작업이다.

부문별 원가계산 결과는 부문 관리와 제품원가계산에 활용된다. 첫째, 부문을 통제하고 관리하기 위해서는 부문이 소비한 경제적 자원을 파악할 필요가 있다. 부문의 성과나 효율성을 평가하기 위한 첫 단계가 부문별 원가계산이다. 둘째, 제품의 정확한 원가계산을 위해서는 완성될 때까지 각 부문이 생산과정에 직 · 간접으로 참여하면서 투입한 노력과 소비한 경제적 자원을 체계적으로 파악하는 부문별 원가계산이 선행되어야 한다. 제품마다 각 부문의 작업량이 다르다면 제품원가에도 이러한 점을 반영할 수 있도록 부문별 원가를 배부할 수 있어야 한다.[8]

부문별 원가계산의 절차

부문별 원가계산의 주안점은 부문이 자원을 개별적으로 소비할 뿐만 아니라 여러 부문이 공동으로 소비할 수 있다는 점과, 부문 간에 일방 또는 쌍방으로 서비스 흐름이 있을 수 있다

8 제5장에서 다룬 부문별 배부율을 적용하려면 부문별 원가계산이 선행되어야 한다.

는 점이다. 첫째, 여러 부문이 공동으로 소비하는 경제적 자원이 있다면 이 공통원가를 관련된 모든 부문에 배분해야 한다. 같은 공장 내에 조립부문, 도색부문, 수선유지부문이 있다면 공장 건물에 대한 감가상각비나 수도광열비는 공통원가로 이 세 부문에 배분되어야 한다.

둘째, 부문 간에 서비스의 흐름이 있으면 이를 반영하여 부문 간에도 원가배분이 이루어져야 한다. 조립부문과 도색부문이 수선유지부문으로부터 지원 서비스를 받는다면 수선유지부문의 원가는 조립부문이나 도색부문에 배분되어야 한다.

각 부문의 서비스와 원가의 종착지는 제품이지만 중간과정에서 여러 부문을 거쳐 가므로 원가계산과정에 있어서도 이러한 점을 반영해야 한다. 앞서 예에서 조립, 도색, 수선유지부문은 모두 제품 생산에 직·간접적으로 기여하므로 발생하는 원가는 모두 제품원가이지만, 수선유지 활동은 조립이나 도색 활동과 달리 제품의 생산에 간접적으로 도움을 줄 뿐, 제품과 직접적인 관련성은 없다. 따라서 수선유지부문 원가를 제품에 직접 배부하기보다는 수선유지 서비스를 제공받는 조립 및 도색부문에 우선 배분한 후 조립 및 도색부문 원가와 함께 제품에 배부되도록 하는 것이 적절하다.

수선유지부문처럼 제조활동에 직접 참여하지 않고 간접 지원하는 부문을 보조부문 또는 **지원부문**supporting department, 조립부문이나 도색부문과 같이 제품의 제조활동을 직접 담당하는 부문을 제조부문 또는 **생산부문**production department이라고 한다. 보조부문원가는 제조부문으로 흘러 들어가며 최종적으로 제품에 이르게 된다. 그림 6-2는 이러한 부문 간 서비스 흐름을 보여주고 있다.

그림 6-2 보조부문과 제조부문

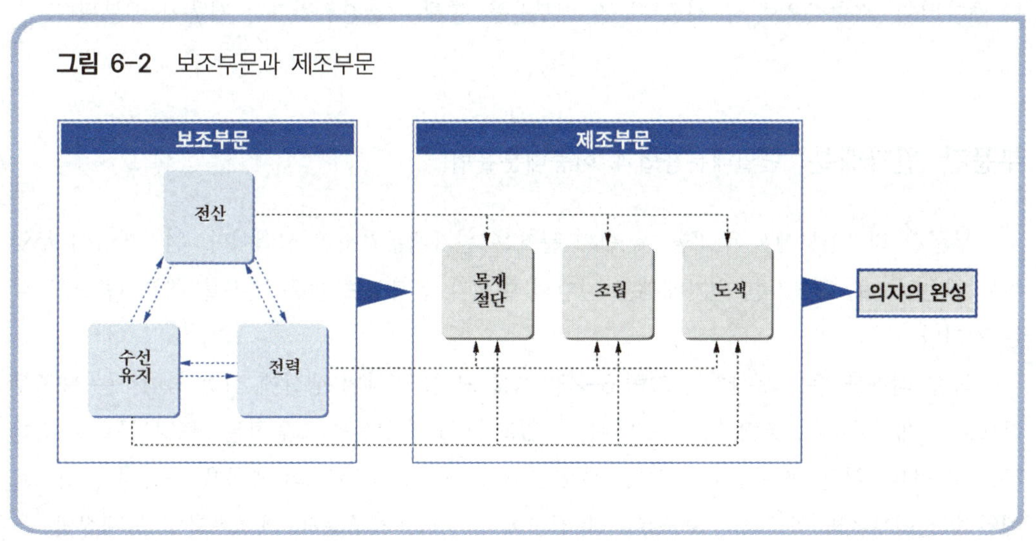

그림 6-3 부문과 제품원가계산

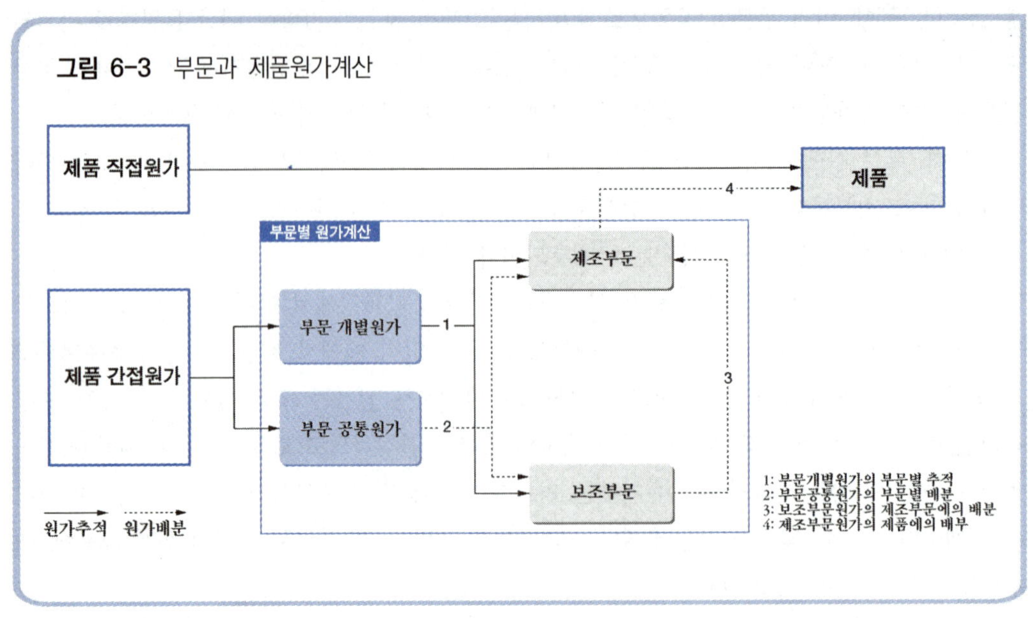

지금까지 설명한 내용을 기초로 공장 내에서 부문별 원가계산부터 제품원가계산에 이르는 과정을 그림으로 나타내면 **그림 6-3**과 같다. 제품의 관점에서 간접원가인 제조간접원가는 각 부문에 직접 추적할 수 있는 부문 개별원가와 직접 추적이 어려운 부문 공통원가로 구분할 수 있다. 부문 공통원가는 부문별로 추적이 불가능하므로 적절한 배분기준에 의하여 각 부문에 배분된다. 이러한 과정을 거쳐 부문별로 원가가 집계되면 보조부문원가는 다시 제조부문으로 배분되며, 최종적으로 각 제조부문별 배부율을 통해 제조간접원가가 제품에 배부된다.

부문간 원가배분: 단일배분율법과 이중배분율법

부문간 원가배분에서 주의할 첫 번째 문제는 원가배분기준의 선택이다. 원가대상이 무엇이든 일반적으로 바람직한 원가배분은 원가의 발생과 인과성이 높은 변수를 배분기준으로 삼는 것이다.

목재 의자를 주문 생산하는 **그림 6-2**의 예를 보자. 의자의 생산에 직접 참여하는 제조부문으로 목재절단부문, 조립부문, 도색부문이 있고 이들의 생산을 지원하는 보조부문으로 전산부문, 수선유지부문, 전력부문이 있다. 부문 간의 화살표는 서비스의 흐름을 나타내는 것으로 예컨대 전력부문의 서비스는 보조부문인 전산이나 수선유지부문과, 제조부문인 목재절단, 조립, 도색부문 등 모든 부문에 제공되고 있음을 알 수 있다.

전력부문 원가의 배분기준을 정하려면 먼저 전력부문에서 발생하는 원가의 성격을 파악할 필요가 있다. 전력부문 원가는 발전설비의 감가상각비와 이를 운용하는 인력의 급여, 발전설비 가동에 따른 연료원가로 이루어져 있다고 하자. 전력부문의 발전설비 규모와 운용인력은 전력 사용부문의 향후 전력수요를 감안하여 사전에 결정하고 갖춰졌을 것이므로 이로부터 발생하는 감가상각비와 급여는 발전량과는 무관한 고정원가이다. 그러나 연료원가는 발전량에 따라 달라지는 변동원가이다.

만약 인과성에 충실한 원가배분을 한다면 앞서 언급한 두 종류의 원가그룹에 대해 서로 다른 배분기준을 선택하는 것이 적절하다. 감가상각비와 급여는 실제사용과는 무관한 고정원가의 성격으로서 발전설비 규모를 결정할 당시 각 부문에서 제시한 장기 전력수요 예측치가 적절한 배분기준이며 연료원가는 실제 전력소비량이 적절한 배분기준이라고 할 수 있다.

이처럼 실제사용량과 무관한 고정원가와 실제사용량에 비례하는 변동원가에 서로 다른 배분기준을 사용하는 원가배분방법을 **이중배분율법**dual rate이라고 한다. 고정원가와 변동원가 구분 없이 동일한 배분기준을 사용하는 방법은 **단일배분율법**single rate이라고 부른다. 다음의 예를 살펴보자.

EXAMPLE 6-1

아래 자료를 바탕으로 전력부문 원가를 절단부문과 조립부문에 배분하라.

전력부문 원가		
고정원가:		
감가상각비	₩6,000,000	
급여	3,000,000	₩9,000,000
변동원가:		
연료비	4,000,000	4,000,000
합계		₩13,000,000

부문별 전력사용량(kWh)	생산능력기준 월별 사용예측량	실제사용량
절단부문	2,000	1,500
조립부문	1,000	900
합계	3,000	2,400

생산능력기준 월별 사용예측량은 각 부문의 생산능력에 맞게 정상적으로 조업이 이루어졌을 때 소비할 것으로 예측되는 전력사용량이다.

단일배분율법 하에서 전력부문 원가 ₩13,000,000을 각 부문의 실제사용량을 기준으로 배분하면 다음과 같다.

- **절단부문 배분액:** $₩13,000,000 \times \frac{1,500kWh}{2,400kWh} = ₩8,125,000$

- **조립부문 배분액:** $₩13,000,000 \times \frac{900kWh}{2,400kWh} = ₩4,875,000$

만일 고정원가와 변동원가를 구분하는 이중배분율법을 적용하면, 고정원가 ₩9,000,000은 생산능력기준 월별 사용예측량을 기준으로 배분하고 변동원가 ₩4,000,000은 실제사용량을 기준으로 배분하는 것이 적절하다.

	절단부문 배분액	조립부문 배분액
고정원가	$₩9,000,000 \times \frac{2,000kWh}{3,000kWh}$ = ₩6,000,000	$₩9,000,000 \times \frac{1,000kWh}{3,000kWh}$ = ₩3,000,000
변동원가	$₩4,000,000 \times \frac{1,500kWh}{2,400kWh}$ = ₩2,500,000	$₩4,000,000 \times \frac{900kWh}{2,400kWh}$ = ₩1,500,000
합계	₩8,500,000	₩4,500,000

죽음의 소용돌이

보조부문의 고정원가를 제조부문의 실제사용량에 따라 배분하면 극단적인 경우 보조부문의 서비스를 전혀 사용하지 않는 결과를 초래할 수 있다.

여러 상점이 입주한 건물의 주차난이 심각해지면서 각 상점으로 하여금 주차장 수요를 제출하게 한 후 이를 기초로 주차장을 신설한다고 가정하자.[9] 주차장을 신설할 경우 발생하는 원가는 크게 감가상각비나 주차요원 급여와 같은 고정원가와 전기요금과 같은 변동원가로 구성된다. 고정원가에 비하면 변동원가는 미미한 수준이 될 것으로 예상된다. 한편 각 상점은 주차장을 이용하는 고객에 주차권을 제공하며 주차요금을 사후 정산한다. 이 건물주는 원가만을 보상받는 수준으로 주차요금을 산정하고자 한다. 이 경우 주차요금은 어떻게 결정해야 할 것인가?

9 원가분담의 예이지만 원가배분에 있어서도 마찬가지 효과가 있다.

첫째, 고정원가를 포함한 실제 발생원가를 실제 사용시간으로 나누어 시간당 주차요금을 산정할 수 있다. 만약 이렇게 산정한 첫 달의 주차요금이 시간당 ₩3,000으로 인근 주차장의 요금 ₩2,000보다 오히려 높다면 다음 달에는 어떤 현상이 나타날까? 입주상인들은 정산한 주차요금이 인근에 비해 시간당 ₩1,000이나 높으므로 앞으로는 고객들에게 인근의 주차장을 이용하도록 권유할 것이다. 결국 다음 달의 실제 주차시간은 더 줄어들 것이며 주차장의 발생원가의 상당 부분이 고정원가인 점을 감안하면 시간당 주차요금은 더 높아질 것이다. 이 현상이 지속되어 아무도 주차장을 이용하지 않으면 건물주는 주차장의 원가를 전혀 보상받지 못할 뿐만 아니라 주차장이 있음에도 불구하고 고객의 주차불편은 지속될 것이다.

일반적으로 이러한 현상을 고정원가의 배분으로 인한 **'죽음의 소용돌이'**death spiral라고 부른다. 고정원가를 실제사용량을 기준으로 배분할 때 사용자들이 사용단위당 고정원가배분액이 크다고 판단해 실제사용량을 줄이고 이로 인해 사용단위당 고정원가배분액이 더 커지는 악순환이 발생하는 것을 가리킨다.

둘째, 고정원가의 배분이 '죽음의 소용돌이' 문제를 발생시킬 수 있으므로 고정원가를 주차요금산정에서 아예 제외할 수 있다. 그러나 이렇게 하면 건물주는 고정원가에 대한 보상을 받지 못하므로 아예 주차장을 신설하지 않으려 할 것이다. 게다가 고정원가가 주차요금에 포함되지 않는다는 점을 미리 알 경우 입주상인들은 주차장의 예측수요를 과대하게 보고할 가능성도 있다.

셋째, 고정원가를 주차요금 산정에 포함하되 고정원가와 변동원가를 구분하고 서로 다른 방식으로 주차요금을 산정할 수 있다. 예를 들어, 고정원가는 입주상점의 면적을 기준으로 계산한 고정금액기본료으로 부과하고 변동원가는 실제 주차시간을 기준으로 배분하는 방식이다. 주차장 신설계획을 수립할 때 이러한 주차요금방식을 제시하면 각 상점들이 부담하는 주차요금이 인근 주차장을 이용할 때에 비해 저렴한지 여부를 쉽게 판단할 수 있다. 따라서 주차장 건설 이후에 주차장의 이용이 줄어드는 현상을 막을 수 있을 뿐만 아니라 상점들이 최대한 정확하게 주차장의 수요를 예측하게 하는 유인을 제공할 수도 있다. 건물주 역시 주차장의 원가를 전액 보상받을 수 있게 된다.

부문간 원가배분: 직접법, 단계법, 상호배분법

그림 6-2의 예에서 전력부문은 제조부문뿐만 아니라 다른 보조부문인 수선유지부문과 전산부문에도 서비스를 제공하고 있다. 물론 수선유지부문도 제조부문과 전력부문을 포함한 다른 보조부문에 서비스를 제공하고 있다.

이와 같이 보조부문 상호간 서비스를 주고 받는 경우, 원가배분을 단순화하기 위해 보조부문 상호간 원가배분은 없는 것직접법으로 하거나, 일방향의 원가배분단계법만을 가정하기도 한다. 이러한 가정 없이 상호간 서비스 흐름을 완전히 반영한 배분방법연속배분법, 상호배분법도 있다. 이들 방법에 대한 구체적인 예와 설명은 부록 6.1에 제시되어 있다.

Strategic Management Accounting

활동기준원가계산

전통적 원가계산과 환경변화

과거에는 직접재료원가나 직접노무원가가 전체 원가의 상당한 부분을 차지하고 제품의 수익성에 중요한 영향을 주는 경우가 많았다. 따라서 제조간접원가 등 간접원가의 배분 문제는 큰 관심의 대상이 아니었다. 직접노무시간이나 기계시간 등 조업도수준에 비례하는 단순한 기준으로 제조간접원가를 제품에 배부하고, 비제조원가의 경우에도 총액만을 파악하거나 제품별 매출수익 등의 기준으로 단순하게 배부하는 것이 일반적이었다.

물론 전통적인 원가계산에서도 발생원인별로 원가를 구분하고 서로 다른 배분기준을 사용하여 원가계산의 정확성을 제고하려는 노력이 없었던 것은 아니다. 제조간접원가를 배분할 때 공장전체 단일배부율 대신 부문별 배부율 방식을 사용하려 한 것이 한 예이다. **그림 6-4**는 단일배부율에 의한 제조간접원가 배부와 부문별 배부율에 의한 제조간접원가 배부를 보여준다.

1900년대 초반부터 1980년대에 이르기까지 상당한 기간 전통적 원가계산이 지속된 이유에 대해서는 몇 가지 추측이 가능하다. 첫째, 이 시기에는 제품의 다양성보다는 가격이 강조되었기 때문에 기업들이 표준화된 주력 제품을 대량생산하여 원가효율성을 달성하고자 했다. 제품의 종류가 적고 제품 간 유사성이 높은 경우에는 원가배분 자체가 중요하지 않고 간접원가 배분방법을 정교화하더라도 원가계산 결과에 큰 차이가 없었기 때문이다.

둘째, 이 시기에는 직접원가에 비해 간접원가의 비중이 상당히 낮았고 간접원가를 구성하는 항목 자체도 그 성격이 동질적이고 생산량과 같은 조업수준과 밀접한 관련성이 있었다. 이러한 경우에는 간접원가에 대한 배분방법을 개선할 여지도 적고, 개선한다 하더라도 원가계산 결과에 큰 차이가 없었으므로 간단한 원가배분 방법이 선호되었다.

그림 6-4 전통적 원가계산

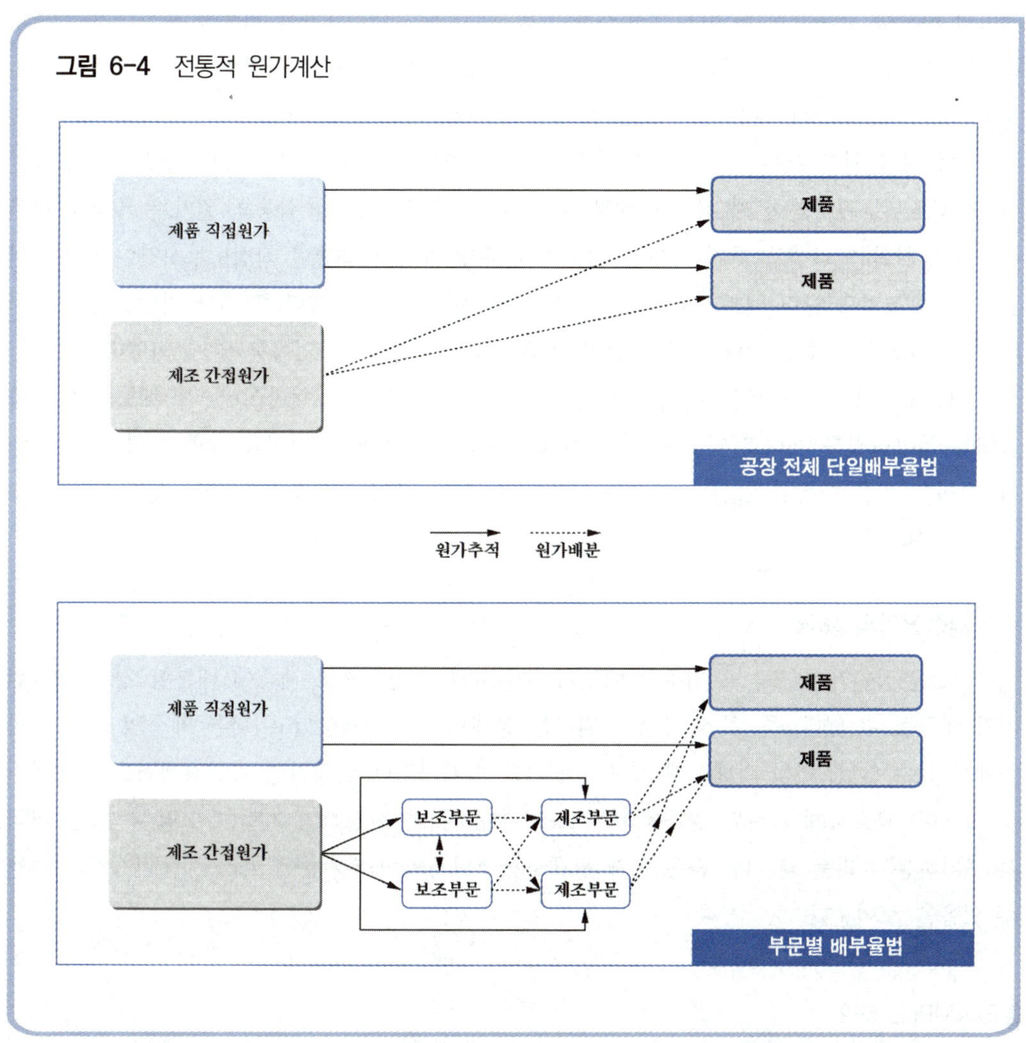

셋째, 현재보다 전산화의 수준이 낮았던 당시에는 원가계산 방법을 개선하여 얻게 되는 효익에 비해 원가정보의 산출비용이 컸던 것도 또 다른 이유가 될 수 있다.

넷째, 이 시기에는 원가계산을 하는 주된 이유가 관리적인 목적보다는 재고자산의 평가와 매출원가의 산정과 같은 재무보고를 위한 것이었다. 제조원가를 재고자산과 매출원가 간에 배분하는 것이 중요한 것이었으므로 제품 간 원가배분의 중요성은 상대적으로 낮았다.

그러나 1980년대 중반에 이르러 소비자들의 제품에 대한 욕구가 다양해지고 기업 간의 경쟁이 치열해짐에 따라 여러 가지 변화가 생겼다. 종전에는 소비자들에게 제품을 저렴하게 제공하는 것이 중요했지만 이제는 저렴한 가격은 물론 고품질의 다양한 제품을 제공하는 것이 기업의 사활을 좌우하게 되었다. 소비자들이 원하는 고품질의 다양한 제품을 생산하기 위해서는 신제품 개발, 원자재 구매, 생산라인 변경, 생산일정 관리, 품질검사활동 등 생산지원활동이 강화되어야 했고 이에 따른 원가도 많이 발생하였다.

전통적인 원가계산에서는 생산지원활동을 수행하는 부문의 원가를 일단 제조부문에 배분한 후 제조부문원가와 함께 제품에 배부하는 방식을 취했다. 이들 활동의 원가는 특성상 제조부문과 명확한 인과성을 찾기 힘들기 때문에 기존에 많이 사용했던 직접노무시간이나 기계시간과 같은 조업도 관련 배분기준을 이용하여 제조부문에 배분하였다. 그러나 기업들은 시간이 지남에 따라 이와 같은 원가계산 방법이 제품원가를 왜곡할 수 있음을 알게 되었다.

제품생산과정에서 생산지원부문이 수행하는 활동의 원가는 얼마이며, 각 제품에 배부할 금액이 얼마인지를 제대로 파악할 수 있어야 제품의 수익성과 경쟁력을 정확히 평가할 수 있다. 그리고 이들 활동과 관련된 원가를 절감할 수 있는 구체적인 방법을 찾는 것도 그때 비로소 가능하다.

제품원가의 왜곡

제조간접원가를 조업도 위주의 배부기준에 따라 일률적으로 제품에 배분할 경우 제품원가가 왜곡될 수 있다. 즉, 특정 제품의 원가는 실제보다 과대계상되고, 다른 제품의 원가는 과소계상될 수 있다. 만약 과대하게 계산된 원가를 판매가격에 반영하면 가격경쟁력을 잃어버릴 수 있으며, 과소하게 계산된 원가를 바탕으로 판매가격을 설정하면 기업이 누릴 수 있는 이익을 포기하는 결과를 낳는다. 다음 예제는 제조간접원가의 배부기준에 따라 제품원가가 왜곡될 수 있음을 보여준다.

EXAMPLE 6-2

S사는 두 가지 종류의 제품을 생산하고 있다. 기본적으로 두 제품 모두 동일한 생산라인에서 생산하지만, 갑제품은 고급형이고 을제품은 기본형이다. 을제품에 비해 갑제품은 고급부품을 사용하며 수요가 많지 않으므로 소량을 생산하고 있다. 20×1년 1월 각 제품의 생산 관련 자료는 다음과 같고 제조간접원가 총액은 ₩990,000이다. S사는 지난 수년간 제조간접원가를 직접노무원가에 기초하여 각 제품에 배부해왔다.

제품	갑	을
단위당 판매가격	₩5,000	₩2,000
생산수량	200	1,000
단위당 직접재료원가	₩2,000	₩500

단위당 직접노무시간	1.6시간	1시간
시간당 임률	₩500	₩500
단위당 기계시간	1시간	1시간

위의 예에서 제조간접원가를 직접노무원가를 기준으로 각 제품에 배부하면 제품별 단위당 제조원가, 단위당 매출총이익, 매출총이익률은 다음과 같이 구할 수 있다.

제품	갑	을
직접재료원가	₩400,000	₩500,000
직접노무원가	160,000	500,000
제조간접원가	240,000	750,000
총제조원가	₩800,000	₩1,750,000
생산량	200개	1,000개
단위당 판매가격	₩5,000	₩2,000
단위당 제조원가	4,000	1,750
단위당 매출총이익	₩1,000	₩250
매출총이익률	0.2	0.125

- **제조간접원가 배부율** $= \dfrac{990,000}{(160,000+500,000)}$ = ₩1.5/직접노무원가

- **갑제품 배부액** = ₩160,000 × ₩1.5 = ₩240,000
- **을제품 배부액** = ₩500,000 × ₩1.5 = ₩750,000

계산결과는 갑제품이 을제품에 비해 매출총이익 및 수익성이 높다는 점을 보여주고 있다. 이 경우 현재가격에 갑제품을 구입하고자 하는 시장수요가 여전히 남아 있다면, 을제품의 생산을 줄이고 갑제품의 생산을 늘리는 것이 이익을 극대화할 것이라고 생각할 수 있다. 그러나 을제품의 생산을 줄이고 갑제품의 생산을 늘렸을 때 기업이익이 과연 증가할지 분석하려면 제조간접원가의 구성항목과 내용 그리고 배부기준의 타당성을 보다 면밀히 검토하여야 한다.

다음은 제조간접원가 ₩990,000의 구성요소별 금액, 배부기준 및 제품별 배부기준량이다.

EXAMPLE 6-3

- 원재료 관리 원가는 부품 수에 비례하여 발생한다.
- 설비의 점검 및 셋업setup작업은 한 묶음batch의 생산이 시작될 때마다 이루어진다. 갑제품의 묶음당 생산량은 10개이며, 을제품의 묶음당 생산량은 100개이다. 갑제품의 묶음당 생산량이 적은 이유는 고급부품을 사용하는 갑제품이 제조과정에서 불량이 생길 경우 공손에 따른 손실이 크므로 생산설비에 대한 점검 및 셋업을 자주 하기 때문이다. 따라서 설비의 점검 및 셋업 관련 원가는 제품의 묶음 수에 따라 발생한다고 할 수 있다.
- 한 묶음의 생산이 종료되면 그 묶음에 속한 제품 중 한 개를 무작위 선택하여 품질검사를 실시한다. 따라서 갑제품은 생산량 10개마다 1개를 선택하고, 을제품은 생산량 100개마다 1개를 선택하여 품질검사를 실시한다. 품질검사는 묶음마다 한 번씩 실시하는 것이므로 품질검사와 관련된 원가는 제품의 묶음 수에 비례하여 발생한다고 할 수 있다.
- 설비에 대한 감가상각비는 기계사용시간이 적절한 배부기준이다.

구성요소	금액	적절한 배부기준	배부기준량		합계
			갑	을	
기계 감가상각비	₩240,000	기계사용시간	200	1,000	1,200
재료구매원가	180,000	부품 수	4,000	5,000	9,000
셋업 및 점검원가	390,000	묶음 수	20	10	30
품질검사원가	180,000	묶음 수	20	10	30
합계	₩990,000				

위의 제조간접원가 구성요소별 발생원인을 충분히 고려하여 제품별 제조간접원가 배부액을 다시 계산하고, 이에 따라 제품별 단위당 제조원가, 단위당 매출총이익, 매출총이익률을 구한 결과는 다음과 같다.

구성요소	금액 ①	배부기준	배부기준총량 ②	배부율 ③=①÷②
기계 감가상각비	₩240,000	기계사용시간	1,200	₩200
재료구매원가	180,000	부품 수	9,000	20
셋업 및 점검원가	390,000	묶음 수	30	13,000
품질검사원가	180,000	묶음 수	30	6,000
합계	₩990,000			

구성요소	배부율 ③	배부기준량 ④		배부액 ③×④	
		갑	을	갑	을
기계 감가상각비	₩200	200	1,000	₩40,000	₩200,000
재료구매원가	20	4,000	5,000	80,000	100,000
셋업 및 점검원가	13,000	20	10	260,000	130,000
품질검사원가	6,000	20	10	120,000	60,000
합계				₩500,000	₩490,000

제품별 제조원가, 단위당 매출총이익 그리고 매출총이익률은 다음과 같다.

	갑	을
직접재료원가	₩400,000	₩500,000
직접노무원가	160,000	500,000
제조간접원가	500,000	490,000
총제조원가	₩1,060,000	₩1,490,000
생산량	200개	1,000개
단위당 판매가격	₩5,000	₩2,000
단위당 제조원가	5,300	1,490
단위당 매출총이익	₩(300)	₩510
매출총이익률	(0.06)	0.255

이 계산결과를 살펴보면 종전 계산결과와는 제품의 제조원가와 수익성이 크게 달라졌음을 알 수 있다. 배부기준이 달라지면 그 계산결과가 달라지는 것은 당연한 것이므로 결과가 달라진다는 사실만으로는 문제가 있다고 말할 수 없다.

중요한 것은, 어느 배부방법이 인과성이나 수혜정도를 충실히 반영한 방법이며 계산결과가 의사결정에 어떤 영향을 줄 수 있는가이다. 인과성이나 수혜 정도를 충실히 반영한 원가배분 결과와 간편한 배부방법의 결과 사이에 큰 차이가 없다면 원가-효익 관점에서 간편법을 선택할 수 있다. 그러나 대안 간의 차이가 커서 중요한 의사결정을 왜곡할 정도라면 간접원가의 배부방법을 심각히 고민해야 한다.

직접노무원가를 배부기준으로 사용했을 때는 갑제품과 을제품 모두 수익성이 있는 것으로 보인다. 그러나 제조간접원가를 특성별로 구분하고 인과성이 반영된 배부기준을 사용했을 때 갑제품은 손실을, 을제품은 오히려 더 큰 이익을 보는 것으로 나타난다. 이러한 결과는 종전의 제품원가계산과 이를 기초로 결정된 판매가격에 문제가 있음을 시사한다.

S사가 직접노무원가에 기초한 기존의 배부방법을 고수하면, 실제로는 적자인 갑제품을 수익성이 있는 것으로 판단하여 계속 생산하므로 기업의 장기적인 존속에 악영향을 줄 수 있다. 또한 을제품의 경우에는 현재보다 판매가격을 낮출 여지가 있다는 사실을 간과하여 시장에서의 가격경쟁력이 저하되는 결과를 낳을 수도 있다.

활동기준원가계산

간접원가 배분방법을 개선하는 기본방향은 발생원인이 다른 원가들을 구분하여 집계하고 각각에 적합한 배분기준을 사용하는 것이다. 앞서 살펴본 것처럼 공장 전체의 단일배부율법보다는 부문별 배부율법이 이러한 기본방향에 부합하는 것이다. 활동과 원가동인이라는 개념을 도입하여 이러한 취지를 좀더 충분히 반영하고자 하는 시도가 **활동기준원가계산**ABC: activity based costing, 이하에서는 ABC이다.

활동과 활동별 원가집계

전통적인 원가계산에서는 기업의 공식적인 조직구조에 따라 부문별로 원가를 집계한 후 제품에 배부하는 2단계 원가계산방식을 적용한다. 이에 반해 ABC는 기업이 자원을 소비하면서 수행하는 구체적인 **활동**activity별로 원가를 집계하고 배분한다. 물론 경우에 따라서는 공식적인 부문과 활동이 일치할 수도 있다. 예를 들어, 원재료를 직접 가공하는 절단부문이나 부품을 조립하는 조립부문과 같이 물리적으로 생산에 직접 참여하는 제조부문은 부문 자체가 활동이 될 수 있다. 그러나 종전에 개별적으로 주목하지 않았던 활동, 예를 들어 설비에 대한 셋업, 생산일정관리, 품질검사, 원재료의 운반 등과 같은 생산지원활동은 별도 부문은 아니지만 많은 원가를 발생시킬 수 있다. 이 부분에 주목하는 것이 ABC가 전통적인 원가계산과 차별되는 점이다.

전통적인 원가계산에서 이들 활동은 생산활동을 지원하는 보조부문의 업무 정도로만 인식되며, 이들의 원가는 해당 보조부문에서 발생한 다른 원가와 합산되어 제조부문에 배분되고 다시 제품에 배부된다. 그러나 ABC에서는 이러한 생산지원활동을 구체적인 개별 활동의 조합으로 식별하고, 활동별로 원가를 집계한 후 제품에 배부한다. 이렇게 활동에 초점을 맞춰 원가를 계산하면 원가를 유발하는 **원인**을 명확히 알 수 있고, 제품이 각 활동을 소비하는 정도에 따라 원가를 배분함으로써 인과성에 충실한 원가계산이 가능하다.

활동별로 원가를 집계하기 위해서는 기업의 노동력이나 설비 등 경제적 자원을 소비하는 구체적인 주요 활동의 목록을 확정해야 한다. 각 부문의 부서장이나 직원들과의 면담을 통해

그림 6-5 전통적 원가계산과 활동기준원가계산

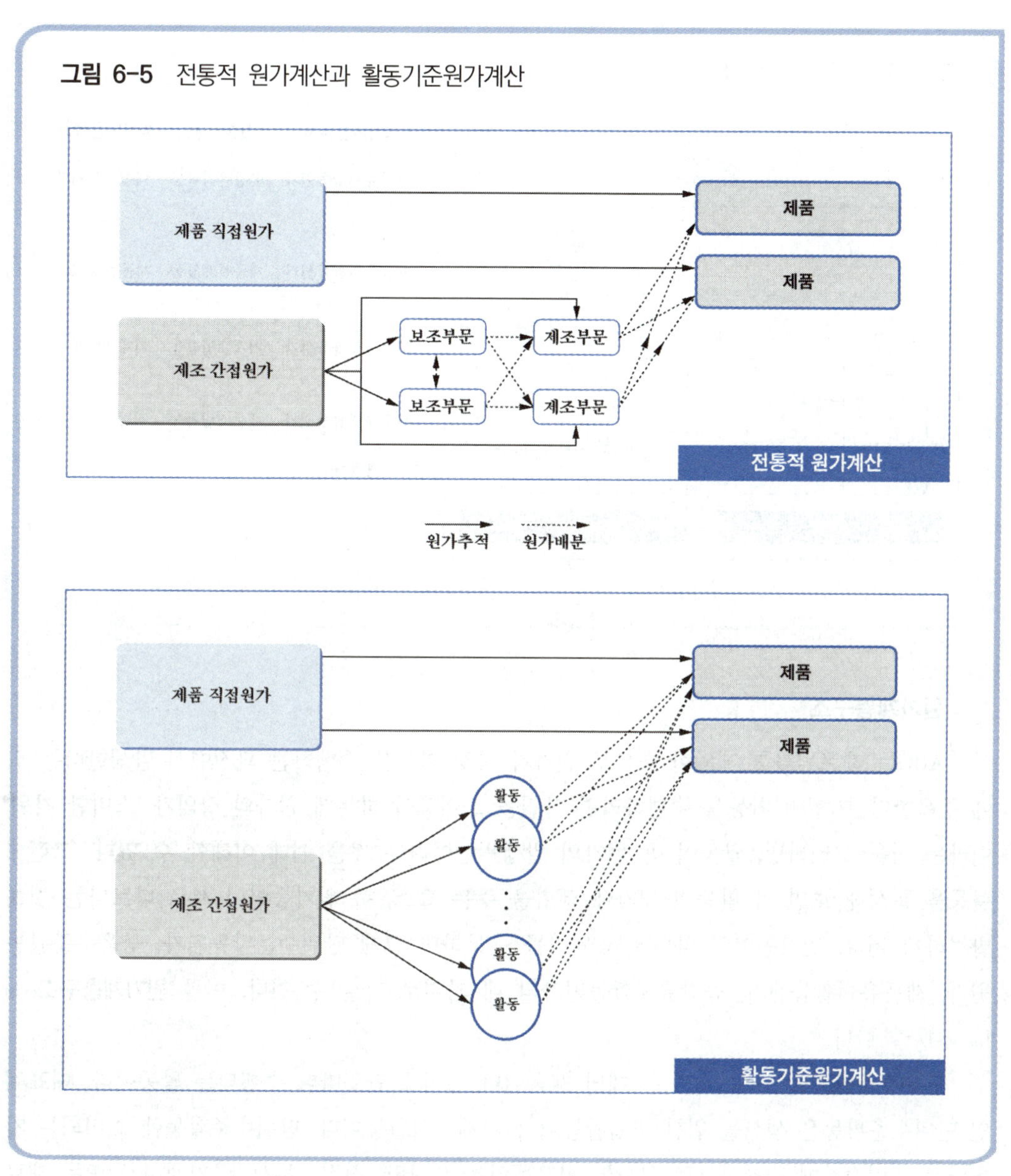

주요 활동을 확인하고 해당 활동이 자원을 얼마만큼 소비하고 있는지 파악할 수 있다. 예를 들어, 직원이 수행하는 활동과 그 활동에 투입하는 근무시간을 파악하여 그 직원의 급여 중 얼마만큼을 해당 활동의 원가에 포함할 것인지 결정한다. 이러한 과정을 통해 제조간접원가를 구성하고 있는 모든 원가를 활동별 원가로 재집계한다.

그림 6-6 원가계층구조

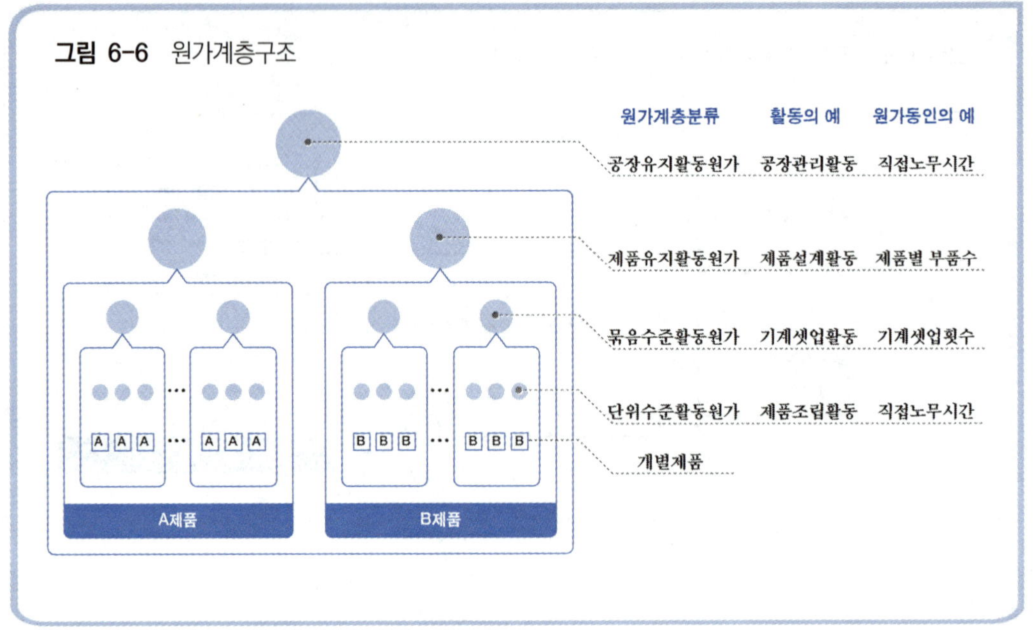

원가계층구조

ABC는 재료원가를 제외한 대부분 원가가 특정 활동을 수행하는 과정에서 발생한다는 점에 주목한다. 기업이 활동을 수행하려면 자원을 소비해야 하는데 원가의 정의가 '소비한 자원'이라는 점을 고려하면, 활동이 곧 원가의 발생원인이라는 것을 쉽게 이해할 수 있다. 그런데 활동을 분석해 보면 각 활동의 원가에 영향을 주는 요소, 즉 원가동인이 서로 다르다는 것을 발견하게 된다. 원가동인의 차원에서 원가를 구분하면 크게 단위수준활동원가, 묶음수준활동원가, 제품유지활동원가, 공장유지활동원가의 네 가지로 나눌 수 있다. 이를 **원가계층구조**cost hierarchy라 한다.

단위수준활동unit level activity은 개별 제품이나 서비스 단위마다 수행되는 활동이다. 대표적인 단위수준활동은 생산을 위한 조립활동이나 기계작업활동이다. 단위수준활동에 소비되는 자원량은 조업수준에 비례하므로 적합한 원가동인은 생산량, 직접노무시간, 기계시간 또는 재료처리량 등이다.

묶음수준활동batch level activity은 생산이나 주문 묶음별로 수행되는 활동이다. 묶음수준활동의 대표적인 예로는 기계의 셋업활동, 재료의 구매활동, 고객주문의 처리활동 등을 들 수 있다. 묶음 단위로 발생하는 활동은 그 묶음 단위 내의 개별 제품의 생산량과는 무관하다. 예를 들어, 한 묶음이 생산될 때마다 기계를 점검하고 세팅을 새롭게 하는 상황을 생각해 보자. 어떤 기업에서 제품 A와 B를 각각 1,000개, 100개씩 생산하고 각 제품의 한 묶음당 생산수량이 각각 100개, 10개라면 비록 제품 A와 B의 생산량은 다르지만 묶음 수는 동일하게 10묶음임을 알 수 있다. 따라서 제품 A와 제품 B에 대해서 이루어지는 기계 점검 및 셋업활동량은 동일할 것이다.

제품유지활동product sustaining activity은 특정 제품을 생산할 수 있게 하는 데 필요한 활동이다. 제품의 설계를 개선한다거나 사양을 변경하는 활동 또는 품질검사방법이나 도구를 새롭게 개발하는 활동을 들 수 있다. 제품유지활동원가는 생산량이나 생산묶음 수와는 무관하며, 생산하고 있는 제품종류 수나 제품설계 변경횟수, 신제품 도입건수 등에 따라 달라진다.

공장유지활동facility sustaining activity은 공장 전체 생산능력을 유지하기 위한 활동으로서 공장근로자에 대한 인사관리활동이나 공장감독자의 일반적인 공장관리활동 그리고 공장건물유지 등이 포함된다. 공장수준활동에 대한 원가동인은 앞서 언급한 다른 활동에 비해 명확하지 않기 때문에 전통적인 원가계산에서 많이 사용하는 조업도 관련 배부기준을 사용하기도 한다.

전통적 원가계산에서는 이들 네 활동을 하나로 묶고 조업도와 관련된 배분기준을 적용해 일괄 배분하는 것이 일반적이었다. 그러나 ABC는 이 활동들을 분리하고, 각 활동의 원가에 영향을 주는 원가동인을 배분기준으로 사용한다. 단위수준활동원가나 공장유지활동원가에 대해서는 ABC도 전통적 원가계산과 유사한 배분기준을 사용하므로 묶음수준활동과 제품유지활동원가가 ABC와 전통적인 원가계산이 결정적인 차이를 보이는 부분이다. 생산량에 비해 제조 및 유통과정이 '복잡한' 제품일수록 ABC에 따라 계산한 원가가 크게 증가하는데, 이는 ABC가 각 제품을 제조하고 유통하는 과정에 투입되는 노력을 충실히 반영하기 때문이다. ABC는 '활동의 복잡성'이 중요한 원가동인이라는 교훈을 제시한다.

ABC의 절차

ABC를 구현하기 위해서는 활동, 활동별 원가, 활동별 원가동인, 제품별 또는 원가계산 대상별 원가동인량이 확정되어야 한다. 각 절차는 다음과 같다.[10]

첫째, 제조간접원가를 발생시키는 각 부문의 관리자, 담당자 등에 대한 직무분석이나 면담을 통해 이들이 수행하는 활동을 분석하여 활동 리스트를 확정한다.

둘째, 제조간접원가를 구성하는 각 원가를 활동별로 추적하거나 할당하여 활동별 원가를 집계한다.

셋째, 활동의 특성과 제품의 생산과정을 파악하여 활동의 투입량 또는 투입량을 대리할 수 있는 측정가능한 원가동인을 정하고 원가동인량을 측정한다.

넷째, 활동별 원가를 해당 활동에 대한 원가동인 총량으로 나누어 원가동인 단위당 배부

10 ABC의 구체적인 예제는 부록 6.2에 제시되어 있다.

그림 6-7 ABC의 계산절차

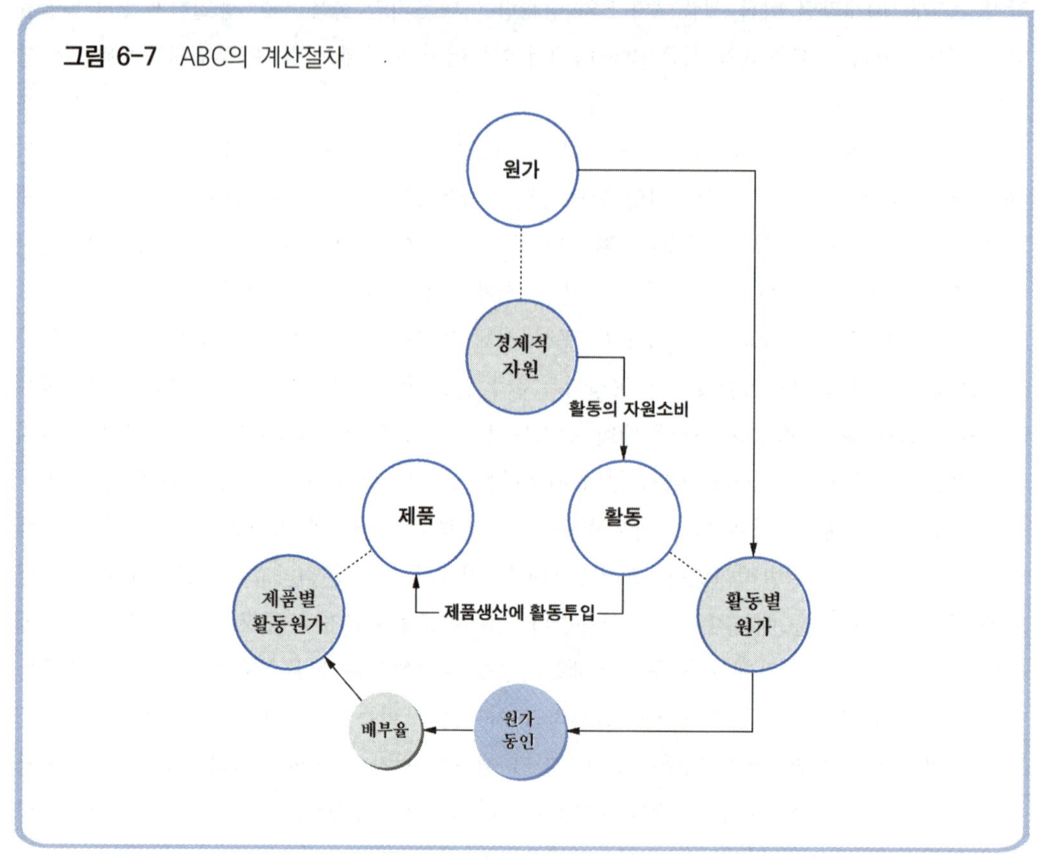

율을 구한다.

다섯째, 제품별로 파악한 각 활동의 원가동인량에 해당 배부율을 곱하여 제품별 활동원가를 계산한다.

ABC의 활용

ABC는 얼핏 보면 간접원가의 배분을 개선해 제품이나 서비스의 원가를 좀 더 정확히 계산하는 원가계산기법에 불과한 것으로 치부할 수 있다. 그러나 ABC는 기업 실무에 가장 큰 영향을 끼친 경영혁신 중 하나로 평가된다. 경영자들이 전통적 원가계산을 기초로 이뤄졌던 여러 의사결정을 원점에서 재평가하고, 새로운 관점에서 기업활동을 관리하기 시작했기 때문이다. 예를 들면, 제품의 단종, 제품가격의 조정, 제품 생산량의 확대, 제품의 재설계, 생산공정의 개선, 신기술의 도입 등의 의사결정에 ABC 원가정보를 활용하는 것이다.

기업활동의 많은 부분이 지원활동인 서비스기업에 ABC를 적용할 경우 그 효익이 제조기업에서보다 클 수 있다. 이동통신사나 신용카드사, 은행, 보험사와 같은 금융기관이 이러한 서비스기업의 예이다. ABC는 정부나 지방자치단체 등의 비영리조직에도 유용하다. 특성상 정부나 공공기관은 개별서비스별로 수익이나 효익을 계량적으로 파악하기 어렵지만 ABC를 적용할 경우 소비하는 자원이나 원가는 파악할 수 있으므로 효율성을 평가할 수 있다.

제품의 수익성 분석과 활동기준관리

ABC는 다양한 제품을 생산하는 경우 그 효과가 큰 것으로 알려져 있다. 전통적 원가계산을 사용하던 기업들의 오해 중의 하나는 기존에 대량으로 생산·판매하던 제품라인에 덧붙여 고객의 수요에 맞게 다양한 제품을 소량생산하고 그 제조원가를 보상할 수 있는 마진을 더하면 전체적으로 더 큰 이익을 볼 수 있다고 생각한 것이었다. 여기서 문제는, 다양한 제품을 생산하게 되면 생산지원활동의 수요가 급격히 커지게 되는데, 전통적 원가계산은 이러한 현상을 제대로 반영하지 않고 제품별 원가를 왜곡한다는 점이다. 즉, 대량으로 생산하는 제품의 원가는 과대계상하고, 소량으로 생산하는 제품의 원가는 과소계상해 두 제품의 수익성을 모두 왜곡하는 문제가 있다. 그 결과, 소량 신제품에 대해 과소계상된 제조원가를 기초로 판매가격이 낮게 책정돼 매출이 늘어도 손실이 발생할 수 있다.

기업의 규모가 크지 않은 경우, 개별제품의 수익성을 정확히 평가하고 이를 바탕으로 의사결정을 내리기보다는 기업 전체의 매출과 이익에 초점을 맞추는 것이 일반적이다. 개별제품에 대해서는 매출액만 집계되는 것인데, 원가-효익 관점에서 개별제품의 수익성까지 파악할 필요는 없다고 본 것이다. 그러나 ABC를 적용하여 제품별 수익성을 파악한 결과, 기업 내에서 가장 수익성이 높은 제품 20%가 기업이익의 300%를 낳고 나머지 80%의 제품이 기업이익의 200%를 갉아 먹는 현상을 발견할 수 있었다. **고래곡선**whale curve으로 알려진 **그림 6-8**은 이러한 현상을 잘 보여준다. 그림의 가로축에는 수익성이 높은 순서대로 제품을 나열하였고 세로축에는 회사 전체이익 대비 해당 제품까지의 누적이익비율을 표시한 것이다.

고래곡선은 기업 매출에는 기여하지만, 이익에 도움을 주는 제품은 극히 적다는 놀라운 사실을 알려 준다. 기업의 궁극적 목적이 매출극대화가 아니라 이익극대화라는 점을 고려하면, ABC에 기초한 제품별 수익성은 경영자에게 매우 중요한 정보가 된다. 간접원가의 규모가 크고, 다양한 제품을 생산 · 판매하거나, 다양한 고객에 서비스를 제공하는 기업들이 전통적 원가계산을 사용할 경우 제품라인의 확대나 제품사양의 다양화가 간접원가의 증가를 초래한다는 사실을 놓치기 쉽다. ABC를 통해 이러한 현상을 파악하면 이를 해결하고 기업의 수익성을 향상시키는 여러 방안을 강구할 수 있다.

그림 6-8 고래곡선

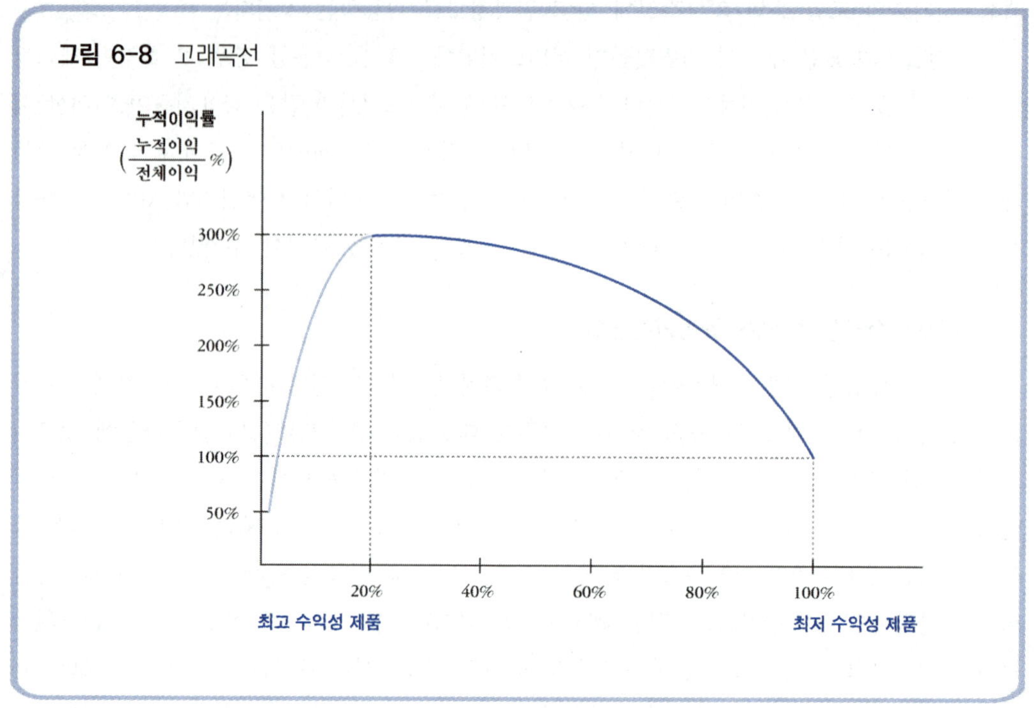

첫째, 제품의 가격조정이다. 경쟁시장에서 판매하는 제품의 가격은 기업이 조정할 수 있는 여지가 거의 없다. 그러나 신기술이 적용된·독점적인 제품이나 소비자의 주문에 따라 생산되는 제품은 시장가격 자체가 존재하지 않거나 의미가 없으므로 해당 제품의 제조원가를 충분히 반영한 판매가격을 설정할 필요가 있다.

둘째, 제품군의 변경이다. 고원가 구조를 갖는 소량주문 생산제품을 과감히 포기하고 저원가 구조를 갖는 제품으로 대체할 수 있다. 고사양의 주문제품이 원가를 많이 발생시키는 것에 비해 소비자들이 인식하는 가치는 낮은 경우가 있다. 소비자들이 가치를 두지 않는 기능이나 사양은 과감히 포기하는 것이 원가를 절감하고 수익성을 향상시키는 방법이 될 수 있다.

셋째, 제품의 재설계이다. 특정 제품의 생산원가가 많이 발생하는 이유 중의 하나는 제품의 설계가 잘못되어 생산과정에서 자원이 불필요하게 많이 소비되기 때문이다. 이러한 경우에는 생산자원의 소비를 줄일 수 있도록 제품을 재설계할 수 있다.

넷째, 생산과정의 개선이다. 생산과정에서 수행되는 활동 중에는 원가를 많이 발생시키거나 중복되어 불필요한 것이 있을 수 있다. 활동원가를 많이 발생시키는 비효율적인 활동을 줄이거나 불필요한 활동을 제거하는 방식으로 생산과정을 개선할 수 있다.

이처럼 ABC 정보를 바탕으로 기업이 수행하는 활동 자체를 변경해 수익성을 향상시키려는 노력을 **활동기준관리**ABM: activity-based management라고 한다. ABC가 기존 활동을 받아들이고 이를 정확하게 분석하는 것에 초점을 두었다면, ABM은 기존 활동을 개선하려 한다는 점에서 차이가 있다.

판매비와 관리비의 분석

ABC는 제조원가뿐만 아니라 판매비와 관리비에도 적용할 수 있다. 원가의 특성상 판매비와 관리비는 개별 제품에 추적하는 것이 쉽지 않다. 그러나 ABC를 적용하면 고객별, 유통경로별로 판매비와 관리비를 추적하는 것이 가능하다. 이를 통해 고객이나 유통경로별 수익성을 파악하고 차별적으로 관리할 수 있다. 예를 들어, 수익성이 좋은 고객에 대해서는 지속적인 고객관계를 유지할 수 있도록 추가 할인혜택을 제공할 수 있으며, 수익성이 좋지 않은 고객에 대해서는 보다 적극적인 구매를 유도하거나 가격을 인상할 수도 있다.

최근 기업들은 좋은 제품을 생산하는 것 못지않게 생산 이후 제품이 고객에게 전달되고 사용되는 과정에도 많은 관심을 가진다. 기업이 지속적인 매출성장을 이루기 위해서는 고객만족이 중요한데, 고객의 만족도는 제품의 질이나 성능뿐만 아니라 그 제품의 전달과정이나 사후관리에도 많은 영향을 받기 때문이다. 기업들이 마케팅이나 유통에 많은 비용을 지출하는 것도 고객만족을 위한 여러 가지 고객지향적 전략에서 비롯된 것이다.

이러한 마케팅 원가는 개별제품이나 제품라인보다는 주로 개별고객, 세분화된 시장, 유통경로와 관련이 있다. 예를 들어, 신용카드사가 고객별로 특화된 판촉활동을 하는 것이 그 예가 된다. 직업별, 거주지별, 나이별, 성별로 구별된 고객층마다 구매성향이나 카드 사용목적이 서로 다르기 때문에 각 고객층에 소구訴求, appeal할 수 있는 판촉활동을 수행하는 것이 매출향상에 도움이 된다. 한편 고객마다 회사에 요구하는 서비스의 수준도 다를 수 있다. 어떤 고객은 인터넷을 이용해 사용대금을 확인하거나 개인정보를 변경할 수도 있지만 다른 고객은 전화를 이용할 수도 있다. 또 상담서비스를 이용하는 정도도 고객마다 다를 수 있다.

마케팅이나 판촉 그리고 관리활동의 종류나 강도가 고객별로 차이가 있다면 이는 곧 고객별로 발생하는 원가 역시 다를 수 있으며 더 나아가 수익성에서도 차이가 있을 수 있다는 의미이다. 여기서 중요한 사항은 고객별로 제공하는 기업의 실제 활동이 각각 다르다 하더라도 관련 원가를 고객별로 추적하는 과정이 없다면 고객별 수익성을 제대로 파악할 수 없다는 점이다. 매출을 기준으로 판매비와 관리비를 배분하는 방식을 주로 사용하던 과거에는 고객별 영업이익을 구하더라도 그 이익에는 고객별 매출과 매출원가 정보 이외에 실질적으로 추가되는 정보는 없었다. 제조과정에서 생산지원활동의 원가를 제품별로 귀속시키는 ABC 기법은 마케팅활동이나 판촉활동의 원가를 고객이나 유통망별로 추적하는 데 그대로 적용 가능하다. 이에 대해서는 제8장에서 구체적인 예와 함께 자세히 다룬다.

미사용 활동능력원가와 관리

ABC를 통해 제품별 원가와 수익성을 파악한 후 특정 제품을 폐기하면 그 제품의 생산에 투입하던 활동의 원가도 줄어들까? 생산지원활동의 원가는 상당 부분 고정원가의 성격을 가지고 있어 제품생산을 중단하더라도 그대로 발생할 가능성이 크다. 고정원가의 크기는 제품 생산량이나 투입한 활동량이 아니라 경영자가 해당 활동과 관련된 설비나 인원 규모에 대해 처음에 어떤 의사결정을 했는가에 달려 있다. 이러한 의미에서 고정원가보다는 **기정원가** 또는 **확정원가**committed cost라는 표현이 더 적절하다고 할 수 있다. 특정 제품을 폐기하여도 활동원가가 그대로 발생한다면 폐기한 제품에 할당되었던 활동원가는 다른 제품에 전가된다.[11]

특정 활동을 제공할 수 있는 능력에 비해 실제 제공한 활동량이 적다면 그 차이는 **미사용 활동능력**unused capacity이라고 할 수 있다. 이때 활동원가를 실제 활동량을 기준으로 각 제품에 할당하면 미사용 활동능력과 그 원가는 별도로 파악되지 않고 생산되는 다른 제품의 원가에 포함된다.[12]

경영자는 미사용 활동능력원가를 별도로 파악하고 이것이 다른 제품의 원가에 포함되어 묻히지 않도록 하는 것이 중요하다. 왜냐하면, 미사용 활동능력을 파악하고 있어야 신제품 생산을 위해 투입 가능한 활동수준이 어느 정도이며 그 원가는 얼마인지 알 수 있기 때문이다. 또 미사용 활동능력이 더 이상 필요 없다면 장기적으로 해당 활동에 필요한 설비나 인원을 축소할 수 있기 때문이다.

미사용 활동능력의 원가를 별도로 파악하기 위해서는 원가동인당 배부율을 구할 때 실제로 발생한 원가동인량이 아닌 **실질적 최대 활동능력**practical capacity을 반영한 투입 가능한 원가동인량을 사용해야 한다. 미사용 활동능력원가는 구체적으로 다음과 같이 구할 수 있다.

formula

미사용 활동원가

$$= (\text{투입 가능 원가동인량} - \text{실제 발생 원가동인량}) \times \text{투입 가능 원가동인량에 기초한 배부율}$$

$$= (\text{투입 가능 원가동인량} - \text{실제 발생 원가동인량}) \times \frac{\text{활동원가}}{\text{투입 가능 원가동인량}}$$

투입 가능 원가동인량: 실질적 최대 활동능력 하의 원가동인량

11 '죽음의 소용돌이'와 동일한 현상이라고 할 수 있다.

12 활동능력원가는 제7장에서 설명하는 생산능력원가와 기본적으로 동일한 개념이다.

EXAMPLE 6-4

S사는 A, B, C 세 가지 제품을 생산하고 있다. 다음은 20×1년 주문처리활동과 관련된 자료이다.

제품별 주문처리횟수			주문처리 실제 총횟수	주문처리 가능 총횟수	주문처리 활동원가
A	B	C			
150	200	50	400	500	₩2,000,000

주문처리활동원가가 전액 고정원가라고 할 때 제품별 주문처리활동원가와 미사용 주문처리활동원가는 얼마인가?

예제의 자료에 의하면 주문처리 가능횟수를 기준으로 한 원가동인당 배부율은 ₩4,000 ₩2,000,000/500이다. 따라서 제품별 활동원가와 미사용 활동원가는 다음과 같다.

	A	B	C	미사용 활동능력
주문처리횟수	150	200	50	100
배부율	₩4,000	₩4,000	₩4,000	₩4,000
주문처리활동원가	₩600,000	₩800,000	₩200,000	₩400,000

ABC의 문제점과 유의사항

ABC가 원가계산의 정확성을 기하고 이로부터 산출되는 정보가 관리목적에 매우 유용하지만, ABC의 구축이나 실행 상 문제점이 없는 것은 아니다. ABC를 도입하고 운영할 때는 다음 사항을 염두에 두어야 한다.

첫째, ABC의 구축과 유지에 많은 시간과 비용이 소요될 뿐만 아니라 투입자료의 정확성을 확보하기가 쉽지 않다. ABC모델을 구축하기 위해서는 활동분석, 활동별 원가, 원가동인, 원가계산대상별 원가동인량을 결정해야 하는데, 이를 위해서는 직원들을 면담하고 그들이 수행하는 활동과 활동별 투입시간을 파악해야 한다. 그러나 면담시간을 잡는 것이 쉽지 않을 뿐만 아니라 직원의 수가 많은 경우 충분한 면담시간을 확보하는 것도 어렵다. 면담이나 서면을 통해서 활동별 투입시간을 구한다 하더라도 대부분 주관적인 판단에 의한 것이므로 확보된 자료가 정확하다는 보장도 없다. ABC가 구축된 후에도 기업의 활동은 고정되어 있는 것이 아니며 직원들이 수행하는 업무도 시간이 흐름에 따라 변한다. 따라서 ABC로부터 유의미한 정보를 얻기 위해서는 수시로 ABC모델을 업데이트해야 하는데, 여기에도 상당한 시간과 비용이 소요된다.

둘째, 활동의 상세수준과 관련된 문제이다. 활동을 세분화할수록 정확한 원가계산이 가능하지만, 이를 위한 원시자료의 수집이나 저장이 쉽지 않을 뿐만 아니라 정보처리에도 많은 시간이 소요된다. 이러한 문제를 피하기 위해 여러 활동들을 묶어 주요활동을 너무 간략하게 구성하면 의미 있는 원가동인을 찾기 어려울 뿐만 아니라 이런 이유로 전통적인 원가계산의 일반적인 배분기준을 사용하면 ABC의 도입취지를 달성하지 못할 수도 있다. ABC의 원가와 효익은 기업마다 다르며 기업의 규모나 성격에 따라 ABC모델은 달라져야 한다. ABC보다 전통적 원가계산이 더 적합한 기업이 있을 수도 있다.

셋째, ABC를 도입하는 목적이 무엇이며 ABC로부터 도움을 받을 수 있는 부서나 관리자가 누구인지 명확히 해야 한다. ABC를 도입하는 목적이 "원가계산의 정확성을 제고하기 위함이다"는 것처럼 막연해서도 안 되고 "기업 내의 모든 관리적인 문제를 해결하기 위함이다"는 것처럼 지나치게 거창해서도 안 된다. ABC를 도입해 원가계산의 정확성이 제고되었다 하더라도 그 수치를 아무도 이용하지 않는다면 의미가 없다. ABC의 유용성을 너무 과장하는 것도 적절하지 않다. 도입을 고려할 때부터 ABC로부터 얻고자 하는 정보와 이 정보를 의사결정에 활용할 수 있는 관리자나 부서를 명확히 할 필요가 있다.

넷째, ABC는 정보시스템일 뿐 통제시스템은 아니다. ABC는 각종 원가정보를 제공하지만 이 정보를 부서나 관리자의 성과평가나 유인체계에 활용하는 것은 또 다른 통제시스템에서 담당할 몫이다. 즉, ABC만 구축되면 자동적으로 구성원의 행동이 달라지고 기업의 성과가 달라지는 것은 아니다.

다섯째, ABC를 성공적으로 도입하고 기업 내의 시스템으로 자리 잡게 하기 위해서는 재무나 회계부서 등 특정 부서가 이를 주도하는 것보다 최고경영자가 강력한 실천의지를 보이는 것이 중요하다. 최고경영자의 지원이 없을 경우, 실제 운영부서와 관리자는 ABC로부터 산출된 정보를 의사결정에 반영하지 않을 뿐만 아니라 ABC시스템에 필요한 기초자료도 제공하지 않으려 할 것이기 때문이다. 기업의 전 구성원의 참여를 독려하기 위해서 여러 부서가 같이 참여하는 범기능적 프로젝트팀을 구성하여 ABC를 추진하는 것도 한 방법이 될 수 있다. 외부 컨설팅회사에 ABC 구축을 의뢰하는 경우에 이러한 문제가 더 심각할 수 있으므로 최고경영자의 지원과 각 부서의 도움이 반드시 필요하다.

여섯째, 최고경영자나 각 부서의 전폭적인 지원이 있다 하더라도 ABC모델이 너무 복잡하여 이해하기 어렵거나 너무 단순하여 현실을 제대로 반영하지 않는 경우 ABC에 대한 신뢰성이 떨어져 기업 구성원들의 활용도가 낮아질 수 있다. 또한 운영부서들이 ABC로부터 얻는 정보가 없다면 ABC에 필요한 기초자료조차도 제공하지 않는 악순환이 이어질 수 있다. 정보의 최종이용자 입장을 충분히 고려하고 지속적으로 각 부서의 의견을 수렴하여 ABC모델을 수립하는 것이 필요하다.

일곱째, 기업의 구성원들은 ABC와 같은 새로운 제도의 도입에 저항하는 경향이 있다. 특히 ABC로 인해 자신의 성과평가가 불리하게 되거나 자신이 담당하고 있는 제품 또는 업무가 없어질 수 있는 경우에는 더욱 큰 저항이 있을 수 있다. ABC가 구성원들에게 미치는 행동적인 문제도 충분히 고려해야 한다.

시간동인 활동기준원가계산

Strategic Management Accounting

ABC시스템을 수립하고 유지·관리하는 데 상당한 비용이 소요되면서 이를 감당할 수 없는 기업들이 ABC의 도입을 아예 포기하거나, 도입한 후에도 폐기하는 경우가 많이 발생하였다. 이러한 가운데 '전통적인' ABC의 모형 및 계산과정을 단순화해 원래 ABC가 의도한 효익을 그대로 누리면서도 운영비용을 낮출 수 있는 대안을 찾는 노력이 진행되었다. 그 결과로 개발된 것이 **시간동인 활동기준원가계산**TDABC: time-driven ABC 이하에서는 TDABC이다.

TDABC의 기초 개념

TDABC는 활동원가가 활동의 복잡성 정도에 달려 있고 복잡성 정도는 시간이라고 하는 요소를 통해 파악할 수 있다고 본다. 생산 및 유통과정이 복잡한 제품이나 고객은 처리하는 데 더 많은 시간이 소요된다는 점에 착안하여 시간을 활동원가 배분에 활용하는 것이다. 전통적인 ABC에 비해 TDABC는 유지비용이 저렴하고, 미사용 생산능력을 쉽게 파악하게 한다는 장점이 있다.

원가집계단위 '프로세스' 또는 '부서'

TDABC는 기본적인 원가집계단위로 **'프로세스'**process 개념을 사용한다. 프로세스는 특정 기능을 수행하는 일련의 업무과정을 지칭하는 것으로, 한 개 이상의 세부 작업단계로 구성되어 있다. 일반적으로 기업에서는 기능적으로 유사한 업무과정에 대해서는 전문성과 효율성을 위해 특정 조직단위가 이를 전담하게 하는데, 흔히 알고 있는 기업 내 '부서'department는 이러한 공식적인 조직단위라고 할 수 있다. 따라서 많은 경우 프로세스와 부서는 일치하므로, 부서를 원가집계단위라고 할 수도 있다.[13]

예를 들어, 어떤 유통회사 영업부의 업무가 고객의 주문을 확인하고, 자사 내 재고나 제조업체의 재고상황을 파악하여 가격견적을 제시하고 최종적으로 주문을 확정한 후 이를 물류부에 통보하는 것이라고 하자. 이 경우 영업부는 고객주문처리라는 단일 프로세스를 수행하는 부서라고 할 수 있다.

TDABC의 프로세스는 거래마다 자원을 소비하는 정도가 다른 여러 '작업단계'로 구성되어 있는데, 엄밀한 ABC에서는 이들 작업단계의 조합이 바로 활동이 되며 원가집계단위라고 할 수 있다. 결국 TDABC와 ABC는 원가계산의 첫 단계인 원가를 집계하는 단위에서부터 차이가 있음을 알 수 있다.[14]

프로세스나 부서가 활동에 비해 원가집계단위로서 좋은 점은 기업 내에서 공식적으로 구분되는 조직단위이기 때문에 이들에게 공급되는 자원을 물리적으로 구분할 수 있고 그 내용과 금액을 쉽게 확인할 수 있기 때문이다. 예를 들어 소속직원, 공간, 사용 중인 설비 등을 파악하고 이들의 원가를 집계하는 과정만으로 충분하다. 이에 비하면 ABC의 활동별 원가를 계산하기 위해서는 부서 내 직원이 각 활동에 투입한 시간을 파악하는 데 많은 시간과 비용이 소요되는 것이 불가피하다.

작업용량 원가율

원가대상거래별, 제품별, 고객별, 유통경로별에 직접 추적하기 어려운 간접원가는 대부분 생산량 등 실제 조업수준과 무관하게 발생하는 고정원가의 성격을 갖는다. 그리고 이들 원가의 크기는 실제 기업활동이 이루어지기 전에 미리 공급하기로 결정한 작업용량capacity의 크기에 달려 있다. TDABC에서 다루는 원가는 대부분 작업용량 원가라 할 수 있으며, 프로세스별로 집계한 원가 역시 해당 프로세스에서 특정기간 중 처리가능한 업무능력에 따라 결정되는 작업용량 원가가 된다.

TDABC에서는 프로세스의 원가를 작업용량으로 나누어 **작업용량 원가율**capacity cost rate을 계산하는데, 이는 작업용량을 한 단위 공급하는 데 발생하는 원가를 의미한다.

---

13 만약 어떤 부서에서 두 개 이상 프로세스를 수행하며 프로세스별로 근무직원, 점유공간, 설비 등이 다르다면 각 프로세스를 원가집계단위로 하는 것이 적절하다.

14 TDABC는 ABC의 시발점인 '활동' 개념을 명시적으로 언급하지 않으며 후술하는 시간방정식에서 이를 고려한다.

formula

$$\text{작업용량 원가율} = \frac{\text{프로세스 원가}}{\text{작업용량(시간)}}$$

프로세스의 원가는 해당 프로세스의 현재 작업용량업무처리능력, 조업능력, 생산용량, 생산능력을 확보하는 데 소요된 원가다. 해당 부서에 공급된 자원, 예를 들어 소속된 직원, 제공된 공간, 사용하고 있는 설비 등으로 인해 발생하는 원가를 집계하면 구할 수 있다. 작업용량은 특정 기간 중 제공할 수 있는 업무처리능력의 크기를 의미하며, 측정단위는 프로세스마다 다를 수 있으나 일반적으로 직원들의 가용시간을 사용한다.

원가계산단위

TDABC는 특정 거래 또는 주문을 원가계산의 최소단위로 한다. 거래별 원가를 일단 구하면, 필요에 따라 제품, 고객, 유통망 등 다양한 차원의 원가대상에 대해서 원가를 쉽게 계산할 수 있다. 전산화된 자료에는 주문고객, 제품종류, 주문방법, 물류방법 등 다양한 거래특성이 저장되어 있으므로 이러한 특성을 기준으로 모든 거래를 재분류하고 분류된 그룹에 속한 거래별 원가를 합산하면 각 원가대상의 원가를 구할 수 있다.

거래별 원가를 구하기 위해서는 해당 거래를 처리하는 과정에서 프로세스의 자원, 즉 작업용량을 소비한 정도를 측정해야 한다. 그 정도는 프로세스가 해당 거래를 처리하면서 어떤 작업단계를 거쳤으며 각 작업단계가 소비한 작업용량이 얼마인지에 달려있다. 여기서 작업단계는 거래를 처리하는 과정에서 수행되는 구체적 세부활동이다. 작업용량의 소비량은 공급가능량을 측정할 때 사용했던 단위인 시간으로 측정한다. TDABC에서 시간동인time-driven이라는 명칭은 작업용량의 공급량과 소비량을 측정할 때 시간을 주로 사용하기 때문이다.

시간방정식time equation은 개별거래가 소비한 작업용량을 계산하는 산식으로 작업단계의 종류별 소요시간과 해당 작업단계 수행 여부를 반영하여 총소비시간을 계산한다.[15] 다음은 주문처리 프로세스를 수행하는 영업부의 시간방정식의 예이다.

- **영업부(주문처리 프로세스)의 작업용량 소비시간**
  =기본시간(인터넷 주문, 전산주문처리 가정)+주문방식별 추가시간(전화 또는 우편주문)
  +수작업주문처리 추가시간

15 만약 작업용량의 측정단위가 시간이 아닌 경우에는 작업용량 소비방정식이 더 정확한 표현이라고 할 수 있다.

시간방정식에 거래별로 파악한 특성을 입력하면 거래별 작업용량 소비시간이 측정된다. 결국 거래별 원가는 거래별 작업용량 소비량에 앞서 구한 작업용량 원가율을 곱하여 구할 수 있다.

기초자료와 절차

TDABC를 실행하기 위해서 미리 확정해야 하는 내용이 있다.

첫째, 부서 또는 프로세스의 범위이다. 부서 전체 구성원이 기능적으로 유사한 업무를 수행하여 차별된 프로세스가 존재하지 않는다면 부서 전체가 작업용량 원가를 구하는 단위가 된다. 그러나 부서 내에서 구별되는 기능이 있고 이를 수행하는 구성원이나 설비 등이 다르다면 별도의 프로세스를 인식하고 이를 작업용량 원가를 구하는 단위로 정해야 한다. 이와 동시에 프로세스의 업무를 세부작업단계의 연결과정process mapping으로 파악해야 한다.

둘째, 프로세스의 작업용량 공급가능량 및 소비량을 측정하는 단위를 확정한다. 대부분 시간을 사용할 수 있지만, 예컨대 창고나 보관업무를 수행하는 부서에서는 점유공간이 작업용량을 측정하는 중요한 단위가 될 수도 있다.

셋째, 작업용량 원가와 공급가능량을 측정하는 기간 단위를 확정한다. 기간이 너무 짧을 경우 월별 및 계절별 변동성이 원가에 반영될 수 있다는 점을 염두에 두어야 한다. 제조간접원가 배부율을 산정할 때 연 단위를 많이 사용하는 것과 마찬가지 이유이다.

넷째, 프로세스를 구성하는 작업단계별 작업용량 소비시간을 확정한다. 소비시간은 작업과정을 직접 관찰하고 측정하여 구할 수 있다. 작업시간에 대한 연구는 그 역사가 한 세기에 이를 만큼 오래된 주제로서 많은 기법들이 개발되어 있다.

다섯째, 개별거래에 대한 구체적인 내용을 확보한다. 이미 많은 기업이 사용하는 전사적 자원관리시스템ERP에 기록되는 개별거래수준의 데이터를 그대로 불러와 사용할 수 있다. 개별거래수준의 데이터를 이용하면 각 거래를 처리하는 과정에서 이루어진 작업단계를 확인할 수 있으므로 이를 이용하여 각 거래의 작업용량 소비시간을 계산할 수 있다.

TDABC의 절차를 요약하면 다음과 같으며 **그림 6-9**에서 이러한 과정을 개관할 수 있다.

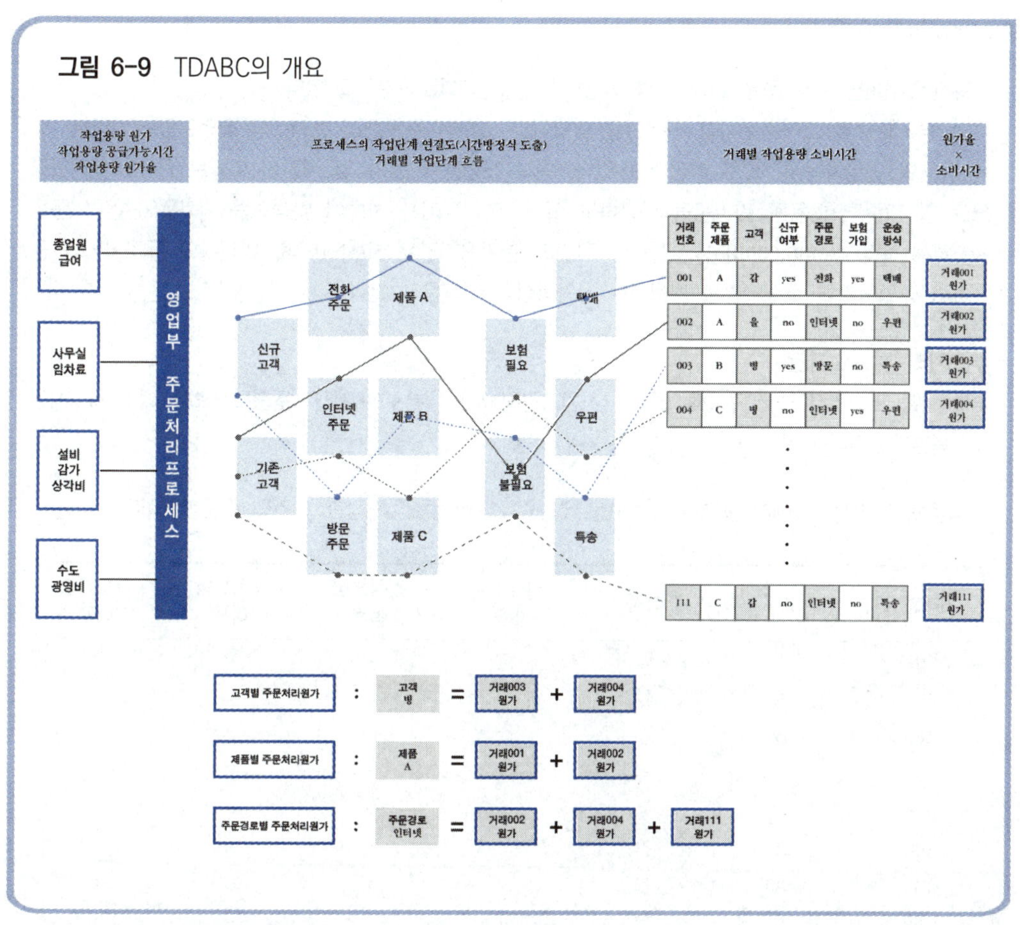

그림 6-9 TDABC의 개요

1. 프로세스 범위를 정한다.
2. 프로세스의 작업용량 공급가능량 및 소비량을 측정하기 위한 단위를 정한다.
3. 프로세스 내 작업단계를 분석하고 시간방정식을 구한다.
4. 원가계산기간을 정한 후, 프로세스의 작업용량 원가 및 작업용량 공급가능량을 측정하여 작업용량 원가율을 구한다.
5. 거래별 자료와 시간방정식을 이용하여 거래별 원가를 구한다.
6. 제품, 고객 등 특정 원가대상에 포함되는 거래별 원가를 합산한다.

EXAMPLE 6-5

유통전문기업인 (주)서울은 TDABC를 이용하여 간접원가를 배분하고 있다.

영업부의 경우 고객주문처리 업무만을 담당하고 있으며 주문처리 능력, 즉 작업용량은 영업부 소속 직원의 업무가능시간으로 측정하고 있다. 특히 작업용량 원가 및 시간은 일별로 큰 차이가 없으므로 일 기준 작업용량 원가율을 사용하고 있다. 영업부에서 하루에 발생하는 원가는 인건비 등을 포함하여 모두 ₩400,000이고 실질적인 직원의 총가용시간은 50시간이며, 영업부의 주문처리와 관련하여 작업단계별 소요시간을 보여주는 시간방정식은 다음과 같다.

주문처리 총소요시간

=0.8시간 + 1.5시간×신규고객 여부+1시간×견적요청 여부+0.8시간×운송보험요청 여부+0.2시간×특별배송처리 여부

다음은 ERP시스템에서 출력한 20×1년 1월 3일, 하루 동안 처리한 10건의 주문현황이다.

거래번호	고객	제품	신규고객 여부	견적요청 여부	보험요청 여부	특별배송 여부
101	A	갑	○	○	×	×
102	A	갑	×	×	○	○
103	B	갑	○	○	○	×
104	C	을	○	×	×	○
105	D	을	○	×	○	×
106	A	갑	×	○	×	○
107	A	을	×	×	○	○
108	B	을	×	×	×	×
109	B	갑	×	○	×	○
110	C	을	×	×	○	×

위의 자료에 의하면 영업부의 작업용량 원가율은 시간당 ₩8,000이 된다. 그리고 시간방정식에 각 거래의 작업단계 특성을 대입하면 거래별 작업용량 소비시간을 구할 수 있으며 이에 작업용량 원가율을 곱하면 거래별 원가가 다음과 같이 계산된다.

작업용량의 공급가능시간 50시간에서 실제 사용한 시간을 제외하면 미사용시간을 구할 수 있으므로 이로부터 작업용량 미사용원가도 쉽게 계산할 수 있다. 아울러 위의 거래별로 계산된 원가를 이용하여 고객별, 제품별 주문처리원가도 구할 수 있다.

거래 번호	고객	제품	신규고객 여부	견적요청 여부	보험요청 여부	특별배송 여부	소비 시간	원가율	거래별 원가
101	A	갑	○	○	×	×	3.3	₩8,000	₩26,400
102	A	갑	×	×	○	○	1.8	8,000	14,400
103	B	갑	○	○	○	×	4.1	8,000	32,800
104	C	을	○	×	×	○	2.5	8,000	20,000
105	D	을	○	×	○	×	3.1	8,000	24,800
106	A	갑	×	○	×	○	2.0	8,000	16,000
107	A	을	×	×	○	○	1.8	8,000	14,400
108	B	을	×	×	×	×	0.8	8,000	6,400
109	B	갑	×	○	×	○	2.0	8,000	16,000
110	C	을	×	×	○	×	1.6	8,000	12,800
						작업용량 사용시간 및 원가:	23.0	8,000	₩184,000
						작업용량 미사용시간 및 원가:	27.0	8,000	216,000
						작업용량 공급가능시간 및 영업부 총원가:	50.0	8,000	₩400,000

예를 들어, 고객 A로부터 발생한 주문처리원가는 거래번호 101, 102, 106, 107의 원가를 모두 합한 ₩71,200이 되며, 다른 고객도 마찬가지 방법으로 구할 수 있다. 또 제품 을로 인한 주문처리원가는 거래번호 104, 105, 107, 108, 110의 원가를 모두 합한 ₩78,400이 된다.

TDABC의 특징

TDABC는 한 부서에서 서비스를 제공할 때, 거래별로 서비스를 제공하는 구체적인 작업단계가 각각 다를 수 있으므로 거래별로 발생하는 원가도 달라질 수 있다는 점에 주목한다. 즉, 특정 거래를 처리하기 위해 수행한 작업단계를 종류별로 파악하고 요인별 소비시간을 합산하여 작업용량 소비시간을 구한 후, 이 수치에 부서의 작업용량 원가율을 곱하여 거래별 원가를 구한다. TDABC의 장점은 다음과 같이 요약할 수 있다.

첫째, 원가를 집계하는 단위가 '부서' 또는 부서에 준하는 '프로세스' 수준이므로 활동별로 원가를 집계하는 과정과 이를 위한 면담이나 설문조사가 필요 없다. 이를 통해 전통적인 ABC의 문제점을 상당 부분 해결할 수 있다.

둘째, 작업단계 개념을 도입한 시간방정식을 이용하여 개별 '거래' 수준에서 원가를 계산할 수 있다. 또 거래의 특성을 이용하여 제품, 고객, 유통경로 등 다양한 차원에서 원가대상을 정의할 수 있으며, 이들의 원가는 개별 거래원가를 조합하여 구할 수 있다.

셋째, ABC에서 활동은 결국 TDABC의 작업단계 또는 이들의 조합으로 이루어진 업무 개념이라고 할 수 있는데, 새로운 작업단계가 추가된다면 정의해야 할 활동은 기하급수적으로 늘어난다. 이에 반해 TDABC에서는 시간방정식에 새로운 작업단계의 변수만 추가하면 되므로 환경변화에 쉽게 대처할 수 있다.

넷째, 작업용량 공급량과 소비량을 파악하므로 작업용량 미사용량 및 이에 따른 원가를 구할 수 있다. ABC에서도 예제 6－4와 같이 개념적으로는 활동능력을 측정하고 활동능력 단위를 원가동인으로 사용하는 경우 활동능력 미사용량 및 원가를 측정할 수 있으나, 대개의 경우 구축단계에서 명시적으로 이러한 점을 고려하지 않을 뿐만 아니라, 수많은 활동에 대해 각각 활동능력을 측정하는 것도 불가능하다. ■

원가배분 문제가 소홀히 다뤄졌던 이유는 여러 가지다. 첫째, 원가배분이 정답을 찾기 어렵고 논란이 많은 주제라는 생각에 갈등을 회피하다 보니 오래된 원가배분 방식을 그대로 사용하면서 문제가 누적된 경우가 많았다. 기업의 생산활동은 오랜 기간 많이 변했음에도 불구하고 원가배분 방식은 과거의 틀을 땜질식으로 수정하다 보니 원가의 왜곡이 심화한 것이다. 둘째, 원가배분 문제가 조직의 성과에 어떤 심각한 결과를 가져오는지 충분히 인식하지 못하는 경우가 많았다. 원가배분을 단순한 회계상 문제로 오인하고, 그것이 제품믹스와 가격 등 마케팅 결정과 성과평가에 미치는 영향을 과소평가하는 사례가 많았다.

간접원가의 비중이 커지고 다양한 기업 의사결정에 정확한 원가정보를 사용하고자 하는 기업이 증가하면서 원가배분을 정교화하려는 시도가 진행됐다. IT 기술의 발달로 원가를 원가대상에 추적하는 원가가 낮아지면서 과거에는 원가-효익 관점에서 직접원가로 추적하지 않았던 원가들을 추적하는 것이 가능해졌다. 또 다른 변화는, 전통적 활동기준원가계산 ABC의 유지비용 문제를 해결하는 TDABC가 현실적 대안으로 대두되고 있다. TDABC는 제품별, 고객별, 유통채널별 수익성을 적은 비용으로 정확히 평가하게 함으로써 선별과 집중을 가능케 하고 수익성을 개선하는 데 큰 도움이 되고 있다.

APPENDIX 6.1 보조부문 상호 간의 원가배분

본문에서는 한 개의 보조부문원가를 다른 제조부문에 배분하는 문제에 대해서 다뤘다. 그러나 실무에서는 보조부문이 여럿 존재하고 보조부문 간에도 서비스를 주고받는 경우가 일반적이다. 이때 각 부문에서는 자체적으로 원가가 발생할 뿐만 아니라 타 부문으로부터 원가를 배분 받기도 한다. 특히 각 부문들이 상호 간에 서비스를 주고받는 경우에는 원가배분문제가 간단하지 않다. 그림 6-2에서 세 개의 보조부문 간에 표시되어 있는 화살표는 상호 간에 서비스를 주고받는 방향을 보여주고 있다. 부문 상호 간에 서비스를 주고받을 경우 원가배분이 반복적으로 순환되어야 하므로 원가배분과정이 복잡해진다. 즉, 전산부문의 원가는 수선유지부문에 배분되고 다시 수선유지부문의 원가는 전산부문에 배분되고 다시 이와 같은 과정이 반복되어야 한다. 다행히 이 과정을 무한히 반복하게 되면 그 원가배분액이 점차 줄어들어 0에 수렴하기는 하지만 현실적으로 이러한 과정을 반복한다는 것은 기업실무상 큰 의미는 없다. 이러한 상황에서 사용할 수 있는 원가배분방법은 직접배분법, 단계배분법, 상호배분법 등이 있다.

직접배분법

직접배분법direct allocation method은 보조부문원가 배분방법 중 가장 간단한 방법으로 보조부문 원가를 다른 보조부문에는 배분하지 않고 제조부문에만 배분하는 방법이다. 이 방법은 계산이 간편하다는 장점은 있으나 보조부문 상호 간에 주고받는 서비스가 많은 경우 각 보조부문 원가를 정확히 계산할 수 없고, 더 나아가 제조부문에 배분하는 보조부문 원가 역시 왜곡될 수 있다는 단점이 있다.

단계배분법

단계배분법step-down allocation method은 직접배분법과 후술하는 상호배분법의 절충적인 방법으로 보조부문 간의 서비스 수수를 일부만 고려하는 방법이다. 이 방법하에서는 보조부문원가의 배분순서를 정하고 그에 따라 단계적으로 보조부문 원가를 배분한다. 예컨대, 보조부문의 자체발생 원가가 많은 순서대로 원가를 배분하되, 후순위 보조부문의 원가는 선순위 보조부문에는 배분하지 않는다.

• APPENDIX

직접배분법이 보조부문 간 주고받는 서비스의 관계를 전혀 고려하지 않는 데 반해 단계배분법은 보조부문 간의 서비스 수수에 대해 일부나마 고려한다는 장점이 있다. 그러나 배부순서가 합리적이지 않을 경우 계산만 복잡하고 직접배분법보다 더 나은 결과를 얻지 못할 수도 있다.

상호배분법

상호배분법reciprocal allocation method은 직접배분법이나 단계배분법과는 달리 보조부문 간 서비스의 수수관계를 모두 반영하는 배분방법으로서 원가계산에 정확성을 기할 수 있으며, 경영자가 보조부문과 관련된 의사결정을 하는 데 도움이 된다.

상호배분법에 의한 원가배분은 두 가지 방법이 있는데, 각 보조부문원가가 0이 될 때까지 반복적으로 원가를 배분하는 방법연속배분법과 연립방정식을 이용하여 각 보조부문의 원가를 확정한 후 이 금액을 배분하는 방법이 있다. 연속배분법의 결과는 연립방정식을 이용한 결과와 동일하며, 편의상 연립방정식을 이용한 방법은 다음 2단계에 의한다.

첫째, 각 보조부문별로 다음과 같은 방정식을 만들고 연립방정식의 해를 구한다.

보조부문의 최종원가 = 보조부문의 자체발생원가 + 타(他) 보조부문으로부터 배분받을 원가

둘째, 연립방정식의 해로 얻어진 각 보조부문의 최종원가를 배분기준량을 기초로 관련 부문에 배분한다.

여기서 보조부문 간 서비스의 수수를 완전히 반영하여 원가를 배분한 후 얻어지는 각 보조부문의 최종원가는 미지수이며 타 보조부문으로부터 배분될 원가 역시 타 보조부문의 최종원가가 확정되어야 얻어지는 금액이므로 미지수가 된다. 일반적으로 보조부문의 수만큼 미지수와 방정식이 만들어지므로 수립된 연립방정식의 해를 구하면 각 보조부문의 최종원가가 확정된다. 이렇게 확정된 금액을 배분기준량을 기초로 각 부문에 배분하면 보조부문 원가는 제조부문으로 모두 배분된다.

APPENDIX • 

다음 예에 각 방법을 적용한 결과는 다음과 같다.

EXAMPLE 6A-2

다음 자료는 제조부문과 보조부문의 원가와 보조부문 서비스의 사용비율이다.

	사용				
	보조부문		제조부문		
제공	동력부문	수선부문	선반부문	조립부문	합계
동력부문	–	20%	60%	20%	100%
수선부문	10%	–	45%	45%	100%
자체부문원가	₩250,000	₩160,000	₩100,000	₩60,000	₩570,000

직접배분법

	보조부문		제조부문	
	동력부문	수선부문	선반부문	조립부문
자체부문원가	₩250,000	₩160,000	₩100,000	₩60,000
동력부문원가 배분	(250,000)	–	187,500	62,500
수선부문원가 배분	–	(160,000)	80,000	80,000
계	₩0	₩0	₩367,500	₩202,500

단계배분법

	보조부문		제조부문	
	수선부문	동력부문	선반부문	조립부문
자체부문원가	₩160,000	₩250,000	₩100,000	₩60,000
동력부문원가 배분	50,000	(250,000)	150,000	50,000
수선부문원가 배분	(210,000)	–	105,000	105,000
계	₩0	₩0	₩355,000	₩215,000

(동력부문원가를 먼저 배분)

상호배분법

	보조부문		제조부문	
	동력부문	수선부문	선반부문	조립부문
자체부문원가	₩250,000	₩160,000	₩100,000	₩60,000
동력부문	(271,429)	54,286	162,857	54,285
수선부문	21,429	(214,286)	96,429	96,429
계	₩0	₩0	₩359,286	₩210,714

연립방정식: P = 250,000 + 0.1 × M, M = 160,000 + 0.2 × P (P: 동력부문의 최종원가, M: 수선부문의 최종원가)
M = 214,286 P = 271,429

보조부문 배분방법 간의 결과 비교

원가배분결과를 비교하면 직접배분법은 단계배분법보다 선반부문에 ₩12,500을 더 배분하고, 조립부문에 ₩12,500을 덜 배분하는 결과를 보여주고 있다. 이 경우 선반부문의 관리자는 단계배분법을 선호할 것이고, 조립부문의 관리자는 직접배분법을 선호할 수 있다. 각 제조부문의 원가책임을 강조하고 각 제조부문에 배분되는 원가가 해당 부문의 성과평가에 영향을 미치는 경우에는 직접배분법이나 단계배분법에 비해 원가배분의 논란을 줄일 수 있는 상호배분법을 사용하는 것이 바람직하다. 보조부문이 많을 경우 원가배분의 계산과정이 다소 복잡하지만 컴퓨터에 의해 어렵지 않게 그 해를 구할 수 있기 때문이다. 그럼에도 불구하고 기업실무에서는 상호배분법보다는 직접배분법이나 단계배분법이 많이 사용된다. 보조부문 간의 서비스 수수관계가 그다지 중요하지 않아 원가−효익의 관점에서 이해하기 쉽고 계산이 간편한 직접배분법이나 단계배분법을 선호하는 것으로 이해할 수 있다.

APPENDIX 6.2 ABC의 예

다음은 ABC의 절차를 개관할 수 있는 예제이다.

EXAMPLE 6A-2

S사는 커피업계의 선도기업으로 경쟁력이 있는 두 종류의 인스턴트커피 막심과 초이를 생산하고 있다. 최근 소비자들의 원두커피에 대한 선호도가 상승함에 따라 코나와 자바 두 종류의 원두커피를 추가로 생산하려고 한다. 원두커피는 고급 재료를 구입한 후 1회당 생산량을 소량으로 하여 고품질을 유지할 예정이며 인스턴트커피에 비해 상당히 높은 가격에 판매하고자 한다. 이에 반해 인스턴트커피는 종전과 동일한 방법으로 생산할 예정이다.

제품별 생산량 및 직접원가

	막심	초이	코나	자바
판매가격(kg 당)	₩11,000	₩13,000	₩27,000	₩25,000
총생산량(kg)	1,500	1,000	200	300
일회 생산량(kg)	50	50	10	10
직접재료원가	₩1,500,000	₩1,500,000	₩600,000	₩1,500,000
직접노무원가	3,000,000	2,200,000	800,000	900,000

제조간접원가

간접노무원가	₩7,000,000
기계감가상각비	5,000,000
수도광열비	1,030,000
셋업원가	5,750,000
	₩18,780,000

원가계산 결과 신제품을 출시한 이후에 기존제품의 마진율이 하락하고 신제품의 마진율이 예상 외로 높은 것을 확인하였다. 이에 S사 경영진은 장기적으로 볼 때 인스턴트커피의 생산량을 줄이거나 포기하고 원두커피의 생산량을 늘려야 하는 것은 아닌지 고민하고 있다. 제조간접원가를 각 제품의 직접노무원가를 기준으로 배부하였을 때 각 제품의 매출총이익과 매출총이익률은 다음과 같다.

• APPENDIX

	막심	초이	코나	자바
직접재료원가	₩1,500,000	₩1,500,000	₩600,000	₩1,500,000
직접노무원가	3,000,000	2,200,000	800,000	900,000
제조간접원가	8,165,218	5,987,826	2,177,391	2,449,565
매출원가	₩12,665,218	₩9,687,826	₩3,577,391	₩4,849,565

	막심	초이	코나	자바
매출액	₩16,500,000	₩13,000,000	₩5,400,000	₩7,500,000
매출원가	12,665,218	9,687,826	3,577,391	4,849,565
매출총이익	₩3,834,782	₩3,312,174	₩1,822,609	₩2,650,435
매출총이익률	0.23	0.25	0.34	0.35

S사의 기획실 김 대리는 위 계산결과를 이용하여 인스턴트커피의 생산을 줄이려고 하는 의사결정에는 문제가 있을 수 있다고 생각한다. 기획실장은 김 대리에게 구체적으로 무엇이 잘못되었는가를 보고서로 작성토록 지시하였다. 김 대리는 직접노무원가를 기초로 제조간접원가를 제품별로 배부하는 것이 적절한지 확인하기 위해 제조간접원가에 대한 기초자료를 수집하였다.

생산 전과정에 대한 주요사항

첫째, 재료구입과정이다. 커피 원재료는 구매부서에서 구입하는데, 1회 구입량은 5회의 생산분량이다.

둘째, 원두의 선별과정이다. 재료를 구입한 후 가공에 앞서 불량원두를 제거하는 과정이다. 선별시간은 원재료 양에 비례하여 소요되는데, 원두커피의 재료로 사용될 원두의 선별과정에 투입되는 시간이 인스턴트커피용 원두에 비해 3배 더 많이 소요된다.

셋째, 로스팅과정이다.■ 로스팅 기계에서 원두에 열을 가해 볶는 과정이다. 제품마다 볶는 시간이 다르기 때문에 원두를 한꺼번에 가공할 수 없으며 생산일정에 따라 번갈아 가면서 작업한다.

■ 로스팅이 이루어지기 전에 커피 고유의 향을 만들기 위한 블렌딩(혼합)과정이 있는데, 이 과정은 각종 원두를 사전에 정해진 비율에 따라 자동으로 투입하는 과정이다. 본 사례에서는 블렌딩 원가는 로스팅 원가에 합산되어 있으며 원가계산에 영향을 주지 않으므로 구분할 필요가 없다고 가정한다.

넷째, 분쇄과정이다. 로스팅 작업을 마친 원두를 잘게 분쇄하는 과정을 거친다. 로스팅 작업 후에 이루어지는 이 과정 역시 로스팅 작업과 마찬가지로 원두가 서로 섞이는 것을 방지하기 위해 각 생산물량에 대해서 개별적으로 이루어진다.

다섯째, 인스턴트커피는 분쇄된 원두를 커피원액으로 만들고 분말형태로 만드는 농축과정이 필요하다. 농축과정 역시 제품별, 생산물량별로 구별하여 이루어진다.

여섯째, 1회 생산물량의 작업이 종료하면 모든 기계에 대해 셋업과정이 이루어진다. 이 과정에서는 세척 및 점검 그리고 다음번 생산을 위한 준비를 한다. 셋업은 전문업체에서 직접 실시한다.

제품별 생산횟수 및 1회 생산당 기계작업시간

	막심	초이	코나	자바
총생산량(kg)	1,500	1,000	200	300
1회 생산량(kg)	50	50	10	10
총생산횟수(생산묶음수)	30	20	20	30
1회 생산당 기계시간:				
로스팅	2	3	3	2
분쇄	3	3	1	1
농축	5	5	0	0

활동의 구분과 원가동인

활동	원가동인
구매활동	구매횟수
선별활동	생산량(원두커피용은 3배 소요)
셋업활동	생산횟수(생산묶음 수)
로스팅활동	생산횟수(생산묶음 수)×기계시간
분쇄활동	생산횟수(생산묶음 수)×기계시간
농축활동	생산횟수(생산묶음 수)×기계시간

선별활동의 원가동인은 원두재료 처리량이지만 이에 대해서는 별도로 집계되어 있지 않으며 면담 결과 재료투입량은 커피 생산물량에 비례하는 것으로 알려져 있다. 단, 원두커피용 원두의 재료처리 시간은 인스턴트커피용 원두에 비해 3배 더 소요되는 것으로 알려져 있다.

제조간접원가의 활동별 추적 및 할당

(단위: ₩)

원가	활동								합계
	구매	선별	기계작업활동			셋업활동			
			로스팅	분쇄	농축	로스팅	분쇄	농축	
간접노무원가	3,000,000	1,000,000	1,000,000	1,000,000	1,000,000				7,000,000
설비감가상각비			2,000,000	1,000,000	2,000,000				5,000,000
수도광열비			480,000	300,000	250,000				1,030,000
셋업원가						1,500,000	2,250,000	2,000,000	5,750,000
합계	3,000,000	1,000,000	3,480,000	2,300,000	3,250,000	1,500,000	2,250,000	2,000,000	18,780,000

• APPENDIX

• 간접노무원가는 담당직원과의 면담을 통해 활동별로 할당하였다.

• 수도광열비는 전액 전기요금이므로 각 설비의 시간당 소비전력에 기계시간을 곱한 수치를 기준으로 기계작업 활동별로 할당하였다.

• 기계에 대한 감가상각비와 셋업원가는 직접 추적가능하였다.

김 대리는 ABC의 관점에서 이 문제를 해결해야 한다고 생각하고 있다. 김 대리가 수집한 위 자료를 이용하여 제품별 수익성을 재평가하라.

ABC를 제품원가계산에 적용하기 위해서는 활동별 배부율을 구해야 한다. 결과는 다음과 같다.

	구매	선별	기계작업활동			셋업활동		
			로스팅	분쇄	농축	로스팅	분쇄	농축
활동별 원가	₩3,000,000	₩1,000,000	₩3,480,000	₩2,300,000	₩3,250,000	₩1,500,000	₩2,250,000	₩2,000,000
활동별 원가동인	구매횟수 =생산횟수/5	생산량× 가중치	생산횟수× 1회당 기계시간	생산횟수× 1회당 기계시간	생산횟수× 1회당 기계시간	생산횟수	생산횟수	생산횟수
제품별 원가동인:								
막심	30/5	1,500×1	30×2	30×3	30×5	30	30	30
초이	20/5	1,000×1	20×3	20×3	20×5	20	20	20
코나	20/5	200×3	20×3	20×1	20×0	20	20	20
자바	30/5	300×3	30×2	30×1	30×0	30	30	30
원가동인 합	20	4,000	240	200	250	100	100	100
배부율	₩150,000	₩250	₩14,500	₩11,500	₩13,000	₩15,000	₩22,500	₩20,000

활동별 배부율을 이용하여 제품별 활동원가를 구하면 다음과 같다.

APPENDIX • 

제품	구매	선별	기계작업활동			셋업활동			합
			로스팅	분쇄	농축	로스팅	분쇄	농축	
막심	₩900,000	₩375,000	₩870,000	₩1,035,000	₩1,950,000	₩450,000	₩675,000	₩600,000	₩6,855,000
초이	600,000	250,000	870,000	690,000	1,300,000	300,000	450,000	400,000	4,860,000
코나	600,000	150,000	870,000	230,000	0	300,000	450,000	400,000	3,000,000
자바	900,000	225,000	870,000	345,000	0	450,000	675,000	600,000	4,065,000
합계	3,000,000	1,000,000	3,480,000	2,300,000	3,250,000	1,500,000	2,250,000	2,000,000	18,780,000

(활동: 구매, 선별, 기계작업활동, 셋업활동)

이 결과를 이용하여 각 제품의 제조원가와 매출총이익 및 매출총이익률을 다시 구하면 다음과 같다.

	막심	초이	코나	자바
직접재료원가	₩1,500,000	₩1,500,000	₩600,000	₩1,500,000
직접노무원가	3,000,000	2,200,000	800,000	900,000
제조간접원가	6,855,000	4,860,000	3,000,000	4,065,000
매출원가	₩11,355,000	₩8,560,000	₩4,400,000	₩6,465,000

	막심	초이	코나	자바
매출액	₩16,500,000	₩13,000,000	₩5,400,000	₩7,500,000
매출원가	11,355,000	8,560,000	4,400,000	6,465,000
매출총이익	₩5,145,000	₩4,440,000	₩1,000,000	₩1,035,000
매출총이익률	0.31	0.34	0.19	0.138

ABC를 적용한 결과, 종전의 계산 결과와는 달리 인스턴트커피의 마진율이 새롭게 출시한 원두커피보다 높다는 사실을 확인하였다. 생산노하우가 많이 쌓인 인스턴트커피 제품라인이 S사에는 여전히 중요한 수익원이며 이제 막 생산을 시작한 원두커피 제품라인에 대해서는 효율성을 향상시킬 여지가 있다는 점을 시사한다. 인스턴트커피의 수익성 하락을 이유로 제품라인을 포기하거나 생산량을 줄일 것이 아니라 오히려 새롭게 출시한 원두커피의 수익성을 향상시키기 위해 생산과정의 효율성을 개선하는 것이 필요한 것으로 판단된다.

"SR 새 사장 선임 앞두고 KTX와 통합 논의 다시 수면 위로"

지난달 초 수서발 고속열차 운영사인 SR의 이승호 사장이 돌연 사의를 표명했다. 국토교통부 교통물류실장 출신인 이 사장이 코레일(한국철도공사)과 SR의 통합에 반대하면서 국토부와 마찰을 빚은 게 원인이라는 분석이 나왔다.

국토부는 그동안 코레일-SR 통합 논의를 차일피일 미뤄왔다. 이처럼 SR 통합 논의가 미뤄지는 이유는 철도 공공성을 근거로 통합을 주장하는 쪽과 경쟁을 통한 효율성 확보 측면에서 분리된 채 두자는 쪽의 의견이 팽팽히 맞서고 있기 때문이다. 흑자 노선을 코레일에 몰아줄지, 아니면 별도 법인으로 운영하게 할지를 따지는 문제에 국한되지 않고, 큰 틀에서 국민이 더 싼 요금으로 더 나은 철도교통 서비스를 이용할 수 있게 할 방법이 무엇인지를 진지하게 고민해야 하는 시점이다.

전문가 대부분은 철도 운영을 독점 공기업에 맡기면 운영이 비효율적일 수밖에 없다는 점에 동의한다. 본질적으로 철도에서는 부문별 원가를 회계적으로 측정하기가 어렵기 때문이다. 예를 들어 독점체제를 갖춘 철도공기업이 적자를 기록하면 그것이 어느 노선에서 어떤 비효율 때문에 발생하는지 정확하게 알 수 없다. 철도는 노선별로 나뉘어 있지만 열차는 노선을 넘나들기 때문에 원가를 배분하기가 쉽지 않다.

코레일과 SR를 하나의 회사로 합치자는 주장은 주로 코레일 쪽에서 나온다. 가장 큰 근거는 공공재의 교차보조 원리다. 여건상 적자가 날 수밖에 없는 벽지노선을 운행하기 위해서는 흑자노선도 코레일이 갖고 있어야 한다는 이야기다. 실제로 코레일은 SR가 출범하기 전 3년 동안 흑자를 냈다. 그러나 2016년 12월 SR 출범 이후로 2017년에는 5,267억 원의 적자를 기록했다.

매일경제 2018. 6. 24 ◀

생각해 봅시다

1. 철도 노선별로 수익성을 정확히 계산하기 어려운 이유는 무엇인가?
2. 만약 당신이 철도회사의 최고경영자라면 물음 1의 문제를 어떻게 극복할 것인가?

원가배분과 활동기준원가계산

01 개념과 용어 빈칸을 채우시오.

- 경제적 자원을 소비할 때 각 사용자가 배타적이고 개별적으로 소비하는 경우 그 원가를 개별원가라 하는데 원가계산 목적상 직접원가가 되며, 공동으로 소비하는 경우 그 원가는 ______ common costs(이)라 부르는데 각 사용자에게 직접 추적하기가 어려운 경우가 많아 간접원가 성격을 띤다.
- 가장 바람직한 원가배분기준은 ______ cause and effect에 충실한 기준이지만, 여의치 않을 경우 수혜정도, 부담능력, 공정성 등을 고려하기도 한다.
- 부문 간의 원가배분에 있어서 고정원가를 실제로 발생한 배분기준량으로 배분하면 해당 부문의 서비스를 전혀 사용하지 않는 결과를 초래할 수도 있다. 이를 ______ death spiral(이)라 부른다.
- 부문 간의 원가배분에 있어서 변동원가와 고정원가를 구별하고 각각의 인과성에 맞는 배분기준을 선택하여 배분하는 것은 ______ dual rate mehtod(이)라고 한다.
- 보조부문간 서비스를 주고 받는 경우, 보조부문간 원가배분방법 중 가장 정확한 방법은 ______ reciprocal method(이)라고 할 수 있다.
- 전통적 원가계산에서 부문 등 공식적인 조직을 기준으로 간접원가를 집계하고 여기에 조업도 수준과 밀접하게 관련되어 있는 배분기준을 사용한 것과는 달리, ______ activity based costing에서는 기업에서 수행하는 활동을 기준으로 간접원가를 집계하고, 활동을 유발시키는 구체적인 원인을 배분기준으로 삼기 때문에 경우에 따라서 조업도 수준과는 무관한 배분기준을 사용하기도 한다.
- ABC에서는 활동 및 활동원가를 원가동인의 차원에서 단위수준활동원가, 묶음수준활동원가, 제품유지활동원가, 공장유지활동원가 등으로 나누는데 이를 ______ activity cost hierarchy(이)라 부른다.
- 전통적 원가계산과 ABC 간의 원가계산 결과 차이에 결정적인 역할을 하는 활동원가는 조업도 수준과 무관한 배분기준을 사용하는 ______ batch level activity costs(와)과 제품유지활동원가라고 할 수 있다.
- ABC가 현재 조직에서 수행하는 활동현황을 파악하여 원가계산의 정확성을 제고하고자 하는 것이라면 ______ activity based management(은)는 ABC의 결과를 바탕으로 기업활동 자체를 개선하

여 수익성을 향상시키려는 노력이라고 할 수 있다.

- 각 제품 또는 고객 등 원가대상에 배분할 활동원가는 수행하는 활동의 복잡성과 수행정도에 따라 결정된다고 할 수 있는데 time driven activity based costing에서는 이를 측정할 수 있는 쉬운 방법으로 시간을 이용한다.

02 **원가배분의 의의** 다음 중 원가배분의 목적에 해당하지 않는 것은?

① 재무보고 목적 ② 원가보상계약 목적 ③ 원가추적 목적
④ 유인제공 및 통제 목적 ⑤ 경제적 의사결정 목적

03 **원가배분의 의의** 다음 중 제조간접원가의 배분기준을 결정하고자 할 때 일반적으로 고려하여야 하는 사항중 가장 중요한 것은?

① 회피가능성 ② 인과관계성 ③ 통제가능성
④ 선형성비례성 ⑤ 순이익에 미치는 영향

회계사 2010 … **04** **ABC의 의의** 다음 중 활동기준원가계산제도가 생겨나게 된 배경으로 타당하지 않은 것은?

① 수익성 높은 제품의 선별을 통한 기업역량 집중의 필요성
② 산업구조의 고도화 및 직접노동 투입량의 증가
③ 제품 및 생산공정의 다양화
④ 원가정보의 수집 및 처리기술의 발달
⑤ 개별제품이나 작업에 직접 추적이 어려운 원가의 증가

세무사 2017 … **05** **ABC의 의의** 활동기준원가계산에 관한 설명으로 옳지 않은 것은?

① 간접원가의 비중이 높을수록 활동기준원가계산의 도입효과가 크다.
② 전통적인 간접원가 배부방법에 비해 다양한 배부기준이 사용된다.
③ 판매관리비에는 활동기준원가계산을 적용하지 않는다.
④ 활동원가의 계층구조 중 배치묶음수준원가는 배치 수나 활동시간 등을 원가동인으로 사용한다.
⑤ 전통적인 간접원가 배부방법에 비해 인과관계를 반영하는 배부기준을 찾아내는 데 많은 노력을 들인다.

회계사 2022 … **06** **ABC의 의의** 활동기준원가계산에 대한 다음 설명 중 옳지 않은 것은?

① 활동기준원가계산은 발생한 원가를 활동중심점별로 집계하여 발생한 활동원가동인수로 배부하는 일종의 사후원가계산제도이다.

② 활동기준원가계산을 활용한 고객수익성분석에서는 제품원가뿐만 아니라 판매관리비까지도 활동별로 집계하여 경영자의 다양한 의사결정에 이용할 수 있다.

③ 제조간접원가에는 생산량 이외의 다른 원가동인에 의하여 발생하는 원가가 많이 포함되어 있다.

④ 활동이 자원을 소비하고 제품이 활동을 소비한다.

⑤ 원재료구매, 작업준비, 전수조사에 의한 품질검사는 묶음수준활동(batch level activities)으로 분류된다.

07 **원가배분의 의의** (주)수지는 제품 A와 제품 B를 생산하고 있는데 두 제품은 모두 제조부문 X와 제조부문 Y를 거쳐야 한다. 제조부문 X에서 발생한 제조간접원가는 각 제품이 소비한 기계시간을 기준으로 배부하고, 제조부문 Y에서 발생한 제조간접원가는 각 제품이 소비한 노무시간을 기준으로 배부한다. 또한 각 제조부문의 제조간접원가는 월별로 실제 배부한다. ··· 회계사 2011

다음은 5월 중 제품 A와 제품 B를 생산하는 데 각각 소비한 기계시간과 노무시간 그리고 각 제품에 최종적으로 배부된 제조간접원가 자료이다.

구 분	제품 A	제품 B	합계
기계시간	10시간	30시간	40시간
노무시간	90시간	60시간	150시간
제조간접원가배부액	₩870,000	₩930,000	₩1,800,000

제조부문 X에서 5월 중 발생한 제조간접원가는 얼마인가?

① ₩600,000 ② ₩720,000 ③ ₩800,000
④ ₩960,000 ⑤ ₩1,080,000

08 **단일배분율법과 이중배분율법** 전력부문은 제조부문 X와 제조부문 Y에서 필요로 하는 양질의 전기를 제공하고 있다. 20×1년 1월 전력부문의 고정원가는 다음과 같다. 단, 변동원가인 연료원가는 알려져 있지 않다. 전력부문의 설비투자규모 및 직원 수는 각 제조부문의 생산능력을 기준으로 한 사용예측량을 고려한 바 있다.

전력부문원가		
고정원가		
감가상각비	₩6,000,000	
급여	2,000,000	₩8,000,000
변동원가		
연료비	?	?
합계		₩ ?

부문별 전력사용량		
	생산능력기준 월별사용예측량	실제사용량
제조부문 X	3,000kWh	1,000kWh
제조부문 Y	1,000	1,000
합계	4,000kWh	2,000kWh

단일배분율실제사용량 기준에 의할 때와 이중배분율에 의할 때 제품 Y에 배분되는 전력부문원가의 차이액은 얼마인가?

① ₩0 ② ₩2,000,000 ③ ₩4,000,000 ④ ₩6,000,000

세무사 2020 ··· **09** **부록: 단계배분법** (주)세무는 제조부문금형, 조립과 보조부문유지, 동력을 이용하여 제품을 생산하고 있다. 유지부문원가는 기계시간, 동력부문원가는 전력량을 기준으로 단계배부법을 사용하여 보조부문원가를 제조부문에 배부한다. 보조부문원가를 배부하기 위한 20×1년 원가자료와 배부기준은 다음과 같다.

	보조부문		제조부문	
	유지	동력	금형	조립
부문개별원가	₩120,000	₩80,000	₩200,000	₩300,000
부문공통원가	₩200,000			
기계시간(시간)	–	200	400	400
전력량(kWh)	100	–	300	200
점유면적(m^2)	10	20	30	40

(주)세무의 부문공통원가 ₩200,000은 임차료이며, 이는 점유면적을 기준으로 각 부문에 배부한다. 20×1년 (주)셈의 배부 후, 금형부문의 총원가는? (단, 보조부문원가는 유지부문, 동력부문의 순으로 배부한다.)

① ₩144,800 ② ₩148,800 ③ ₩204,800
④ ₩344,800 ⑤ ₩404,800

세무사 2017 ··· **10** **부록: 상호배분법** (주)세무는 가공부문도색 및 조립과 보조부문수선 및 동력으로 구성된다. 다음의 서비스 공급량 자료를 이용하여 상호배부법으로 보조부문의 원가를 가공부문에 배부한다.

제공부문	보조부문		가공부문	
	수선	동력	도색	조립
수선		75시간	45시간	30시간
동력	200kW		100kW	200kW

수선부문과 동력부문에 각각 집계된 원가는 ₩300,000과 ₩200,000이다. 가공부문에 배부된 원가는 도색 횟수와 조립시간에 비례하여 각각 제품 A와 제품 B에 전액 배부된다. 제품 A와 제품 B에 사용된 도색 횟수와 조립시간이 다음과 같을 때, 제품 B에 배부되는 보조부문의 총원가는?

	제품 A	제품 B
도색 횟수	10회	13회
조립시간	200시간	100시간

① ₩210,000 ② ₩220,000 ③ ₩240,000
④ ₩250,000 ⑤ ₩280,000

11 **부록: 상호배분법** (주)대한은 두 개의 제조부문절단부문, 조립부문과 두 개의 지원부문전력부문, 수선부문을 통해 제품을 생산한다. ㈜대한은 상호배분법을 사용하여 지원부문의 원가를 제조부문에 배부하고 있다. 원가배부 기준은 전력부문은 전력kw이며, 수선부문은 수선시간이다. 제조부문에 배부된 원가 및 배부기준과 관련된 내역은 다음과 같다. 전력부문에서 발생한 부문원가는 얼마인가? … 회계사 2020

구분	제조부문		지원부문	
	절단부문	조립부문	전력부문	수선부문
배부 받은 원가(₩)	7,400	4,200		
전력(kw)	100	60	50	40
수선(시간)	60	30	60	30

① ₩4,000 ② ₩6,300 ③ ₩7,600
④ ₩10,000 ⑤ ₩12,500

12 **원가배분 종합** 부문별 개별원가계산을 채택하고 있는 대한조선의 다음 원가계산자료를 이용하여 화물선에 배부될 제조간접비를 구하시오. … 세무사 2004

(1) 제조간접비에 대한 부문비 내역

	제조부문		보조부문		
구분	제1공장	제2공장	수선부	동력부	생산관리부
금액	₩3,800,000	₩3,200,000	₩1,100,000	₩900,000	₩2,000,000

(2) 보조부문비의 배부는 단계계단식배부법을 사용하며, 보조부문 상호 간의 배부순서는 생산관리, 동력, 수선부문의 순으로 하여 다음의 배부기준에 의한다.

구분	제1공장	제2공장	수선부	동력부
생산관리부	40%	40%	15%	5%
동력부	50%	40%	10%	–
수선부	60%	40%	–	

(3) 제품별 제조간접비 배부를 위한 공장별 작업시간집계표

구분	화물선	유조선	군함	합계
제1공장	800시간	500시간	700시간	2,000시간
제2공장	400시간	300시간	300시간	1,000시간

① ₩4,686,000 ② ₩4,595,000 ③ ₩4,400,000
④ ₩4,690,000 ⑤ ₩4,658,000

회계사 2008 … **13** **ABC의 적용** (주)한호기계는 활동기준원가계산activity-based costing을 적용하고 있다. 회사는 제품 생산을 위해 세 가지 활동을 수행하고 있다. 당기에 발생된 활동별 실제원가는 기계가동활동 ₩84,000, 엔지니어링활동 ₩60,000, 품질검사활동 ₩41,000이었다. 당기에 두 종류의 제품 A와 B를 생산하였으며, 생산관련 실제자료는 다음과 같았다.

항목	제품 A	제품 B
생산량	500단위	1,200단위
기계가동(기계시간)	2,000시간	3,000시간
엔지니어링(작업시간)	500시간	700시간
품질검사(품질검사 횟수)	10회	15회

※ 괄호 안은 각 활동의 원가동인을 의미함.

활동기준원가계산 및 위의 자료와 관련된 (주)한호기계의 원가계산결과에 대한 설명이다. 다음중 타당하지 않은 것은?

① 생산과정에서 직접원가보다는 간접원가의 비중이 높을수록 활동기준원가계산의 도입효과가 큰 것으로 알려져 있다.
② 품질검사를 전수조사에 의할 경우 품질검사활동은 단위수준활동으로 분류된다.
③ 제품 A에 배부되는 총활동원가는 ₩72,000이다.
④ 기계가동활동의 원가배부율은 기계시간당 ₩16.8이다.
⑤ 제품 B에 배부되는 엔지니어링 활동원가는 ₩35,000이다.

감평사 2016 … **14** **ABC의 적용** (주)감평은 활동기준원가계산에 의하여 간접원가를 배부하고 있다. 20×6년 중 고객 갑은 10회를 주문하였다. 20×6년도 간접원가 관련 자료가 다음과 같을 때, 고객 갑에게 배부될 간접원가 총액은?

(1) 연간 간접원가

구분	금액
급여	₩500,000
임대료	200,000
통신비	120,000
계	820,000

(2) 활동별 간접원가 배부비율

구분	주문처리	고객대응
급여	60%	40%
임대료	50%	50%
통신비	70%	30%

(3) 활동별 원가동인과 연간 활동량

활동	원가동인	활동량
주문처리	주문횟수	1,600회
고객대응	고객수	120명

① ₩3,025 ② ₩3,235 ③ ₩5,125
④ ₩5,265 ⑤ ₩5,825

15 **ABC의 적용** (주)대한은 제품 A와 제품 B를 생산하는 기업으로, 생산량을 기준으로 제품별 제조간접원가를 배부하고 있다. (주)대한은 제품별 원가계산을 지금보다 합리적으로 하기 위해 활동기준원가계산제도를 도입하고자 한다. 다음은 활동기준원가계산에 필요한 (주)대한의 활동 및 제조에 관한 자료이다. … 회계사 2020

활동	활동원가	원가동인
재료이동	₩1,512,000	운반횟수
조립작업	7,000,000	기계작업시간
도색작업	7,200,000	노동시간
품질검사	8,000,000	생산량
총합계(제조간접원가)	₩23,712,000	

원가동인	제품별 사용량	
	제품 A	제품 B
운반횟수	400회	230회
기계작업시간	600시간	800시간
노동시간	3,000시간	6,000시간
생산량	X개	Y개

(주)대한이 위 자료를 바탕으로 활동기준원가계산에 따라 제조간접원가를 배부하면, 생산량을 기준으로 제조간접원가를 배부하였을 때보다 제품 A의 제조간접원가가 ₩3,460,000 더 작게 나온다. 활동기준원가계산으로 제조간접원가를 배부하였을 때 제품 B의 제조간접원가는 얼마인가?

① ₩8,892,000 ② ₩9,352,000 ③ ₩11,360,000
④ ₩12,352,000 ⑤ ₩14,820,000

회계사 2011 ··· **16** **미사용 생산능력원가** 20×1년 1월 1일에 개업한 (주)사문은 두 종류의 제품 X, Y를 생산하고 있다. (주)사문은 각 제품의 생산묶음batch마다 생산준비활동을 1회씩 수행하는데, 생산준비활동에 대한 원가동인배부기준은 생산준비횟수이다. 20×1년 한 해 동안 제품 X와 제품 Y의 생산량 및 생산묶음당 제품수량은 각각 다음과 같다.

구분	제품 X	제품 Y
생산량	1,250개	800개
생산묶음당 제품수량	25개	10개

한편, (주)사문은 생산준비활동 미사용능력unused capacity에 대한 원가미사용 생산준비활동원가를 계산하여 동 원가는 각 제품에 배부되지 않도록 하는 것이 관리 목적상 유용할 것으로 판단하고 있다. 미사용 생산준비활동원가를 제외할 때, 제품 X와 제품 Y에 배부되는 생산준비활동원가의 합계액은 ₩1,690,000이다. 또한 미사용 생산준비활동원가를 제외할 때, 제품 X에 배부되는 생산준비활동원가는 ₩100,000만큼 줄어든다는 사실도 확인하였다. 현재의 인원과 설비로 수행할 수 있는 연간 최대 생산준비횟수는 얼마인가? 단, 생산준비활동원가는 전액 고정원가이다.

① 130회 ② 140회 ③ 150회 ④ 160회 ⑤ 165회

17 **원가배분 종합** 개업 이후 지금까지 S사는 두 종류의 제품알파와 베타을 주문생산하고 있다. 생산공정은 크게 X부문과 Y부문으로 나눠져 있으며 이들 생산부문을 지원하는 보조부문으로는 A부문과 B부문이 있다.

20×1년 1월 1일 원가계산을 위한 다음과 같은 자료를 수집하였다.

- 20×1년 1년간 발생할 것으로 예상되는 총제조간접원가

	보조부문		생산부문	
	A부문	B부문	X부문	Y부문
총원가	₩850,000	₩450,000	₩950,000	₩720,000
예상기계시간	–	–	6,000시간	1,000시간
예상노무시간	–	–	1,000시간	7,000시간

- 지원부문제공 서비스 사용비율

	사용			
제공	A부문	B부문	X부문	Y부문
A부문	–	0.3	0.3	0.4
B부문	0.1	–	0.5	0.4

물음:

1. 부문별 예정배부율법 사용한다고 할 때 X부문과 Y부문별 제조간접원가배부율을 각각 구하라. 단, 보조부문에서 생산부문으로 원가를 배분하는 경우 상호배분법을 사용하라. 그리고 X부문의 배부기준은 기계시간이며 Y부문의 배부기준은 노무시간이다.

2. 공장전체의 단일배부율을 사용한다고 할 때 제조간접원가배부율은 얼마인가? 단, 배부기준은 노무시간이다.

3. 작업원가표에 의하면 당월에 착수하여 완성된 제품의 자료는 다음과 같을 때 알파와 베타의 제조원가는 각각 얼마인가? 단, 1.에서 구한 부문별 배부율을 이용하라.

구분	직접 재료원가	직접 노무원가	기계시간 (X부문)	기계시간 (Y부문)	노무시간 (X부문)	노무시간 (Y부문)
알파	₩102,000	₩44,000	20시간	8시간	6시간	40시간
베타	160,000	60,800	40시간	8시간	6시간	20시간

4. 3.에서 제시된 자료와 2.에서 구한 공장전체의 단일배부율을 이용할 때 알파와 베타의 제조원가는 각각 얼마인가?

18 **ABC와 TDABC의 적용** S사는 ABC를 사용하고 있었으나 계산의 번거로움을 피하기 위해 TDABC의 도입을 고려하고 한다. 본격적으로 도입하기 전에 시험적으로 작년 20×1년의 자료를 통해 그 결과를 확인하려 한다.

(1) ABC를 적용하기 위한 기초자료

다음은 20×1년 한 해 동안 노무원가(₩15,000,000)를 발생시킨 활동 및 활동별 원가동인, 각 활동별 노무원가 및 총원가 동인량 자료이다.

활동	활동별 금액	원가동인	총원가동인량
직접조립활동	₩7,500,000	직접노무시간	3,000시간
품질검사활동	4,200,000	묶음수	1,200개
재료취급활동	3,300,000	부품수	60,000개
	₩15,000,000		

20×1년 생산된 제품 A와 B의 생산관련자료는 다음과 같다.

	제품 A	제품 B
생산량	100개	300개
개당 직접노무시간	0.3시간	0.2시간
묶음별 제품수량	10개	50개
개당 부품수	10개	8개

(2) TDABC을 적용하기 위한 기초자료

노무원가 총액은 ₩15,000,000이며 연간 총가용 노무시간은 6,000시간이다. 품질검사활동 및 재료취급활동에 소요되는 제품 생산묶음당 노무시간은 다음과 같다. 기타 필요한 자료는 위 (1)에서 제시된 내용과 동일하다.

	제품 A	제품 B
품질검사활동	2시간	1시간
재료취급활동	3시간	2시간

물음:

1. ABC에 의할 때 제품 A와 제품 B에 각각 배부되는 활동원가 총액은 얼마인가?

2. TDABC에 의할 때 제품 A와 제품 B에 각각 배부되는 활동원가 총액은 얼마인가?

19 **TDABC** S사의 주문처리팀에서 발생하는 주간 원가는 인건비 등을 포함하여 모두 ₩400,000/주이며 실질적인 주문처리팀의 주간 총가용시간은 50시간/주이다. S사의 주문처리팀의 주문처리 소요시간 계산식은 다음과 같다.

주문처리 소요시간 = 4시간 + 3시간 × **신규고객 여부** + 2시간 × **견적요청 여부**
+ 1시간 × **보험요청 여부** + 1 × **특송 여부**

S사는 TDABC를 사용하고 있다. 다음은 S사의 주문처리팀에서 20×1년 12주차에 처리한 5개의 주문현황이다.

거래번호	고객	제품	주문 수량	신규고객 여부	견적요청 여부	보험요청 여부	특송 여부
1201	A	갑	10	○	○	×	○
1202	A	갑	5	×	×	○	×
1203	B	갑	10	○	○	○	○
1204	C	을	15	○	×	×	×
1205	D	을	5	○	×	○	○

물음: 20×1년 12주차 주문처리팀의 미사용원가는 얼마인가?

Chapter 07

Strategic Management Accounting

생산능력원가관리

고정제조원가와 과다생산유인

| 고정제조원가의 특징

| 고정제조원가와 생산량이 이익에 미치는 영향

| 과다생산유인

변동원가계산

| 변동원가계산

| 변동원가계산과 전부원가계산의 차이

| 변동원가계산의 문제점

제약이론

| 제약이론과 초변동원가계산

| 제약이론과 활동기준원가계산

생산능력원가와 기준조업도

| 기준조업도

| 실질적 최대조업도의 유용성

Chapter 07

생산능력원가관리

IT 기술의 발달과 코로나19가 가져온 변화 중 하나는 은행 점포 수가 급격히 감소하고 있는 것이다. 전국에서 2020년과 2021년 연속해서 300개 이상의 점포가 사라졌다고 한다. 은행 지점이 하나 둘 문을 닫으면서 어쩌다 은행에 들러야 하면 멀리 찾아가야 하는 불편이 생겼다. 얼마 전까지만 해도 은행이 좋은 위치에 지점을 내려고 경쟁했었지만, 오프라인 점포가 없는 신생 핀테크 기업들이 파격적인 금리를 제시하면서 고객을 늘려가자 은행들도 이에 대응하기 시작한 것이다. 과거에는 오프라인 점포나 공장 건물과 같은 생산능력의 확보가 기업이 성공하기 위한 필수요건이었다. 그러나 이제는 고정원가를 발생시키는 생산능력이 오히려 기업에 부담으로 작용하는 경우가 발생하는 것이다. 당신이 경영자라면 생산능력과 관련되는 고정원가를 얼마만큼 발생시키고 어떻게 관리해 나갈 것인가?

본 장에서는 원가행태상 고정제조원가라고 할 수 있는 생산능력원가의 특징과 시사점을 전부원가계산과 변동원가계산을 통해 살펴본다. 생산능력은 단기적으로 조정하기 어려운 만큼 미래 수요를 잘 예측하여 최적수준의 생산능력을 갖추는 것이 중요하며 생산능력을 확보한 이후에는 이를 잘 관리할 수 있어야 한다. 생산능력과 같은 제약자원의 효과적인 관리를 강조하는 제약이론과 초변동원가계산, 유휴생산능력 및 원가를 파악하기 위한 기준조업도를 본 장에서 설명하는 것도 이러한 이유 때문이다.

고정제조원가와 과다생산유인

고정제조원가의 특징

앞서 여러 장에서 설명한 바 있지만 강조하는 의미에서 고정제조원가의 흥미로운 특징을 요약하면 다음과 같다.

첫째, 단위당 원가이다. 제품제조원가 중에는 직접재료원가처럼 생산량에 따라 증감하는 변동원가도 있지만 임차료나 감가상각비와 같이 생산량과는 무관하게 일정하게 발생하는 고정원가도 있다. 따라서 생산량으로 나눈 단위당 고정제조원가는 생산량이 늘면 감소하고 생산량이 줄면 증가하는 특성이 있다. 단위당 변동원가가 일정하다고 가정하면 단위당 제품제조원가는 단위당 고정제조원가의 이러한 특성을 그대로 이어받는다. 지극히 당연하지만 잊기 쉬운 사실은 단위당 고정제조원가는 특정 생산량을 전제로 구해진 금액이므로 임의의 생산량을 곱해 총원가를 구하려 하는 것은 적절하지 않다.

둘째, 의사결정과의 관련성 여부이다. 고정제조원가에는 과거 의사결정의 결과로 불가피하게 발생하는 원가가 상당 부분 존재한다. 이를테면 제조 설비의 감가상각비는 과거의 투자결정으로 인해 보유하게 된 설비의 취득원가를 기간에 걸쳐 배분한 것이다. 설비의 소모품 정기교체나 점검비용 등도 해당 설비를 사용하는 한 피할 수 없는 원가이다. 이들 두 원가가 모두 과거의 설비취득으로 인해 발생하는 고정제조원가이지만, 설비와 관련된 미래의사결정에 고려할 관련원가인가 여부는 다르다. 설비의 감가상각비는 기발생원가로서 대표적인 비관련원가이며 현금지출이 없는 원가이지만, 설비의 소모품 교체나 정기검사비용은 향후 의사결정에 중요한 영향을 주는, 현금지출이 있는 명시적 기회원가이며 관련원가이다. 소모품비나 정기검사비는 설비를 처분하면 회피가능한 원가이지만 감가상각비는 설비를 처분하더라도 일시에 비용화되어 회피불가능한 원가이기 때문이다. 고정원가를 일률적으로 비관련원가로 간주하지 않도록 유의해야 한다.

셋째, 원가관리 차원의 시사점이다. 실제 조업도와는 무관하게 발생하는 고정제조원가의 상당 부분은 생산능력capacity과 관련 있으므로 단기적으로는 원가관리가 쉽지 않지만, 길게 보면 다르다. 미래 수요를 감안하여 생산라인의 크기나 생산에 참여하는 인력 규모 등 생산능력을 미리 정하므로 실제 생산이 이루어지는 기간에 발생하는 생산능력 관련 고정원가는 피할 수 없다. 이러한 원가에 대한 관리는 실제 생산단계보다는 생산능력을 결정하는 계획 단계에 이루어져야 한다. 이러한 의미에서 생산능력과 관련된 고정원가는 일단 생산능력이 확정되고 나면 원가관리의 여지가 별로 없는 **기정원가**committed cost이며 **'잠긴' 원가**locked-in costs라고 할 수 있다.

넷째, 원가계산문제이다. 재무보고뿐만 아니라 관리적인 차원에서도 생산능력 고정원가를 제품원가에 어떻게 포함할 것인가는 중요하다. 제품원가계산을 위해서는 고정원가도 불가피하게 단위당 원가를 구할 필요가 있는데 이때 어떤 조업수준을 분모로 사용할 것인가의 문제이다. 이론상 최대조업도, 실질적 최대조업도, 정상조업도, 예산조업도, 실제조업도 등 몇 가지 대안이 있다. 제5장의 정상원가계산에서 보았듯이 실제조업도를 기준으로 단위당 고정원가를 계산하면 조업도수준에 따라 제조원가가 달라질 뿐만 아니라 실제조업도를 파악할 때까지 원가계산이 지연되므로 적절치 않다. 대체로 실질적 최대조업도가 단위당 원가를 구하기 위한 조업도 기준으로 바람직한데 이에 대해서는 본 장 후반부에서 자세히 다루기로 한다.

고정제조원가와 생산량이 이익에 미치는 영향

2007년 글로벌 금융위기가 오기 전 몇 해 동안 미국의 자동차 3사는 시장수요보다 많은 자동차를 생산했다고 한다. 팔리지도 않을 차를 만든 이유는 무엇일까? 연구에 의하면 원가계산에 포함된 고정제조원가가 문제의 핵심이었다고 한다.[1]

재무보고를 위한 제품원가계산에 포함되는 제조원가는 직접재료원가, 직접노무원가, 제조간접원가이다. 이들 중 고정원가가 존재하는 경우, 매출량과 무관하게 생산량이 증가하면 재무회계상 이익이 증가하는 현상이 있다. 매출량은 일정하지만 생산량이 증가하는 경우 이익이 어떻게 변하는지 다음 예를 살펴보자.

EXAMPLE 7-1

다음은 단일제품을 생산하는 A사의 20×1년 1월 관련 자료이다. 직접재료원가와 직접노무원가는 변동원가이며 제조간접원가는 전액 고정원가이다. 1월초 제품 및 재공품 재고는 없으며, 생산에 착수한 제품은 모두 완성되어 월말재공품은 존재하지 않는다. 1월 매출량은 400개이다. 원가계산상 제조간접원가는 월별로 실제 배부한다.

1 Bruggen et al. 2011. Drivers and Consequences of Short-Term Production Decisions: Evidence from the Auto Industry. Contemporary Accounting Research.

판매가격	₩500
단위당 직접재료원가	100
단위당 직접노무원가	100
월 제조간접원가	60,000

Question

생산량이 400개, 500개, 600개인 각 상황에서의 매출총이익을 계산하라.

매출원가와 제품기말재고는 매출량과 월말재고량에 단위당 제조원가를 곱하여 구할 수 있다. 이를 위해서는 고정제조원가인 제조간접원가도 단위당 금액을 파악해야 하는데, 총액을 해당 월의 생산량으로 나누어 구하므로 생산량이 증가하면 단위당 원가가 낮아진다. 변동제조원가인 직접재료원가와 직접노무원가의 단위당 원가는 일정하므로, 생산량이 증가하면 세 원가를 합한 단위당 제조원가가 낮아진다. 결과적으로 매출량이 동일하더라도 단위당 제조원가를 곱한 매출원가는 생산량이 증가하면 낮아지므로 매출총이익은 높아질 것으로 예상할 수 있다. 구체적인 계산결과는 다음과 같다.

생산량	400개	500개	600개
매출량	400	400	400
매출	₩200,000	₩200,000	₩200,000
매출원가			
월초제품재고액	0	0	0
당월제조원가•	140,000	160,000	180,000
월말제품재고액••	0	(32,000)	(60,000)
	140,000	128,000	120,000
매출총이익	₩60,000	₩72,000	₩80,000

• 당월제조원가: (단위당 직접재료원가+단위당 직접노무원가)×생산량+제조간접원가
•• 월말제품재고액: 단위당 제조원가(당월제조원가÷당월생산량)×월말재고량

비용으로 인식되는 매출원가를 변동매출원가와 고정매출원가로 분해하면, 생산량에 상관없이 변동매출원가는 일정하지만 고정매출원가는 생산량이 증가함에 따라 감소하는 것을 확인할 수 있다.

생산량	400개	500개	600개
매출량	400	400	400
단위당 변동제조원가	₩200	₩200	₩200
단위당 고정제조원가	150	120	100
단위당 제조원가	₩350	₩320	₩300
변동매출원가	₩80,000	₩80,000	₩80,000
고정매출원가	60,000	48,000	40,000
매출원가	₩140,000	₩128,000	₩120,000

고정제조간접원가는 생산량과 상관없이 일정하게 발생하는데 월말재고량이 증가하면 제품재고에 포함되어 자산화되는 고정제조간접원가는 커지고 상대적으로 매출원가에 포함되어 비용화되는 고정제조간접원가는 감소하기 때문이다. 생산량이 400개일 때는 고정제조간접원가 전액이 매출원가에 포함되는 반면, 생산량이 500개일 때는 고정제조간접원가의 80%, 생산량이 600개일 때는 67%만 매출원가에 포함되고 나머지는 제품재고에 포함된다. 즉, 생산량이 증가할수록 기말제품재고에 포함되는 고정제조간접원가 비율이 커진다. 다음 예는 좀 더 복잡한 경우이다.

EXAMPLE 7-2

다음은 단일제품을 생산하는 B사의 20×1년 1월부터 3월까지 관련 자료이다. 직접재료원가와 직접노무원가는 변동원가이며 제조간접원가는 전액 고정원가이다. 1월 초 제품 및 재공품 재고는 없으며, 매월 생산에 착수한 제품은 모두 완성되어 재공품은 존재하지 않는다. 제조간접원가는 월별로 실제 배부하며 재고자산평가는 선입선출법에 의한다.

판매가격	₩500
단위당 직접재료원가	100
단위당 직접노무원가	100
월 제조간접원가	60,000

	1월	2월	3월
생산량	500	400	300
매출량	400	400	400

Question

1월, 2월, 3월의 매출총이익을 각각 계산하라.

3개월간 월 매출량은 동일하지만 생산량은 서로 다른 경우로 월말제품재고가 다음 달로 이월될 뿐만 아니라 매월 단위당 제조원가가 다르므로 원가흐름의 가정이 필요한 상황이다. 기초자료를 요약하고 월별 매출원가, 제품재고액, 매출총이익을 계산하면 다음과 같다.

	1월	2월	3월
월초재고	0	100	100
생산량	500	400	300
월말재고	(100)	(100)	0
매출량	400	400	400
단위당 변동제조원가	₩200	₩200	₩200
단위당 고정제조원가	120	150	200
단위당 제조원가	₩320	₩350	₩400
매출	₩200,000	₩200,000	₩200,000
매출원가			
월초제품재고액	0	32,000	35,000
당월제조원가*	160,000	140,000	120,000
월말제품재고액**	(32,000)	(35,000)	(30,000)
	128,000	137,000	155,000
매출총이익	₩72,000	₩63,000	₩45,000

* 당월제조원가: (단위당 직접재료원가+단위당 직접노무원가)×생산량+제조간접원가

** 월말제품재고액: (당월제조원가÷당월생산량)×월말재고량

이 결과에서 주의할 것은 재고량이 동일하더라도 월별 단위당 고정제조원가가 다르므로 재고자산평가액이 다르다는 점이다. 이를테면 1월말 제품재고 100개의 원가는 ₩32,000이지만 2월말 제품재고 100개는 ₩35,000인데 1월 생산량과 2월 생산량의 차이로 인해 단위당 고정제조원가가 ₩30만큼 차이가 있기 때문이다. 매출원가를 원가 행태에 따라 구분하되 고정매출원가에 대해서는 월말 및 월초 제품재고액, 당월제조원가를 함께 표시한 결과는 다음과 같다.

변동매출원가는 생산량에 상관없이 매출량 400개에 대응하여 매월 동일한 금액을 보이지만 고정매출원가는 생산량 및 월말제품재고에 따라 변화하는 양상을 보인다. 1월의 고정제조원가 발생액 ₩60,000 중 매출원가로 비용화된 금액은 ₩48,000이고 ₩12,000은 1월 중에 판매되지 않은 제품재고액에 포함되어 자산화된다.

	1월	2월	3월
변동매출원가	80,000	80,000	80,000
고정매출원가			
월초제품재고액 포함분	0	12,000	15,000
당월제조원가	60,000	60,000	60,000
월말제품재고액 포함분	(12,000)	(15,000)	0
	48,000	57,000	75,000
매출원가	128,000	137,000	155,000

2월의 고정제조원가 발생액 역시 1월과 마찬가지로 ₩60,000이지만 매출원가로 비용화된 금액은 선입선출법에 따라 월초재고자산에 포함된 고정제조원가 ₩12,000와 당기에 발생한 고정제조원가 중 ₩45,000을 합한 ₩57,000이며, 재고자산화된 금액은 ₩15,000이다. 1월보다 2월의 고정매출원가가 큰 이유는, 월말재고량은 동일하지만 2월의 생산량이 1월보다 작아 상대적으로 더 많은 고정제조원가가 매출원가로 비용화되기 때문이다. 3월의 경우에는 월초제품재고에 포함되어 있는 ₩15,000과 당기에 발생한 고정제조원가 ₩60,000 전액이 매출원가로 비용화되어 가장 낮은 매출총이익을 보인다.

과다생산유인

일반적으로 인정된 외부보고용 재무제표를 작성할 때는 원가행태를 고려하지 않고 직접재료원가, 직접노무원가, 제조간접원가를 제품제조원가에 포함한다. 제조과정에서 희생된 모든 자원을 제품원가에 포함한다는 취지에서 이러한 방식을 **전부원가계산**full absorption costing이라 부른다. 주목할 것은 앞서 두 예에서 알 수 있듯이 변동제조원가와 고정제조원가를 모두 포함한 전부원가계산으로 매출원가와 제품재고액을 결정하면 매출량뿐만 아니라 생산량에 따라 이익이 달라진다는 점이다.

매출량은 시장에서 결정되므로 경영자의 왜곡이 어렵지만, 생산량은 경영자의 재량으로 변화가 가능하기 때문에 사업부 성과를 전부원가계산에 따른 이익으로 평가하면 각 사업부는 필요량 이상으로 생산을 늘려 이익을 증가시킬 유인incentive이 있다. 그 결과 회계상 이익이 증가하더라도 실제 기업가치는 오히려 낮아질 수 있다. 과잉재고로 인해 기업 전체의 재고보관비용과 진부화 손실 등이 증가될 수 있기 때문이다. 원가계산방식이 경영자의 행위를 잘못된 방향으로 유도하고 결과적으로 기업가치를 훼손한다면 심각한 문제가 될 수 있다.

이와 같은 과다생산유인을 줄이기 위해서 과다재고보유에 따른 손실을 성과지표에 반영하거나 재고수준을 별도의 성과지표로 사용할 수 있다. 전사적으로 재고수준을 최소화하는 **즉시생산시스템**JIT: just-in-time production을 도입하는 방법도 생각할 수 있다.[2] 이들 방법은 전부원가계산방식을 그대로 사용하면서 과다생산유인을 줄이려는 시도라고 할 수 있는데 다음에 다루는 변동원가계산은 문제의 본질인 고정제조원가의 처리방식을 아예 달리하는 접근법이다.

변동원가계산

변동원가계산

전부원가계산 하에서 생산량에 따라 이익이 달라지는 현상은 직관적으로 이해하기 어려울 뿐만 아니라 기업의 매출 및 이익계획을 어렵게 하는 요인이 된다. 이를테면 이익을 10% 개선하기 위한 매출량 목표를 정하려면 생산량도 같이 고려해야 한다. 이러한 문제를 해소하는 간단한 대안은 고정제조원가를 제품원가에서 제외하는 것이다.

변동원가계산variable costing은 변동제조원가만을 제품제조원가로 하고, 고정제조원가는 발생하는 기간에 전액 비용화하여 제품원가에 포함하지 않는 원가계산방법이다.[3] 변동원가계산에 의하면 조업도분석 등 이익계획이 용이하고 과잉생산유인을 없앨 수 있는 장점이 있다. 변동원가계산 하에서는 매출원가 역시 변동원가만으로 구성되어 있으므로 전부원가계산 하에서의 일반 손익계산서와 달리 공헌이익이 표시되는 다음과 같은 손익계산서 형태를 사용할 수 있다.

---

2 즉시생산시스템에 대해서는 제12장에서 자세히 설명한다.

3 변동원가계산에서 변동원가와 고정원가를 분류하는 번거로움을 피하기 위해 편의상 직접재료원가와 직접노무원가는 변동원가로, 제조간접원가는 고정원가로 간주하기도 하는데 이러한 점을 감안하여 과거에는 직접원가계산(direct costing)이라 부르기도 하였다.

전부원가계산 손익계산서	
매출액	×××
매출원가	×××
매출총이익	×××
판매비와 관리비	×××
영업이익	×××

변동원가계산 손익계산서	
매출액	×××
변동매출원가	×××
공헌이익	×××
고정제조원가	×××
판매비와 관리비	×××
영업이익	×××

예제 7－2의 자료를 이용해 작성한 변동원가계산 손익계산서는 다음과 같다. 변동제조원가인 직접재료원가와 직접노무원가만 제품제조원가에 포함하고, 고정제조원가인 제조간접원가는 기간비용으로 처리한다.

	1월	2월	3월
매출	₩200,000	₩200,000	₩200,000
변동매출원가			
월초제품재고액	0	20,000	20,000
당월제조원가•	100,000	80,000	60,000
월말제품재고액••	20,000	20,000	0
	80,000	80,000	80,000
공헌이익	120,000	120,000	120,000
고정제조간접원가	60,000	60,000	60,000
영업이익	₩60,000	₩60,000	₩60,000

• 당월제조원가: (단위당 직접재료원가＋단위당 직접노무원가)×생산량
•• 월말제품재고액: (단위당 직접재료원가＋단위당 직접노동원가)×월말재고량

변동원가계산 하에서는 매출량이 일정하다면 생산량과 무관하게 영업이익이 모두 같다는 것을 확인할 수 있다. 또한 일반 손익계산서와 달리 바로 조업도분석을 할 수 있다는 장점도 있다. 예를 들어, 달성하고자 하는 월별 영업이익 목표가 ₩120,000이라면 이를 위한 매출액 목표를 다음과 같이 쉽게 구할 수 있다.

$$\bullet\ \text{목표매출액} = \frac{\text{고정 제조원가} + \text{목표이익}}{\text{공헌이익률}} = \frac{60{,}000 + 120{,}000}{60\%} = ₩300{,}000$$

변동원가계산과 전부원가계산의 차이

변동원가계산은 내부관리 목적으로 유용하지만, 외부보고 목적으로는 사용할 수 없다. 그리고 이들 두 방식을 모두 유지하는 것은 원가-효익 차원에서 적절하지 않을 수 있다. 전부원가계산과 변동원가계산의 이익 차이는 고정제조원가의 처리에 따른 결과이므로, 이를 잘 분석하면 한 이익에서 다른 이익으로 쉽게 전환할 수 있다. 예 7-2의 결과를 이용하여 원가계산 방법 상호간 이익의 전환방법을 생각해 보자.

	1월	2월	3월
전부원가계산	₩72,000	₩63,000	₩45,000
변동원가계산	60,000	60,000	60,000
이익차이	₩12,000	₩3,000	₩(15,000)
차이의 원인:			
	전부원가계산하에서 재고자산에 포함되어 있는 고정제조원가		
월말재고자산	₩12,000	₩15,000	₩0
월초재고자산	0	12,000	15,000
이익차이	₩12,000	₩3,000	₩(15,000)

변동제조원가는 전부원가계산과 변동원가계산에서 동일하게 처리되므로 두 방법 간에 이익차이를 낳지 않지만 고정제조원가는 다르다. 변동원가계산에서는 전액 비용화되는 데 반해 전부원가계산에서는 매출원가에 포함된 고정제조원가만 비용화된다. 결국 양 방법 간의 이익 차이는 전부원가계산 하에서 재고자산에 포함된 고정제조원가로 설명할 수 있다.

1월의 경우 전부원가계산 이익이 변동원가계산 이익보다 ₩12,000만큼 더 크다. 그 이유는 변동원가계산에서 고정제조원가가 전액 비용화된 것에 비해 전부원가계산 하에서는 고정제조원가 ₩60,000 중 ₩12,000이 비용화되지 않고 월말재고자산으로 자산화되었기 때문이다. 결국, 이익의 차이는 월말재고자산에 포함된 고정제조원가 ₩12,000으로 설명할 수 있다.

2월의 경우 전부원가계산 하에서는 월초재고자산에 포함되어 있던 고정제조원가 ₩12,000이 비용화된 대신, 당기 중에 발생한 고정제조원가 중 ₩15,000만큼 자산화되었다. 따라서 변동원가계산보다 전부원가계산 이익이 ₩3,000만큼 크다. 한편 3월에는 월말재고자산이 없으므로 당월 중 발생한 고정제조원가 중 자산화된 금액은 없으며 월초재고자산에 포함되어 있던 고정제조원가 ₩15,000 전액이 비용화되어 전부원가계산이 변동원가계산에 비해 ₩15,000만큼 작은 이익을 보고한다.

이러한 내용을 정리하면 전부원가계산과 변동원가계산의 이익차이는 일반적으로 다음과 같다.

formula

변동원가계산 이익=전부원가계산 이익+기초제품에 포함된 고정제조원가
−기말제품에 포함된 고정제조원가

또한 매 기간마다 생산량과 고정제조원가가 일정하다면 다음과 같은 결과를 얻을 수 있다.

표 7-1 전부원가계산과 변동원가계산

기말제품재고량	>	기초제품재고량	↔	전부원가계산 이익	>	변동원가계산 이익
기말제품재고량	=	기초제품재고량	↔	전부원가계산 이익	=	변동원가계산 이익
기말제품재고량	<	기초제품재고량	↔	전부원가계산 이익	<	변동원가계산 이익

변동원가계산의 문제점

1950~60년대 큰 관심을 불러 일으켰던 변동원가계산은 1970년대 무렵 전부원가계산을 대체하기보다는 보완하는 관리도구로 보는 것이 적절하다는 결론에 이르렀다. 변동원가계산은 전부원가계산의 문제점을 이해하는 데 도움을 줄 수 있고 관리적인 차원에서도 유용하지만, 기업들의 활용도가 그리 높은 편은 아니다. 몇 가지 이유를 들면 다음과 같다.

첫째, 일반적으로 인정된 회계원칙이나 세법에서 전부원가계산의 사용을 요구하므로 기업들은 전부원가를 기반으로 회계시스템을 구축하는 것이 필요하다. 이런 상황에서 관리목적을 위해 변동원가계산을 별도로 유지하거나 변동원가계산으로 쉽게 전환할 수 있는 모듈을 설치하는 것이 번거로울 수 있다. 그러나 요즘의 정보처리기술을 고려하면 설득력 있는 이유라고 보기는 어렵다.

둘째, 변동원가계산을 적용하기 위해서는 모든 원가를 변동원가 또는 고정원가로 구분해야 하는데, 이것이 명확하지 않은 경우 구분의 자의성으로 또 다른 부작용을 초래할 수 있다. 예컨대 변동원가계산 결과로 성과평가를 하는 경우 원가구분의 적절성 문제로 평가받는 부서의 반발을 살 수 있다.

셋째, 변동원가계산에서는 제품의 단위당 원가가 왜곡될 가능성이 크다. 제품에 대한 단기적인 의사결정에서는 변동원가만을 고려하는 것이 적절할 수 있으나, 장기적인 관점에서 제품관련 의사결정을 하는 경우에는 신규 투자나 충원 등에 따른 원가를 무시할 수 없다. 전부원가계산에서 얻어지는 제품의 단위당 원가가 경제적 의사결정에 필요한 기회원가까지 정확히 측정한다고 할 수는 없지만, 변동원가계산의 경우보다 더 나은 측정치가 될 수 있다.

제약이론

제약이론과 초변동원가계산

생산 설비 및 활동 중에는 창출할 수 있는 이익 규모에 결정적인 역할을 하는 제약 설비나 활동이 있는가 하면 그렇지 않은 것도 있다. **제약이론**TOC: theory of constraints에서는 생산이나 업무흐름에 걸림돌이 되는 **병목**bottleneck설비 및 활동을 잘 관리하여 이들이 가능한 많은 물량을 처리할 수 있도록 하는 것이 기업의 이익에 관건이 된다는 점을 강조한다.

테슬라 모델 3은 저렴한 가격과 좋은 성능으로 지금까지 가장 큰 인기를 끌고 있는 전기자동차이다. 2017년부터 차량 인도가 가능할 것으로 예상하여 2016년 초부터 예약을 받기 시작하였는데 예약 첫날 전세계적으로 20만 대의 예약, 2017년 중반까지 45만 대의 예약이 있었다고 한다. 생산만 순조롭게 이루어진다면 바로 판매할 수 있어 높은 매출과 이익을 얻을 수 있는 상황이었지만 2021년 상반기까지 차량 생산 및 인도는 20만 대에 머무르고 있었다. 당초 계획에 못 미치는 생산량은 전체적인 공장 규모에도 원인이 있었지만, 공장 일부 생산과정이나 활동에 생산 흐름을 방해하는 병목이 존재하기 때문이기도 했다.[4]

어떤 기업이 제품을 생산 및 판매하기 위해서는 A, B, C 등의 순차적인 활동이 필요한데 A, B활동 능력에는 여유가 있으나 C활동을 수행할 수 있는 능력은 항상 부족한 상황이라고 하자. 그러면 바로 C활동이 이 기업의 매출 증대에 걸림돌이 되는 병목활동이라고 할 수 있다. C활동이 좀 더 많은 물량을 처리할 수 있는 방향으로 전체적인 활동을 조정할 수 있다면 이 기업은 더 많은 매출이나 이익을 달성할 수 있게 된다.

4 2018년 5월에는 그동안 문제였던 배터리와 샤시의 연결작업이 해결되어 처음으로 하루에 500대를 생산할 수 있게 되었다거나(Electrek. 2018.5.24.) 같은 해 8월 도색작업이 생산흐름에 걸림돌이 되고 있다는 엘런 머스크의 언급(Twitter. 2018.8.31.)은 병목생산활동이 테슬라의 심각한 문제였음을 보여주는 구체적인 예이다.

이러한 기업에 있어서는 병목활동의 물량처리능력 자체가 매출과 직결되므로 기업 각 부문이나 구성원들이 병목활동에 관심을 가지고 노력을 집중할 수 있도록 하는 성과지표가 필요하다.[5] 제약이론에서는 직접노무원가, 제조간접원가 등 기타 영업비용은 대부분 고정원가로서 단기적으로는 변할 수 없는 부분이므로 기업 성과에 영향을 주지 않으며 기업 외부와의 거래에서 발생하는 매출과 순수한 변동원가인 직접재료원가만이 기업 성과의 핵심이 된다고 본다.

따라서 매출에서 직접재료원가만으로 구성된 매출원가를 차감한 이익을 주요 성과지표로 강조하는데 이를 **쓰루풋 공헌이익**throughput contribution 또는 **재료처리량 공헌이익**이라고 한다.[6] 한편 직접노무원가도 상당 부분이 고정원가의 성격이 강하다는 점을 감안하여 진정한 변동원가라고 할 수 있는 직접재료원가만을 제품원가에 포함하는 원가계산방식을 제안하는데 이를 **초변동원가계산**super-variable costing이라고 한다.[7] 이에 의하면 직접노무원가나 제조간접원가는 재고자산화 하지 않고 발생하는 기간에 전액 비용으로 처리한다.

변동원가계산 손익계산서	
매출액	×××
변동매출원가	×××
공헌이익	×××
고정제조원가	×××
판매비와관리비	×××
영업이익	×××

초변동원가계산 손익계산서	
매출액	×××
직접재료매출원가	×××
쓰루풋공헌이익	×××
직접노무원가	×××
제조간접원가	×××
판매비와관리비	×××
영업이익	×××

쓰루풋 공헌이익을 향상시키기 위해서는 공장전체의 물량처리능력을 개선할 필요가 있으므로 구성원들은 자연스럽게 병목활동에 관심을 가질 수 있다. 게다가 직접노무원가나 제조간접원가가 자산화되지 않으므로 병목활동이 아닌 부문에서 재고가 누적되는 것이 성과에 아무런 보탬이 되지 않는다. 앞선 예에서 A 또는 B활동 능력에 여유가 있어서 물량을 아무리 많이 처리하더라도 C활동에서 이를 바로 처리할 수 없는 한 쓰루풋 공헌이익을 개선할 수 없기 때문이다. 제약이론에서는 쓰루풋 공헌이익을 향상시키는 것 이외에도 가능한 재고자산 규모를 줄이고 영업비용을 낮추도록 재고자산 수준과 영업비용 등도 성과지표로 사용한다.

초변동원가계산은 기업의 이익 증대에 걸림돌이 되는 병목활동에 관심을 가지도록 성과지표를 제시하고 종전의 변동원가계산보다 과잉생산유인을 보다 강력하게 통제할 수 있는 관

5 성과평가의 의미와 재무성과지표에 대해서는 제11장에서 자세히 설명한다.
6 쓰루풋(throughput)은 정해진 기간(일, 주, 월)의 생산 및 판매속도를 의미하기도 한다.
7 초변동원가계산을 쓰루풋 회계(throughput accounting)라고도 한다.

리기법이다. 변동원가계산과 전부원가계산의 차이가 제조간접원가고정제조원가의 처리에 있는 것처럼, 초변동원가계산과 변동원가계산의 차이는 직접노무원가를 기간비용으로 처리하는가 아니면 제품원가에 포함하는가에 있다. 따라서 원가계산방법간의 이익차이는 다음과 같이 나타낼 수 있다.

formula

초변동원가계산 이익=변동원가계산 이익+기초제품에 포함된 직접노무원가
−기말제품에 포함된 직접노무원가

EXAMPLE 7-3

다음은 단일제품을 생산하는 S사의 20×1년 1월부터 3월까지 생산 및 판매자료이다. 1월초 제품재고는 없으며, 1월부터 3월에 생산에 착수한 제품은 모두 완성되어 재공품은 존재하지 않는다. 직접재료원가는 전액 변동원가, 제조간접원가는 전액 고정원가, 직접노무원가는 혼합원가다. 재고자산평가는 선입선출법에 의한다.

판매가격	₩500
단위당 직접재료원가(변동원가)	100
단위당 직접노무원가(변동원가)	50
월 직접노무원가(고정원가)	20,000
월 제조간접원가(고정원가)	60,000

	1월	2월	3월
생산량	500	400	300
매출량	400	400	400

Question

1. 직접재료원가만을 제품원가로 보는 초변동원가계산에 의할 때 1월, 2월, 3월의 손익계산서를 작성하라.
2. 변동제조원가만을 제품원가로 보는 변동원가계산에 의할 때 1월, 2월, 3월의 손익계산서를 작성하고 물음 1에서 얻은 이익과의 차이를 설명하라.

직접재료원가만 제품제조원가로, 직접노무원가와 제조간접원가는 발생한 달에 비용으로 처리하는 초변동원가계산에 따른 손익계산서는 다음과 같다.

	1월	2월	3월
매출	₩200,000	₩200,000	₩200,000
직접재료매출원가			
월초제품재고액	0	10,000	10,000
당월제조원가•	50,000	40,000	30,000
월말제품재고액••	(10,000)	(10,000)	0
	40,000	40,000	40,000
쓰루풋공헌이익	160,000	160,000	160,000
직접노무원가	45,000	40,000	35,000
제조간접원가	60,000	60,000	60,000
영업이익	₩55,000	₩60,000	₩65,000

• 당월제조원가: 단위당 직접재료원가×생산량
•• 월말제품재고액: 단위당 직접재료원가×월말재고량

다음은 변동원가계산에 따른 월별 이익을 보여준다. 직접재료원가와 변동직접노무원가는 제품제조원가에 포함하고, 고정직접노무원가 및 제조간접원가는 발생한 기간에 비용으로 처리한 결과이다.

	1월	2월	3월
매출	₩200,000	₩200,000	₩200,000
변동매출원가			
월초제품재고액	0	15,000	15,000
당월제조원가•	75,000	60,000	45,000
월말제품재고액••	(15,000)	(15,000)	0
	60,000	60,000	60,000
공헌이익	140,000	140,000	140,000
고정직접노무원가	20,000	20,000	20,000
제조간접원가	60,000	60,000	60,000
영업이익	₩60,000	₩60,000	₩60,000

• 당월제조원가: (단위당 직접재료원가+단위당 변동직접노무원가)×생산량
•• 월말제품재고액: (단위당 직접재료원가+단위당 변동직접노무원가)×월말재고량

위의 예에서 두 방법 간의 이익차이는 초변동원가계산에서는 기간비용으로, 변동원가계산에서는 제품재고에 포함한 변동직접노무원가로 설명할 수 있다. 1월은 변동원가계산 이익 ₩60,000에서 월말제품에 포함된 변동직접노무원가 ₩5,000을 차감하면 초변동원가계산 이익 ₩55,000이 된다.

2월에는 변동원가계산 이익 ₩60,000에 월초제품에 포함된 변동직접노무원가 ₩5,000을 가산하고, 월말제품에 포함된 변동직접노무원가 ₩5,000을 차감하면 초변동원가계산 이익 ₩60,000을 구할 수 있다. 3월은 변동원가계산 이익 ₩60,000에 월초제품에 포함된 변동직접노무원가 ₩5,000를 가산하면 초변동원가계산 이익 ₩65,000이 된다.

초변동원가계산과 변동원가계산은 제품제조원가에 변동원가만을 포함해야 적절하다는 기본 취지는 동일하지만 구체적인 적용방법에서 차이를 보인다. 현실적으로 직접노무원가는 고정원가와 변동원가로 구성된 혼합원가 성격이 크지만 양자를 구분하는 것이 쉽지 않다. 따라서 변동원가계산에서는 직접노무원가를 변동원가로 간주하고, 초변동원가계산에서는 직접노무원가를 고정원가로 간주하는 것이 일반적이다.

제약이론과 활동기준원가계산

제약이론에서는 직접재료원가를 제외한 모든 원가는 조업도와 무관하게 고정되어 있으므로 이들 원가에 대한 관리보다는 병목시설이나 활동에 노력을 집중하여 쓰루풋을 최대화하는 것이 기업 이익을 향상시키는 길이라고 본다. 이에 반해 활동기준원가계산에서는 직접재료원가 이외의 기타 원가도 활동의 차원에서 분석하고 관리하면 기업의 수익성을 높일 수 있다는 상반된 입장을 보인다.

이들 간의 입장 차이는 원가를 바라보는 기간이 서로 다르기 때문이다. 상대적으로 단기간을 분석대상으로 삼는 제약이론에서는 재료를 제외한 원가는 고정적이므로 물리적 프로세스를 최적화하는 것이 중요하다고 본다. 그러나 활동기준원가계산에서는 이보다 장기간을 분석대상으로 삼기 때문에 모든 원가는 변할 수 있으며 활동원가분석을 통해 효율적으로 원가를 관리할 수 있다고 본다.

오랜 기간 논쟁이 있었지만, 분석 대상 및 기간에 따라 상호 보완적으로 활용하라는 것이 대체적인 결론이다. 예컨대 설비집약적인 환경이나 단기적인 관리방안을 제시할 때는 제약이론의 관점이 적절하고, 노동집약적인 환경이나 보다 장기적인 관리방안을 제시할 때는 활동기준원가계산의 관점이 적절하다고 할 수 있다.

생산능력원가와 기준조업도

생산능력원가capacity cost는 최대 생산규모에 따라 결정되는 원가로 실제 생산수준과는 무관하게 일정하게 발생하는 고정제조원가이다. 만약 어떤 생수회사가 제품다각화 차원에서 탄산수를 판매하기로 결정하고 일 최대 10,000병의 생산능력을 계획한다고 하자. 새로운 공장과 생산설비의 확보, 직원의 고용 등 생산을 위한 모든 준비가 끝나면 그때부터는 공장 건물과 설비의 감가상각비, 리스료, 급여 등의 고정제조원가가 발생한다. 생산능력을 갖추면 실제 생산과는 무관하게 생산능력원가가 고정적으로 발생하므로 원가의 발생원인에 초점을 둔다면 생산능력원가로, 원가의 행태에 초점을 두는 경우라면 고정제조원가로 부를 수 있을 것이다.

생산능력을 얼마만큼 확보해서 어떻게 활용할 것인가는 기업의 장기수익성에 중대한 영향을 미치므로 경영자가 신중하게 결정해야 하는 대표적인 경영사안이다. 생산능력은 쉽게 조절할 수 없으므로 미래 수요와 외부 시장환경 등 다양한 요소를 고려하여 정해야 한다. 일단 생산능력을 갖추면 실제 생산과는 무관하게 관련 고정원가가 발생하는데 생산능력이 너무 크면 **미사용**유휴 **생산능력**과 원가가 발생하며 너무 작으면 잠재적 매출기회를 놓칠 수 있다. 가장 좋은 것은 수시로 필요한 만큼의 생산능력을 갖추는 것이지만 생산능력을 탄력적으로 조절할 수 없는 한 불가능한 일이다.

기업이 신제품을 생산하려 할 때 필요한 생산능력을 가장 저렴하게 확보하는 방법은 기존 공장의 유휴생산능력을 활용하는 것이다. 생산능력을 위한 추가 투자와 고정제조원가의 부담 없이 신제품을 생산할 수 있기 때문이다. 문제는 유휴생산능력의 존재 유무와 크기를 가늠할 수 있어야 한다는 점이다. 고정제조원가를 제품에 배부할 때 사용하는 기준조업도를 잘 선택하면 원가계산결과에서 이에 대한 정보를 얻을 수 있다.

기준조업도

생산능력은 특정 기간에 생산할 수 있는 상한을 의미한다. 생산능력을 측정하는 단위로 쉽게 사용할 수 있는 것은 생산량이지만 여러 제품을 생산한다면 산출개념인 생산량보다는 공통적으로 사용할 수 있는 투입개념의 직접노무시간이나 기계시간 등을 사용하는 것이 적절하다. 원가계산에서는 생산능력이나 실제 또는 예측 생산규모 등을 나타내는 표현으로 조업도라는 용어를 사용한다.

재무보고나 관리목적을 위해 원가계산을 해야 하는 경우 고정원가라 하더라도 불가피하게 단위당 원가를 구해야 한다. 조업도 단위당 고정제조원가를 구하려면 고정제조원가 예산액을 적절한 조업도로 나눠야 하는데 이를 **기준조업도**denominator라고 한다.[8]

기준조업도에는 이론적 최대조업도, 실질적 최대조업도, 정상조업도, 예산조업도, 실제조업도 등이 있다.[9] 이상적인 생산환경에서 달성할 수 있는 조업수준을 **이론적 최대조업도**theoretical capacity라고 하고, 생산을 저해하는 다양한 현실적 환경을 감안했을 때 달성 가능한 조업도를 **실질적 최대조업도**practical capacity라고 한다. 이들 두 조업도 개념이 공급차원에서 생산능력을 정의한 조업도라고 한다면 정상조업도와 예산조업도는 수요관점에서 생산능력을 정의한 조업도이다.

예산조업도master−budget capacity utilization는 연초 사업계획상 예상판매량 또는 목표판매량에 대응하는 조업도를 의미하는 데 반해 **정상조업도**normal capacity utilization는 이보다 좀 더 긴 기간2~5년의 연평균 예측판매량에 따른 조업도를 의미한다. 정상조업도는 기간 간 수요의 변동성을 감안한 평균개념 조업도라고 할 수 있다. 앞서 4개 조업도 개념이 사전적인 조업도인데 반해 실제조업도는 기간 말 집계되는 사후적인 조업도 개념이므로 원가계산이나 관리목적상 적절한 조업도 개념은 아니다.

어떤 조업도 개념을 이용하여 조업도 단위당 고정제조원가를 계산하느냐에 따라 원가정보의 유용성도 달라진다. 일반적으로 실질적 최대조업도가 바람직한 특성을 가지고 있다고 한다.

실질적 최대조업도의 유용성

생산능력은 일단 확보하고 나면 쉽게 변경할 수 없으므로 향후 수요까지도 감안하여 여유있게 정하지만 이를 갖추고 유지하는데 많은 자원이 소요되므로 근거 없이 지나치게 높은 수준은 피하는 것이 일반적이다. 미사용 생산능력원가가 의도한 것보다 높고 지속적으로 발생한다면 생산능력 규모를 정할 당시 잘못된 판단의 결과일 수 있다. 미사용 생산능력 및 원가를 별도로 파악하는 것은 사전적으로는 생산능력을 신중하게 결정하도록 하는 역할을 하는 것 이

---

8 조업도 단위당 고정제조원가는, 정상원가계산에서 기간 초에 제조간접원가 예산을 배부기준 예상량으로 나눠 구하는 제조간접원가 예정배부율과 유사하다.

9 앞서 전부원가계산 하에서 생산량이 이익에 영향을 줄 수 있음을, 편의상 실제조업도를 기준으로 구한 단위당 고정제조원가를 사용하여 살펴보았는데 실제조업도 이외에 다른 조업도 개념을 사용하더라도 기본적인 결과는 동일하다.

외에도 사후적인 관리목적에 유용한 정보를 준다. 이를테면 새로운 제품 생산이나 임대 등에 활용할 수 있다거나 여의치 않을 때 생산능력을 축소하는 근거가 된다.

이러한 관점에서 조업도 단위당 고정제조원가 계산에 적합한 기준조업도는 공급개념에 기초한 실질적 최대조업도이다. 이론적 최대조업도는 현실적으로 공급할 수 있는 생산능력이 아니므로 관리목적에 사용하기에는 적절하지 않다. 수요개념인 예산조업도나 정상조업도에 의하면 미사용생산능력원가가 제품원가에 묻혀 숨겨지므로 별도로 파악할 수 없다. 다음의 예를 살펴보자.

EXAMPLE 7-4

20×1년초 S사는 새로이 개발한 제품 생산을 위해 생산라인 및 설비를 구축하고 담당인력도 신규충원 및 재배치하였다. 설계상으로는 최대 1,000단위까지 생산할 수 있지만 과거 경험상 현실적으로 생산할 수 있는 최대생산량은 800단위이다. 생산능력 규모를 결정할 때 시장상황, 경쟁기업, 소비자의 기호 등을 기초로 향후 3년차까지의 판매 예측치를 고려하였다. 20×1년에는 600단위, 20×2년에는 700단위, 마지막 해인 20×3년에는 800단위까지 증가할 것으로 보고 있다. 신설한 생산라인 등에 매년 소요되는 고정제조원가 예산액은 ₩1,680,000이며 단위당 변동제조원가는 ₩3,000이다. 조업도 단위는 생산량이다. S사는 과거 경험상 단위당 판매가격은 제조원가의 150%로 정하는 것이 적절하다고 본다.

S사의 이론적 최대조업도와 실질적 최대조업도는 각각 1,000단위와 800단위이다. 20×1년 예측 판매량 600단위를 그 해 사업계획의 목표판매량으로 사용한다면 이 조업도는 예산조업도가 되며 3년간 평균 판매예측량 700단위는 정상조업도로 사용할 수 있다.

첫 해에 500단위를 실제로 생산 판매했다면 미사용생산능력과 원가는 얼마인가? 생산능력은 실질적 최대생산능력 800단위를 기준으로 삼는 것이 타당하므로 사용한 생산능력 500단위를 차감한 300단위가 미사용 생산능력이 된다. 그러면 이에 해당하는 원가는 어떻게 계산할 것인가?

실질적 생산능력 800단위를 갖추고 유지하는 데 소요되는 원가가 ₩1,680,000이지만, 생산능력이 한 단위 증가할 때마다 생산능력원가가 ₩2,100만큼 발생하는 관계는 아니다. 생산능력은 단위수준에서 변화시킬 수 없으므로 단위당 원가 역시 정의할 수 없다. 그러나 미사용생산능력원가를 계산해야 한다면 이러한 가정은 불가피하다. 즉, 생산능력은 한 단위씩 변화할 수 있으며 생산능력원가도 단위당 원가만큼 변화한다고 가정하고 조업도 단위당 고정제조원가를 구해야 한다. 이는 제품원가계산에서 흔히 목격할 수 있는 것처럼 고정원가를 변동원가처럼 간주하고 단위당 원가를 구하는 것과 동일하다.

이에 의하면 미사용 생산능력원가는 300단위에 조업도 단위당 생산능력원가 ₩2,100을 곱한 ₩630,000이 된다. 생산에 소비된 생산능력원가는 ₩1,050,000이며 이 금액만을 제조원가에 포함하면 단위당 제품원가는 ₩5,100이 된다. 실질적 최대조업도를 기준으로 단위당 고정제조원가를 계산하면 미사용 생산능력원가를 별도로 파악할 수 있을 뿐만 아니라 이 원가가 제품원가에 포함되지 않도록 할 수 있다.

이렇게 계산된 제품원가는 장기적 관점에서 외부 판매가격의 기초자료로 사용할 수 있으며 대외적인 가격 경쟁력을 판단하는 근거가 될 수 있다. 시장이 완전 경쟁적인 경우 판매가격은 제조원가와 무관하게 시장에서 수요와 공급에 따라 결정되므로 이 가격보다 저렴하게 생산할 수 있다면 수익성 있는 제품이 되며 시장가격을 맞출 수 없다면 원가절감노력이 필요하고 여의치 않다면 제품 생산을 포기하는 것이 타당하다. 그러나 현실에서는 제품의 종류는 동일하더라도 품질이나 기능 등에서 차이가 있으므로 판매가격이 조금씩 다른 것이 일반적이다. 이 경우 기업은 발생한 제조원가를 모두 회수하고 기대하는 이익을 얻을 수 있는 수준으로 판매가격을 정하기도 한다.

만약 S사가 20×1년 예산 판매량 600단위를 전제로 발생한 제조원가를 모두 회수하고 이익을 얻을 수 있도록 제조원가의 150%로 판매가격을 책정한다면 그 금액은 얼마인가? 단위당 변동제조원가 ₩3,000와 600단위를 기준으로 한 단위당 고정제조원가 ₩2,800을 합한 금액 ₩5,800에 150%를 곱한 금액 ₩8,700이 판매가격이 된다.

문제는 이렇게 판매가격을 정했을 때 의도한 판매량 600단위를 모두 판매할 수 있는가이다. 만약 소비자가 동종의 다른 회사 제품보다 가격이 비싸다고 생각한다면 판매량이 600단위에 못 미칠 수 있다. 만약 판매량이 500단위라면 이후 판매가격은 얼마로 정할 것인가? 마찬가지 방식으로 계산하면 ₩9,540이 되는데 판매량 600단위를 전제로 한 판매가격보다 오히려 높아졌으므로 이후 판매량은 더 낮아질 것이다. 이러한 과정이 반복되면 판매를 전혀 할 수 없는 극단적인 상황에 이를 수 있다.

예산조업도에 기초한 제품원가에 따라 책정한 판매가격이 가격경쟁력이 없는 수준이면 판매수요는 계속 낮아지고 그 결과 제품원가와 판매가격이 더 올라가는 악순환downward demand spiral이 발생한다. 출시 초기나 판매 수요가 안정적이지 않은 상황에서 예산조업도나 정상조업도를 기준으로 제품원가를 계산하고 판매가격을 결정하는 것이 적절하지 않은 이유이다. 해결책은 실질적 최대조업도와 같이 장기적인 관점에서 기대할 수 있는 판매량을 기준으로 제품원가를 계산하고 판매가격을 정하는 것이다. 이렇게 판매가격을 정했음에도 판매량이 제조원가를 회수하기 어려운 상황이 지속된다면, 제조원가를 낮출 방안을 찾는 것이 순서이며 이 또한 여의치 않은 경우 제품 생산을 중단하는 것이 바람직하다.

실질적 최대조업도는 제품을 생산 판매하는 조직의 성과평가에도 유용하다. 실제 성과와 예산상 목표를 비교하되, 조업도 단위당 고정제조원가는 실질적 최대조업도를 기준으로 정하여 예산상 조업도에 해당하는 생산능력원가에 대해서만 성과평가에 반영하는 것이다. 이 경우 예산상 조업도와 실질적 최대조업도 간의 고정제조원가 차이는 **'계획된' 미사용 생산능력원가** planned unused capacity cost로 구별하여 성과평가에서 배제할 수 있다. 만약 실제 조업도가 예산 조업도보다 낮다면 그 차이에 해당하는 고정제조원가는 해당 사업부에게 책임 지울 수 있는 미사용 생산능력원가라고 할 수 있다.

위 예제에서 20×1년 실제 조업도가 500단위라고 하면 미사용 생산능력은 300단위인데 이 중 200단위는 계획된 미사용 생산능력이므로 성과평가에서 제외한다. 그러나 100단위는 계획되지 않은 미사용 생산능력이므로 성과평가에 포함한다. 각각의 미사용 생산능력원가는 실질적 최대조업도를 기준으로 한 단위당 고정제조원가 ₩2,100을 적용하면 ₩420,000과 ₩210,000이 된다. ■

생산능력의 결정과 관리는 고위 경영자가 담당하는 임무이다. 공장의 규모, 생산 자동화의 정도, 정규직과 비정규직 노동자의 비율 등은 일단 결정되면 장기간에 걸쳐 고정원가를 발생시키고 이익에 중대한 영향을 미친다. 또한, 생산능력을 갖추고 난 후에는 그 능력이 제대로 사용되는지 추적하고 관리하는 것이 중요하다. 재무보고 목적의 전부원가계산을 내부관리 목적으로도 사용하면 과다생산을 유발할 위험이 있음을 확인한 바 있다. 과다생산은 기업 전체로 보면 분명 바람직하지 않은 일이지만, 성과평가에 민감한 현업 부서에서는 각종 이유를 들어 이를 합리화할 가능성이 있다. 변동원가계산과 같은 추가적인 정보시스템을 운영하는 데 돈이 들더라도, 현장 관리자들이 기업 전체의 장기이익을 극대화하는 방향으로 의사결정하도록 유도하는 것이 필요하다. 과다생산보다 더 문제가 되는 것은 유휴생산능력의 존재인데, 문제는 유휴생산능력이 존재하는지 경영자가 파악하기 어렵다는 것이다. 실질적 최대조업도를 기준조업도로 사용함으로써 생산능력의 활용 정도를 파악하는 것이 고정원가를 관리하는 출발점이 될 수 있다.

"대한항공, 화물로 위기 돌파… 5분기 연속 흑자행진"

대한항공이 코로나19 발발에 따라 국제 여객 수송이 급감한 경영위기를 화물사업으로 '측면 돌파'하고 있다. 대한항공은 13일 지난 2분기 매출이 전년 동기 대비 16% 증가한 1조 9,508억 원을 기록했다고 밝혔다. 같은 기간 영업이익도 31% 뛰면서 1,969억 원을 찍었다. 코로나19 사태에도 불구하고 작년 2분기부터 5분기 연속으로 영업 흑자를 달성한 것이다.

화물사업에 집중하는 전략이 먹히면서 여객사업 부진을 만회하고도 남는 실적을 올리고 있다. 2분기 화물사업에서만 매출 1조 5,108억 원을 기록했다. 이는 분기 기준 사상 최대 실적이다. 대한항공은 "경기회복 기대에 따른 기업의 재고 확충 수요 증가와 해운 공급 적체로 인한 긴급 물자의 항공수요 전환 확대에 따른 것"이라고 설명했다.

대한항공은 지난해 코로나19 대유행이 시작되자마자 발 빠르게 사업 포트폴리오를 조정하면서 위기가 장기화될 상황에 대비했다. 작년 3월 인천-호찌민 노선을 시작으로 화물전용 여객기를 운항한 지 1년 5개월여 만에 화물전용 여객기 1만 회 운항을 이달 초 달성했다. 또 중국, 일본 등 전 세계 65개 노선에 화물전용 여객기를 띄웠고 세계 각지로 수송한 물량은 40만t에 달한다. 1회 왕복 기준 40t, 편도 기준 20t씩 수송한 셈이다. 작년 3월 기준 38회 운항했던 화물전용 여객기는 현재 월 800회 이상에 이르고 있다. 기내 좌석 위 짐칸과 여객기 좌석 공간에 화물을 탑재할 수 있는 안전장치 '카고시트백', 좌석을 빼서 화물을 탑재하는 CFL(Cargo Floor Loading)을 활용하기도 했다. 화물사업 역량 강화를 위해 A380 조종사를 상대로 전환 교육 또한 실시했다.

코로나19 백신 접종률 증가와 변이 바이러스 확산이란 여러 변수가 발생하고 있지만, 대한항공은 하반기에도 항공화물 시장 강세가 계속될 것으로 보고 있다. 경기회복에 대비해 재고 확충에 나서는 기업 움직임이 이어지고, 정보기술(IT) · 전자상거래 물량 역시 늘어날 전망이기 때문이다. 대한항공은 "전 세계 네트워크 및 화물기 · 화물전용여객기 등 가용자원을 최대로 활용해 수익 극대화에 나설 계획"이라고 강조했다.

매일경제 2021. 8. 13.

생각해 봅시다

항공산업은 항공기 감가상각비, 임직원 급여, 이자비용 등 고정원가의 비중이 절대적으로 큰 대표적 산업 중 하나이다. 코로나19로 여객이 급감하는 상황에서 대한항공의 경영진이 택한 전략이 고정원가 관리에 시사하는 점은 무엇인가?

생산능력원가관리

01 개념과 용어 빈칸을 채우시오.

- 외부보고용 재무제표를 작성할 때에는 직접재료원가, 직접노무원가, 제조간접원가 등 제조과정에서 희생된 모든 자원의 원가를 제품원가에 포함하는데 이러한 원가계산을 ______ absorption costing(이)라 부른다.
- 변동제조원가와 고정제조원가를 모두 포함한 전부원가계산으로 제품원가를 결정하면 매출량뿐만 아니라 생산량에 따라 이익이 달라지므로 이익을 기초로 경영자의 성과와 보상을 결정하는 경우 경영자는 ______ overproduction incentive(을)를 가질 수 있다.
- 변동제조원가만을 제품제조원가로 하고, 고정제조원가는 발생하는 기간에 전액 비용화하여 제품원가에 포함하지 않는 원가계산방법을 ______ variable costing(이)라고 한다.
- 전부원가계산과 변동원가계산하에서의 이익차이는 재고자산에 포함된 ______ fixed manufacturing cost(으)로 설명할 수 있다.
- ______ TOC: theory of constraints(은)는 생산이나 업무흐름에 걸림돌이 되는 병목설비 및 활동을 잘 관리하여 이들이 가능한 많은 물량을 처리할 수 있도록 하는 것이 기업의 이익에 관건이 된다는 점을 강조한다.
- 제약이론에서는 기업 외부와의 거래에서 발생하는 매출과 순수한 변동원가인 직접재료원가만이 기업 성과의 핵심이 된다고 보고 매출에서 직접재료원가만으로 구성된 매출원가를 차감한 이익을 주요 성과지표로 강조하는데 이를 ______ throughput contribution(이)라고 하며 이를 위해 직접노무원가나 제조간접원가는 발생하는 기간에 전액 비용으로 처리하는 ______ super-variable costing(을)를 사용한다.
- 재무보고나 관리목적을 위해 원가계산을 해야 하는 경우 고정제조원가라 하더라도 불가피하게 단위당 원가를 구해야 하므로 고정제조원가 예산액을 적절한 조업도로 나눠야 하는데 이를 ______ denominator-level(이)라고 한다.
- 이상적인 생산환경에서 달성할 수 있는 조업수준을 이론적 최대조업도theoretical capacity라고 하고, 생산을 저해하는 다양한 현실적 환경을 감안했을 때 달성 가능한 조업도를 실질적 최대조업도라고 한다. 예산조업도는 연초 사업계획상 예상판매량 또는 목표판매량에 대응하는 조업도를 의미하는데 반해 ______ normal capacity는 이보다 좀 더 긴 기간2~5년의 연평균 예측판매량에 따

른 조업도를 의미한다.

- 미사용 생산능력 및 원가를 별도로 파악하는 것은 사전적으로는 생산능력을 신중하게 결정하도록 하는 역할을 하는 것 이외에도 사후적인 관리목적에 유용한 정보를 주므로 조업도 단위당 고정제조원가 계산에 적합한 기준조업도는 공급개념에 기초하고 현실적 생산환경을 감안한 practical capacity이다.

세무사 2014 ··· **02 전부원가계산과 변동원가계산의 차이** 전부원가계산과 변동원가계산에 관한 설명으로 옳지 않은 것은?

① 변동원가계산은 전부원가계산보다 손익분기점분석에 더 적합하다.
② 당기매출액이 손익분기점 매출액보다 작더라도 변동원가계산에서는 이익이 보고될 수 있다.
③ 전부원가계산의 영업이익은 일반적으로 생산량과 판매량에 의해 영향을 받는다.
④ 변동원가계산에서는 변동제조원가만이 제품원가에 포함된다.
⑤ 변동원가계산은 고정제조간접원가를 기간비용으로 처리한다.

회계사 2013 ··· **03 변동원가계산의 의의** 변동원가계산의 유용성에 대한 다음의 설명 중 옳지 않은 것은?

① 변동원가계산 손익계산서에는 이익계획 및 의사결정 목적에 유용하도록 변동비와 고정비가 분리되고 공헌이익이 보고된다.
② 변동원가계산에서는 일반적으로 고정제조간접원가를 기간비용으로 처리한다.
③ 변동원가계산에서는 판매량과 생산량의 관계에 신경을 쓸 필요 없이 판매량에 기초해서 공헌이익을 계산한다.
④ 변동원가계산에 의해 가격을 결정하더라도 장기적으로 고정비를 회수하지 못할 위험은 없다.
⑤ 제품의 재고수준을 높이거나 낮춤으로써 이익을 조작할 수 있는 가능성은 없다.

세무사 2012 ··· **04 전부원가계산, 변동원가계산, 초변동원가계산의 차이** 전부원가계산, 변동원가계산 및 초변동원가계산에 관한 설명으로 옳지 않은 것은?

① 초변동원가계산에서는 직접노무원가와 변동제조간접원가를 기간비용으로 처리한다.
② 초변동원가계산에서는 매출액에서 직접재료원가를 차감하여 재료처리량 공헌이익throughput contribution을 산출한다.
③ 변동원가계산은 변동제조원가만을 재고가능원가로 간주한다. 따라서 직접재료원가, 변동가공원가를 제품원가에 포함시킨다.
④ 전부원가계산의 영업이익은 일반적으로 생산량과 판매량에 의해 영향을 받는다.
⑤ 변동원가계산에서는 원가를 기능에 따라 구분하여 변동원가와 고정원가로 분류한다.

05 전부원가계산, 변동원가계산, 초변동원가계산의 차이 다음은 생산량 및 판매량과 관련된 전부원가계산과 변동원가계산 및 초변동원가계산의 특징을 설명한 글이다. 타당하지 않은 것은? … 회계사 2010

① 전부원가계산에서는 기초재고가 없을 때 판매량이 일정하다면 생산량이 증가할수록 매출총이익이 항상 커진다.

② 생산량이 판매량보다 많으면 전부원가계산의 영업이익이 변동원가계산의 영업이익보다 항상 크다.

③ 변동원가계산하의 영업이익은 판매량에 비례하지만, 전부원가계산하의 영업이익은 생산량과 판매량의 함수관계로 결정된다.

④ 전부원가계산에서는 원가를 제조원가와 판매관리비로 분류하므로 판매량 변화에 따른 원가와 이익의 변화를 파악하기 어려운 반면, 변동원가계산에서는 원가를 변동원가와 고정원가로 분류하여 공헌이익을 계산하므로 판매량 변화에 의한 이익의 변화를 알 수 있다.

⑤ 초변동원가계산에서는 기초재고가 없고 판매량이 일정할 때 생산량이 증가하더라도 재료처리량공헌이익throughput contribution은 변하지 않는다.

06 제약이론 제약이론theory of constraints에 대한 다음의 설명 중 가장 타당하지 않은 것은? … 회계사 2009

① 제약이론에서는 기업의 생산활동과 관련된 내부적 제약요인을 집중적으로 관리하고 개선하여 생산활동을 최적화하고자 한다.

② 제약이론의 생산최적화 과정은 제약요인을 찾아 개선한 후에 또 다른 제약요인을 찾아 지속적으로 개선하는 과정을 밟는다.

③ 제약이론을 원가관리에 적용한 재료처리량공헌이익throughput contribution은 매출액에서 직접재료비와 직접노무비를 차감하여 계산한다.

④ 제약이론은 재료처리량공헌이익을 증가시키고, 투자 및 운영원가를 감소시키는 것을 목적으로 한다.

⑤ 제약이론에서는 운영원가를 단기적으로 변화시킬 수 없는 고정비로 본다.

07 제약이론 다음은 TOC제약이론과 ABC를 비교한 설명이다. 다음 중 적절하지 않은 것은?

① 제약이론에서는 재료원가를 제외한 기타 원가에 대한 통제는 큰 의미가 없으며 더 높은 이익을 달성하기 위해서는 오히려 병목설비에서 물량흐름throughput을 원활하게 하는 것이 더 중요하다고 본다.

② 제약이론에서는 원가배분이나 원가동인은 오히려 경제적 의사결정에 장애물이 될 수 있다고 본다.

③ 활동기준원가계산에서는 간접원가에 대해 이를 발생시키는 활동을 분석함으로써 원가를 상당부분을 절감할 수 있으며 이를 통해 수익성을 향상시킬 수 있다고 본다.

④ 활동기준원가계산은 제약이론에 비해 상대적으로 단기적인 관점에서 접근하고 있다고 할 수 있다.

⑤ 활동기준원가계산은 노동 중심적인 생산환경에 보다 적합하고 제약이론은 설비중심적인 연속적인 생산환경에 보다 적합한 관리도구라고 할 수 있다.

08 기준조업도 원가에 기초하여 외부판매가격을 정할 때 죽음에 이르는 소용돌이death spiral 문제가 발생할 가능성이 없으며 미사용생산능력원가를 구하는데 적절한 기준조업도는 다음 중 무엇인가?

① 실제조업도 ② 예산조업도 ③ 정상조업도
④ 실질적 최대조업도 ⑤ 이론적 최대조업도

세무사 2020 ··· **09 전부원가계산** (주)세무는 단일 제품을 생산 · 판매하고 있으며, 3년간의 자료는 다음과 같다.

	20×1년	20×2년	20×3년
기초제품재고량(단위)	–	20,000	10,000
당기생산량(단위)	60,000	30,000	50,000
당기판매량(단위)	40,000	40,000	40,000
기말제품재고량(단위)	20,000	10,000	20,000

3년간 판매가격과 원가구조의 변동은 없다. 20×1년 전부원가계산하의 영업이익은 ₩800,000이고, 고정원가가 ₩600,000일 때, 20×3년 전부원가계산하의 영업이익은? (단, 원가흐름은 선입선출법을 가정하며, 기초 및 기말 재공품은 없다.)

① ₩640,000 ② ₩660,000 ③ ₩680,000
④ ₩700,000 ⑤ ₩720,000

회계사 2021 ··· **10 전부원가계산과 변동원가계산의 차이** (주)대한은 설립 후 3년이 경과되었다. 경영진은 외부보고 목적의 전부원가계산 자료와 경영의사결정 목적의 변동원가계산에 의한 자료를 비교분석하고자 한다. (주)대한의 생산과 판매에 관련된 자료는 다음과 같다.

	1차년도	2차년도	3차년도
생 산 량(단위)	40,000	50,000	20,000
판 매 량(단위)	40,000	20,000	50,000

· 1단위당 판매가격은 ₩30이다.
· 변동제조원가는 1단위당 ₩10, 변동판매관리비는 1단위당 ₩4이다.
· 고정제조간접원가는 ₩400,000, 고정판매관리비는 ₩100,000이다.
· 과거 3년 동안 ㈜대한의 판매가격과 원가는 변하지 않았다.

위 자료에 대한 다음 설명 중 옳지 않은 것은?

① 3차년도까지 전부원가계산과 변동원가계산에 따른 누적영업손익은 동일하다.
② 3차년도 변동원가계산에 따른 영업이익은 ₩300,000이다.
③ 2차년도의 경우 전부원가계산에 의한 기말제품 원가가 변동원가계산에 의한 기말제품 원가보다 크다.
④ 변동원가계산에서 고정원가는 모두 당기비용으로 처리한다.
⑤ 3차년도 전부원가계산에 의한 매출원가는 ₩1,120,000이다.

11 **전부원가계산** (주)대한은 20×1년 1월 1일에 처음으로 생산을 시작하였고, 20×1년과 20×2년의 영업활동 결과는 다음과 같다. … 회계사 2022

구분	20×1년	20×2년
생산량	2,000단위	2,800단위
판매량	1,600단위	3,000단위
변동원가계산에 의한 영업이익	₩16,000	₩40,000

(주)대한은 재공품 재고를 보유하지 않으며, 재고자산 평가방법은 선입선출법이다. 20×1년 전부원가계산에 의한 영업이익은 ₩24,000이며, 20×2년에 발생한 고정제조간접원가는 ₩84,000이다. 20×2년 (주)대한의 전부원가계산에 의한 영업이익은 얼마인가? 단, 두 기간의 단위당 판매가격, 단위당 변동제조원가와 판매관리비는 동일하다.

① ₩26,000 ② ₩30,000 ③ ₩34,000
④ ₩36,000 ⑤ ₩38,000

12 **전부원가계산과 변동원가계산의 차이** (주)감평은 선입선출법에 의해 실제원가계산을 사용하고 있다. (주)감평은 전부원가계산에 의해 20×1년 영업이익을 ₩65,000으로 보고하였다. (주)감평의 기초제품수량은 1,000단위이며, 20×1년 제품 20,000단위를 생산하고 18,000단위를 단위당 ₩20에 판매하였다. (주)감평의 20×1년 고정제조간접원가가 ₩100,000이고 기초제품의 단위당 고정제조간접원가가 20×1년과 동일하다고 가정할 때, 변동원가계산에 의한 20×1년 영업이익은(단, 재공품은 고려하지 않는다)? … 감평사 2013

① ₩35,000 ② ₩40,000 ③ ₩55,000
④ ₩65,000 ⑤ ₩80,000

13 **전부원가계산과 변동원가계산의 차이** 다음은 제품 A를 생산 · 판매하는 (주)감평의 당기 전부원가 손익계산서와 공헌이익 손익계산서이다. … 감평사 2022

전부원가 손익계산서		공헌이익 손익계산서	
매출액	₩1,000,000	매출액	₩1,000,000
매출원가	650,000	변동원가	520,000
매출총이익	350,000	공헌이익	480,000
판매관리비	200,000	고정원가	400,000
영업이익	150,000	영업이익	80,000

제품의 단위당 판매가격 ₩1,000, 총고정판매관리비가 ₩50,000일 때 전부원가계산에 의한 기말제품재고는? (단, 기초 및 기말 재공품, 기초제품은 없다.)

① ₩85,000 ② ₩106,250 ③ ₩162,500

④ ₩170,000 ⑤ ₩212,500

세무사 2021 ··· **14** **전부원가계산과 변동원가계산의 차이** 20×1년에 영업을 개시한 (주)세무는 단일제품을 생산 · 판매하고 있으며, 전부원가계산제도를 채택하고 있다. (주)세무는 20×1년 2,000단위의 제품을 생산하여 단위당 ₩1,800에 판매하였으며, 영업활동에 관한 자료는 다음과 같다.

· **제조원가**	
단위당 직접재료원가	₩400
단위당 직접노무원가	300
단위당 변동제조간접원가	200
고정제조간접원가	250,000
· **판매관리비**	
단위당 변동판매관리비	₩100
고정판매관리비	150,000

(주)세무의 20×1년 영업이익이 변동원가계산에 의한 영업이익보다 ₩200,000이 많을 경우, 판매수량은? (단, 기말재공품은 없다.)

① 200단위 ② 400단위 ③ 800단위

④ 1,200단위 ⑤ 1,600단위

회계사 2018 ··· **15** **전부원가계산과 변동원가계산의 차이** (주)대한은 20×1년 1월 1일에 처음으로 생산을 시작하였고, 20×1년과 20×2년의 영업활동 결과는 다음과 같다.

구분	20×1년	20×2년
생산량	1,000단위	1,400단위
판매량	800단위	1,500단위
고정제조간접원가	?	?

전부원가계산에 의한 영업이익	₩8,000	₩8,500
변동원가계산에 의한 영업이익	₩4,000	₩10,000

(주)대한은 재공품 재고를 보유하지 않으며, 재고자산 평가방법은 선입선출법이다. 20×1년과 20×2년에 발생한 고정제조간접원가는 각각 얼마인가? 단, 두 기간의 단위당 판매가격, 단위당 변동제조원가와 판매관리비는 동일하였다.

	20×1년	20×2년
①	₩20,000	₩35,000
②	₩20,000	₩37,500
③	₩20,000	₩38,000
④	₩27,600	₩35,000
⑤	₩27,600	₩42,000

16 **초변동원가계산** 당기에 설립된 (주)국세는 1,300단위를 생산하여 그중 일부를 판매하였으며, 관련 자료는 다음과 같다. ··· 세무사 2015

직접재료 매입액:	₩500,000
직접노무원가:	기본원가(prime cost)의 30%
제조간접원가:	전환원가(가공원가)의 40%
매출액:	₩900,000
판매관리비:	₩200,000
직접재료 기말재고액:	₩45,000
재공품 기말재고액:	없음
제품 기말재고액 중 직접재료원가:	₩100,000

초변동원가계산throughput costing에 의한 당기 영업이익은?

① ₩20,000 ② ₩40,000 ③ ₩80,000
④ ₩150,000 ⑤ ₩220,000

17 **변동원가계산과 초변동원가계산의 차이** (주)세무는 20×1년 초에 영업을 개시하였다. 20×2년도 기초제품 수량은 100단위, 생산량은 2,000단위, 판매량은 1,800단위이다. 20×2년의 제품 판매가격 및 원가자료는 다음과 같다. ··· 세무사 2018

항목		금액
제품 단위당	판매가격	₩250
	직접재료원가	30
	직접노무원가	50
	변동제조간접원가	60
	변동판매관리비	15
고정제조간접원가(총액)		₩50,000

고정판매관리비(총액)	100,000

20×2년도 변동원가계산에 의한 영업이익과 초변동원가계산throughput costing에 의한 영업이익의 차이금액은? (단, 20×1년과 20×2년의 제품 단위당 판매가격과 원가구조는 동일하고, 기초 및 기말 재공품은 없다.)

① ₩10,000 ② ₩11,000 ③ ₩20,000
④ ₩22,000 ⑤ ₩33,000

회계사 2013 ··· **18** **전부원가계산, 변동원가계산, 초변동원가계산의 차이** 다음은 (주)한국의 원가계산을 위한 자료이다. 고정제조간접원가 및 고정판매관리비는 각각 ₩2,400,000 및 ₩1,000,000으로 매년 동일하며, 단위당 판매가격과 변동원가도 각 연도와 상관없이 일정하다.

	20×1년	20×2년	20×3년
기초재고수량(개)	–	4,000	4,000
생산량(개)	20,000	16,000	12,000
판매량(개)	16,000	16,000	16,000
기말재고수량(개)	4,000	4,000	–

단위당 판매가격		₩1,000
단위당 변동원가:		
직접재료원가	₩40	
직접노무원가	₩60	
변동제조간접원가	₩80	
변동판매관리비	₩20	

다음의 원가계산 결과에 관한 설명 중 옳은 것을 모두 열거한 것은? 단, 기초 및 기말재고는 모두 완성품이며, 재공품 재고는 존재하지 않는다.

(가) 20×1년 전부원가계산의 영업이익은 변동원가계산의 영업이익보다 ₩480,000 더 크다.
(나) 20×2년 변동원가계산의 영업이익과 초변동원가계산throughput costing 또는 super-variable costing의 영업이익은 같다.
(다) 변동원가계산의 영업이익은 상기 3개년 모두 동일하다.
(라) 초변동원가계산의 영업이익은 상기 3개년 동안 매년 증가한다.
(마) 변동원가계산 영업이익과 초변동원가계산 영업이익 차이의 절대값은 20×1년보다 20×3년의 경우가 더 크다.

① (가), (나), (마) ② (나), (다), (라) ③ (다), (라), (마)
④ (가), (나), (다), (라) ⑤ (가), (나), (다), (라), (마)

19 **제약이론** (주)세무는 CCTV 장비를 제조하여 고객에게 설치판매하는 사업을 하고 있다. 장비제조는 제조부서에서 장비설치는 설치부서에서 수행하는데, 장비설치에 대한 수요는 연간처리능력을 초과하고 있다. 따라서 (주)세무는 제약자원개념 하에서 운영개선을 검토하기로 하고, 다음의 자료를 수집했다. … 세무사 2021

구분	장비제조	장비설치
연간처리능력	400개	300개
연간제조설치량	300개	300개

장비의 단위당 설치판매 가격은 ₩40,000이고, 단위당 직접재료원가는 ₩30,000이다. 직접재료원가 이외의 모든 원가는 고정되어 있고 장비설치 오류시 해당 장비는 폐기된다. 이와 같은 상황하에서 (주)세무가 영업이익 증가를 위해 취하는 행동으로 옳은 것은?

① 장비설치 부서에 두 명의 작업자를 고정배치하여 연간 설치수량을 20개 증가시키고, 이로 인해 두 명의 작업자에 대해서 연간 ₩300,000의 추가적 원가가 발생한다.

② 직접재료는 (주)세무가 제공하는 조건으로 개당 ₩10,000에 30개의 장비를 제조해주겠다는 외주업체의 제안을 받아들인다.

③ 연간 ₩550,000의 추가원가를 투입하여 설치시간을 단축함으로써 설치부서의 연간 설치수량을 50개 더 증가시킨다.

④ 장비는 (주)세무가 제공하는 조건으로 개당 ₩12,000에 30개의 장비설치를 해주겠다는 외주업체의 제안을 받아들인다.

⑤ 연간 ₩700,000의 추가원가를 투입하여 오류 설치수량을 연간 20개 줄인다.

20 **전부원가계산, 변동원가계산, 초변동원가계산의 차이** 다음은 (주)한국의 원가계산을 위한 자료이다. 고정제조간접원가 및 고정판매관리비는 각각 ₩2,400,000 및 ₩1,000,000으로 매년 동일하며, 단위당 판매가격과 변동원가도 각 연도와 상관없이 일정하다. … 회계사 2013 수정

	20×1년	20×2년	20×3년
기초재고수량(개)	–	4,000	4,000
생산량(개)	20,000	16,000	12,000
판매량(개)	16,000	16,000	16,000
기말재고수량(개)	4,000	4,000	–

단위당 판매가격		₩1,000
단위당 변동원가:		
직접재료원가	₩40	
직접노무원가	₩60	
변동제조간접원가	₩80	
변동판매관리비	₩20	

단, 기초 및 기말재고는 모두 완성품이며, 재공품 재고는 존재하지 않는다. 재고자산평가는 선입선출법에 의한다.

물음:

1. 전부원가계산 하에서 각 년도의 영업이익을 계산하시오
2. 변동원가계산 하에서 각 년도의 영업이익을 계산하시오
3. 초변동원가계산 하에서 각 년도의 영업이익을 계산하시오
4. 각 원가계산방법 하에서 각 년도 영업이익의 차이를 설명하시오.

21 **기준조업도** S사는 손톱깍기를 생산 판매하고 있는데 현재 개당 판매가격은 ₩1,000이다. 20×1년 고정제조간접원가 연간 예산액과 조업도 자료는 다음과 같다.

기준조업도	고정제조간접원가 예산액	작업일수	일작업시간	시간당 생산량
이론적 최대조업도	₩18,144,000	360	24	30
실질적 최대조업도	18,144,000	350	18	30
정상조업도	18,144,000	320	18	30
예산조업도	18,144,000	300	18	30

한편 20×1년 생산량과 제조원가 발생액은 다음과 같다.

항목	금액
수량:	
기초제품	0
당기생산량	155,000
기말제품	3,200
원가:	
변동제조원가	₩69,750,000
고정제조간접원가	18,000,000

물음:

1. 각 기준조업도에 의할 때 생산단위당 고정제조간접원가 예정배부액은 얼마인가?
2. K사 경영자의 성과평가를 영업이익에 기초한다면 경영자는 어떤 조업도를 선호할 것으로 예상되는가? 단, 제조간접원가 배부차이는 전액 매출원가에서 조정한다.
3. K사 입장에서 법인세를 최소화할 수 있는 기준조업도는 무엇인가?
4. K사는 향후 판매가격을 원가가산가격cost plus pricing에 의하되 제조원가의 200%로 할 예정이다. 이 경우 어떤 기준조업도에 의한 판매가격이 대외 가격경쟁력을 판단하기에 적합한가?

Chapter 08

Strategic Management Accounting

가격결정과 고객수익성 분석

가격결정 영향요소

| 고객

| 경쟁기업

| 원가

| 가격의 상한과 하한

가격결정과 원가의 역할

| 목표가격과 목표원가계산

| 제품수명주기 원가계산과 확정원가

| 원가가산가격

고객수익성

| 고객관련활동 원가분석

| ABC에 의한 고객수익성 분석

| 가격폭포

| 고객수익성과 고객관리

| 고객생애가치

Strategic Management Accounting

Chapter 08

가격결정과 고객수익성 분석

우리나라 커피 전문점 시장 규모는 연간 5조 원을 넘고 성인 1인당 커피 소비량은 세계 평균의 3배 수준인 것으로 알려졌다. 그런데 커피 가격은 천차만별이다. 아메리카노 1잔의 가격이 전문점에서는 4,000원이 넘지만, 편의점에서는 1,200원 수준이다. 한편, 미국에서는 코로나19와 우크라이나 전쟁 등으로 에너지와 식품 가격이 폭등하면서 소득에 따른 소비 격차가 확산하고 있다고 한다. 인플레이션의 영향을 덜 받는 고소득층은 사치품 소비를 이어 가지만, 중산층과 저소득층은 최저가 제품을 찾아 나선 것이다. 이처럼 경제환경이 변화하고 양극화가 심해지는 상황에서 기업은 어떤 고객을 대상으로 어떤 제품과 가격정책을 실행해야 할 것인가?

본 장에서는 가격을 정할 때 고려해야 할 기본요소, 가격결정에서 원가의 역할, 일반적인 가격결정 방법으로 목표원가계산과 원가가산가격을 설명한다. 판매가격을 결정할 때 고객의 기대와 경쟁기업의 반응 등의 외부시장요소와, 기업 내부요소인 원가가 모두 중요하지만 기업이 속한 산업이나 시장 특성에 따라 초점을 두는 요소와 가격결정방법이 다르다. 어떤 경우이든 재무적 성과를 내기 위해서는 원가를 적절한 수준에서 관리하는 것은 중요하다. 이와 관련하여 후반부에서는 고객별 가격과 원가 분석을 기초로 한 고객수익성을 살펴본다.

Strategic Management Accounting

가격결정 영향요소

가격을 결정할 때 고려해야 할 요소에는 고객, 경쟁기업, 원가 등이 있다. 가격은 가장 중요한 고객원가이므로 고객편익에 비해 가격이 높다고 인식되면 판매가 이루어지지 않으며, 가격이 너무 낮으면 판매가 이루어지더라도 원가를 회수하지 못하는 수익성 문제가 발생한다. 경쟁회사 제품은 고객의 구입 대안이 될 수 있으므로 경쟁 제품의 인지도, 성능, 가격 등 여러 가지 특성도 판매가격을 결정할 때 중요하게 작용한다.[1]

고 객

고객의 구입의사결정은 제품이 제공하는 편익이 구입가격 이상의 가치를 주는가에 달려 있다. 가격이 편익에 대한 **지불의향금액**편익가치, willingness to pay보다 높다면 비싸다고 생각할 것이며, 낮다면 제품을 구입하는 것이 이득고객가치이라고 판단할 것이다. 이처럼 제품이 제공하는 고객편익은 가격 결정에 중요한 요소가 되는데 문제는 고객이 편익에 대해 어떻게 생각

그림 8-1 제품 개발 시 고려할 요소

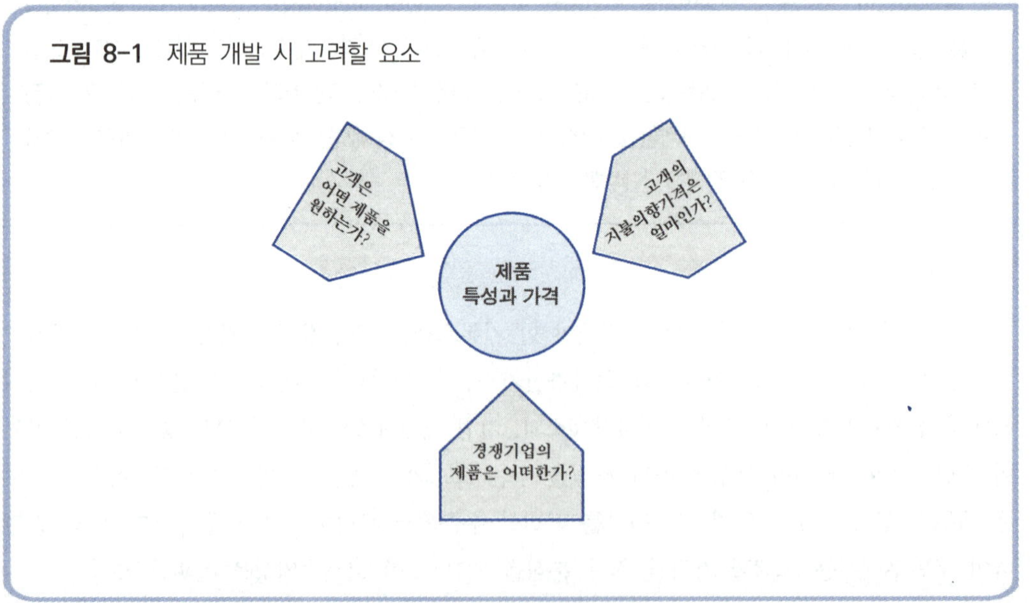

1 이하에서는 고객이 구입하는 제품, 상품 또는 서비스를 포괄한 의미로 제품을 사용한다.

하고 있는지, 지불의향가격이 얼마인지를 알아내는 것이 쉽지 않다는 점이다.

기업은 시장조사를 통해 제품 특성이 지불의향가격에 미치는 영향을 파악하거나 가격을 수시로 변경하는 **동적가격**dynamic pricing으로 지불의향가격을 파악하려는 노력을 한다. 정보기술과 빅데이터 분석기술의 발전으로 고객수요에 대한 이해수준이 높아지고 이를 기초로 가격에 반영하는 기법이 활성화되는 것은 고객에 대한 이해가 기업이익에 부합하는 가격결정에 중요한 역할을 하고 있음을 의미한다.

경쟁기업

고객이 원하는 서비스를 제공할 수 있는 제품이 시장에 하나뿐이라면 그 제품의 편익과 가격이 유일한 구입결정변수가 되지만 여러 회사에서 유사한 제품을 출시하고 있다면 각 제품을 대상으로 편익과 가격을 비교하게 된다. 기업의 입장에서 이러한 고객의 합리적 의사결정을 전제로 경쟁 제품의 기능 및 성능, 디자인, 브랜드 인지도, 경쟁기업의 생산 및 판매능력, 가격전략 등을 자사와 비교하여 경쟁력 있는 가격을 정할 필요가 있다. 예컨대 다른 회사 제품보다 객관적인 기능이 열세이거나 인지도가 떨어진다면 상대적으로 낮은 가격을, 반대의 경우라면 높은 가격을 책정하기도 한다.

원 가

가격결정에서 원가의 역할은 제품이 속한 시장의 경쟁정도에 따라 다르다. 농축산물, 천연가스, 원유, 광물 등 기능이나 질에 차이가 없는 표준화된 제품을 거래하는 경쟁시장에서는 시장 전체의 공급과 수요에 따라 가격이 결정되므로 개별 기업 및 원가가 가격에 영향을 줄 가능성이 희박하다.[2] 그러나 독점시장이나 독점적 경쟁시장은 제품을 공급하는 기업의 원가가 생산량과 가격 결정에 중요한 역할을 한다. 차별성이 있는 제품이 거래되는 독점적 경쟁시장의 경우 고객과 경쟁기업의 반응도 살펴야 한다는 차이가 있을 뿐이다.

기업이 장기적으로 지속가능하려면 원가 이상으로 수익이 발생해야 한다는 점도 원가에 기초하여 가격을 결정하는 근거가 된다. 물론 고객과 경쟁기업을 고려하지 않은 채 원가에만 의존하여 가격을 결정하는 것은 바람직하지 않다. 가격을 결정할 때 기본적으로 고려해야 할

2 개념적으로는 개별 기업이 자체 원가를 고려하여 최적 생산량을 결정하면 시장공급량을 통해 시장가격에 영향을 줄 수 있는 여지는 있으나 공급시장에서 차지하는 비중이 매우 큰 경우에만 해당된다.

그림 8-2 가격결정 영향요인과 가격구간

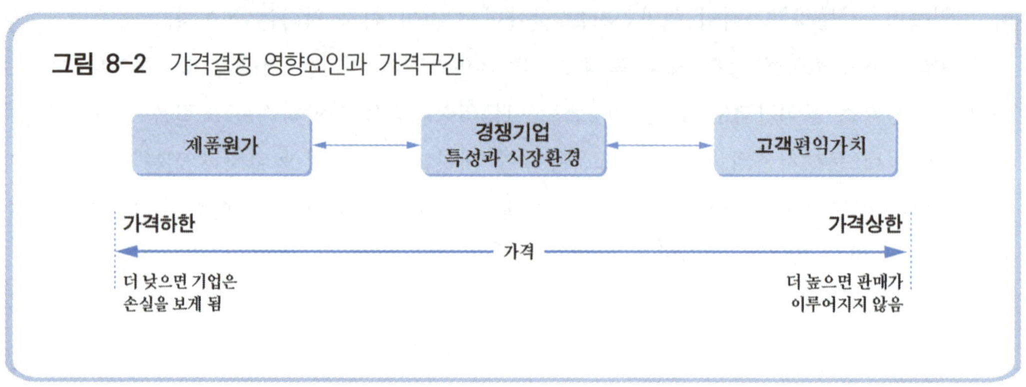

제품원가는 제조원가를 포함하여 가치사슬 전체영역에서 발생하는 원가이다. 그러나 판매 기간의 장단에 따라 원가범위는 달라질 수 있다. 이 밖에도 조업도 변화에 따른 원가 행태가 이익에 미치는 영향을 고려해야 한다.

가격의 상한과 하한

가격이 제품원가보다 낮으면 기업은 손실을 보며, 고객이 지불할 수 있는 최대금액인 고객편익보다 높으면 판매가 이루어지지 않는다. 따라서 기업과 고객 간의 거래가 성사되려면 가격은 가격하한인 제품원가보다는 높아야 하며, 가격상한인 고객편익보다 낮아야 한다. 가격 상 · 하한 구간에서 경쟁기업 제품의 특성, 제품시장환경이나 수요 등에 따라 구체적인 가격이 정해진다.

가격결정과 원가의 역할

가격결정에 영향을 미치는 요소 중 원가는 기업이 통제할 수 있고 잘 아는 내부 변수인데 반해, 고객과 경쟁기업은 기업이 지속적으로 정보를 구하고 반응을 살펴야 하는 외부 변수이다. 가격결정 접근법은 어떤 변수를 먼저 고려할 것인가에 따라 시장에 기초한 방법과 원가에 기초한 방법으로 나눌 수 있다. 시장에 기초한market-based 가격결정은 개발할 제품의 특성, 고객편익과 지불의향가격, 경쟁기업 제품의 특성과 가격 등을 고려하는, 가치에 기반한 value-based 가격결정방식이다. 이에 반해 원가에 기초한cost-based 가격결정은 제품에 소요되는 원가를 회수하고 더 나아가 기대하는 이익을 얻을 수 있는 수준으로 가격을 정하는 방법이다. 각 방법의 출발점은 다르지만, 시장에 기초한 방법은 원가를, 원가에 기초한 방법은 시장 요소를 추가적으로 반영하여 최종 가격을 결정한다.

원가가산가격cost plus pricing은 발생원가에 일정율의 **가산액**markup을 합하여 가격으로 정하는 방법이다. 원가에 기초하는 경우에 원가를 가격에 반영하는 정도와 범위는 시장의 경쟁 정도와 가격이 적용되는 기간에 따라 다르다. 예컨대 제품의 차별성이 높아 마땅히 비교할 제품과 가격이 없다면 제품원가가 가격결정에 중요한 역할을 할 수 있다. 이때 고려하는 원가의 범위는 일회성 특별주문 등에 대한 단기 가격을 정할 때와, 장기간 안정적으로 유지할 판매가격을 정할 때가 다르다. 일회성 특별주문에 대해서는 해당 주문에 따른 증분성 원가만을 고려하여 가격을 정할 수 있다. 이에 대해서는 제4장 의사결정을 위한 원가분석에서 이미 다룬 바 있다. 장기 가격을 정할 때는 제품개발에서부터 고객서비스에 이르는 가치사슬 전체에서 발생하는 원가를 모두 포함하여야 한다.

만약 다른 회사의 제품과 경쟁해야 한다면 가격 결정에 우선적으로 고려해야 하는 것은 제품원가가 아니라 고객의 기대와 경쟁기업의 반응 등 외부시장변수가 된다. 시장에 기초하여 장기간 유지할 판매가격을 정하기 위해 많이 사용하는 방법으로 목표원가계산이 있다. **목표원가계산**target costing은 고객의 기대와 경쟁 제품에 대한 시장조사를 기초로 신제품의 특성과 판매가격목표가격을 결정하고 이로부터 적정한 이익을 낼 수 있는 원가상한목표원가을 내부적으로 도출해 내려는 가격결정방법이다. 원가가산가격이 기업내부변수인 원가로부터 시작하여 가격을 정하는 방법인 데 반해, 목표원가계산은 외부시장에서 도출한 가격에서 시작하여 원가를 맞추려는 방법이라는 점에서 차이가 있다.

목표가격과 목표원가계산

고객이 원하는 기능, 성능, 디자인, 편의성 등 제품의 특성고객편익은 가격과 원가에 동시에 영향을 주고, 가격과 원가는 제품 수익성에 영향을 준다. 이처럼 제품의 편익, 가격, 원가는 서로 맞물려 있으므로 동시에 만족하는 균형 조합을 찾아내야 하는데 목표원가계산은 신제품을 개발하거나 기존제품을 개선할 때 제품에 대한 고객의 기대나 지불의향가격 등 외부시장변수는 수용하면서 기업내부변수인 원가에 초점을 두고 균형을 찾아내려는 노력이라고 할 수 있다.

목표원가계산은 목표원가를 결정하는 첫째 단계와 목표원가를 달성하는 둘째 단계로 나눌 수 있다. 첫째 단계에서는 시장조사를 통해 고객이 원하는 편익과 지불의향가격을 확인하고 경쟁 제품의 특성과 가격을 검토한다. 그리고 이들 정보와 기업의 장기전략을 기초로 제품에 포함할 특성과 목표가격을 정한 후, 제품을 개발 및 설계하고 목표가격에서 기대이익을 차감한 목표원가를 산정한다. 전통적인 원가계산이 실제 생산이 이루어진 후에 사후적으로 원가를 계산하는 데 반해 목표원가계산은 생산에 착수하기 전에 목표가격과 달성해야 할 목표원가를 계획한다. 목표원가는 사전적 원가개념이라는 점에서 제10장에서 설명하는 표준원가와 유사하다. 그러나 표준원가는 생산단계에 있는 제품에 적용하는 원가개념이며, 목표원가는 개발단계에 있는 제품에 관한 원가개념이라는 점에서 다르다.

둘째 단계는 시제품으로부터 제품원가를 추정하고 가치공학을 이용하여 목표원가를 달성하는 과정이다. **가치공학**VE: value engineering은 제품 가치사슬 상에 있는 각 활동을 평가하여 고객편익은 그대로 유지하면서 원가를 줄일 수 있는 방안을 찾아내는 기법이다. 각 가치사슬을 담당하고 있는 책임 단위를 기능별, 부문별, 구조별, 원가요소별, 담당자별로 세분화하여 목표원가를 부여하는 것도 이 단계에서 이루어진다.

제품의 각 기능이 주는 고객편익효용과 그 기능에 소요되는 원가를 비교하는 **기능분석** functional analysis은 가치공학의 대표적인 기법이다. 기능분석 결과 고객편익에 비해 원가가 높다면 해당 기능을 축소, 제거, 또는 대체하는 설계 변경, 투입원자재 변경, 제조방법 변경 등을 통해 원가를 낮춘다. 가치공학에서는 가치창출에 도움이 되는 원가value-added cost와 그렇지 않은 원가non-value-added cost를 구별하고 가치창출과는 무관한 원가를 줄이는 데 초점을 둔다. 목표원가에 이를 때까지 원가를 절감할 방법을 찾아내어 설계와 생산방식에 반영한 후 본격적인 제품 생산에 들어간다. **그림 8-3**은 2단계로 이루어진 목표원가계산의 전체적인 과정을 보여준다.

목표원가계산의 핵심 아이디어는 원가의 상당 부분이 제품 개발시점에 확정되므로 실제 생산이 이루어지기 전인 설계단계에서 적정이익을 보장할 목표원가를 달성해야 한다는 것이다. 이를 위해서는 제품의 가치사슬 상에 있는 기업의 모든 활동을 재검토하고 조정해야 한다. 목표원가계산은 1960년대 일본에서 **원가기획**이라는 명칭으로 개발된 이익계획 및 원가관리기법이다. 가치사슬 개념과 제품수명주기원가 개념을 활용한 전략적 원가관리기법인 목표원가계산의 주요 특징은 다음과 같다.

그림 8-3 목표원가계산

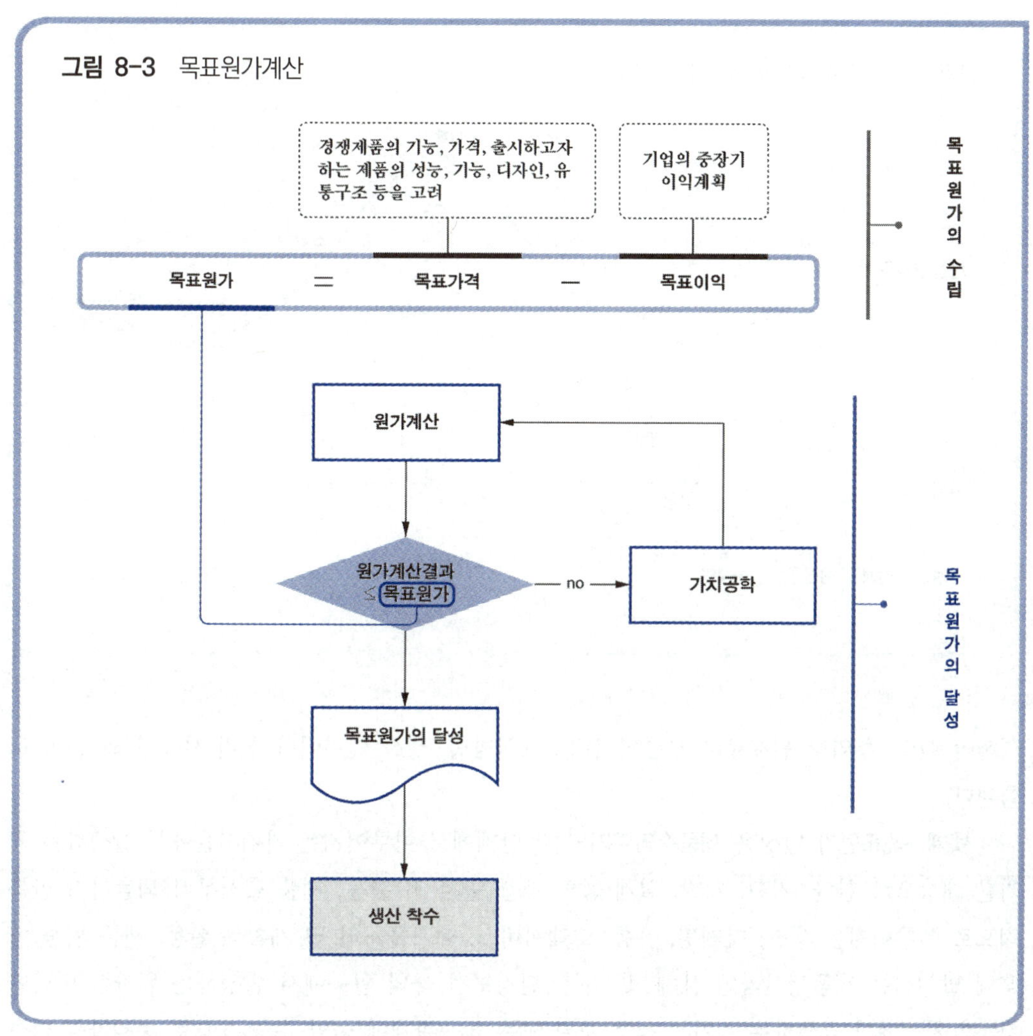

첫째, 고객과 경쟁기업 등 외부시장에 대한 분석을 통해 개발할 제품의 특성과 가격을 결정한다. 고객이 원하는 제품, 중요하게 생각하는 제품 특성, 고객이 기꺼이 지불하고자 하는 제품 가격에 대한 정보를 토대로 제품을 개발하고 가격을 결정하는 시장지향적 접근방식을 철저하게 따른다.

둘째, 원가에 이익을 더하여 가격을 정하는 전통적인 원가가산 가격결정과는 반대로 고객의 기대와 경쟁기업의 반응 등을 고려하여 정한 판매가격에서 이익을 차감한 금액을 목표원가로 삼는 **가격유도 원가산정방식**price-led costing에 의한다.

셋째, 제품 및 생산프로세스 설계단계를 강조한다. 제품 생산 및 이후 과정에서 발생하는 원가의 상당 부분이 설계단계에서 미리 결정되므로 설계내용에 목표원가를 달성할 방안을 반

그림 8-4 가치사슬과 제품수명주기

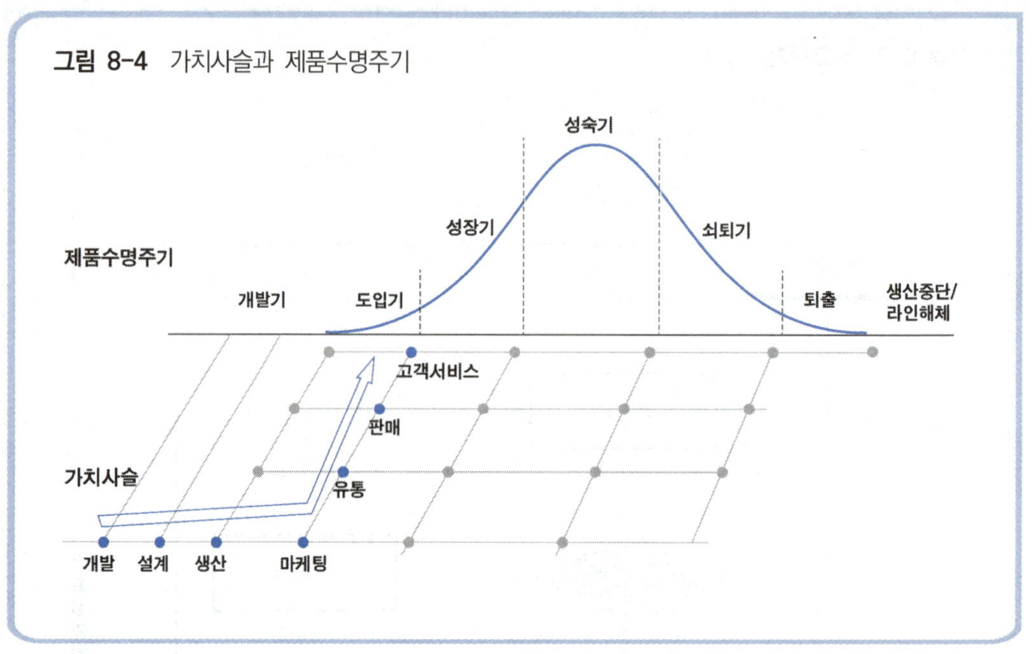

영해야 한다. 투입할 원재료나 부품의 선정, 생산방법, 생산 인력이나 설비 사용 계획 등이 포함된다.

넷째, 목표원가 달성은 **제품수명주기**의 각 단계에서 이루어지는 가치사슬에서 발생하는 원가를 대상으로 한다. 기획, 개발, 설계 등의 제품 출시 전 활동, 제품 출시부터 퇴출까지 반복적으로 이루어지는 생산, 마케팅, 유통, 고객서비스, 폐기물처리 및 재활용 활동, 제품 퇴출 이후에 발생하는 제품생산라인 해체 및 처분, 환경보전 등의 활동에서 발생하는 원가를 망라한다. 각 활동에서 발생하는 원가는 상호 보완 또는 상충관계에 놓일 수 있으므로 총원가를 대상으로 원가를 줄일 방법을 찾아야 한다. 예컨대 제품 및 생산프로세스 설계에서 설계원가와 제조원가를 줄일 목적으로 보증서비스나 폐기물처리와 재활용에 주목하지 않는 설계가 이루어지면 이후 보증서비스원가나 환경보전원가가 크게 증가할 수 있다. 설계원가, 제조원가, 고객서비스원가, 환경보전원가 등 모든 원가를 염두에 두고 최소화하는 노력이 필요하다는 의미이다.

다섯째, 각 가치사슬에서 역할을 수행하고 있는 기업 내 · 외부의 담당자로 구성된 **범기능적 팀조직**cross-functional team이 중요한 역할을 한다. 목표원가를 달성하기 위해서는 가치사슬상에서 이루어지는 모든 활동과 이로부터 발생하는 원가를 총체적으로 고려해야 하기 때문이다. 기업 내부의 노력뿐만 아니라 원재료를 제공하는 외부 공급업체와의 협력이 중요한 경우가 많다. **공급사슬관리**supply chain management를 통해 협력업체와 상호이익을 보장할 수 있는 장기협력관계를 구축하는 것이 목표원가 달성에 효과적이다.

EXAMPLE 8-1

S사는 교육전용 태블릿을 출시하려 하고 있다. 시장조사를 통해 파악한 제품사양과 특성을 갖췄을 경우 판매가격과 판매량은 ₩100,000과 연간 4,000개로 예상된다. 매년 4,000개의 태블릿을 생산하기 위해서는 ₩300,000,000의 신규투자가 필요한데 회사의 투자수익률 목표는 20%이다. 유사한 태블릿을 생산한 경험과 시제품을 토대로 추정한 총원가는 다음과 같다.

종류	단위당 변동원가	고정원가	금액
개발/설계	-	₩80,000,000	₩80,000,000
제조	₩50,000	-	200,000,000
광고	-	30,000,000	30,000,000
판매	-	20,000,000	20,000,000
물류	4,000	-	16,000,000
폐기/재활용	3,000	-	12,000,000
합계	₩57,000	₩130,000,000	₩358,000,000

추정원가가 목표원가를 초과하므로 원가절감을 위해 가치사슬에 있는 모든 담당자가 논의한 끝에 제품 외관과 부품을 변경하기로 하였다. 이 과정에서 ₩10,000,000의 제품수정 및 재설계원가가 추가로 발생하였다. 이렇게 할 때 제조원가, 물류원가, 폐기/재활용원가가 줄어들어 목표원가를 맞출 것으로 기대하고 있다. 단위당 제조원가는 ₩5,000만큼 감소할 것으로 예상된다.

Question

1. 태블릿 한 대의 목표원가는 얼마이며 가치공학을 통해 낮춰야 하는 단위당 원가는 얼마인가?
2. 목표원가에 이르기 위해서 물류 및 폐기/재활용원가는 단위당 얼마나 감소해야 하는가?

목표원가는 예상매출액에서 요구이익액을 차감한 금액으로 총원가와 단위당 원가는 각각 다음과 같다.

(4,000 × ₩100,000) − (₩300,000,000 × 20%) = ₩340,000,000

₩340,000,000/4,000 = ₩85,000/대

추정 총원가가 ₩358,000,000이므로 제품수정 및 재설계를 통해 낮춰야 하는 원가는 ₩18,000,000이다. 재개발 및 설계에 소요된 원가가 ₩10,000,000이며 절감한 제조원가 총액은 ₩20,000,000이므로 물류 및 폐기/재활용원가에서 ₩8,000,000(단위당 ₩2,000)만큼 원가를 절감해야 한다.

제품수명주기 원가계산과 확정원가

목표원가계산의 기초가 되는 개념으로 제품수명주기원가와 확정원가가 있다. 과거 기업들은 생산단계의 제조원가를 위주로 원가를 관리하였다. 제품기획, 개발, 설계 등 생산 이전 단계에서 발생하는 원가가 크지 않았고, 생산 이후 단계인 마케팅, 판매, 유통, 고객서비스 등을 중요하게 여기지 않아 이와 관련된 원가 역시 크지 않았기 때문이었다. 특히 최근 들어 주목을 받고 있는 환경관련원가는 관심 대상이 아니었다.

그러나 경쟁이 치열해지는 시장상황에서 고객에게 어필할 수 있는 제품개발이나 품질개선 없이는 경쟁력을 확보하기 어렵게 되었을 뿐만 아니라 고객만족 및 유지를 위한 고객관련활동도 그에 못지않게 중요하게 되었다. 환경문제는 당장 재무성과를 내야 하는 기업의 입장에서는 쉽지 않은 문제이지만 최근 여러 범국가적인 기관의 노력과 규제당국, 투자자, 신용평가사, 고객 등 이해관계자들의 요구로 기업활동을 수행할 때 ESG 문제를 관리하는 것이 조직의 장기적인 성공에 중요하다는 인식이 자리 잡아가고 있다. 이처럼 개발활동, 고객관련활동, 환경보존활동의 중요성이 커지면서 생산 전 · 후 단계에 투입하는 노력 및 원가도 크게 증가하였다.

제품의 개발에서부터 폐기, 제품 퇴출에 이르는 제품의 전체 수명기간에서 발생하는 원가는 어느 하나 중요하지 않은 것이 없다. **제품수명주기 원가계산**product life cycle costing은 제품의 수명 전기간에 걸쳐 발생하는 원가를 예측하여 총원가를 구하는 동시에 이를 통합적으로 관리하고 의사결정에 활용하는 기법이다.[3] 이 개념을 활용하면 제품의 개발, 설계, 생산, 마케팅, 유통, 고객서비스, 제품폐기, 환경복원 등 각 단계에서 발생하는 원가를 이해하고 관리하는 데 필요한 정보를 얻을 수 있다. 이를테면 단계별로 발생하는 원가 사이에 상충trade-off관계가 존재하는가, 만약 존재한다면 제품 총원가를 최소화하기 위해서는 단계별로 노력과 원가를 어떻게 투입하는 것이 바람직한가, 개발과 설계단계에 이전보다 많은 노력과 원가를 투입한다면 생산 및 판매 후 활동에서 발생하는 원가를 얼마나 줄일 수 있을까 등에 대한 정보를 얻을 수 있다.

그림 8-5는 제품수명주기를 보여주고 있는데 기획, 개발, 설계, 생산, 마케팅, 유통, 판매, 고객서비스, 단종은 생산기업이 관여하는 제품수명주기단계이며 구입, 사용, 폐기/처분은 소비

3 product life cycle을 제품생명주기, 제품생애주기로 번역하기도 한다.

그림 8-5 기업과 고객 제품수명주기

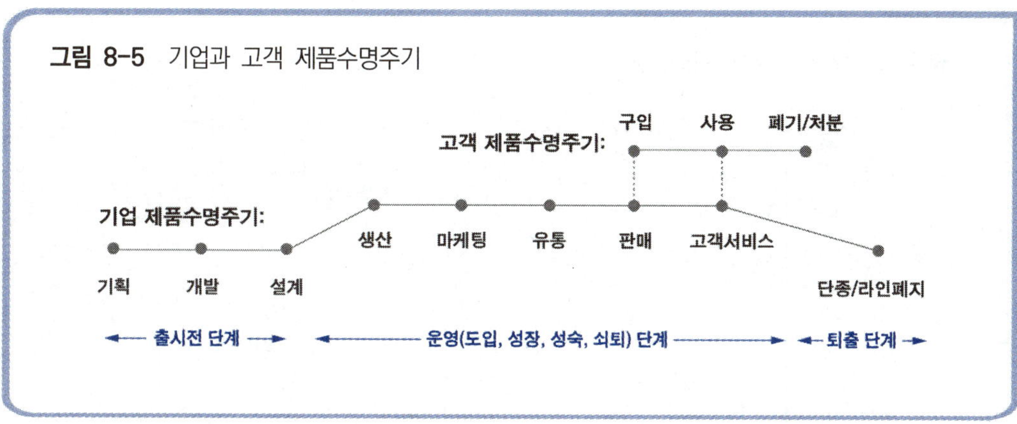

고객 영역의 제품수명주기단계라고 할 수 있다.[4] 기업의 입장에서는 기업 제품수명주기에서 발생하는 원가 못지않게 고객 제품수명주기에서 발생하는 원가도 중요하다. 제품 사용 중에 발생하는 원가를 부담하는 주체는 고객이지만, 장기적으로 봤을 때 이 고객원가의 크기가 제품의 매력도에 영향을 주고 매출수익에 영향을 줄 수 있기 때문이다.[5]

제품수명주기 개념을 이용하여 원가를 분석하면 단계별로 상이한 원가특성을 확인할 수 있다. 기획이나 개발 및 설계단계에서 실제로 발생하는 원가는 생산단계에 발생하는 원가나 판매 후 발생하는 원가에 비해 상대적으로 작지만, 생산 및 판매 그리고 판매 후 단계에서 발생하는 원가에 큰 영향을 줄 수 있다. 제품개발 및 설계 단계에서 이후 생산단계 등에서 실제 발생할 원가의 크기를 좌우할 수 있는 중요한 결정이 이루어진다는 의미이다. 이와 같이 특정 단계에서 미래에 발생할 원가가 미리 결정될 때 이러한 원가를 **기정원가** 또는 **확정원가** committed cost, **잠긴 원가** locked-in cost, **설계된 원가** designed-in cost라고 한다.

그림 8-6은 각 단계별 확정원가와 발생원가의 관계를 보여준다. 이에 의하면 기획, 개발, 설계단계에 발생하는 원가는 총원가의 10%에 불과하지만 이 단계에서 확정되는 원가는 총원가의 85%에 이른다. 따라서 제품수명주기상 총원가를 줄이기 위한 원가절감 노력이나 품질개선 노력은 제품개발과 설계단계에서 집중적으로 이루어질 필요가 있다. 제품개발 및 설계단계에 이전보다 더 많은 노력과 투자를 기울이면 이 단계에서의 원가는 상승하지만, 생산단계나

4 가치사슬과 제품수명주기를 동일한 것으로 오해하기도 하는데, 이는 제품수명주기 중에 가치사슬 활동이 일회적 또는 반복적으로 이루어지기 때문이다. 가치사슬 중 기획, 개발, 설계는 제품수명주기 중 출시 전 단계에 이루어지는 일회적 활동이며, 생산, 마케팅, 유통, 판매, 고객서비스는 제품수명주기 중 운영단계에서 반복적으로 이루어지는 활동이다. 운영단계는 다시 도입기, 성장기, 성숙기, 쇠퇴기 등으로 나뉘는데 기간마다 각 활동에 투입하는 노력이나 원가는 달라진다. 제품수명수기의 퇴출단계에서는 단종에 따른 생산설비 및 공장의 해체, 처분과 환경보전활동 등이 이루어진다. 그림 8-4는 가치사슬과 제품수명주기의 관계를 잘 보여준다.

5 고객이 제품을 폐기하고 그에 따른 원가를 부담하기도 하지만 생산기업도 폐기물부담금과 재활용의무로 인한 원가를 부담한다.

그림 8-6 확정원가와 실제발생원가

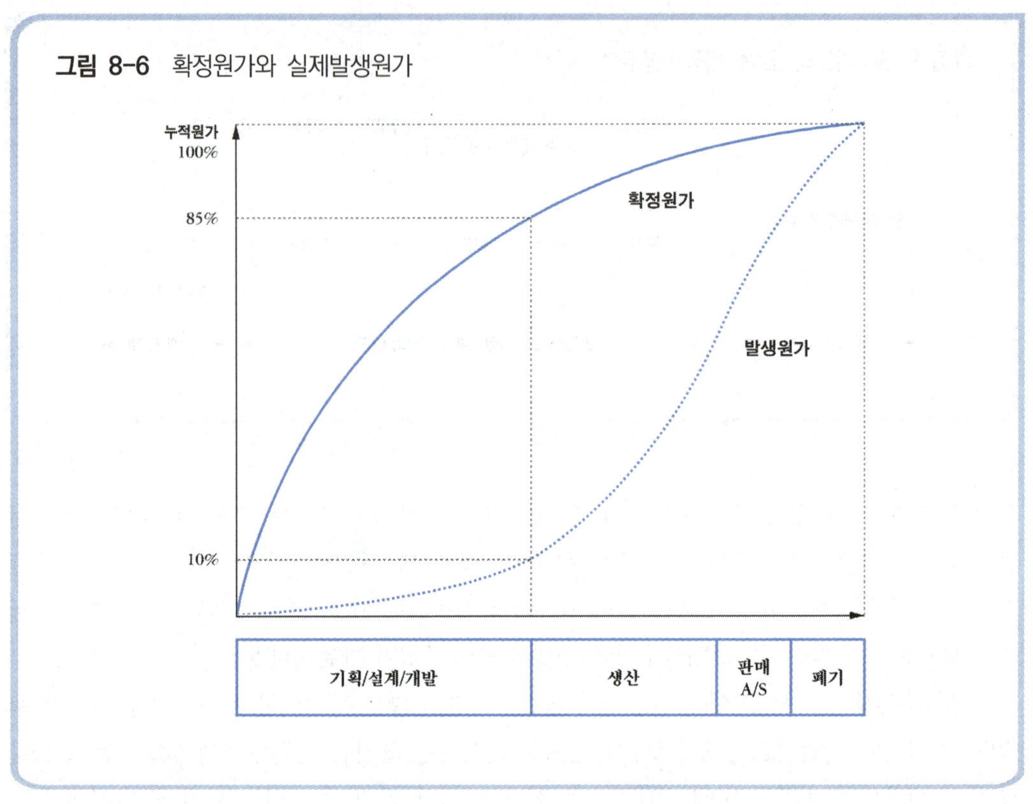

판매 이후 단계의 원가는 크게 줄어들어 제품과 관련된 총원가가 오히려 감소하는 결과를 얻을 수 있다. 전통적으로는 실제 발생원가가 급격히 증가하는 생산단계에서의 원가절감을 강조했지만, 제품수명주기원가계산과 확정원가의 개념은 생산 이전 단계인 개발 및 설계단계에서의 원가절감노력이 더 중요하다는 목표원가계산의 기본논리를 뒷받침하고 있다.

고객이 원하는 기능과 품질을 갖춘 높은 고객편익을 가진 제품, 효율적으로 생산할 수 있어서 제조원가가 낮은 제품, 제품 불량이나 하자수준이 매우 낮아 제품보증수리원가나 고객사용원가가 적게 발생하는 제품은 고객에게는 높은 고객가치, 기업에는 높은 이익을 가져다줄 수 있는데 이러한 제품 특성은 다름 아닌 제품개발 및 설계단계에서 이루어진다는 점이 중요하다.

원가가산가격

많은 기업들이 사용하는 **원가가산가격**은 원가에 가산율에 따른 금액markup을 더하여 가격으로 정하는 방법이다. 가격이 기업 내부에서 발생할 총원가를 회수하고 적정이익을 보장할 수 있는 수준이 되어야 한다는 취지이다. 문제는 이렇게 정한 가격에 출시할 경우 가격 산정 시 예측한 판매량을 달성할 수 있는가이다. 고객이 그 가격을 지불할 의향이 있는지, 경쟁기업의 제품과 비교하여 경쟁력이 있는 가격인지에 따라 판매량이 결정되기 때문이다. 따라서 원가가산가격이라 하더라도 원가와 가산율에 따라 계산한 가격을 그대로 사용하지 않으며 고객의 기대, 경쟁기업 제품의 특성과 가격 등 시장변수를 추가로 고려하여 가산율을 조정하여 판매가격을 정하는 것이 일반적이다.

가격을 결정할 때 사용하는 원가기준에는 변동제조원가, 총변동원가, 제조원가, 총원가 등이 있다. 어떤 기준의 원가를 사용하더라도 총원가를 회수하고 제품 관련 투자규모에 요구되는 이익을 얻을 수 있는 수준에서 가격을 정하게 된다.

그림 8-7은 원가가산가격을 구하는 과정을 보여주고 있다. 이를 위해서는 제품 관련 원가, 투자규모, 제품수명주기상 판매량 등을 추정해야 한다. 과거경험과 향후 전략, 시장 예측을 토대로 제품수명주기 중 총판매량과 가치사슬 전체에서 발생하는 원가를 행태별로 파악할 필요가 있다. 달성해야 할 이익을 계산하기 위해선 투자 규모도 알아야 한다. 해당 원가기준 하에서의 원가총액 및 단위당 원가, 가산액, 가산율을 구한 후, 단위당 원가에 (1+가산율)을 곱하면 가격이 된다.

그림 8-7 원가가산가격

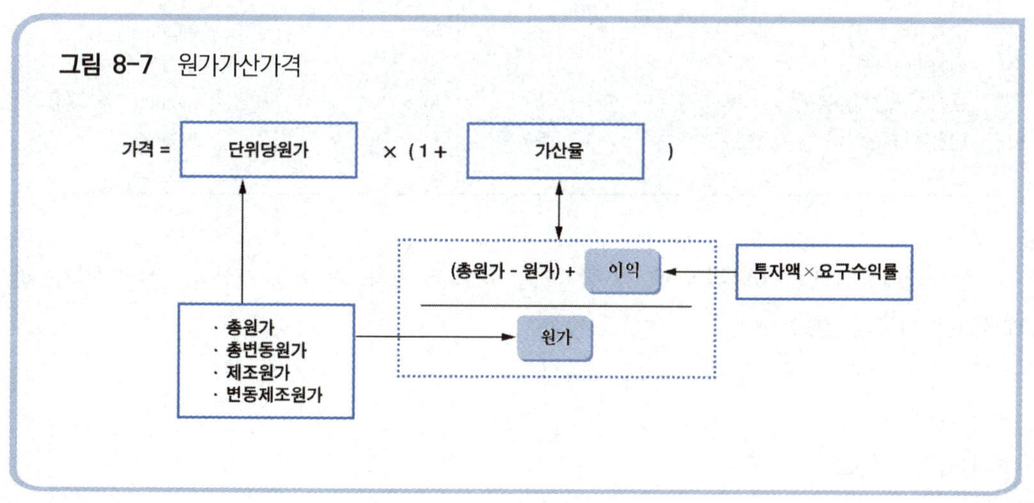

어떤 원가기준에 의하더라도 판매가격은 총원가를 회수하고 이익을 얻을 수 있는 수준이어야 한다. 총원가를 기준으로 하는 경우, 원가에 가산할 금액은 이익뿐이므로 이익을 원가로 나눈 비율이 가산율이 된다. 그러나 총원가 기준보다 낮은 원가기준을 선택하면 이익은 물론, 총원가에 미달하는 금액까지도 회수해야 하므로 이익과 미달액을 합한 금액이 가산액이 된다. 따라서 원가가 낮은 기준일수록 가산액과 가산율은 높아진다. 예컨대 제조원가를 기준으로 가산율을 정하기로 한다면 이익뿐만 아니라 총원가와 제조원가의 차이금액을 합한 금액이 가산액이 되며 이를 제조원가로 나눈 것이 가산율이 된다. 총원가기준에 비하면 가산액과 가산율이 당연히 높을 수밖에 없으며 변동제조원가를 기준으로 한다면 가산액과 가산율은 더 높아진다. 이렇게 가산율을 정하면 어떤 원가기준에 의하더라도 판매가격은 동일하다. 다음의 예제를 통해 구체적인 계산방법을 살펴보자.

EXAMPLE 8-2

S사는 신제품과 관련하여 제품수명주기 3년간 발생할 원가를 활동별로 다음과 같이 추정하였다. 해당 기간 중에 총생산판매량은 15,000단위로 예상하고 있다. 초기투자액은 ₩30,000,000이며 3년간 투자수익률 30%를 기대하고 있으므로 달성해야 할 이익 총액은 ₩9,000,000이다. S사는 판매가격을 원가가산방식으로 정하고 있다.

가치사슬 / 활동	변동원가(단위당)	고정원가(총액)
기획 및 연구개발		₩4,500,000
제품 및 생산프로세스 설계		2,300,000
생산	₩2,800	3,000,000
마케팅	250	600,000
유통/판매	350	400,000
고객서비스	120	300,000
폐기물부담금	50	
포장재 등 재활용	30	400,000
단종후 제품라인 해체/처분		500,000
합계	₩3,600	₩12,000,000

생산판매량이 15,000단위일 때 각 원가기준 하에서 원가, 가산액, 가산율, 단위당원가, 판매가격은 다음과 같다.

항목 \ 원가기준	총원가	총변동원가	제조원가	변동제조원가
변동원가	₩54,000,000	₩54,000,000	₩42,000,000	₩42,000,000
고정원가	12,000,000		3,000,000	
합계 ①	66,000,000	54,000,000	45,000,000	42,000,000
총원가미달액	-	12,000,000	21,000,000	24,000,000
요구이익	9,000,000	9,000,000	9,000,000	9,000,000
가산액 ②	9,000,000	21,000,000	30,000,000	33,000,000
가산율 ③=②÷①	13.6%	38.9%	66.7%	78.6%
단위당원가 ④=①÷15,000	₩4,400	₩3,600	₩3,000	₩2,800
판매가격 ④×(1+③)	₩5,000	₩5,000	₩5,000	₩5,000

총원가기준 하에서 원가 ₩66,000,000에 가산할 금액은 요구이익 ₩9,000,000뿐이므로 가산율은 요구이익을 원가로 나눈 비율 13.6%가 된다. 판매가격은 단위당 원가 ₩4,400의 113.6%인 ₩5,000이 된다. 계산 결과에 의하면 원가가 낮은 기준일수록 가산액과 가산율이 커짐을 알 수 있다. 예컨대 제조원가기준에서 원가는 ₩45,000,000이므로 총원가 ₩66,000,000에 미달하는 ₩21,000,000과 요구이익 ₩9,000,000의 합계가 가산액이 되며 이를 원가로 나눈 66.7%가 가산율이 된다. 이 가산율을 적용한 판매가격은 앞서 언급한 것처럼 총원가기준과 동일하게 ₩5,000이 된다.

한 가지 유의할 사항은 판매예측량에 따라 가산율과 단위당 원가가 달라지며 결과적으로는 판매가격도 달라진다는 점이다. 고정원가가 존재하기 때문에 나타나는 현상이다. 가격을 결정할 때 사용한 예측판매량보다 실제판매량이 작으면 이익은 물론 원가도 회수하지 못하는 결과를 낳을 수 있다.

위 예제는 각 원가기준 하에서 원가가산가격을 구하는 과정을 설명하기 위해 상세한 원가자료를 알고 있는 것으로 했지만 현실적인 가정은 아니다. 실무에서는 기준이 되는 원가만을 구하고 그동안 사용해왔던 가산율이나 과거원가자료로 계산한 가산율을 적용하되 해당 제품의 외부시장상황을 고려하여 일부조정하는 방식을 취한다.

기업들은 총원가기준이나 제조원가기준을 많이 사용한다. 장기적으로 총원가를 회수해야 한다는 점에서 보면 총원가에 적정이익을 더하여 판매가격으로 하는 것은 합리적이며 고객을 이해시키기도 수월하다. 제조원가기준은 기업의 원가회계시스템에서 기본적으로 사용하는 제품원가개념이므로 쉽게 얻을 수 있는 장점이 있다. 그러나 총원가나 제조원가기준은 변동원가기준의 장점인 원가-조업도-이익분석이 어렵고 고정원가의 배분과정이 필요하다는 문제가 있다.

변동원가기준에 의하면 영업담당자가 가격을 낮출 수 있는 하한을 오해하여 가격협상과정이나 판매량을 늘리기 위해 가격을 지나치게 낮출 수 있는 문제가 있다. 이 경우 이익폭을 줄이는 것이 아니라 고정원가도 회수하지 못하는 결과를 낳는다.

원가가산가격의 장단점

기업들이 가격을 결정할 때 원가가산방식을 많이 사용하고 있는데 일반적인 단점 못지않게 잘 활용할 경우 기업에 도움을 줄 수 있는 장점도 있다.[6] 첫 번째 단점은 고객의 지불의향이나 경쟁제품의 가격을 고려하지 않는 점이다. 원가가산방식으로 결정한 가격이 너무 높아 경쟁력이 없거나, 원가우위를 가진 경우라면 너무 낮게 설정되어 누릴 수 있는 이익을 놓칠 수 있다. 둘째, 원가가산방식에 따른 가격에 판매하면 원가를 확실히 회수할 수 있을 것이라는 착각을 할 수 있다. 앞서 언급한 것처럼 가산율을 계산할 때 사용한 판매예측량보다 실제판매량이 낮으면 이익은 물론 원가 회수도 안 될 수 있다. 셋째, 원가통제에 방해가 될 수 있다. 원가를 통제할 유인이 없을 뿐 아니라 가격결정기준이 되는 원가가 높을수록 더 높은 이익을 낼 수 있기 때문이다.

이러한 단점에도 불구하고 신중히 사용할 경우 원가우위나 투명한 가격 등의 차별성을 부각할 수 있으며 고객신뢰 제고, 가격전쟁 회피, 예측 가능한 안정적 이익 달성 등의 장점을 누릴 수 있다. **가치기반가격**value−based price과는 달리 모든 고객에게 동일한 가격에 판매하므로 공정하다는 인식을 주어 신뢰감을 줄 수 있다. 시시각각으로 변하는 가격, 특정 신용카드 소지자나 일부 고객에만 제공하는 할인은 차별적이고 불공정한 가격이라는 인식을 심어 되레 매출을 저해할 수 있다.[7] 원가 인상을 이유로 가격을 올리더라도 고객에게 이러한 사항을 전달하고 이해시키는 것이 상대적으로 수월하다는 장점도 있다.

주요 경쟁기업들이 다 같이 원가에 기초하여 가격을 정하는 환경이 조성되면 타사의 가격에 민감하게 반응하지 않으므로 가격수준이 안정화되어 가격결정에 대한 부담과 위험을 줄일 수 있다. 이러한 상황을 이해하고 있는 고객의 입장에서도 가격이 높다는 것은 원가와 제품의 질이 높을 것이라는 인식으로 이어져 무조건 싼 가격보다는 제품의 질에 초점을 둔 구입결정을 할 가능성이 커진다. 무엇보다도 가장 중요한 장점은 원가경쟁력을 기반으로 저렴한 가격을 고객가치명제로 삼는 기업이 **원가선도전략**cost leadership strategy을 구사하기에 적합한 가격결정방식이라는 점이다. 코스트코가 원가 가산율을 14% 이하자사 브랜드 커클랜드는 15%로 하는 가격정책을 유지하고 있는 것은 대표적인 예이다.

---

6 원가가산가격 결정방식은 비난을 하면서도 많이 보는 막장드라마나 연애소설 같다고 한다(Dholakia. 2018. When cost−plus pricing is a good idea. Harvard Business Review).

7 '정신건강을 위해 비행기 옆자리 사람에게 티켓을 얼마에 구입했는지 묻지 말라'는 농담은 이러한 가치기반가격이 고객의 인식에 악영향을 줄 수 있음을 꼬집는 얘기이다.

고객수익성

고객은 제품개발부터 폐기에 이르는 제품수명주기 전체에서 항상 염두에 둬야 하는 중요한 존재이다. 개발과정에서는 고객이 원하는 기능, 품질, 가격을 포함하여 고객가치에 영향을 줄 수 있는 모든 사항을 고민해야 하고, 생산과정에서는 개발단계에서 의도한 품질과 원가를 달성하기 위해서 노력해야 하며, 판매단계에서는 제품이 의도하고 있는 바가 고객에게 잘 전달되어 선택될 수 있도록 해야 한다. 여기에 덧붙여 제품 사용에서 마지막 폐기가 이루어질 때까지 적절한 고객서비스를 통해 고객의 만족과 충성도를 이끌어내야 한다. 이와 같이 고객관련활동은 기업의 전 과정에서 중요하지만 이는 성공의 필요조건이지 충분조건은 될 수 없다. 이들 고객활동은 기업의 자원이나 노력의 투입 없이 거저 이루어질 수 없으므로 만약 이들 활동으로 인해 발생한 원가가 수익보다 크면 재무적 성과를 기대하는 기업이 이들 활동을 수행하는 의미가 없다. 고객수익성 분석이 중요한 이유이다.

고객관련활동 원가분석

고객관련활동으로 인한 원가는 마케팅, 판매, 유통, 물류, 관리비 등의 명목으로 발생하며 대부분 간접원가로 분류된다. 이들 원가는 총액을 발생한 기간에 대응시키거나, 원가대상에 배분한다 하더라도 주로 그 대상에서 발생한 수익이나 직접원가를 기준으로 배분하는 것이 종전의 방식이었다. 고객관련원가는 주로 고객이나 목표시장을 대상으로 한 판매촉진과정에서 발생하므로 개별제품이나 제품라인보다는 개별고객군, 세분화된 목표시장, 유통경로 등을 기준으로 집계하는 것이 적절하다.[8] 예컨대, 신용카드사가 고객군별로 차별된 판촉활동을 하는 경우를 들 수 있다. 직업별, 거주지별, 나이별, 성별로 구별된 고객층마다 구매성향이나 카드 사용목적이 서로 다르므로 각 고객층에 소구할 수 있는 차별적인 판촉활동이 효율적이다. 한편 고객마다 회사에 요구하는 서비스의 수준도 다를 수 있다. 어떤 고객은 인터넷을 이용하여 사용대금을 확인하거나 개인정보를 변경하지만, 다른 고객은 전화를 이용할 수도 있다. 또 상담

8 제품제조원가가 이를 구입하는 고객과는 무관한 것처럼 고객관련원가는 제품 그 자체와는 무관한 경우가 대부분이다.

서비스를 이용하는 정도도 고객마다 다를 수 있다. 원가계산 역시 이렇게 차별적으로 자원을 소비하거나, 소비하게 하는 판촉활동의 대상, 즉 고객이나 목표시장을 중심으로 이루어지는 것이 당연하다.

마케팅이나 판매촉진 그리고 관리활동의 종류나 강도가 고객별로 차이가 있다면 이는 곧 고객별 원가와 수익성에서도 차이가 있을 수 있다는 것을 의미한다. 여기서 중요한 것은 고객별로 수행한 기업의 실제 활동이 다르더라도 해당 원가를 고객별로 추적하거나 엄밀하게 배분하는 과정이 없다면 고객별 수익성을 제대로 파악할 수 없다는 점이다. 이들 원가를 매출수익이나 매출원가와 같은 직접원가를 기준으로 배분하여 고객별 영업이익을 구하면 원래 알고 있던 매출수익과 매출원가 정보 이외에 고객수익성을 판단하는 데 도움이 되는 추가적인 정보는 얻을 수 없다.

이러한 문제를 해결하기 위한 방안은 제6장에서 살펴본 활동기준원가계산이하 ABC의 기본 원리를 고객관련원가에 그대로 적용하는 것이다. ABC는 간접원가를 더 잘 배분하기 위한 방법이므로 제조간접원가뿐만 아니라, 판매비와 관리비 등 고객관련 간접원가를 고객이나 목표시장 또는 유통망별로 배분하는 데에도 유용하게 사용할 수 있다.

ABC에 의한 고객수익성 분석

ABC를 활용하면 단순히 매출액이나 매출원가를 기준으로 배분했을 때는 알 수 없었던 고원가고객과 저원가고객을 구별할 수 있으므로 의미 있는 고객별 수익성정보를 얻을 수 있다. **고객관련원가**CTS: cost to serve를 고객별로 추적하고 적절히 배분하는 것은 **고객수익성 분석**CPA: customer profitability analysis의 기초가 된다. 다음의 예를 살펴보자.

EXAMPLE 8-3

S사는 의약품 유통업체로서 3개의 세분화된 목표고객층(병원, 체인점약국, 개인약국)을 상대로 영업을 하고 있다. 다음은 20×1년 3월의 고객별 손익계산서이다.

	병원	체인점약국	개인약국	합
매출액	₩10,000,000	₩8,000,000	₩12,000,000	₩30,000,000
매출원가	₩7,700,000	₩4,800,000	6,600,000	19,100,000
매출총이익	₩2,300,000	₩3,200,000	₩5,400,000	10,900,000
판매비와 관리비				6,648,000
영업이익				₩4,252,000

이제까지 S사는 세분화된 고객의 수익성을 매출총이익률로 평가하여 왔다. 그러나 최근 판매비와 관리비의 비중이 커짐에 따라 이 원가를 수익성 평가에 반영하고자 한다.

이를 위해서는 판매비와 관리비를 각 고객별로 추적 및 배분할 필요가 있다고 판단하였다. 분석결과 판매비와 관리비를 발생시키는 활동은 크게 다음의 여섯 가지로 구분할 수 있었다.

활동	원가동인
주문처리활동	주문횟수
출고관리활동	주문품목수량
운송활동	주문횟수
선반진열활동	주문품목수량×가중치•
재고관리활동(개인약국에 한함)	주문품목수량
대금회수관리활동	연체횟수

• 가중치: 병원, 체인점약국, 개인약국에 품목당 소요되는 진열시간 비율은 1:1.5:2로서 이를 가중치로 반영한다.

고객이 주문을 하면 재고상황을 파악하여 배송일을 결정하고 주문고객과 약품보관창고에 이를 통보한다. 보관창고에서는 출고명령서에 따라 출고를 관리하며 배송담당직원은 직접 고객에 운송한다. 이 직원은 운송과 아울러 약품을 선반에 직접 진열하며 약국 재고를 파악하는 서비스를 제공하기도 한다. 병원이나 체인점약국은 약품이 체계적으로 관리되어 있는 편이어서 선반진열시간이 개인약국에 비해 적게 소요되며 재고관리서비스는 개인약국에만 제공한다.

20×1년 3월 각 활동수준 및 활동원가는 다음과 같다.

활동	원가동인량				총활동원가
	병원	체인점약국	개인약국	합계	
주문처리활동	100	400	600	1,100	₩990,000
출고관리활동	10,000	12,000	30,000	52,000	312,000
운송활동	100	400	600	1,100	2,310,000
선반진열활동	10,000	18,000	60,000	88,000	1,056,000
재고관리활동	0	0	30,000	30,000	270,000
대금회수관리활동	10	60	120	190	1,710,000
합계					₩6,648,000

Question

1. 20×1년 3월 고객별 매출총이익률을 비교하라.
2. 판매비와 관리비를 매출액 기준으로 배분하고 각 고객별 영업이익률을 계산하라.
3. 판매비와 관리비에 ABC를 적용한 후 고객별 영업이익률을 계산하라.

주어진 자료에 의하면 매출총이익률은 병원, 체인점약국, 개인약국이 각각 23%, 40%, 45%로 개인약국의 매출총이익률이 가장 높다. 이는 개인약국이 병원이나 체인점 약국에 비해 상대적으로 높은 판매가격을 유지할 수 있었기 때문으로 판단된다. 그러나 매출총이익에는 매출액의 약 22.16%를 차지하는 판매비와 관리비가 고려되지 않은 상태이므로 이 수치로 각 고객별 수익성을 평가하기에는 부족하다.

	병원	체인점약국	개인약국	전체	비율
매출액	₩10,000,000	₩8,000,000	₩12,000,000	30,000,000	100.00%
매출원가	7,700,000	4,800,000	6,600,000	19,100,000	63.67%
매출총이익	2,300,000	3,200,000	5,400,000	10,900,000	36.33%
판매비와 관리비				6,648,000	22.16%
영업이익				₩4,252,000	14.17%
매출총이익률	23.00%	40.00%	45.00%		

만약 매출액 기준으로 판매비와 관리비를 각 고객에 배분한다면 그 결과는 어떻게 될 것인가? 이는 매출액 대비 동일한 비율만큼 판매비와 관리비를 배분한다는 의미이므로 일일이 배분하지 않고서도 각 고객의 영업이익률은 매출총이익률에서 전체매출액 대비 판관비 비율인 22.16%를 동일하게 차감한 결과로 예상된다. 계산결과는 다음과 같다.

	병원	체인점약국	개인약국	전체
매출액	₩10,000,000	₩8,000,000	₩12,000,000	30,000,000
매출원가	7,700,000	4,800,000	6,600,000	19,100,000
매출총이익	2,300,000	3,200,000	5,400,000	10,900,000
판매비와 관리비	2,216,000	1,772,800	2,659,200	6,648,000
영업이익	₩84,000	₩1,427,200	₩2,740,800	₩4,252,000
영업이익률	0.84%	17.84%	22.84%	14.17%

예상했던 대로 각 고객의 영업이익률은 매출총이익률에서 22.16%를 차감한 수치를 보이고 있다. 이미 반영된 정보를 활용하여 원가를 배분할 경우, 수익성에 대한 유용한 추가정보를 얻을 수 없다는 점을 재확인하는 결과이다. 이제 위에서 주어진 자료에 ABC를 적용하면 다음과 같다.

활동별 원가동인 단위당 배부율

활동	활동원가	원가동인량	배부율
주문처리활동	₩990,000	1,100	₩900
출고관리활동	312,000	52,000	6
운송활동	2,310,000	1,100	2,100
선반진열활동	1,056,000	88,000	12
재고관리활동	270,000	30,000	9
대금회수관리활동	1,710,000	190	9,000

고객별 활동원가

활동	병원	체인점약국	개인약국
주문처리활동	₩90,000	₩360,000	₩540,000
출고관리활동	60,000	72,000	180,000
운송활동	210,000	840,000	1,260,000
선반진열활동	120,000	216,000	720,000
재고관리활동	0	0	270,000
대금회수관리활동	90,000	540,000	1,080,000
합계	₩570,000	₩2,028,000	₩4,050,000

고객별 영업이익과 영업이익률

	병원	체인점약국	개인약국	전체
매출액	₩10,000,000	₩8,000,000	₩12,000,000	₩30,000,000
매출원가	7,700,000	4,800,000	6,600,000	19,100,000
매출총이익	2,300,000	3,200,000	5,400,000	10,900,000
판매비와 관리비	570,000	2,028,000	4,050,000	6,648,000
영업이익	₩1,730,000	₩1,172,000	₩1,350,000	₩4,252,000
매출총이익률	23.00%	40.00%	45.00%	36.33%
영업이익률	17.30%	14.65%	11.25%	14.17%

표 8-1 고원가고객과 저원가고객

고객분류	고원가고객	저원가고객
주문제품특성	특별주문	표준제품
일회주문량	소량	대량
주문시기	예측 불가	예측 가능
배송특성	특별배송	일반배송
배송요구조건	수시변화	변화 없음
주문처리방법	수작업처리	전산자동처리
판매 전 지원활동	높음	없음
판매 후 지원활동	높음	없음
재고보유요구	일정수준 재고요구	생산에 따라 재고확보
대금결제	느림	정시

이 결과에 의하면 매출총이익률과는 달리 영업이익률로 평가한 수익성은 병원이 가장 높고, 개인약국이 가장 낮다. 이는 판매비와 관리비를 구성하는 여러 활동의 수행 정도가 개인약국이 가장 높기 때문에 활동원가를 많이 배분받은 결과이다. 고객관련원가 차원에서 볼 때 병원이 저원가고객, 개인약국이 고원가고객이라고 할 수 있다.

위의 예가 가상적이기는 하지만 고객관련원가에 ABC를 적용할 경우 종전의 원가계산방법으로는 알 수 없었던 고객수익성에 대한 유용한 정보를 얻을 수 있음을 확인할 수 있다. 이처럼 수익성에 따라 고객을 식별할 수 있으면 고객별로 적절한 수익성 관리가 가능하다. 표 8-1은 기업 간 거래B2B: business to business에서 기업고객을 고원가고객과 저원가고객으로 나눌 때 특성의 차이를 보여주고 있다.

ABC를 통해 고객별 수익성을 파악한 결과, 많은 기업에서 수익성이 높은 고객 20%가 기업 이익의 150~300%를 낳고 나머지 80%의 고객은 손익분기수준이거나 또는 기업 이익의 50~200%를 갉아먹는 **고래곡선**현상이 나타난다고 한다.[9]

고래곡선을 통해 발견할 수 있는 또 다른 특징은 대량으로 거래하는 기업들이 고래곡선 왼쪽이나 오른쪽 극단에 위치한다는 사실이다. 이들이 왼쪽의 최고수익성 고객그룹에 포함되는 것은 대량주문 고객이 저원가고객으로 분류될 수 있다는 일반적인 견해와 일치하지만, 오른쪽의 최저수익성 고객그룹에 포함되기도 한다는 사실은 의외다. 이는 대량주문 기업들이 높은 협상력을 기초로 제품가격 할인이나 기타 고객서비스에 대한 요구를 많이 하기 때문으로

9 제6장에서는 제품별 수익성에서 고래곡선현상이 나타난다는 점을 지적한 바 있다.

표 8-2 제품/고객별 이익

구분	제품 A	제품 B	제품 C	제품 D	고객별이익
고객 갑	₩2,500,000	₩1,750,000	₩640,000	₩810,000	₩5,700,000
고객 을	1,200,000	920,000	250,000	1,060,000	3,430,000
고객 병	1,500,000	1,120,000	510,000	320,000	3,450,000
제품별 이익	₩5,200,000	₩3,790,000	₩1,400,000	₩2,190,000	₩12,580,000

제품 C/고객 을	
매출	₩2,500,000
매출원가	1,350,000
매출총이익	1,150,000
판매비	750,000
관리비	150,000
영업이익	₩250,000

해석된다. 고래곡선 왼쪽에 위치한 고수익성 고객이라 하더라도 향후 더 많은 요구를 하거나 나은 조건을 제공하는 다른 기업으로 거래선을 바꿀 수도 있다는 점에 유의할 필요가 있다.

고래곡선을 포함한 고객수익성 분석은 수익성에 따라 차별적으로 고객을 관리하는 기초가 된다. 이를테면 저수익성 고객을 적자상태에서 흑자상태로 전환하거나 고수익성 고객이 회사를 떠나지 않고 계속 남아 있게 하는 노력을 기울일 수 있다.

업종에 따라 원가 및 수익성 분석의 방향이나 초점이 달라질 수 있다. 일반적인 제조업에서 원가나 수익성 분석의 대상은 주로 제품이므로 제품제조원가, 특히 제조간접원가의 계산이 상대적으로 더 중요하다. 이는 ABC가 처음 등장할 당시 제조간접원가의 배분문제를 강조한 것과 무관하지 않다. 그러나 금융, 통신 등과 같은 서비스업에서는 고객이 원가 및 수익성 분석의 일차적인 대상이라고 할 수 있으므로 앞서 설명한 판매비와 관리비, 즉 고객관련원가에 ABC를 적용하여 분석하는 것이 중요하다.

표 8-2의 각 셀은 특정 제품/고객별 이익을 나타내는 것으로서 기업의 수익성을 관리하는 데 중요한 기초정보가 된다. 앞서 언급한 것처럼 업종에 따라 제품별 이익 또는 고객별 이익수치의 중요도에는 차이가 있다.

가격폭포

지금까지 고객관련원가가 고객에 따라 차별적으로 발생할 수 있다는 점에 초점을 두고 고객수익성 문제를 다뤘으나 원가가 아닌 매출수익에서도 고객별로 차이가 있을 수 있다. 앞서 대량구매 고객이 저원가고객일 수도 있지만 이를 이유로 원래 제품가격에서 높은 할인을 받게 되면 오히려 수익성 낮은 고객이 될 수 있음을 지적한 바 있다. 정확한 고객수익성 분석을 위해서는 고객관련원가뿐만 아니라 해당 고객의 매출수익에 대해서도 자세히 분석할 필요가 있다.

그림 8-8 할인정책과 가격폭포

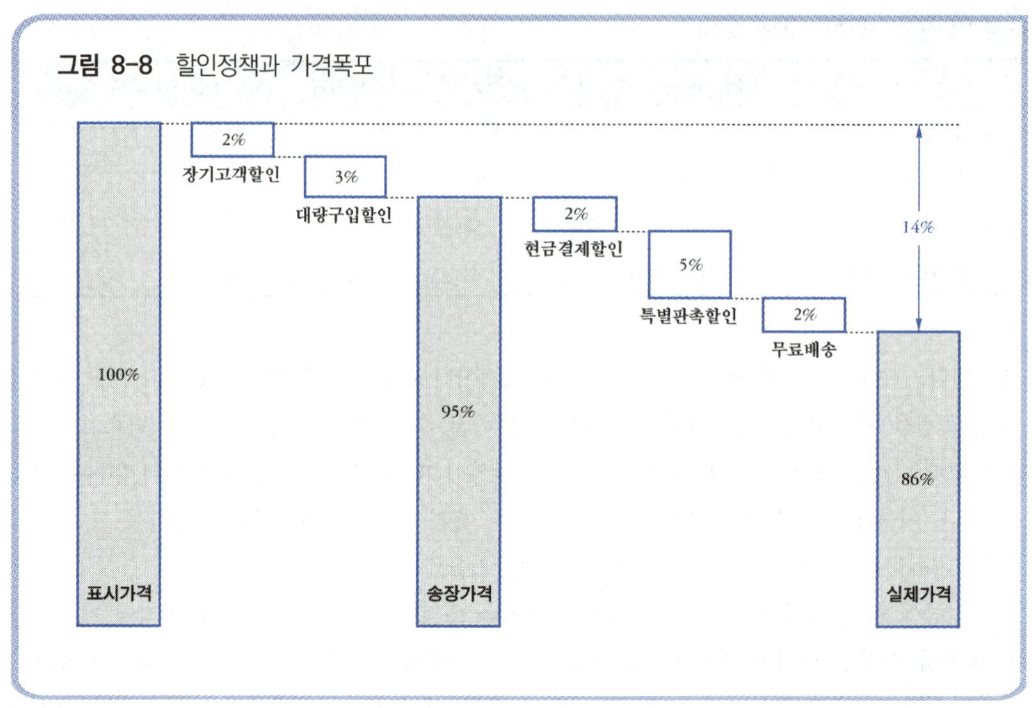

최초표시가격과 고객이 실질적으로 지불하는 가격은 매우 다를 수 있는데 고객수익성 분석에서 의미 있는 가격은 고객이 실제로 지불하는 가격이다. 표시가격과 실제지불가격이 차이를 보이는 이유는 대량구입에 따른 할인, 장기고객에 대한 우대할인, 결제시기에 따른 할인, 판촉할인 등 기업 내 여러 부서에서 다양한 시점에 주문확보, 고객유지 및 충성도 확보 등 다양한 목적을 위해 고객할인을 제공하기 때문이다. 그림 8-8은 제품의 최초표시가격에서 주문확보, 고객유지 및 충성도 확보를 위해 제공하는 다양한 형태의 고객할인으로 인해 실제수익이 단계적으로 줄어드는 모습을 보여준다. 마치 폭포 상단에서부터 조금씩 물이 낙하하는 듯한 모습을 하고 있어 **가격폭포**pricing waterfall라고 부른다.

여기서 문제는 할인정책이 전사적인 차원에서 이루어지기보다는 회사 내 독립적인 여러 조직에 의해 개별적으로 시행되기 때문에 고객이 실질적으로 지불하는 가격, 즉 고객의 순매출수익을 제대로 파악하지 못할 수 있다는 데 있다. 이 문제를 해결하기 위해서는 ABC를 이용하여 고객관련원가를 각 고객에 적절히 추적하고 배분했던 것처럼, 매출수익을 감소시키는 다양한 할인항목을 고객/주문별로 일일이 추적할 필요가 있다.

그림 8-9는 고객별 고객관련원가와 할인금액/표시가격 비율을 표시한 것이다. 일반적으로 저원가고객에게는 다소 높은 할인금액을 제공하여 계속 고객으로 남아 있게 하거나 충성도

그림 8-9 고객관련원가와 할인비율 간의 관계

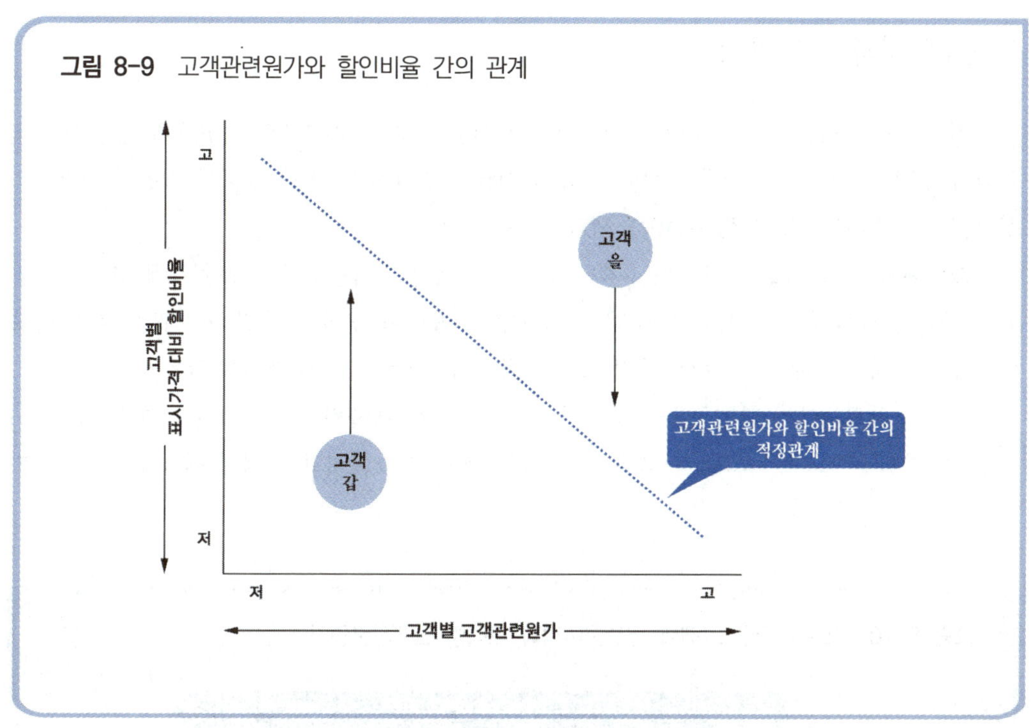

를 이끌어내는 것이 필요하고, 고원가고객에게는 할인을 제공하지 않거나 낮은 수준의 할인정책을 유지하는 것이 고객수익성 차원에서 바람직한 방향이라고 할 수 있다. 그림에서 우하향하는 고객별 고객관련원가와 할인비율 간의 적정 관계는 이러한 점을 반영한 모습이라고 할 수 있다. 이 관계식보다 아래에 존재하는 고객 갑의 경우는 저원가고객임에도 불구하고 할인혜택이 적고, 고객 을의 경우에는 상대적으로 고원가고객임에도 할인혜택이 고객 갑보다 많은 고객이라고 할 수 있어 고객 갑, 을 모두 적정수준의 할인정책에서 벗어난 모습이라고 할 수 있다. 고객 갑에게는 더 높은 할인혜택이 필요하고, 고객 을의 경우에는 할인혜택을 줄이는 조치가 필요하다.

특정 시점에서 보면 고객 갑은 수익성이 높은 고객이므로 회사 차원에서는 매우 만족스러운 고객이지만 경쟁적인 시장을 고려하면 그런 관계는 지속되기 어렵다. 다른 기업으로 이탈하거나 더 많은 할인혜택을 요구할 수 있기 때문이다. 또 현재 수익성이 낮은 고객 을의 경우에는 회사이익에 보탬이 되지 않으므로 현재와 같은 관계를 계속 유지할 수 없는 것 역시 분명하다.

고객수익성과 고객관리

지금까지의 내용을 정리하면 고객수익성 분석을 위한 기초정보로서 고객별 할인항목 및 금액의 추적, 고객별 고객관련원가의 추적 및 배분이 중요하다. 이들 정보를 이용한 고객수익성 분석 및 관리도구로 그림 8-10을 생각해 볼 수 있다.

그림 8-10은 고객별 할인액을 추적하여 구한 고객별 순매출수익, 제조원가에 ABC를 적용하여 계산한 매출원가, 판매비와관리비에 ABC를 적용하여 구한 고객별 고객관련 원가 등을 이용하여 고객을 구분하고 고객그룹별로 차별화된 관리방안을 마련할 수 있음을 보여준다.

그림의 세로축에는 할인규모를 고려한 매출수익에서 매출원가를 차감한 고객별 매출총이익을 표시하고, 가로축은 고객별 고객관련원가를 표시한다. 그리고 고객별 매출총이익의 크기

그림 8-10 고객수익성: 고객별 매출총이익과 고객별 고객관련원가

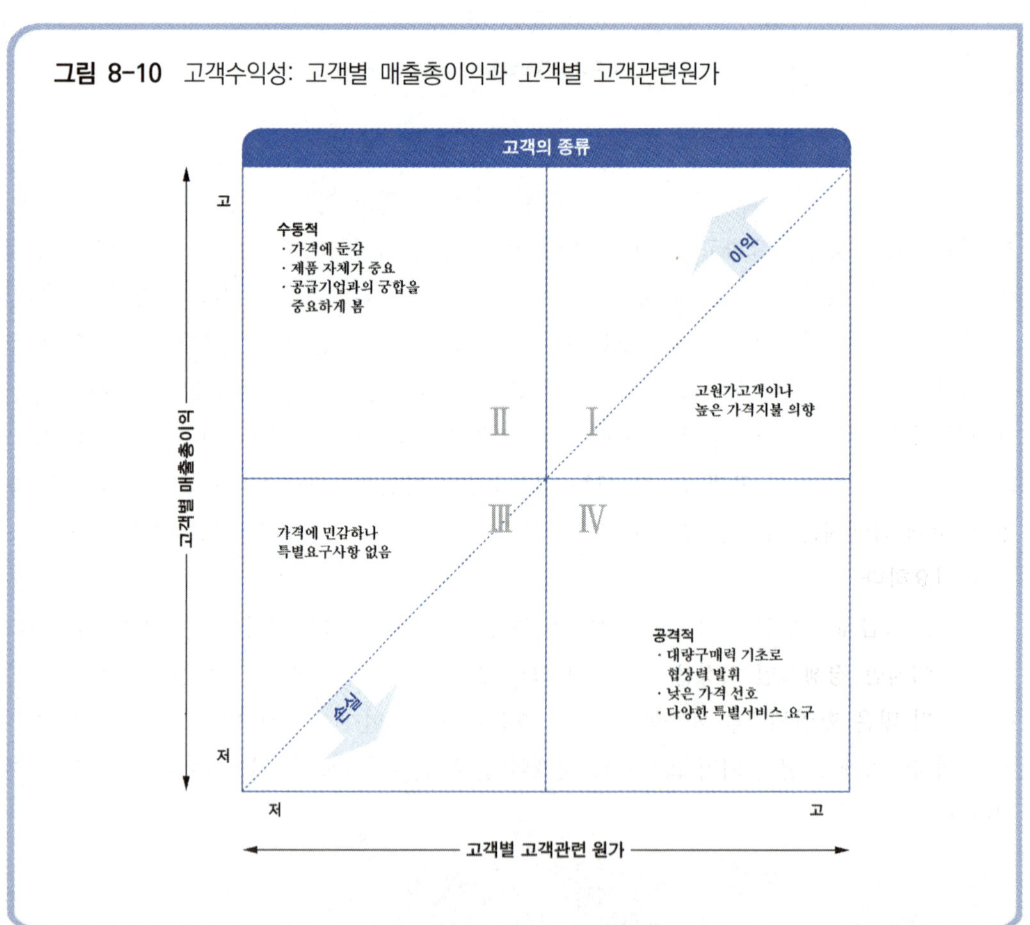

고/저와 고객별 고객관련원가의 크기 고/저에 따라 크게 네 개의 고객그룹으로 구분하고 있다. Ⅰ사분면의 고객은 까다로운 고객서비스를 기대하지만 그 대신 제품에 대해 높은 가격을 지불할 의향을 가진 고객그룹이다. 이에 반해 Ⅲ사분면의 고객그룹은 Ⅰ사분면과는 반대로 가격에 민감하며 낮은 가격을 선호하지만 그 대신 특별 고객서비스를 바라지도 않는 저원가고객 그룹이다. 대량구매고객의 경우가 주로 여기에 해당하는데 비록 판매가격 인하 요구가 있을 수는 있지만 대량구매를 하는 데다 고객관련원가가 낮으므로 회사에서는 이익을 가져다 줄 수 있는 고객그룹이 될 수 있다.

Ⅱ사분면 고객은 가격에 민감하지 않아 제품 마진도 큰 데다 요구하는 고객서비스도 낮아 회사입장에서는 가장 매력적인 고객인 동시에 이탈을 적극적으로 막아야 하는 고객그룹이다. 즉, 회사가 자발적으로 특별 고객서비스를 제공하여 경쟁기업의 고객 유인노력을 저지할 수 있어야 한다. Ⅳ사분면 고객은 Ⅱ사분면 고객과는 또 다른 관리노력이 필요한 고객그룹으로 고래곡선 상에서 우측에 존재하는 손실 고객그룹에 해당된다. 할인혜택을 줄이고, 고객서비스에 대해 적절한 가격을 부과하거나, 표준화된 제품의 대량구매를 유도하는 등 다양한 방법으로 손실에서 벗어나 손익분기 수준까지 유도하는 노력이 필요하다. 여의치 않을 경우 거래관계를 끊는 것도 현실적인 대안이다.

그림 8-11 균형성과표, 고객수익성 정보, ABC

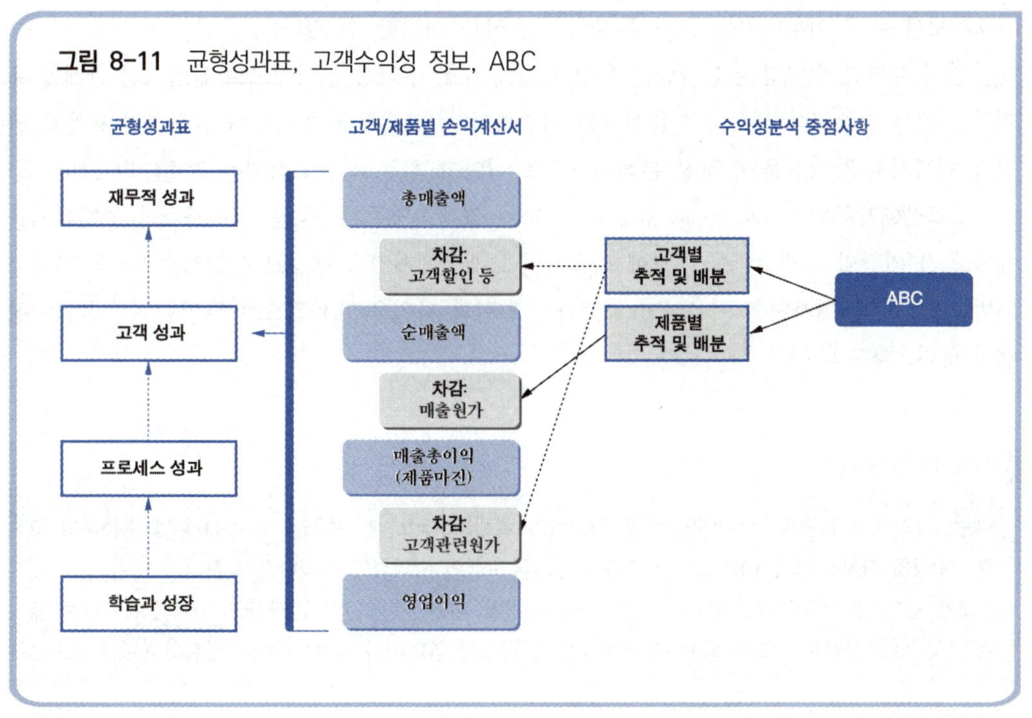

그림 8-11은 지금까지 다뤘던 고객수익성 분석을 좀 더 큰 관점에서 요약한 그림이다. 균형성과표, 고객수익성 정보 그리고 고객/제품별 원가계산을 위한 ABC 간의 관계를 보여준다.

고객생애가치

새로운 고객을 확보하기 위해 초기에 많은 지출을 하기도 하고, 고객으로 확보한 이후에도 안정적인 관계로 발전할 수 있도록 추가적인 지출을 하는 경우가 있다. 이동전화사업자가 번호이동을 통해 새롭게 가입하는 고객에게 기기변경을 하는 기존고객보다 높은 보조금을 주는 것도 그러한 예이다.

고객확보 초기에 이러한 고객의 수익성을 분석해 보면 고래곡선 오른쪽에 위치하는 고객이거나 그림 8-10의 Ⅳ사분면의 고객으로 분류될 수 있다. 새롭게 확보하기 위해 초기 지출이 많은 고객일수록 이러한 현상이 두드러지는데, 고객 중에는 시간이 지남에 따라 회사 이익에 큰 기여를 할 수 있는 고객도 있으므로 장기적으로 보면 회사 입장에서는 바람직한 고객이 되기도 한다. 역으로 생각해 보면, 회사에서 고객확보 초기에 많은 지출을 하는 것도 이러한 가능성을 고려한 결과라고 할 수 있다. 만약 기업이 잠재적 고객 중 단기적으로는 손실을 보일 수 있지만 장기적으로 회사 이익에 도움이 되는 고객과 그렇지 못한 고객을 구별할 수 있다면 고객확보를 위해 이루어지는 초기 투자의 효율성을 개선할 수 있다.

앞서 설명한 수익성 분석기법은 특정 기간에 대한 수익성 분석이므로 안정적인 관계를 유지하고 있는 기존고객의 수익성 분석에는 적절하지만, 고객확보 초기부터 안정적인 관계로 발전할 때까지의 장기간을 수익성 분석대상으로 삼아야 하는 신규고객에는 적절하지 않다.

고객생애가치CLV: customer lifecycle value 또는 고객수명주기가치는 현재가치와 고객유지율 개념 등을 기간별 고객수익성 정보에 적용하여 고객전체기간을 대상으로 고객수익성을 구하는 기법이다. 고객생애가치를 이용하면 고객확보 노력과 자원을 효율적으로 투입할 수 있다는 장점이 있다. 다음의 예를 살펴보자.

EXAMPLE 8-4

S사는 1월 중에 집중적으로 신규고객을 확보하기 위해 고객 1인당 보조금 ₩300,000을 지출하여 고객 100명을 확보하였다. 100명의 고객 중 다음 두 고객의 수익성을 분석하고자 한다.

고객 갑은 연간 고객영업이익을 ₩150,000 가져다주지만, 첫 2년이 경과하면 이탈하여 K사로 옮겨갈 것으로 예상된다. 고객 을은 첫 2년 동안 연간 고객영업이익 ₩100,000을 창출하며 이후에도 3

년 더 고객으로 남아 있을 것으로 예상된다. 단, 3년째부터 5년째까지 연간 ₩30,000의 장려금을 지급할 예정이므로 3년 동안 고객영업이익은 ₩70,000으로 낮아질 것으로 예상된다.

Question

1. 각 고객의 첫 해 영업이익은 얼마인가?
2. 각 고객의 생애가치는 얼마인가? 단, 현재가치 할인율은 5%이다

고객확보 첫해 고객 갑은 ₩150,000, 고객 을은 ₩200,000 손실을 보이고 있으므로 두 고객 모두 회사입장에서는 바람직한 고객이라고 할 수 없다. 다만, 첫해의 고객수익성으로 보면 고객 갑이 더 양호한 고객이라고 할 수 있을 것이다. 그러나 이는 첫해만을 고려한 결과이고 이후 고객으로 유지되는 나머지 기간에 창출하는 이익도 고려해야 한다. 화폐의 시간적 가치를 고려하여 각 고객의 생애가치를 구하면 다음과 같다.

연간 고객영업이익 흐름

기간	0	1	2	3	4	5
고객 갑	₩(300,000)	₩150,000	₩150,000	–	–	–
고객 을	(300,000)	100,000	100,000	₩70,000	₩70,000	₩70,000

- **고객 갑의 생애가치**

  150,000/(1+0.05)+150,000/(1+0.05)2−300,000=₩(21,088)

- **고객 을의 생애가치**

  100,000/(1+0.05)+100,000/(1+0.05)2+70,000/(1+0.05)3+70,000/(1+0.05)4+
  70,000/(1+0.05)5−300,000=₩58,846

계산결과에 의하면 고객 을이 고객 갑보다 더 높은 생애가치를 가지며 회사 이익에도 도움을 주는 것으로 나타난다. 이는 첫 해의 고객수익성 결과와는 다른 모습으로, 특정기간의 결과만으로는 고객수익성을 제대로 판단할 수 없는 경우도 있다는 점을 시사한다. 이제 좀 더 복잡한 다음 예에 대해서 생각해 보자.

EXAMPLE 8-5

S사는 1월 중에 집중적으로 신규고객을 확보하기 위해 잠재적 고객리스트 100명을 확보하였으며 고객으로 영입할 경우 고객 1인당 보조금 ₩300,000을 지출할 계획을 갖고 있다. 100명의 잠재적 고객을 여러 인적 사항을 고려하여 다음 두 고객군 A, B로 나누고 각각의 생애가치를 구하고자 한다.

100명 중 20명(고객군 A)의 평균 연간 영업이익은 ₩160,000이며 2년 경과 후 전원 이탈할 것으로 예상된다. 나머지 80명(고객군 B)의 평균 연간 영업이익은 ₩100,000이고 3년 초부터 매년 잔여고객의 20%씩 이탈할 것으로 예상되며 6년이 지난 후에는 전원 K사로 옮겨갈 것으로 보고 있다. 고객 1인당 보조금 ₩300,000을 지급하는 고객확보투자계획은 효과적이라고 할 수 있는가? 고객군별로 그 효과를 분석하라. 단, 현재가치 할인율은 5%이다.

개별고객의 미래수익성은 일일이 알기 어렵지만 관심대상이 되는 특정 고객군의 평균 수익성이나 고객유지율 정보는 위의 예와 같이 예측이 가능하며, 이 정보를 이용하면 고객군별 생애가치와 고객확보를 위한 투자의 효율성을 평가할 수 있다. 주어진 자료에 의할 때 고객군별 생애가치는 다음과 같다.

기간별 고객군별 1인당 이익흐름 및 고객인원수 (단위: 원, 명)

기간	0	1	2	3	4	5	6
고객군 A	(300,000)	160,000	160,000	–	–	–	–
인원수	20	20	20	–	–	–	–
고객군 B	(300,000)	100,000	100,000	100,000	100,000	100,000	100,000
인원수	80	80	80	80×0.8	80×0.64	80×0.51	80×0.41

- **고객군 A의 생애가치**

  $\{160,000/(1+0.05)+160,000/(1+0.05)2-300,000\}\times 20=$ ₩(49,887)

- **고객군 B의 생애가치**

  $\{100,000/(1+0.05)+100,000/(1+0.05)2+100,000/(1+0.05)3\times 0.8$

  $+100,000/(1+0.05)4\times 0.64+100,000/(1+0.05)5\times 0.51+100,000/(1+0.05)6\times 0.41$

  $-300,000\}\times 80=$ ₩6,260,454

계산결과에 의하면 잠재 고객군 A는 고객확보 가치가 없으며 고객군 B는 확보할 경우 회사 이익에 보탬이 된다. 이와 같이 고객특성별 생애가치를 바탕으로 차별화된 고객확보 노력을 기울일 수 있으며, 고객활동 자원을 보다 효율적으로 사용할 수 있다. 일반적인 고객생애가치의 산식은 다음과 같다.

formula

$$CLV = \sum_{t=1}^{n} \frac{(GM_t - CS_t) \cdot r^{t-1}}{(1+i)^t} - AC$$

여기서 GM은 고객의 매출총이익, CS는 고객관련원가, r은 고객유지율, i는 할인율, AC는 초기 고객획득원가, t는 기간을 나타낸다. 고객생애가치를 구하기 위해서는 이들 변수를 예측하는 작업이 선행되어야 함은 물론이다. ■

지속가능이익을 극대화하려면 고객가치를 극대화해야 하며, 가격결정 역시 고객가치 극대화라는 상위 목표를 달성하도록 실행해야 한다. 이를 위해서는 가격만 생각하지 말고 고객편익을 먼저 살피는 것이 중요하다. 기업 전략의 중심은 어떤 고객에게 어떤 편익을 줄 것인가 정하는 것이다. 대형 항공기로 장거리 노선을 운영하는 항공사와 중소형 항공기로 근거리 노선을 취항하는 저가항공사가 지향하는 고객과 고객편익의 성격이 같을 수는 없다.

코스트코는 독특한 가격정책으로 유명하다. 구매원가에 14%~15% 정도의 마진을 더한 금액을 가격으로 정한다. 그 정도면 자신의 원가를 보전하고 적정한 이익을 낼 수 있다는 계산이다. 시장가격을 고려하지 않다 보니 경쟁자 가격의 절반도 안 되는 가격에 파는 경우도 발견된다. 월스트리트의 재무분석가는 코스트코가 이런 가격정책을 바꾼다면 더 큰 이익을 벌 수 있을 것이고, 그러면 자신도 코스트코의 주식을 더 적극적으로 추천할 텐데 아쉽다는 평을 한 적도 있다. 코스트코의 가격정책은 회원들의 연회비를 이익의 주된 원천으로 하는 사업모형에서 비롯된 것이다. 코스트코는 회원이 필요로 하는 물건을 최저가로 공급하되, 개별 물품에서 이익을 챙기기보다는 연회비의 증가를 통해서 성장하고자 하는 것이다. 회원으로서는 많이 구매할수록 연회비의 가성비가 높아지고, 코스트코는 대량 구매력을 이용해 구매단가를 낮추는 방식이다. 개별 물품마다 이익을 챙기는 일반적 유통업체와 다른 것이다. 최근 전자상거래 기업 쿠팡이 영국의 토트넘 홋스퍼를 초청해 유료회원을 대상으로 개최한 축구경기도 화제다. 이틀간 10만이 넘는 회원이 축구장에 모였고, 생중계에도 300만 회원이 몰렸던 것으로 보도되었다. 회원료를 인상하면서 고객 이탈 우려가 있었지만, 이번 행사를 계기로 고객을 회원으로 묶어 두는 잠금 lock-in 효과를 예상한다는 분석이 나온다. 결국, 기업이 고객에게 제공하는 것의 본질은 제품이나 서비스가 아니라 이를 통한 고객가치이다. 가격결정이나 고객수익성 분석과 같은 관리기법은 고객가치 극대화라는 대명제 하에서 활용되어야 한다.

"아마존 칼 갈았나? … 3년 전 철수했던 음식배달에 뛰어든 이유"

아마존이 2019년 손을 뗀 음식배달 시장에 다시 참전했습니다. 음식배달 플랫폼 그럽허브와 동맹을 맺고 유료 멤버십인 아마존 프라임 멤버십에 음식배달 서비스를 추가했습니다. 팬데믹 완화 이후 실적 부진에 시달리는 아마존이 수익성을 강화하기 위해 유료 멤버십 혜택을 강화하고 있다는 해석이 나옵니다.

이번 계약으로 아마존의 유료 멤버십 서비스인 프라임 멤버십 회원들은 앞으로 1년 동안 그럽허브 서비스를 배달 수수료 없이 이용할 수 있습니다. 아마존의 배송 혜택과 프리미엄 식료품 체인 홀푸드마켓의 할인 혜택, 아마존 프라임 비디오 등 콘텐츠 혜택 외 음식배달 혜택이 새로 추가됐지요.

아마존이 음식배달 서비스를 하는 건 처음이 아닙니다. 아마존은 2015년부터 2019년까지 음식배달 서비스 '아마존 레스토랑'을 직접 운영했습니다. 우버이츠와 도어대시, 그리고 그럽허브 등이 당시 경쟁자였습니다. 그러나 입점업체가 빠르게 늘지 않아 성장에 한계가 있었고, 경쟁이 심화되며 수익성은 떨어졌습니다. 결국 2019년 사업을 접었습니다.

약 3년 만에 음식배달 사업에 다시 진출한 배경에는 '본업의 부진'이 있을 가능성이 높습니다. 아마존의 1분기 매출 증가율은 7.3%로 21년 만에 가장 낮았습니다. 영업이익(37억 달러)은 전년 같은 기간 대비 59% 줄었습니다. 코로나19 사태 완화, 전쟁으로 인한 운송 비용 상승, 글로벌 공급 차질 등으로 e커머스 사업이 부진했습니다.

아마존은 최근 수익성 강화에 주력하고 있습니다. 팬데믹 기간 확충한 물류 인프라 줄이기에 나섰고, 유료 멤버십인 아마존 프라임 멤버십 요금도 119달러에서 139달러로 인상했습니다. 하지만 요금을 올리면서 고민도 커졌습니다. 더 많은 돈을 내게 된 소비자들을 잡아두기 위해서는 더 좋은 서비스를 제공할 필요가 있기 때문입니다. 이번 계약 발표 후 자밀 가니 아마존 프라임 부사장은 "프라임 멤버십의 가치가 더 높아졌다"고 밝혔습니다.

음식배달 플랫폼에 투자하는 방식으로 새로운 서비스를 제공하는 아마존의 결정은 쉬우면서도 비싸지 않은, 현명한 방법이라는 게 전문가들의 평가입니다. 입점업체들을 늘리고, 배달 인력들을 운용하는 데 아마존이 시간과 비용을 직접 들일 필요가 없으니까요. 한국을 비롯한 음식배달 시장이 '적자 늪'인 점을 고려하면 그럽허브 서비스를 도입하는 것을 마다할 이유가 없다는 겁니다.

한국경제 2022. 7. 7. ◀

생각해 봅시다

1. 아마존이 제공하는 다양한 서비스를 고객가치와 기업이익 관점에서 분석하면 어떤 시사점을 얻을 수 있는가?
2. 아마존의 고객들이 느끼는 고객가치를 측정하는 방법이 있을까?

가격결정과 고객수익성 분석

01 개념과 용어 빈칸을 채우시오.

- 고객의 구입결정은 제품에서 얻는 혜택과 구입에 따른 원가에 달려 있다. 제품으로부터 얻는 혜택을 ______customer benefit(이)라고 부르는데 고객이 누리는 경제적, 기능적, 심리적 욕구충족의 크기를 가치로 나타낸 것이다.
- ______price(은)는 가장 중요한 고객원가이므로 고객편익에 비해 높다고 인식되면 판매가 이루어지지 않으며, 너무 낮으면 판매가 이루어지더라도 원가를 회수하지 못하는 수익성 문제가 발생한다.
- 가격결정에 영향을 미치는 세 가지 요소 중 ______cost(은)는 기업이 통제할 수 있고 잘 아는 내부 변수인 데 반해, 고객과 경쟁기업은 기업이 지속적으로 정보를 구하고 반응을 살펴야 하는 외부 변수이다.
- ______에 기초한market−based 가격결정은 개발할 제품의 특성, 고객편익과 지불의향가격, 경쟁기업 제품의 특성과 가격 등을 고려하는, 가치에 기반한value−based 판매가격 결정방식이다. 이에 반해 원가에 기초한cost−based 가격결정은 제품에 소요되는 원가를 회수하고 더 나아가 기대하는 이익을 얻을 수 있는 수준으로 가격을 정하는 방법이다.
- ______cost plus pricing(은)는 발생원가에 일정율의 가산액markup을 합하여 가격으로 정하는 방법이다. 원가에 기초하는 경우에 원가를 가격에 반영하는 정도와 범위는 시장의 경쟁 정도와 가격이 적용되는 기간에 따라 다르다.
- ______target costing(은)는 고객의 기대와 경쟁 제품에 대한 시장조사를 기초로 신제품의 특성과 판매가격(목표가격)을 결정하고 이로부터 적정한 이익을 낼 수 있는 원가상한(목표원가)을 내부적으로 도출해 내려는 가격결정방법이다.
- 시제품으로부터 제품원가를 추정하고 목표원가를 달성하는 과정에서 활용하는 기법인 ______VE: value engineering(은)는 제품 가치사슬 상에 있는 각 활동을 평가하여 고객편익은 그대로 유지하면서 원가를 줄일 수 있는 방안을 찾아내는 기법이다. 각 가치사슬을 담당하고 있는 책임 단위를 기능별, 부문별, 구조별, 원가요소별, 담당자별로 세분화하여 목표원가를 부여하는 것도 이 단계에서 이루어진다.
- ______product life cycle costing(은)는 제품의 수명 전기간에 걸쳐 발생하는 원가를 예측하여 총

원가를 구하는 동시에 이를 통합적으로 관리하고 의사결정에 활용하는 기법이다. 이 개념을 활용하면 제품의 개발, 설계, 생산, 마케팅, 유통, 고객서비스, 제품폐기, 환경복원 등 각 단계에서 발생하는 원가를 이해하고 관리하는 데 필요한 정보를 얻을 수 있다.

- 제품개발 및 설계 단계에서 생산 및 이후 단계에 발생할 원가가 미리 결정될 때 이러한 원가를 ______ committed cost, 잠긴 원가locked-in cost, 설계된 원가designed-in cost(이)라고 한다.
- 제품의 최초표시가격과 실제가격의 차이를 다양한 형태의 고객할인으로 나누어 설명할 때 폭포 상단에서부터 조금씩 물이 낙하하는 듯한 모습을 하고 있어 이를 ______ pricing waterfall라고 부른다.
- ______ CLV: customer lifecycle value(은)는 현재가치와 고객유지율 개념 등을 기간별 고객수익성 정보에 적용하여 고객전체기간을 대상으로 고객수익성을 구하는 기법이다.

02 가격결정방법 기업의 가격결정방법에 관한 다음 설명 중 적절하지 않은 것은?

① 가격결정시 고려해야 하는 대표적인 요소에는 기업외부요소인 고객과 경쟁회사, 기업내부요소인 원가 등이 있다.
② 경쟁적인 시장환경일수록 기업내부요소인 원가가 가격결정에 중요하다.
③ 목표원가계산은 외부시장에 초점두는 가격결정방식이라고 할 수 있다.
④ 원가가산가격에서 전부원가에 기초할 때보다 변동원가에 의할 때 가산율mark-up은 높아진다.
⑤ 제품가격결정에서 일반적인 가격상한과 가격하한은 각각 고객의 편익가치와 기업의 원가라고 할 수 있다.

03 목표원가계산 목표가격target price에 대한 설명 중 가장 적절한 것은? … 회계사 2001

① 생산요소의 시장가격과 목표이익률을 고려해 결정되는 가격이다.
② 변동원가의 회수에 초점을 둔, 기업의 생존을 도모하기 위한 가격이다.
③ 목표원가에 목표영업이익을 가산하여 책정되는 가격이다.
④ 제품디자인에서부터, 공급자가격, 제조공정 등에 이르는 모든 단계에서 원가절감요인을 도출해 최소의 원가를 달성하여 목표가격을 설정한다.
⑤ 설정된 목표가격을 달성할 수 있는 원가를 가치공학 등의 수행을 통해 달성하는 것이 중요한 절차이다.

04 목표원가계산 다음은 목표원가계산에 대한 설명이다. 다음 중 적절하지 않은 것은?

① 경쟁적인 외부시장환경에 적절한 원가 및 이익관리 기법이라고 할 수 있다.
② 기능/원가분석 등 가치공학value engineering이 중요한 역할을 한다.
③ 약 80%의 원가가 생산단계에서 발생한다는 점에 착안하여 표준원가계산과 마찬가지로 생산단

계에서의 원가절감을 강조한다.

④ 기업 내부의 범기능cross-functional 팀의 활동과 협력업체의 참여가 중요하다.

⑤ 전통적인 원가가산가격결정cost-plus pricing과는 달리 시장가격에 기초한 원가결정방법이라고 할 수 있다.

05 원가가산가격결정 원가가산가격결정cost-plus pricing에 대한 다음 설명 중 적절하지 않은 것은?

① 원가에 가산율에 따른 금액을 더하여 가격을 정하는 방법으로 가격이 총원가를 회수하고 적정 이익을 보장할 수 있는 수준이 되어야 한다는 취지이다.

② 가격산정시 적용한 판매예측량을 달성하지 못하면 이익은 물론 원가도 회수하지 못할 수 있다.

③ 다양한 원가기준을 사용할 수 있지만 어떤 기준에 의하더라도 총원가를 회수하고 의도한 이익을 얻을 수 있는 수준으로 가산율이 정하므로 기준으로 삼는 원가범위가 넓을수록 가산율은 높아진다.

④ 고객의 지불의향이나 경쟁제품의 가격을 고려하지 않는다는 단점이 있으나 가치기반가격과는 달리 모든 고객에게 동일한 가격에 판매하므로 공정하다는 인식을 주어 신뢰감을 줄 수 있다.

⑤ 원가경쟁력을 기반으로 저렴한 가격을 고객가치명제로 삼는 기업이 원가선도전략cost leadership strategy을 구사하기에 적합한 가격결정방법이다.

06 제품수명주기원가 제품수명주기 원가계산product life-cycle costing과 관련된 다음 설명 중 적절하지 않은 것은?

① 제품수명주기원가는 제품의 개발 및 설계부터 고객서비스와 제품폐기에 이르기까지의 모든 단계에서 발생하는 원가를 의미한다.

② 제품수명주기원가계산에 의하면 원가의 상당 부분이 생산과 판매단계에서 발생되므로 이 단계에서 제품원가를 관리하는 것이 수익성 확보에 관건이 된다는 점을 강조한다.

③ 제품수명주기원가계산을 통해 제품의 개발단계에서부터 폐기 시까지 총원가를 파악하므로 제품에 관련된 단기적인 의사결정보다 장기적인 의사결정에 더욱 유용하다.

④ 제품수명주기원가계산은 기업에서 발생하는 원가뿐만 아니라 구입하고 사용하는 고객에게 발생하는 원가도 파악하므로 제품의 판매가격 결정에도 도움이 되는 정보를 제공할 수 있다.

⑤ 개발 및 설계단계는 생산이나 판매단계에 비해 발생하는 원가는 작지만 이 단계에서 발생하는 원가의 크기를 좌우할 수 있다는 점에서 중요하다.

07 고객수익성분석 고객수익성분석과 관련된 다음 설명 중 적절하지 않은 것은?

① 고객관련활동으로부터 발생하는 마케팅, 판매, 물류, 관리원가는 대부분 간접성 원가이므로 활동기준원가계산을 적용하여 고객별 원가를 계산하면 저원가고객과 고원가고객을 구별할 수 있다.

② 고객수익성분석에서는 고객관련원가 뿐만 아니라 고객별 매출수익을 파악하는 것도 중요한데 그 이유는 동일한 제품이라 하더라도 고객마다 지불하는 가격이 다를 수 있기 때문이다.

③ 고원가 기업고객의 대표적 특징으로는 소량주문, 특별주문, 지연결제, 예측 불가한 주문시점 등을 들 수 있으므로 고래곡선 상에 최저수익성을 보이는 오른쪽에는 대량주문 고객은 존재하지 않는다.

④ 가격폭포는 기업이 다양한 형태의 할인을 제공하고 있음을 보여주는 것으로 가격할인을 전사적으로 관리하지 않을 경우 고객별 실제지불가격 및 순매출수익을 제대로 파악하기 어렵다.

⑤ 고객수명주기가치customer life-cycle value는 고객확보 초기부터 안정적인 관계로 발전할 때까지의 장기간을 수익성 분석 대상으로 삼는다는 점에서 초기에 많은 지출이 발생하는 신규고객 유치활동에 특히 강조되는 기법이다.

08 원가가산가격결정 원가가산 가격결정방법에 의해서 판매가격을 결정하는 경우 ( )에 들어갈 금액으로 옳은 것은? (단, 영업이익은 총원가의 30%이고, 판매비와 관리비는 제조원가의 50%이다.) … 감평사 2018

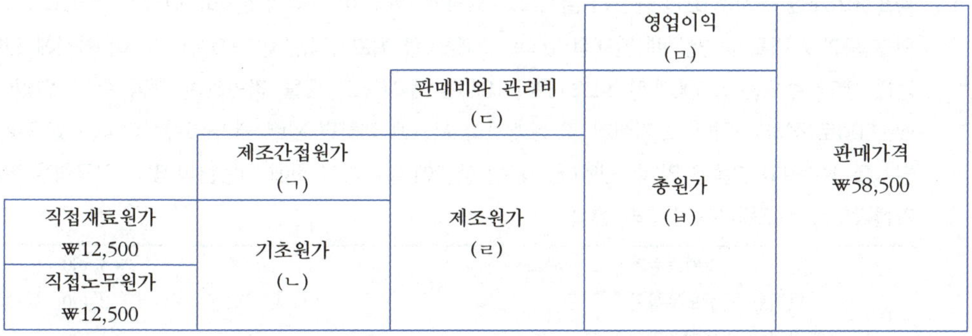

<table>
<tr><td></td><td></td><td></td><td>영업이익
(ㅁ)</td><td rowspan="5">판매가격
₩58,500</td></tr>
<tr><td></td><td></td><td>판매비와 관리비
(ㄷ)</td><td rowspan="4">총원가
(ㅂ)</td></tr>
<tr><td></td><td>제조간접원가
(ㄱ)</td><td rowspan="3">제조원가
(ㄹ)</td></tr>
<tr><td>직접재료원가
₩12,500</td><td rowspan="2">기초원가
(ㄴ)</td></tr>
<tr><td>직접노무원가
₩12,500</td></tr>
</table>

	(ㄱ)	(ㄴ)	(ㄷ)	(ㄹ)	(ㅁ)	(ㅂ)
①	₩5,000	₩25,000	₩15,000	₩30,000	₩13,500	₩45,000
②	₩5,000	₩25,000	₩17,500	₩35,000	₩10,500	₩48,000
③	₩10,000	₩25,000	₩15,000	₩30,000	₩13,500	₩45,000
④	₩10,000	₩25,000	₩17,500	₩35,000	₩10,500	₩48,000
⑤	₩10,000	₩25,000	₩17,500	₩30,000	₩10,500	₩48,000

09 원가가산가격결정 제품 20,000단위를 기준으로 구한 단위당 원가는 다음과 같다.

제조원가 :		판매관리비 :	
직접재료원가	₩40,000	변동판매관리비	₩20,000
직접노무원가	32,000	고정판매관리비	27,000
변동제조간접원가	8,000		
고정제조간접원가	68,000		

총원가기준 가산율 20%로 판매가격을 결정한다면 변동원가기준에 의한 가산율은 얼마인가?

① 58% ② 134% ③ 193% ④ 200%

10 원가가산가격결정 S사는 신제품 10,000단위를 매년 생산·판매하려고 한다. 필요한 투자액은 ₩845,000이며 요구 투자수익률은 20%이다. 제품에 관한 원가 자료는 다음과 같다.

	단위당 변동원가	연간 총고정원가
제조원가	₩64	₩150,000
판매비와 관리비	16	25,000

변동원가에 기초하여 가격을 결정한다고 할 때 투자수익률 20%를 얻기 위한 원가 가산율은 얼마인가?

① 20% ② 30% ③ 35% ④ 43%

11 목표원가계산 S사는 고급 텀블러 출시를 계획하고 있다. 이 제품의 성능과 디자인, 그리고 경쟁회사의 제품과 가격을 감안할 때 잠재적 고객의 지불의향 최고가격은 ₩18,000이며, 이 가격에 판매 가능한 연간 수요는 3,000개로 보고 있다. S사는 투자규모 등을 감안하여 개당 목표 영업이익은 ₩8,500로 정하고 있다. 초기설계 및 판매계획 시안에 의하면 관련 원가정보는 다음과 같으며 목표원가를 초과하고 있음을 알 수 있었다. S사는 생산에 들어가기 전에 기능분석 및 가치공학을 통한 원가절감으로 목표원가에 맞추려 한다.

단위당 직접재료원가	₩3,500
단위당 직접노무원가	2,400
단위당 변동제조간접원가	1,100
단위당 판매관리비	850
연간 고정제조간접원가	4,350,000
연간 고정판매관리비	3,600,000

그 결과 성능과 디자인에 영향을 주지 않으면서 단위당 직접재료원가를 ₩500 만큼 줄일 수 있음을 확인하였으며, 유통단계를 줄이면 고정 판매관리비를 ₩900,000만큼 절감할 수 있을 것으로 보고 있다. 그 밖에도 고정제조간접원가에서 일부 줄일 수 있을 것으로 보고 있다. 목표원가를 맞추기 위해서는 연간 고정제조간접원가를 얼마만큼 줄여야 하는가?

① ₩490,000 ② ₩580,000 ③ ₩600,000 ④ ₩620,000

12 목표원가계산 S사가 생산 판매하고 있는 제품이 가격경쟁력이 떨어지고 있어 제조원가 절감의 필요성이 커지고 있다. S사의 제조원가는 직접재료원가와 세 그룹의 제조간접원가로 구성되어 있다. 기능분석과 가치공학을 통해 사용 부품과 생산과정에 변화를 시도했는데 변경 전인 20×1년과 변경 후인 20×2년의 영업결과는 다음과 같다.

	20×1	20×2
배치당 셋업원가	₩9,000	₩8,400
기계시간당 작업원가	60	50
설계변경횟수당 원가	15,000	8,000
단위당 재료원가	1,400	1,300
생산량	3,500	4,000
배치횟수	60	70
총기계시간	20,000	30,000
설계변경횟수	24	7

S사가 희망하고 있는 제조원가 목표 절감율은 10%이다. 20×1년 대비 20×2년의 단위당 제조원가 절감율은 얼마인가? 단, 절감율은 소수 첫째 자리에서 반올림하여 구한다.

① 5% ② 8% ③ 10% ④ 12%

13 고객수익성 분석 (주)세무는 고객별 수익성 분석을 위하여 판매관리비에 대해 활동기준원가계산을 적용한다. 당기 초에 수집한 관련 자료는 다음과 같다. … 세무사 2019

(1) 연간 판매관리비 예산 ₩3,000,000(급여 ₩2,000,000, 기타 ₩1,000,000)

(2) 자원소비단위(활동)별 판매관리비 배분비율

	고객주문관리	고객관계관리	계
급여	40%	60%	100%
기타	20%	80%	100%

(3) 활동별 원가동인과 연간 활동량

활동	원가동인	활동량
고객주문처리	고객주문횟수	2,000회
고객관계관리	고객수	100명

(주)세무는 당기 중 주요 고객인 홍길동이 30회 주문할 것으로 예상하고 있다. 홍길동의 주문 1회당 예상되는 (주)세무의 평균 매출액은 ₩25,000이며, 매출원가는 매출액의 60%이다. 활동기준원가계산을 적용하여 판매관리비를 고객별로 배분하는 경우, (주)세무가 당기에 홍길동으로부터 얻을 것으로 예상되는 영업이익은?

① ₩255,000 ② ₩265,000 ③ ₩275,000

④ ₩279,500 ⑤ ₩505,000

14 원가가산가격결정과 목표원가계산 낡은 호텔을 새롭게 단장을 하면 연간 12,000 숙박일이 판매될 것으로 예상하고 있다. 이를 위한 투자액은 ₩2,000,000이며 목표 투자수익률은 12%이다. 연간 영업원가는 다음과 같이 추정하고 있다.

숙박일당 변동원가	₩30
고정원가	
급여	300,000
유지보수비	100,000
기타운영비	200,000
총고정원가	₩600,000

물음:

1. 목표 투자수익률을 달성할 수 있는 숙박일당 판매가격 및 총원가 기준 가산율은 얼마인가?
2. 다음 각 물음은 독립적이다.
   - 2-1. 시장조사결과 (물음 1)의 가격에서 5% 인하하고 연간 광고비를 ₩30,000 투입하면 숙박일 판매량이 15% 증가할 수 있다고 한다. 가격인하와 광고비 투입이 이익에 미치는 영향은 얼마인가?
   - 2-2. 시장조사결과 (물음 1)의 가격에 의할 때 연간 판매량이 예상과는 달리 10,000 숙박일에 머무를 것으로 예상하고 있다. 따라서 당초 투자수익률 12% 달성하기 위해서는 영업원가를 줄일 필요가 있다. 회의 결과 고정원가는 급여와 기타운영비에서 각각 ₩50,000씩, 총 ₩100,000을 절감할 수 있으나 변동원가도 일부 줄여야 투자수익률을 달성할 수 있을 것으로 판단하였다. 숙박일당 변동원가를 얼마나 줄여야 하는가?

15 가격폭포 S사는 고객별 수익성을 정확히 파악하기 위해서 활동기준원가계산을 이용하여 고객별 원가를 측정하고 이를 판매가격에 적절히 반영한 바 있다. 그럼에도 불구하고 최근 들어 고객별 수익성이 낮아지고 있어 추가적인 분석이 필요한 상황이다. 분석결과 고객에게 제공하고 있는 다양한 할인제도가 문제점으로 지적되었다. 할인정책은 대량고객을 확보하고 유지하는 데 유용한 수단으로 활용할 목적이었지만 조사결과 소량주문고객도 많이 이용하는 것으로 나타났다. 회사가 제공하는 있는 할인은 다음과 같다.

번호	할인항목	할인율
1	50단위 이상의 주문	2%
2	15일 이내 대금 완불	3%
3	광고에 S사 제품 삽입	4%
4	비수기 대량주문	5%
5	온라인 주문	2%
6	전사적 판촉기간 주문	2%

대표적인 최근 한 달 간 거래가 있었던 A고객과 B고객의 관련 내용은 다음과 같다.

장기고객인 A고객에게 이루어진 총매출은 표시가격기준 ₩200,000였다. A고객은 위에 제시된 할인을 모두 받았으며 충성도가 높은 고객이어서 총매출액의 3%에 해당하는 운임도 면제 받은 바 있다. B고객은 표시가격기준 총매출이 ₩1,000,000이었으며 1, 3, 5번의 할인을 받은 바 있다.

물음:

1. A, B고객에 제공된 할인액은 각각 얼마인가?
2. 분석결과의 시사점은 무엇인가?

16 **고객수익성 분석** S사의 20×1년 영업결과는 다음과 같다.

순매출	₩3,128,000
매출원가	2,040,000
매출총이익	1,088,000
판매비	390,000
영업이익	698,000

영업이익률이 기대보다 저조하여 고객별 수익성 분석을, 고객별 할인액과 판매비 등 2가지 측면에 초점을 두고 실시할 예정이다.

(1) 할인내용을 조사한 결과는 다음과 같다. 할인항목별 할인액은 각 할인율을 총매출액에 적용한 바 있다. 매출원가율은 총매출액의 60%이다.

	고객A	고객B	고객C
총매출	₩1,600,000	₩800,000	₩1,000,000
대량주문할인(5%)	○	○	×
판촉기간할인(3%)	○	×	○
대금조기지불할인(2%)	○	○	×
운임할인(1%)	○	×	○

(2) 판매비는 주문 및 반품처리원가로 구성되어 있으며 고객별 주문유형회수와 반품회수 그리고 해당 원가동인배부율은 다음과 같다.

	고객A	고객B	고객C	회당배부율
온라인주문횟수	3	2	3	₩10,000
전화주문회수	1	2	0	20,000
급행주문횟수	1	2	0	30,000
반품횟수	2	1	1	40,000

물음:

1. 고객별 수익성을 분석하되 고객별 할인액과 판매비를 구분하여 표시하라.
2. 고객별 할인율, 고객별 영업이익률은 구하고 분석결과의 시사점을 설명하라.

17 고객생애가치 S사에서 새롭게 유치한 고객 A의 첫 6년간 자료는 다음과 같다.

(단위: 천원)

1차년도 초 유치원가:	600
유지율:	0.8
자본비용:	0.1

년도	1	2	3	4	5	6
고객이익	250	300	325	350	375	400
유지원가	60	50	50	50	40	40

물음: 첫 6년의 고객생애가치는 얼마인가? 단, 유치원가를 제외한 고객이익과 유치원가는 매년 말에 발생한다고 가정하고 필요한 경우 소수점 첫 자리에서 반올림하라.

Chapter 09

Strategic Management Accounting

예산의 수립

예산의 의의와 역할
| 예산의 역할과 유용성
| 종합예산의 기초자료와 구성요소
종합예산의 편성 사례
| 예산수립자료
| 종합예산수립
예산의 기타 사항
| 예산의 종류
| 예산수립과정의 설계
| 예산 민감도 분석
| 행위적 측면의 고려

Strategic Management Accounting

Chapter 09

예산의 수립

계속되는 코로나19 변이와 인플레이션에도 불구하고 사상 최대 실적을 올린 글로벌 기업들이 2023년 사업계획을 보수적으로 짜고 있다는 소식이다. 시가총액 세계 최대 기업인 애플은 역대 최대 실적에도 향후 실적 악화를 예상하고 일부 사업부 예산을 축소하는 등 비상경영에 돌입했다. 포드 자동차는 전기차 사업 투자금을 마련하기 위해 8,000명의 직원을 해고할 것으로 알려지는 등 부서마다 명암이 엇갈리기도 한다. 민감하고 고통스러운 결정이지만, 기업환경의 변화에 대응해 자원을 재분배함으로써 조직의 목표를 달성하고자 하는 불가피한 몸부림이라고 볼 수 있다. 모든 조직은 계획-실행-평가 과정을 반복하면서 목표를 향해 나아간다는 공통점을 갖는데, 각 과정의 효율성과 효과성을 어떻게 개선할 수 있을까?

본 장에서는 예산의 역할과 구체적인 예산 수립과정을 설명한다. 어떤 조직이건 희소한 자원을 효과적이고 효율적으로 사용하기 위해서는 정기적인 계획이 필요하며 그 계획을 실행하기 위한 노력이 필요하다. 기업도 마찬가지여서 정기적인 목표와 실행계획을 담은 예산을 수립하고 구성원들의 노력을 이끌어내기 위해 예산달성도를 성과평가와 보상의 기초로 삼는 것이 일반적이다. 예산이 계획과 통제의 유용한 관리제도이지만 부작용이나 문제점이 없는 것은 아니다. 이에 대해서는 후반 마무리에서 예산의 기타 사항과 함께 살펴본다.

Strategic Management Accounting

예산의 의의와 역할

기업예산corporate budget은 기업이 특정 기간에 달성하고자 하는 목표와 이를 위해 수행해야 하는 활동계획을 화폐가치로 표시한 것으로서 기업의 목표를 효율적으로 달성할 수 있도록 기업의 희소한 자원을 적재적소에 배분하는 과정이다.[1] 예를 들어, 기업의 시장환경을 고려한 내년의 이익목표가 100억 원이라면 이를 달성하기 위한 매출규모, 영업계획, 설비투자계획, 생산계획, 인력충원계획, 자금계획 등 기업의 전 활동영역을 동시에 고려한 총체적인 계획을 수립할 수 있는데, 이를 화폐액으로 나타내면 바로 예산이 된다.

예산은 기업 내의 하위조직의 활동과 업무를 모두 반영하여 기업 전체를 대상으로 수립할 수도 있고 개별 조직이나 부서 또는 특정 프로젝트별로 수립할 수도 있다. 예산의 대표적인 형태라고 할 수 있는 **종합예산**master budget은 기업 전체를 대상으로 편성한 예산이다. 종합예산을 수립할 때에는 개별 부서나 프로젝트에 대한 예산과는 달리 각 하위조직의 여건이나 조직 간의 상호작용 등을 모두 고려해야 하므로 더 많은 시간과 노력이 필요하다. 예를 들어, 영업부서에서 매출목표를 아무리 높게 잡아도 생산부서에서 이를 소화할 수 있는 생산능력이 갖추어져 있지 않는다면 매출목표를 하향조정할 수밖에 없다. 또 생산능력을 늘리고자 한다면 설비투자계획이나 인력충원계획도 함께 고려해야 한다. 이와 같이 기업의 전체적인 예산을 수립할 때는 하위조직 간의 조화가 필수적이라고 할 수 있다.

예산은 계획을 수립하는 기업의 대표적인 도구일 뿐만 아니라 통제과정에서도 평가기준으로서 중요한 역할을 한다. 실제 결과와 예산 간에 차이가 있다면 그 구체적인 원인이 무엇인지를 파악하는 것이 중요하다. 차이의 원인이 업무수행상의 문제점에 의한 것이라면 이를 바로잡는 조치가 필요하며, 만약 기존에 수립된 기업목표나 전략에 문제가 있다면 목표나 전략을 재검토하고 수정하여야 한다. 예산에 기초한 성과평가와 보상은 예산이 통제장치로서 중요한 역할을 하는 대표적인 예라고 할 수 있다. 예산은 계획-실행-통제라는 경영순환과정에서 **계획**과 **통제**를 공식적으로 담당하는 중요한 관리도구이다.

---

1 예산은 기업뿐만 아니라 정부와 같은 비영리단체도 수립하지만 본 교재에서는 기업예산을 전제로 설명한다.

예산의 역할과 유용성

예산은 경영자가 경영계획을 공식적으로 수립하는 도구인 동시에 기업 내에서 수직적 및 수평적인 의사소통과 조정을 원활하게 하는 통로가 된다. 또한 하위조직의 활동을 통제하고 평가하는 데 유용한 정보를 제공한다.

첫째, 예산은 경영자에게 공식적인 **계획시스템**을 제공한다. 경영자는 기업의 인적, 물적 요소를 결합하고, 효율적으로 기업의 목표를 달성할 책임이 있다. 이를 위하여 경영자는 기업이 처할 기업환경을 예측하고, 그러한 환경 하에서 기업목표를 달성할 수 있는 방법을 탐색하여야 한다. 예산은 경영자가 기업의 목표와 달성방법을 심사숙고할 수 있는 공식적인 장場을 제공한다.

예산시스템이 없더라도 경영자는 경영활동을 계획하고 실행할 수 있다. 그러나 기업 경영계획이 경영자의 즉흥적이거나 단순한 아이디어 수준이 될 수 없으며 일단 수립되어 조직 전체에 배포한 계획은 쉽게 변경되어서도 안 된다. 예산은 기업이 처한 환경과 기업의 능력을 종합적으로 고려하여 체계적으로 작성되므로 실현가능성이 제고된 계획시스템의 성격을 가지고 있다.

둘째, 예산을 통해 경영자와 기업구성원들 간의 **정보불균형**information asymmetry이 완화될 수 있다. 기업의 구성원들은 경영자가 의도하고 있는 기업의 목표와 달성 방법이 무엇인지 파악할 수 있으며, 경영자는 현업이나 기업 내 하위조직의 사정을 판단하는 데 도움을 얻는다. 또 기업 내의 각 조직 상호 간에도 다른 조직의 활동과 상황을 파악할 수 있게 한다. 예산을 편성하는 과정에서 기업 내 조직 및 구성원 간의 **수직적 · 수평적 의사소통**communication이 원활해지며, 필요한 경우 하위조직 상호 간에 **조정**coordination이 이루어지게 하는 공식적인 채널 역할을 한다.

기업의 구성원들은 예산을 통하여 경영자가 추구하는 사업방향과 영업 및 재무 목표를 확인할 수 있으므로 경영자의 기대에 맞추어 자신들의 활동과 노력을 집중할 수 있게 된다. 만일 기업의 구성원들이 경영자의 의사를 제대로 파악하지 못하면 방향감각을 잃게 되어 시간과 자원을 낭비할 수 있다. 또 예산은 부문 간에 상충되는 목표와 계획을 이해하고 조정할 수 있도록 한다. 예컨대, 매출향상을 꾀하고자 하는 영업부문과 원가절감을 달성하고자 하는 생산부문은 제품품질이나 제품의 다양화에 대해 상충되는 견해를 가질 수 있다. 영업부문의 입장에서는 매출신장을 위해서 품질 개선이나 다양한 제품을 원활히 공급해 줄 것을 생산부문에 요구할 수 있지만, 생산부문은 원가절감을 위해서는 품질을 어느 정도 희생하거나 다양한 제품공급을 원하지 않을 수도 있다. 이와 같은 부문 간의 상충된 견해를 예산수립과정을 통해 조정할 수 있기도 하다.

셋째, 예산은 기업 내 조직이나 구성원들의 **사후적인 성과평가의 기준**을 제공한다. 일반적으로 예산의 편성과정에서는 기업 전체 목표뿐만 아니라, 이와 일관성을 유지하는 하위조직별 목표와 활동계획도 함께 수립한다. 이를 통해 기업의 전체 목표를 달성하기 위해서 기업의 각 조직과 구성원들이 구체적으로 어떤 활동을 해야 하는가를 알 수 있게 해준다. 그러나 예산이 단순히 기업 구성원이 나아가야 할 방향과 목표만을 제시하는 수준에서 그치고 사후관리가 이루어지지 않으면 예산은 무의미한 계획에 지나지 않는다. 일반적으로 예산에서 구체적으로 수립된 목표와 활동계획은 성과평가와 보상의 기준이 됨으로써 기업의 모든 조직과 구성원들이 기업목표를 위해 노력을 경주할 수 있게 하는 유용한 동기부여motivation 수단이자 통제control 수단이 된다.

종합예산의 기초자료와 구성요소

종합예산은 예산의 대표적인 형태로 기업 전체를 편성대상으로 하는 예산이다. 기업의 목표와 전략, 중장기 사업계획과 일관성을 유지하면서 경영자가 의도하는 당해 연도의 재무 및 영업목표를 달성할 수 있게 하는 구체적인 활동계획을 화폐액으로 제시하며, 최종적인 결과물로 **예산재무제표**pro forma financial statements가 만들어진다.

그림 9-1에서는 종합예산에 영향을 주는 상위체계와 종합예산의 기초입력자료를 보여주고 있다. 종합예산을 수립하기 위해서는 판매예측이 선행되어야 하며 기업에서 발생할 것으로 예상되는 원가도 예측하여야 한다. 이 가운데 일부 자료는 전략을 수립하거나 중장기 사업계획을 수립할 때 이미 확정된 내용일 수도 있다. 예를 들어, 인력의 충원이나 설비의 투자, 교육훈련활동이나 연구개발활동은 단기적으로 결정되기보다는 기업의 목표와 전략 그리고 중장기 사업계획에서 결정된다. 따라서 이와 관련된 원가를 종합예산에 반영할 때는 중장기 사업계획에서 결정된 것에 기초하여 편성하는 것이 일반적이다.

그림 9-1 종합예산의 상위체계와 입력자료

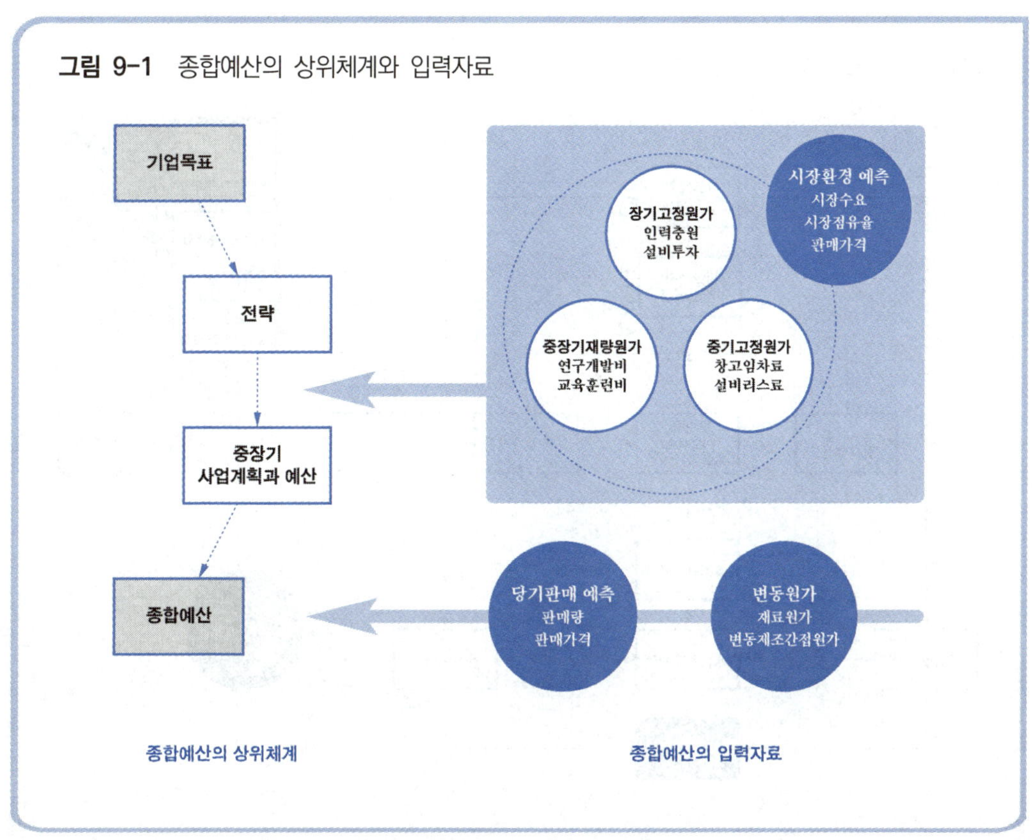

종합예산은 크게 운영예산과 재무예산으로 나뉜다. **운영예산**operating budget은 당해 연도에 설정된 목표이익을 실현하기 위한 매출, 구매, 생산과 같이 기업의 구체적인 활동에 대한 예산과 예산손익계산서로 구성되어 있다. **재무예산**financial budget은 운영예산상의 여러 활동의 결과가 기업에 재무에 미치는 영향을 나타내는 예산재무상태표, 예산현금흐름표또는 현금예산 등을 말한다. 운영예산과 재무예산 그리고 각 세부 예산은 서로 밀접하게 연결되어 있는데 그림 9-2는 이러한 관계를 보여주고 있다.

운영예산에서는 매출예산, 생산예산, 원재료 구입 및 투입예산, 노무원가예산, 제조간접원가예산, 제조원가예산과 재고자산예산, 매출원가예산, 판매비와 관리비 등의 비제조원가예산 등을 수립하며 이들 결과를 토대로 예산손익계산서를 작성한다.

그림 9-2 운영예산과 재무예산

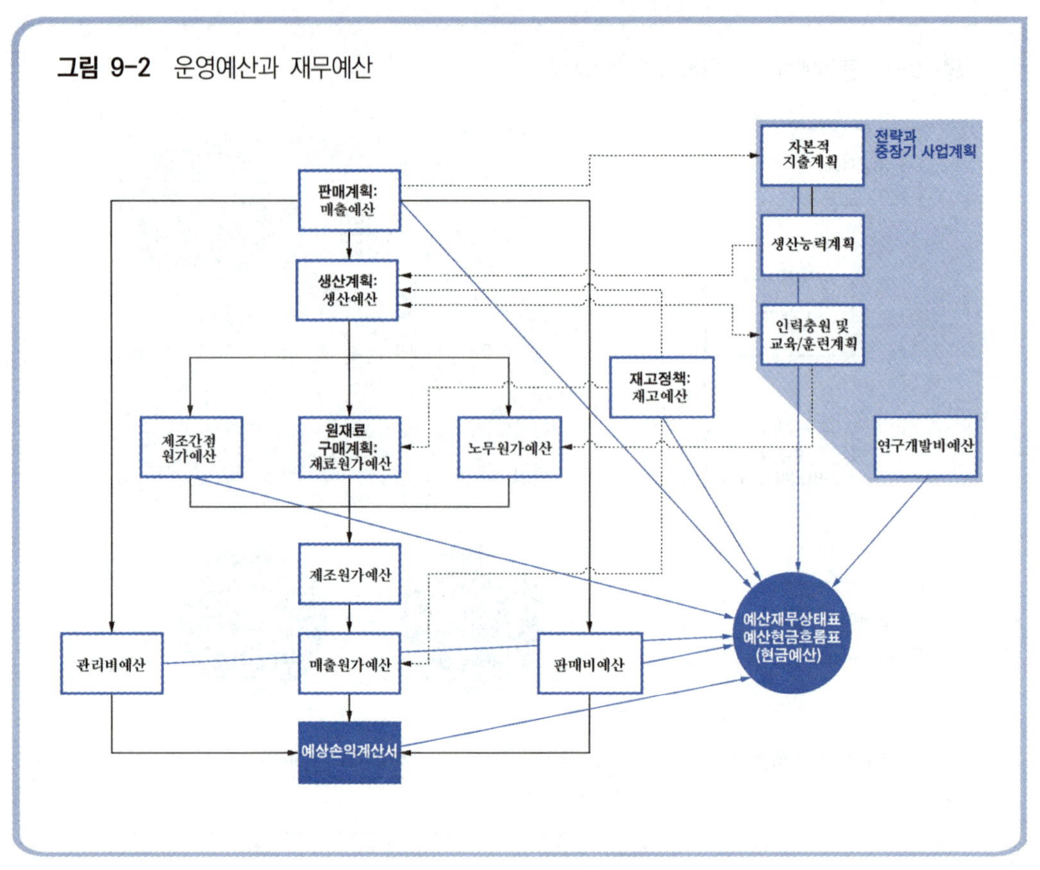

재무예산은 그림 9-3에서 볼 수 있듯이 재무상태표 항목에 영향을 주는 운영활동의 결과를 반영한다. 예를 들어, 현금, 매출채권과 매입채무, 재고자산의 변화내용 그리고 예산기간 중에 발생한 설비투자와 같은 자본적 지출 등을 반영한다. 예산재무상태표 이외에도 예산기간 중의 현금유입 및 유출액을 요약한 현금예산을 수립하기도 하며 예산현금흐름표를 작성할 수도 있다.

그림 9-3 재무예산

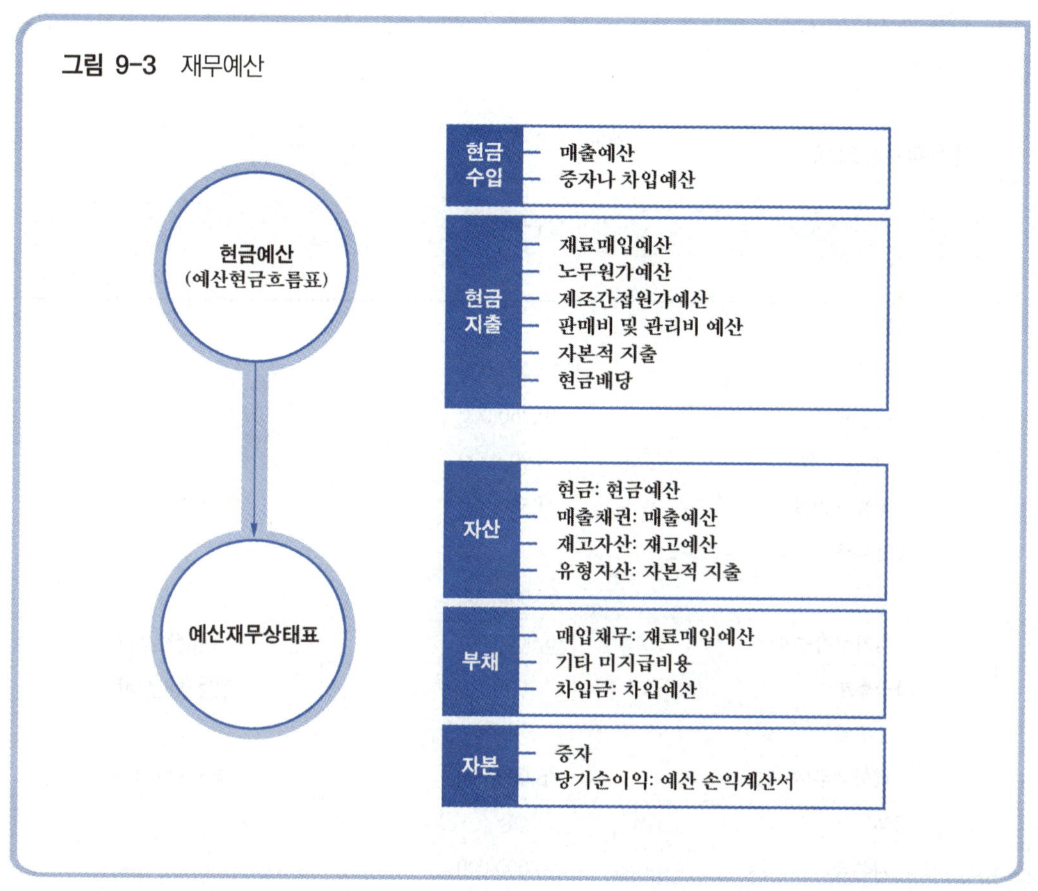

종합예산의 편성 사례

Strategic Management Accounting

예산수립자료

20×0년에 설립된 S사는 실리콘소재의 수영모자를 생산 · 판매하고 있다.[2] 신축성이 뛰어나고 반영구적으로 사용가능하기 때문에 시중에서 인기가 높다. 특히 최근에 영업망을 다양화

2 본 사례는 엑셀로 작성할 수 있도록 주어진 자료와 양식을 별도의 파일로 제공한다.

하여 매출과 이익 규모를 증대하고자 한다. 다음은 20×2년 S사의 종합예산을 수립하기 위한 기초자료이다.

기초재무상태표

재무상태표		
		(20×1. 12. 31.)
유동자산:		
현금	₩13,000,000	
매출채권	19,750,000	
원재료(500㎡)	3,800,000	
제품(400개)	4,500,000	₩41,050,000
유형자산:		
설비	60,000,000	
감가상각누계액	(6,000,000)	54,000,000
자산총계		₩95,050,000
유동부채:		
매입채무(원재료)	8,000,000	₩8,000,000
자본:		
자본금	50,000,000	
이익잉여금	37,050,000	87,050,000
부채와 자본총계		₩95,050,000

20×2년 분기별 판매예측 자료

분기	1	2	3	4
판매수량(개)	2,000개	2,500개	4,000개	3,000개
개당 판매가격	₩17,000			

매출채권의 회수계획

	회수비율
매출 분기	70%
매출 다음 분기	30%

기초 매출채권은 1/4분기 중에 회수한다.

분기별 희망 기말재고수량

제품: 다음 분기 매출수량 대비	20%
재료: 다음 분기 소요재료량 대비	30%

단, 4분기 말 제품 희망 재고량은 600개, 원재료 희망 재고량은 800㎡이다.

매입채무 상환계획

	지급비율
매입 분기	60%
매입 다음 분기	40%

기초 매입채무는 1/4분기 중에 상환한다.

제품제조원가

변동원가

항목	단위당 소요량	단가	단위당 원가
직접재료원가	0.8㎡	₩8,000/㎡	₩6,400
직접노무원가	0.5시간	5,000/시간	2,500
변동제조간접원가	0.5시간	3,000/시간	1,500
			₩10,400

분기별 고정제조간접원가

감가상각비	₩2,250,000
기타	1,406,250
	₩3,656,250

고정제조간접원가배부율은 연간 고정제조간접원가 예산을 연간 직접노무예상시간으로 나누어 구한다.

판매비와 관리비예산

변동판매비

매출 단위당 변동판매비	₩1,200

분기당 고정판매비와 관리비

광고비	₩2,500,000
급료	5,400,000
	₩7,900,000

판매관리비는 발생 시 전액 현금으로 지급한다.

기타사항

(1) 1/4분기 초에 설비를 ₩30,000,000에 전액 현금으로 구입할 예정이다.

(2) 1/4분기 초에 은행에서 ₩25,000,000을 연이자율 5%에 차입할 예정이며, 4/4분기 말에는 자금사정을 고려하여 차입금의 일부 또는 전부를 상환할 계획이다. 4/4분기 말 최소 현금잔액 요구액은 ₩12,000,000이며, 이를 초과하는 여유자금이 존재할 때 이를 이용하여 차입금을 상환할 수 있는데, 상환할 수 있는 기본단위는 ₩5,000,000이다. 차입금에 대한 이자는 매월 말에 지급한다.

(3) 기초재공품 및 기말재공품은 없으며 원재료와 제품에 대한 재고자산 평가는 선입선출법에 의한다.

종합예산수립

종합예산을 수립하는 절차는 다음과 같다.

1. 예산기간의 판매량 예측자료를 이용하여 매출예산을 수립한다. 매출예산과 함께 판매에 따른 신용정책, 매출채권의 회수, 대손 등을 고려하여 매출채권 회수계획도 수립한다.
2. 판매량이 결정되면 회사의 제품 재고정책을 고려하여 생산량을 결정하는 제조예산을 편성한다.
3. 제조예산을 기초로 각 제조원가항목의 예산을 수립한다. 여기에는 원재료 구입예산, 직접재료원가예산, 직접노무원가예산, 제조간접원가예산이 포함된다. 아울러 이들 예산에는 현금지출이 수반되므로 지출계획도 함께 수립한다. 이 과정에서 매출원가 예산액과 기말제품재고 예산액도 구할 수 있다.

4. 매출예산과 밀접하게 관련되어 있는 판매비예산, 관리비예산 그리고 관련 현금지출계획을 수립한다.
5. 매출채권의 회수, 매입채무의 지급, 설비투자계획 등 앞서 수립한 현금 입·출금계획을 고려하여 현금예산을 편성한다. 경우에 따라서는 차입 등의 자금조달계획이 현금예산 과정에서 수립되기도 한다. 자금조달계획이 결정되면 이자비용을 포함한 자금조달 관련 비용도 결정할 수 있다.
6. 매출액, 매출원가, 판매관리비 예산 등을 반영한 예산손익계산서를 작성한다.
7. 현금예산, 재고자산예산, 설비투자계획, 감가상각누계액 등 재무상태표에 영향을 주는 수치를 기초로 예산재무상태표를 작성한다.

매출예산과 매출채권회수예산

종합예산의 출발점은 매출예산을 작성하는 것이다. 매출예산은 다음 기간에 판매하게 될 예상 판매수량에 단위당 판매가격을 곱하여 계산한다. 판매량 예측은 과거의 실적, 시장점유율, 경쟁기업의 동향, 일반적인 경제상황, 산업의 경제상황, 판매가격 정책, 광고 및 판매촉진 정책, 판매의 계절적인 변화 등을 고려하여 이루어진다.

매출예산이 수립되면 회사의 신용매출정책이나 대손율을 감안하여 매출채권회수예산도 수립한다.

매출예산 (단위: 개, 원)

	1분기	2분기	3분기	4분기	연도
매출량	2,000	2,500	4,000	3,000	11,500
매출액(₩17,000/개)	34,000,000	42,500,000	68,000,000	51,000,000	195,500,000

매출채권 회수예산 (단위: 원)

	1분기	2분기	3분기	4분기	연도
기초매출채권	19,750,000				19,750,000
1/4분기매출	23,800,000•	10,200,000			34,000,000
2/4분기매출		29,750,000	12,750,000		42,500,000
3/4분기매출			47,600,000	20,400,000	68,000,000
4/4분기매출				35,700,000	35,700,000
현금회수총액	43,550,000	39,950,000	60,350,000	56,100,000	199,950,000••

• 1분기 매출액에 매출채권 회수비율 70%를 곱하여 구한다.
•• 기말매출채권(₩15,300,000)은 기초매출채권에 당기총매출액을 가산하고 현금회수총액을 차감하여 구하거나 4분기 매출액의 30%로 계산할 수 있다.

제조예산(수량)

매출예산을 통해 판매계획량이 결정되면 이를 기초로 하여 제품 생산계획을 수립한다. 회사의 제품 재고정책을 고려하여 제품별 목표생산량을 다음과 같이 계산한다.

formula

목표생산량=(예상판매량+기말목표 재고량)−기초 재고량

(단위: 개)

	1분기	2분기	3분기	4분기	연도
매출량	2,000	2,500	4,000	3,000	11,500
기말제품재고량	500	800	600	600	600
총필요량	2,500	3,300	4,600	3,600	12,100
기초제품재고량	(400)	(500)	(800)	(600)	(400)
생산량	2,100	2,800	3,800	3,000	11,700

원재료 매입예산과 관련 현금지출예산

제품별 목표생산량이 확정되면 그 제품을 생산하기 위한 원가요소별 제조예산을 편성한다. 특히 직접재료원가 예산을 수립하기 위해서는 직접재료 구입계획이 확정되어야 한다. 직접재료 구입량은 다음과 같이 구한다.

formula

직접재료 구입량=(직접재료 소요량+기말목표 재고량)−기초 재고량

직접재료 구입량을 기초로 매입대금 상환계획도 수립한다.

직접재료 매입예산

(단위: 개, ㎡, 원)

	1분기	2분기	3분기	4분기	연도
생산할 제품수량	2,100	2,800	3,800	3,000	11,700
원재료소요수량(0.8㎡/개)	1,680	2,240	3,040	2,400	9,360
기말원재료	672	912	720	800	800•
총필요량	2,352	3,152	3,760	3,200	10,160
기초원재료	500	672	912	720	500
원재료매입요구량	1,852	2,480	2,848	2,480	9,660
원재료매입원가(₩8,000/㎡)	14,816,000	19,840,000	22,784,000	19,840,000	77,280,000

• 기말원재료재고액은 ₩6,400,000이다.

매입채무 상환예산

(단위: 원)

	1분기	2분기	3분기	4분기	연도
매입채무(기초)	8,000,000				8,000,000
1/4분기매입	8,889,600•	5,926,400			14,816,000
2/4분기매입		11,904,000	7,936,000		19,840,000
3/4분기매입			13,670,400	9,113,600	22,784,000
4/4분기매입				11,904,000	11,904,000
총현금지출	16,889,600	17,830,400	21,606,400	21,017,600	77,344,000••

• 1분기 원재료 매입원가 ₩14,816,000에 구입분기 상환비율 60%를 곱하여 구한다.

•• 기말매입채무(₩7,936,000)는 기초매입채무에 당기총매입액을 가산하고 현금지급총액을 차감하여 구하거나 4분기 재료 매입액의 40%로 계산할 수 있다.

직접노무원가예산

(단위: 개, 시간, 원)

	1분기	2분기	3분기	4분기	연도
생산할 제품수량	2,100	2,800	3,800	3,000	11,700
총직접노무시간(0.5시간/개)	1,050	1,400	1,900	1,500	5,850
직접노무원가(₩5,000/시간)	5,250,000	7,000,000	9,500,000	7,500,000	29,250,000

제조간접원가예산

제조예산에서 생산량이 결정되면 직접원가뿐만 아니라 제조간접원가도 결정할 수 있다. 이때 생산량과 밀접한 관련이 있는 변동제조간접원가와 생산량과는 무관하게 발생하는 고정제조간접원가를 구분하여 예산을 수립한다. 제조간접원가와 관련된 현금지출예산을 수립할 때는 감가상각비와 같이 현금지출이 없는 원가는 제외하여야 한다.

(단위: 시간, 원)

	1분기	2분기	3분기	4분기	연도
직접노무시간	1,050	1,400	1,900	1,500	5,850
변동제조간접원가(₩3,000/시간)	3,150,000	4,200,000	5,700,000	4,500,000	17,550,000
고정제조간접원가	3,656,250	3,656,250	3,656,250	3,656,250	14,625,000•
총제조간접원가	6,806,250	7,856,250	9,356,250	8,156,250	32,175,000
(−)감가상각비	2,250,000	2,250,000	2,250,000	2,250,000	9,000,000
현금지출 제조간접원가	₩4,556,250	₩5,606,250	₩7,106,250	₩5,906,250	₩23,175,000

• 고정제조간접원가배부율: 고정제조간접원가/직접노무시간 = ₩14,625,000/5,850 = ₩2,500/직접노무시간

제조원가명세서, 기말제품재고액예산, 매출원가예산

생산량, 재고량, 제조원가가 결정되면 당기제품제조원가, 재고자산, 매출원가예산액을 결정할 수 있다.

제조원가명세서 (단위: 원)

직접재료원가:		
기초원재료	3,800,000	
당기매입원재료	77,280,000	
기말원재료	(6,400,000)	74,680,000
직접노무원가		29,250,000
제조간접원가		32,175,000
당기투입제조원가		136,105,000
기말재공품		−
기초재공품		−
당기제품제조원가		136,105,000

기말제품재고예산액

(단위: 개, 원)

항목	수량	단가	금액(원)
단위당 제조원가:			
직접재료원가	0.8㎡	8,000	6,400
직접노무원가	0.5노무시간	5,000	2,500
변동제조간접원가	0.5노무시간	3,000	1,500
고정제조간접원가	0.5노무시간	2,500	1,250
			11,650
기말제품재고가액(600개)			6,990,000

매출원가예산

(단위: 개, 원)

	수량	금액
기초제품	400	4,500,000
당기제품제조원가	11,700	136,105,000
기말제품	(600)	(6,990,000)
매출원가	11,500	133,615,000

판매비와 관리비예산

판매비에는 광고선전비, 판매촉진비, 판매수수료, 판매원급여 등이 포함되며 매출량의 증감에 따라 변동하는 변동비와 매출액의 증감에 관계없이 일정하게 발생하는 고정비가 있다. 관리비는 생산부문에서 발생하는 제조비용과 판매부문에서 발생하는 판매비를 제외한 모든 비용을 의미한다. 관리비는 회사 전체 조직관리를 위하여 발생하는 비용으로 대부분 본사부문에서 발생하며, 대부분 고정비의 성격을 가지고 있다.

(단위: 개, 원)

	1분기	2분기	3분기	4분기	연도
매출량	2,000	2,500	4,000	3,000	11,500
변동판관비(₩1,200/개)	2,400,000	3,000,000	4,800,000	3,600,000	13,800,000
고정판관비:					
광고비	2,500,000	2,500,000	2,500,000	2,500,000	10,000,000
급여	5,400,000	5,400,000	5,400,000	5,400,000	21,600,000
예산판관비 총액	10,300,000	10,900,000	12,700,000	11,500,000	45,400,000

현금예산

예산손익계산서는 영업활동과 영업성과를 파악할 수 있는 정보를 제공하지만, **현금예산**에서는 예산기간의 현금 유입액과 유출액 정보를 제공한다. 현금예산을 통해 현금부족액이나 현금여유액을 알 수 있으므로 차입필요액이나 부채상환가능액도 파악할 수 있다. 이를 기초로 차입계획과 상환계획을 수립하여 현금예산에 반영한다.

앞선 모든 예산에서 현금회수 및 지출계획도 함께 수립하였으므로 이들 수치를 그대로 현금예산에 반영한다. 본 사례에서는 분기 말 일정 수준의 현금잔액₩12,000,000을 유지하기로 하였으므로 설비투자로 인해 현금이 부족한 1분기에는 차입계획, 현금의 여유가 있는 4분기에는 상환계획이 현금예산에 반영되어 있다.

(단위: 원)

	1분기	2분기	3분기	4분기	연도
현금잔액(기초)	13,000,000	14,241,650	12,542,500	21,667,350	13,000,000
수입:					
고객으로부터 회수	43,550,000	39,950,000	60,350,000	56,100,000	199,950,000
차입금	25,000,000				25,000,000
이용가능한 현금계	81,550,000	54,191,650	72,892,500	77,767,350	237,950,000
지출:					
직접재료원가	16,889,600	17,830,400	21,606,400	21,017,600	77,344,000
직접노무원가	5,250,000	7,000,000	9,500,000	7,500,000	29,250,000
제조간접원가	4,556,250	5,606,250	7,106,250	5,906,250	23,175,000
판관비	10,300,000	10,900,000	12,700,000	11,500,000	45,400,000
이자비용	312,500	312,500	312,500	312,500	1,250,000
설비매입	30,000,000				30,000,000
지출총계	67,308,350	41,649,150	51,225,150	46,236,350	206,419,000
현금잔액*	14,241,650	12,542,500	21,667,350	31,531,000	31,531,000
차입금 상환액				15,000,000**	15,000,000
현금잔액(기말)	14,241,650	12,542,500	21,667,350	16,531,000	16,531,000

* 차입금 상환 전 현금잔액.

** 4/4분기 차입금 상환액은 최소 현금잔액 ₩12,000,000과 상환기본단위액 ₩5,000,000을 고려하여 ₩15,000,000로 결정되었다. 4/4분기 말 현재 단기차입금 잔액은 최초차입금(₩25,000,000)에서 상환액(₩15,000,000)을 차감한 ₩10,000,000이다.

예산손익계산서

앞서 결정된 매출액, 매출원가, 판매비와 관리비, 이자비용을 반영하여 **예산손익계산서**를 다음과 같이 작성할 수 있다.

예산손익계산서	
	(20×2. 1. 1.~20×2. 12. 31.)
매출액	₩195,500,000
매출원가	133,615,000
매출총이익	61,885,000
판매비와 관리비	45,400,000
영업이익	16,485,000
이자비용	1,250,000
당기순이익	₩15,235,000

예산재무상태표

예산재무상태표는 예산기간 말의 재무상태, 즉 자산과 부채 및 자본에 관한 정보를 제공한다. 기초재무상태표에 현금예산, 매출채권 회수 및 매입채무 상환계획, 재고자산, 설비투자계획, 예산손익계산서 등을 반영하면 예산재무상태표를 작성할 수 있다.

예산재무상태표		
		(20×2. 12. 31.)
유동자산:		
현금	₩16,531,000	
매출채권	15,300,000	
원재료	6,400,000	
제품	6,990,000	₩45,221,000
유형자산:		
설비	90,000,000	
감가상각누계액	(15,000,000)	75,000,000
자산총계		120,221,000

유동부채:		
매입채무(원재료)	7,936,000	
단기차입금	10,000,000	17,936,000
자본:		
자본금	50,000,000	
이익잉여금	52,285,000	102,285,000
부채와 자본총계		₩120,221,000

Strategic Management Accounting

예산의 기타 사항

예산의 종류

정기예산과 연속예산

정기예산periodic budget은 정기적으로 수립되는 예산이다. 매년 말 다음 연도 1월부터 12월까지의 예산을 수립한다면 이는 정기예산이라고 할 수 있다. 일반적으로 기업들은 연간 예산을 수립하는데, 이것이 전형적인 정기예산이라고 할 수 있다. 시장이나 경제환경이 급변하는 경우에는 예산기간을 줄여 분기나 반기별 예산을 정기적으로 수립할 수도 있다.

연속예산continuous budget은 일정 기간이 경과할 때마다 새롭게 예산을 업데이트하되 경과한 기간만큼을 남은 예산기간에 추가하는 예산이다. 예컨대 한 분기가 경과할 때마다 기존의 남은 예산기간에 1개 분기를 추가하여 항상 1년치 예산을 확보하고 있다면 이를 연속예산이라고 할 수 있다. 연속예산은 정기예산에 비해 기업환경의 변화를 신속히 예산에 반영할 수 있을 뿐만 아니라 기업의 환경변화와 전략적 대응방안을 수시로 검토하게 한다는 장점이 있지만 빈번한 예산수립으로 인해 예산수립비용이 많이 발생하는 문제점이 있다.

증분예산과 영기준예산

기업의 **재량적 지출항목**discretionary items에 대한 예산금액을 확정하는 방식은 크게 두 가지로 나눌 수 있다.

그림 9-4 정기예산과 연속예산

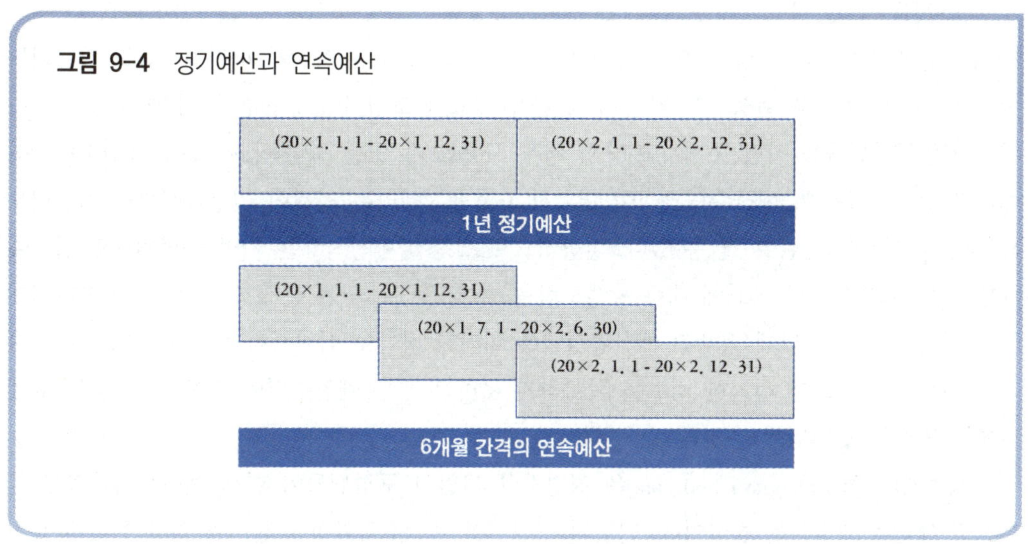

증분예산incremental budget은 전(前) 회계기간의 실제 지출액을 기초로 하여 새로운 기간의 예산금액을 결정하는 방식이다. 예를 들어 전년도와 동일하게 진행해야 하는 활동에 대한 예산액은 전년도 지출액에 일정비율을 증액하거나 감액하는 방식으로 편성한다. 증분예산은 종전 기간과 마찬가지로 계속 수행해야 하는 활동에 대한 예산액을 결정하는 방식이라고 할 수 있다. 물론 증분예산을 적용하더라도 전년도로 종료된 활동에 대한 예산은 전액 삭감하고 새로운 활동에 대해서는 새롭게 검토한 예산액을 편성하는 것은 후술하는 영기준예산과 동일하다.

영기준예산zero-based budget은 증분예산과는 달리 과거 예산액이나 지출액은 무시하고 지출 여부 및 지출금액을 예산을 수립할 때마다 원점에서 재검토하는 방식이다. 기업조직이나 기업환경이 크게 변하여 해당 활동 수행 여부 및 지출금액을 재검토하는 것이 필요한 경우 적절한 방식이다. 영기준예산은 기업 내 자원의 효율적 배분이라는 예산의 본래 취지를 달성하는 데 적절한 방식이라고 할 수 있으나 예산수립에 시간과 비용이 많이 소요되는 문제점이 있다. 영기준예산은 회사 전체의 모든 활동에 적용하기보다는 특정 활동이나 지출에 국한하여 이용하는 것이 원가-효익 차원에서 바람직하다고 할 수 있다.

예산수립과정의 설계

예산을 수립하는 과정에서 기업 내 구성원들의 역할에 따라 크게 중앙집권적 예산수립과 참여예산수립으로 나눌 수 있다.

중앙집권적 예산수립authoritative budgeting은 경영자가 일방적으로 예산을 결정하고 각 부서나 구성원에게 통보하는 방식이다. 이 방식은 경영자가 그의 시각에서 바람직하다고 판단되는 방향으로 직접 예산을 편성하고 기업 부서 간에 필요한 조정역할도 직접 수행한다. 이는 경영자가 기업구성원들을 직접 통제하고자 할 경우 사용할 수 있는 하향식top-down 예산수립방식이라고 할 수 있는데, 예산수립과정이 명확하고 효율적이라는 장점이 있는 데 반해 예산내용의 적절성 여부가 논란이 될 수 있다. 일방적으로 결정된 예산목표는 기업 구성원들의 업무에 대한 의욕, 동기부여나 목표에 대한 달성노력을 떨어뜨릴 수 있는 문제가 있다. 특히 지나치게 높게 설정된 목표나 낮게 정해진 예산편성액은 이러한 경향을 심화시킬 수 있다. 또한 경영자가 예산수립에 필요한 정확한 정보를 확보하지 못하는 경우 예산수립이 잘못되어 기업목표에 반하는 방향으로 기업이 운영될 수 있다.

참여예산수립participative budgeting은 경영자와 기업의 구성원들이 함께 예산수립과정에 참여하고 예산을 결정하는 방식이다. 기업의 구성원이 예산수립과정에 참여할 경우 현업에서 얻을 수 있는 정보를 예산수립과정에서 활용할 수 있으며 종업원들의 사기진작, 동기부여, 목표달성에 대한 몰입도, 업무만족도를 향상시켜 높은 성과를 유도할 수 있는 장점이 있다. 무엇보다 참여예산은 예산수립에 참여하는 종업원의 **사적 정보**private information가 기업 내에 공개되어 정보불균형을 완화하는 역할을 하기도 한다.

중앙집권적 예산수립과 참여예산수립의 중간 수준이라고 할 수 있는 **준참여예산**consultative budgeting은 경영자가 종업원의 의견이나 정보를 충분히 청취하여 예산을 수립하는 방식이다. 참여예산과는 달리 종업원이 예산결정에는 참여하지 않지만 현실적으로 완전한 형태의 참여예산이 어려운 경우 적절한 방식이라고 할 수 있다.

예산 민감도 분석

예산을 수립하기 위해서는 입력자료에 대한 예측정보가 필요하다. 예를 들어 판매량, 판매가격, 원재료가격 등은 모두 예산을 수립하는 시점에 예측한 정보라고 할 수 있는데 문제는 이들이 예산기간 중에 그대로 유지된다는 보장이 없다. 갑자기 경제상황이 달라져서 판매량이 변할 수도 있고, 경쟁회사의 공격적인 마케팅으로 판매가격을 인하해야 하는 경우도 있다. 또 환율 상승으로 인해 해외 원자재의 가격과 제조원가가 올라갈 수도 있다. 따라서 예측정보가 변할 때 예산에 미치는 영향을 분석하고 필요한 경우 **상황별 계획**contingency plan도 미리 마련하는 것이 필요하다.

이를 위해서는 예산수립 시에 가정한 기초 입력자료가 변했을 때 영업활동과 제조활동에 어떠한 변화가 필요하고, 그 결과 영업성과나 재무성과가 최초예산과는 어떤 차이를 보이는지를 파악하는 절차가 필요하다. **민감도 분석**sensitivity analysis은 예산의 가정이 변했을 때 어떤 결과가 예상되는지를 보여주는 분석으로 예산수립과정이 전산화되어 있거나 엑셀과 같은 스프레드시트를 이용한 경우 수월하게 실시할 수 있다.[3]

행위적 측면의 고려

예산은 기업의 경영계획뿐만 아니라 기업 내 구성원의 통제에서도 중요한 역할을 한다. 많은 기업들이 예산과 실제결과를 비교하여 부문이나 종업원의 성과평가와 보상에 활용하고 있기 때문이다. 예산 자체는 객관적인 수치로 표시되지만 기업 구성원이 예산수립과정에 참여하고, 그 예산이 다시 구성원의 성과평가의 기초로 활용되므로 관련 당사자의 주관적이고 행위적인 측면에 대한 이해가 매우 중요하다. 그림 9-5는 예산의 수립과정에서 경영자나 기업구성원의 의도가 반영되고, 사후적으로 예산이 기업구성원들의 성과평가와 보상의 기초가 되는

그림 9-5 예산의 행위적 측면

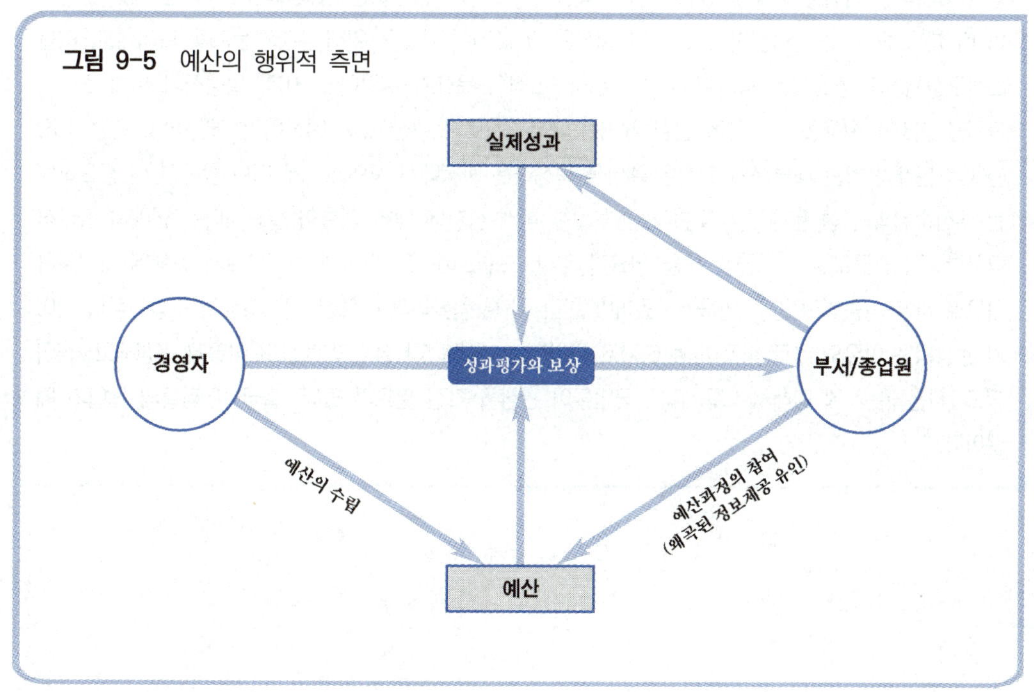

3 제2절에서 다룬 종합예산의 사례에서도 스프레드시트에서 주어진 입력자료와 예산결과를 서로 연결하면 입력자료가 변경되었을 때 모든 예산결과가 어떻게 달라지는지 파악할 수 있다.

순환관계를 보여주고 있다.

부문이나 종업원들은 노력을 통해 높은 성과와 보상을 얻을 수 있지만 예산수립과정에 참여하여 예산목표를 낮추거나 필요 이상의 자원을 확보하는 방법으로 개인적인 이익을 취할 수도 있다.[4] 참여예산이 경영계획과 예산수립과정에서 현업에 종사하는 각 부문관리자나 종업원들의 사적 정보private information를 활용할 수 있다는 장점이 있는 반면 이와 같이 이기적인 목적을 위해 사적 정보를 악용하는 수단이 될 수 있다.

이러한 현상을 줄이기 위해서 종업원의 사적 정보에만 의존하지 말고 다른 정보원천을 통해 종업원들이 제시한 예산목표의 적절성을 평가하는 과정이 필요하다. 아울러 예산을 필요 이상으로 과다하게 요구하거나 책정하지 않도록 지속적으로 현업에 참여하는 각 부문의 활동과 종업원들의 업무를 파악하는 노력이 필요하다. ■

매년 하반기가 되면 많은 기업이 내년 예산을 짜기 위해 많은 시간과 노력을 투입한다. 그러나 실적은 예산과는 전혀 다른 방향으로 흘러가는 경우가 많고, 그러다 보면 예산을 편성하는 것이 시간 낭비 아니냐는 회의론이 제기되기도 한다. 특히 기업환경이 급변하는 상황에서는 이러한 예산 무용론이 더 힘을 받는 것도 사실이다. 그러나 예산은 그 조직이 무엇을 위해 존재하는가를 드러내고, 이를 조직구성원들과 공유하는 중요한 도구가 된다. 조직의 목표가 무엇이고, 이를 달성하기 위해 조직의 자원을 어떻게 활용할 것인가에 관한 계획을 재무수치로 표현한 것이 예산이기 때문이다. 한정된 자원을 배분해야 하는 대부분의 조직은 예산을 편성하는 과정에서 자연스럽게 어느 활동이 더 중요하냐는 우선순위의 결정 문제에 부딪힌다. 불확실한 미래 상황에 대한 예측이 필요하다는 면에서 가급적 다양한 구성원들로부터 지혜를 모을 필요가 있다. 또한, 예산은 조직의 계획으로서 실행에 옮겨져야 하므로 많은 사람의 공감을 얻을 수 있어야 한다. 비록 힘들더라도 예산편성 과정에 구성원들의 참여가 권장되는 이유도 바로 이것이다. 600조 원이 넘는 우리나라 정부의 예산이 어떻게 편성되고, 심의되고, 사용되는지에 대해서 더욱 많은 국민들이 관심을 가질 필요가 있다. 결국, 우리들의 돈이기 때문이다.

---

4 예산수립과정에 참여하는 종업원이 많은 보상을 받기 위해 사적 정보를 이용하여 예산목표를 낮추고자 할 때 예산게임(budgeting games)을 한다고 하며, 마찬가지로 사적 정보를 이용하여 필요 이상의 많은 자원을 확보하려는 현상을 예산여유(budget slack)라고 한다.

"낭비되는 교육교부금 아껴 대학에 쓸 수 있게 법 개정"

국민의힘이 낭비되는 교육교부금을 대폭 삭감하겠다고 공언했다. 초 · 중 · 고교에 투입되는 교부금을 아껴 대학 · 성인 등 고등교육 · 평생교육에 투자하겠다는 것이다. 권성동 국민의힘 대표 직무대행 겸 원내대표는 12일 "2000년대 이후 20년간 교육교부금은 약 4배 증가했다. 올해는 지난해 대비 21조원 늘어난 81조 3,000억 원"이라며 "반면 6~17세 학령인구는 34% 감소했다. 학령인구에 비해 교육 예산의 덩치가 커지지만 공교육의 경쟁력과 신뢰도는 크게 개선되지 않는다"고 말했다.

권 원내대표는 "교육교부금의 경직된 운영과 학령인구 감소에 따른 제도 개선 문제는 꾸준히 제기됐다. 한국개발연구원(KDI)은 교부금 산정방식에 학령인구 변화를 넣으면 향후 40년간 1,046조 원 재정이 절감된다고 했다"고 말했다. 성일종 국민의힘 정책위의장도 이날 "교육교부금 개편은 대한민국 미래와 직결된 미룰 수 없는 대한민국 최우선 과제 중 하나다. 현재 지방교육교부금은 유 · 초 · 중등 과정에만 활용할 수 있도록 돼 있어 예산 활용 불균형과 교육 지원 사각지대 문제가 심각하다"며 "초 · 중등 교육과정뿐만 아니라 고등교육까지 국가가 균형 있게 지원하는 것이 자원의 효율적 배분"이라고 강조했다. 성 의장이 강조한 '고등교육 지원'은 지방대 지원으로 해석된다.

더불어민주당은 즉각 교육과 복지정책의 후퇴라며 비판에 나섰다. 김성환 민주당 정책위의장은 이날 "긴축재정 계획에 따른 첫 번째 희생양이 교육 분야와 복지 분야가 되는 것 같아 안타깝다"며 "서민 경제가 비상인데 부자 감세와 긴축재정 방식은 철회돼야 마땅하다"고 설명했다. 고등교육에 대한 투자 확대 방안은 작년 10월 민주당에서도 법안으로 낸 바 있다. 그러나 현재 정부와 여당은 전체적인 예산 규모를 축소해가면서 교육교부금 일부를 떼서 고등교육에 투자하겠다는 입장인 반면, 민주당안은 교부금 규모를 지금보다 훨씬 늘려 그중 일부를 고등교육에 투자하겠다는 점에서 입장이 다르다.

▶ 매일경제 2022. 7. 12.

생각해 봅시다

1. 예산의 편성과 집행은 기업이나 정부 등 모든 조직의 운영에 필수적이지만, 구성원 사이에 이해가 충돌할 수 있는 민감한 문제다. 최고경영자는 예산 편성 과정에서 구성원들의 다양한 견해를 어떻게 수렴하고 반영하는 것이 필요한가?
2. 여러분은 자신이 속한 다양한 조직(회사, 아파트 입주민회의, 소속 지방자치단체, 국가 등)의 예산 결정 과정에 얼마나 참여하고 있는가?

예산의 수립

01 개념과 용어 빈칸을 채우시오.

- 예산은 경영자가 경영계획을 공식적으로 수립하는 도구인 동시에 기업 내에서 수직적 및 수평적 의사소통과 조정을 원활하게 하는 통로가 되며 기업 내 조직 및 구성원에 대한 성과평가기준을 제공하여 ______ control의 수단으로도 사용된다.
- 기업의 재량적 지출항목에 대한 예산을 확정하는 방식으로 증분예산은 전(前) 회계기간의 실제 지출액을 기초로 하여 새로운 기간의 예산을 결정하는 방식이며, ______ zero-based budget(은)는 과거 예산액이나 지출액은 무시하고 예산을 수립할 때마다 원점에서 재검토하는 방식이다.
- ______ participative budgeting(은)는 경영자뿐만 아니라 기업 내 구성원들이 예산수립과정에 참여하고 결정하는 방식으로 종업원의 사적 정보가 기업 내에 공개되어 정보불균형을 완화시키는 역할을 하기도 한다.
- 예산수립 시 가정한 기초입력자료가 달라질 때 영업활동과 제조활동에 어떠한 변화가 필요하고, 그 결과 영업성과나 재무성과가 최초예산과는 어떤 차이를 보이는지를 파악하는 절차가 필요한데 이를 ______ sensitivity analysis(이)라고 한다.
- 예산수립과정에 참여하는 종업원이 많은 보상을 받기 위해 사적 정보를 이용하여 예산목표를 낮추고자 할 때 예산게임을 한다고 하며, 마찬가지로 사적 정보를 이용하여 필요 이상의 자원을 확보하려는 현상을 ______ budget slack(이)라고 한다.

02 예산의 의의 다음 중 예산제도의 유용성이라고 할 수 없는 것은?

① 경영과정상 계획과 통제의 대표적인 도구이다.
② 업적평가의 기준이 된다.
③ 기업 내 부문 간 의사소통과 조정에 도움이 된다.
④ 종업원이 업무에 전념하도록 하여 예산여유나 예산게임을 장려한다.

03 예산의 의의 예산에 관한 다음 설명 중 옳지 않은 것은? … 회계사 2016

① 고정예산정태예산은 단 하나의 조업도수준에 근거하여 작성되므로 성과평가목적으로 적합한 것이 아니다.

② 변동예산은 일정범위의 조업도수준에 관한 예산이며 성과평가목적을 위해 실제원가를 실제조업도수준에 있어서의 예산원가와 비교한다.

③ 원점기준예산이란 과거의 예산에 일정비율만큼 증가 또는 감소한 예산을 수립하는 것이 아니라 예산을 원점에서 새로이 수립하는 방법이다.

④ 예산과 관련된 종업원들이 예산편성과정에 참여하는 참여예산의 문제점 중 하나는 예산슬랙 budgetary slack이 발생할 가능성이 높다는 것이다.

⑤ 종합예산은 조직의 각 부문활동에 대한 예산이 종합된 조직전체의 예산이며 변동예산의 일종이다.

04 예산의 의의 예산을 설명한 것이다. 적절하지 않은 것은?

① 기업 내 자원배분계획을 전달하는 통로가 된다.

② 업적평가 및 보상의 기준으로 활용할 수 있다.

③ 기업 내 각 부문의 활동을 조정하고 통합하는 데 도움이 된다.

④ 예산은 기업의 계획과 통제활동을 포괄할 수 있는 대표적 관리도구라고 할 수 있다.

⑤ 참여예산에서는 기업내부의 정보비대칭이 심화되며 의도적으로 예산을 줄이거나 높일 유인도 있다.

05 예산의 의의 다음 중 종합예산 수립 시 가장 먼저 수립해야 하는 것은 무엇인가?

① 현금예산 ② 손익계산서 ③ 직접원료 예산 ④ 판매 예산

06 연속예산 다음 중 연속예산 또는 연속적 이익계획이란 무엇인가?

① 현행의 월 또는 분기가 지남에 따라 현행의 월 또는 분기를 삭제하고, 미래의 월 또는 분기를 첨가시키는 예산 또는 계획을 말한다.

② 확실한 실제를 제시하는 것이 아니라, 일정 기간의 예상을 제시하는 예산 또는 계획을 말한다.

③ 특정 활동수준에 대한 계획만을 제시하고, 활동수준의 변화에 대해서는 조정을 하지 않는 예산 또는 계획을 말한다.

④ 활동수준의 변화를 미리 예상하고 그 활동범위에 대하여 편성한 예산 또는 계획을 말한다.

⑤ 회사 전체의 관점에서 편성된 것이 아니라, 각 개별적인 활동의 관점에서 편성된 예산 또는 계획을 말한다.

세무사 2004 ··· **07** **생산예산** 인천(주)의 2/4분기 매출수량과 생산수량에 대한 예산자료가 다음과 같다.

	4월	5월	6월
생산수량	104,000단위	128,000단위	156,000단위
매출수량	100,000단위	120,000단위	?

인천(주)의 4월 1일 현재 제품의 재고량은 20,000단위이다. 회사의 정책에 따르면 매월 말 제품의 재고로 다음 달 판매수량의 20%를 반드시 보유하여야 한다. 7월의 매출은 140,000단위가 될 것으로 예상하고 있다. 6월의 예상판매수량은 얼마인가?

① 188,000단위 ② 160,000단위 ③ 128,000단위
④ 184,000단위 ⑤ 180,000단위

회계사 2015 ··· **08** **직접노무원가예산** (주)한국제조의 판매부서는 분기별 예산판매량을 다음과 같이 보고하였다.

분기	분기별 예산판매량
20×1년 1분기	8,000단위
20×1년 2분기	6,500단위
20×1년 3분기	7,000단위
20×1년 4분기	7,500단위
20×2년 1분기	8,000단위

(주)한국제조의 20×1년 1분기초 제품의 재고량은 1,600단위이며 제품의 각 분기말 재고량은 다음 분기 예산판매량의 20% 수준을 유지하고 있다. (주)한국제조는 제품 한 단위를 생산하는데 0.35 직접노무시간이 소요될 것으로 예상하고 있으며, 직접노무인력에게 시간당 ₩10의 정규 임금을 지급할 계획이다. (주)한국제조는 직접노무인력을 정규직원으로 고용하고 있어 매분기마다 최소한 2,600 직접노무시간에 해당하는 임금을 보장하여야 한다. 즉, 이 회사는 직접노무인력을 신축성 있게 조정할 수 없기 때문에 매분기마다 필요한 직접노무시간이 2,600시간미만이 되더라도 2,600시간에 해당하는 임금을 지급해야 한다. 그러나 분기에 필요한 직접노무시간이 2,600시간을 초과하면 초과시간에 대해서는 정규 임금의 1.5배를 지급하여야 한다. (주)한국제조의 20×1 회계연도 직접노무원가 예산금액은 얼마인가?

① ₩105,870 ② ₩106,325 ③ ₩107,175
④ ₩108,350 ⑤ ₩109,450

회계사 2021 ··· **09** **매입예산** (주)대한의 20×2년 1월부터 4월까지의 예상 상품매출액은 다음과 같다.

월	예상 매출액
1월	₩4,000,000
2월	5,000,000
3월	6,000,000
4월	7,000,000

(주)대한은 20×1년 동안 월말 재고액을 다음 달 예상 매출원가의 10%이하 재고비율로 일정하게 유지하였다. 만약 20×2년 초부터 재고비율을 20%로 변경 · 유지한다면, 20×2년 3월 예상 상품매입액은 재고비율을 10%로 유지하는 경우에 비해 얼마나 증가하는가? 단, (주)대한의 매출총이익률은 30%로 일정하다고 가정한다.

① ₩50,000 ② ₩60,000 ③ ₩70,000
④ ₩80,000 ⑤ ₩90,000

10 **매입예산** 태양회사는 제품단위당 4g의 재료를 사용한다. 재료 1g당 가격은 ₩0.8이며, 다음 분기 재료 목표사용량의 25%를 분기 말 재고로 유지한다. 분기별 생산량은 다음과 같다. 1분기의 재료 구입액은 얼마인가? … 세무사 2005

	1분기	2분기
실제생산량(=목표생산량)	24,000	35,000

① ₩84,500 ② ₩85,600 ③ ₩86,400
④ ₩87,200 ⑤ ₩88,800

11 **매입예산** 다음은 (주)감평의 20×1년 상반기 종합예산을 작성하기 위한 자료의 일부이다. 4월의 원재료 구입예산액은? … 감평사 2022

- 예산판매량
  - 3월: 2,000단위 4월: 2,500단위 5월: 2,400단위 6월: 2,700단위
- 재고정책
  - 제품: 다음 달 예산판매량의 10%를 월말재고로 보유한다.
  - 원재료: 다음 달 생산량에 소요되는 원재료의 5%를 월말재고로 보유한다.
- 제품 1단위를 생산하는데 원재료 2kg이 투입되며, kg당 구입단가는 ₩10이다.

① ₩49,740 ② ₩49,800 ③ ₩49,860
④ ₩52,230 ⑤ ₩52,290

12 **현금예산** (주)감평은 매입원가의 130%로 매출액을 책정한다. 모든 매입은 외상거래이다. 외상매입액 중 30%는 구매한 달에, 70%는 구매한 달의 다음 달에 현금으로 지급된다. ㈜감평은 매월 말에 다음 달 예상 판매량의 25%를 안전재고로 보유한다. 20×1년도 예산자료 중 4월, 5월, 6월의 예상 매출액은 다음과 같다. … 감평사 2017

	4월	5월	6월
예상 매출액	₩1,300,000	₩3,900,000	₩2,600,000

20×1년 5월에 매입대금 지급으로 인한 예상 현금지출액은? 단, 4월, 5월, 6월의 판매단가 및 매입단가는 불변.

① ₩1,750,000 ② ₩1,875,000 ③ ₩2,050,000
④ ₩2,255,000 ⑤ ₩2,500,000

세무사 2011 ··· **13** **현금예산** 단일상품을 구입하여 판매하고 있는 (주)국세는 20×1년 초에 당해 연도 2분기 예산을 편성 중에 있다. 20×1년 4월의 외상매출액은 ₩3,000,000, 5월의 외상매출액은 ₩3,200,000 그리고 6월의 외상매출액은 ₩3,600,000으로 예상된다. (주)국세의 매출은 60%가 현금매출이며, 40%가 외상매출이다. 외상매출액은 판매일로부터 1달 뒤에 모두 현금으로 회수된다. (주)국세는 상품을 모두 외상으로 매입하며, 외상매입액은 매입일로부터 1달 뒤에 모두 현금으로 지급한다. (주)국세는 다음 달 총판매량의 20%를 월말재고로 보유하며, 매출총이익률은 20%이다. (주)국세가 20×1년 5월 중 상품 매입대금으로 지급할 현금은 얼마인가? 단, 월별판매 및 구입단가는 변동이 없다고 가정한다.

① ₩6,000,000 ② ₩6,080,000 ③ ₩6,400,000
④ ₩6,560,000 ⑤ ₩6,600,000

감평사 2020 ··· **14** **현금예산** (주)감평의 20×1년 4얼 초 현금잔액은 ₩450,000이며, 3월과 4월의 매입과 매출은 다음과 같다.

구분	매입액	매출액
3월	₩600,000	₩800,000
4월	500,000	700,000

매출은 모두 외상으로 이루어지며, 매출채권은 판매한 달에 80%, 그 다음 달에 20%가 현금으로 회수된다. 모든 매입 역시 외상으로 이루어지고, 매입채무는 매입액의 60%를 구입한 달에, 나머지 40%는 그 다음 달에 현금으로 지급한다. (주)감평은 모든 비용을 발생하는 즉시 현금으로 지급하고 있으며, 4월 중에 급여 ₩20,000, 임차료 ₩10,000, 감가상각비 ₩15,000이 발생하였다. (주)감평의 4월 말 현금잔액은?

① ₩540,000 ② ₩585,000 ③ ₩600,000
④ ₩630,000 ⑤ ₩720,000

세무사 2017 ··· **15** **현금예산** (주)세무의 외상매출대금은 판매 당월첫째 달에 60%, 둘째 달에 35%, 셋째 달에 5% 회수된다. 20×1년 12월 31일 재무상태표의 매출채권 잔액은 ₩70,000이며, 이 중 ₩60,000은 20×1년 12월 판매분이고, ₩10,000은 20×1년 11월 판매분이다. 20×2년 1월에 현금매출 ₩80,000과 외상매출 ₩350,000이 예상될 때, 매출과 관련된 20×2년 1월의 현금유입액과 1월 말 매출채권 잔액은?

	현금유입액	매출채권 잔액
①	₩335,000	₩145,000
②	₩345,000	₩145,000
③	₩345,000	₩147,500
④	₩352,500	₩145,000
⑤	₩352,500	₩147,500

16 **생산 및 매입예산** S사는 두 가지의 제품을 생산 · 판매하고 있다. 20×1년 10월에 S사의 예산부서는 20×2년도 예산을 작성하기 위해 다음의 자료들을 수집했다.

- 20×2년 판매예측

제품	단위	가격
제품 1	60,000	₩165
제품 2	40,000	₩250

- 20×2년 제품 재고수량

제품	기대목표	
	20×2년 1월 1일	20×2년 12월 31일
제품 1	20,000	25,000
제품 2	8,000	9,000

- 직접재료 소요량

직접재료	1단위당 사용량		
	단위	제품1	제품2
A	kg	4	5
B	kg	2	3
C	개	0	1

- 20×2년도의 직접재료에 대한 추정자료

직접재료	예상 구입가격	20×2년 1월1일 예상재고	20×2년 12월 31일 목표재고
A	₩12	32,000kg	36,000kg
B	5	29,000kg	32,000kg
C	3	6,000개	7,000개

- 20×2년도 직접노동시간과 임률에 대한 추정자료

제품	단위당 노동시간	시간당 임율
제품 1	2시간	₩12
제품 2	3	16

이상의 추정자료와 예산자료에 기초하여 다음의 20×2년도 예산을 편성하라.

물음:

1. 제조예산수량으로 표시
2. 직접재료구입예산수량과 금액으로 표시
3. 직접노무원가예산금액으로 표시

17 현금예산 지난 2개월간의 실제매입 및 실제매출과 9월의 예산매입 및 예산매출은 다음과 같다.

	매입	매출
7월	₩10,000	₩10,000
8월	15,000	20,000
9월	20,000	30,000

매입은 전액 외상매입이며, 외상매입금의 40%는 구입한 달에 지급하고 60%는 그 다음 달에 지급한다. 매출의 50%는 현금매출이며, 나머지는 외상매출이다. 외상매출의 75%는 판매 당월에, 24%는 판매 다음 달에 각각 회수되고 1%는 회수불능이다. 9월중에 발생할 기타 비용은 다음과 같으며 현금지출이 필요한 경우 바로 지급한다.

임차료	₩1,000
수도 · 광열비	500
감가상각비	2,000

물음:

1. 9월의 현금유출액을 계산하라.
2. 9월의 현금유입액을 계산하라.

Chapter 10

Strategic Management Accounting

차이분석

차이분석의 기초

| 예산과 표준원가

| 고정예산과 변동예산

| 차이분석 사례

제조원가의 차이분석

| 직접재료원가의 차이분석

| 직접노무원가의 차이분석

| 변동제조간접원가의 차이분석

| 고정제조간접원가의 차이분석

매출 차이분석

| 매출조업도차이와 매출가격차이

| 시장규모차이와 시장점유율차이

Strategic
Management Accounting

Chapter
10

차이분석

인플레이션은 모든 기업에 비슷한 영향을 미칠까? 원자재 가격과 물류비용의 상승은 수익성을 악화시키지만, 개별기업이 통제하기 어렵다. 제9장에서 살펴본 대로 기업은 매년 사업계획을 수립하고 예산을 편성해 집행한다. 그리고 기업활동의 결과는 사업계획 및 과거 실적과 비교된다. 기업의 이익은 생산효율이나 재고관리 등 기업 스스로 통제할 수 있는 요소의 영향도 받지만, 원자재 가격 상승이나 팬데믹 등 통제가 불가능한 환경요소의 영향도 받는다. 실제 이익이 예산상 이익과 다를 경우 개별 부서와 직원에 대한 성과평가는 어떻게 이루어질까? 다양한 사업부로 구성되고 수만 명이 근무하는 큰 회사가 모든 부서와 직원을 동일하게 취급하지는 않을 텐데, 합리적이고 체계적인 성과평가 방법은 무엇일까?

본 장에서는 예산과 실제결과를 비교하고 차이가 있다면 그 구체적인 원인이 무엇인가를 파악할 수 있게 하는 차이분석의 틀과 방법을 제조원가 차이와 매출 차이를 중심으로 설명한다. 예산이 단순히 기업구성원들이 미래에 나아가야 할 방향과 목표만을 제시하는 수준에서 그치고 사후관리가 이루어지지 않으면 무의미한 계획에 지나지 않는다. 예산활동이 기업의 실질적인 발전으로 이어지기 위해서는 기업의 구성원들이 수립된 목표를 위해 노력을 경주할 수 있도록 해야 한다. 기업구성원에게 예산목표를 달성하고자 하는 동기를 부여하기 위해서는 기간 초에 수립된 예산과 예산기간이 경과한 후의 실제결과를 비교하고 이에 기초하여 성과를 평가하고 보상으로 이어지도록 하는 절차가 반드시 뒤따라야 한다.

차이분석의 기초

예산과 표준원가

종합예산에서 제품 한 단위를 생산할 때 소요되는 각 원가요소의 수량과 가격은 주어진 것으로 가정한 바 있다. 예산의 목적을 생각해 보면 이때 적용하는 수량이나 가격은 단순히 실제 발생할 것으로 예상되는 것이 아니라 효율적인 생산환경에서 달성되기를 바라는 표준수량이나 표준가격이 보다 적절하다. 여기서 표준은 성과를 평가하거나 원가를 통제할 때 효율성을 판단하는 기준이 된다. 따라서 직접재료원가와 같은 변동제조원가의 표준원가는 제품 한 단위당 표준수량과 수량당 표준가격을 곱하여 구한다.

예산이 생산량이나 매출량 등의 조업도를 고려한 총액 개념이라고 한다면 **표준원가** standard cost는 원가통제 및 성과평가를 위해 단위당으로 나타낸 개념이라고 할 수 있다. 표준원가는 예산편성뿐만 아니라 원가통제, 성과평가나 가격결정과 같은 의사결정 등에 활용할 수 있다.

첫째, 표준원가는 **원가관리**를 위한 정보를 제공한다. 표준원가와 실제원가를 비교하고 차이를 분석하여 비효율성의 원인을 발견할 수 있다. 특히 경영자는 차이의 허용범위를 정하고 그 범위를 초과하여 비효율성이 발생할 경우 그 원인을 파악하여 신속히 제거하는 **예외에 의한 관리**management by exception를 할 수 있다.

둘째, 표준원가는 **성과평가**를 위한 정보를 제공한다. 표준원가를 기초로 성과를 평가함으로써 원가를 책임지고 있는 부문 관리자나 구성원들이 표준을 달성할 수 있도록 동기를 부여할 수 있다.

셋째, 표준원가는 **의사결정**을 위한 정보를 제공한다. 예를 들어 제품의 가격결정, 유휴생산능력을 활용하기 위한 특별주문의 수락 여부, 수익성이 없는 제품의 중단 등과 같은 의사결정에는 회사가 사전에 합리적으로 설정한 표준원가가 유용한 기초정보가 될 수 있다.

직접재료원가의 표준

직접재료원가는 제품 생산량에 비례하여 발생하는 변동제조원가이다. 제품단위당 표준직접재료원가는 재료단위당 표준가격에 제품 한 단위를 생산하는 데 투입되는 표준수량을 곱하여 구한다. 직접재료의 표준가격은 재료의 등급, 재료의 품질, 재료의 규격, 재료의 운송수단, 재료의 검수와 하역, 재료구입에 따른 할인 등을 고려하여 정상적으로 관리 가능한 가격을 표준으로 정한다. 표준수량은 효율적인 작업환경 하에서 제품 한 단위를 완성하는 데 투입되는 재료의 수량에 정상적인 감손, 공손, 작업비능률 등을 고려하여 설정한다.

직접노무원가의 표준

직접노무원가가 직접재료원가와 마찬가지로 변동원가일 경우 제품단위당 표준직접노무원가는 시간당 표준임률에 제품 한 단위를 생산하는 데 소요되는 표준노무시간을 곱하여 계산한다.[1] 표준임률은 기업의 임금형태나 임금체계를 적절히 고려하여 결정하며, 표준노무시간은 과거의 작업시간, 산업공학적인 시간이나 동작연구, 정상적인 작업손실을 고려하여 결정한다.

변동제조간접원가의 표준

변동제조간접원가는 직접재료원가나 직접노무원가처럼 생산량에 비례하는 변동원가이지만 이들과는 달리 제품에 직접 추적하기 어려운 다양한 원가로 구성된다. 예를 들어, 소모품과 같은 간접재료원가와 간접노무원가 또는 수도광열비와 같은 제조경비 등이 여기에 포함된다. 제품원가계산에서 뿐만 아니라 예산수립 또는 차이분석에서도 제품에 추적하기 어려운 모든 변동제조원가는 한데 묶어 '변동제조간접원가'라는 이름을 가진 하나의 원가처럼 간주한다. 이와 같이 처리하는 이유는 변동제조간접원가를 구성하는 원가가 매우 다양할 뿐만 아니라 금액도 크지 않기 때문에 일일이 처리하는 것보다 하나의 원가처럼 묶어서 처리하는 것이 원가-효익 차원에서 바람직하기 때문이다.

이러한 이유로 변동제조간접원가 그 자체에 대해서는 표준수량이나 표준가격이 존재하지 않는다. 그럼에도 불구하고 예산수립의 편의를 위해 표준수량이나 표준가격과 유사한 의미의 표준배부량, 표준배부율이라는 개념을 사용한다. 즉, 변동제조간접원가를 추정하거나 배부하는 데 사용하는 원가동인을 마치 이 원가를 발생시키는 수량으로, 원가동인당 변동제조간접원가 배부율을 지불해야 하는 가격처럼 간주한다.

예를 들어, 제조간접원가를 추정하거나 배부할 때 사용하는 원가동인이 직접노무시간이고

---

1 본장에서 직접노무원가는 전액 변동원가라고 가정한다.

사전에 결정된 제조간접원가 추정식이 다음과 같다고 하자.

- **제조간접원가** = ₩60,000 + ₩300 × **직접노무시간**

여기서 '₩300 × 직접노무시간'이 변동제조간접원가 예산액이라고 할 수 있다. 만약 제품 한 단위를 생산하는 데 표준직접노무시간 3시간이 소요된다면 이 시간수량이 바로 변동제조간접원가의 표준수량이 되며 기울기에 해당하는 '₩300'이 변동제조간접원가의 표준가격이라고 할 수 있다. 다만, 변동제조간접원가의 경우에는 표준수량이나 표준가격 자체가 존재하지 않기 때문에 표준수량 대신 표준배부량, 표준가격 대신 표준배부율이라는 용어를 사용한다. 제조간접원가를 구성하는 각 세부원가와 원가발생원인을 충분히 검토하여 효율적인 환경 하에서 발생할 것으로 예상되는 제조간접원가 추정식을 구하는 것이 관건이 된다.

고정제조간접원가예산액

고정제조간접원가는 조업도와 비례관계가 없다는 점에서 변동제조원가와 구별되지만 제품에 직접 추적할 수 없는 여러 다양한 제조원가로 구성되어 있다는 점에서 변동제조간접원가와 유사하다. 고정제조간접원가는 조업도와 무관하게 발생하는 원가이므로 표준 개념을 사용하지 않고 총액으로 표시하는 것이 적절하다.

고정제조간접원가 예산액은 이를 구성하는 모든 세부항목의 예산액을 합하여 구하거나 사전에 결정된 제조간접원가의 추정식으로부터 얻을 수 있다. 이 경우 고정제조간접원가 예산액은 제조간접원가 추정식의 절편에 해당한다. 앞서 언급한 추정식에서는 '₩60,000'이 고정제조간접원가 예산액이 된다.

고정예산과 변동예산

제9장의 종합예산에서는 판매량 예측치를 기준으로 모든 예산을 수립한 바 있다. 이제 기간이 경과하고 실제결과가 확정되어 예산과 실제결과를 비교한다고 하자. 예산상의 변동제조원가가 ₩1,000,000인 데 반해 실제변동제조원가는 ₩1,100,000이라면 실제원가가 예산보다 많이 발생하였으므로 제조과정에 문제가 있었다고 판단할 수 있는가?

예산상 원가와 실제원가를 비교하기에 앞서 우선적으로 실제조업도와 예산상 조업도에 차이는 없는지 확인해야 한다. 만약 예산은 생산판매량 1,000개를 기준으로 수립되었는데 실제로는 1,200개가 생산 · 판매되었다면 변동제조원가가 더 많이 발생할 수밖에 없다. 최초 예산과 실제결과를 단순 비교하는 것은 무의미하며 비교 가능하도록 예산을 수정할 필요가 있다. 위의 예에서는 1,000개 기준의 예산이 아니라 1,200개 기준의 예산과 실제결과를 비교하는 것이 적절하다.

종합예산처럼 계획목적으로 예측조업도에 맞춰 수립된 예산을 **고정예산**static budget이라고 하며, 사후적으로 실제조업도가 확정되었을 때 실제조업도를 기준으로 한 비교목적의 예산을 **변동예산**flexible budget이라고 한다. 예산과 실제결과를 비교할 때는 조업도 자체의 차이고정예산과 변동예산의 차이에서 오는 효과와, 조업도를 실제와 일치시킨 상태에서 발생하는 차이변동예산과 실제결과의 차이를 구분하여 분석할 필요가 있다.

차이분석 사례

다음 예 10－1의 자료를 이용하여 예산과 실제결과를 비교하는 기본적인 차이분석을 해 보자.[2]

EXAMPLE 10-1

다음 자료는 S사의 20×1년 예산과 실제결과이다.

예산자료

1. **예산매출량과 판매가격**
   매출량: 250개(시장규모: 2,500개, 시장점유율: 10%)
   판매가격: ₩8,000

2. **표준제조원가**
   표준변동제조원가

	단위당 수량(배부량)	단가(배부율)	단위당 원가
직접재료원가	120kg	₩20/kg	₩2,400
직접노무원가	3시간	₩400/직접노무시간	1,200
변동제조간접원가	3시간	₩300/직접노무시간	900
			₩4,500

고정제조간접원가 예산액: ₩60,000

2 본 사례는 이하 각 차이를 분석할 때 반복적으로 사용된다.

3. 예산손익계산서

매출			₩2,000,000
변동매출원가:			
	직접재료원가	₩600,000	
	직접노무원가	300,000	
	변동제조간접원가	225,000	1,125,000
공헌이익			875,000
고정제조간접원가			60,000
영업이익			₩815,000

실제결과

1. 실제매출량과 판매가격

매출량: 210개(시장규모: 3,000개, 시장점유율: 7%)

판매가격: ₩8,500

2. 실제제조원가

변동제조원가

	단위당 수량	단가	단위당 원가
직접재료원가	130kg	₩22/kg	₩2,860
직접노무원가	3.5시간	₩380/직접노무시간	1,330

변동제조간접원가 발생액: ₩242,550

고정제조간접원가 발생액: ₩62,000

3. 실제손익계산서

매출			₩1,785,000
변동매출원가:			
	직접재료원가	₩600,600	
	직접노무원가	279,300	
	변동제조간접원가	242,550	1,122,450
공헌이익			662,550
고정제조간접원가			62,000
영업이익			₩600,550

기타사항

- 판매량만큼만 생산하므로 재공품과 제품의 기초 및 기말 재고자산은 존재하지 않는다.
- 예산수립 시 사용한 제조간접원가 추정식은 다음과 같다.

제조간접원가=₩60,000+₩300×직접노무시간

즉, 고정제조간접원가 예산총액은 ₩60,000이며 변동제조간접원가는 직접노무시간당 ₩300씩 발생한다.

유리한 차이와 불리한 차이

위의 자료에서 예산과 실제손익계산서를 비교하고 그 차이액을 표시하면 표 10-1과 같다. 차이액 옆에 표시되어 있는 F와 U는 각각 **유리한 차이**favorable variance와 **불리한 차이**unfavorable variance를 의미하는데, 여기서 유리와 불리는 실제영업이익에 미치는 영향을 의미한다. 예를 들어, 예산매출액과 실제매출액의 차이는 ₩215,000만큼 불리한 차이인데, 이는 예산상 영업이익에 비하여 실제영업이익에 ₩215,000만큼 음(-)의 영향을 주는 차이라는 뜻이다.

전체적으로 볼 때 예산과 실제의 이익차이는 ₩214,450로서 예산에 못 미치는 실제결과를 보여주고 있다. 여기서 이익의 차이액 못지않게 중요한 것은 차이의 원인이 어디에 있는가를 파악하는 것이다.

매출조업도차이와 변동예산차이

원인 중 가장 쉽게 확인할 수 있는 것은 실제매출량 자체가 예산보다 적었다는 점이다. 그렇다면 이익의 차이 ₩214,450이 모두 매출량의 차이에 의한 것인가? 이를 알기 위해서는 다른 수치는 예산과 동일하되 매출량만 다르다고 가정할 때 이익의 차이를 구해야 한다.

원가 · 조업도 · 이익 관계로부터 실제매출량에 기초한 예산이익과 최초 예산상 이익의 차이액을 구하면 다음과 같다. 이 예에서 유일한 고정원가인 고정제조원가는 매출량과 무관하므로 결국 매출량 차이로 인한 이익의 차이는 총공헌이익의 차이 ₩140,000이 된다.

- **이익의 차이 = (예산상 매출량 - 실제매출량) × 단위당 공헌이익**
  = (250개 - 210개) × (₩8,000 - ₩4,500)
  = ₩140,000

실제와 예산 간의 이익차이 ₩214,450 중에 매출량으로 인한 차이액은 그 일부인 ₩140,000이고 나머지 ₩74,450은 다른 이유로 발생한 것임을 짐작할 수 있다. 실제결과를 예산과 비교할 때는 매출량에 의한 차이와 다른 원인에 의한 차이를 구분하는 것이 필요하며 이를 위해서는 변동예산수치를 비교목적으로 활용해야 한다.

표 10-2는 표 10-1에 변동예산의 수치를 추가하고 두 종류의 차이분석결과를 제시하고 있다. 표 10-2의 오른쪽에 제시한 **매출조업도차이**sales-volume variance는 원래의 예산인 고정예

표 10-1 예산과 실제의 비교

	실제결과	차이	예산
매출량	210개	40개	250개
매출	₩1,785,000	₩215,000(U)	₩2,000,000
변동제조원가:			
직접재료원가	600,600	600(U)	600,000
직접노무원가	279,300	20,700(F)	300,000
변동제조간접원가	242,550	17,550(U)	225,000
공헌이익	662,550	212,450(U)	875,000
고정제조간접원가	62,000	2,000(U)	60,000
영업이익	₩600,550	₩214,450(U)	₩815,000

표 10-2 매출조업도차이와 변동예산차이

	실제결과	변동예산차이	변동예산	매출조업도차이	고정예산
매출량	210개		210개		250개
매출	₩1,785,000	₩105,000(F)	₩1,680,000	₩320,000(U)	₩2,000,000
변동제조원가:					
직접재료원가	600,600	96,600(U)	504,000	96,000(F)	600,000
직접노무원가	279,300	27,300(U)	252,000	48,000(F)	300,000
변동제조간접원가	242,550	53,550(U)	189,000	36,000(F)	225,000
공헌이익	662,550	72,450(U)	735,000	140,000(U)	875,000
고정제조간접원가	62,000	2,000(U)	60,000	–	60,000
영업이익	₩600,550	₩74,450(U)	₩675,000	₩140,000(U)	₩815,000

산과 실제매출량에 기초한 변동예산과의 차이를 보여준다. 고정예산과 변동예산과의 이익차이 ₩140,000은 앞서 설명한 바와 동일하다. 표 10-2의 왼쪽에 제시한 **변동예산차이**flexible budget variance는 변동예산과 실제결과의 이익차이 ₩74,450의 원인을 항목별로 보여주고 있다.

변동예산차이를 구성하는 항목은 크게 매출액과 제조원가로 구분할 수 있다. 변동예산상의 매출액과 실제매출액 간에는 이미 매출량의 효과가 제거되었으므로 유리한 차이 ₩105,000은 전액 판매가격으로 인한 차이임을 알 수 있는데, 이를 **매출가격차이**sales price variance라고 한다. 제품단위당 판매가격차이 ₩500에 매출량 210개를 곱하면 이 차이액을 구할 수 있다.

제조원가의 경우 모든 원가항목에서 불리한 차이를 보여 주고 있지만 차이의 원인이 무엇인지는 아직 알 수 없다. 예를 들어, 직접재료원가는 ₩96,600만큼 불리한 차이를 보이고 있지만 이 차이의 원인이 재료사용량이나 재료구입단가가 예산과 다르기 때문이 아닐까 짐작할 수 있을 뿐이다. 이제 우리는 각 제조원가에서 발생한 차이의 원인을 좀 더 자세히 분석할 단계가 되었다.

제조원가의 차이분석

제조원가의 실제발생액과 변동예산액의 차이를 좀더 자세히 분석하기 위해서 그림 10-1에 제시되어 있는 분석의 틀을 생각해 보자. 분석 틀의 왼쪽에는 실제가격에 실제 사용한 수량을 곱한 실제발생액을, 오른쪽에는 표준가격에 실제조업도에 허용된 표준수량을 곱한 변동예산

그림 10-1 차이분석의 틀

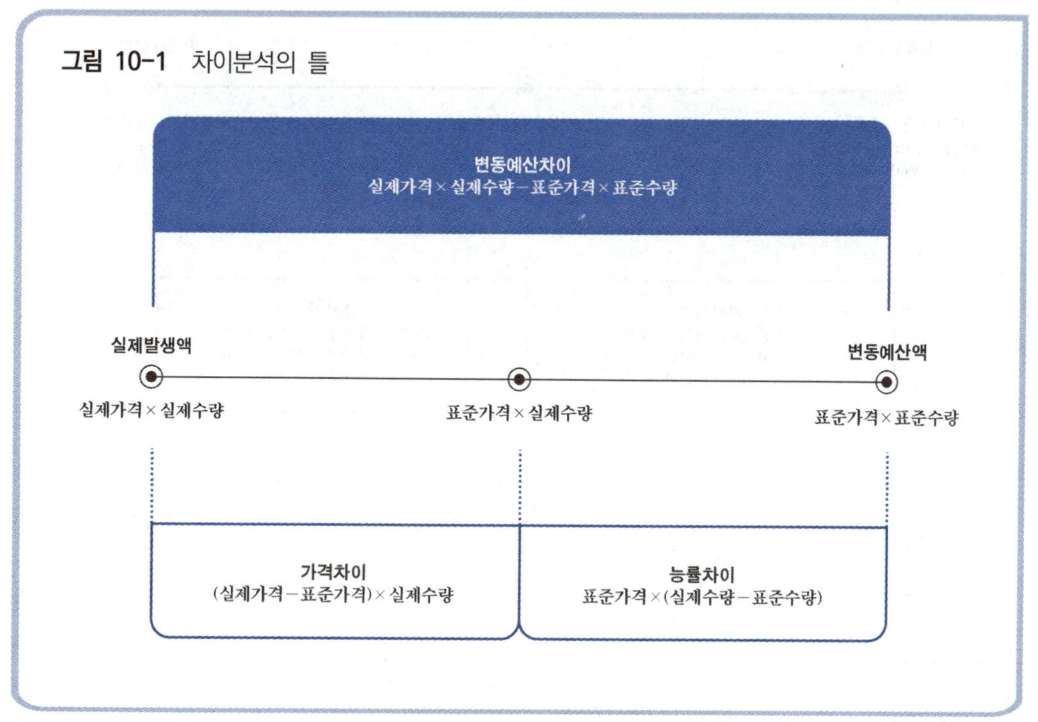

산액을 각각 표시하고 있다. 그리고 가운데에는 표준가격에 실제수량을 곱한 가상의 금액을 추가하였다.

왼쪽의 실제발생액과 가운데 (표준가격×실제수량) 금액의 차이는 표준가격과 실제가격의 차이로 인해 발생한 변동예산차이를 보여주고 있으며, 가운데 (표준가격×실제수량) 금액과 오른쪽의 변동예산액과의 차이는 표준수량과 실제수량의 차이로 인해 발생한 변동예산차이를 보여주고 있다.[3] 여기서 첫 번째 차이를 **가격차이**price variance라고 부르고, 두 번째 차이를 **능률차이**efficiency variance라고 한다. 두 차이를 합한 금액은 변동예산차이 전체 금액이 된다. 이 분석의 틀은 변동제조원가, 즉 직접재료원가, 직접노무원가, 변동제조간접원가의 차이분석에 공통적으로 사용할 수 있다.

그림 10-2 직접재료원가의 차이분석

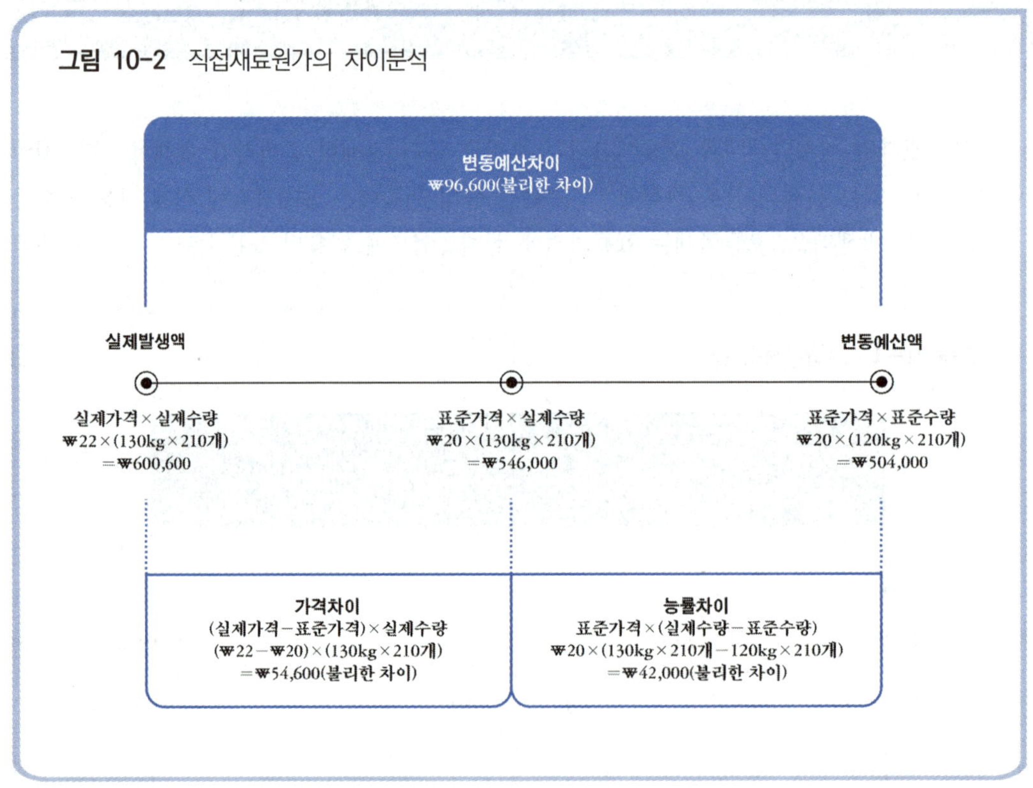

3 직접노무원가의 경우 가격에 해당하는 것은 임률(wage rate)이며, 수량에 해당하는 것은 노무시간이다. 또 변동제조간접원가의 경우에는 각각 배부율과 배부기준수량을 의미한다.

직접재료원가의 차이분석

직접재료원가의 변동예산차이는 가격차이와 능률차이로 구분할 수 있다.[4] 표 10–2에서 직접재료원가의 변동예산차이는 불리한 차이 ₩96,600이었는데 이를 차이분석의 틀을 이용하여 분석하면 불리한 가격차이 ₩54,600과 불리한 능률차이 ₩42,000으로 나눌 수 있다. 그림 10–2는 각 차이의 계산과정을 보여주고 있다.

불리한 직접재료원가 가격차이가 발생하는 원인은 예산을 수립할 당시와 달리 시장상황이 변하여 원자재의 가격이 오르거나, 원래 의도했던 것보다 고품질의 재료를 구입하게 되어 더 높은 가격을 지불한 때문일 수 있다. 예에서는 실제가격 ₩22이 표준가격 ₩20을 초과하여 불리한 가격차이가 발생하였지만 반대되는 상황이 발생하면 유리한 가격차이가 된다.

불리한 직접재료원가 능률차이는 제품설계나 공정설계에 문제가 있어 구조적으로 재료소비량이 과도하게 발생하거나 저급의 재료를 구입하는 경우 또는 작업자의 숙련도가 떨어지는 경우에 발생가능하다. 한편 유리한 능률차이는 고품질의 재료를 사용하거나 효율적인 작업으로 인해 생길 수 있다.

고저품질의 원재료는 불리유리한 가격차이를 낳을 수 있지만 다른 한편으로는 유리불리한 능률차이를 낳게 하는 원인이 될 수 있다. 재료의 가격차이와 능률차이는 **상반관계**trade–off에 놓일 수 있다.

직접노무원가의 차이분석

직접노무원가의 변동예산 차이 역시 가격차이임률차이와 능률차이로 구분할 수 있다. 표 10–2에 직접노무원가의 변동예산차이는 불리한 차이 ₩27,300이었는데 이를 차이분석의 틀을 이용하여 분석하면 유리한 가격차이 ₩14,700과 불리한 능률차이 ₩42,000으로 나눌 수 있다. 그림 10–3에서 각 차이의 계산과정을 볼 수 있다.

직접노무원가 가격차이는 표준을 수립할 때 계획했던 것보다 숙련된 작업자나 또는 미숙련자를 작업에 투입하는 경우 숙련도에 따른 임률의 차이로 인해 발생할 수 있다. 경우에 따라서는 작업 외적인 요인에 의해 직접노무원가 가격차이가 발생할 수도 있다.

예를 들어, 노동조합과의 임금교섭 결과 임금을 인상하거나 전반적인 경제상황에 따라 임금이 변하게 되는 경우 발생할 수 있다. 작업 외적인 이유로 가격차이가 발생하는 경우에는 생

4 직접재료원가의 능률차이는 수량차이(quantity variance)라고 부르기도 한다.

그림 10-3 직접노무원가의 차이분석

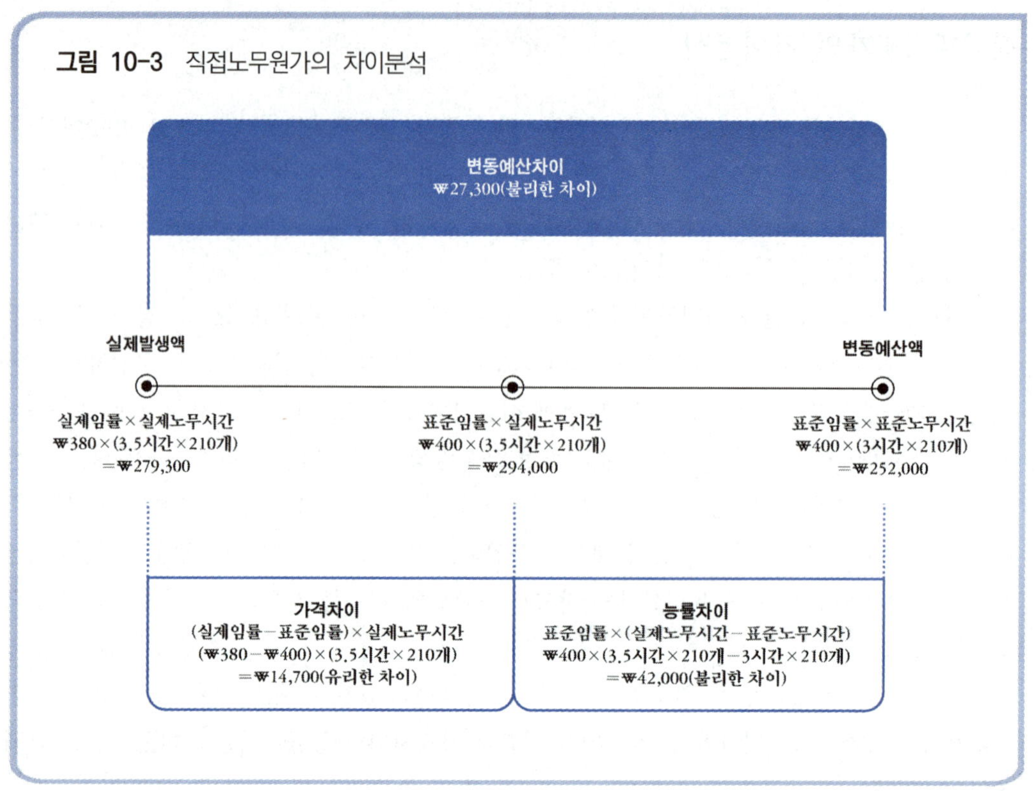

산담당 부서에서 통제가 불가능하지만, 작업자의 숙련도에 따른 가격차이는 작업자를 숙련도에 따라 적재적소에 배치한다면 해결될 수도 있다. 숙련작업자를 작업에 투입할 경우 가격차이에서는 불리한 차이가 발생하지만 노동생산성의 증가로 능률차이는 유리한 결과를 보일 수 있다.

직접노무원가의 능률차이는 노동생산성을 나타내는 것으로 작업자의 동기부여 결여, 교육훈련의 부족, 저질의 원재료 사용으로 인한 작업손실, 숙련도가 낮은 작업자 투입, 기계정비의 미비, 제품품질의 통제강화, 생산계획의 차질 등의 이유로 발생할 수 있다. 이와 같은 작업의 비능률 중에는 생산부서가 자체적으로 해결할 수 없는 경우도 있다. 예컨대 유리한 가격차이를 얻기 위해 자재 구매 부서에서 저급한 재료를 제공한다면 작업능률 저하와 불리한 능률차이를 피할 수 없기 때문이다. 원가차이는 그 자체로 평가하기에 앞서 차이의 원인과 다른 차이와의 상반관계를 면밀히 검토할 필요가 있다.

변동제조간접원가의 차이분석

변동제조간접원가의 차이분석은 직접재료원가 및 직접노무원가에 적용했던 방법을 그대로 사용하지만 차이의 의미가 매우 다르다는 점에 유의하여야 한다. 특히 변동제조간접원가의 차이는 가격차이 대신 **소비차이**spending variance라는 용어를 사용하며 능률차이도 변동제조간접원가 자체의 효율성과는 무관하다.

변동제조간접원가의 표준설정에서 이미 언급한 것처럼 변동제조간접원가에는 표준배부율과 표준배부기준량이라는 개념을 사용한다. 표준배부율은 변동제조간접원가를 구성하는 다양한 원가의 발생을 공통적으로 설명할 수 있는 원가동인이 정해진 상태에서 그 원가동인량이 한 단위 증가할 때마다 변동제조간접원가가 얼마만큼 증가하는가를 의미한다. 그리고 표준배부기준량은 제품 한 단위 생산할 때 앞서 정한 원가동인의 표준소요량을 의미한다.

예를 들어, 어느 기업의 변동제조간접원가가 소모품비, 간접노무원가, 수도광열비로 구성되어 있다고 하자. 과거 자료를 분석한 결과 이들 원가의 발생을 가장 잘 설명할 수 있는 원가동인은 직접노무시간이며 효율적인 작업환경 하에서 직접노무시간이 한 시간 늘어날 때마다 소모품비, 간접노무원가, 수도광열비를 합한 변동제조간접원가가 ₩10,000씩 증가하는 것을 확인할 수 있었다면 이것이 바로 변동제조간접원가의 표준배부율이라고 할 수 있다. 만약 이 회사가 제품 한 단위를 생산하는 데 소요되는 표준직접노무시간이 2시간이라면 이것이 바로 단위당 표준배부기준량이 되고 이번 회계기간 중 제품생산량이 1,000개이었다면 표준배부기준총량은 직접노무시간 2,000시간이라고 할 수 있다.

변동제조간접원가의 소비차이는 다음과 같이 계산한다.

formula

변동제조간접원가 소비차이＝실제변동제조간접원가 발생액－표준배부율×실제배부기준량
＝실제배부율×실제배부기준량－표준배부율×실제배부기준량
＝(실제배부율－표준배부율)×실제배부기준량

변동제조간접원가의 능률차이는 다음과 같이 계산한다.

formula

변동제조간접원가 능률차이＝표준배부율×실제배부기준량－표준배부율×표준배부기준량
＝표준배부율×(실제배부기준량－표준배부기준량)

위의 식에서도 알 수 있듯이 변동제조간접원가의 능률차이는 실제배부기준량이 실제산출량에 허용된 표준배부기준량과 다르기 때문에 나타나는 것으로 변동제조간접원가 자체의 능률성과는 무관하며 선택한 배부기준의 능률성과 관련되어 있다. 다음 예제는 변동제조간접원가의 소비차이와 능률차이의 의미를 이해하는 데 도움이 된다.

EXAMPLE 10-2

다음은 S사의 변동제조간접원가를 구성하는 각 원가에 대한 직접노무시간당 표준소비량과 단가이다.

항목	직접노무시간당 표준소비량	표준단가	직접노무시간당 금액
소모품	1kg	₩10	₩10
간접노무원가	1시간	₩20	₩20
전력비	1kWh	₩30	₩30
		변동제조간접원가 표준배부율:	₩60

위 자료에 의할 때 변동제조간접원가 각 항목의 소비량이 직접노무시간과 관련이 있으므로 변동제조간접원가 전체에 대해 적절한 배부기준은 직접노무시간이다. 따라서 회사에서는 변동제조간접원가 표준배부율을 직접노무시간당 ₩60으로 정했다. 한편 제품 한 단위당 표준직접노무시간은 1시간이다.

특정 기간 동안의 실제 제품생산량은 100개이고 이때 투입한 직접노무시간은 108시간이었으며 변동제조간접원가의 각 항목별 실제소비량과 실제단가는 다음과 같았다.

항목	실제소비량	실제단가	금액
소모품	109kg	₩10	₩1,090
간접노무원가	95시간	₩22	2,090
전력비	120kWh	₩32	3,840
		변동제조간접원가 실제 발생액:	₩7,020

Question

1. 변동제조간접원가 실제배부율은 얼마인가?
2. 소비차이는 얼마인가? 소비차이가 발생한 이유는 무엇인가?
3. 능률차이는 얼마인가? 능률차이가 발생한 이유는 무엇인가?

주어진 자료에 의하면 변동제조간접원가 실제배부율과 소비차이는 다음과 같다.

- **실제배부율 = ₩7,020 ÷ 108시간 = ₩65/시간**

- **소비차이＝실제변동제조간접원가 발생액－표준배부율×실제배부기준량**
  ＝실제배부율×실제직접노무시간－표준배부율×실제직접노무시간
  ＝(₩65－₩60)×108시간
  ＝₩540(불리한 차이)

소비차이가 발생한 이유는 실제배부율이 표준배부율보다 크기 때문이다. 실제배부율이 표준배부율보다 큰 이유는 변동제조간접원가를 구성하는 세부항목의 실제소비량 및 실제단가가 표준소비량 및 표준단가와 다르고, 실제직접노무시간과 표준직접노무시간이 다르기 때문이다. 즉, 소비차이는 변동제조간접원가를 구성하는 세부항목의 가격효과와 능률효과가 모두 포함되는 것으로 이해할 수 있다. 다음 표에서 비교목적으로 함께 표시한 표준단가 및 소비량을 살펴보면 실제 배부율과 표준배부율이 다른 이유를 쉽게 확인할 수 있다.

항목	실제소비량 (표준소비량)	실제단가 (표준단가)	실제발생금액 (표준발생액)
소모품	109kg(100kg)	₩10(₩10)	₩1,090(₩1,000)
간접노무원가	95시간(100시간)	₩22(₩20)	2,090(₩2,000)
전력비	120kWh(100kWh)	₩32(₩30)	3,840(₩3,000)
		변동제조간접원가 실제발생 총액(표준발생 총액):	₩7,020(₩6,000)
		실제직접노무시간(표준직접노무시간):	108시간(100시간)
		실제배부율(표준배부율):	₩65/시간(₩60/시간)

변동제조간접원가의 능률차이는 배부기준으로 선택한 직접노무시간의 실제시간이 허용된 표준시간보다 많이 발생했기 때문에 다음과 같이 불리한 차이를 보인다.

- **능률차이＝표준배부율×실제직접노무시간－표준배부율×표준직접노무시간**
  ＝₩60×(108시간－100시간)
  ＝₩480(불리한 차이)

표 10-2의 변동제조간접원가 변동예산차이 ₩53,550(U)를 소비차이와 능률차이로 분해하면 그림 10-4와 같다.

그림 10-4 변동제조간접원가의 차이분석

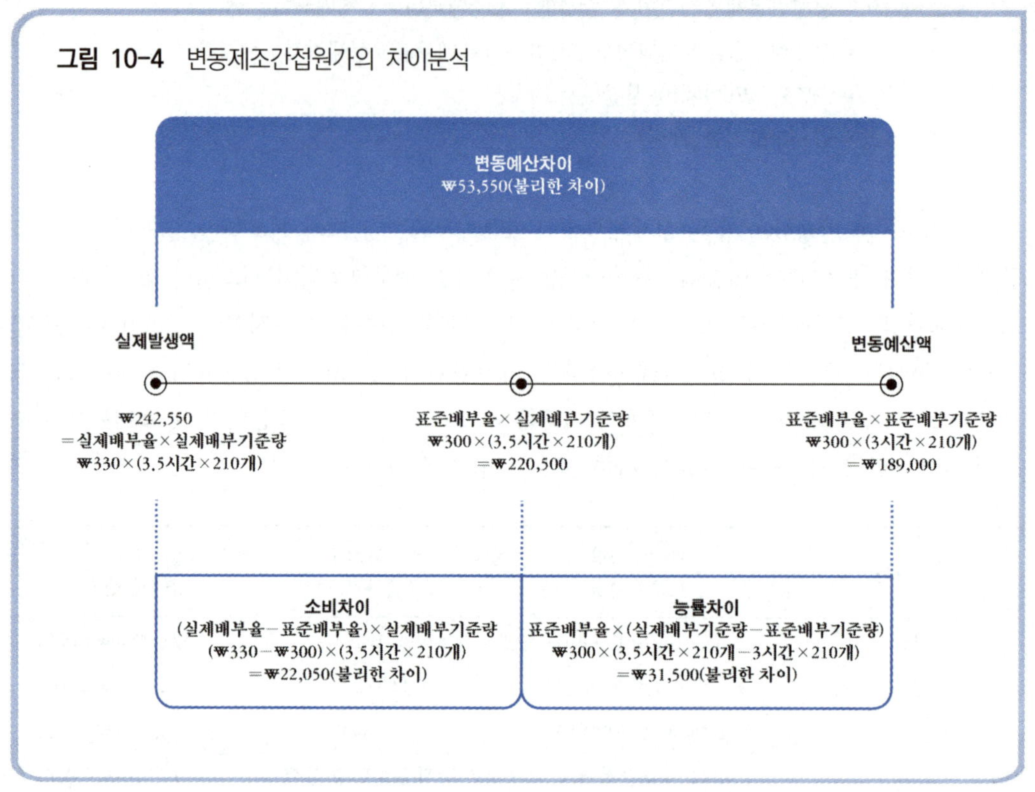

고정제조간접원가의 차이분석

고정제조간접원가는 변동제조원가와는 달리 조업도와 무관하게 일정한 금액이 발생하는 원가이다. 따라서 고정예산 금액과 실제조업도에 기초한 변동예산 금액이 동일하다. 또 변동원가처럼 생산량에 따라 원가요소 투입량이 달라지는 원가가 아니므로 능률차이가 발생하지 않는다. 고정제조간접원가는 실제발생액과 예산액의 차이, 즉 예산차이만을 식별할 수 있으며 이를 **소비차이** 또는 **예산차이**라고 부른다. 앞선 사례를 이용한 고정제조간접원가 차이분석은 그림 10-5와 같다.

고정제조간접원가의 소비차이가 발생하는 주된 원인은 고정제조간접원가를 구성하고 있는 세부항목의 외부 가격변동에 의한 것이므로 변동제조원가의 능률차이와는 달리 경영자가 적극적으로 개입하여 관리를 할 수 있는 차이는 아니다.[5]

5 고정제조간접원가의 경우 소비차이 이외에도 조업도차이(volume variance)가 있다. 조업도차이는 '표준원가계산'

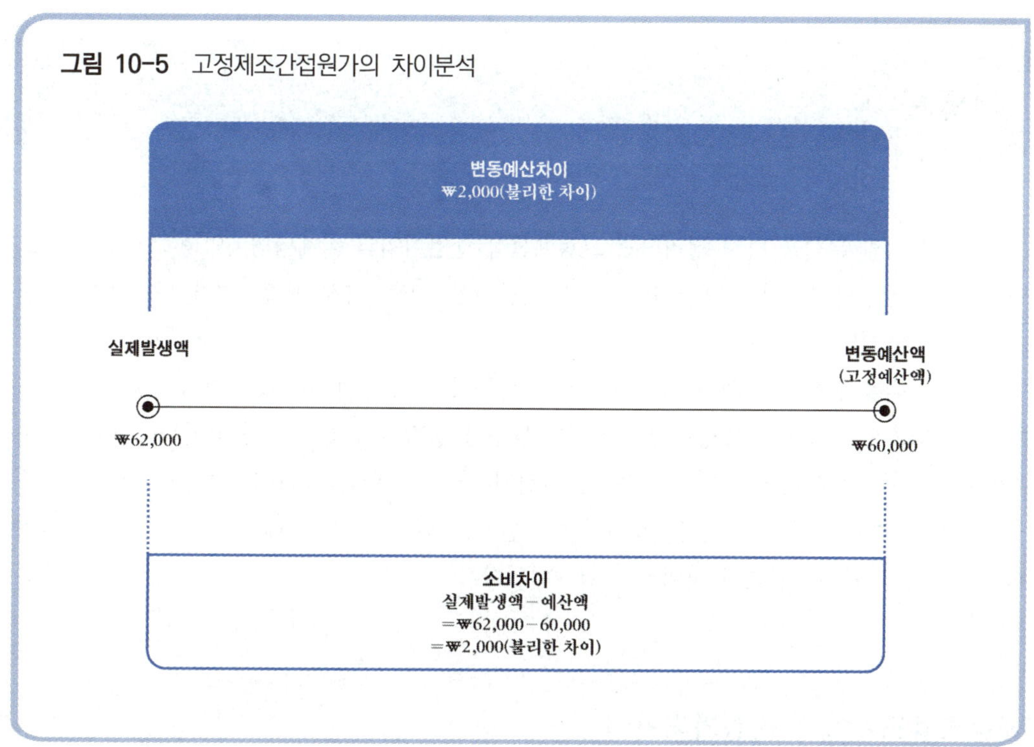

그림 10-5 고정제조간접원가의 차이분석

지금까지 행한 모든 제조원가 차이분석 결과를 요약하면 표 10-3과 같다.

표 10-3 제조원가 차이분석의 요약

원가	변동예산	변동예산차이			실제결과
		가격차이	능률차이	총차이	
직접재료원가	₩504,000	₩54,600(U)	₩42,000(U)	₩96,600(U)	₩600,600
직접노무원가	252,000	14,700(F)	42,000(U)	27,300(U)	279,300
변동제조간접원가	189,000	22,050(U)•	31,500(U)	53,550(U)	242,550
고정제조간접원가	60,000	₩2,000(U)•	–	2,000(U)	62,000

• 소비차이

에서 고정제조간접원가를 제품에 배부할 때 나타나는 것으로 표준배부액과 예산액 간의 차이를 말한다. 본 서에서는 다루지 않으며 표준원가계산을 다루는 원가회계 교재를 참고하기 바란다.

매출차이분석

지금까지의 분석을 다시 정리하면 고정예산상 영업이익과 실제영업이익의 차이는 매출조업도차이와 변동예산차이로 나눌 수 있으며, 변동예산차이는 다시 매출가격차이와 제조원가차이로 나눌 수 있다.

차이분석을 통해 차이의 원인과 책임소재를 찾아 문제를 개선하고자 한다면 해당 업무를 가장 잘 알고 있는 부서나 담당자에게 차이의 원인을 설명하게 하는 것이 적절하다. 이러한 관점에서 차이를 크게 분류하면 수익활동과 관련된 차이와 생산활동과 관련된 차이로 나눌 수 있다. 제조원가차이를 주로 생산과정에서 발생한 차이라고 한다면, 매출조업도차이와 매출가격차이는 수익활동과 관련된 차이라고 할 수 있다.

매출조업도차이와 매출가격차이

매출조업도차이sales-volume variance는 매출량의 차이로 인해 나타나는 고정예산상 공헌이익과 변동예산상 공헌이익의 차이를 말하며, **매출가격차이**sales price variance는 제조원가차이가 없다고 가정할 때 실제공헌이익과 변동예산상 공헌이익의 차이가 된다.

formula

매출차이=고정예산상 공헌이익−실제판매가격과 표준변동제조원가를 적용한 공헌이익
=매출량의 차이로 인한 공헌이익 차이액+판매가격의 차이로 인한 공헌이익 차이액
=매출조업도차이+매출가격차이

구체적으로 매출차이는 그림 10-6에서 제시한 산식으로 계산한다. 예 10-1에 이들 산식을 그대로 적용하면 다음과 같다.

- **매출가격차이=(실제판매가격−표준변동제조원가)×실제판매량**
  −(표준판매가격−표준변동제조원가)×실제판매량
  =(₩8,500−₩4,500)×210개−(₩8,000−₩4,500)×210개
  =₩105,000(유리한 차이)

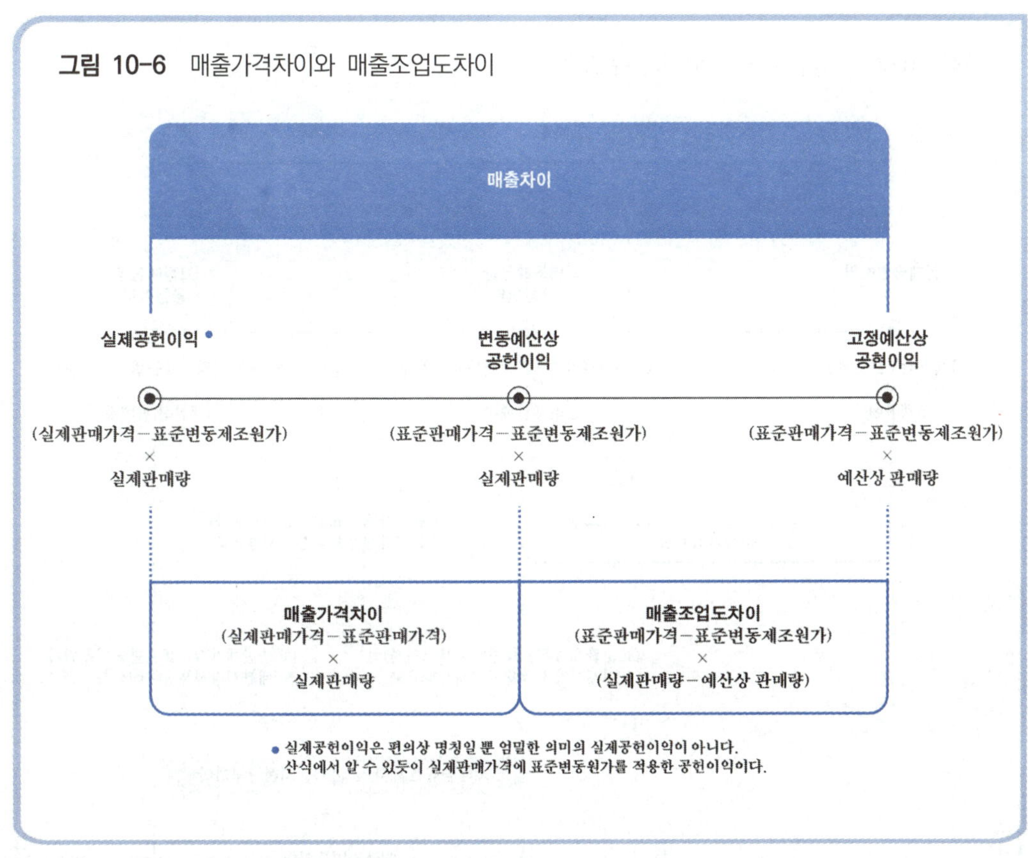

그림 10-6 매출가격차이와 매출조업도차이

- **매출조업도차이＝(표준판매가격－표준변동제조원가)×(고정예산상판매량－실제판매량)**

  ＝(₩8,000－₩4,500)×(250개－210개)

  ＝₩140,000(불리한 차이)

시장규모차이와 시장점유율차이

회사가 판매하는 제품의 매출수량은 그 제품을 소비하는 전체 시장의 규모와 그 회사의 시장지배 정도에 영향을 받는다. 따라서 예산상 판매량과 실제판매량 간의 차이는 시장규모 크기에 의한 차이와 시장점유율에 의한 차이로 구분할 수 있다. 즉 매출조업도차이는 시장규모차이와 시장점유율차이로 다시 세분할 수 있다.

산업의 총수요를 나타내는 시장규모는 기업의 입장에서 볼 때 통제할 수 없지만, 시장점

그림 10-7 시장점유율차이와 시장규모차이

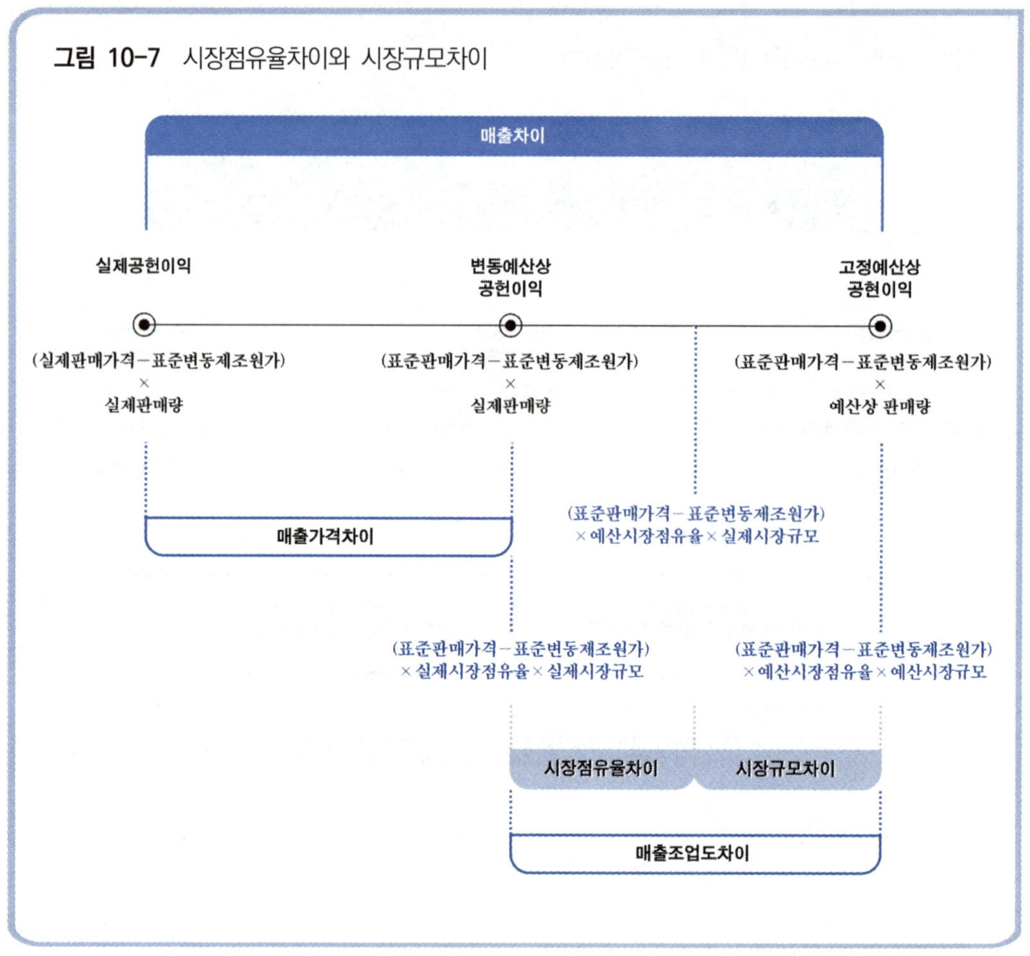

유율은 광고, 판매촉진, 제품의 품질향상, 제품판매서비스 등으로 기업의 노력여하에 달려있다. 따라서 시장규모에 따른 차이는 통제불가능한 차이라고 할 수 있으며, 시장점유율에 의한 차이는 통제가능한 차이라고 할 수 있다.

시장규모차이market size variance는 예산수립 시 회사가 상정한 시장점유율이 그대로 유지된다고 할 때 실제시장규모와 예산시장규모 간의 차이로 인해 발생하는 공헌이익의 차이를 의미한다. 이것을 계산식으로 표시하면 다음과 같다.

formula

시장규모차이＝(실제시장규모－예산시장규모)×예산시장점유율×단위당 표준공헌이익

시장점유율차이market－share variance는 실제시장규모 하에서 실제시장점유율과 예산상 시장점유율 간의 차이로 인해 발생하는 공헌이익의 차이를 의미한다. 이것을 계산식으로 표시하면 다음과 같다.

formula

시장점유율차이＝(실제시장점유율－예산시장점유율)×실제시장규모×단위당 표준공헌이익

S사의 예에 의하면 S사의 고정예산상 판매량은 전체시장규모 2,500개에 시장점유율 10%를 예상하여 정해진 250개이지만 실제판매량은 210개로서 이때 실제시장규모는 3,000개였으며 실제 시장점유율은 7%였다. 이에 의하면 시장규모차이와 시장점유율차이는 각각 다음과 같이 구할 수 있다.

- **시장규모차이＝(실제시장규모－예산시장규모)×예산시장점유율×단위당 표준공헌이익**
  ＝(3,000개－2,500개)×10%×₩3,500
  ＝₩175,000(유리한 차이)

- **시장점유율차이＝(실제시장점유율－예산시장점유율)×실제시장규모×단위당 표준공헌이익**
  ＝(7%－10%)×3,000개×₩3,500
  ＝₩315,000(불리한 차이)

위의 계산에서 시장규모차이 ₩175,000유리한 차이와 시장점유율차이 ₩315,000불리한 차이의 합이 매출조업도차이 ₩140,000불리한 차이라는 것을 확인할 수 있다. ■

인플레이션과 경기 침체 우려 가운데 2022년 2분기 국내 기업의 성과를 결정지은 것은 '가격 결정력'으로 알려졌다. 가격 결정력은 경쟁기업에 비해 차별적인 고객편익과 고객가치를 제공할 수 있느냐에 좌우된다. 탄탄한 수요와 제품 경쟁력을 지닌 자동차, 2차전지 관련 기업은 원가 상승분을 제품 가격에 성공적으로 전가하면서 탄탄한 실적을 거두었다. 반면, 원자재와 인건비 상승분을 가격에 반영하지 못한 건설, 석유화학 업체들은 부진한 성과를 피할 수 없었다.

이익은 매출액에서 비용을 차감한 것이므로 매출액과 비용을 결정짓는 요소들을 이해하고 통제해야 이익을 관리할 수 있다. 매출액은 판매단가와 판매량에 의해 결정되며, 판매량은 다시 전체시장규모와 시장점유율에 의해 좌우된다. 실제 매출액과 예산매출액이 달랐다면 그 원인이 무엇인지 요소별로 상세히 분석하고, 이를 토대로 성과평가와 향후 계획이 달라져야 한다. 비용 역시 실제치와 예산치의 차이가 비용요소의 가격에 기인한 것인지, 아니면 생산효율에 관련된 것인지 구분할 필요가 있다.

원가차이의 원인이 정확히 분석되지 않으면 조직 내에서 바람직하지 않은 행위가 지속될 수 있다. 예를 들면, 구매부서가 유리한 가격차이를 얻기 위해 저가 재료를 구매한 결과 생산효율이 낮아지고 제품 불량이 발생해 회사에 큰 손실이 발생할 수 있다. 이때 그 원인이 저가재료 때문이라는 것이 밝혀지지 않는다면 구매부서는 계속해서 같은 행위를 반복할 가능성이 크다. 원가차이 분석은 이런 행위를 방지하는 데 유용하다.

"사람 대신 로봇이 움직이자 작업 생산성 55% 늘었다"

지난 13일 CJ대한통운 군포 스마트 풀필먼트센터 2층 스마트층에는 로봇청소기처럼 생긴 고정노선 운송로봇(AGV)들이 쉴 새 없이 움직이고 있었다. 냉장고보다 더 큰 선반을 로봇이 들고 요리조리 길을 찾아 이동했다. 7000㎡ 규모의 드넓은 물류센터에서 사람을 찾아보긴 쉽지 않았다. 로봇과 인공지능(AI)을 기반으로 물류 전 과정을 자동화한 미래형 첨단 물류센터의 모습이다.

군포 스마트 풀필먼트센터는 92년간 쌓아온 CJ대한통운의 물류 노하우를 총동원해 만든 미래형 첨단 물류센터다. 지난해 말 가동을 시작해 전자상거래에 최적화된 풀필먼트 서비스를 제공하고 있다. 풀필먼트는 고객사의 상품 재고관리와 포장, 검수, 배송 등 주문 이후 물류 전 과정을 대신 처리해주는 서비스다.

이 센터의 가장 큰 특징은 자동화다. 이곳에선 사람이 움직이는 일이 많지 않다. 126대의 로봇이 물류센터 이곳저곳을 돌아다니며 사람의 역할을 대신한다. 예를 들어 작업자가 화면에 들어온 주문 내역을 확인하고 필요한 상품을 클릭하면 AGV가 상품이 담긴 선반을 들고 작업자에게 다가온다. 작업자가 선반에서 상품을 꺼내 택배 상자에 담은 뒤 다시 선반이 담기만 하면 로봇이 다음 작업 과정으로 이를 들고 나른다.

물류업계에선 이처럼 작업자에게 상품을 가져다주는 시스템을 GTP(Goods to Person) 방식이라고 부른다. 작업자가 직접 상품을 가지러 가야 하는 PTG(Person to Goods)에 비해 작업자의 업무 강도가 낮고, 작업 속도가 빠르다. GTP 방식이 적용된 센터 2층 스마트층 작업자 한 명의 시간당 생산량은 23.8박스로 일반층 작업자 생산량(15.4박스)에 비해 54.5% 많다.

풀필먼트 서비스는 소비자가 상품을 주문한 뒤 배송받는 데까지 걸리는 시간을 줄이는 데 큰 역할을 한다. 기존 택배 방식은 택배 기사가 판매업체에 가서 상품을 가져오는 1차 간선 이동이 필요하지만 상품 재고를 물류센터에서 보관하는 풀필먼트 서비스는 이 같은 과정을 생략해 배송 시간을 줄인다. 밤 12시 전에 주문이 들어온 상품은 다음날 바로 소비자에게 보낼 수 있다.

▶ 한국경제 2022. 7. 17.

생각해 봅시다

1. 로봇 등 공장 자동화의 진행으로 감가상각비 등 제조간접원가는 증가하고 직접노무원가는 감소해왔

다. 이 추세가 원가차이분석과 원가관리에 미치는 영향은 무엇이라고 생각하는가?

2. 공장 자동화는 생산성 향상에 유리하지만, 고정원가의 비중을 늘려 영업이익의 변동성을 늘리는 위험이 있다. 지속가능이익의 극대화라는 관점에서 볼 때 공장 자동화의 적정 수준을 어떻게 결정할 수 있을까?

차이분석

01 개념과 용어 빈칸을 채우시오.

- 종합예산은 예산수립 초기에 예측한 특정 조업도를 기준으로 수립한 고정예산이며 사후적으로 실제조업도가 확정되었을 때 실제조업도를 기준으로 수립한 비교목적의 예산은 ______ flexible budget(이)라고 한다.
- 고정예산상 영업이익과 변동예산상 영업이익의 차이는 ______ sales volume variance(이)라 부르며, 변동예산상 영업이익과 실제 영업이익의 차이는 변동예산차이라고 부른다.
- 직접재료원가나 직접노무원가의 변동예산차이는 표준가격과 실제가격의 차이효과를 보여주는 가격차이와 표준투입량과 실제투입량의 차이를 보여주는 ______ efficiency variance(으)로 나눌 수 있다.
- 회사에서 판매하는 제품의 매출수량은 그 제품을 소비하는 전체 시장의 규모와 그 회사의 시장 지배 정도에 영향을 받는다. 이에 의하면 매출조업도차이는 시장규모차이와 ______ market-share variance(으)로 나눌 수 있다.

02 차이분석의 기초 고정예산과 변동예산을 설명한 것이다. 옳은 것은?

① 변동예산은 변동원가만을 포함하고, 고정예산은 모든 원가를 포함한다.
② 변동예산은 경영자가 목표를 달성하는 데 어느 정도 탄력성을 부여하고, 고정예산은 엄격한 목표를 기준으로 한다.
③ 고정예산은 조직전체에 관한 것이고, 변동예산은 개별부문에 적용 가능한 것이다.
④ 고정예산은 기간초 사업계획상 목표조업수준에 따른 예산이며 변동예산은 실제조업수준에 따른 사후 비교목적의 예산이다.

03 제조원가 차이분석 직접노무원가에 대하여 불리한 가격차이와 유리한 능률차이가 동시에 발생하는 이유로서 가장 타당한 것은?

① 고임률의 숙련노동자를 고용하였기 때문에
② 저임률의 미숙련노동자를 고용하였기 때문에

③ 타부문의 노동자를 일시적으로 차출하여 생산활동에 투입하였기 때문에
④ 불량재료의 사용으로 인하여 목표산출량의 생산에 더 많은 직접노동을 사용하였기 때문에

04 **제조원가 차이분석** 다음은 제조원가의 차이에 대한 설명이다. 적절하지 않은 것은?
① 재료원가의 가격차이는 구입시점 또는 사용시점에서 계산할 수 있다.
② 제조간접원가의 소비차이에는 제조간접원가 세부항목의 가격차이도 포함한다.
③ 재료원가의 수량차이는 노무원가의 능률차이와 상반관계trade－off에 있을 수 있다.
④ 제조간접원가의 능률차이는 제조간접원가의 효율적 사용과 관련이 있다.

05 **매출차이** 다음 매출차이에 대한 설명이다. 적절하지 않은 것은?
① 매출조업도차이는 최초 사업계획상 고정예산과 실제조업도에 따른 변동예산간의 매출액차이를 의미한다.
② 매출조업도차이는 시장규모차이와 시장점유율차이로 나눌 수 있다.
③ 매출가격차이는 변동예산상 매출액과 실제 매출액의 차이를 의미한다.
④ 제품시장에 경쟁적일 때 영업담당부문의 성과평가에는 시장규모차이보다는 시장점유율차이가 의미 있는 수치이다.

감평사 2004 … **06** **직접재료원가 차이분석** (주)서울은 총재료비 ₩50,000인 원재료 25,000단위로 완제품 25,000단위로 생산하는 표준예산을 수립하였다. 실제 생산량은 25,000단위이고 원재료는 22,500단위가 투입되었으며, 원재료의 실제단위원가는 ₩2.1이었다. 직접재료비의 가격차이와 수량차이는 얼마인가?

	가격차이	수량차이
①	₩5,000 유리	₩2,250 불리
②	₩5,000 유리	₩5,250 불리
③	₩2,500 불리	₩5,250 유리
④	₩2,250 불리	₩5,000 유리
⑤	₩2,500 유리	₩5,250 불리

세무사 2015 … **07** **직접재료원가 차이분석** (주)국세는 표준원가계산제도를 채택하고 있다. 20×1년 직접재료의 표준원가와 실제원가는 다음과 같을 때, 직접재료원가 수량차이는?

표준원가	제품 단위당 직접재료 표준투입량	20kg
	직접재료 표준가격	₩30/kg
실제원가	실제 생산량	50개
	직접재료원가	₩35,000
	직접재료 구입가격	₩28/kg

① ₩5,500 유리 ② ₩5,500 불리 ③ ₩7,500 유리
④ ₩7,500 불리 ⑤ ₩0 차이 없음

08 **직접노무원가 차이분석** (주)감평은 표준원가계산제도를 채택하고 있다. 20×1년 직접노무원가와 관련된 자료가 다음과 같은 경우, 20×1년 실제 직접노무시간은? … 감평사 2020

- 실제생산량 25,000단위
- 직접노무원가 실제임률 시간당 ₩10
- 직접노무원가 표준임률 시간당 ₩12
- 표준 직접노무시간 단위당 2시간
- 직접노무원가 임률차이 ₩110,000 (유리)
- 직접노무원가 능률차이 ₩60,000 (불리)

① 42,500 시간 ② 45,000 시간 ③ 50,000 시간
④ 52,500 시간 ⑤ 55,000 시간

09 **직접노무원가 차이분석** 표준원가를 사용하는 ㈜세무의 20×1년 직접노무원가에 대한 자료가 다음과 같을 때, 20×1년 예상 제품생산량은? … 세무사 2017

직접노무원가 고정예산	₩896,400
직접노무원가 실제발생액	₩1,166,400
단위당 표준 직접노무시간	83시간
단위당 실제 직접노무시간	81시간
실제 제품생산량	300개
임률차이	₩437,400 (불리)

① 300개 ② 350개 ③ 360개
④ 400개 ⑤ 450개

10 **직접노무원가 차이분석** (주)세무는 표준원가계산제도를 채택하고 있으며, 당기 직접노무원가와 관련된 자료는 다음과 같다. … 세무사 2021

제품 실제생산량	1,000단위
직접노무원가 실제발생액	₩1,378,000
단위당 표준 직접노무시간	5.5시간
직접노무원가 능률차이	₩50,000 (유리)
직접노무원가 임률차이	₩53,000 (불리)

(주)세무의 당기 직접노무시간당 실제임률은?

① ₩230 ② ₩240 ③ ₩250 ④ ₩260 ⑤ ₩270

세무사 2020 ··· **11** **변동제조간접원가 차이분석** (주)세무는 표준원가계산제도를 채택하고 있으며, 직접노무시간을 기준으로 제조간접원가를 배부한다. 20×1년의 생산 및 원가 자료가 다음과 같은 때, 변동제조간접원가 소비차이는?

변동제조간접원가 실제발생액	₩130,000
실제총직접노무시간	8,000시간
당기제품생산량	3,600단위
제품당 표준직접노무시간	2시간
변동제조간접원가 능률차이	₩8,000 (불리)

① ₩25,000 (유리) ② ₩25,000 (불리) ③ ₩50,000 (유리)
④ ₩50,000 (불리) ⑤ ₩75,000 (불리)

세무사 2002 ··· **12** **변동제조간접원가 차이분석** 다음은 장백회사의 2000년도 제조활동과 관련된 자료이다.

단위당 표준 직접노동시간	2시간
실제 직접노동시간	10,500시간
생산된 제품단위	5,000개
변동제조간접비 표준: 표준 직접노동시간당	₩3
실제변동제조간접비	₩28,000

장백회사의 2000년도 변동제조간접비 능률차이는?

① ₩2,000 유리 ② ₩1,500 불리 ③ ₩2,000 불리
④ ₩3,500 유리 ⑤ ₩1,500 유리

세무사 2001 ··· **13** **변동제조간접원가 차이분석** (주)강남은 표준원가계산제도를 사용하고 있다. (주)강남은 甲제품을 1단위 생산하는 데 필요한 단위당 표준원가를 다음과 같이 책정하였다.

표준원가

직접노무원가: 3시간×@₩100=₩300

제조간접원가: 직접노무원가×350%=₩1,050

(주)강남의 연간 제조간접원가예산은 고정제조간접원가 ₩180,000과 직접노무원가 ₩1당 ₩1.50으로 계산된 변동제조간접원가로 구성되어 있다. 2000년 5월 중 실제로 250단위의

> 甲제품을 생산하는 과정에서, 직접노무원가 ₩77,000과 총 제조간접원가 ₩280,000이 발생하였다. 또한 고정제조간접원가 실제발생액은 예산금액과 동일하였다.

직접노무원가를 제조간접원가 배부기준으로 사용한다고 할 때, 변동제조간접원가의 능률차이는 얼마로 계산되는가?

① ₩5,000 (유리) ② ₩7,500 (유리) ③ ₩3,000 (불리)
④ ₩12,500 (불리) ⑤ ₩15,500 (불리)

14 **매출조업도차이** (주)세광의 3월 예산 대비 실적자료는 다음과 같다. 동 자료를 토대로 당초 예상보다 영업이익이 ₩200만큼 줄어든 원인을 i) 판매가격차이, ii) 변동원가차이, iii) 고정원가차이 이외에 중요한 차이항목인 매출조업도차이net sales volume variance를 추가하여 경영진에게 의미 있게 요약·보고하고자 한다. 매출조업도차이의 금액은 얼마인가? 단, 유리한 차이는 (F)로, 불리한 차이는 (U)로 표시한다. … 회계사 2003

	3월 실적(actual)	3월 예산(budget)
판매수량	400개	300개
매출액	₩7,200	₩6,000
변동원가	4,800	3,000
고정원가	1,400	1,800
영업이익	1,000	1,200

① ₩1,800(F) ② ₩600(F) ③ ₩1,000(U)
④ ₩1,800(U) ⑤ ₩1,000(F)

15 **매출차이** (주)대한은 20×1년 실제결과와 고정예산을 비교하기 위해 다음과 같은 자료를 작성하였다. … 회계사 2022

구분	실제결과	고정예산
판매량	30,000단위	25,000단위
매출액	₩1,560,000	₩1,250,000
변동원가		
제조원가	900,000	625,000
판매관리비	210,000	125,000
공헌이익	₩450,000	₩500,000
고정원가		
제조원가	47,500	37,500
판매관리비	62,500	62,500
영업이익	₩340,000	₩400,000

(주)대한은 20×1년 시장규모를 250,000단위로 예측했으나, 실제 시장규모는 400,000단위로 집계되었다. (주)대한은 20×1년도 실제 판매량이 고정예산 판매량보다 증가하였으나, 영업이익은 오히려 감소한 원인을 파악하고자 한다. 이를 위해 매출가격차이sales price variance, 시장점유율차이, 시장규모차이를 계산하면 각각 얼마인가? 단, U는 불리한 차이, F는 유리한 차이를 의미한다.

	매출가격차이	시장점유율차이	시장규모차이
①	₩60,000 F	₩200,000 U	₩300,000 F
②	₩60,000 U	₩200,000 F	₩300,000 U
③	₩60,000 F	₩300,000 U	₩400,000 F
④	₩80,000 F	₩200,000 U	₩300,000 F
⑤	₩80,000 U	₩300,000 F	₩400,000 U

16 **차이분석 종합** S사의 20×1년 고정예산에 의하면 영업이익은 ₩108,000이다. 20×1년 기말에 행해진 차이분석에 의하면 다음과 같은 결과를 얻을 수 있었다. 실제영업이익손실은 얼마인가? 단, 기초 및 기말 재고자산은 없다.

직접재료 가격차이	44,400(유리)	직접노무원가 임률차이	18,000(불리)
직접재료 수량차이	66,000(불리)	직접노무원가 능률차이	20,000(불리)
변동제조간접원가 소비차이	4,500(유리)	고정제조간접원가 소비차이	9,000(불리)
변동제조간접원가 능률차이	15,000(불리)	매출조업도차이	14,000(불리)

① ₩201,100 ② ₩247,100 ③ ₩14,900
④ ₩31,100 ⑤ ₩32,900

17 **제조원가 차이분석** SK사는 현재의 생산활동과 관련된 비능률을 제거하려고 한다. SK사가 설정한 제품 1단위당 표준은 다음과 같다.

	표준수량	표준가격(임률)	표준원가
직접재료원가	3.4단위	₩15	₩51
직접노무원가	2.1시간	7	14.7
변동제조간접원가	2.1	3.4	7.14
합계			₩72.84

지난달의 생산과 관련하여 발생한 사항은 다음과 같다.

- 직접재료 8,400단위를 ₩117,600에 구입하였다.
- 회사에는 24명의 생산직 근로자가 있는데, 지난달에는 한 사람당 평균 200시간을 작업하였으며, 이들의 평균임률은 시간당 ₩7.5이었다.
- 변동제조간접원가 실제발생액은 ₩16,220이었다.
- 지난달의 제품생산량은 2,350단위였다.
- 변동제조간접원가는 직접노무시간에 비례하여 배부한다.

- 직접재료 기초재고량은 없고, 기말재고량은 300단위이다.

물음:

1. 직접재료원가 가격차이와 능률차이를 계산하라. 단, 가격차이는 재료구입 시에 분리한다.
2. 직접노무원가 가격차이와 능률차이를 계산하라.
3. 변동제조간접원가 소비차이와 능률차이를 계산하라.
4. 변동제조간접원가가 직접노무시간에 따라 배부되는 경우에, 불리한 직접노무원가 능률차이와 함께 유리한 변동제조간접원가 능률차이가 발생할 수 있는지를 설명하라.

18 **매출차이 분석** S사는 집열판을 생산하는 회사이다. 예산자료에 의하면 20×2년 당사 제품의 전체 시장규모는 2,000개로 추정되며, 예정생산량 320개를 전부 판매할 수 있을 것으로 보고 있었다. 예산상 개당 예상판매가격은 ₩650이다. 그러나 20×2년 실제판매량은 300개이었고, 개당 판매가격은 ₩700이었다. 연말 시장조사기관의 보고에 의하면 실제 시장규모는 2,500개이었다.

항 목	개당 표준원가
직접재료원가	₩350
직접노무원가	50
변동제조간접원가	50
고정제조간접원가	50
합계	500

물음: 다음 차이를 계산하되 유 · 불리를 표시하라.

1. 매출가격차이와 매출조업도차이
2. 시장규모차이와 시장점유율차이

Chapter 11

Strategic Management Accounting

재무성과의 측정과 평가

성과평가의 필요성

| 목표불일치성과 성과평가

| 분권화조직과 성과평가

책임회계제도

| 책임단위와 책임회계

| 통제가능성의 원칙과 문제점

| 책임단위의 종류

이익책임단위의 성과평가

투자책임단위의 성과평가

| 투자수익률

| 잔여이익

| 경제적 부가가치

대체가격

| 대체가격의 의의

| 목표일치성을 달성하는 대체가격

| 일반적인 대체가격 결정방법

| 국제이전가격

Chapter
11

재무성과의 측정과 평가

2020년 기준 국내 은행의 임원 보수 약 2,000억 원 중 절반 이상이 성과보수로 지급되었다고 한다. 그러나 성과보수의 기준이 무엇인지 정확하게 파악하기 어렵고, 현금 비중이 성과보수의 과반으로 지나치게 크며, 성과보수의 이연 기간이 짧아 단기 실적주의를 조장할 수 있다는 우려가 제기된다. 임직원에 대한 보상은 동기부여에 영향을 미쳐 기업의 미래성과를 좌우할 수 있다는 점에서 모든 기업이 중요하게 여긴다. 지속가능이익의 극대화를 추구하는 기업은 임직원과 사업부의 성과를 어떻게 평가해야 할까?

본 장에서는 기업의 구성원에게 동기부여와 유인을 주기 위한 재무성과의 측정 및 평가문제를 다룬다. 성과평가의 필요성을 설명한 후, 전통적으로 많이 사용되어 온 성과평가제도인 책임회계과 이와 관련된 문제를 다룬다. 특히 투자책임단위의 대표적인 성과지표, 사내 사업부 간 거래에서 발생하는 대체가격문제, 다국적 기업 내 사업부 간 거래에서 발생하는 국제이전가격문제를 강조하여 설명한다. 기업의 규모가 커지면 기업구성원들에게 의사결정권한을 위양하는 분권화된 조직형태를 갖추는 것이 일반적이므로 이들이 기업목표를 추구하도록 동기부여 및 유인제공장치가 필요하다. 본 장에서 다루는 재무성과를 강조하는 책임회계제도와, 비재무성과를 강조하는 제12장의 균형성과표는 모두 이를 위한 노력이라고 할 수 있다.

성과평가의 필요성

목표불일치성과 성과평가

공통의 목표를 가진 여러 사람들이 모여 기업을 만든 것은 한 개인이 투입할 수 있는 시간과 노력의 한계를 극복하고 더 높은 생산성을 달성하기 위함이었다. 아담 스미스가 국부론에서 언급한 분업에 의한 노동생산성의 향상도 여러 사람의 노동력을 조직화하는 것이 전제되어야 가능하다.

몇 사람으로 이루어진 작은 기업조직을 생각해 보자. 개별적으로 생산할 때와는 다르게 시너지 효과를 얻어 이전보다 높은 생산성을 달성할 수 있게 되지만, 다른 한편으로는 개인이 독립적으로 작업할 때는 없었던 새로운 문제가 발생하기도 한다. 혼자서 모든 작업을 행할 때는 모든 산출물이 자신에게 귀속되지만 여럿이 함께 작업하는 경우에는 산출물을 배분해야 한다. 만약 산출물을 똑같이 배분하기로 하면 어떤 상황이 발생할 수 있는가? 열심히 일하지 않더라도 이를 쉽게 확인할 수 없는 경우에는 혼자서 작업할 때보다 열심히 일하지 않을 가능성이 있다. 다른 사람의 노력에 편승하여 결과를 공유할 수 있기 때문이다. 이를 **무임승차문제**free rider problem라고 한다.

좀 더 큰 규모의 기업을 생각해 보자. 기업의 규모가 커지고 새롭게 직원을 충원하게 되면 자연스럽게 조직 내의 구성원들 간에 계층화가 이루어진다. 회사에는 그 회사의 주주도 있고, 주주를 대신하여 그 기업을 경영하는 전문경영자 외에도 여러 직원들이 경영자의 지시와 감독 하에 업무를 수행한다. 기업의 주주가 바라는 바는 모든 임직원들이 기업을 위해 열심히 업무를 수행하여 기업의 가치를 향상시키는 것이다. 다행히 모든 직원이 주주와 같은 마음으로 열심히 일한다면 주주는 걱정할 필요가 없지만 현실은 그렇지 않을 가능성이 크다. 그렇다고 회사의 주주가 직원의 모든 행동이나 업무를 일일이 감독할 수도 없는 일이다. 이렇게 업무를 위임을 받은 대리인경영자이 자신의 이익을 위해 위임자주주의 기대에 반하는 행동을 할 때 이를 **대리인문제**agency problem라고 한다.

대리인문제는 주주가 기업구성원의 행위를 관찰할 수 없거나 기업구성원이 주주가 알지 못하는 **사적 정보**private information를 가지고 있을 때정보불균형, 기업의 구성원이 자신의 목표를 위해 기업의 목표에 반하는 행위를 하는 경우에 나타나는 현상이다. 기업구성원의 개인목표와 기업목표가 다를 때 이를 **목표불일치성**goal incongruence이라고 한다. 목표불일치성을 해결하는 방법은 정보불균형을 낮추어 기업구성원이 기업이익에 반하는 행위를 할 수 없게 하거나, 기업의 목표를 추구하는 것이 곧 자신의 이익에도 부합하게끔 기업 내부의 통제시스템을 정비하는 것이다.

이해관계나 동기부여요인이 서로 다른 구성원이 모여 있는 대규모의 기업형태에서 통제시스템의 중요한 역할은 기업의 각 구성원들이 기업의 목표와 부합하는 행동을 자발적으로 할 수 있도록 동기를 부여하는 것이다. 직원 윤리강령을 마련하여 스스로 자신의 행동을 통제할 수 있도록 하거나, 기업 내 의사결정에 참여할 수 있는 기회를 주어서 사기를 진작시키고 업무에 대한 만족감을 향상시키는 것이 그러한 예이다. 기업의 목표와 일관성이 있는 다양한 성과평가지표를 마련하여 직원들의 성과를 측정하고 이에 따라 적절하게 보상을 하는 유인시스템을 두는 것도 개인목표와 기업목표를 자연스럽게 일치시키는 방법이 된다.

분권화조직과 성과평가

현대 기업조직의 특징 중의 하나는 상부에 집중되어 있었던 의사결정권이 점차 하위의 다양한 구성원들에게 이양된다는 점이다. 기업의 규모가 크지 않거나 기업이 처한 경영환경이 복잡하지 않고 불확실성이 낮은 경우에는 경영자가 직접 의사결정을 하는 것이 경영의 일관성이나 기업목표와의 일치성 관점에서 효과적이라고 할 수 있다. 그러나 경영환경이 불확실하고 급격하게 변화하는 경우에는 중앙에서 모든 의사결정을 하는 것이 현실적으로 가능하지 않을 뿐만 아니라 바람직하지도 않다. 중앙 상층부에 있는 의사결정자가 의사결정에 필요한 모든 정보를 충분히 갖기 어렵기 때문이다. 오히려 현업 가까이에 있는 직원이 보다 현명한 의사결정을 할 수 있는 정보를 많이 가지고 있으므로 이들에게 의사결정을 맡기는 것이 더 나을 수 있다.

의사결정이 상부에 집중되어 있을 때 이를 **중앙집권적 조직**centralized organization이라고 하고, 의사결정권이 하부로 위양되어 분산된 조직을 **분권화조직**decentralized organization이라고 한다. 일반적으로 완전중앙집권조직이나 완전분권조직과 같이 극단적인 조직구조를 선택하는 기업은 별로 없으며 양극단의 사이에서 분권화 정도를 결정하게 된다. 따라서 분권화 조직이라 하더라도 일부 의사결정은 하부에 이양되고 나머지 의사결정은 여전히 중앙 상층부에 존재하는 형태를 지니게 된다.

분권화조직은 의사결정과 이에 필요한 정보가 결합된다는 측면에서 좋은 의사결정을 할 수 있는 환경이라고 할 수 있다. 그러나 의사결정권이 분산될 경우 의사결정권을 가진 각 구성원들이 항상 기업목표에 부합하는 의사결정을 하는가는 별개의 문제이다. 기업 전체적인 입장에서는 A라는 의사결정이 더 나은 것이라는 사실을 알면서도 의사결정자 개인의 입장에서 B가 더 나은 의사결정이 된다면 B를 선택할 가능성이 존재하기 때문이다. 여기서 다시 한 번 목표일치성의 확보를 위한 성과평가와 보상의 필요성이 등장한다. 조직 내에서 의사결정의 이양이 불가피하다면 이와 관련하여 발생할 수 있는 대리인문제를 해결할 수 있는 성과평가제도가 필수적 요소가 된다.

일반적으로 **의사결정권 할당체계, 성과평가체계, 유인보상체계**는 조직구조의 세 가지 중요한 요체라고 한다.[1] 이들은 서로 균형을 이뤄야 하는 삼각대의 다리라고 할 수 있다. 어느 하나의 시스템이라도 다른 시스템과 보조를 맞추지 못하면 균형은 깨지게 된다. 의사결정 할당수준에 따라 성과평가가 이뤄져야 하고 이에 따라 유인보상이 행해져야 한다.

Strategic Management Accounting

책임회계제도

책임단위와 책임회계

기업규모가 커지면 업무 영역별로 하위조직을 만들어 업무를 수행하게 하고, 조직 관리자에게 업무와 관련된 의사결정권을 위임하기도 한다. 이때 경영자는 그 조직이 업무를 잘 수행하고 있는지, 관리자는 올바르게 의사결정을 하고 있는지 여부를 판단하기 위해 해당 관리자 및 조직의 성과를 평가하고 조직 및 관리자는 그 결과에 대해 책임을 져야 한다.

하위조직은 업무수행이나 의사결정의 대상이 되는 중요 변수를 통제할 수 있는 대신 그 결과에 대해 책임져야 하는 단위가 되는데, 이를 **책임단위** 또는 **책임중심점**responsibility center이라고 한다. 책임단위는 각 조직단위의 통제가능 영역에 따라 몇 개의 범주로 나눌 수 있는데 크게 원가책임단위, 수익책임단위, 이익책임단위, 투자책임단위로 구별한다.

원가책임단위는 해당 부문의 활동으로 인해 발생하는 원가에 대해, 수익책임단위는 해당 부문에서 창출하는 수익에 대해, 이익책임단위는 수익과 원가 모두에 대해, 투자책임단위는 수

1 Jensen and Meckling. 1995. Specific and General knowledge, and organizational structure. Journal of Applied Corporate Finance.

익과 원가 그리고 투자액에 대해 통제할 수 있으며 그 결과에 대해 책임을 진다. 각 책임단위별로 통제할 수 있는 대상과 책임의 범위가 다르므로 책임단위마다 적절한 성과평가지표 및 방법 역시 상이하다.

일반적으로 각 책임단위의 성과를 측정할 때 많은 부분을 회계수치에 의존하게 되므로 성과평가 용도에 맞게 각 책임단위에 대한 회계정보를 산출할 필요가 있는데, 이를 **책임회계** responsibility accounting라고 한다.

통제가능성의 원칙과 문제점

원가책임단위, 수익책임단위, 이익책임단위, 투자책임단위 등으로 책임단위를 분류하는 데 있어 근간을 이루는 개념은 통제가능성이다.

통제가능성controllability의 원칙에 의하면 책임단위의 관리자에게 책임을 지울 때는 그가 통제할 수 있는 항목에 대해서만 책임을 지워야 한다는 것이다. 만약 책임단위에 있는 사람이 특정한 원가나 수익, 이익 또는 투자항목을 통제할 수 없다면 이들 항목은 평가에서 제외하여야 한다는 것이다. 예를 들어, 생산라인에 있는 원가책임단위의 관리자의 성과를 평가할 때 만약 그 관리자가 재료의 구입가격이나 시간당 임률을 통제할 수 없다면 재료원가나 노무원가로 평가하는 것은 부적절하며 통제가능한 요소인 재료투입량이나 노무시간으로 평가해야 한다는 것이다.

통제가능성의 원칙은 직관적으로는 명확하고 타당한 것 같지만 실무에서 이 원칙을 적용하기 애매한 경우가 많을 뿐만 아니라 통제불가능한 요소라 하더라도 성과평가에 유용한 경우가 있다. 이런 이유로 통제가능성 원칙을 기준으로 성과지표를 일률적으로 선정하는 데에는 문제가 있다.

첫째, 수익과 원가가 다수의 책임단위와 관련하여 발생하는 경우 이들을 책임단위 간에 구분하기가 어려운 경우가 종종 있다. 만약 여러 책임단위를 순차적으로 통과하여 생산이 이루어지고 최종 책임단위가 판매를 담당하는 경우, 모든 책임단위가 최종수익을 창출하는 데 기여한 것은 분명하지만 수익을 이들 간에 어떻게 배분할 것인가가 확실하지 않다.

둘째, 성과평가지표는 사후적으로 성과평가에 사용되는 것뿐만 아니라, 그에 못지않게 사전적으로 의사결정자의 의사결정행태에도 영향을 줄 수 있다. 따라서 비록 통제 불가능하더라도 미래 의사결정행태에 좋은 영향을 줄 수 있는 지표는 성과평가에 포함할 수 있다. 예를 들어, 생산을 담당하는 원가책임단위의 입장에서 매출액이라는 성과지표는 통제불가능하지만 품질개선노력을 유도할 수 있다는 점에서 원가책임단위의 성과지표에 포함될 수 있다. 품질이 매출액 향상에 도움을 주기 때문이다.

셋째, 통제가 가능하지 않은 지표라 하더라도 기존의 성과지표의 효율성을 개선하기 위한 방법으로 사용할 수 있다. 예를 들어, 상대평가는 통제가능한 자신의 점수뿐만 아니라 통제 불가능한 타인의 점수도 성과평가에 포함되는 평가방법이라고 할 수 있는데, 이 방법에 의할 경우 성과평가를 왜곡할 수 있는 환경의 불확실성시험난이도, 거시경제환경을 통제할 수 있다는 장점이 있다.

통제가능성은 엄밀히 적용하는 것이 쉽지 않을 뿐만 아니라 경우에 따라서는 통제가능성을 기준으로 성과지표를 선정하는 것이 적절하지 않은 경우도 있다는 점에 유의하여야 한다.

책임단위의 종류

원가책임단위

원가책임단위cost center는 관리자가 그 조직에서 발생한 원가비용에 대해서 책임지는 조직단위를 말한다. 직접재료나 노동력 투입에 대한 노하우와 재량권을 가지고 있어 해당 원가를 통제할 수 있는 생산부문, 또는 직접 생산에 참여하지 않지만 사내에서 필요한 서비스를 효율적으로 제공할 수 있는 지식을 가진 생산지원 부문이나 인사부 또는 회계부서 등이 원가책임단위의 예가 된다. 원가책임단위의 관리자는 정해진 산출량을 달성하는데 발생하는 원가를 최소화하거나 주어진 원가예산 범위 내에서 산출량을 최대화하는 것이 목표가 된다. 이들 조직은 수익을 직접 창출하거나 직접 투자의사결정을 하지 않으므로 해당 부문에서 발생하는 원가를 얼마나 효율적으로 통제하였는지가 중요한 평가대상이 된다.

원가책임단위에 대한 평가는 미리 정해진 예산이나 목표와 실제발생액을 비교하는 방식을 많이 사용한다. **제10장**에서 살펴본 원가차이분석은 원가책임단위의 성과평가에 중요한 정보가 된다. 다만 경우에 따라서 차이분석의 결과가 평가부문의 종업원들이 통제할 수 없는 타부서의 의사결정 결과이거나 거시적인 경제환경으로 인한 것일 수 있으므로 적용할 때 주의가 필요하다.

표준과 비교하는 방법 이외에 기간별 비교방식도 가능하다. 특히 생산환경에 큰 변화가 없어서 기간별 비교가능성에 문제가 없는 경우, 지속적인 원가절감을 유도하기 위한 효과적인 방법이 될 수 있다.

이와 같이 원가책임단위의 평가에서 주요 항목은 원가발생액이지만 현실적으로 원가책임단위와 관련되어 있는 품질, 대응시간, 생산일정, 종업원의 동기부여나 안전문제 등도 원가 못지않게 중요한 요소이다. 원가발생액에 대한 통제 이외에 추가적인 평가지표가 필요한 이유이다.[2]

수익책임단위

수익책임단위revenue center는 조직 내 구성원이 수익만을 통제할 수 있는 책임단위로 제품 제조원가나 취득원가, 서비스 제공원가 또는 투자규모에 대해서는 영향을 미칠 수 없는 경우이다. 해외수출을 담당하는 영업부서나 은행의 대출전담부서는 영업활동이나 고객서비스를 통해 오로지 매출액에만 영향을 줄 수 있을 뿐이다. 수익책임단위에 대한 성과평가방법으로는 목표매출액과 실제매출액을 비교하는 차이분석, 전년도의 성과와 비교, 동종의 타 수익책임단위와 비교하는 방식 등을 사용할 수 있다.

만약 수익책임단위가 매출액뿐만 아니라 재고의 종류와 보유량 또는 판매촉진 및 마케팅활동에도 영향을 줄 수도 있다면 수익으로만 성과를 평가할 경우 부작용이 발생할 수 있다. 예를 들면, 수익향상을 위해 재고의 종류나 보유량을 필요 이상으로 확대하거나 지나친 고객서비스 제공 및 판매촉진활동으로 원가를 과도하게 발생시킬 수 있다. 이러한 문제점을 해결하기 위해서는 비록 수익책임단위라 하더라도 수익뿐만 아니라 일부 원가도 성과평가에 반영하는 것이 적절하다. 예를 들어, 매출액에서 판촉 및 마케팅활동과 관련하여 발생한 원가 등 통제가능한 원가를 차감한 순수익으로 평가할 수 있다.

이익책임단위

이익책임단위profit center는 조직 내의 관리자나 직원이 제품의 판매나 서비스의 제공에 따른 수익과 원가를 모두 통제할 수 있으나 투자의 수준이나 대상에 대해서는 결정할 수 없는 책임단위이다. 예를 들어, 중국에 지사를 설립하고 설립 및 운영에 필요한 투자는 본사에서 결정하되, 지사는 수익을 증대시키기 위한 판매 및 마케팅활동을 독자적으로 수행하고 생산에 필요한 자재구매, 노동력 확보, 생산계획을 결정할 수 있다면 중국 지사는 이익책임단위라고 할 수 있다. 책임회계제도 하에서 이익책임단위의 대표적인 성과평가지표는 해당 조직의 이익을 들 수 있다.

현실적으로 특정 조직이 판매와 생산활동의 일부분만 통제할 수 있더라도 이익책임단위로 보고 이익에 기초하여 평가할 수 있다. 다만 이 경우 성과지표인 이익수치를 해석할 때 주의가 필요하다. 이익이 예산목표에 미달하거나 전년도에 비해 낮아졌더라도 그 이유가 본사나

2 균형성과표는 원가와 같은 재무지표 이외에 품질이나 시간 등의 비재무지표를 성과평가에 포함하여 재무지표가 갖는 문제점을 보완해 준다. 이에 대해서는 제12장에서 다시 설명한다.

표 11-1 책임단위의 종류와 내용

항목	원가책임단위	수익책임단위	이익책임단위	투자책임단위
책임단위 관리자의 통제가능영역	원가	수익	원가, 수익	원가, 수익, 투자
책임단위 관리자의 통제불능영역	수익, 유형자산, 재고자산에 대한 투자	원가, 유형자산, 재고자산에 대한 투자	유형자산, 재고자산에 대한 투자	–
회계시스템으로 측정가능한 성과지표	예산목표나 표준 대비 실제원가	예산목표 대비 실제수익	예산목표 대비 실제이익	목표투자수익률 대비 실제투자수익률

상위부문의 잘못된 의사결정의 결과일 수도 있기 때문이다. 부분적인 통제권한을 가진 이익책임단위를 평가할 때는 이익수치에만 전적으로 의존하는 것보다 기타 성과지표를 함께 사용하여 판단하는 것이 적절하다.

투자책임단위

투자책임단위investment center는 수익, 원가, 투자를 해당 조직의 관리자가 통제할 수 있는 책임단위이다. 일반적으로 하나의 독립적인 기업은 투자책임단위라고 할 수 있다. 경우에 따라 한 기업 내에 여러 투자책임단위가 존재하여 각 투자책임단위의 관리자가 해당 조직의 투자, 생산, 판매를 통제하기도 한다. 책임회계제도 하에서 투자책임단위의 성과평가지표는 수익과 원가 그리고 투자규모를 모두 포괄하는 투자수익률ROI: return on investment이 대표적이다. 투자책임단위의 성과지표에 대해서는 뒤에서 자세히 다룬다.

이익책임단위의 성과평가

제품을 생산 · 판매하는 회사의 경우, 생산은 원가책임단위로, 판매는 수익책임단위로 구분하여 성과평가하는 것보다는 생산과 판매를 통합하여 이익책임단위로 운영하면 생산활동과 판매활동을 담당하는 각 구성원들 간의 협력과 조정을 이끌어낼 수 있어 상대적으로 높은 기업성과를 기대할 수 있다. 실제로 많은 기업들이 기업 내의 각 부문들을 개별적인 이익을 창출할 수 있는 이익책임단위로 재편하고 이익수치를 이용하여 평가하고 있다.

그러나 특정 이익책임단위가 달성한 이익을 계산하는 것이 생각처럼 간단하지 않다. 각 이익책임단위가 달성한 이익을 계산하려면 책임단위별로 수익과 원가가 명확히 구분되어야 하지만 실제로 구분이 명확하지 않은 경우가 종종 있기 때문이다. 예컨대 A사업부에서 생산하는 제품이 한 개 팔릴 때마다 B사업부가 생산하는 그 제품의 액세서리가 같이 판매된다고 하자. B사업부가 달성하는 수익은 A사업부에서 상당 부분 기여한 것이라고 할 수 있다. 회계상으로는 명확히 수익을 구분하여 기록할 수 있지만 이러한 상황을 성과수치에 반영하는 것은 쉽지 않다. 여러 사업부가 공동으로 사용하고 있는 설비의 원가배분문제도 마찬가지이다. 이익책임단위 간에 상호작용이 클수록 수익과 원가가 여러 이익책임단위에 걸쳐 결합된 형태로 발생한다.

표 12-2는 이익책임단위에 대한 이익보고서의 한 예이다. 여기에서는 원가행태, 책임회계의 기초가 되는 통제가능 여부, 통제는 불가능하지만 추적가능 및 회피가능 여부에 따라 원가를 분류하고 계산한 다양한 이익개념을 제시하고 있다.[3]

통제가능성은 해당 책임단위의 직원이나 관리자가 통제할 수 있는가를 의미하는 것으로 위의 표에서는 매출수익과 변동원가는 모두 통제가능한 것으로 보고 있다. 추적가능원가는 특

표 11-2 이익책임단위의 이익보고서

(단위: 백만 원)

	TV사업부	냉장고사업부	세탁기사업부	합계
매출	₩2,100	₩1,540	₩840	₩4,480
변동원가	840	462	210	1,512
통제가능 공헌이익	1,260	1,078	630	2,968
통제가능 고정원가	550	380	180	1,110
통제가능 이익	710	698	450	1,858
추적가능 원가	323	312	245	880
추적가능 이익	387	386	205	978
회피가능 배분원가	120	135	95	350
사업부 이익	₩267	₩251	₩110	628
회사공통원가				530
전사 이익				₩98

3 여기서 제시되고 있는 이익보고서는 한 예이며, 기업마다 필요에 맞춰 적절하게 변형된 형태의 보고서를 사용할 수 있다.

정 이익책임단위와 관련하여 발생한 것으로 추적가능하지만 그 책임단위의 관리자가 통제할 수 없고 상위의 조직이나 관리자가 통제하는 원가로서 장기적인 관점에서는 통제가능한 원가 범주에 포함할 수 있다. 회피가능배분원가는 특정 이익책임단위가 없어지는 경우 장기적으로 조정과정을 거치면 피할 수 있을 것으로 예상되는 원가로서 주로 고정원가이며 책임단위 간에 배분되어야 할 성격의 원가이다. 회사공통원가는 특정 이익책임단위에 추적가능하지도 않고, 그 이익책임단위가 없어진다고 하더라도 회피가능하지 않은 기타 원가로서 이익책임단위 간에 배분하는 것이 무의미한 원가, 예를 들어 본사공통원가 등이 포함된다.

표 11-2에서 책임회계 목적상 이익책임단위의 성과평가에 가장 적절한 이익수치는 **통제가능이익**이라고 할 수 있다.[4] 추적가능이익이나 사업부이익은 특정 이익책임단위가 회사에 기여하고 있는 정도를 나타내는 것으로서 단기적으로 볼 때 특정 이익책임단위가 회사에 기여하고 있는 정도를 나타내는 이익수치는 **추적가능이익**이며, 보다 장기적인 관점에서 특정 이익책임단위가 기여하고 있는 이익개념은 **사업부이익**이라고 할 수 있다.

특정 이익책임단위의 이익이 계산되면 이것이 좋은 결과인지 나쁜 결과인지에 대한 평가가 뒤따르게 되는데, 일반적으로 과거의 성과와 비교하거나 회사 내의 비슷한 다른 조직 또는 동종 업종의 타 기업과의 비교를 통해 평가할 수 있다. 이익책임단위의 성과평가에 있어 몇 가지 주의할 사항이 있다.

첫째, 이익책임단위의 이익수치는 원가나 수익과 마찬가지로 재무성과만을 보여주고 있으므로 기업의 성공에는 중요하지만 재무수치로 표현될 수 없는 것들은 반영되지 않는다. 따라서 비재무성과지표를 동시에 고려해야 한다.

둘째, 여러 이익책임단위의 노력이 복합적으로 작용하여 발생한 수익이 있으나 이에 대한 배분은 자의적이거나 인위적인 경우가 많으므로 해석에 주의가 있어야 한다. 원가의 경우도 마찬가지이다.

셋째, 특정 이익책임단위의 이익이 회사의 대체가격결정방식에 의해 좌우될 수 있다. 대체가격결정방법은 이익책임단위 간의 이익배분을 결정짓는 중요한 요소가 되므로 회사에서 결정하는 대체가격방법 자체가 이익책임단위의 성과를 왜곡할 수도 있다. 대체가격에 대해서는 장 후반부에서 별도로 설명한다.

4 장기적인 관점에서는 추적가능이익도 통제가능한 이익으로 볼 수 있다. 통제가능이익이나 추적가능이익을 세그먼트 마진(segment margin)이라고도 부른다.

투자책임단위의 성과평가

이익뿐만 아니라 투자규모까지도 통제가능한 조직은 이익수치에 추가적으로 투자규모나 투자에 따른 기회원가까지도 고려하여 성과를 평가하는 것이 적절하다. 예컨대 같은 이익규모라면 투자가 작을수록, 같은 투자규모라면 이익이 높을수록 더 높은 성과를 낸 것으로 평가할 수 있어야 한다. 이러한 특성을 가진 성과지표로 투자수익률과 잔여이익을 들 수 있다.

투자책임단위의 성과평가에서 사용하는 이익수치는 앞서 이익책임단위에서 언급한 여러 이익개념을 사용할 수 있다. 이와 더불어 각 투자책임단위의 투자규모를 결정하기 위해서는 해당 조직의 자산을 식별하고 평가하는 작업도 필요하다. 여러 책임단위가 공동으로 사용하거나 창출한 자산이 있는 경우에 이를 책임단위 간에 어떻게 배분할 것인가 그리고 어떤 평가기준역사적 원가, 대체원가, 순실현가치 등과 평가시점기초, 기말, 기중평균 등을 적용할 것인가도 결정해야 한다. 아래에서는 투자책임단위에 대한 주요 성과지표 세 가지를 살펴본다.

투자수익률

투자책임단위의 대표적인 성과지표로서 투자수익률이 있다. **투자수익률**ROI: return on investment은 투자액 1원당 투자책임단위가 달성한 이익을 의미하는 것으로 이익을 투자액으로 나누어 구한다.[5] 이익이나 투자액은 필요에 따라 다양하게 정의할 수 있는데 비교목적으로 사용할 때 동일한 정의로 측정된 것인지 확인해야 한다.

formula

$$\text{투자수익률} = \frac{\text{이익}}{\text{투자액}} = \frac{\text{이익}}{\text{매출액}} \times \frac{\text{매출액}}{\text{투자액}} = \text{매출이익률} \times \text{투자회전율}$$

5 자산수익률(ROA: return on assets), 투하자본수익률(ROCE: return on capital employed)이라고도 부른다.

투자수익률은 위 식에서 보는 것처럼 매출이익률과 투자회전율로 나누어 이해할 수 있는데 투자수익률을 높이기 위한 구체적인 지침을 얻을 수 있다. **매출이익률**sales margin은 주어진 매출액 하에서 원가를 어느 정도 잘 통제하였는가를 나타내는 효율성지표라고 할 수 있으며, **투자회전율**capital turnover은 주어진 투자수준 하에서 수익을 창출하는 능력을 나타내는 생산성 지표라고 할 수 있다. 투자수익률은 20세기 초반 듀퐁Dupont사가 기업규모가 커지고 사업영역이 다양해짐에 따라 기업의 모든 조직을 효과적으로 관리하기 위해 개발한 지표로서 기존의 회계자료를 이용하므로 계산이 간편하고, 규모가 다른 사업부들을 비교할 수 있다는 장점이 있다. 투자수익률을 성과평가지표로 사용하거나 통제목적으로 사용할 때는 기업 내 다른 투자책임단위나 동종업종의 타 기업과 비교하는 방법을 많이 사용한다.

투자수익률은 지표에 영향을 주는 각 항목을 세분화하여 나타낼 수도 있다. 예를 들어, 다음과 같은 투자책임단위의 손익 및 자산자료를 기초로 투자수익률을 계산하고 **그림 11-1**과 같이 분해할 수 있다.[6]

그림 11-1 투자수익률의 분해

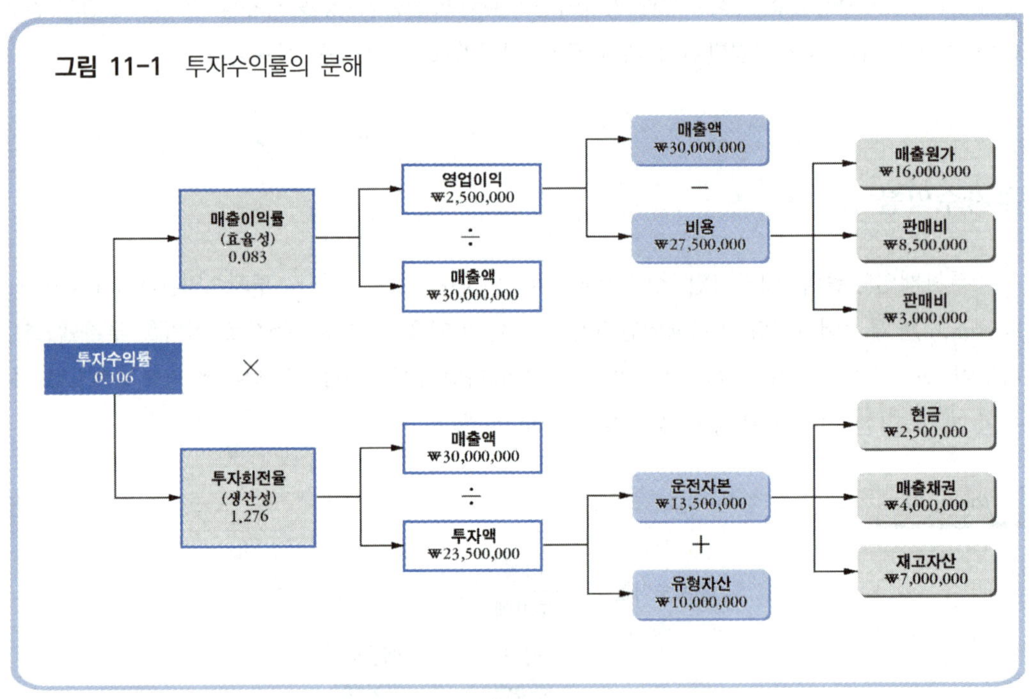

6 본 예에서 이익은 영업이익을, 투자액은 총자산을 사용한다.

손익계산서	
매출	₩30,000,000
매출원가	16,000,000
매출총이익	14,000,000
판매비	8,500,000
관리비	3,000,000
영업이익	₩2,500,000

자산의 구성	
현금	₩2,500,000
매출채권	4,000,000
재고자산	7,000,000
유형자산	10,000,000
총액	₩23,500,000

투자수익률은 0.106으로 이는 매출이익률 0.083과 투자회전율 1.276으로 분해가능하며 영업이익에 영향을 주는 비용항목, 투자액에 영향을 주는 운전자본과 유형자산의 구성요소를 종합적으로 살펴볼 수 있다.

투자수익률의 문제점

투자수익률은 이해나 계산이 쉽고 구체적인 지표개선 항목들을 찾아낼 수 있다는 장점이 있어 한 세기 이상 기업에서 널리 사용되고 있지만 몇 가지 문제점이 있다.

첫째, 재무지표가 가지는 한계, 즉 재무지표로는 품질이나 고객만족도와 같은 기업의 핵심성공요소를 표시할 수 없다는 한계가 투자수익률의 경우에도 그대로 적용된다.

둘째, 기업 전체 입장에서 최적의 투자안이 채택되지 않을 수 있다. 기업의 가치를 극대화하기 위한 투자우선순위는 투자액의 기회원가를 초과하는 투자안 중에서 수익률이 높은 순서가 된다. 즉, 투자액의 기회원가를 초과하기만 하면 그 투자액은 기업의 가치증대에 도움이 된다. 그러나 투자수익률에 의해 성과평가를 하게 되면, 투자의 기회원가를 초과하는 투자기회가 존재하고 자금의 여력이 있다 하더라도 기존투자에 의한 투자수익률보다 낮으면 그 투자안을 기각하는 문제가 발생한다. 다음의 예를 살펴보자.

EXAMPLE 11-1

A기업에서는 투자책임단위의 성과평가가 투자수익률을 기초로 이루어진다.

어떤 투자책임단위가 기존 투자로부터 얻게 되는 올해 예상영업이익은 ₩120,000이고 투자총액은 ₩1,000,000이어서 투자수익률은 12%로 예상된다. 이러한 상황에서 기업의 자본비용(8%)을 초과하는 새로운 투자안(예상영업이익: ₩100,000, 투자액: ₩1,000,000)이 있다면 이 투자책임단위는 이 투자안을 선택할 것인가?

새로운 투자안의 투자수익률은 10%로서 만약 이 투자안에 투자를 하면 기존투자와 새로운 투자로부터 얻게 되는 평균투자수익률은 11%가 된다. 따라서 이 투자책임단위는 새로운 투자안을 거부하는 의사결정을 할 가능성이 크다. 원래 12%의 투자수익률을 달성할 수 있는 상황에서 새로운 투자안을 받아들이면 투자수익률이 오히려 하락하기 때문이다.

	기존투자	신규투자	기존투자+신규투자
영업이익	₩120,000	₩100,000	₩220,000
투자금액	1,000,000	1,000,000	2,000,000
투자수익률	12%	10%	11%

예처럼 투자수익률을 성과지표로 이용하는 경우 비록 전체 기업가치에 도움이 되더라도 투자책임단위의 입장에서 원래 투자수익률을 떨어뜨릴 가능성이 있는 신규투자안은 기각하여 적정수준에 미달하는 과소투자문제를 초래할 수 있다. 즉, 투자수익률은 주주의 관심사인 기업가치 증대에 반하는 목표불일치성을 초래할 수 있는 성과지표라고 할 수 있다.

잔여이익

잔여이익 또는 초과이익은 1950년대 GEGeneral Electric의 도입으로 알려지기 시작한 지표로서 투자수익률이 갖는 목표불일치성 문제를 해결할 수 있는 성과지표이다. **잔여이익**RI: residual income은 이익에서 투자의 기회원가를 차감한 금액으로 다음과 같이 정의한다.

formula

잔여이익＝이익－투자액×최저요구수익률(자본비용)

여기서 투자액의 기회원가를 계산하기 위한 최저요구수익률은 기업의 자금조달비용과 투자안의 불확실성과 같은 위험을 모두 감안한 수익률로서 **자본비용**cost of capital이라고도 한다. 일반적으로 최저요구수익률 이상을 달성할 수 있는 투자안은 기업가치 향상에 보탬이 되는 투자안이라고 할 수 있다.

잔여이익은 투자수익률과 마찬가지로 이익과는 양(+)의 관계가 있고 투자액과는 음(−)의 관계를 가지지만 총액으로 계산되기 때문에 투자수익률의 경우와 같은 문제는 발생하지 않는다. 앞서의 A기업에서 투자책임단위의 성과평가에 사용하는 성과지표가 잔여이익이라고 하면 투자책임단위는 새로운 투자안을 수용할 것인가? 기존투자만 수행하는 경우와 기존투자와 신규투자 모두를 수행하는 경우 각각의 잔여이익은 다음과 같다.

	기존투자	신규투자	기존투자+신규투자
영업이익(1)	₩120,000	₩100,000	₩220,000
투자금액	1,000,000	1,000,000	2,000,000
최저요구수익률	8%	8%	8%
투자의 기회비용(2)	80,000	80,000	160,000
잔여이익(1)−(2)	₩40,000	₩20,000	₩60,000

계산결과에서 알 수 있듯이 기존투자에서 달성할 수 있는 잔여이익은 ₩40,000이지만 새로운 투자안의 잔여이익이 ₩20,000이어서 결국 새로운 투자안을 받아들이면 이 투자책임단위의 잔여이익은 ₩60,000로서 기존의 ₩40,000보다 향상된 성과를 달성할 수 있다. 따라서 잔여이익을 성과지표로 사용하면 투자수익률에 의한 의사결정과는 달리 투자책임단위가 기업의 목표에 부합하는 의사결정목표일치성 달성을 하게 됨을 알 수 있다.

잔여이익은 투자수익률과는 달리 비율이 아닌 절대금액으로 평가하기 때문에 투자규모가 다른 사업부와 비교하기 어렵다는 단점이 있다. 투자가 클수록 잔여이익도 높아지기 때문이다.

경제적 부가가치

미국의 경영컨설턴트인 스튜어트Stern Stewart가 1993년 전통적인 잔여이익을 수정한 성과지표를 발표하였는데, 이를 **경제적 부가가치**EVA®: economic value added라고 한다. 경제적 부가가치는 다음의 몇 가지 사항에서 전통적인 잔여이익을 개선하였다.

첫째, 재무회계상 영업이익과 자산금액을 일부 수정한다. 대표적인 예로서 재무회계목적상 인정되고 있는 보수주의에 의한 왜곡을 수정한다. 예를 들어 우리나라의 경우 연구비는 전액 비용화하는 것이 재무회계상 처리방법이지만 연구비도 주주의 가치를 향상하는 데 기여하는 자산으로 인정하여 개발비와 마찬가지로 상각을 통해 비용화하는 방식으로 수정할 수 있다. 기업이나 조직의 장기수익창출능력을 보다 더 잘 반영할 수 있도록 회계이익과 자산금액을 수정할 수 있는 다양한 예를 제시하고 있다.[7]

7 스튜어트가 제시한 수정항목의 예는 무려 160여 개에 이르며 기업이나 조직의 상황에 적절하게 취사선택할 것을 권하고 있다.

둘째, 세금비용을 명시적으로 고려하여 이익에서 차감하고, 타인자본비용을 계산할 때에도 이자비용에 따른 세금효과를 고려한다.

셋째, 투자액에 대한 기회원가를 보다 엄격히 계산한다. 자기자본비용과 타인자본비용을 시가비율로 가중 평균한 자본비용가중평균자본비용, WACC: weighted average of cost of capital을 사용한다. 자기자본비용은 CAPM 등을 통해 기업이나 조직의 위험을 감안하여 구한 투자수익률로 하며, 타인자본비용은 세금효과을 감안한 이자율을 적용한다. 이렇게 얻은 가중평균자본비용에 적용할 투자액은 자기자본과 이자비용을 발생시키는 타인자본 합한 금액으로 하는데 해당 책임단위의 자산총액수정된 회계처리 반영 후에서 이자비용이 없는 부채를 차감하여 구한다. 자기자본비용을 자본비용에 포함하여 성과를 평가한다는 점에서 자기자본비용을 차감하지 않은 재무회계상 이익의 한계를 극복한다.

넷째, 실무에서는 경제적 부가가치를 경영자의 보너스를 산정하는 기초로 많이 사용한다. 투자책임단위에 대한 성과평가에서 투자수익률보다 우월하다고 알려진 잔여이익이 실무에서는 별 호응을 얻지 못한 것에 비하면 새롭게 포장한 경제적 부가가치의 활용도는 상당히 높은 편이다.

다섯째, 실무에서는 경제적 부가가치를 기업 내의 투자책임단위인 사업부뿐만 아니라 생산라인에 대한 투자수익성을 평가하거나 기업자체를 평가할 때에도 많이 사용한다.

위에서 언급한 내용인 반영된 경제적 부가가치의 기본적인 계산식은 다음과 같다.

formula

경제적 부가가치＝세후 수정영업이익－세후 가중평균자본비용×수정투하자본

세후 수정영업이익: 재무회계상 영업이익을 일부 수정, 법인세 차감

세후 가중평균자본비용: 자기자본 비율 × CAPM을 통한 자기자본비용
＋이자발생 타인자본 비율 × (1-법인세율)×타인자본비용

수정투하자본: (수정자산－이자미발생 부채)

경제적 부가가치의 계산 예

EXAMPLE 11-2

다음은 S사의 A사업부와 관련된 회계자료이다.

- A사업부의 20×1년 수정 전 재무회계상 영업이익은 ₩3,200,000이며 관련 법인세는 ₩500,000이다.
- A사업부의 수정 전 자산총액은 ₩25,400,000이고 이자가 발생하지 않는 부채는 ₩3,500,000이다.
- CAPM을 이용한 A사업부와 동일한 업종의 자기자본비용은 12%이다.
- S사의 타인자본비용은 10%이며 법인세율은 20%이다. A사업부도 이와 동일하다고 가정한다.
- S사의 시가기준 자기자본과 타인자본의 비율은 5:5이다. A사업부도 이와 동일하다고 가정한다.
- 경제적 부가가치를 계산하기 위해 A사업부의 회계자료를 일부 수정한 결과 영업이익은 재무회계상 영업이익에 비해 ₩120,000만큼 증가하며 같은 금액만큼 자산도 증가한다.

위의 자료를 이용하여 경제적 부가가치를 계산하면 다음과 같다.

첫째, 세후 수정영업이익은 영업이익 ₩3,200,000에 이익수정액 ₩120,000을 가산하고 법인세 ₩500,000을 차감한 ₩2,820,000이 된다.

둘째, 자기자본비용은 12%이며 세후타인자본비용은 8%0.8×10%이므로 5:5로 가중평균하면 세후 가중평균자본비용은 10%이다.

셋째, 투자액은 수정 전 자산총액 ₩25,400,000에 이익수정액 ₩120,000을 가산하고 미이자발생 부채 ₩3,500,000을 차감한 ₩22,020,000이다.

이들 수치를 대입하여 구한 A사업부의 경제적 부가가치는 다음과 같다.

- **경제적 부가가치 = 세후 수정영업이익 − 세후 가중평균자본비용 × 수정투하자본**
  = ₩2,820,000 − 10% × ₩22,020,000
  = ₩618,000

특정 사업부의 경제적 부가가치를 계산하는 것은 기업 전체의 경제적 부가가치를 구하는 것에 비해 상대적으로 더 어렵다. 사업부의 자산, 자기자본비용, 자본의 구성자기자본과 타인자본의 비율 등을 알아야 하는데, 기업 전체와는 달리 특정 사업부에 대해서는 이들을 파악하기가 쉽지 않기 때문이다. 위의 예에서는 편의상 영업이익이나 자기자본에 대한 조정내용을 구체적으로 언급하지 않고 수정금액만을 제시하였지만 실제로 수정하기 위해서는 항목의 선정과 계산에 많은 노력이 필요하다는 점도 유의하여야 한다.

Strategic Management Accounting

대체가격

대체가격의 의의

같은 기업 내에 이익책임단위인 사업부들이 서로 재화나 서비스를 주고받는 경우가 있다.[8] 어떤 기업 내에 S사업부와 B사업부가 있는데 이들 모두는 이익책임단위로 각 사업부가 달성한 사업부 이익으로 성과평가와 보상액이 결정된다고 하자. S사업부는 부품을 생산 · 판매하고, B사업부에서는 완제품을 생산 · 판매하고 있다. S사업부에서 생산하는 부품은 외부시장에도 판매되지만 B사업부의 완제품 생산에도 필요하다. B사업부는 이 부품을 외부시장에서도 구입할 수 있지만, 같은 회사 내의 S사업부에서 조달할 수도 있다.

만약 B사업부가 이 부품을 S사업부에서 조달한다면 S사업부는 이 부품을 B사업부에 얼마에 제공할 것인가? S사업부는 이익책임단위이기 때문에 생산한 부품을 B사업부에 제공할 때는 마치 외부시장에 판매하는 경우처럼 적절한 이익을 창출할 수 있는 가격을 받길 원한다. 또 B사업부의 입장에서는 이 부품의 구입가격이 제조원가를 구성하기 때문에 되도록이면 낮은 가격을 지불하는 것이 성과평가에 유리하다.

사업부 이익으로 성과평가하는 경우에는 비록 같은 기업 내에 있는 사업부 간 거래라 하더라도 마치 외부시장에서 구입하고 판매하는 것처럼 사업부 간 거래가격을 결정하여야 한다. 물론 이 거래가격은 외부거래처럼 현금이 오고 가는 것은 아니지만 사업부의 의사결정과 성과평가에 중요한 역할을 한다. 이처럼 기업 내 사업부들이 재화나 서비스를 주고받을 때 사업부의 이익 결정을 위한 장부상의 거래가격을 **대체가격** 또는 **이전가격**transfer price이라고 한다.

기업 내 사업부 간 거래는 기업 전체로 보면 서로 상계되는 금액이지만, 한 사업부 입장에서는 수익이며 다른 사업부의 입장에서는 비용이 된다. 따라서 각 사업부의 입장에서는 대체가격 결정방식에 민감할 수밖에 없다. 만약 대체가격이 낮으면 재화를 제공하는 사업부의 이익이 줄어들고 대체가격이 높으면 이 재화를 사용하는 사업부의 이익이 줄어든다. 경우에 따라 대체가격이 지나치게 낮거나 높으면 사업부간 거래가 성사되지 않을 수도 있다.

대체가격은 기업 전체의 이익을 사업부 간에 배분하는 역할을 할 뿐만 아니라 기업 전체

8 대체가격문제는 투자책임단위인 사업부에도 그대로 적용되나 본 절에서는 편의상 이익책임단위 사업부를 중심으로 설명한다.

의 이익크기에도 영향을 줄 수 있다. 다음 예제는 이러한 현상을 잘 보여준다.

EXAMPLE 11-3

A사의 S사업부는 부품을 생산하며 B사업부는 S사업부의 부품을 이용하여 완제품을 생산하고 판매한다. S사업부에서 생산하는 부품의 제조원가는 단위당 ₩10이며 전액 변동원가로 구성된다. B사업부에서는 S사업부의 부품에 단위당 ₩20의 변동제조원가를 추가적으로 투입하여 완제품을 생산한다. S사업부의 부품은 외부에 판매할 수 없으며 B사업부 역시 이 부품을 외부에서 구입할 수 없다. 각 사업부는 자율적으로 생산 및 판매의사결정을 한다. 완제품의 외부 주문량은 10개이다.

	S사업부	B사업부
단위당 판매가격	–	₩40
단위당 변동제조원가	₩10	₩20

대체가격이 각각 다음과 같을 때 A사의 이익은 얼마인가? 또 S사업부와 B사업부의 이익은 얼마인가?

Question

1. 대체가격이 단위당 ₩15일 때
2. 대체가격이 단위당 ₩12일 때
3. 대체가격이 단위당 ₩25일 때
4. 대체가격이 단위당 ₩8일 때

대체가격이 단위당 ₩15이면 S사업부와 B사업부 모두 제조 및 판매하고자 할 것이다. 이때 각 사업부 및 A사의 이익은 다음과 같다.

	S사업부	B사업부	기업 전체
외부판매로 인한 매출		₩400	₩400
내부판매로 인한 매출	₩150		
자체제조원가	₩100	200	300
내부구입원가	___	150	___
이익	₩50	₩50	₩100

여기서 내부 대체금액은 ₩150으로 S사업부 입장에서는 수익이며 B사업부 입장에서는 비용이 된다. 기업 전체적인 관점에서는 서로 상계되는 금액이며 기업 전체 이익 ₩100을 각 사업부에 배분하는 역할을 한다. 대체가격이 ₩15인 경우, 결국 회사의 이익 ₩100을 각각 ₩50씩 배분한 셈이 된다.

대체가격이 단위당 ₩12일 때에도 S사업부와 B사업부 모두 제조 및 판매하고자 할 것이다. 이때 각 사업부 및 A사의 이익은 다음과 같다.

	S사업부	B사업부	기업 전체
외부판매로 인한 매출		₩400	₩400
내부판매로 인한 매출	₩120		
자체제조원가	₩100	200	300
내부구입원가	___	120	___
이익	₩20	₩80	₩100

대체가격이 ₩12인 경우, 기업전체 이익 ₩100은 각 사업부에 각각 ₩20, ₩80씩 배분된다.

대체가격이 단위당 ₩25이면 S사업부는 부품을 생산하여 B사업부에 이전하고자 하지만 B사업부는 이 대체가격에 의하면 손실이 발생하므로 완제품 생산 및 판매를 포기한다. 따라서 기업 전체 및 각 사업부의 이익은 0이다. 만약 대체가격이 단위당 ₩8이면 S사업부는 제조원가에 못미치므로 제조하지 않을 것이므로 B사업부 역시 완제품을 생산 · 판매할 수 없으며 따라서 기업 전체 및 각 사업부의 이익은 0이다.

예제에서 **물음** 1과 **물음** 2의 결과를 보면 대체가격이 기업의 전체 이익을 각 사업부에 배분하는 역할을 하고 있음을 알 수 있다. 대체가격이 높으면 상대적으로 S사업부의 이익이 증가하고 B사업부의 이익이 낮아지며, 대체가격이 낮으면 그 반대의 현상이 나타난다. 한편 **물음** 3과 **물음** 4와 같이 대체가격이 지나치게 높거나 낮으면 아예 생산 · 판매가 이루어지지 않아 대체가 이루어진 경우에 비해 이익이 줄어들 수 있다. 이러한 결과를 종합하면 대체가격이 기업의 이익을 각 사업부에 배분하는 역할뿐만 아니라, 기업이익 자체에도 영향을 줄 수 있다는 것을 알 수 있다.

목표일치성을 달성하는 대체가격

기업 전체적으로 볼 때 사업부 간 거래가 이루어지는 것이 바람직한 경우도 있고 때로는 사업부 간 거래가 오히려 기업의 이익에 안 좋은 영향을 줄 수도 있다. 바람직한 대체가격은 각 사업부가 자발적으로 내린 의사결정이 기업 전체적인 이익의 관점에서도 최적의 의사결정이 될 수 있도록 하는 것이다. 다시 말해, 각 사업부가 자신들의 이익을 추구하는 의사결정만 하면 자연스럽게 기업의 이익을 추구하는 것과 같은 결과가 나올 수 있도록 하는 것으로 **목표**

일치성goal congruence을 보장하는 대체가격이다.

만약 대체가격이 잘못 설정되면 사업부 자체의 이익을 추구하는 의사결정이 기업의 이익에는 반하는 결과를 낳을 수 있는데 이러한 현상을 없애고 목표일치성을 달성하기 위해서는 대체가격이 어떻게 설정되어야 하는가? 일반적으로 사업부 간 대체와 관련된 모든 정보를 회사 및 거래사업부가 알고 있다면 판매사업부가 구매사업부에게 해당 재화를 생산하고 제공하는 과정에서 발생한 모든 **기회원가**명시적 기회원가와 암묵적 기회원가가 최적의 대체가격이 된다. 다음의 두 가지 예를 살펴보자.

예 1 부품을 생산하는 A사업부와 그 부품을 사용하여 완제품을 생산하고 외부에 판매하는 B사업부가 있다. A사업부는 부품을 생산하는 데 단위당 ₩50의 변동원가만 발생한다. A사업부에서 생산하는 부품은 외부시장에는 판매할 수 없으며 B사업부 역시 이 부품을 외부에서 구입할 수 없다.

예 2 부품을 생산하는 A사업부와 그 부품을 사용하여 완제품을 생산하고 외부에 판매하는 B사업부가 있다. A사업부는 부품을 생산하는 데 단위당 ₩50의 변동원가만 발생한다. A사업부에서 생산하는 부품은 전량 외부시장에 판매할 수 있으며 이때 단위당 판매가격은 ₩60이다. B사업부 역시 이 부품을 외부에서 ₩60에 구입할 수 있다.

예 1에서는 A사업부가 이 부품을 B사업부에 제공할 때 발생하는 기회원가는 부품을 생산하는 데 따른 변동원가 ₩50뿐이므로 최적대체가격은 ₩50이다. 그러나 **예** 2에서는 A사업부가 이 부품을 B사업부에 제공하면 외부시장에 판매할 수 있는 기회를 상실하므로 기회원가는 부품을 생산하는 데 따른 변동원가명시적 기회원가 ₩50뿐만 아니라 추가적으로 외부에 판매하여 얻을 수 있는 이익을 포기하는 데 따른 암묵적 기회원가 ₩10을 합한 금액이 된다. 따라서 최적대체가격은 ₩60이 되는데 이 가격은 외부시장에 판매할 수 있는 가격과 일치한다.

판매사업부의 기회원가는 말 그대로 생산 및 대체로 인해 발생하는 모든 원가를 의미하는 것으로 생산 및 대체로 인해 발생하는 증분원가, 즉 명시적 기회원가뿐만 아니라 회사 내 사업부로 대체하기 때문에 잃게 되는 암묵적 기회원가도 포함한다. 이와 같이 대체가격을 설정하면 구매사업부는 이 대체가격을 기초로 생산판매량을 결정하게 되는데 이 결정은 바로 기업 전체의 최적의사결정과 일치한다.

- **최적의 대체가격**
  =판매 사업부의 대체에 따른 기회원가
  =생산 및 대체로 인한 증분원가(명시적 기회원가)+대체로 인한 암묵적 기회원가

경우에 따라서는 구매사업부가 생산 및 판매를 포기할 수도 있다. 구매사업부가 이 대체가격으로 부품을 구입할 경우 사업부 자체에서 손실이 발생한다면 이때에는 생산·판매를 하지 않는 것이 최적의사결정이기 때문이다. 이때 주목할 사항은 이러한 구매사업부의 의사결정조차도 기업 전체의 최적의사결정과 일치한다는 점이다. 최적대체가격은 기업 전체 이익의 입장에서 도움에 되는 사업부 간 거래는 장려하지만, 도움이 되지 않는 거래는 성사되지 않게 하는 역할도 할 수 있어야 한다.

일반적인 대체가격 결정방법

일반적으로 목표일치성을 달성하는 최적대체가격은 판매사업부의 기회원가이지만 이를 측정하는 것은 매우 어려운 일이다. 판매사업부는 그 원가를 가장 잘 알 수 있는 위치에 있지만 자신의 사업부 이익을 위해 이 정보를 왜곡할 가능성이 있다. 또 독립적인 위원회를 구성하여 측정할 수도 있지만 비용이 많이 소요될 뿐만 아니라 일단 측정된 원가도 수시로 변하는 생산 및 시장 환경에서는 무용지물이 될 가능성이 크다.

이러한 점을 고려하여 실무에서는 기회원가를 근사적으로나마 측정할 수 있는 좀 더 수월한 방법을 사용한다. 외부시장가격에 기초한 방법, 변동원가나 전부원가에 기초한 방법, 협상이나 이중대체가격에 의한 방법 등이 있는데, 각각 장단점이 있고 각 상황마다 적절한 방법도 다르다. 실무에서는 **외부시장가격**에 기초한 방법이나 **전부원가**에 기초한 방법을 가장 많이 사용한다.

EXAMPLE 11-4

S사는 분권화된 수원사업부와 부산사업부를 이익책임단위로 설정하고 있다. 수원사업부는 반제품 A를 생산하여 외부시장에 판매하고 있다. 최근 부산사업부는 신제품 B을 개발하였는데 반제품 A를 추가 가공하여 생산 및 판매할 수 있다. 수원사업부는 반제품 A를 부산사업부에 제공할 수 있는데 외부시장 판매에서 발생하는 단위당 변동판매비 ₩4은 발생하지 않지만 단위당 운송비 ₩2를 부담해야 한다. 부산사업부의 제품 B는 생산하기만 하면 외부에 전량 판매 가능하다.

반제품 A와 제품 B에 관한 단위당 자료는 다음과 같다.

수원사업부: 반제품 A의 생산 및 판매	부산사업부: 제품 B의 생산 및 판매
외부판매가격: ₩25	외부판매가격: ₩25
변동제조원가: ₩9	반제품 A원가: ?
변동판매비: ₩4	변동가공원가: ₩30
고정원가: ₩8	변동판매관리비: ₩5
	고정원가: ₩10

상황 1 수원사업부는 반제품 A을 외부시장에 판매하고 있으나 생산능력에 여유가 있어 부산사업부가 원하는 수량만큼 제공할 수 있다. 부산사업부는 제품 B를 생산하기 위해서는 반제품 A를 수원사업부로부터 제공받아야 하며 외부시장에서 구입할 수는 없다.

상황 2 수원사업부는 반제품 A는 전량을 외부시장에 판매할 수 있다. 부산사업부는 제품 B를 생산하기 위해서는 반제품 A를 수원사업부로부터 제공받아야 하며 외부시장에서 구입할 수는 없다.

상황 3 수원사업부는 반제품 A 전량을 외부시장에 판매할 수 있다. 부산사업부는 제품 B를 생산하기 위해서는 반제품 A를 사업부 1로부터 제공받거나 외부에서 단위당 ₩30에 구입할 수 있다.

상황 4 수원사업부가 생산할 수 있는 반제품 A 전량을 외부시장에 판매할 수 있다. 부산사업부는 제품 B를 생산하기 위해서는 반제품 A를 사업부 1로부터 제공받거나 외부에서 단위당 ₩20에 구입할 수 있다.

각 상황 하에서 다음 물음에 답하라.

Question

1. 회사 전체 이익관점에서 사내 대체거래는 바람직한가?
2. 이론상 최적 대체가격은 얼마인가?
3. 이론상 최적 대체가격을 따른다고 할 때 각 사업부의 자율적인 대체 여부 의사결정은 무엇인가? 이들 결정은 회사전체의 이익에 부합하는가?

상황 1은 수원사업부가 여유생산능력이 있어서 내부 대체를 하더라도 반제품 A의 외부판매로부터 얻을 수 있는 이익을 포기할 필요가 없어 회사 전체적으로나 수원사업부 입장에서 암묵적 기회원가가 발생하지 않는 상황이다. 회사 전체적인 관점에서 반제품 A를 이용하여 제품 B를 생산 및 판매할 때 단위당 ₩34의 공헌이익을 얻을 수 있으므로 회사 전체적으로 반제품 A를 내부대체하고 제품 B를 생산 및 판매하는 것이 이익이 된다.

판매가격		₩80
변동원가		
반제품 A의 변동제조원가	₩9	
반제품 A의 변동운송비	2	
변동가공원가	30	
변동판매관리비	5	46
공헌이익		₩34

이론상 최적대체가격 즉, 내부대체에 따른 기회원가는 명시적 기회원가인 반제품 A의 생산과 대체에 따른 증분원가로서 반제품 A의 변동제조원가 ₩9과 변동운송비 ₩2를 합한 ₩11이 된다. 만약 이 금액을 사내 대체가격으로 한다면 이 가격 하에서 각 사업부의 자율적인 의사결정은 어떠한가? 수원사업부 입장에서는 대체가격이 반제품 A의 생산 및 대체에 따른 증분원가 ₩11을 보상하는 수준이기만 하면 내부대체에 반대할 이유가 없으므로 대체가격 ₩11이면 대체에 응하는 의사결정을 할 것이다. 한편 부산사업부는 제품 B를 생산 판매할 때 손실만 발생하지 않는 수준의 대체가격이면 내부 대체를 통해 제품 B를 생산 판매할 것이다. 부산사업부가 응할 수 있는 대체가격 상한은 ₩45₩80－₩30－₩5이므로 대체가격이 ₩11일 경우 기꺼이 내부대체를 원하게 된다.

결국 이론상 최적대체가격인 ₩11에 의할 때 각 사업부의 자율적인 내부대체 의사결정은 회사 전체이익에 바람직한 방향으로 이루어져서 목표일치성을 달성하게 된다.

상황 2는 수업사업부가 반제품 A를 전량 외부시장에 팔 수 있는 경우로 부산사업부로 내부대체를 하면 외부판매에 따른 이익을 포기해야 하는 상황으로 암묵적 기회원가가 발생하는 상황이다. 반제품 A를 내부대체를 할 경우 포기하게 되는 단위당 이익, 즉 암묵적 기회원가는 ₩12₩25－₩9－₩4가 된다. 회사전체적인 관점에서 반제품 A를 이용하여 제품 B를 생산 및 판매할 때 단위당 공헌이익은 다음과 같다.

판매가격		₩80
변동원가		
반제품 A의 변동제조원가	₩9	
반제품 A의 변동운송비	2	
변동가공원가	30	
변동판매관리비	5	
기회원가	12	58
공헌이익		₩22

제품 B는 단위당 ₩22의 공헌이익을 얻을 수 있으므로 회사 전체적으로 반제품 A를 내부대체하고 제품 B를 생산 및 판매하는 것이 이익이 된다.

이론상 최적대체가격은 명시적 기회원가인 반제품 A의 생산 및 대체에 따른 증분원가 ₩11과 외부판매이익 포기에 따른 암묵적 기회원가 ₩12을 합한 금액으로 ₩23이 되는데 이 가격 하에서 각 사업부의 자율적 의사결정은 다음과 같다. 수원사업부의 대체가격 하한은 증분원가 ₩11과 암묵적 기회원가 ₩12을 합한 ₩23이므로 대체를 수락할 것이며, 부산사업부의 대체가격 상한은 **상황** 1과 동일하게 손실이 발생하지 않는 수준인 ₩45이므로 마찬가지로 대체를 통해 제품 B를 생산 판매하게 될 것이다. 결국 이론상 최적대체가격 하에서 각 사업부의 자율적 의사결정은 회사전체적인 이익차원에 내릴 수 있는 의사결정과 동일하게 된다.

상황 3은 부산사업부가 반제품 A를 외부에서 구입할 수 있다는 점 외에는 **상황** 2와 동일하다. 회사 전체적인 입장에서는 반제품 A를 내부대체하는 대안과 외부에서 구입하는 대안 중 어느 것이 바람직한가를 결정해야 한다. 내부대체에 따른 원가는 변동제조원가와 암묵적 기회원가를 합한 금액으로 ₩23이 되는데 외부구입가격이 ₩30이므로 내부대체가 유리하다. 이론상 최적대체가격은 **상황** 2와 동일하게 ₩23이며 수원사업부가 내부대체를 수락할 대체가격 하한 역시 ₩23이 된다. 그러나 부산사업부가 자율적으로 의사결정할 때 내부 대체가격이 외부구입가격보다 높으면 외부에서 구입하는 것이 사업부 이익관점에서 바람직하므로 부산사업부가 내부대체에 응할 수 있는 대체가격 상한은 **상황** 2와 달리 외부구입가격인 ₩30이 된다. 따라서 이론상 최적대체가격 ₩23에 의하면 각 사업부는 회사 전체적으로 바람직한 방향인 내부대체를 선택하게 된다.

상황 4는 **상황** 3처럼 부산사업부가 반제품 A를 외부에서 구입할 수 있지만 구입가격이 더 낮은 ₩20이다. 따라서 회사 전체적인 입장에서 바람직한 대안은 내부대체보다는 외부구입이 된다. **상황** 3과 마찬가지로 이론상 최적대체가격과 수원사업부의 대체가격 하한은 ₩23이지만 부산사업부의 대체가격 상한은 외부구입가격인 ₩20이 된다. 결국 이론상 최적대체가격 ₩23 하에서 수원사업부는 내부대체를 수락하지만 부산사업부는 내부대체 대신 외부구입 의사결정을 내려 내부대체는 이루어지지 않게 되는데 이는 회사전체적인 입장에서의 의사결정과 동일한 결과를 낳게 된다. 최적대체가격은 회사전체적인 입장에서 바람직한 내부대체는 이루어지게 하고 그렇지 않은 것은 이루어지지 않도록 할 수 있어야 한다는 것과 일관성을 보이는 결과라고 할 수 있다.

본 예와 같이 각 사업부의 모든 관련정보를 모두 알고 있는 경우에는 이론상 최적대체가격을 쉽게 설정할 수 있지만 현실적으로 사업부나 본부 간에 정보비대칭이 불가피하므로 이론상 최적의 대체가격을 알 수 없는 것이 대부분이다. 이러한 이유로 실무적으로는 변동원가, 전부원가 또는 외부시장가격 등을 이용하여 대체가격을 정하고 있다는 점을 지적한 바 있는데

상황 1의 경우에는 변동원가가 최적대체가격과 일치하며, **상황** 2, **상황** 3, **상황** 4의 경우에는 외부판매가격이 최적대체가격과 유사한 수준이 됨을 확인할 수 있다.

국제이전가격

이제까지 다룬 사업부 간 거래는 각 사업부가 같은 국가에 소재하고 있는 경우였다. 사업부들이 서로 다른 국가에 위치하는 **다국적 기업**multinational firm에서 이와 같은 사업부 간 거래가 발생하는 경우 이에 수반되는 대체가격을 특별히 **국제이전가격**international transfer price이라고 한다.

각 사업부가 소재한 국가가 다른 경우에는 법인세 문제가 사업부 간 대체가격 결정에 중대한 영향을 준다.[9] 예를 들어, A기업에서 생산은 중국에 있는 S사가 담당하고 판매는 국내에 있는 B사가 담당하고 있다고 하자. 또 중국의 법인세율은 30%이고 우리나라의 법인세율은 20%라고 하자.

구분	중국 소재 S사	한국 소재 B사
외부매출	–	700
B법인으로의 매출(국제이전가격)	TP	–
비용	300	100
S법인으로부터의 구입원가(국제이전가격)	–	TP
이익	TP−300	600−TP
법인세(S사: 30%, B사: 20%)	(TP−300)×0.3	(600−TP)×0.2
법인세차감 후 이익	(TP−300)×0.7	(600−TP)×0.8

위 표에서 다음의 여러 국제이전가격을 적용해보면 국제이전가격에 따라 A기업이 부담하는 법인세 총액이 달라지며 ₩300일 때 법인세가 최소임을 알 수 있다. A기업 전체로 볼 때 법인세율이 상대적으로 높은 중국 소재 법인에서 과세소득이 발생하지 않도록 이전가격을 정하면 법인세로 인한 현금유출액을 최소화할 수 있다.

이러한 결과는 법인세를 줄이기 위해 기업들이 의도적으로 국제이전가격을 조정할 수 있음을 의미하기도 한다. 각 국가의 조세당국이 세법의 규정을 통해 이전가격 결정방법을 철저히 규제하는 것도 이 때문이다.[10]

9 경제적 실체는 동일하지만 별도의 법인으로 여러 국가에 소재한 경우에도 그대로 적용된다.

10 국제조세조정에 관한 법률 제4조 정상가격에 의한 과세조정: 과세당국은 거래당사자의 일방이 국외특수관계자인

이전가격	₩500	₩400	₩300
S사의 법인세	₩60	₩30	–
B사의 법인세	₩20	₩40	₩60
A기업 전체의 법인세	₩80	₩70	₩60

국내의 거래와 마찬가지로 목표일치성이나 성과평가의 공정성 문제가 국제이전가격을 결정할 때 중요한 고려 요소가 될 수 있지만 많은 경우에 법인세를 줄이는 것이 국제이전가격의 일차적인 목표가 되기도 한다. 기업들이 세법이 허용하는 범위 내에서 법인세를 최소화할 수 있는 국제이전가격 결정방법이 무엇인가를 고민하는 이유이다.

EXAMPLE 11-5

S사의 마카오소재사업부는 부품사업부이며 한국소재사업부는 완성품사업부로서 각 사업부는 자율적인 의사결정이 보장된 분권화된 이익책임단위이다. 한국사업부는 완성품 A 한 단위를 생산할 때 마카오사업부에서 수입하거나 국내에서 조달하는 부품 B를 추가 가공하여 완성 판매할 수 있다. 완성품의 단위당 판매가격은 ₩1,200이며 자체적으로 발생하는 기타재료원가 및 추가가공원가는 ₩400이다. 한편 국내 조달과는 달리 마카오사업부에서 부품 B를 수입할 때 운송비를 부담해야 하는데 단위당 운송비는 ₩50이다.

마카오사업부에서 한국사업부에 제공하는 부품 B를 생산하는 데 소요되는 변동원가는 ₩300이며 그 밖의 원가는 발생하지 않는다. 이 부품은 마카오 내에서도 판매 가능한데, 단위당 판매가격은 ₩500이며 이때 단위당 판매비가 ₩40 발생한다. 판매비는 마카오 내에서 판매할 때만 발생하며 한국사업부와의 거래에서는 발생하지 않는다. 마카오사업부가 생산하는 부품 B는 전량 마카오 내에서 판매할 수 있으며, 한국사업부는 이 부품을 국내 기업으로부터 ₩600에 조달할 수 있다.

Question

1. 사업부 간 대체거래가 S사 전체로 볼 때 바람직한가?
2. 사업부들이 자율적으로 의사 결정할 때 K사 전체의 이익과 부합되도록 내부대체 또는 외부구입 의사결정을 할 수 있게 하는 단위당 이전가격범위를 구하라. 단, 법인세는 없다고 가정하라.
3. 마카오와 한국의 법인세율은 각각 12%, 25%라고 가정하라. 마카오사업부와 한국사업부가 모두 만족할 수 있으며, S사 법인세 지출을 최소화할 수 있는 단위당 최적 국제이전가격은 얼마인가?

S사 전사이익 차원에서 대체거래 여부를 결정할 때 비교해야 할 관련원가는 외부구입원가와 내부대체시 발생원가이다. 외부구입원가는 ₩600이며 내부대체시 발생원가는 다음과 같이 ₩510이다. 따라서 내부대체시 더 높은 이익을 달성할 수 있다.

국제거래에 있어서 그 거래가격이 정상가격에 미달하거나 초과하는 경우에는 정상가격을 기준으로 거주자의 과세표준 및 세액을 결정 또는 경정할 수 있다.

마카오사업부 부품 변동제조원가		₩300
국내로의 운송비		50
마카오 현지판매 이익상실에 따른 기회원가		
판매가격	₩500	
변동원가	340	160
내부대체에 따른 원가		₩510

만약 각 사업부가 자율적으로 내부대체 의사결정을 한다면 마카오사업부가 내부대체를 수락할 이전가격은 적어도 변동제조원가 ₩300과 현지판매에서 얻을 수 있는 이익 상실에 따른 암묵적 기회원가 ₩160을 합한 ₩460 이상이 되어야 하며, 한국사업부의 경우에는 이전가격에 운송비 ₩50을 합한 금액이 외부구입원가인 ₩600 이하가 되어야 내부대체를 선택할 것이다. 따라서 회사 전체 이익에 부합하는 의사결정, 즉 사업부 간에 내부대체가 이루어지도록 하는 이전가격범위는 ₩460 이상 ₩550 이하가 되어야 한다.

그러나 사업부 간 적용되는 법인세율에 차이가 있으며 S사가 전사적으로 법인세 지출을 최소화하고자 한다면 법인세율이 낮은 마카오사업부에서 가능한 많은 이익을 내도록 해야 한다. 양 사업부가 내부대체를 동의하는 가격범위 하에서 법인세를 최소화하려면 마카오사업부에서 높은 이익을 얻을 수 있도록 이전가격 상한인 ₩550을 선택하는 것이 바람직하다. ■

삼성전자는 연말 임원 인사를 하거나 보너스를 지급할 때 철저한 성과주의를 따른다고 알려져 있다. 성과평가의 궁극적 목적은 신상필벌(信賞必罰)이 아니다. 성과평가는 지속가능이익 또는 장기적 성공을 위해 조직의 자원을 특정한 방향으로 유도하기 위한 동기부여 수단이 되어야 한다. 임원의 성과보수가 장기이익을 창출하는 데 이바지하게 하려면 미국이나 영국처럼 성과보수의 주식 관련 비중을 늘리고 이연기간을 장기간으로 설정하는 것이 바람직하다. 또한, 성과보수 지급 조건을 구체적으로 규정해 투명성을 확보하는 것도 중요하다.

경영의 핵심은 "조직구성원이 가진 잠재력을 최대한 발휘할 수 있는 환경을 조성하고 유지하는 것"이다. 최고경영자이건 중간경영자이건 모든 경영자는 자신이 조직구성원의 잠재력을 성장시키고 있는지, 이들이 자신의 역량을 활짝 꽃피울 터전을 마련해 주고 있는지 스스로 물을 필요가 있다. 경영의 핵심이 동기부여라는 점을 고려하면 나라별로, 문화권별로, 세대별로 서로 다른 경영기법을 적용할 필요도 있다.

"사상 최대 매출 LG전자, TV사업부에 최대 710% 성과급"

LG전자가 올해 성과급 지급 방안을 확정, 사업부에 따라 최대 기본급의 710%를 받게 된다. 11일 업계에 따르면 LG전자는 이날 성과급을 확정하고 사업본부별 설명회를 통해 임직원들에게 알렸다. LG전자는 지난해 9월 사업본부별 성과 중심이었던 기존 성과급 기준을 새롭게 개편했다. 새 성과급 제도는 회사 전체 매출액과 영업이익의 목표 달성도를 모든 조직에 기본 적용하고, 각 사업본부 매출액과 영업이익 목표 달성도 등도 반영해 지급률을 정한다.

성과급 지급률은 HE(홈엔터테인먼트)사업본부가 TV, 오디오 · 비디오(AV) 등 사업부별로 기본급의 450~710%를 받는다. 유기발광다이오드(OLED) TV 판매 호조로 TV사업부가 최고 수준인 710%를 적용받았다. H&A(홈어플라이언스)사업본부에는 사업부별로 400~660%의 성과급이 지급된다. H&A사업본부 모든 구성원은 이와 별도로 생활가전 매출액 분야 글로벌 1위를 달성을 기념해 'H&A 글로벌 1등 인센티브' 500만 원이 추가 지급된다.

기업 간 거래(B2B) 사업을 담당하는 BS사업본부는 150~400%, 자동차전장(VS)사업본부는 150%의 성과급을 각각 받는다. 지난해 BS사업본부와 VS사업본부는 100만~300만 원의 격려금만 받았지만 올해는 새 성과급 기준이 적용됨에 따라 일정 수준 성과급을 받게 됐다. LG전자는 지난해 연결기준 매출 74조7216억 원으로 전년(2020년) 대비 28.7% 증가하며 사상 최대를 기록했다. 다만 영업이익은 3조8638억 원으로 1.1% 감소했다.

▶ 한국경제 2022. 2. 11.

생각해 봅시다

1. 사업부 성과를 평가하면서 회사 전체 매출액이나 영업이익을 포함하는 이유는 무엇인가?
2. 사업부 성과 평가 시 회사 전체 매출액 및 영업이익과 사업부 매출액 및 영업이익을 모두 포함한다면 두 요소의 상대적 비중은 어느 정도가 바람직할까?

재무성과의 측정과 평가

01 개념과 용어 빈칸을 채우시오.

- 기업에서 대리인문제는 주주가 기업 구성원의 행위를 관찰할 수 없거나, 주주가 알지 못하는 사적 정보를 구성원들이 가지고 있을 때 발생하게 되는데 결과적으로 이들의 행위는 기업의 목표에 반하는 결과, 즉 ______ goal incongruence(을)를 초래한다.
- 대규모 조직의 경우, 의사결정과 이에 필요한 정보가 결합된다는 측면에서 중앙집권적 조직보다는 ______ decentralized organization(이)가 적합하지만 경우에 따라서는 기업의 목표에 반하는 의사결정을 할 수 있으므로 성과평가 및 보상제도 등의 통제장치를 마련해야 할 필요가 있다.
- 경영자는 기업 내 하위조직이 재량에 따라 업무를 수행할 수 있게 하는 대신 해당 조직 및 관리자에게 책임을 지우고 성과를 평가한다. ______ responsibility accounting(은)는 각 하위 조직단위의 통제가능 영역에 따라 원가, 수익, 이익, 투자 등의 책임단위로 나누고 이들의 재무성과를 측정하는 제도이다.
- ______ controllability(은)는 책임회계에서 성과평가의 대상이 되는 책임범위나 성과지표를 정할 때 근간이 되는 개념이지만 실제에 적용하기 애매한 경우가 많으며 상대평가와 같이 이 개념에 위배되지만 여전히 유용한 성과평가방법도 있어 절대적인 개념은 아니라는 점에 유의해야 한다.
- 투자책임단위의 대표적 성과지표로 많이 사용하는 투자수익률은 비율지표의 특성상 기업가치에 도움이 되는 투자안을 기각하는 의사결정을 낳을 수도 있지만, ______ residual income(은)는 절대금액지표이므로 이러한 문제가 발생하지 않는다.
- 이익책임단위인 각 사업부들이 재화나 서비스를 주고받을 때 사업부의 이익 결정을 위한 장부상의 거래가격을 ______ transfer price(이)라고 한다. 이 거래가격은 외부거래처럼 현금이 오고 가는 것은 아니지만 사업부의 의사결정과 성과평가에 중요한 역할을 한다.

02 책임회계의 의의 다음은 통제가능성에 대한 설명이다. 다음 중 적절하지 않은 것은?

① 원가보다 수익에 통제가능성을 적용하기가 더 어렵다.

② 통제가능성의 원칙은 책임회계제도의 기초가 되고 있다.

③ 성과평가지표가 통제가능성의 원칙에 위배되는 경우라 하더라도 성과평가에 포함되는 것이 경

제적으로 타당한 경우가 있다.

④ 상대평가제도는 통제가능성 원칙이 적용되는 대표적인 경우라고 할 수 있다.

⑤ 현실에서는 완전한 통제가능성이 존재하지 않으므로 통제가능성의 원칙을 적용하기 위해서는 가급적 통제불가능한 요소를 제거하여 성과평가에 활용해야 한다.

03 **책임회계의 의의** 책임중심점responsibility center의 설계 및 성과평가 방법에 대한 다음 내용 중 가장 옳은 것은? … 회계사 2007

① 서비스 지원부서와 같은 비용중심점expense center에서는 서비스를 소비하는 부서로부터 그 사용대가를 징수하지 않는 것이 서비스의 과소비를 줄이는 데 효과적이다.

② 어떤 부서의 원가함수에 관한 지식을 본부가 알 수 없을 때에는 그 부서를 원가중심점으로 설정하는 것이 그 부서를 통제하는 데 효과적이다.

③ 투자수익률과 같은 비율척도로 투자중심점의 성과를 평가할 경우 회사 전체의 이익극대화와 상충될 수 있다.

④ 책임중심점의 성과를 평가할 때 원칙적으로 통제가능 여부에 관계없이 관련된 모든 업무에 대해 책임을 물어야 한다.

⑤ 투자중심점의 성과평가 척도의 하나로 사용되는 경제적 부가가치는 세후 영업이익에서 부채에 대한 이자비용을 차감한 금액이다.

04 **투자책임단위의 성과평가** 다음은 투자중심점의 성과평가지표에 대한 설명이다. 다음 중 적절하지 않은 것은?

① 투자수익률ROI은 수익률효율성과 회전율생산성로 구분할 수 있다.

② EVA는 잔여이익 개념을 기초로 더욱 정교화시킨 성과지표라고 할 수 있다.

③ 잔여이익은 경우에 따라 준최적화 현상을 초래할 수 있으나 투자수익률은 이러한 문제가 발생하지 않는다.

④ EVA는 세후 개념, 보수주의에 기초한 자산평가 및 이익계산의 문제점 조정, 자기자본과 타인자본을 동시에 고려하는 자본비용 개념을 활용한다는 점에서 잔여이익과 차이가 있다.

⑤ EVA는 기업 내의 투자중심점의 성과평가뿐만 아니라 작게는 제품, 제품라인, 고객별 평가에도 사용할 수 있으며 크게는 기업 간의 성과비교목적으로 계산되고 활용된다.

05 **투자책임단위의 성과평가** 투자중심점investment center의 투자성과 평가지표에 관한 다음의 설명 중 가장 타당하지 않은 것은? … 회계사 2009

① 투자수익률return on investment; ROI은 투하자본에 대한 투자이익의 비율을 나타내는 수익성 지표이며, 매출이익률에 자산회전율을 곱하여 계산할 수 있다.

② 투자수익률은 기업의 여러 투자중심점의 성과를 비교하는 데 유용할 수 있지만, 투자수익률의 수준이 투자중심점 경영자의 성과평가기준으로 사용될 경우에는 목표불일치 문제를 야기할 수 있다.

③ 잔여이익에 의한 투자중심점 성과평가는 투자수익률에 의한 준최적화 문제를 해결할 수 있으며, 각기 다른 투자규모의 투자중심점들의 성과를 잔여이익에 의하여 직접적으로 비교평가할 수 있는 장점이 있다.

④ 경제적 부가가치economic value added; EVA는 세후 영업이익에서 투하자본에 대한 자본비용을 차감하여 계산할 수 있다.

⑤ 경제적 부가가치의 관점에서는 영업이익이 당기순이익보다 기업의 경영성과를 평가하는 데 유용한 지표라고 본다.

06 대체가격 다음은 대체가격이전가격에 대한 설명이다. 적절하지 않은 것은?

① 대체가격은 사내부문간 재화나 서비스를 주고받을 때 성과평가목적으로 사용하는 가격이다.

② 대체가격은 공급부문의 입장에서는 수익에 영향을 주고, 수요부문의 입장에서는 비용에 영향을 준다.

③ 대체가격은 회사 전체로 보면 제로섬zero sum이므로 대체가격을 어떻게 정하더라도 회사전체 이익에는 영향이 없다.

④ 기업의 이익투자책임단위의 소재지가 서로 다른 국가에 있더라도 국가 간 법인세율이 동일하면 대체가격문제는 동일 국가에 소재하는 경우와 다르지 않다.

⑤ 이론상 최적 대체가격은 공급부문에서 대체로 인해 발생하는 모든 기회원가가 된다.

세무사 2015 ··· **07 책임회계 종합** 성과평가 및 보상에 관한 설명으로 옳은 것은?

① 투자이익률return on investment, ROI은 사업부 또는 하위 사업단위의 성과평가에 적용될 수 있으나, 개별 투자안의 성과평가에는 적용되지 않는다.

② 잔여이익residual income, RI은 영업이익으로부터 산출되며, 평가대상의 위험을 반영하지 못한다.

③ 투자이익률ROI에 비해 잔여이익RI은 투자규모가 서로 다른 사업부의 성과를 비교 · 평가하기가 용이하다.

④ 상대평가에 비해 절대평가는 인구, 경제상황, 규제정책 등 공통의 통제 불가능한 요소가 성과평가에 미치는 영향을 제거하기 쉽다.

⑤ 경영자가 장기적 성과에 관심을 갖도록 동기부여하기 위해 회사의 주가를 기준으로 보상을 결정하는 방법이 있다.

08 **투자수익률, 잔여이익** (주)한국의 엔진사업부는 단일의 제품을 생산 · 판매하는 투자중심점이다. (주)한국의 최근 몇 해 동안의 투자수익률ROI은 평균 20%이며, 자본비용즉, 최저필수수익률은 15%이다. 다음은 20×1 회계연도 (주)한국의 엔진사업부에 관한 예산자료이다. … 회계사 2015

엔진사업부의 연간 총고정원가	₩200,000
제품의 연간 생산 · 판매량	1,000단위
제품 단위당 변동원가	₩100
엔진사업부에 투자된 평균영업자산	₩500,000

(주)한국의 CEO는 엔진사업부 경영자의 성과평가측정치로 투자수익률 혹은 잔여이익residual income을 고려중이다. 만약 투자수익률이 채택되는 경우, 엔진사업부 경영자가 불리한 평가를 받지 않기 위해서는 20×1 회계연도에 20% 이상의 투자수익률을 달성하여야 한다. 만약 잔여이익이 채택되는 경우, 20×1 회계연도에 엔진사업부가 음(–)의 잔여이익을 창출하게 되면 유리한 성과평가를 받을 수 없게 된다. (주)한국이 엔진사업부의 성과평가측정치로 투자수익률 혹은 잔여이익을 사용하게 되는 각각의 경우에 대해, 엔진사업부 경영자가 20×1 회계연도에 불리한 평가를 받지 않기 위해 책정하여야 하는 제품 단위당 최소평균판매가격은 얼마인가?

	투자수익률을 사용하는 경우	잔여이익을 사용하는 경우
①	₩375	₩380
②	₩375	₩390
③	₩375	₩400
④	₩400	₩375
⑤	₩400	₩390

09 **잔여이익** (주)서울의 A부문의 2001년도 회계자료는 아래와 같다. … 세무사 2001

매출	₩1,000,000
변동비	600,000
고정비(추적가능원가)	100,000
평균투자자본	200,000
부가이자율(최저필수수익률)	6%

위의 자료에 따라 잔여이익을 구하면 얼마인가?

① ₩168,000 ② ₩202,000 ③ ₩288,000
④ ₩312,000 ⑤ ₩420,000

회계사 2016 ··· **10** **잔여이익** (주)한국의 투자중심점인 A사업부의 지난해 영업과 관련된 자료는 다음과 같다.

매출액	₩1,000,000
총변동원가	300,000
공헌이익	700,000
총고정원가	500,000
영업이익	200,000
평균영업자산	625,000

A사업부가 새로운 투자기회를 고려하지 않는다면, A사업부의 당기성과와 평균영업자산은 지난해와 동일한 수준을 유지할 것이다. 그러나 당기에 A사업부가 고려중인 투자안에 연간 평균 ₩120,000만큼 투자하게 되면, 이 새로운 투자안으로부터 예상되는 연간 수익, 원가 및 공헌이익률 관련 자료는 다음과 같다.

매출액	₩200,000
총고정원가	90,000
공헌이익률	60%

투자안의 채택 여부를 결정할 때 회사전체와 각 사업부에 적용되는 최저필수수익률은 15%이다. 만약 A사업부가 새로운 투자안을 채택한다면, A사업부의 올해 예상되는 잔여이익residual income은 얼마인가?

① ₩106,250 ② ₩110,450 ③ ₩118,250
④ ₩121,450 ⑤ ₩124,450

감평사 2021 ··· **11** **잔여이익** (주)감평은 평균영업용자산과 영업이익을 이용하여 투자수익률ROI과 잔여이익RI을 산출하고 있다. (주)감평의 20×1년 평균영업용자산은 ₩2,500,000이며, ROI는 10%이다. (주)감평의 20×1년 RI가 ₩25,000이라면 최저필수수익률은?

① 8% ② 9% ③ 10%
④ 11% ⑤ 12%

감평사 2016 ··· **12** **투자책임단위의 성과평가** (주)감평은 A, B 두 개의 사업부만 두고 있다. 투자수익률과 잔여이익을 이용하여 사업부를 평가할 때 관련 설명으로 옳은 것은? 단, 최저필수수익률은 6%라고 가정한다.

구분	A사업부	B사업부
투자금액	₩250,000,000	₩300,000,000
감가상각비	25,000,000	28,000,000
영업이익	20,000,000	22,500,000

① A사업부와 B사업부의 성과는 동일하다.

② A사업부가 투자수익률로 평가하든 잔여이익으로 평가하든 더 우수하다.

③ B사업부가 투자수익률로 평가하든 잔여이익으로 평가하든 더 우수하다.
④ 투자수익률로 평가하는 경우 B사업부, 잔여이익으로 평가하는 경우 A사업부가 각각 더 우수하다.
⑤ 투자수익률로 평가하는 경우 A사업부, 잔여이익으로 평가하는 경우 B사업부가 각각 더 우수하다.

13 경제적 부가가치 (주)세무는 사업부의 성과를 평가하기 위해 각 사업부의 EVA경제적 부가가치를 계산하려고 하는데, 사업부 중 한 곳인 남부사업부의 재무상황은 총자산 ₩2,000,000, 유동부채 ₩500,000, 영업이익 ₩400,000이다. (주)세무의 두 가지 자금원천 중 하나인 타인자본의 시장가치는 ₩6,000,000이고, 그에 대한 이자율은 10%이다. 나머지 원천인 자기자본의 시장가치는 ₩9,000,000이고 그에 대한 자본비용은 15%이다. (주)세무에게 적용되는 법인세율은 40%이다. 각 사업부의 EVA계산은 기업전체의 가중평균자본비용을 적용한다. 이러한 상황에서 계산된 남부사업부의 EVA는? … 세무사 2021

① ₩58,000 ② ₩69,000 ③ ₩72,000
④ ₩74,000 ⑤ ₩78,000

14 경제적 부가가치 다음은 (주)누리의 남부사업부와 중부사업부의 재무상태표와 손익계산서 자료의 일부이다. … 회계사 2004

	남부사업부	중부사업부
총자산	₩2,000,000	₩10,000,000
유동부채	500,000	3,000,000
세전영업이익	250,000	2,000,000

(주)누리의 가중평균자본비용 계산에 관련된 자료는 다음과 같다.

장기부채:	시장가치 ₩7,000,000	이자율 10%
자기자본:	시장가치 7,000,000	자본비용 14%

법인세율은 40%이다. 남부사업부와 중부사업부의 경제적 부가가치EVA는 얼마인가? 단, 각 사업부에는 동일한 가중평균자본비용을 적용한다.

	남부사업부	중부사업부
①	₩100,000	₩130,000
②	₩50,000	₩130,000
③	₩0	₩500,000
④	₩50,000	₩200,000
⑤	₩100,000	₩200,000

회계사 2010 ··· **15 경제적 부가가치** (주)한해는 당기 초부터 고객에 대한 신용매출 기간을 3개월에서 6개월로 연장하는 판매촉진정책을 실시하였다. 그 결과 당기에는 전기에 비해 매출액과 세후이익이 모두 증가하였고, 재고자산과 매출채권은 각각 ₩4,000과 ₩3,500만큼 증가하였다. 회사가 제시한 비교손익계산서와 법인세율 및 자본비용cost of capital은 다음과 같다.

항목	당기	전기	증감
매출액	₩275,000	₩250,000	10% 증가
차감:			
매출원가	₩192,500	₩175,000	
판매관리비	55,000	50,000	
이자비용	1,400	1,400	
세전이익	₩26,100	₩23,600	
법인세비용	9,135	8,260	
세후이익	₩16,965	₩15,340	10.6% 증가
법인세율	35%	35%	
자본비용	15%	15%	

새로운 판매촉진정책의 실시로 인하여 당기의 경제적 부가가치economic value added, EVA는 전기에 비해 얼마만큼 증가혹은 감소하였는가? 단, 세후영업이익에 대한 추가적인 조정은 없으며 재고자산과 매출채권 이외에 투하자본invested capital의 변동은 없다고 가정한다.

① ₩825 감소 ② ₩1,400 감소 ③ ₩500 증가
④ ₩1,125 증가 ⑤ ₩1,625 증가

16 대체가격 한 회사는 甲부문과 乙부문으로 구성되어 있다. 甲부문에서 생산하는 부품 한 단위의 생산 및 외부판매에 소요되는 원가는 아래와 같다.

제조원가:	
변동제조원가	₩300
고정제조원가	100
판 매 비:	
변동판매비	₩30
고정판매비	50

甲부문이 생산하는 부품의 외부판매가격은 단위당 ₩600이고, 동 생산 부품을 乙부문에 내부 판매할 경우 변동판매비 ₩30을 모두 절약할 수 있다. 乙부문은 필요한 부품을 甲부문이나 외부에서 항상 일정한 가격으로 구입할 수 있는 바, 외부에서 구입할 경우 단위당 ₩640이 소요된다. 각 부문이 이익중심점이라는 가정 하에 다음의 내용 중 가장 옳지 않은 것은?

① 甲부문이 제조할 수 있는 부품을 전량 외부에 판매할 수 있다면 甲부문의 최저대체가격 제시액은 ₩570이다.

② 甲부문에 유휴 생산설비가 존재하는 경우 甲부문의 최저대체가격 제시액은 ₩300이다.

③ 乙부문이 지급하고자 하는 최고대체가격 제시액은 ₩610이다.

④ 甲부문과 乙부문의 내부 대체거래가 이루어지지 않을 경우 기업전체 관점에서 단위당 ₩70에서 ₩340의 손실이 발생한다.

⑤ 甲부문과 乙부문의 내부 대체거래가 이루어지지 않을 경우 기업전체 관점에서의 단위당 손실금액은 甲부문의 유휴 생산설비 보유여부에 영향을 받는다.

17 **대체가격** (주)세무는 이익중심점으로 지정된 A, B 두 개의 사업부로 구성되어 있다. A사업부는 부품을 생산하고, B사업부는 부품을 추가가공하여 완제품을 생산하여 판매한다. A사업부의 부품 최대생산능력은 5,000단위이고, 단위당 변동원가는 ₩100이다. A사업부의 부품의 단위당 판매가격을 ₩200으로 책정하여 외부에 3,000단위판매하거나 단위당 판매가격을 ₩180으로 책정하여 외부에 4,000단위 판매할 수 있을 것으로 기대한다. 다만, A사업부가 외부시장에서 2가지 판매가격을 동시에 사용할 수는 없다. 이 같은 상황에서 B사업부가 A사업부에게 부품 2,000단위를 내부대체해 줄 것을 요청하였다. 2,000단위를 전량 대체하는 경우 A사업부의 단위당 최소대체가격은? … 세무사 2019

① ₩80 ② ₩100 ③ ₩110

④ ₩120 ⑤ ₩180

18 **대체가격** (주)대덕은 A사업부와 B사업부를 운영하고 있다. A사업부는 매년 B사업부가 필요로 하는 부품 1,000개를 단위당 ₩2,000에 공급한다. 동 부품의 단위당 변동원가는 ₩1,900이며 단위당 고정원가는 ₩200이다. 다음연도부터 A사업부가 부품단위당 공급가격을 ₩2,200으로 인상할 계획을 발표함에 따라, B사업부도 동 부품을 외부업체로부터 단위당 ₩2,000에 구매하는 것을 고려하고 있다. B사업부가 외부업체로부터 부품을 단위당 ₩2,000에 공급받는 경우 A사업부가 생산설비를 다른 생산활동에 사용하면 연간 ₩150,000의 현금운영원가가 절감된다. … 회계사 2004

(1) A사업부가 부품을 B사업부에 공급하는 경우, 대체가격transfer price은 얼마인가? 단, 대체가격은 대체시점에서 발생한 단위당 증분원가와 공급사업부의 단위당 기회원가의 합계로 결정한다.

(2) B사업부가 부품을 외부업체로부터 공급받는 경우, (주)대덕의 연간 영업이익 증가감소는 얼마인가?

	(1)	(2)
①	대체가격 ₩2,050	영업이익감소 ₩50,000
②	대체가격 ₩2,050	영업이익증가 ₩50,000
③	대체가격 ₩2,100	영업이익감소 ₩200,000
④	대체가격 ₩2,100	영업이익증가 ₩50,000
⑤	대체가격 ₩2,200	영업이익증가 ₩100,000

세무사 2022 … **19** **대체가격** (주)세무는 분권화된 사업부 A와 B를 각각 이익중심점으로 설정하여 운영하고 있다. 현재 사업부 A는 부품 X를 매월 40,000단위 생산하여 단위당 ₩50에 전량 외부시장에 판매하고 있다. 사업부 A의 부품 X 생산에 관한 원가자료는 다음과 같다.

구분	금액/단위
단위당 변동제조원가	₩35
월간 최대생산능력	50,000단위

사업부 B는 최근에 신제품을 개발했으며, 신제품 생산을 위해서 사업부 A에 성능이 향상된 부품 Xplus를 매월 20,000단위 공급해 줄 것을 요청했다. 사업부 A가 부품 Xplus 1단위를 생산하기 위해서는 부품 X 2단위를 포기해야 하며, 부품 X의 변동제조원가에 단위당 ₩20의 재료원가가 추가로 투입된다. 부품 X의 외부 수요량은 매월 40,000단위로 제한되어 있다. 사업부 A가 현재의 영업이익을 감소시키지 않기 위해 사업부 B에 요구해야 할 부품 Xplus의 단위당 최소대체가격은?

① ₩66.25 ② ₩75.50 ③ ₩77.50
④ ₩80.25 ⑤ ₩85.50

20 **성과평가 종합** 20×1년 2월 S사의 A사업부는 반도체 메모리 공장 증축을 검토하고 있다. 이 투자안의 소요자금은 300억 원이다. 증축 공장에 따른 올해의 추가적인 기대 수익과 원가는 다음과 같다.

(단위: 억 원)

매출	₩320
변동원가	100
고정원가	166
영업이익	₩54

과거 A사업부 기존공장에서의 투자수익률은 20%이고 영업이익률은 15%이다. 투자수익률은 영업이익을 자산총액으로 나눈 비율이며 영업이익률은 영업이익을 매출액으로 나눈 비율이다. 투자책임단위investment center인 A사업부 부장인 김 씨 상여금은 사업부 투자수익률을 기준으로 한다. 단, 회사의 최저 요구투자수익률은 12%이다.

물음:

1. 김 씨가 공장 증축에 반대할 가능성이 있는지 설명하라. 계산과정을 보여라.
2. 회사에서는 잔여이익을 이용하여 김 씨의 상여금을 결정한다고 할 때 김 씨는 공장 증축에 더 적극적일 것인가? 잔여이익을 계산하고 설명하라.
3. 회사에서는 영업이익률을 이용하여 김 씨의 상여금을 결정한다고 가정하자. 김 씨는 공장 증축에 더 적극적일 것인가? 김 씨의 상여금을 결정할 때 영업이익률을 사용하는 경우, 문제점은 무엇인가?
4. S사의 최고경영자는 A사업부 부장인 김 씨에 대해 다음의 여러 가지 보상방안을 검토하고 있다. S사의 최고경영자가 검토하고 있는 네 가지 방안을 각각 평가하라. 그리고 각 방안의 긍정적인 면

과 부정적인 면을 지적하라. 단, 김 씨는 위험회피적이다.

- 김 씨에게 고정급료만 지급하며 상여금은 지급하지 않는다.
- 김 씨에게 사업부의 잔여이익을 기준으로 보상액을 지급한다.
- A사업부의 잔여이익을 투자액이 비슷한 다른 회사의 관리자가 획득한 잔여이익과 비교하여 김 씨의 성과를 평가한다.
- 김 씨에게 S사 전체의 잔여이익을 기준으로 보상액을 지급한다.

21 **국제이전가격** K사의 중국법인사업부는 부품S사업부이며 한국법인사업부는 완성품B사업부로서 각 사업부는 자율적인 의사결정이 보장된 분권화된 이익책임단위이다.

한국사업부는 완성품 한 단위를 생산하기 위해서는 중국사업부에서 수입한 부품을 추가 가공하여 완성 판매한다. 완성품의 단위당 판매가격은 ₩1,000이며 자체적으로 발생하는 추가가공원가 및 부품원가는 ₩400이다. 한편 중국사업부에서 부품을 수입할 때 운송비를 부담해야 하는데 단위당 운송비는 ₩50이다.

중국사업부에서 한국사업부에 제공하는 부품을 생산하는 데 소요되는 변동원가는 ₩300이며 그 밖의 원가는 발생하지 않는다. 이 부품은 중국 내에서도 판매가능한데 단위당 판매가격은 ₩500이며 이 때 단위당 판매비가 ₩60 발생한다판매비는 중국 내에서 판매할 때만 발생하며 한국사업부와의 거래에서는 발생하지 않는다. 중국사업부는 생산하는 부품을 전량 중국 내에서 판매 가능하며, 한국사업부는 이 부품을 국내 기업으로부터 ₩500에 조달 할 수 있다. 한국과 중국의 법인세율은 각각 22%, 25%이다.

물음:

1. 사업부간 이전거래가 K사 전체로 볼 때 바람직한가?
2. 이전거래가 바람직하며 법인세가 없다고 가정할 때, 중국사업부와 한국법인사업부가 모두 만족할 수 있는 단위당 이전가격범위를 구하라.
3. 각국의 법인세율이 제시한 자료와 같을 때 중국사업부와 한국법인사업부가 모두 만족할 수 있으며 S사 법인세 지출을 최소화 할 수 있는 단위당 최적 국제이전가격은 얼마인가?

Chapter 12

Strategic Management Accounting

균형성과표와 비재무성과관리

균형성과표

- 경영전략 실행도구로서의 균형성과표
- 균형성과표의 네 가지 관점
- 균형성과표의 활용과 효과

고객성과

- 고객가치와 기업이익
- 고객가치명제와 고객성과지표

혁신프로세스

- 혁신프로세스의 성과지표
- 손익분기시간

운영관리프로세스

- 즉시구매 및 생산시스템
- 카이젠 원가계산
- 품질원가계산
- 운영관리프로세스의 성과지표

Strategic Management Accounting

Chapter 12

균형성과표와 비재무성과관리

경영전략이 성공적인 결과로 이어지는 경우는 의외로 예상보다 많지 않은 것으로 조사되었다. LG 경제연구원의 조사에 의하면, 매출 상위 국내 1,000대 기업 중 80% 이상이 다양한 수준의 전략을 수립하였으나, 성과를 내고 있다는 응답은 24%에 불과했다. 오히려 전략을 실행하는 과정에서 새로운 문제가 파생되었다는 기업도 있었다. 무엇이 잘못된 것일까? 전문가들은 실패의 원인으로 전략 자체가 아니라 전략의 '실행' 상 문제점을 지적한다. Fortune 지는 실패한 CEO의 70%가 부실한 전략이 아니라 실행력이 없었기 때문이라고 지적한다. 실행(execution)은 새로운 전략을 효과적으로 만들어 운영혁신이 안착하도록 이어주는 원칙 있는 과정과 일관된 행동을 의미한다. 전략의 성공을 위해서는 큰 틀의 전략 수립 못지않게 실제 실행 과정에서 발생할 수 있는 장애물과 핵심요소들에 대한 상세한 실행 방법론이 필수라는 점을 간과하고 실패한 사례가 많았다. 전략의 수립에는 충실했지만, 전략의 실행은 비체계적인 경험지식에 의존하였던 것이다.

"측정(measure)할 수 없는 것은 관리(manage)할 수 없다"라는 유명한 격언이 있다. 타이태닉호는 당대 최고, 최대 수준의 배였지만, 빙산을 향해 다가가고 있는 것을 제때 알지 못했다. 우리 회사는 지금 어디로 나아가고 있는가? 전략이 제대로 실행되고 있는지 종합적으로 평가해 줄 내비게이션은 있는가?

본 장에서는 제1장에서 간략히 언급한 바 있는 균형성과표를 자세히 설명한다. 균형성과표는 재무성과평가가 갖는 한계를 보완하고 지속가능이익을 극대화하기 위해 전략 실행의 관점에서 비재무지표를 선별하고 체계화하여 성과평가에 활용하려는 노력의 결정체라고 할 수 있다. 기업이 현재의 재무성과 외에 미래의 재무성과도 창출하려면 고객가치를 창출해야 하며, 고객을 만족시키려면 기업 내부의 프로세스가 원활히 작동되어야 하고, 이를 위해서는 훌륭한 내부 인력과 시스템이 갖춰져 있어야 한다. 균형성과표는 기업목표 및 전략과 일관성을 유지하면서 여러 측면의 성과를 종합적으로 측정하고 관리하는데 효과적인 도구가 될 수 있다. 본 장에서는 특히 고객성과와 내부프로세스성과를 측정하고 관리하는 데 도움이 되는 몇 가지 주제를 상세히 설명한다.

Strategic Management Accounting

균형성과표

경영전략 실행도구로서의 균형성과표

"**경영전략**은 어떤 회사가 될 것인가를 결정하는 것이고, 그 핵심은 우선순위의 결정 혹은 희소자원의 배분이다."[1] **전략**은 시장에서 지속가능한 차별성을 갖추고 경쟁력 있는 기업이 되기 위해서 어떤 계획을 실행해야 하는가를 보여준다. 지속가능한 차별성은 경쟁업체에 비해 보다 큰 가치를 고객에게 제공하는 것제품 차별화이나 동일한 가치를 더욱 저렴하게 제공하는 것가격 차별화이 될 수 있다. 예를 들면, 피자점에서는 경쟁사가 흉내낼 수 없는 저칼로리의 피자제품을 생산하거나 고객이 다양하게 재료를 선택할 수 있는 피자를 판매하는 제품차별화 전략을 택할 수도 있고, 유사한 피자를 보다 저렴한 가격에 제공하는 저가격 전략을 택할 수도 있다.

균형성과표Balanced Scorecard, 이하 BSC는 자칫 추상적인 차원에 머무를 수 있는 경영전략을 조직 내 다양한 구성원의 구체적인 행위로 연결/번역해줌으로써 전략의 실효성을 높이는 도구로 많이 사용하고 있다. 캐플란과 노턴Kaplan and Norton이 개발한 BSC는 재무지표financial measure에 치중된 기존의 성과평가체계가 단기성과의 극대화를 유도함으로써 오히려 장기성과를 해칠 수 있다는 문제의식에서 출발한다. 예컨대 품질이나 소비자 만족, 제품이나 서비스의

1 김언수. 2007. Top을 위한 전략경영 2.7. 박영사.

혁신성, 생산 프로세스의 질은 기업의 성공에 핵심적 역할을 하지만 재무지표를 중시하는 성과평가체계 하에서는 오히려 소홀히 취급될 수 있다. 이러한 무형요소를 관리하기 위해 자원을 들이면 비용이라는 형태로 재무지표에 즉각 반영되는 데 반해 효과는 상당한 시간이 흐른 뒤에야 재무성과로 나타나기 때문이다.

기업의 미래성과에 영향을 미치는 무형의 핵심성공요소를 관리하기 위해서는 이들을 직접 측정하는 **비재무지표**를 사용하는 것이 바람직하다. A/S 센터 직원이 고객만족도가 기업의 성공에 매우 중요한 요소라는 것을 인식하고 이를 향상시키는 노력을 들이게 하려면 고객의 만족도 점수나 추천점수, 고객대기시간, A/S 처리 건수 등과 같은 지표를 사용할 필요가 있다. A/S 센터 직원의 입장에서는 A/S 처리와 관련된 수익이나 비용보다 이와 같은 비재무적인 지표가 성과지표로 사용될 때 고객만족도 향상이라는 목표를 더 잘 인식하고 고객만족도를 개선하고자 하는 동기가 부여된다.

BSC는 조직의 장기 성과를 극대화하기 위해 **재무지표**와 **비재무지표**nonfinancial measure를 통합적으로 활용하려는 **성과평가시스템**으로 시작했지만 이에 못지 않게 성과지표와 전략 간의 정합성이 중요한 문제로 강조되면서 **경영전략**의 **통합적 실행도구**로 발전하였다. BSC는 영리, 비영리조직을 불문하고 적용 가능한 일반성과 유연성을 가진 모델로 전체 기업의 60~70% 정도가 동일하거나 유사한 형태를 도입하고 있다고 알려져 있다.

조직은 일정한 목표를 위해 다양한 활동을 전개한다. 조직 규모가 확대되고 조직 내 활동의 복잡성이 증대될수록 활동의 결과에 대한 평가와 미래 활동의 조정이 중요하다. 이를 위해서는 조직 내 활동들의 연관성에 대한 이해가 핵심적인데 BSC는 각 활동을 **인과관계**cause and effect에 기반하여 이해함으로써 조직의 성과를 관리하는 새로운 시각을 제시한다.

직원에 대한 교육훈련은 업무능력을 향상시키고 이는 다시 고객만족도 개선과 재구매율 증가를 통해 미래수익성으로 이어질 수 있지만 이로 인한 교육훈련비는 당기순이익을 낮추기 때문에 당기수익성에는 부정적 영향을 준다. 잔여임기가 1년이며 연임 여부가 올해 당기순이익에 의해 결정되는 CEO라면 교육훈련에 돈을 쓰지 않는 것이 현명한 선택일 것이다. CEO의 이러한 행위는 기업의 지속가능한 이익창출에 역행하는 것이지만 이를 비판하는 것은 큰 의미가 없다. 오히려 CEO의 성과평가에 교육훈련과 같은 미래수익성에 영향을 미치는 지표를 포함하는 것이 의사결정자의 기회주의적 행위를 예방하는 데 더 효과적이다.

반세기 전 우리나라에 가장 인기있는 스포츠는 고등학교 야구였다. 지금도 그렇지만 당시에도 야구는 투수놀음이어서 그 팀의 에이스 투수는 매 경기 등판하고 완투하는 것이 다반사였다. 이렇게 혹사당한 고등학교 선수는 정작 성인이 되고서는 실력을 발휘하지 못하는 예가 많았다. 5선발제를 유지하고 일정 투구수가 넘어가면 바로 중간계투로 교체하는 현재 프로야구에서는 상상할 수 없는 일이다. 아무리 우수한 투수라도 매 경기마다 등판하지 않는 것은 한

두 게임의 승리보다는 시즌 우승이라는 장기적 성과가 더 중요하기 때문이며 팀 구성원의 성과평가가 시즌 성적에 달려 있기 때문일 것이다.

고객만족이나 임직원의 역량에 대한 비재무지표는 미래의 재무성과에 대한 **선행지표** leading indicator가 될 수 있다. 연구에 의하면, 당기순이익이나 총자산이익률ROA: return on assets와 같은 재무지표보다 고객만족도, 제품품질, 시장점유율과 같은 비재무지표가 기업의 장기적 재무성과를 예측하는 데 더 유용하며, 비재무지표를 포함하여 경영자를 평가하고 보상할 때 재무지표와 비재무지표 모두 개선되었다고 한다.[2] 기업의 목표가 장기수익성 또는 지속가능이익의 극대화라면, 장기적 성과와 밀접한 관련이 있는 비재무지표를 포함하여 경영자를 평가하는 것이 당연하다. 중요한 문제는 어떤 비재무지표를 포함할 것인가, 그리고 재무지표와의 관계를 어떻게 설정할 것인가이다.

2000년대 초반 BSC가 주목을 받게 된 것은 기존의 경영방식으로는 조직의 성과를 지속적으로 창출하기 어려운 경영환경이 조성되었기 때문이다. 표준화된 제품을 대량으로 생산해서 시장으로 밀어내던 산업화 시기에는 각 기업이나 사업부가 실물자본과 금융자본을 얼마나 효율적이고 효과적으로 활용하고 있는가를 판단하는 것이 성과평가의 주된 관심사였다. 이러한 상황에서는 영업이익이나 총자산이익률과 같은 요약된 재무측정치가 효과적이었다. 그러나 오늘날의 글로벌 경쟁과 정보화시대에는 새로운 기술이 반영된 실물자산에 신속히 투자하고 금융자산 및 부채를 잘 관리하는 것 이외에도 지속 가능한 경쟁력을 위해 무형의 자산을 활용할 수 있는 기업역량을 갖추는 것이 중요하다. 여기서 **무형의 자산**은 고객과의 관계, 제품이나 서비스의 혁신성, 품질, 종업원의 기술과 동기부여, 정보 기술의 활용 등을 포함한다. 실제로 기업들은 이와 같은 무형자산의 중요성을 인지하고 이를 위해 많은 투자를 하고 있지만 재무회계시스템을 통해 이들을 지속적으로 관리하고 평가하는 것은 매우 어렵다. BSC는 이러한 무형의 자산을 관리하는 새로운 시각과 방법으로서도 중요한 의미를 가진다.

균형성과표의 네 가지 관점

기업의 궁극적 목표는 이익극대화, 특히 장기이익 또는 지속가능이익의 극대화다. 경영성과를 제대로 평가하기 위해서는 이러한 장기목표를 향해 어느 정도의 진전이 있었는지 종합적으로 측정할 수 있어야 한다. 영리기업의 BSC는 다음의 네 가지 관점에서 기업의 성과 목표를 제시하고 결과를 평가한다.

2 Banker et al. 2000. An Empirical Investigation of an Incentive Plan that Includes Nonfinancial Performance Measures. The Accounting Review.

재무 관점: 주주가 만족하고 있는가?
고객 관점: 고객이 만족하고 있는가?
내부프로세스 관점: 고객만족을 위해 필요한 내부역량을 갖추었는가?
학습과 성장 관점: 내부인적자원과 시스템이 학습하고 성장하는가?

재무 관점financial perspective은 주주의 입장에서 기업목표를 제시하고 성과를 평가한다. 주주의 관심이 기업가치의 극대화라는 점을 감안할 때 재무적인 측면에서 어떤 결과를 달성했는가는 매우 중요하다. 재무성과지표는 기업 내 여러 활동의 경제적 결과를 요약하므로 기업의 전략이 재무제표에 궁극적으로 어떤 기여를 했는지 보여준다. 주당순이익EPS, 총자산이익률ROA, 경제적부가가치EVA 등의 객관적 지표를 사용한다는 점에서 전통적 성과평가체계와 유사하다고 할 수 있다.

재무 관점 이외의 세 관점은 궁극적으로 재무성과에 영향을 미친다는 점에서 미래 재무성과의 동인driver이 되는 여러 요소에 초점을 맞춘다. **고객 관점**customer perspective은 목표고객과 시장에서 기업이 얼마나 성공적인가를 평가한다. 기업이 재무성과를 창출하기 위해서는 제품이나 서비스에 대한 고객의 호응이 필수적이다. 기존고객이 이탈하지 않고 새로운 고객이 계속 창출되어야 재무성과가 지속될 수 있다는 점에서 고객 관점은 원인cause, 재무 관점은 결과effect가 된다. 고객 관점에서 적절한 성과지표로는 고객만족도, 고객유지도, 신규고객유치도, 고객수익성, 시장점유율 등을 들 수 있다. 이러한 선행지표를 통해 미래 재무성과를 선제적으로 관리해 나갈 수 있다.

내부프로세스 관점internal process perspective은 고객가치 창출을 위해 필요한 핵심 내부활동을 파악하고 그 개선방향을 구체적 목표로 정하여 관리한다. 예를 들어 어떤 기업이 납기 준수를 통해 고객의 만족도를 높혀 매출을 증진시키고자 한다면, 불량률이나 품질에 영향을 주지 않으면서 작업시간을 줄일 수 있도록 생산과정을 관리해야 한다. 이 경우 생산소요시간, 불량률 등이 적절한 성과지표가 될 수 있다. 고객만족도 향상을 위해 콜센터 인원과 설비를 확충하여 대기시간을 단축하는 것도 또 다른 방법이 된다. 이와 같은 내부활동에 대한 투자는 불가피하게 비용을 발생시켜 당기 수익성을 악화시킨다. 고객/내부활동 관점이 장기적으로는 재무성과에 도움을 줄 수 있지만 단기적으로는 재무 관점과 상충관계에 있다. 경영자에 대한 성과평가가 재무성과에만 국한될 때 오히려 장기성과가 저해될 수 있는 것도 이 때문이다.

학습과 성장 관점learning & growth perspective은 고객과 주주의 가치를 창출하는 내부활동을 성공적으로 수행하기 위해 조직이 핵심적으로 갖춰야 할 역량 증진에 초점을 둔다. 인적자원과 물적자원, 그리고 이를 연결하는 조직체계에 대한 투자가 여기에 해당된다. 기업이 장기적으로 발전하기 위해서는 미래의 잠재적인 고객을 찾아내고, 새로운 시장을 개척하며, 이들의 요구에 부응할 수 있도록 내부 프로세스를 새롭게 구축해야 한다. 그러나 현재의 기술이나 역량으로 미래의 고객이나 시장에 성공적으로 대응하기는 어렵기 때문에 미래의 환경에 대응할 수 있도록 지속적으로 기업역량을 개선하는 노력을 기울여야 한다. 직원을 재교육하고 정보기술이나 정보처리시스템을 향상시키며 조직절차를 적절하게 수정하는 등의 노력이다. 성과측정치로는 직원만족도, 이직률, 직원의 교육훈련, 직원의 기술범위와 능력, 정보처리시스템 처리능력, 직원의 보상이나 승진규정과 기업목표와의 일치성 등을 들 수 있다.

BSC가 '균형성과표'라 불리는 이유는 일부 재무적 측면에 치중되었던 기존의 성과평가의 한계를 극복하고 다양한 측면에서 보다 균형적인 성과평가를 추구하기 때문이다. 재무지표는 주관적 판단을 가급적 배제한 객관적 지표이자 **후행지표**lagging indicator로서 과거를 돌아보는 데는 매우 유용하지만, 미래를 예측하는 **선행지표**leading indicator로서는 한계가 있다. 재무지표가 객관적이고 단기적이라면, 고객만족·내부프로세스·학습/성장 등은 주관적이고 장기적이라는 특징을 갖는다.

BSC의 네 관점에서 도출된 성과지표가 긴밀하게 서로 연결되어야 한다는 점을 다음 피자 배달점의 예를 통해 재확인해 보자. 피자 배달점의 궁극적인 목표가 매출증대를 통해 높은 이익을 내는 것이라면 기존 고객은 물론 잠재 고객까지도 끌어들일 수 있어야 하므로 고객의 충성도와 만족도가 필수적이다. 또 고객의 충성도와 만족도를 이끌어 내기 위해서는 맛과 영양이 풍부한 피자를 보다 저렴한 가격에 판매해야 할 뿐만 아니라 시간에 맞춰 배달할 수 있어야 한다. 맛있고 질 좋은 피자를 보다 신속하게 만들어 내기 위해서 점포 내에 훌륭하고 효율적인 조리 시스템을 갖추어야 함은 물론이다. 또한 이러한 시스템을 지속적으로 관리하고 유지하기 위해서는 교육과 훈련을 통해 직원들의 역량을 키우고, 직장에 대한 만족감을 가질 수 있도록 해야 한다. 피자점의 목표를 달성하기 위한 핵심 요소들을 BSC 관점에 맞춰 연결하면 그림 12-1과 같다.

BSC를 설계할 때 각 관점별로 다음 요소를 구체적으로 결정해야 한다.

목적objectives: 관점별로 달성하고자 하는 바를 목적으로 정한다. 예를 들면, 재무관점은 주주 가치의 증대, 고객관점은 고객유지, 정시배송, 가격경쟁력 유지 등을 목적으로 정할 수 있다.

성과지표performance measure: 각 관점별 목적 달성 여부를 판단하는 데 사용될 성과지표들을 선정한다. 예를 들어 주주 관점의 성과지표로는 자기자본 시가총액, 총자산이익률, 당기순이익 등을 사용할 수 있다.

목표치target: 각 성과지표의 목표치를 정한다. 시가총액 2,000억원, 총자산이익률 10%, 당

그림 12-1 BSC의 네 관점과 연계성

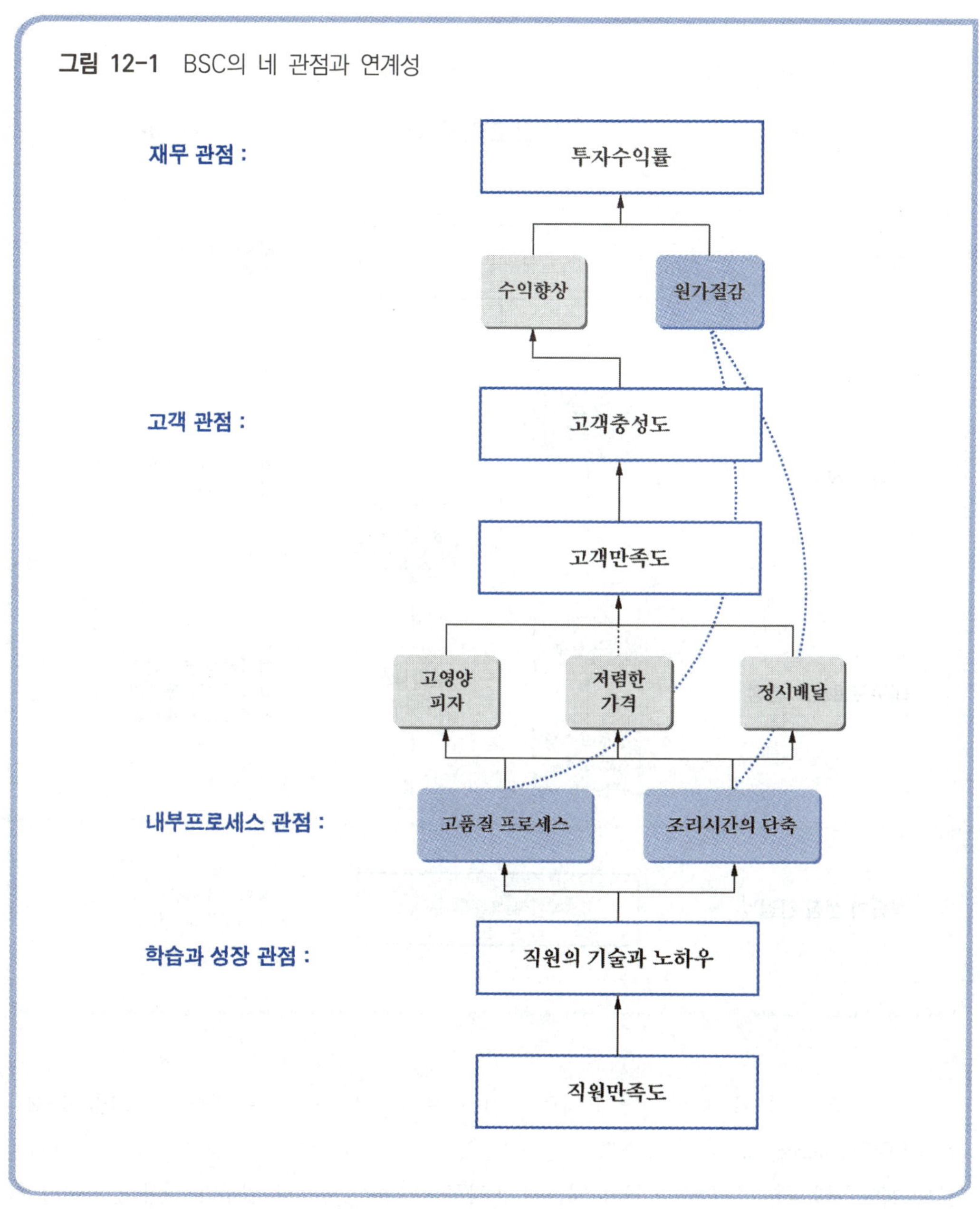

기순이익 200억 원 등이 목표치가 될 수 있다.

실행안initiatives: 목표치를 달성하기 위해 취할 구체적 실행안을 제시한다. 실행안은 조직단위, 계층, 담당 업무에 따라 다르게 규정되며, 조직전체의 목적을 달성하기 위해 각 개인이나 부서가 무엇을 해야 하는지 구체적으로 안내하는 역할을 한다.

그림 12-2 BSC의 관점, 목표 및 전략지도, 성과평가측정치

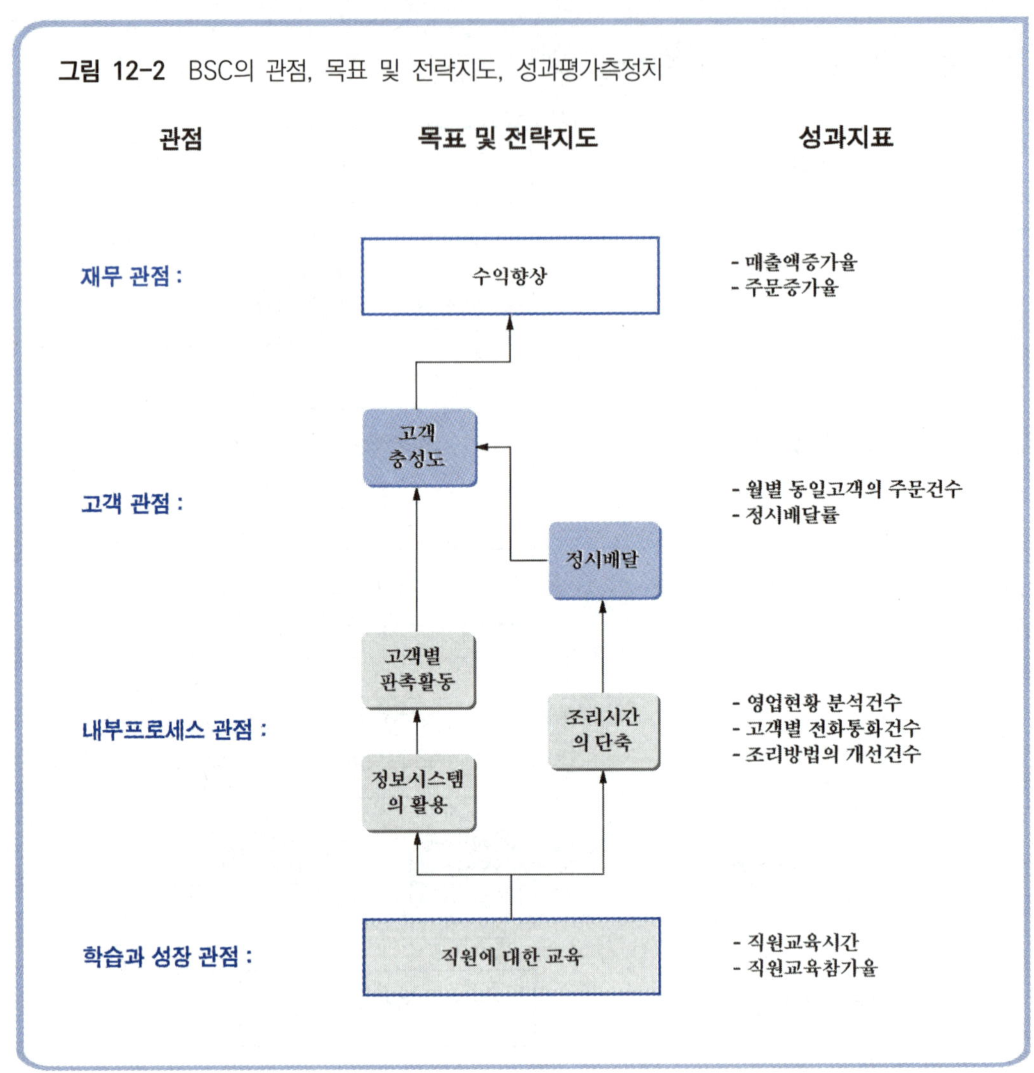

네 관점의 성과지표들이 어떻게 서로 연결될 수 있는지 보여주는 방법으로 **그림 12-2**와 같은 **전략지도**strategy map를 이용하기도 한다. 전략지도는 주요 성과지표들 사이의 연결관계를 인과관계에 기초하여 설명하고 있기 때문에 조직구성원들이 자신의 업무가 회사 전체에서 차지하는 위치와 타 업무와의 연결관계를 이해하는 데 도움을 준다.

균형성과표의 활용과 효과

비영리조직의 균형성과표

BSC가 전략을 실행하는 도구이므로 정부, 지방자치단체, 공기업과 같은 비영리조직에도 적용할 수 있다. 다만 영리를 추구하는 일반 기업과는 조직 목표가 다르므로 설계상 변화가 필요하다. 일반 기업에서는 재무성과가 최종 목표이며 다른 세 관점에서의 성과를 함께 고려한 것은 이들이 재무성과에 궁극적이고 장기적인 영향을 주기 때문이다. 그러나 비영리조직의 최종 목표는 이익극대화가 아닌, 그 조직이 존재하는 이유, 즉 **미션**mission의 달성이다. 예컨대 관세청은 “우리나라로 들어오거나 나가는 모든 물품을 신속하게 통관하는 한편, 관련 법규를 엄정하게 집행함으로써 국가재정과 국민경제를 보호하고, 사회안전과 국민생활 위해요소의 유입을 차단하며, 합법적인 국제교역과 여행자 이동을 촉진하는 것”을 목적으로 하여 재무성과에 대한 언급은 없다.

비영리조직의 BSC에서는 고유한 미션 달성이 최상위 관점이 되어야 하지만 이 경우에도 재무성과는 여전히 중요하다. 미션 달성을 위해서는 자원의 조달과 사용이 필수적이기 때문이다. 비영리조직의 재무 관점은 “자원 관점”이라고 불리는 하위 관점이 되거나 다른 하위 관점에 포함되기도 한다.

비영리조직의 BSC의 또 다른 특징은 고객 관점이다. 영리조직의 고객은 기업의 제품/서비스를 소비하는 사람인 동시에 그 대가를 직접 지불하여 기업에게 재무적 자원을 제공하는 존재이기도 하다. 그러나 비영리조직의 경우에는 조직의 서비스를 받는 사람무료급식 수령자과 조직에 재무적 자원을 제공하는 사람후원자 또는 공공기관이 일치하지 않는 경우가 많다. 이 경우 두 종류의 고객 모두에게 성공적이어야 조직이 장기적으로 존속할 수 있으므로, 양자를 모두 포함하도록 고객 관점이 확대될 필요가 있다. 내부프로세스와 학습 및 성장 관점은 영리조직인 일반 기업과 근본적인 차이는 존재하지 않는다.

균형성과표의 효과

BSC에 포함된 비재무적 관점들이 장기 재무성과를 예측하는데 유용한 선행지표라는 인식이 확산되면서 많은 경영자가 구성원의 행위가 장기성과에 미치는 영향에 관심을 기울이게 되었다.

1990년대 초에 이미 Hyatt, Marriott, Hilton 같은 호텔체인들은 최고경영진의 상여금을 결정할 때 이익지표 외에 객실 및 식음료 품질, 안전, 고객만족, 직원만족 등 다양한 비재무지표를 포함했다. 관리회계 분야의 세계적 학자인 Banker 등은 미국의 한 대형호텔체인을 대상으로 비재무지표를 직원보상에 연동하는 것이 어떤 결과를 가져오는지 분석하였다.[3] 연구대상 호텔체인의 경우 새로운 인센티브 프로그램을 도입하기 전에는 개별호텔 경영자의 상여금이 영업이익, 매출액, 또는 총원가 등의 재무지표에 기초하여 결정되었다. 예컨대 호텔 총지배인은 영업이익 목표를 달성할 때 기본급의 최대 20%까지 상여금을 받을 수 있었으며, 기술책임자는 에너지 원가에 따라 최고 5%까지, 판매담당자는 객실매출에 따라 최고 10%까지 추가 상여금을 받을 수 있었다. 고객만족도를 측정하기는 했지만 상여금을 책정하는 데 명시적으로 사용하지는 않았다.

이 호텔체인은 1993년에 영업이익과 비재무지표에 기초한 새로운 인센티브 프로그램을 도입하였다. 회사는 주주와 고객 두 이해관계자의 만족을 회사의 전략적 목표로 채택하고 재무적 성과지표와 비재무적 성과지표를 선정하였다. 재무지표로는 (이용가능 객실당) 영업이익과 (상대적으로 수익성이 좋은) 무료전화 예약비율을 사용하고, 비재무지표로는 재방문 의사에 대한 고객응답과 고객불만건수를 채택하였다. 영업이익을 사용하는 것은 과거와 같지만, 공동의 노력을 필요로 하는 비재무지표를 상여금과 직접 연결하고 최대 상여금이 과거보다 커진 것이 달라진 점이었다. 새로운 인센티브 제도를 적용한 결과, 재무성과와 비재무성과 모두 과거보다 향상되었으며 고객만족 성과지표들이 미래재무성과에 바람직한 영향을 준 것으로 확인되었다.

한편, 국내에서는 BSC 도입기업과 비도입기업 각 16개의 재무성과를 비교한 결과, BSC 도입기업의 주가수익률과 재무성과총자산이익률, 자기자본이익률, 매출이익률, 매출원가율, 재고자산회전율가 비도입기업보다 더 개선된 것으로 조사되었다.[4]

균형성과표의 유의사항

전통적 성과평가제도가 간과하였던 비재무 측면의 성과를 측정하고 관리하여 영리, 비영리조직의 성과를 개선하고자 하는 BSC는 만병통치약일까? 이제까지의 경험은 그렇지 않다. 우리나라에서도 민간부문과 공공부문의 많은 조직들이 BSC를 실시하였으나 결과에 대해 모두가 만족하는 것은 아니다. 실제로 BSC 등 많은 경영혁신management innovation의 성공률은 3분의1 정도에 불과한 것으로 알려져 있다. BSC를 도입, 운용할 때 유의할 점은 무엇일까?

영리조직의 BSC에서 미래재무성과에 영향을 미치는 많은 요소들 중 핵심요소를 정확히 선별하기가 결코 쉽지 않다. **핵심성공요인**critical success factor, key performance indicator이 시대별, 산업별, 기업수명주기별로 다를 수 있기 때문이다. 또, 관점별 핵심요소 또는 성과지표들 사이의 인과관계가 직접적이고 확실하다고 단정 짓는 것은 지나친 단순화일 수 있다. 두 요소 사이

3 Banker et al. 2000. An Empirical Investigation of an Incentive Plan that Includes Nonfinancial Performance Measures. The Accounting Review.

4 김진환 등. 2007. 균형성과표(BSC)가 기업재무성과에 미치는 효과. 회계저널.

의 관련성에 대한 하나의 가설이라 간주하고, 실제 결과를 바탕으로 확인할 필요가 있다. 아울러, BSC의 네 관점에 포함되지 않았지만 조직의 장기적 성과에 중요한 영향을 미치는 요소들이 있을 수 있다. 스티브 잡스와 같은 유능한 경영자나 뛰어난 연구개발 인력, 애사심으로 뭉친 직원들 등이 그 예가 될 수 있다. 전통적인 네 관점에만 국한되지 말고, 그 조직의 장기적 성공을 위해 필요한 관점을 추가하거나 기존 관점을 축소/제거하는 융통성이 필요하다. 또 급속한 경영환경 변화에 발맞춰 각 관점 간의 상대적 중요도와 각 관점별 핵심성공요인을 꾸준히 업데이트할 필요도 있다.

작심삼일이라는 말처럼, 실행되지 않는 전략은 오히려 기업자원을 낭비한다. 유용한 내비게이션은 목적지만을 가리키는 것이 아니라, 현 위치를 정확히 파악하게 하고, 목적지로 이끌 경로를 구체적으로 제시할 수 있어야 한다. 만일 운전자가 여러 사람이라면 여러 사람들이 조화롭게 움직일 수 있도록 조정하는 능력도 중요하다. 전략실행력을 높이기 위해서는 기업의 경영시스템이 사실fact에 기초한 학습체계가 되어야 한다. 즉, 기업의 성과를 사실대로 파악하고 정확한 원인분석을 통해 성과를 개선하기 위한 방안을 도출하고 실천에 옮기도록 하는 경영시스템이 설계·운용되어야 한다. 이렇게 될 때 전략이 조직구성원의 행동을 변화시키고 바람직한 성과를 창출해 낼 수 있다.

BSC는 언뜻 보기에 전통적 방식에 몇 가지 관점을 추가한 성과평가체계라고만 받아들여질 수 있다. BSC가 효과적인 성과평가체계인 점은 맞지만, BSC의 본질적 가치는 사후적 성과평가에 있지 않다. 그보다는, 조직의 목표와 전략 그리고 이를 달성하기 위한 구체적 행위를 하나의 일관된 체계 속에서 설명함으로써 조직구성원들이 자신의 행위가 전체 조직에 미치는 영향과 중요성을 이해하게 돕고 조직의 장기적 성과를 개선하게 하는 수단으로 받아들여져야 한다. 막연할 수 있는 조직의 전략을 개개인 또는 부서의 구체적 행위로 번역해 주는 의사소통 수단으로서의 의미가 더 크다고 할 수 있다. 전 계층의 조직구성원의 적극적 참여가 BSC의 성공적 도입과 운영을 위해 필수적인 이유도 여기에 있다.

Strategic Management Accounting

고객성과

고객가치와 기업이익

기업의 존속과 성장을 위해서는 재무적인 성과를 지속적으로 낼 수 있어야 한다. 어떻게 지속적인 재무성과를 이룰 것인가? 그 첫 번째 답은 기업이 목표로 삼고 있는 고객층에게 소구할 수 있어야 한다는 점이다. 고객이 기업의 제품 및 서비스를 지속적으로 구입할 때만 기업은 수익을 창출할 수 있기 때문이다.[5] 물론 이 경우에도 수익을 얻기 위한 기업의 노력이 거저 얻어지는 것이 아닌 이상, 이로 인해 발생하는 원가를 수익의 범위 내에서 통제할 수 있어서 정상적인 이익을 얻을 수 있어야 함은 당연하다.

고객의 구매의사결정은 구입하는 제품에서 얻는 총혜택과 구입에 따른 총원가를 비교하여 이루어진다. 여기서 제품으로부터 얻는 혜택을 마케팅에서는 **편익**benefit이라고 부르는데 제품으로부터 고객이 얻게 되는 경제적, 기능적, 심리적 욕구충족의 크기를 화폐가치로 표시한 것이라고 할 수 있다. 또한 총원가는 제품에 대해 지불하는 가격뿐만 아니라 시간이나 노력 또는 심리적 원가까지도 포함한 의미로 해석한다.

일반적으로 **고객편익**에서 **고객원가**를 차감한 순액을 **고객가치**customer value라고 하는데 결국 고객에게 소구하여 선택되는 제품이 되기 위해서는 고객가치가 다른 제품 대안보다 높아야 한다. 즉, 기업은 고객원가가 같다면 고객편익이 높은 제품을, 고객편익이 같다면 고객원가가 낮은 제품을 출시할 수 있어야 한다. 이것이 곧 고객을 확보하고 수익을 창출하는 첫 단계가 된다. **그림 12-3**은 고객가치와 기업이익 간의 관계를 도식화하여 보여준다.

고객이 가치를 얻기 위해서는 고객편익이 고객원가보다 커야 하며, 기업이 이익을 얻기 위해서는 기업수익이 기업원가보다 커야 한다. 특히 여기서 주목할 것은 고객의 구입가격과 기업의 판매가격이 동일하므로 고객원가와 기업수익이 상당부분 일치한다는 점이다.[6] 고객이 지불하는 가격을 높이면 기업이익이 커지지만 고객가치는 줄어들고, 낮추면 기업이익이 낮아지는 대신 고객가치는 커질 수 있다. 그러나 제품가격은 경쟁기업 등 시장환경 변수의 영향이

---

5 이하에서는 고객이 구입하는 제품, 상품 또는 서비스를 포괄한 의미로 제품을 사용한다.

6 고객이 부담하는 원가에는 기업의 수익인 제품에 대한 구입원가가 가장 큰 부분을 차지하지만, 구입원가 이외에 사용 중에 발생하는 기타 원가가 있다. 기타 원가에는 금전적인 지출이 필요한 경우도 있지만 시간, 노력, 스트레스 등 고객이 부담해야 하는 비재무적 또는 심리적인 원가도 포함될 수 있다. 따라서 기업수익이 고객원가와 정확히 일치하지 않을 수 있다.

그림 12-3 고객가치와 기업이익

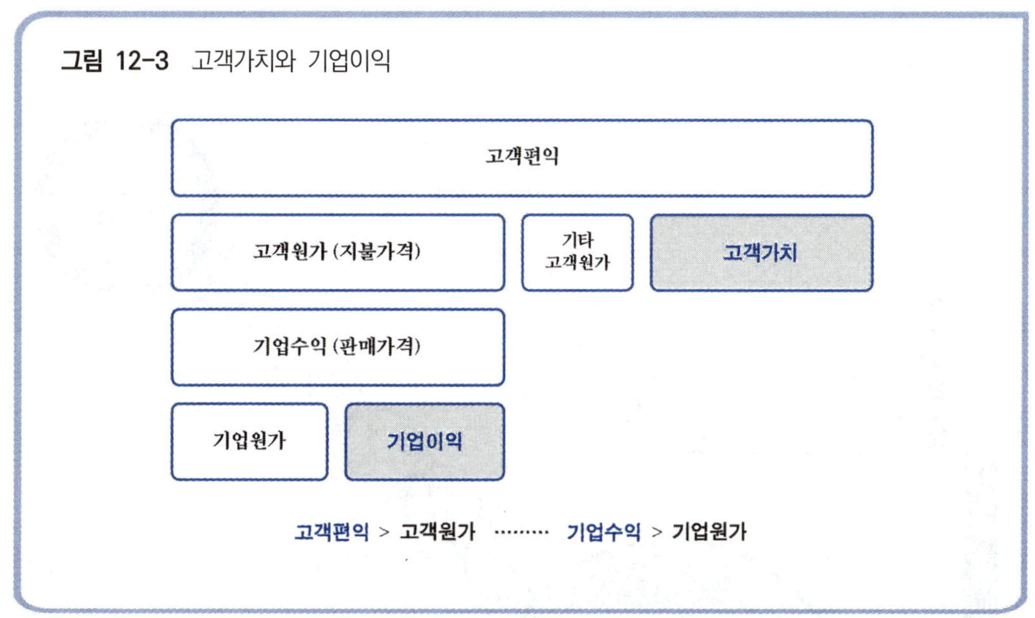

크므로 개별기업이 통제하기 어려운 부분일 뿐만 아니라, 기업이익을 위해 고객편익의 개선 없이 제품가격을 높이려 한다면 이는 고객가치의 감소 및 매출수익의 감소로 이어져 기업이익을 떨어뜨릴 수 있다. 결국 고객편익의 향상이나 고객원가의 감소를 통해 고객가치를 제고하여 수익을 창출하고, 효과적인 원가관리를 통해 이익을 추구하는 것이 기업이 장기적인 존속과 성장을 이루는 방법이 된다.

고객가치명제와 고객성과지표

고객가치를 높이기 위해서는 고객가치를 창출해낼 수 있는 속성을 찾아내고, 이 속성들이 제품과 제품을 제공하는 전체 과정에 자연스럽게 반영되도록 하여야 한다. 따라서 고객가치를 창출하기 위해 고객에게 전달하고자 하는 제품 관련 속성을 어떻게 정의할 것인가 그리고 이 속성을 달성하고 유지하기 위해 기업이 어떤 노력을 해야 하는가가 중요하다. 일반적으로 고객가치를 창출하는 제품관련 속성을 고객가치명제라고 한다.

고객가치명제customer value proposition는 기업이 고객에게 특정 경험을 제공하겠다는 약속인 동시에 고객이 기업과 제품으로부터 얻을 것으로 기대하는 경험이다. 그 약속을 믿고 제품을 구입한 고객이 당초에 기대했던 경험을 누렸다고 판단하면 이는 곧 기업과 제품에 대한 만족

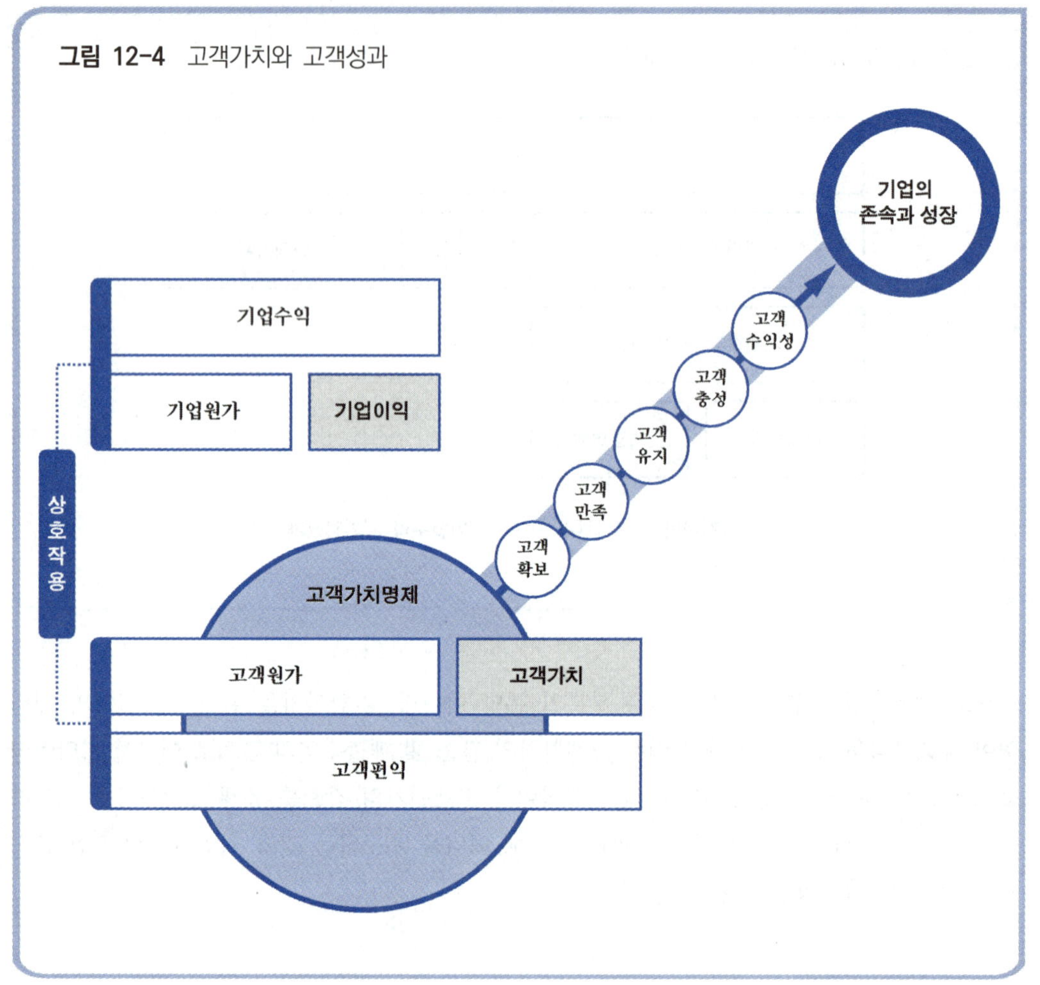

그림 12-4 고객가치와 고객성과

으로 표출되고 이를 기억하는 고객은 계속 그 기업의 고객으로 남으며 더 나아가 충성도 있는 고객이 될 수 있다. 충성도 높은 고객은 새롭게 영입하고 설득해야 하는 고객보다 수익성이 높은 고객이 되어 궁극적으로 기업의 재무적 성과의 기초가 된다. 따라서 목표로 삼고 있는 시장에 부합하는 고객가치명제를 잘 수립하고, 이를 제품과 기업활동을 통해 구현하는 것이 중요하다.

물론 높은 고객가치를 가지고 있는 제품이라 하더라도 그것이 재무적 성과로 이어지게 하기 위해서는 이를 뒷받침하는 추가적인 노력이 여전히 필요하다. 제품을 시장에 효과적으로 알려 새로운 고객을 확보하는 노력, 제품을 구입한 고객의 만족도를 높이는 노력, 다른 회사 고객으로 이탈하지 않고 계속 그 기업의 고객으로 남아 있게 하는 노력, 기존 고객이 기업의 다른 제품의 고객으로 발전하게 하는 노력 그리고 이들 고객의 수익성을 관리하는 노력 등을 들 수 있다.

이를 종합하면 재무적 성과를 얻기 위해 고객에 초점을 두고 수행하는 기업 활동은 크게 두 가지로 나누어 볼 수 있다. **첫째**는 고객가치명제를 수립하고 구현하는 활동이며, **둘째**는 고객가치명제를 기초로 한 일반적인 고객활동으로 고객확보, 고객만족, 고객유지, 고객충성을 이끌어내는 일련의 과정이다. 여느 기업활동과 마찬가지로 이러한 고객활동을 효과적으로 수행하기 위해서는 활동별 목표와 성과지표를 수립하여 구성원들의 노력을 끌어내는 것이 필요하다. BSC에서 고객 관점을 도입하고 이와 관련된 성과지표 수립 및 측정을 강조하는 이유이다.

고객가치명제는 특성상 기업 또는 제품마다 서로 다르게 정의되므로 이를 측정하고 관리하기 위한 성과지표 역시 일률적이지 않다. 그러나 기업이나 제품과 무관하게 수행되는 일반적인 고객활동에 대해서는 고객확보율, 고객만족도, 고객유지율, 고객수익성, 시장점유율 또는 고객점유율 등과 같은 성과지표를 공통적으로 많이 사용한다. 한 가지 주목할 것은 고객가치명제와 관련된 활동성과는 고객만족도와 같은 일반적인 고객활동성과에 선행하는 특성을 가지고 있다는 점이다.

고객가치명제

고객가치명제는 기업이 어떤 산업에 속해 있는지, 산업 내에서 어떤 세부시장을 목표로 삼고 있는지에 따라 구체적인 내용이 달라지기는 하지만, 크게 제품관련 속성, 고객관계, 이미지와 명성으로 나눌 수 있다.

첫째, 제품관련 속성은 기능, 가격, 품질 등을 포함한다. 경우에 따라서는 단순 기능에 최소한의 품질만을 유지하되 저렴한 가격에 제품을 구입하고자 하는 세부시장을 목표로 삼을 수도 있고, 다양한 기능의 고품질 제품을 원하면서 가격에는 민감하지 않은 세부시장을 목표로 삼을 수도 있다.

둘째, 고객관계는 제품의 탐색, 선택과 구입 그리고 제품의 수령과 설치 등에 이르는 일련의 과정에서 고객을 어떻게 응대할 것인가, 고객이 어떠한 구매 경험을 느끼도록 할 것인가와 관련된 특성이다. 제품의 탐색에서부터 설치에 이르는 과정에서 일일이 상담받길 원하고, 품격 있고 신속한 응대를 원하는 대신 가격에는 개의치 않는 고객을 대상으로 세부목표시장을 정할 수도 있다. 이와는 반대로 조언을 받기보다는 간섭 없이 스스로 모든 구입의사결정을 내리고 보다 저렴한 가격을 기대하는 고객을 목표시장으로 생각할 수도 있다.

셋째, 고객이 제품을 통해 외부에 보여주고자 하는 이미지와 명성이다. 예를 들어, 30~40

대 고소득·고학력 전문직 종사자를 목표로 하고 있다면 그들이 갖고자 하는 이미지나 명성에 맞는 기업 및 제품 광고나 판매촉진, 판매방식을 취함으로써 고객이 해당 회사의 제품을 구입하는 동시에 그 이미지와 명성도 가질 수 있게 하는 효과를 줄 수 있다. 예를 들어, 고급손목시계에 고소득·고학력 전문직의 이미지와 명성을 부여하고자 한다면 고급 경제잡지의 지면광고나 경제관련 케이블 방송의 PPLproduct placement 광고방식, 5성급 호텔에 입점한 고급부티크의 판매방식, 시계에 대한 해박한 지식을 가진 세련된 직원이 고객을 응대하는 방식을 채택할 수 있다. 기업 및 제품이 주는 이미지와 명성은 고객유지율이나 고객충성도를 이끌어낼 수 있는 중요한 고객가치명제의 요소가 될 수 있다.

고객성과지표

기업이나 제품과 무관하게 수행되는 일반적인 고객활동에 대해서는 고객확보율, 고객만족도, 고객충성도, 순추천지수, 시장점유율 또는 고객점유율, 고객수익성 등의 성과지표를 공통적으로 많이 사용한다.

고객확보율

기업이 새로운 사업을 시작하거나 기존 사업에서 성장하려면 목표시장에서 새로운 고객을 확보하는 것은 필수적이다. 고객확보지표는 새로운 고객을 얻는 정도를 측정해야 하므로 새롭게 확보한 고객수 또는 이들로부터의 매출액을 이용하되 기존 대비 비율로 측정하거나 절대수치를 그대로 이용할 수도 있다.

신용카드, 이동전화, 인터넷서비스, 자동차보험 등 새로운 고객을 확보하기 위해 많은 자원을 투입하는 사업에서는 가입권유 건당 실제 가입고객 수, 신규가입고객당 유치원가, 가입유치원가당 신규고객수익 등 다양한 지표를 이용한다.

고객만족도

일단 고객으로 확보된다고 하더라도 이 고객이 미래에도 계속 고객으로 남거나, 충성도 있는 고객이 되고 수익성 있는 고객이 되리라는 법이 없다. 이를 위해서는 기업 및 제품으로부터의 경험이 고객이 처음 기대했던 것과 일치하거나 그 이상이라는 태도나 믿음, 즉 고객의 만족이 있어야 한다. 기업이 지속적으로 고객만족도를 측정하고 관리해야 하는 것은 이러한 이유 때문이다. 일반적으로 문항별 5점 척도매우 만족, 다소 만족, 보통, 다소 불만족, 매우 불만족로 만족도를 측정하지만 각 설문문항 및 구조를 어떻게 만들고, 어떤 방식으로 이 설문 내용을 고객에게 제시하느냐에 따라 측정결과의 신뢰성이 결정된다.

고객만족도에 대한 최근 연구에 의하면 적당한 수준의 만족도, 예를 들어 다소 만족이나 보통과 같은 점수로는 고객유지나 충성을 이끌어내지 못한다. 구매경험이 완벽하거나 매우 만

그림 12-5 공통 고객성과지표

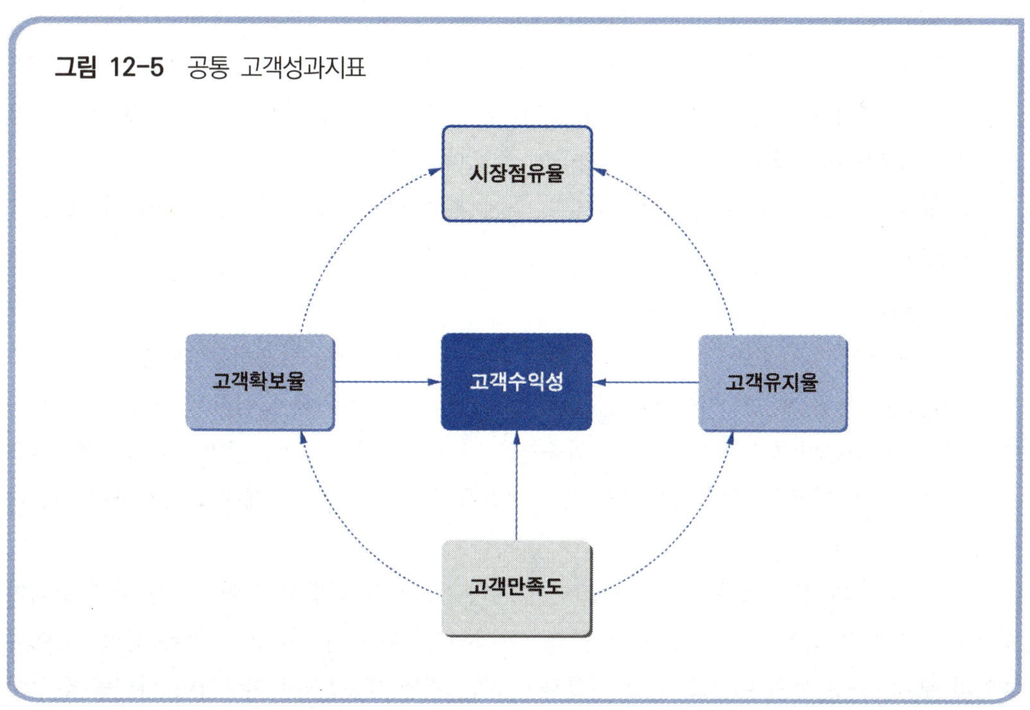

족스럽다고 판단할 때만 반복적인 구매로 이어질 수 있다고 한다.

고객만족도는 개별기업이 필요에 따라 자체적으로 조사하기도 하지만, 시장조사를 전문으로 하는 회사에서 독립적으로 수행하고 공표하기도 한다. 미국 ACSI나 J. D. 파워의 만족도 조사나 우리나라의 KCSI가 대표적인 예이다. 연구에 의하면 고객만족도지수는 미래주가와 유의미한 상관관계가 있으며, 고객만족도가 재무적 성과의 선행지표라는 점을 보여주고 있다.

고객유지율, 고객충성도

새로운 고객을 확보하는 데에는 많은 시간과 자원이 투입되므로 일단 확보한 고객이 이탈하지 않게 하는 것이 중요하다. 이를 위해서 기간별로 고객유지율이나 이탈률을 측정하고, 이탈률의 원인을 찾아 관리해야 한다. 만족도가 매우 높은 고객을 제외하면 이탈의 가능성은 항상 존재한다. 만족도가 높진 않지만 여전히 호의적인 고객이라면 적극적인 유인을 제공하여 반복구매를 유도할 필요가 있으며, 제품의 질이나 가격 등 기업이나 제품에 불만족인 고객에 대해서는 그 원인을 개선하는 노력이 필요하다. 어떤 경우이든 이탈을 막는 데 소요되는 원가와 이탈가능 고객의 가치를 비교 · 평가하는 절차가 뒷받침되어야 한다.

매우 높은 만족도를 갖고 있는 고객은 반복구매는 물론 구매확대로 발전하는 충성도 높은 고객이 될 가능성이 있는데 이러한 충성고객은 기업 입장에서 매우 중요한 의미를 가진다.

충성고객은 이탈할 가능성이 매우 낮으므로 고객유지에 필요한 원가가 매우 낮을 뿐만 아니라, 구전word of mouth이나 SNS 등을 통해 새로운 고객을 유치하는 데 크게 기여할 수 있다. 또 이들은 기업과 긴밀한 관계를 유지하여 제품의 성능개선이나 신제품 개발에 도움을 주기도 한다. **고객충성도**customer loyalty는 반복구매 정도나 지속성, 구매액의 기간별 비교, 구매제품범위 확대 정도, 고객의 해당 제품 지출액 중에 기업제품이 차지하는 비중 등을 통해 측정할 수 있다.

순추천지수

앞서 언급한 것처럼 고객만족이나 고객유지가 재무적 성과를 달성하는 데 중요하므로 기업들이 많은 관심을 가지고 이들 지표를 신뢰성 있게 측정하기 위해 노력하고 있다. 그러나 일부 연구에서는 고객만족도점수와 미래수익증가율 간의 상관관계가 낮을 뿐만 아니라 전통적으로 고객충성도의 지표로 많이 사용하고 있는 고객유지율도 충성도를 제대로 측정하지 못한다는 점을 지적한다.

고객만족도의 경우, 설문지나 면담조사가 여러 문항으로 복잡하게 이루어진 탓에 고객이 성의 있는 답변을 하지 않는 경우도 많다. 또, 고객유지율이 높다 하더라도 높은 전환비용이나 대안의 부재, 관성 등의 이유로 아직 이탈하지 않은 것일 뿐 고객이 만족하여 나타난 현상이 아닐 수 있다는 것이다. '고객의 추천의지'를 점수화한 **순추천지수**NPS: net promoter score는 이러한 문제점을 해결할 수 있을 뿐만 아니라 기업의 미래수익성 및 성장성과의 상관관계도 매우 높다는 점에서 좋은 대안으로 제시되고 있다.

순추천지수는 제품을 주위 사람에게 추천할 가능성을 묻는 단순한 문항에 대해 10점 척도로 답하게 한 후, 가장 높은 추천 정도를 의미하는 10점과 9점을 표시한 고객비율에서 1~6점까지의 고객비율을 차감하여 구한다. 순추천지수에서 높은 점수를 얻기 위해서는 고객이 가격이나 품질 등 다양한 차원에서 제품에 만족할 뿐만 아니라 기업과의 관계에서도 좋은 경험을 가지고 있어야 한다. 게다가 주위 친지들에게 이 기업과 제품을 추천해도 욕먹지 않을 정도의 강한 확신이 있어야 하므로 종전의 고객성과지표에 비해 고객충성도를 측정하는 강력한 지표라고 할 수 있다.

시장점유율, 고객계정점유율

시장점유율은 특정기간 중에 목표시장 전체 매출규모에서 해당 기업제품의 매출액이 차지하는 비중을 나타내는 것으로 다른 기업과의 경쟁에서 획득 또는 유지 노력이 성공했는가를 보여주는 지표라고 할 수 있다. 기업 매출규모의 증가감소가 반드시 시장점유율의 증가감소를 의미하는 것은 아니다. 또한 시장점유율 증가가 반드시 고객성과나 재무적 성과를 의미하지 않을 수 있으므로 재무성과지표와 함께 종합적으로 해석할 필요가 있다. 예를 들어 제품가격인하로 매출량 및 시장점유율이 증가하는 경우, 이는 고객활동으로 인한 성과가 아닐 뿐만 아니라 제품의 영업이익률과 같은 수익성 지표는 오히려 떨어질 수 있기 때문이다.

고객계정점유율은 특정 고객의 동종항목 거래총액에서 해당 기업 제품이 차지하는 비중을 의미한다. 예컨대, 고객의 신용카드 총사용액 중에서 특정 카드가 차지하는 비중을 고객계정점유율이라고 할 수 있다. 고객계정점유율은 차별적인 마케팅 및 고객활동을 위한 기초자료로 사용할 수 있다.

혁신프로세스

재무목표와 고객목표를 효과적으로 달성하기 위해서는 구체적으로 수행할 프로세스를 잘 정립해야 할 뿐만 아니라, 이들 프로세스가 잘 수행될 수 있도록 각 프로세스별 목표 및 성과지표도 만들어야 한다.[7] 이는 마치 재무 관점이나 고객 관점에서 목표와 성과지표를 수립한 것과 마찬가지로 프로세스 관점에서 목표와 성과지표를 수립해야 함을 의미한다.

BSC에서는 혁신프로세스, 운영관리프로세스, 고객관리프로세스, 규제 및 사회프로세스를 대표적인 프로세스로 제안하고 있다. 고객목표와 재무목표를 달성하기 위해서는 혁신에 의한 제품연구와 개발이 뒷받침된 고객가치 창출 및 고객관리, 효과적이고 효율적으로 제품을 생산 및 판매할 수 있는 운영관리, 기업을 둘러싼 규제 및 사회환경과의 긴밀한 관계가 필요하다는 점을 강조한 것이다. 이하에서는 혁신프로세스와 운영관리프로세스를 위주로 설명한다.

생산과정에서의 효율성이 기업의 경쟁력을 좌우하던 시절과는 달리 지금은 혁신적인 제품을 지속적으로 출시할 수 있는 능력이 기업의 경쟁력을 결정하고 있다. 따라서 운영관리프로세스의 탁월성보다는 **혁신프로세스**가 효율적으로 운영되고 제품연구개발능력을 적시에 발휘할 수 있는가가 훨씬 더 중요한 문제가 되었다.

예컨대, 첨단 전자산업이나 소프트웨어 또는 생명과학 영역 등은 연구개발에 많은 시간과 자원을 투입하기는 하지만 일단 개발에 성공하면 생산과정에서의 원가절감은 더 이상 이슈가 되지 않으며, 장기간 높은 마진을 누릴 수 있다. 이것이 바로 혁신프로세스가 강조되는 이유라고 할 수 있다. 야구에 비유하자면 운영관리프로세스의 성공을 안타라고 한다면 혁신프로세스

7 프로세스(process)는 정해진 목표를 달성하기 위해 구조화되고 체계화된 일련의 활동을 말한다.

의 성공은 만루홈런이라고 할 수 있다.

혁신프로세스는 크게 시장 및 소비자 조사와 연구개발 및 확장으로 나눌 수 있다. 시장조사는 기존 또는 잠재적 고객이 원하는 새로운 제품 기능이나 희망가격 등에 대한 정보를 제공하고 이전에는 존재하지 않았던 아이폰 같은 혁신적인 제품 아이디어와 이에 대한 시장이나 고객을 찾아낼 수도 있다. 혁신프로세스의 두 번째 단계인 연구개발 및 확장에서는 시장조사를 통해 얻은 정보를 기초로 기존제품의 개선, 신제품을 위한 연구 그리고 개발 및 설계를 수행한다.

혁신프로세스에서는 시장조사, 연구 및 개발에서 제품의 출시로 이어지는 모든 단계에서 고객목표 및 재무목표를 염두에 두어야 한다. 예를 들어, 조사단계에서 고객이 원하는 기능과 가격을 찾아내고, 연구개발단계에서는 조사단계에서 얻은 정보를 충분히 고려하여 제품을 개발하되, 제조과정에서 있을 수 있는 불량의 소지를 최소화하고 품질의 일관성을 유지할 뿐만 아니라 제품수익성을 확보할 수 있도록 제조원가를 미리 고려하는 것이다.[8]

표 12-1 혁신프로세스의 성과지표

단계	성과지표	
시장 조사 단계	· 목표고객조사에 소요된 시간(원가) · 목표고객조사 준비건수 · 조사정보를 이용한 신제품개발컨셉트 발표건수 · 컨셉트 발표건수 대비 신제품개발단계 진입건수	· 연간 특허권수 · 특허권 인용건수 · 신제품 개발성공건수
연구 개발 및 확장 단계	· 신제품 개발시도건수 · 신제품 개발시도건수 대비 개발성공건수 · 신제품 개발성공건수 대비 적시개발건수 · 개발시간(원가) · 최초설계 시제품의 정상작동건수 · 설계수정횟수 · 개발 파이프라인상에 있는 시제품에 대한 고객 피드백 또는 가치(또는 수익) 추산액 · 신제품의 제조원가: 실제와 목표 · 신제품 불량건수 · 신제품 반품건수 · 신제품 보증비용 · 신제품 고객만족 또는 불만도	· 경쟁기업 대비 신제품 출시건수 · 계획 대비 신제품 출시건수 · 손익분기시간 · 출시시간 · 신제품 매출(이익)비율 · 특허권의 보호를 받는 독점제품매출(이익)비율 · 특허권의 보호를 받는 시장점유율 · 신제품으로 인한 시장점유율 증가량 · 연구개발투자수익률

8 혁신프로세스의 중요성을 확인할 수 있는 개념과 기법으로 제8장에서 다룬 제품수명주기원가계산, 목표원가계산이 있다.

혁신프로세스의 성과지표

차별성 없는 기존제품으로 시장에서 경쟁할 수 있는 방법이라고는 가격을 낮추는 것 외에는 대안이 거의 없다. 따라서 기업의 혁신능력과 차별적인 제품을 출시할 수 있는 능력이야말로 현대 기업의 경쟁력과 성장에 가장 중요한 요소 중의 하나라고 할 수 있다. 대부분의 현대 기업들이 혁신프로세스에 많은 투자를 하고 있는 이유이기도 하지만, 문제는 운영 및 생산 프로세스에만 최적화된 관리회계 및 통제시스템이 혁신프로세스의 유효성과 효율성을 제대로 측정하거나 관리하지 못하고 있다는 점이다. 운영관리프로세스에 비해 투입에서부터 산출까지 소요되는 기간이 길고, 투입 및 산출관계가 약하고 불확실하여 성과지표를 만들기 어렵기 때문이다. 그렇다고 측정할 수 없으니 측정할 수 있는 것만 파악하고 관리하겠다는 것은 어불성설이다.

관리가 되지 않는 혁신프로세스 하에서는 제품개발과정에 필요 이상의 많은 시간과 돈을 낭비할 수 있다. 결과적으로 출시하는 시점이 지연되어 매출기회를 잃을 수 있으며 제품가격을 높게 산정할 수밖에 없는 악순환을 낳게 된다. 표 12-1은 혁신프로세스에서 많이 사용하고 있는 성과지표의 예인데, 성과지표수립과 관련하여 주의할 사항은 다음과 같다.

첫째, 혁신프로세스는 연속되고 복잡한 여러 단계로 이루어져 있기 때문에 어느 하나의 성과지표로 모든 단계를 측정할 수 없다. 다양한 성과지표로 개별단계나 활동을 측정할 필요가 있다.

둘째, 성과지표를 시간흐름에 따라 선행지표와 후행지표로 다양하게 구성할 필요가 있다. 프로세스상의 문제점을 조기에 확인하기 위해서는 선행지표가 필요하다. 제품개발시간은 개발이 종료된 이후 총소요시간이라는 결과만을 알려주는 지표로서 개발시간이 지연되었을 경우 왜 지연되었는지 또는 개발이 종료되기 전에 미리 지연될 수 있을 가능성에 대해서는 알려줄 수 없는 후행지표라고 할 수 있다. 개발시간 지연에 대한 **근원분석**root cause analysis에 의하면 최초설계에 의한 시제품 오작동 여부나 설계수정 횟수가 개발시간 지연에 큰 영향을 준다고 알려져 있는데, 이러한 지표들이 개발시간에 대한 선행지표의 예가 될 수 있다.

셋째, 개별 프로젝트의 성과를 측정하는 지표뿐만 아니라 프로젝트 포트폴리오 전체 성과를 통합적으로 측정할 수 있는 지표도 필요하다. 예를 들어, 개별 프로젝트 자체만으로는 큰 가치가 없지만 전체 포트폴리오 차원에서는 오히려 파급효과가 있는 기술이나 제품이 될 수 있기 때문이다.

넷째, 단편적인 성과만을 보여주는 단순지표와 여러 성과지표를 포괄적으로 보여주는 통합지표가 있는데 인과관계 또는 선 · 후행관계 등으로 모든 성과지표를 계층화할 필요가 있다. 이는 균형성과표상의 성과지표를 인과관계로 도식화하여 전략지도를 수립하는 것과 그 맥을 같이 한다. 개발의 작은 부분을 담당하는 현업 담당자의 경우 자신의 노력이 회사 전체에 어떤 성과를 가져올 수 있는지를 아는 것은 담당업무의 성과지표에 대한 이해뿐만 아니라 동기부여에도 큰 도움을 줄 수 있다.

손익분기시간

제품 출시가 6개월 미뤄지면 세후이익이 33% 줄지만, 개발비를 50% 더 쓴다 하더라도 이익에 미치는 영향은 3.5%에 불과하다는 연구결과가 있다. 돈을 벌기 위해서는 돈을 아끼는 것보다 시간을 줄이는 것이 더 중요하다는 의미이다. 이러한 이유로 신제품 개발에 소요되는 시

그림 12-6 이익지도와 손익분기시간

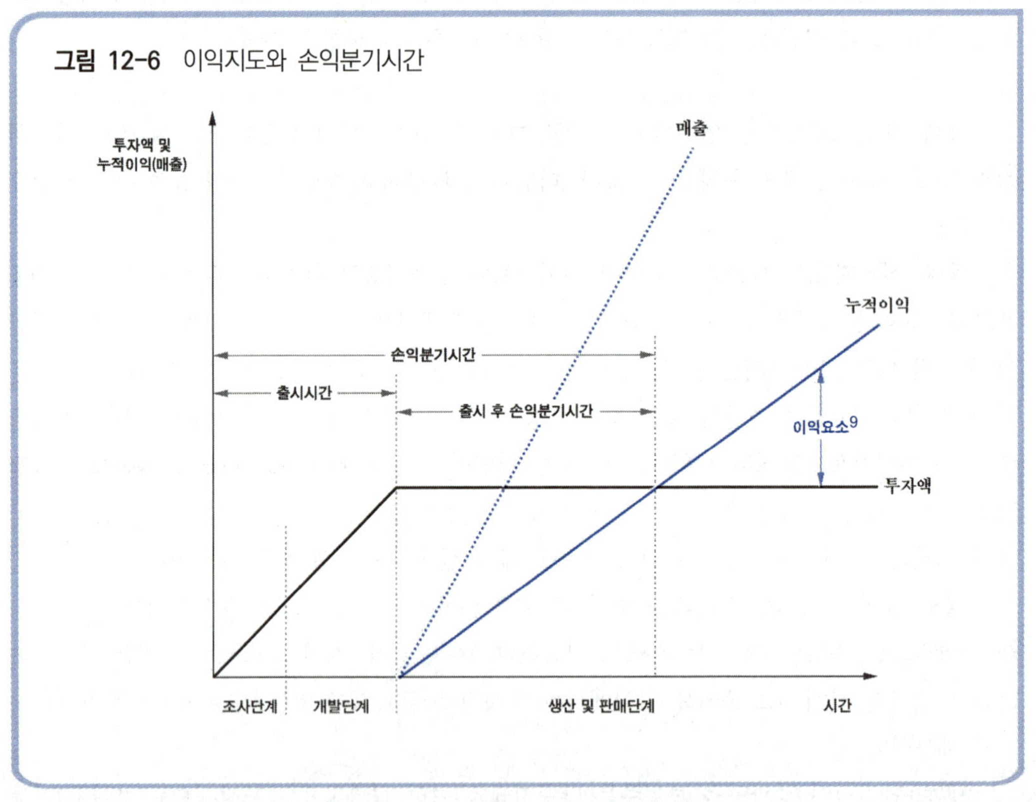

9 이익요소(RF: return factor)는 일정 기간 경과 후 투자액 대비 이익의 비율을 나타낸다.

간을 줄이기 위해 개발 초기부터 생산이나 마케팅 등 기업 내 다양한 기능에 속한 구성원들로 팀을 이뤄 작업하는 것이 일반적이다. 그러나 서로 다른 업무와 기능에서 모인 여러 구성원들이 하나 같이 협력하여 신제품을 개발하기란 쉽지 않다. 최단시간에 최대이익을 올릴 수 있는 신제품을 개발하기 위해서는 각 구성원들이 보다 넓은 시각에서 제품개발과정을 이해하고 협력할 수 있어야 한다.

1980년대 말 휴렛-팩커드에서는 이러한 점을 염두에 두고 이들 구성원들을 하나로 묶어줄 수 있는 목표 및 지표를 마련해야 할 필요성을 절감하고 **그림 12-6**와 같은 그래프와 손익분기시간이라는 지표를 개발하였다. 이 그래프에서는 X축에는 시간의 흐름을 표시하되 조사단계, 개발단계, 생산 및 판매단계로 나누고 있으며 Y축에는 투자액과 누적이익 등을 표시함으로써 개발단계에서 고려해야 할 가장 중요한 요소인 시간과 돈을 동시에 보여주고 있다.

이 그림에서 알 수 있듯이 제품출시 후 판매로부터 얻은 누적이익이 제품개발에 소요된 투자액과 같아지는 시점까지 제품개발부터 소요된 기간을 **손익분기시간**BET: break-even time이라고 부른다. 손익분기시간은 제품개발과정의 효율성과 유효성 차원에서 다음과 같은 시사점을 제공한다.

첫째, 손익분기시간은 제품개발의 산출결과뿐만 아니라 개발에 소요된 원가까지도 고려하는 개념으로 제품개발과정의 효율성도 강조하고 있다.

둘째, 손익분기시간은 수익성을 명시적으로 고려하고 있을 뿐만 아니라 이를 위해서는 제품설계, 생산, 마케팅 등 각 기능을 담당하고 있는 구성원들이 다 같이 협력해야 하는 점을 강조하고 있다. 고객에게 소구할 수 있는 제품을 개발하되, 투자액을 회수하고 적정 이익을 보장할 수 있는 제조원가에 생산할 수 있으며, 효과적인 유통경로를 통해 저렴한 가격에 판매할 수 있어야 수익성을 확보할 수 있다.

셋째, 손익분기시간은 말 그대로 시간으로 측정한다. 제품개발에 소요된 투자액을 신속하게 회수할 수 있으려면 매출액이 빠르게 증가해야 하고, 이를 위해서는 경쟁기업보다 짧은 기간에 완성도 높은 제품을 개발할 수 있어야 한다.

손익분기시간은 그림에서처럼 다시 **출시시간**TM: time to market과 **출시 후 손익분기시간**BEAR: break-even after release로 나눌 수 있는데 여기서 흥미로운 것은 출시시간과 출시 후 손익분기시간이 서로 상충관계에 놓일 수 있다는 점이다. 제품의 혁신성이나 성능을 일부 포기하여 출시시간 즉, 개발에 투입하는 시간을 줄이는 경우, 오히려 출시 후 누적판매량 및 누적이익의 상승속도는 더디어져서 출시 후 손익분기시간이 길어질 수 있다. 반대로 제품성능을 위해 개발에 더 많은 시간을 투입하여 출시시간이 길어지는 대신 시장의 높은 반응으로 출시 후 손익분기시간이 단축될 여지도 있다. 이들 두 시간을 합한 손익분기시간을 줄이기 위해서는 이들 두 시간의 상충관계와 상충관계의 크기에 영향을 주는 시장의 경쟁정도를 충분히 고려해야 한다. 예컨대 다른 기업의 경쟁력이 높지 않아 출시가 늦더라도 크게 문제가 되지 않는 경우, 개발에 상대적으로 많은 시간을 들여 제품의 성능을 높이는 편이 오히려 손익분기시간을 줄일 수 있는 방법이 된다.

제품개발의 주 관심사가 최단시간에 최대이익을 올릴 수 있는 신제품을 개발하는 것이라고 할 때 손익분기시간은 이러한 목표에 적절한 지표라고 할 수 있을 뿐만 아니라 개발팀의 각 기능 및 그 구성원들이 손익분기시간 단축에 기여하고 있는 정도를 확인할 수 있으므로 기능 간의 이해와 협력을 유도할 수 있다는 장점이 있다.

Strategic Management Accounting

운영관리프로세스

운영관리프로세스는 고객의 주문부터 전달까지의 과정으로 고객을 위해 차별화된 가치명제를 어떻게 만들고 제공할 것인가 그리고 그 과정에서 효율성은 어떻게 개선할 것인가가 중요한 목표가 된다. 운영관리프로세스에서는 동일한 업무가 반복적으로 이루어지는 경향이 있으므로 과학적인 관리기법을 적용하기 쉬운데 전통적으로는 표준원가, 예산, 차이분석 등의 기법을 이용하여 얻은 재무지표를 위주로 관리가 이루어졌다. 그러나 일부 재무지표에만 지나치게 의존한 결과 여러 가지 부작용을 낳기도 하였다. 예를 들어, 노동의 능률성을 강조하는 재무지표는 오히려 제품의 품질을 떨어뜨렸으며, 설비의 능률성 지표는 과잉 생산을 초래하고, 재료 가격차이는 저렴한 가격을 위해 원재료 품질을 포기하거나 수급불균형, 대량구입에 따른 재고문제를 낳기도 하였다. 이러한 여러 문제점으로 인해 종전의 원가 및 재무지표뿐만 아니라 품질 및 시간으로 이루어진 비재무지표에도 관심을 가지게 되었다.

즉시구매 및 생산시스템

기업에서는 생산원가 못지않게 재고관련 비용을 절감하는 것이 기업의 수익성이나 경쟁력에 중요한 요소가 되므로 이들 비용을 줄이기 위해 여러 가지 노력을 하고 있는데 그 대표적인 시도 중의 하나가 **즉시시스템**JIT: just-in-time system이다.

즉시생산시스템JIT production은 제품의 실제수요에 맞춰demand pull 제품을 생산하는 방식으로 기업 내의 각 생산활동은 다음 단계의 생산활동에서 필요로 하는 수량만큼만 작업을 하게 된다. 즉시생산시스템은 원재료 역시 생산하고자 하는 제품수량에 필요한 분량만을 주문하는 즉시구매시스템JIT purchase과 연결되어 있는 것이 일반적이다.

전통적인 생산시스템이라고 할 수 있는 **자재소요계획**MRP: material requirement planning에서는 제품의 예측수요에 맞춰 기업의 모든 생산활동계획을 수립하고 이에 따라 제품을 생산하는 방식으로서 시장으로 밀어내는 방식push-through이라고 할 수 있다. 이 생산시스템 하에서는 각 생산단계의 작업이 다음 단계의 생산진도와는 무관하게 이루어지므로 재고가 과다하게 누적될 수 있는 문제가 있다. 이에 반해 즉시시스템의 경우에는 각 단계의 생산활동이 서로 긴밀히 연결되어 있으므로 재고가 누적되는 현상은 존재하지 않는다.

즉시시스템이하 JIT이 제대로 구현되는 경우 고객의 수요에 즉각적으로 대응할 수 있을 뿐만 아니라 고품질을 유지할 수 있고 재고관련원가를 포함한 총원가를 낮출 수 있다는 장점이 있다. 이론적 볼 때 JIT가 매우 바람직하지만 현실적으로 이 시스템이 제대로 구현되기 위해서는 다음과 같은 선결요건이 충족되어야 한다.

첫째, 생산준비시간의 단축을 통해 생산에 소요되는 총시간을 줄여야 한다.[10] **생산준비시간**을 줄일 경우 제품별 소량생산이 가능하므로 재고수준을 낮출 수 있다. 또한 생산에 소요되는 시간이 단축되면 고객의 수요변화에 신속히 대처할 수 있다.

둘째, 종전과는 다른 생산방식이 필요하다. 대표적인 예로서 **셀 생산방식**cellular manufacturing을 들 수 있다. 셀 생산방식은 유사한 제품을 생산하는 데 필요한 모든 생산설비가 한 곳셀에 모여 있는 방식으로 한 셀 내에서 생산의 착수부터 완성까지 모든 활동이 이루어진다.[11] 각 셀에는 여러 가지 생산활동을 동시에 관리할 수 있는 작업자가 배치되어 있으며 유사한 다른 제품으로 생산을 전환하는 것이 용이하여 생산준비에 필요한 셋업시간을 줄일 수 있으므로 소량생산을 통해 재고수준을 낮출 수 있다.

---

10 생산준비시간을 단축하는 기법으로 S.M.E.D(single minute exchange of die)가 있다. 이는 여러 종류의 부품이나 제품을 생산할 때 신속하게 기계배치나 공정을 변경하여 기계가 정지되어 있는 시간(machine down time)을 최소화하기 위한 기법이다.

11 셀 생산방식과 다른 전통적인 생산방식으로는 공정별 설비배치와 제품별 설비배치가 있다. 공정별 설비배치(process layout)는 동일한 기능을 하는 설비를 한 곳에 모아놓는 방식으로 한 작업이 끝나면 이동하여 다른 작업을 수행하는 방식이다. 제품별 설비배치(product layout)는 한 가지 제품을 제조의 착수부터 완성까지 연속적으로 생산하는 방식으로 필요한 생산설비는 라인을 따라 배치되어 있으며 동일제품을 대량생산하는 경우 적절한 방식이다.

셋째, JIT가 가능하기 위해서는 다양한 작업을 동시에 할 수 있는 생산담당자가 필요하므로 여러 가지 기술을 갖춘 직원을 고용하거나 기존 직원에 대한 재교육이 필요하다. 또한 생산흐름의 조화와 균형이 필요하므로 생산담당자 간의 팀워크가 중요하다.

넷째, JIT에서는 제조공정상에 있는 재공품 재고가 적기 때문에 불량의 원인을 즉각적으로 파악할 수 있을 뿐만 아니라 특정 생산단계에서 불량이 발생하면 바로 다른 작업에 영향을 미친다. 따라서 신속하게 불량을 제거하거나 조치할 수 있어야 한다. 이러한 과정을 통해 고품질의 제품 생산이 가능하게 된다.

다섯째, 생산에 필요한 원재료에 대해서도 JIT가 적용되어야 하며 이를 위해서는 고품질의 원재료를 신속하게 공급할 수 있는 협력업체가 필요하다. 장기계약을 통해 협력업체와의 긴밀한 관계를 유지할 수 있어야 하며 주문절차를 간소화하여 주문비용을 줄일 수 있어야 한다.

여섯째, JIT를 성공적으로 구현하기 위해서는 고객부터 원재료 공급업체에 이르기까지 정보흐름이 원활해야 한다. 판매와 생산 그리고 구매와 관련된 정보시스템이 하나로 통합될 수 있는 ERPenterprise resource planning시스템의 구축이 필요하다.

기업에서 JIT의 도입을 고려하고 있다면 이에 따른 원가-효익 분석이 선행되어야 한다. JIT의 성공을 위해서는 물리적인 생산방식의 변화뿐만 아니라 생산에 참여하는 직원들의 태도나 기업문화에도 변화가 필요하다. 종전의 생산방식에 비해 직원들의 책임감이나 자율성이 중요하고 직원 간의 의사소통이나 팀워크가 강조되기 때문에 이를 수용할 수 있는 기업문화가 확립되어야 하며 직원들의 태도도 달라져야 한다. 만약 이러한 문화적인 변화 없이 물리적인 생산과정만을 변경할 경우 오히려 생산능률이 저하될 수 있기 때문이다.

JIT를 도입하면 생산시스템을 변경하는 과정에서 발생하는 공장 재설계, 새로운 설비의 구입과 재배치, 직원들에 대한 JIT교육이나 기술 재교육에 따른 비용이 발생한다. 한편 JIT가 성공적으로 확립되면 재고수준의 감소에 따른 금융비용 절감, 고품질 제품의 생산과 생산소요시간 단축, 고품질과 정시 배달로 인한 매출의 확대, 제품불량에 따른 재작업 및 공손비용의 감소 등의 경제적 효익을 얻을 수 있다. 다음은 JIT의 도입에 따른 원가-효익 분석의 예를 보여주고 있다.

EXAMPLE 12-1

S사는 자동차용 부품을 생산·판매하고 있다. 최근 재고의 누적과 품질저하 등으로 생산시스템을 JIT로 변경하는 것을 고려하고 있다. JIT를 도입할 경우 올해에 예상되는 경제적인 효과는 다음과 같다.

(1) 공장의 재설계 및 설비의 재배치에 ₩10,000,000이 소요될 예정이다.
(2) 직원 재교육비 ₩1,000,000이 발생한다.
(3) 총재고액이 ₩50,000,000만큼 감소할 것으로 예상되므로 재고자산 관련 창고임차료, 보험료 등 비용이 ₩3,000,000만큼 줄어들 것으로 보인다.
(4) 재작업원가 및 공손원가가 ₩2,000,000만큼 감소할 것이다.
(5) 품질의 향상과 생산소요시간의 감소에 따라 매출향상이 기대되어 공헌이익이 ₩3,000,000만큼 증가할 것이다.

한편 회사의 투자수익률은 연간 10%이다.

제시한 자료를 항목별로 구분하여 증분분석을 하면 다음과 같은 결과를 얻을 수 있다.

JIT 도입 시 증분수익:	₩13,000,000
재고감소에 따른 기회자본비용 감소(₩50,000,000×10%)	5,000,000
재고감소에 따른 현금유출비용 감소	3,000,000
재작업 및 공손원가 감소	2,000,000
매출향상에 따른 공헌이익증가	3,000,000

JIT 도입 시 증분비용:	₩11,000,000
공장재설계/설비재배치	10,000,000
직원재교육	1,000,000

JIT 도입에 따른 증분이익	₩2,000,000

카이젠 원가계산

카이젠 원가계산kaizen costing은 원가효율성을 달성하려는 점에서는 목표원가계산과 동일하지만, 목표원가계산이 생산이전 단계에서 이루어지는 원가절감 노력이라고 한다면 카이젠 원가계산은 생산과정 중의 원가절감에 초점을 둔다는 차이가 있다. 또한 카이젠 원가계산은 혁신에 의한 대규모의 원가절감이 아니라, 기존 생산과정의 개선을 통해 소액의 원가절감을 지속적으로 추구하는 과정이라고 할 수 있다. 제품수명주기원가의 개념에 기초하여 생산과정 중에는 원가를 절감할 수 있는 여지가 많지 않다는 점을 고려한 원가절감방법이 된다.

일본자동차산업의 예에 의하면 전년도의 발생원가를 기준으로 **원가절감률목표**target reduction rate를 정하고 이를 각 변동원가항목에 적용하여 원가절감 노력을 유도한다. 경영자는 사후적으로 각 변동원가항목에 대해 원가절감액 목표와 실제 절감액을 비교하여 각 공장별로 차이를 계산하고 성과평가나 보상에 활용한다. 카이젠 원가계산시스템은 불리한 원가차이에 주목하는 전통적인 표준원가계산시스템과 비교할 수 있는데 몇 가지 점에 있어 명확한 차이가 존재한다.

첫째, 카이젠 원가계산의 목적이 지속적으로 하향조정되는 원가절감목표를 달성하고자 하는 것인 반면, 표준원가계산의 차이분석은 실제원가와 표준원가를 비교하여 불리한 차이가 존재할 경우 이의 원인을 파악하여 제거하는 데 목적이 있다. 일본의 경우, 표준원가계산은 주로 재무회계와 연결되어 있는 반면, 카이젠 원가계산은 표준원가계산과는 별도로 운영된다.

둘째, 카이젠 원가계산에서는 프로세스 개선 및 원가절감과 관련된 정보를 현업에 있는 작업자가 가장 잘 파악할 수 있다고 가정하는 데 반해, 표준원가계산에서는 공학기술자나 관리자가 현장 작업자의 작업표준과 작업절차를 결정할 수 있는 기술적 지식을 가지고 있다고 가정한다. 따라서 카이젠 원가계산시스템 하에서는 현업을 담당하는 작업자에게 지속적

표 12-2 표준원가계산과 카이젠 원가계산

표준원가계산	카이젠 원가계산
(1) 기본가정	
· 관리자나 공학기술자가 원가를 절감할 수 있는 지식을 가장 많이 가지고 있다고 가정	· 생산프로세스에 직접 참여하고 있는 현장작업자가 원가를 절감할 수 있는 지식을 가장 많이 가지고 있다고 가정
(2) 개념	
· 원가통제시스템 · 안정화된 현재제조시스템 · 성과표준을 달성하는 것이 목표	· 원가절감시스템 · 지속적 개선이 가능한 현재제조시스템 · 원가절감목표를 달성하는 것이 목표
(3) 적용기법	
· 연간 또는 반년기준으로 원가표준설정 · 실제원가와 표준원가를 비교한 차이분석 · 불리한 원가차이가 발생할 때 원인분석과 조치	· 월간기준으로 원가절감목표 설정과 적용 · 원가절감목표액과 실제절감액을 비교한 차이분석 · 원가절감목표를 달성하지 못했을 때 원인분석과 조치

으로 실제발생 원가정보를 제공함과 동시에 프로세스를 개선하거나 원가를 절감할 수 있는 책임과 통제권한을 부여하고 있다. 표 12-2에서는 카이젠 원가계산과 표준원가계산을 비교하고 있다.

품질원가계산

운영관리프로세스에서 중요한 관리지표 중의 하나는 품질이다. 품질 자체를 측정하는 지표 못지않게 품질을 유지하기 위한 원가, 즉 품질원가COQ: cost of quality를 분석하는 과정도 필요한데, 이를 **품질원가계산**quality costing이라고 한다.

기업들은 불량을 줄이기 위해 많은 지출을 한다. 여기에는 교육훈련비, 예방적 차원에서 이루어지는 설비점검에 따른 유지비, 품질향상을 위한 설계비용 등이 포함되는데 이를 **예방원가**prevention cost라고 한다. 또 결함 있는 제품이 고객에게 판매되는 것을 막기 위해 지출하는 품질검사비용이나 불량품을 찾아내기 위한 활동비용, 원자재를 공급하는 회사의 평가와 인증에 소요되는 비용 등과 같은 **평가원가**appraisal cost가 있다.

한편, 예방원가 및 평가원가와는 달리 생산된 불량품으로 인해 발생하는 원가로 실패원가가 있다. 실패원가 중에는 불량품이 소비자에게 유통되기 전에 기업 내부에서 발견되어 수리하거나 폐기하는 경우에 발생하는 **내부실패원가**internal failure cost와 소비자에게 유통되어 발생하게 되는 보증수리비나 리콜비용 또는 고객불만이나 기업이미지 훼손에 따른 암묵적 기회원가인 **외부실패원가**external failure cost가 있다.

표 12-3 품질원가의 분류

종류	내용	예
예방원가	불량품을 방지하기 위해 소요되는 원가	설비유지보수비
평가원가	부품이나 제품 등의 불량 여부를 확인하기 위해 소요되는 원가	공정검사원가
내부실패원가	제조과정에서 발견된 불량품에 대한 원가	불량품 재작업원가
외부실패원가	고객에게 인도한 이후에 발견된 불량품으로 인한 원가	보증수리비

EXAMPLE 12-2

K사는 품질원가의 측정을 위해 품질관련 활동원가를 계산하고 있다. 계산결과는 다음과 같다.

활동	원가	활동	원가
품질정책기획 및 선포활동	₩5	제품품질검사 및 시험활동	₩10
선적 전에 발견된 불량품 재작업활동	6	원부자재 공급회사 평가 및 인증활동	11
예방적 설비보수 및 유지활동	7	반품 재검사활동	12
반품 재작업활동	8	품질교육 및 훈련활동	13
미래판매기회 상실에 따른 기회원가	9		

위 예제를 이용하여 작성한 품질원가보고서의 예는 다음과 같다.

원가의 종류	활동	원가	
예방원가:	품질정책기획 및 선포활동	₩5	
	예방적 설비보수 및 유지활동	7	
	품질교육 및 훈련활동	13	₩25
평가원가:	제품품질검사 및 시험활동	10	
	원부자재 공급회사 평가 및 인증활동	11	21
내부실패원가	선적 전에 발견된 불량품 재작업활동	6	6
외부실패원가:	반품 재작업활동	8	
	반품 재검사활동	12	
	미래판매기회 상실에 따른 기회원가	9	29
			₩81

예방원가나 평가원가는 품질개선 및 유지를 위한 사전적인 원가라고 할 수 있으며 실패원가는 낮은 품질로 인해 사후적으로 발생하는 원가라고 할 수 있다. 따라서 높은 품질수준을 유지하기 위해 예방 및 평가원가의 지출을 늘리면 상대적으로 실패원가는 줄어들게 된다. 그리고 반대로 예방 및 평가원가의 지출을 줄이면 품질이 낮아져 실패원가의 상승을 가져올 수 있다. 따라서 품질과 관련된 총원가의 최소화를 위해서 이들 양자가 적절히 조화를 이루는 품질수준을 찾는 노력이 필요하다. 그림 12-7은 예방 및 평가원가와 실패원가의 상반관계와 총원가를 최소화하는 최적품질수준을 보여주고 있다.

오른쪽 그림은 왼쪽 그림에 비해 품질수준 증가에 따른 예방 및 평가원가의 증가 정도가 상대적으로 완만하여 총원가를 최소화하는 최적품질수준이 상당히 높아진 것을 알 수 있다.

그림 12-7 총품질원가와 최적품질수준

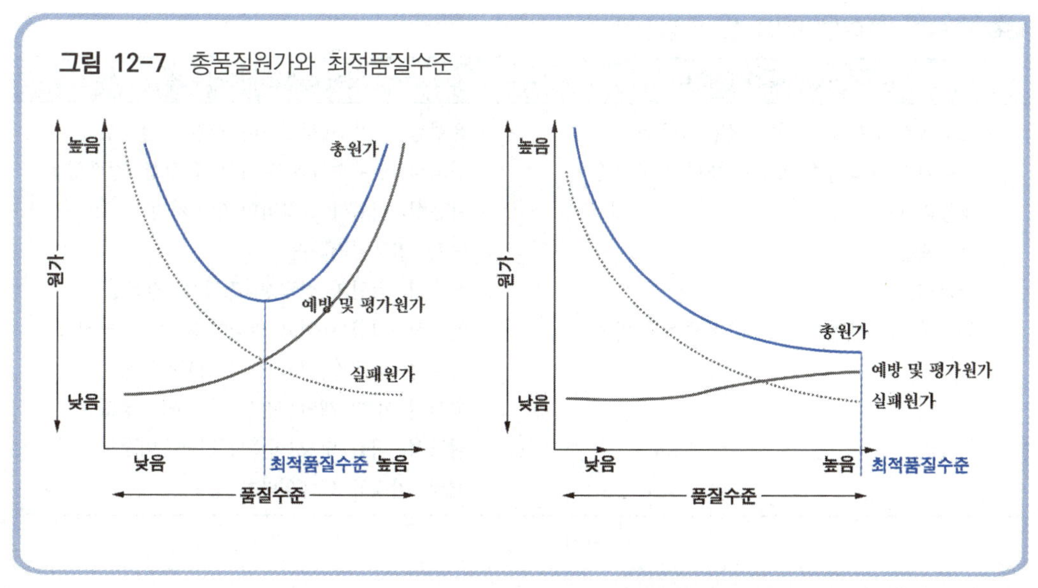

일정 수준의 불량률을 받아들이는 과거의 경우와 **무결점**zero defect을 강조하는 최근의 상황을 비교해 보면 그림 12-7에서 보듯 품질원가를 구성하는 각 원가의 행태가 달라지고 이에 따라 기업의 품질관련 총원가를 최소화하는 최적품질수준이 달라진 것으로 해석할 수 있다. 예컨대 경쟁이 치열한 최근 시장환경에서 자연스럽게 품질에 대한 고객들의 기대수준이 높아져서 실패원가는 종전보다 높아진 반면 예방기술의 발달로 품질개선에 비해 예방 및 평가원가는 크게 증가하지 않는 경우이다.

품질이 고객목표와 재무목표를 달성하는 데 결정적인 역할을 하므로 이와 같은 품질원가에 대한 분석과 관리는 필수적이다.

운영관리프로세스의 성과지표

운영관리프로세스의 성과지표는 크게 원가, 품질, 시간차원으로 분류할 수 있다.

원 가

원가는 전통적으로 널리 사용된 성과지표이지만 주로 개별작업이나 부문단위에서 발생한 원가를 측정하여 성과평가에 활용하는 수준이었다. 프로세스 수준에서 원가를 성과지표로 사용하기 위해서는 기존의 원가계산방법으로는 여의치 않으며, 활동기준원가계산이나 시간동

표 12-4 품질성과지표 및 측정항목

제조기업 | 품질성과지표	서비스기업 | 측정항목
· 프로세스 총부품수 대비 불량 부품률	· 유형성: 시설 쾌적성이나 직원의 단정성
· 프로세스 투입기준 정상품 대비 산출기준	· 신뢰성: 업무수행의 일치성, 확실성, 정확성
· 정상품 비율	· 반응성: 직원의 즉각적인 업무처리
· 작업폐물	· 능력: 업무처리능력
· 재작업률	· 신용성: 직원의 신뢰성, 정직성, 진실성
· 통계적 품질관리를 하는 프로세스의 비율	· 안정성: 위험이 없고 의심이 가지 않는 정도
	· 전달성: 고객과 직원 간의 의사소통성
	· 고객의 이해: 개인사정을 배려하는 정도
	· 접근성: 직원 및 서비스의 접근용이성
	· 예의: 친절하고 예의바른 정도

인활동기준원가계산을 사용해야 한다.

품 질

기업 내에서는 다양한 방법으로 운영관리프로세스 품질의 중요성을 널리 알리고 지속적인 개선을 유도하고 있는데, 가장 핵심적인 내용은 품질을 어떻게 측정하고 이를 지표화할 것인가의 문제이다. 표 12-4은 제조기업과 서비스기업에서 널리 사용되는 품질성과지표 또는 측정항목 예를 보여주고 있다. 그러나 기업마다 근원분석을 통해 품질에 영향을 주는 요소와 고객불만족 요소를 파악하고 기업 상황에 맞는 고유지표를 개발하는 것이 중요하다. 특히 서비스기업의 경우에는 제조기업과는 달리 고객들의 설문결과에 기초하여 품질을 측정하는 경우가 많다.

시 간

가치명제를 구성하는 중요한 속성으로 많이 언급되는 것 중에 하나가 바로 시간이다. 고객은 주문에서 제품수령에 이르는 납기시간이 짧은 것 못지않게 약속한 시간을 지키는 정시납기를 중요하게 생각한다. 이러한 고객의 기대에 부응하는 전통적인 방법은 어떤 주문이라도 신속하게 대응할 수 있도록 다양한 제품을 생산하고 재고를 충분히 확보하는 것이지만 과다한 생산과 재고유지에 따른 높은 비용이 발생할 뿐만 아니라 준비되지 않은 주문에 대해서는 처리하기가 어렵다는 문제가 있다. 보다 현실적인 방법은 주문을 정확하고 신속하게, 효율적이고 신뢰성 있게 처리하고 생산할 수 있는 프로세스를 갖추는 것인데 JIT가 대표적인 예라고 할 수 있다.

그림 12-8 주문처리단계와 완성시간

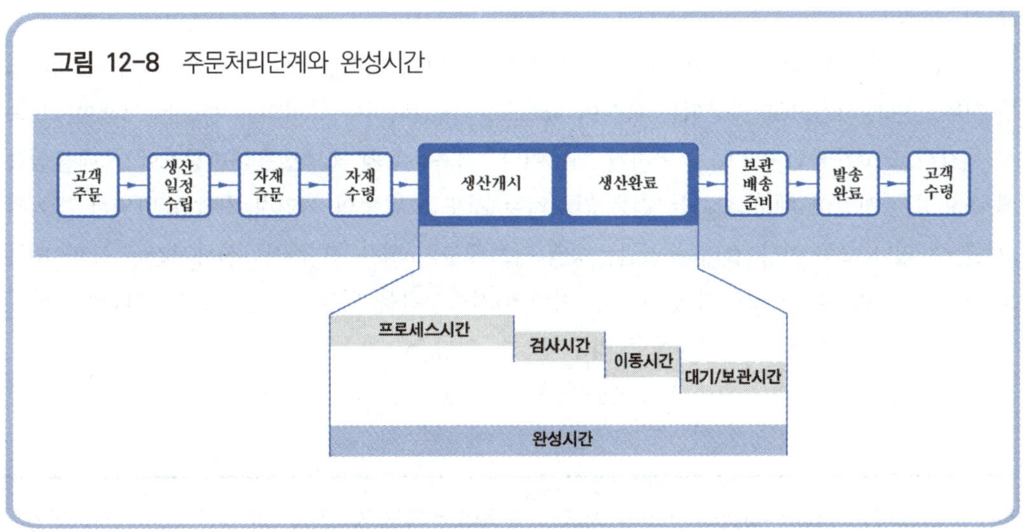

그림 12-8은 주문에서부터 제품전달에 이르는 전체 주문처리단계와 완성시간의 구성요소를 보여주고 있다. JIT를 추구하는 기업에서 생산과정에서 소요되는 시간과 관련하여 주로 사용하는 지표로는 **생산사이클유효성**MCE: manufacturing cycle effectiveness이 있다. 분모에는 생산개시부터 완료까지 총시간을 나타내는 완성시간을, 분자에는 생산을 위해 실제로 투입한 작업시간을 나타내는 프로세스시간을 사용한다.

formula

$$\text{MCE} = \frac{\text{프로세스시간}}{\text{완성시간}}$$

$$\text{완성시간} = \text{프로세스시간} + \text{검사시간} + \text{이동시간} + \text{대기/보관시간}$$

완성시간은 실제 작업에 투입한 작업시간뿐만 아니라 자재의 검사나 생산단계별 검사에 소요된 시간, 단계별 이동시간, 설비준비나 병목설비로 인한 대기 및 보관시간으로 구성되어 있다. 이상적인 JIT 하에서는 프로세스시간 이외에는 낭비되는 시간이 없어야 하므로 프로세스시간과 완성시간이 일치하여 MCE지표가 1이 된다. 검사시간, 이동시간, 대기/보관시간은 제품이 고객에게 전달되는 시간만 지연시킬 뿐 고객가치를 전혀 창출하지 못하는 시간이므로 가능한 줄여야 하는 낭비시간이라고 할 수 있다. 이들 비부가가치시간을 완전히 제거하는 것은 품질에 있어 무결점을 달성하는 것만큼이나 어려운 일이지만 지속적으로 줄여 나가야 하는 시간임에는 틀림없다. 이러한 의미에서 MCE는 지속적으로 개선해 나가야 하는 중요한 성과지표라고 할 수 있다.

시간의 중요성으로 보자면 제조기업은 서비스기업에 비하면 오히려 덜한 편이다. 왜냐하면 서비스는 실시간으로 제공되는 특성이 있으므로 지연되거나 낭비되는 시간은 고객이 그 즉시 체감하고 고객불만족으로 이어지기 때문이다. 저축은행의 소액신용대출광고에서 대출심사에 소요되는 시간이 매우 짧다는 점을 강조하는 것도 고객들의 이러한 경향을 반영한 것이라고 할 수 있다. 2주 이상 걸리는 일반은행의 담보대출의 경우 정작 서류심사시간은 불과 10분도 채 걸리지 않는다고 알려져 있다. 5분 이내의 진찰시간을 위해 1시간 이상을 기다려야 하는 병원도 MCE의 개념이 적용가능한 예라고 할 수 있다. ■

균형성과표는 전략의 실행과 성과평가에 모두 도움이 된다고 알려졌다. 이 두 문제는 영리 · 비영리를 불문하고 모든 조직에 중요하고 민감한 문제이다. 영리조직의 경영자는 비영리조직의 경영사례에도 관심을 가질 필요가 있다. 기업의 사회적 책임과 ESG 경영이 강조되는 현 상황에서 조직 경영에 대해 새로운 영감을 얻을 수 있기 때문이다.

2022년 6월 한국경제신문의 보도에 따르면, 공공기관 경영평가에서 적자 공기업과 흑자 공기업이 같은 등급을 받은 사례가 상당수인 것으로 나타났다. 문재인 정부가 공기업에 대해 경영평가를 하면서 재무지표의 비중을 대폭 줄인 결과란 분석이다. 영리기업의 경영목표는 지속가능이익의 극대화라는 공감대가 있지만, 공기업의 경영목표는 이익의 극대화가 아닌 공적 가치의 극대화가 되어야 한다. 이익을 많이 낸다고 칭찬할 일도 아니고, 그렇다고 방만한 경영으로 큰 손실을 내는 것을 장려할 일은 더욱 아니다. 적자 공기업과 흑자 공기업이 비슷한 평가를 받은 것 자체를 문제 삼는 것은 공기업의 존재 이유를 고려하지 않은 결과이다. 공기업에 대한 경영평가 지표를 개선하고자 한다면 그 공기업의 존재 이유인 공공성과 효율성을 반영하는 비재무지표의 비중을 더 늘리는 것이 바람직하다.

"성과 자랑만 하는 속 빈 강정?"

최근 기업들의 지속가능경영보고서나 이에스지(ESG) 보고서가 쏟아져 나온다. 하지만 성과 홍보나 다짐을 서술하는 데 그치는 경우가 대부분이다. 이에스지 경영 교육기관인 한국지속경영연구원 박종철 원장은 "수백 쪽짜리 보고서들이 많지만 보통 '잘하겠다'는 선언적 내용이 태반"이라며 "지금까지의 관련 경영 이행 정도를 계량화 · 수치화하는 데 더욱 노력해야 한다. 또 평가기관들도 더욱 강화된 기준을 적용해 투자자와 일반인들이 보고 판단할 수 있도록 해야 한다"고 말했다.

우리 기업이 펴낸 이에스지보고서와 외국 기업 보고서를 비교하면, 차이가 드러난다. 독일 화학기업 '바스프'가 지난 6월 펴낸 경영 보고서는 페이지는 더 적지만, 이에스지 경영 목표와 이행 정도를 구체적으로 공개한다. '20만 시간 내 안전사고 발생 비율 2025년 0.1% 이하 목표→2021년 기준 0.3% 달성', '지속가능한 물 사용 비율 100% 목표→2021년 기준 53% 달성', '여성관리자 비율 2030년 30% 목표→2020년 기준 25.6% 달성' '2030년 온실가스 배출량 목표(1640만 톤 이하)→2021년 기준 2020만 톤 배출 중' 등을 확인할 수 있다. 바스프는 이에스지 경영평가 상위권을 차지해 왔다.

이에스지 경영평가 · 분석업체인 서스틴베스트 류영재 대표는 "이에스지 보고서는 주주와 투자자의 투자 전 판단을 위한 것이어야 한다"며 "주주들도 세계적 관점에서 이에스지 경영에 대한 중요성을 인식하고 이를 기업에 요구할 때 현재 기업들의 보고서 수준도 상향될 수 있을 것"이라고 했다. 서스틴베스트 고은해 리서치본부장은 "기업에 이에스지 전담팀이나 재무관리를 하는 IR팀이 생기는 추세이지만 여전히 홍보 · 마케팅 차원으로 접근하는 기업들이 많다"고 말했다. 이와 관련해 RE100 선언을 한 석유화학기업 임원은 "주주들이 단기 손실에 민감해 기업의 영업이익에 영향을 줄 수 있는 이에스지 활동이나 목표 등을 구체적으로 보고서에 담기 어려운 측면이 있다"고 설명했다.

하지만 기업들은 이에스지의 구체성을 강화하기 위한 노력을 서둘러야만 하는 처지다. 금융위원회는 2025년부터 일정 규모 이상의 기업들의 이에스지 공시 의무화를 추진 중이다. 2030년에는 모든 유가증권시장 상장기업을 상대로 의무화된다. 지난 4월 유럽연합(EU) 재무보고자문그룹(EFRAG)은 기업의 지속가능성과 관련한 경영진과 이사회의 역할과 책임 등 더 광범위한 정보 공시를 보고서에 담을 것을 요구하는 등 이에스지 관련 내용의 공시 의무화가 진행 중이다.

▶ 한겨레 2022. 7. 13.

생각해 봅시다

1. ESG 경영과 균형성과표는 어떤 관계가 있을까?
2. ESG 경영을 실천하는 수단으로 균형성과표를 활용한다면 전통적인 균형성과표를 수정 · 보완할 필요성이 있다고 생각하는가? 그렇다면 그 방안은 무엇인가?

연습문제 EXERCISE

균형성과표와 비재무성과관리

01 개념과 용어 빈칸을 채우시오.

- 추상적인 차원에 머무를 수 있는 경영전략을 조직 내 다양한 구성원의 구체적인 행위로 연결해 줌으로써 전략의 실효성을 높이는 도구로 캐플란과 노턴에 의해 처음 개발된 것은 ______ balanced scorecard이다.
- 조직의 장기적 성과를 극대화하기 위해 재무지표와 ______ non-financial measures(을)를 통합적으로 활용하고자 하는 균형성과표는 성과평가시스템으로 시작했지만, 이후 성과지표와 전략과의 정합성을 강조하는 과정에서 경영전략의 통합적 실행도구로 발전하였다.
- 균형성과표는 재무 관점, ______ customer perspective, 내부프로세스 관점, 학습과 성장 관점 등 네 가지 관점에서 기업의 성과목표를 제시하고 결과를 평가함으로써 기업의 전략을 구체화한다.
- 재무지표는 주관적 판단을 가급적 배제한 객관적 지표인 동시에 사후적인 결과로 나타나는 ______ lagging indicator의 성격을 가지고 있어서 과거를 돌아보는 데는 매우 유용하지만 미래를 예측하는 선행지표로서는 한계를 갖는다. 이러한 점에 있어 고객, 내부프로세스, 학습과 성장의 관점에서 만들어지는 비재무적 지표는 재무지표의 한계를 보완할 수 있다.
- 균형성과표의 네 관점의 성과지표들의 인과관계를 시각적으로 보여주기 위한 방법으로 ______ strategy map(을)를 이용하기도 하는데, 조직구성원들은 이를 통해 자신의 업무가 회사전체에서 차지하는 위치와 타 업무와의 연결관계를 이해할 수 있다.
- 고객편익에서 고객원가를 차감한 순액을 ______ customer value(이)라고 하는데 고객에게 소구하여 선택되는 제품이 되기 위해서는 이것이 다른 제품 대안보다 높아야 한다.
- 고객가치를 창출하는 제품관련속성으로 기업이 고객에게 특정 경험을 제공하겠다는 약속인 동시에 고객이 기업과 제품으로부터 얻을 것으로 기대하는 경험을 ______ customer value proposition(이)라고 한다.
- 고객성과지표 중 ______ customer loyalty(은)는 반복구매 정도나 지속성, 구매액의 기간별 비교, 구매제품범위 확대정도, 고객의 해당 제품 지출액 중 기업제품이 차지하는 비중 등을 통해 측정할 수 있다.
- 고객의 추천의지를 점수화한 ______ net promoter score는 주위 사람에게 추천할 가능성 묻는 단순한 문항에 대해 10점과 9점을 표시한 고객비율에서 1~6점까지의 고객의 비율을 차감하여 구

한다.

- 제품 개발부터 제품 출시 후 판매로부터 얻는 누적이익이 제품 개발에 소요된 투자액과 같아지는 시점까지의 기간을 ______ BET:break-even time(이)라고 부르는데 신제품 개발에 소요되는 원가, 시간, 제품의 수익성을 동시에 고려하는 성과지표라고 할 수 있다.
- 품질이 고객목표와 재무목표를 달성하는 데 결정적인 역할을 하는 점을 고려하면 품질과 관련하여 발생하는 원가를 분석하고 관리하는 것도 필수적이라고 할 수 있는데 이러한 취지로 ______ quality costing에서는 품질관련원가를 예방원가, 평가원가, 내부실패원가, 외부실패원가로 분류 및 집계한다.
- 생산과정에서 소요되는 시간 중 본질적인 생산활동 이외에 소요되는 시간, 예를 들어 검사시간, 이동시간, 대기 및 보관시간 등은 제품이 고객에게 전달되는 시간만 지연시킬 뿐 고객가치를 전혀 창출하지 못하는 낭비시간이다. 이를 관리하기 위한 지표로 ______ manufacturing cycle effectiveness(이)가 있다.

회계사 2000 ··· **02 BSC 종합** 균형성과표에 대한 내용 중 옳지 않은 것은?

① 재무 관점, 고객 관점, 내부 프로세스 관점, 학습과 성장의 관점에서 성과를 측정한다.
② Kaplan과 Norton에 의해 개발된 개념이다.
③ 조직의 전략과 성과평가시스템을 연계하는 점이 강조된다.
④ 재무 관점은 경제적부가가치EVA로, 고객 관점은 시장점유율로, 내부프로세스 관점은 수율yield rate로 측정할 수 있다.
⑤ 균형 잡힌 성과기록표의 장점은 계량화된 객관적인 측정치만을 사용하는 것이다.

세무사 2005 ··· **03 BSC 종합** 다음 중 균형성과표에 대한 설명으로 옳지 않은 것은?

① 비영리단체에서도 재무 관점, 고객 관점, 내부프로세스 관점, 학습과 성장 관점을 사용할 수 있다.
② 전략과 연계된 핵심성공요인을 사용한다.
③ 관점 사이의 인과관계를 전략지도strategy map로 나타낸다.
④ 미국에서 시작된 기법이다.
⑤ 균형성과표는 전략의 구체화와 의사소통보다 성과보상에 초점이 맞추어진 제도이다.

회계사 2009 ··· **04 BSC 종합** 균형성과표에 관한 다음의 설명 중 가장 타당하지 않은 것은?

① 균형성과표는 재무적인 성과지표를 중심으로 하는 전통적인 성과측정제도의 문제점을 보완할 수 있는 성과측정시스템으로 인식되고 있다.
② 균형성과표는 조직의 비전과 전략을 성과지표로 구체화함으로써 조직의 전략수행을 지원한다.
③ 균형성과표의 다양한 성과지표 간의 인과관계를 통하여 조직의 전략목표 달성과정을 제시하는

성과지표의 체계를 전략지도strategy map라고 한다.

④ 균형성과표는 일반적으로 재무 관점, 고객 관점, 내부프로세스 관점, 학습과 성장 관점의 다양한 성과지표에 의하여 조직의 성과를 측정하고자 한다.

⑤ 균형성과표는 조직의 수익성을 최종적인 목표로 설정하기 때문에 4가지 관점의 성과지표 중에서 학습과 성장관점의 성과지표를 가장 중시한다.

05 **BSC 종합** 균형성과표에 관련된 설명으로 가장 옳지 않은 것은? ··· 세무사 2006

① 균형성과표는 기업의 가치를 향상시키기 위해 전통적인 재무적 지표 이외에 다양한 관점의 성과지표가 측정되어야 한다는 것을 강조하고 있다.

② 고객 관점은 고객만족에 대한 성과를 측정하는 데 고객만족도 조사, 고객확보율, 고객유지율, 반복구매 정도 등의 지표가 사용된다.

③ 내부프로세스 관점은 원가를 낮은 수준에서 유지하여 제품을 저렴한 가격으로 고객에게 제공할 수 있도록 기업내부의 업무가 효율적으로 수행되는 정도를 의미하는데 불량률, 작업폐물, 재작업률, 수율, 납기, 생산처리시간 등의 지표가 사용된다.

④ 학습과 성장 관점은 기존의 프로세스와 제품에 만족하지 않고 기술 및 제품의 혁신적인 발전을 추구하는 정도를 의미하는데 종업원만족도, 전략적 직무충족도 등의 지표가 이용된다.

⑤ 재무적 성과는 수익을 제공하는 고객으로부터 달성될 수 있으므로 고객관점지표가 재무적 지표의 동인이 될 수 있으나, 내부프로세스의 효율성 향상과 재무적 성과에 따라 학습과 성장의 지표가 달성되므로 결국 학습과 성장의 지표가 최종적인 결과물이 된다.

06 **BSC 종합** 다음은 균형성과표에 대한 설명이다. 다음 중 적절하지 않은 것은?

① 균형성과표는 처음에는 성과평가방법에 대한 개선책으로 등장하였으나 이후에 전략관리기법으로 발전하였다.

② 균형성과표는 전통적인 성과평가가 경영자의 근시안적 경영행태를 초래하고 있다는 점에 착안하여 등장하였다.

③ 균형성과표는 기업 전략을 달성하기 위한 관점으로 크게 학습과 성장 관점, 내부프로세스 관점, 고객 관점, 재무 관점 등 4가지를 제시하고 있다.

④ 균형성과표에서는 재무적 성과지표와 비재무적 성과지표의 균형, 성과지표 간의 선행 및 후행관계 및 인과관계가 중요하다.

⑤ 균형성과표는 일반기업을 대상으로 개발된 것으로 상대적으로 비영리조직에 대한 적용가능성은 떨어진다.

세무사 2011 ··· **07 BSC 종합** 균형성과표에 관한 설명으로 옳지 않은 것은?

① 조직구성원들이 조직의 전략을 이해하여 달성하도록 만들기 위해, 균형성과표에서는 전략과 정렬된 핵심성공요인을 설정한다.

② 전략 달성에 초점을 맞춘 조직을 구성하여, 조직구성원들이 전략을 달성하는데 동참할 수 있도록 유도한다.

③ 조직의 사명과 비전에 근거하여 다양한 관점에서 전략을 도출한 후, 도출된 전략의 인과관계를 도식화한다.

④ 균형성과표에서 전략에 근거하여 도출한 재무적 성과측정치는 비재무적 성과측정치의 선행지표가 된다.

⑤ 조직구성원들은 전략 달성을 위한 의사소통 수단으로 핵심성과지표를 사용한다.

08 고객성과 다음은 고객성과관리에 관한 개념과 설명이다. 적절하지 않은 것은?

① 고객가치는 고객편익에서 고객원가를 차감한 것으로 기업이 책정한 판매가격이 높을수록 낮아진다.

② 고객편익은 제품으로부터 고객이 얻게 되는 경제적, 기능적, 심리적 욕구충족의 크기를 나타내는 것으로 고객의 지불의향 최대가격으로 측정할 수 있다.

③ 고객가치명제는 기업이 고객에게 특정 경험을 제공하겠다는 약속이며 고객이 기대하는 경험이다.

④ 고객가치명제와 관련된 활동성과는 고객만족도 같은 일반적인 고객활동성과에 후행하는 특성을 갖고 있다.

⑤ 일반적인 고객성과지표에는 고객확보, 고객만족, 고객유지, 고객수익성이 있다.

회계사 2021 ··· **09 개념 종합** 다음 중 원가관리회계의 이론 및 개념들에 대한 설명으로 옳지 않은 것은

① 안전재고는 재고부족으로 인해 판매기회를 놓쳐서 기업이 입는 손실을 줄여준다.

② 제품의 품질수준이 높아지면, 실패원가가 낮아진다. 따라서 품질과 실패원가는 음(−)의 관계를 가진다.

③ 제약이론은 주로 병목공정의 처리능력 제약을 해결하는 것에 집중해서 기업의 성과를 높이는 방법이다.

④ 제품수명주기원가계산은 특정 제품이 고안된 시점부터 폐기되는 시점까지의 모든 원가를 식별하여 측정한다.

⑤ 적시생산시스템JIT은 재고관리를 중요하게 생각하며, 다른 생산시스템보다 안전재고의 수준을 높게 설정한다.

10 개념 종합 원가관리기법에 관한 설명으로 옳은 것은? … 감평사 2021

① 제약이론을 원가관리에 적용한 재료처리량공헌이익throughput contribution은 매출액에서 기본원가를 차감하여 계산한다.

② 수명주기원가계산에서는 공장자동화가 이루어지면서 제조이전단계보다는 제조단계에서의 원가절감 여지가 매우 높아졌다고 본다.

③ 목표원가계산은 표준원가와 마찬가지로 제조과정에서의 원가절감을 강조한다.

④ 균형성과표는 전략의 구체화와 의사소통에 초점이 맞춰진 제도이다.

⑤ 품질원가계산에서는 내부실패원가와 외부실패원가를 통제원가라 하며, 예방 및 평가활동을 통해 이를 절감할 수 있다.

11 시간 다음은 손익분기시간BET:break－even time에 대한 설명이다. 적절하지 않은 것은?

① 최단시간에 신제품을 개발하는 것을 목표로 할 경우 효과적인 성과지표이다.

② 출시시간TM:time to market과 출시후 손익분기시간BEAR: break－even after release으로 나눌 수 있는데 BET를 낮추려면 이들간 관계성과 관계에 영향을 주는 시장의 특성을 이해해야 한다.

③ 판매로부터 얻은 누적이익이 제품개발에 소요된 투자액과 같아지는 시점까지 제품 개발부터 소요된 기간으로 측정한다.

④ 성과지표로 사용하면 제품 개발, 생산, 마케팅 등의 관련 조직이 시간 단축에 기여하는 정도를 측정할 수 있을 뿐만 아니라 조직간 이해와 협력을 유도할 수 있다.

12 품질원가 (주)세무는 에어컨을 제조하는데, 에어컨의 품질원가를 파악하기 위해 다음의 자료를 수집하였다. 품질원가에 관한 설명으로 옳지 않은 것은? … 세무사 2021 수정

○ 생산판매단위: 6,000개	○ 시험검사 노무임률: ₩60
○ 판매단가: ₩1,500	○ 재작업율: 10%
○ 단위당 변동원가: ₩800	○ 단위당 재작업원가: ₩400
○ 품질개선 제품설계시간: 1,000시간	○ 보증수리비율: 5%
○ 제품설계 노무임률: ₩80	○ 단위당 수리원가: ₩500
○ 단위당 시험검사시간: 0.5시간	○ 품질로 인해 상실된 추정판매량: 400개

① 예방원가는 ₩80,000이다.
② 평가원가는 ₩180,000이다.
③ 내부실패원가는 ₩240,000이다.
④ 외부실패원가는 ₩150,000이다.
⑤ 총품질원가는 ₩930,000이다.

회계사 2020 ··· **13** **품질원가** (주)대한은 자동차를 생산하여 판매한다. (주)대한의 원가관리 담당자는 효율적으로 원가를 관리하기 위해 다음과 같이 제품의 품질원가예방원가, 평가원가, 내부실패원가, 외부실패원가로 구성를 측정하였다.

내용	품질원가
불량률을 낮추기 위한 생산직원들의 교육훈련비	₩5,400
제조단계에서 발생한 불량품을 폐기하기 위해 지불한 비용	₩6,100
공정별 품질검사를 진행하는 직원들의 관리비	₩3,200
완성품을 검사하는 기계의 수선유지비	₩10,200
고객 제품보증수리센터에서 근무하는 직원의 인건비	₩24,700
높은 품질의 부품조달을 위한 우수협력 업체 조달 비용	₩2,300
품질검사 과정에서 발견한 불량품 재작업으로 인해 발생한 생산직원의 특근수당	₩7,400
제품 리콜로 인해 발생한 미래매출감소의 기회원가	₩9,300
총합계	₩68,600

(주)대한이 지금보다 예방원가를 50% 확대하면 내부실패원가와 외부실패원가를 각각 20%와 10% 절감할 수 있다고 한다. (주)대한이 지금보다 예방원가를 50% 확대할 때 품질원가의 총합계는 얼마인가?

① ₩65,200 ② ₩66,350 ③ ₩67,280
④ ₩72,000 ⑤ ₩73,050

14 **시간** S사는 생산사이클유효성MCE: manufactring cycle effectiveness을 높일 목적으로 JIT 시스템 구축을 고려하고 있다. 현재시스템 하에서 완성에 소요되는 시간과 JIT 도입 후 예측시간자료는 다음과 같다.

완성시간	기존시스템	JIT 시스템
대기/보관시간	180분	55분
검사시간	30분	10분
이동시간	90분	15분
프로세스시간	120분	80분
합계	480분	160분

다음 설명 중 적절하지 않은 것은?

① JIT시스템을 도입할 경우 MCE는 0.5가 된다.
② 기존시스템에 의할 경우 MCE는 0.25이다.
③ 가장 이상적인 생산환경의 MCE는 1이 된다.
④ MCE가 높다는 것은 생산과정에서 낭비되는 시간이 적다는 것을 의미한다.
⑤ 검사와 프로세스 이외의 활동에 소요되는 시간은 고객가치를 창출하지 못하는 비부가가치시간이므로 가능한 줄이는 것이 바람직하다.

정답 Answer

chapter 2. 원가의 이해

문제번호	2	3	4	5	6	7	8	9	10	11	12	13	14
정 답	⑤	②	⑤	②	②	①	②	④	⑤	②	①	③	①

문제번호	정 답
15	(1) ₩468,000 (2) ₩773,000 (3) ₩950,000 (4) ₩867,000 (5) ₩160,000 (6) ₩201,000 (7) ₩361,000
17	(1) 당기제품제조원가: ₩680,000 (2) 매출총이익: ₩845,000, 영업이익: ₩235,000

chapter 3. 원가 · 조업도 · 이익 분석

문제번호	2	3	4	5	6	7	8	9	10	11	12	13	14	15	16	17	18	19	20
정 답	③⑤	④	③	①	③	③	⑤	②	④	②	①	②	⑤	⑤	③	②	③	③	⑤

문제번호	정 답
21	(1) ₩54,000 (2) 12,000개 (3) ₩60,750 (4) ₩325,000 (5) ₩525,000 (6) ₩12,500
22	1:2
23	4,000개

chapter 4. 의사결정: 관련정보의 분석

문제번호	2	3	4	5	6	7	8	9	10	11	12	13	14	15	16	17	18	19
정 답	③	⑤	②	④	④	③	③	②	④	①	③	⑤	④	⑤	②	③	②	③

문제번호	정 답
20	(1) 만화폐지: ₩34,000 이익증가, 참고서폐지: ₩28,000 이익감소 (2) ₩2,000 이익 증가 (3) ₩44,000 이익 감소
21	(A안) 선택시 ₩375,000 만큼 더 이익
22	(1) 10,000개 (2) 10,962개 (3) 11,170개

chapter 5. 원가계산

문제번호	2	3	4	5	6	7	8	9	10	11	12	13
정 답	②	①	③	⑤	②	③	①	①	①	④	②	③

문제번호	정 답
14	₩3,885
15	(1) ₩39,000 (2) ₩164,000 (3) ₩26,000 (4) ₩166,000 (5) ₩152,500
16	₩7,500,000

chapter 6. 원가배분과 활동기준원가계산

문제번호	2	3	4	5	6	7	8	9	10	11	12	13	14	15	16
정 답	③	②	②	③	⑤	①	②	⑤	②	③	③	③	⑤	④	③

문제번호	정 답
17	(1) X부문: ₩265, Y부문: ₩197.11 (2) ₩371.25 (3) 알파: ₩159,185, 베타: ₩235,344 (4) 알파: ₩163,078, 베타: ₩230,453
18	(1) 제품A: ₩165,000, 제품B: ₩303,000 (2) 제품A: ₩200,000, 제품B: ₩195,000
19	₩112,000

chapter 7. 생산능력원가관리

문제번호	2	3	4	5	6	7	8	9	10	11	12	13	14	15	16	17	18	19
정 답	②	④	⑤	②	③	④	④	①	⑤	⑤	③	③	②	①	①	④	④	⑤

문제번호	정 답
20	(1)₩9,880,000, ₩9,520,000, ₩8,800,000 (2) ₩9,400,000, ₩9,400,000, ₩9,400,000 (3)₩8,840,000, ₩9,400,000, ₩9,960,000
21	(1) 이론적최대조업도: ₩2,100, 실질적최대조업도: ₩2,880,000, 정상조업도: ₩3,150, 예산조업도 ₩3,360 (2) 영업이익이 ₩65,848,400으로 가장 높은 예산조업도 선호 (3) 영업이익이 ₩65,714,000으로 가장 낮은 이론적 최대조업도 (4) 실질적 최대조업도 (단위당 원가: ₩535, 판매가격: ₩1,070)

chapter 8. 가격결정과 고객수익성 분석

문제번호	2	3	4	5	6	7	8	9	10	11	12	13
정 답	②	⑤	③	③	②	③	①	②	④	③	②	②

문제번호	정 답
14	(1) 숙박일당 판매가격: ₩100, 가산율: 25% (2.1) ₩27,000 증가 (2.2) ₩4
15	(1) A: ₩42,000, B: ₩80,000
16	(1) 고객별 이익: A고객 ₩304,000, B고객 ₩104,000, C고객 ₩290,000 (2) 고객별 할인율(영업이익률): A고객 11(19)%, B고객 7(13)%, C고객: 4(29)%
17	₩126,942

chapter 9. 예산의 수립

문제번호	2	3	4	5	6	7	8	9	10	11	12	13	14	15
정 답	④	⑤	⑤	④	①	②	②	③	②	①	②	②	③	⑤

문제번호	정 답
16	(1) 제품1: 65,000개, 제품2: 41,000개 (2) 구입량(금액): 재료A 469,000kg(₩5,628,000), 재료B 256,000kg(₩1,280,000), 재료C 42,000개(₩126,000) (3) 제품1: ₩1,560,000, 제품2: ₩1,968,000
17	(1) ₩18,500 (2) ₩28,650

chapter 10. 차이분석

문제번호	2	3	4	5	6	7	8	9	10	11	12	13	14	15	16
정 답	④	①	④	①	④	④	⑤	③	④	④	②	③	⑤	①	③

문제번호	정 답
17	(1) 가격차이: ₩8,400(유리), 능률차이: ₩1,650(불리) (2) 임률차이: ₩2,400(불리), 능률차이: ₩945(유리) (3) 소비차이: ₩100(유리), 능률차이: ₩459(유리)
18	(1) 매출가격차이: ₩15,000(유리), 매출조업도차이: ₩4,000(불리) (2) 시장규모차이: ₩20,000(불리), 시장점유율차이: ₩16,000(유리)

chapter 11. 재무성과의 측정과 평가

문제번호	2	3	4	5	6	7	8	9	10	11	12	13	14	15	16	17	18	19
정 답	④	③	③	③	③	⑤	④	③	③	②	②	②	③	③	③	③	②	③

문제번호	정 답
21	(1) 사내이전거래가 바람직 (2) ₩440≤이전가격≤₩450 (3) ₩440

chapter 12. 균형성과표와 비재무성과관리

문제번호	2	3	4	5	6	7	8	9	10	11	12	13	14
정 답	⑤	⑤	⑤	⑤	⑤	④	④	⑤	④	①	④	②	⑤

찾아보기

[ㄱ]

가격유도 원가산정방식 · price-led costing / 293
가격차이 · price variance / 372
가격폭포 · pricing waterfall / 310, 321
가공원가 · conversion cost / 36
가산액 · markup / 291
가상분석 · "what-if" analysis / 68
가중평균 공헌이익 / 75
가중평균자본비용 · WACC: weighted average of cost of capital / 412
가치공학 · VE: value engineering / 292, 320
가치기반가격 · value-based price / 302
가치사슬 · value chain / 8
간접원가 · indirect cost / 34
개별원가계산 · job costing / 165, 166
결합원가 · joint cost / 196
경쟁기업 / 289
경제적 부가가치 · EVA®: economic value added / 411
계단원가 / 76
계획 · planning / 4
계획된 미사용 생산능력원가 · planned unused capacity cost / 273
계획시스템 / 333
고객 / 288
고객 관점 · customer perspective / 443
고객가치 · customer value / 17, 450
고객가치명제 · customer value proposition / 451
고객계정점유율 / 457
고객관련원가 · CTS: cost to serve / 304
고객만족도 / 454
고객생애가치 · CLV: customer lifecycle value / 314, 321
고객수익성 분석 · CPA: customer profitability analysis / 304
고객원가 / 450
고객유지율 / 455
고객충성도 / 455
고객편익 / 450
고객확보율 / 454
고래곡선 · whale curve / 217, 308
고정예산 · static budget / 367
고정원가 · fixed cost / 27
공급사슬 · supply chain / 8
공장유지활동 · facility sustaining activity / 215
공장전체 단일배부율법 / 174
공정별 원가계산 / 177
공정성 · fairness / 199
공통원가 · common cost / 196
공헌이익 · contribution margin / 57
공헌이익률 · contribution margin ratio / 57
공헌이익접근법 손익계산서 / 58
과다생산유인 / 259
과대(소)배부 / 171

관련범위 · relevant range / 27
관련정보 · relevant information / 107
관리과정 · management process / 4
관리회계 · management accounting / 4
국제이전가격 · international transfer price / 422
균형성과표 · BSC: balanced scorecard / 9, 440
근원분석 · root cause analysis / 459
기간원가 · period cost / 35
기능분석 · functional analysis / 292
기발생원가 / 31, 108
기업가치평가 / 14
기업예산 · corporate budget / 332
기정원가 · committed cost / 32, 220, 255, 297, 321
기준조업도 · denominator / 270
기초원가기본원가 · prime cost / 35
기회원가 · opportunity cost / 30, 102, 108, 417

[ㄴ]

내부수익률 · IRR: internal rate of return / 135
내부실패원가 · internal failure cost / 467
내부프로세스 관점 · internal process perspective / 443
노무원가 / 35
능률차이 · efficiency variance / 372, 375

[ㄷ]

다국적 기업 · multinational firm / 422
단계배분법 · step-down allocation method / 231
단계별 고정원가 / 76
단위수준활동 · unit level activity / 214
단일배분율법 · single rate / 203
대리인문제 · agency problem / 398
대체가격 · transfer price / 414
데이터 거버넌스 · data governance / 13
데이터 애널리틱스 · data analytics / 13
동기부여 · motivation / 4
동적가격 · dynamic pricing / 289

[ㅁ]

매몰원가 · sunk cost / 31, 108
매출가격차이 · sales price variance / 370, 380
매출이익률 · sales margin / 408
매출조업도차이 · sales-volume variance / 369, 380
매출차이 / 380
매출총이익 · gross margin / 58
명시적 기회원가 / 30, 103
목적 · objectives / 444
목적함수 · objective function / 120
목표불일치성 · goal incongruence / 140, 399
목표원가계산 · target costing / 291
목표이익 · target profit / 64
목표일치성 · goal congruence / 417
목표치 · target / 444
무임승차문제 · free rider problem / 398
묶음수준활동 · batch level activity / 214
미사용 활동능력 · unused capacity / 220
미사용 생산능력 / 269
미션 · mission / 447
민감도 분석 · sensitivity analysis / 68, 351, 352

[ㅂ]

배부율 · burden rate / 163
범기능적 팀조직 · cross-functional team / 294
변동예산 · flexible budget / 367
변동예산차이 · flexible budget variance / 370
변동원가 · variable cost / 27
변동원가계산 · variable costing / 260, 275
병목 · bottleneck / 264
부담능력 · ability to bear / 199
부문별 배부율법 / 174
부문별 원가계산 / 200

분권화조직 · decentralized organization / 399
불리한 차이 · unfavorable variance / 369
비영리조직 / 447
비용 · expense / 36
비재무지표 · nonfinancial measure / 9, 441
비제조원가 · non-manufacturing costs / 36
빅데이터 · big data / 13

[ㅅ]
사물인터넷 · IoT: internet of things / 13
사적 정보 · private information / 350, 398
상호배분법 · reciprocal allocation method / 232
상황별 계획 · contingency plan / 350
생산능력원가 · capacity cost / 269
생산부문 · production department / 201
생산사이클유효성 · MCE: manufacturing cycle effectiveness / 471
생산준비시간 / 463
생존 부등식 / 17
선입선출법 · FIFO: first-in, first-out / 180
선행지표 · leading indicator / 442
선형계획모형 / 120
설계된 원가 · designed-in cost / 297
성과지표 · performance measure / 444
성과평가시스템 / 441
세그먼트 마진 · segment margin / 406
셀 생산방식 · cellular manufacturing / 463
소비자 잉여 · consumer surplus / 17
소비자 제품생애 / 297
소비차이 · spending variance / 375, 378
손익분기시간 · BET: break-even time / 461
손익분기점 · BEP: Break-Even Point / 61
수익책임단위 · revenue center / 403
수탁책임의무 · stewardship / 14
수혜 정도 · benefit received / 199
순추천지수 · NPS: net promoter score / 456
순현재가치법 · NPV: net present value method / 132
순현재가치지수 · net present value index / 133
시간 / 470
시간동인 활동기준원가계산 · TDABC: time-driven ABC / 223
시간방정식 · time equation / 225
시장규모차이 · market size variance / 382
시장점유율 / 456
시장점유율차이 · market-share variance / 383
실질적 최대 활동능력 · practical capacity / 220
실질적 최대조업도 · practical capacity / 270
실행안 · initiatives / 445
쓰루풋 공헌이익 · throughput contribution / 265

[ㅇ]
아웃소싱 · outsourcing / 112
안전한계 · margin of safety / 63
암묵적 기회원가 / 30, 103
엑셀 / 137, 351
연속예산 · continuous budge / 348
영기준예산 · zero-based budget / 349
영업레버리지 · operating leverage / 70
영업레버리지도 · degree of operating leverage / 70
예방원가 · prevention cost / 467
예산게임 · budgeting games / 352
예산손익계산서 / 347
예산여유 · budget slack / 352
예산재무상태표 / 347
예산재무제표 · pro forma financial statements / 334
예산조업도 · master-budget capacity utilization / 270
예산차이 / 378
예외에 의한 관리 · management by exception / 364
완성품 환산량 · equivalent unit / 179

외부구입 / 112
외부실패원가 · external failure cost / 467
운영관리프로세스 / 462
운영예산 · operating budget / 335
원가·조업도·이익 분석 · cost－volume－profit analysis / 55
원가 · cost / 24, 289
원가가산가격 · cost plus pricing / 291, 299
원가계산 · costing / 158
원가계층구조 · cost hierarchy / 214
원가기획 / 292
원가대상 · cost object / 25, 158
원가동인 · cost driver / 26
원가배분 · cost allocation / 34, 159, 196, 199
원가배분기준 · allocation base / 199
원가보상계약 · cost reimbursement contract / 198
원가분담 · cost sharing / 196
원가선도전략 · cost leadership strategy / 8, 302
원가책임단위 · cost center / 402
원가추적 · cost tracing / 34
원가함수 · cost function / 26
원가행태 · cost behavior / 25
원가회계 · cost accounting / 14
원가－효익분석 · cost－benefit analysis / 102
원가흐름 · cost flow / 36
원재료 · raw material / 37
유리한 차이 · favorable variance / 369
유인 · incentive / 4, 198
의사소통 · communication / 333
이론적 최대조업도 · theoretical capacity / 270
이익책임단위 · profit center / 403
이전가격 · transfer price / 414
이중배분율법 · dual rate / 203
인과관계 / 441
인과성 · cause and effect / 199
일회성 특별주문 / 109

[ㅈ]

자본비용 · cost of capital / 130
자본예산 · capital budgeting / 124
자산수익률 · ROA: return on assets / 407
자재소요계획 · MRP: material requirement planning / 463
작업용량 원가율 · capacity cost rate / 224
잔여이익 · RI: residual income / 410
잠긴 원가 · locked－in cost / 255, 297
재고가능원가 · inventoriable cost / 35
재공품 · work－in－process / 37
재량원가 · discretionary cost / 32
재료원가 / 35
재료처리량 공헌이익 / 265
재무 관점 · financial perspective / 443
재무모형 · financial model / 68
재무예산 · financial budget / 335
재무지표 · financial measure / 9, 441
재무회계 · financial accounting / 14
전략 · strategy / 6, 440
전략적 관리회계 · strategic management accounting / 7
전략적 원가관리 · strategic cost management / 8
전략지도 · strategy map / 9, 446
전부원가계산 · full absorption costing / 259
전사적 자원관리 · ERP: enterprise resource planning / 15
절세효과 · tax－shield effect / 127
정기예산 · periodic budget / 348
정보불균형 · information asymmetry / 333
정상원가계산 / 170
정상조업도 · normal capacity utilization / 270
제약이론 · TOC: theory of constraints / 264
제약자원 · constrained resource / 118
제약조건 · constraint / 120
제조간접원가 / 35
제조경비 / 35

제조원가 · manufacturing cost / 35
제조원가명세서 · schedule of costs of goods manufactured / 41
제품 · finished goods / 37
제품수명주기 / 294
제품수명주기 원가계산 · product life cycle costing / 296
제품유지활동 · product sustaining activity / 215
제품차별화 · product differentiation 전략 / 8
제품총생애 원가계산 · product life cycle costing / 320
조업도차이 · volume variance / 378
조정 · coordination / 333
조직화 · organizing / 4
종합예산 · master budget / 332
종합원가계산 · process costing / 165, 177
죽음의 소용돌이 · death spiral / 205
준참여예산 · consultative budgeting / 350
중앙집권적 예산수립 · authoritative budgeting / 350
중앙집권적 조직 · centralized organization / 399
즉시생산시스템 · JIT: just－in－time production / 260
즉시시스템 · JIT: just－in－time system / 463
증분예산 · incremental budget / 349
증분원가 · incremental cost / 108
지배구조 / 11
지불의향금액 · willingness to pay / 288
지속가능발전 · sustainable development / 11
지속가능이익 · sustainable profit / 6
지원부문 · supporting department / 201
지휘 · leading / 4
직접배분법 · direct allocation method / 231
직접원가 · direct cost / 33
직접원가계산 · direct costing / 260

[ㅊ]

차액원가 · differential cost / 106
차액접근법 · differential approach / 105
차액효익 · differential benefit / 106
차이분석 / 364
참여예산수립 · participative budgeting / 350
책임단위 / 400
책임중심점 · responsibility center / 400
책임회계 · responsibility accounting / 401
초변동원가계산 · super－variable costing / 265
총액접근법 · total approach / 104
최저요구수익률 / 130
출시 후 손익분기시간 · BEAR: break－even after release / 461
출시시간 / 461

[ㅋ]

카이젠 원가계산 · kaizen costing / 465

[ㅌ]

통제 · controlling / 4
통제가능성 · controllability / 401
투자수익률 · ROI: return on investment / 407
투자책임단위 · investment center / 404
투자회전율 · capital turnover / 408

[ㅍ]

평가원가 · appraisal cost / 467
평균법 · average method / 180
평준화원가계산 · normal costing / 170
표준원가 · standard cost / 364
품질원가계산 · quality costing / 467

[ㅎ]

학습과 성장 관점 · learning & growth perspective / 443
할인율 · discount rate / 130

핵심성공요인 · critical success factor / 448
혁신프로세스 / 457
현금예산 / 346
현금흐름 / 125
현재가치 · present value / 131
혼합원가 · mixed cost / 27
화폐의 시간가치 · time value of money / 130
확정원가committed cost / 32, 220, 297, 321
활동 · activity / 212
활동기준관리 · ABM: activity-based management / 219
활동기준원가계산 · ABC: activity based costing / 212
회계이익률법 · ARR: accounting rate of return method / 139
회수기간법 · payback period method / 140
회피가능원가 · avoidable cost / 31, 108
회피불가능원가 · unavoidable cost / 31

CVP 분석 / 55
ESG / 11
Governance/ 11
PV도표 · PV chart: Profit-volume chart / 63
SWOT 분석 / 6

공저자 약력

윤성수

서울대학교 경영대학 졸업
서울대학교 대학원 경영학과 경영학 석사
미국 일리노이대학교 경영대학 (어바나–샴페인) 회계학 박사
미국 UCLA 경영대학원 교수
현) 고려대학교 경영대학 교수

이용규

서울대학교 경영대학 졸업
서울대학교 대학원 경영학과 경영학 석사
서울대학교 대학원 경영학과 경영학 박사
단국대학교 경영학부 교수
현) 숭실대학교 경영대학 회계학과 교수

제 4 판 **전략적 관리회계**

2015년 3월 4일 제 1 판 발행
2016년 9월 20일 제 2 판 발행
2018년 8월 30일 제 3 판 발행
2023년 3월 2일 제 4 판 발행

공저자 윤성수 · 이용규
발행인 임 권 규
발행처 弘 文 社

05855 서울시 송파구 송파대로 167 테라타워 B동 802호
등록 1993. 6. 24. 제1-1543호
TEL 712-5311(대) FAX 716-5311
e-mail hongmoonsa@hanmail.net
홈페이지 http://www.hongmoonsa.co.kr

값 34,000원

* 이 책의 무단전재 또는 복제행위를 금합니다.

ISBN 978-89-7770-740-5 93320